八十周年校庆

HISTORY OF LINYI UNIVERSITY

临沂大学校史

2011—2021

汲广运　主编

中国海洋大学出版社
· 青岛 ·

《临沂大学校史（2011—2021）》编审委员会

顾　问：李　喆　韩延明　杨　波

主　任：王焕良　张书圣

副主任：刘占仁　黄富峰　孙常生　张立富　马凤岗　池福安

　　　　张洪东　崔晓红　郑秀文　张思峰　白金山

编　写　组

主　编：汲广运

副主编：孙世军　张秀军

编　委：（以姓氏笔画为序）

　　　　王焕全　任世忠　冉利强　刘　强　陈江华

　　　　彭文修　董勤岭　魏元栋

临沂大学校标

校 标 简 介

　　校标以"临沂大学综合图书馆""临沂大学""临沂大学英文名称"和"1941"等主要设计元素构成。临沂大学图书馆是学校的地标性建筑，其造型以沂蒙山区特有地貌"崮"为参照，形似巍峨蒙山，浩然大气，代表了沂蒙老区厚重的历史文化，宣扬了踏实、敦厚、坚定的精神风格；"山"字造型，表达了为沂蒙老区再造"知识蒙山""人文蒙山""精神蒙山"之意。图书馆下面的三条直线，象征贯穿沂蒙大地的沂河。蒙山沂水相映寓意"书山有路勤为径，学海无涯苦作舟"。"1941"代表着临沂大学的创建时间，体现出学校的历史底蕴和红色源头。

　　校标设计图案昭示出临沂大学师生弘扬沂蒙精神、传承人类文明的历史使命感和创新创业、追求卓越的时代责任感。

临沂大学校风

　　"实"秉承了沂蒙人民的朴实民风、"沂蒙精神"的深刻内涵和党的"实事求是"的思想路线、"理论联系实际"的优良学风；"实"的校风激励劝勉全体师生，做人要真实、诚实，做事要求实、踏实，作风要朴实、务实。

临沂大学校训

明义　锐思
弘毅　致远

　　校训分别取自临沂籍圣贤曾子、刘洪、诸葛亮、颜真卿之语或赞其之语，用书圣王羲之字体集成，采用与临沂历史文化密切相关的文化名人所创造的重要理念组合而成，富含传统文化积淀，具有鲜明的地域特征，体现了对民族优秀文化基因和沂蒙精神的传承。校训中的四个理念，涵盖了品德修养、学业追求、意志品质、人生理想等不同方面。它们彼此独立，又浑然一体，富有时代精神。

临沂大学校歌

曲 波词
薛瑞光曲

大眾文選

第 一 期

滨海中学
碼号 027
類別 經济

大眾日報社編印

一九四四、四

　　1941年春，在抗大一分校支持下，临沂大学的前身——山东省立滨海中学诞生。
此为同时盖有抗大一分校印章、贴有滨海中学图书分类签的《大众文选》。

01

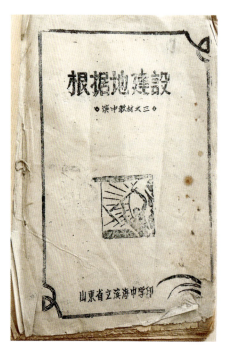

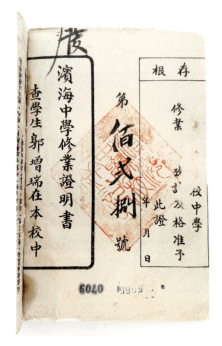

　　临沂大学诞生于抗日战争时期，重视抗日根据地建设。此为教材《根据地建设》，入选第二批山东省珍贵档案文献遗产名录。

山东省立滨海中学第128号修业证

1945年，更名为山东省立滨海建国学院。此为滨海建国学院旧址。

山东省立滨海建国学院第一任院长
——刘导生

山东省立滨海建国学院院歌

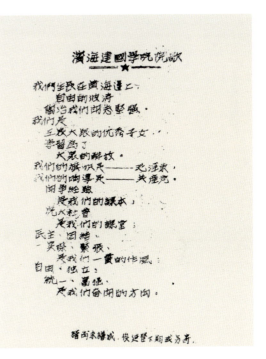

1945年10月10日滨海建国学院工作队合影

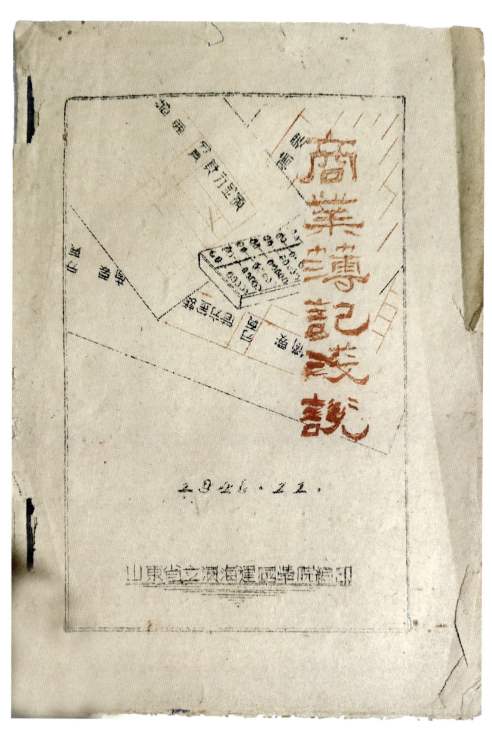

山东省立滨海建国学院重视经济工作，设有会计队。此为教材《商业簿记浅说》。

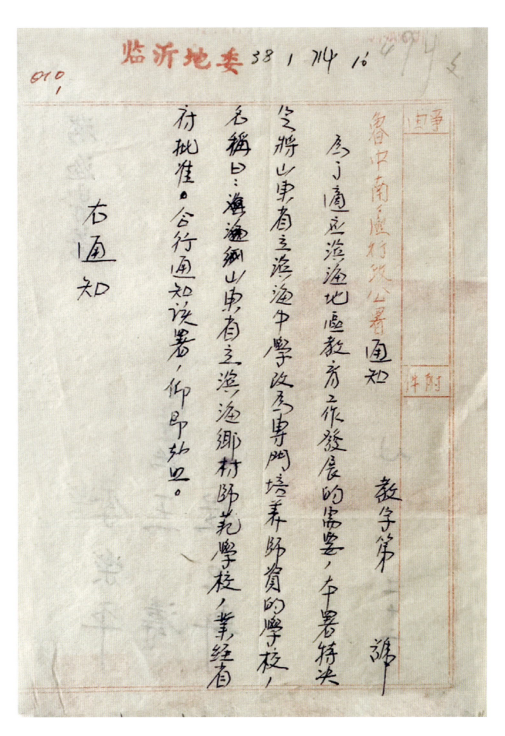

鲁中南区行政公署通知

由事　　　　牛附

教字第　　號

为了适应滨海地区教育事业发展的需要，本署特决

兹将山东省立滨海中学改为专门培养师资的学校，

名称为：海涌乡山东省立滨海乡村师范学校，业经省

待批准。合行通知说署，仰即知照。

右通知

鲁中南区行政公署山东省立滨海中学改称山东省立滨海乡村师范学校通知

山东省立滨海乡村师范学校一年来工作总结

一、成为一年来工作依据的几种情况．

1. 学生中农民子弟佔百分之八十五以上，老区学生佔百分之七十五；这些学生政治觉悟、纯洁．少数新区学生文化程度较高，但一般的文化程度低，缺乏常识．但有政治觉悟、纯洁．政治思想复杂．

2. 学师范的目的不明确，甚至有些学生怕当教员．

3. 从农村带来的狭隘散漫甚至个别学生存在着庸俗的生活作风．

4. 单纯的学文化观点，轻视和不愿作课外活动．

5. 程度不齐，课本与学生程度有距离不好教．但学生普遍苦学好领导．

二、路线方针问题

1. 努力贯澈二月会议政思教育的指示，并组织教师对这一指示进行研究．

2. 加强贯澈教导合一的方针，力求政思教育与文化教育密且结合，并逐步加强

3. 教师的教师的政治学习与业务研究．以老区学生影响推动帮助新区学生的思想改造纠正学习观点（老区学生

020

山东省立滨海乡村师范学校1949年度一年来工作总结（现存临沂市档案局）

中国共产党临沂大学委员会 （通知）

总号 （59）党办字001号　　　**机密程度**

主送 地委、地委组织部、宣传部、工业部、合作部、专署党组、本校
各总支、支部。

抄送 山东省高教局党组、农林厅党组、各大专院校党委。

（共印60分）

本件1页　中共临沂大学委员会办公室　1959年2月12日印发

中共临沂大学委员会关于启用印章的通知

我校党委会经地委批准刻制木质椭圆形印章一枚。

文曰："中国共产党临沂大学委员会"，自1959年2月12日开
始启用。特此报请备案并予公布。

中共临沂大学委员会
1959年2月12日

·1·

　　1958年，经中共山东省委、山东省人民委员会批准成立临沂大学。此为临沂大学
启用印章通知。

临沂师专（费县）礼堂

临沂师专（临沂）校门

　　临沂师范专科学校始建于1959年，曾多次撤并、恢复，1999年与临沂教育学院一起组建临沂师范学院。此为临沂师范专科学校校门等。

山东省临沂教育学院校门

　　临沂农业学校创建于1955年，前身为山东临沂农业技术训练学校，2001年并入临沂师范学院。

　　山东省临沂工业学校始建于1991年，2001年并入临沂师范学院。

1949年教职员工合影

临沂师院沂水校区挂牌

山东省沂水师范学校始建于1948年，2007年并入临沂师范学院，现为临沂大学沂水校区。

山东省费县师范学校始建于1943年，2007年并入临沂师范学院，现为临沂大学费县校区。

　　1999年，国家教育部批准临沂师范专科学校与临沂教育学院合并建立临沂师范学院。2000年4月22日，举行临沂师范学院揭牌庆典。

　　临沂师范学院一贯重视本科教学工作，2008年在教育部本科教学工作评估中获得了优秀等次，评估专家组给予"震惊、震撼、振奋"的高度评价。此为2008年6月，临沂师范学院领导向教育部专家汇报本科教学工作。

　　2010年11月26日，教育部批准临沂师范学院更名为临沂大学。此为同年举行临沂大学揭牌庆典。

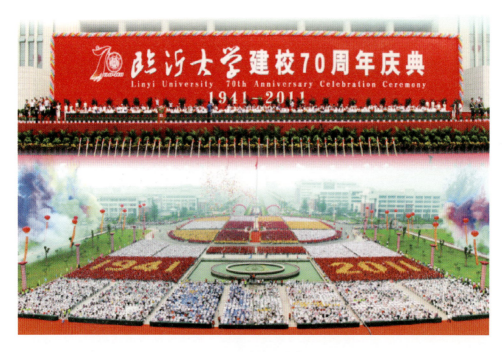

　　2011年6月12日，临沂大学举办建校70周年庆典。

　　2015年11月25日，在习近平总书记沂蒙精神重要讲话两周年之际，由临沂大学发起，延安大学、井冈山大学、河北师范大学共同举办，首届"三山一坡"高校联盟会议在临沂大学召开。研讨会上，四所高校达成《临沂共识》。目前，"三山一坡"高校联盟会议已经举办五届，取得了丰硕的研究成果。

　　临沂大学重视创新创业型人才培养。2015年12月22日，临沂创业大学揭牌仪式在临沂大学举行。

2016年3月17日，学校隆重召开中国共产党临沂大学第三次代表大会。

　　2017年7月19日，孔子学院总部/国家汉办与几内亚科纳克里大学合作协议签字仪式在北京举行，临沂大学和科纳克里大学共建的几内亚第一所孔子学院正式成立。

　　临沂大学抢抓研究生教育发展机遇，获批硕士授权单位。此为2018年10月9日，临沂大学举行硕士研究生招生工作新闻发布会。

　　临沂大学把教育援疆作为一项重要的光荣使命和时代任务，2019年、2021年两年共选派213名师生援疆支教。此为2019年3月11日，临沂大学108名援疆支教师生启程。

　　临沂大学按照"一二三五十"的育人工作思路开展 "三全育人"工作。此为2019年12月3日，临沂大学召开"三全育人"工作会议。

　　临沂大学党委高度重视、认真组织"不忘初心、牢记使命"主题教育。此为2020年1月13日，临沂大学召开主题教育总结大会。

　　临沂大学全力服务乡村振兴事业，为全山东省高校服务乡村振兴提供了"临大样板"。此为2020年4月20日，临沂大学乡村振兴学院奠基仪式。

　　临沂大学重视新冠肺炎疫情防控，为抗击新冠肺炎疫情贡献了"临大力量"。此为2020年4月29日，临沂大学举行新冠疫情防控应急演练。

2021年3月4日，临沂大学八十周年校庆倒计时100天启动仪式。

　　站在新起点，擘画学校新蓝图。2021年3月6日，临沂大学召开第七届教职工暨工会会员代表大会第一次会议。

序

日月其迈，韶华如飞。

伴随着这个飞速发展的社会，临沂大学走过了八十年的发展历程。从八十年前战火硝烟中的初试啼声，到新时代征程上的匠心躬耕，我们在跨越时空的接续奋斗中不忘初心，砥砺前行。伴随着共和国的成长历经巨变，在改革开放的风浪交织中搏击大潮，在与时俱进的康庄大道上乘风破浪，主动作为，如今，已成功驶入了发展的快车道。

文心在兹，万物蓬勃。

2021 年是中国共产党成立 100 周年，也是临沂大学建校 80 周年。在这样一个重要的历史节点上，我们续写校史，鉴往知来，回望我们追寻的历程，光大我们的事业，既有"一卷看曲径，阅尽三千里"的豪迈，更有"一代筑梦人，学高树其帜"的坚守和自信。

我们庆幸自己是这场幸运的见证者，在临沂大学发展的大帷幕上，我们可能又是不可或缺的创作者。但无论是怎样的一种角色，不知不觉中，我们每个人都在陪伴这所学校成长的过程中进步。

著名古文字学家、历史学家、作家季羡林先生说过：一个大学的历史存在于什么地方呢？在书面的记载里，在建筑的实物上，当然是的。但是，它同样也存在于人们的记忆中，相对而言，存在于人们的记忆中，时间是有限的，但它毕竟是存在，而且这个存在更具体，更生动，更动人心魄。

所以，我们也期望能像季老说的那样，通过记录，为自己、为临大人、为关注临沂大学发展的每个人、为未来临沂大学发展的建设者留存一份记忆。写校史，就是一种长久留存记忆的重要方式。

在国立四川大学校长的任鸿隽先生眼里，大学是这样的一种气象："大学者，智识之府也。对于既往，大学为其承受之地。对于现在，大学为其储蓄之地。对于将来，大学为其发生之地。"这个概括很精到，也耐人寻味。对于今天的大学管理者们来说，面对这样一个过程，是需要一种城府之胸怀的感知和期许的。作为人类文明不拔的基石和人类社会巨大的创新力量，大学不仅改变了它所在的社会的人、物、事，而且成为变革的巨大动力。其实，这何尝不是我们作为高等教育工作者最高尚的追求呢？从这个方面来说，临沂大学锤炼了我们的心智，增长了我们的智慧。

长沟流月去无声。如今，又是一个十年。

十年来，我们隆重庆祝建校 70 周年，向社会展示了学校建设和发展的新形象，并以此为契机，全面开启了高质量综合性品牌大学建设的新征程。经过全校师生员工、广大校友及社会各界共同努力，我们充分发挥红色资源优势，彰显了老区大学办学特色，通过不断改革创新，促进了内涵发展。

十年来，我们深化办学体制改革，构建了综合性大学的治理模式，完善了综合性大学制度体系，全面优化了治理结构，打造了独具特色的创新创业文化。我们深化人事制度改革、教学改革，创新科研及学生工作，深化校地融合，加强国际交流，强化服务保障。通过改革创新，内涵式发展结出累累硕果。

十年来，我们大力传承红色基因，弘扬沂蒙精神，确立和完善红色育人办学方略，显著优化办学育人质量特色，同时，党建和思想政治工作、意识形态工作深入推进，师德师风建设不断加强，学生思想政治工作跃上新台阶。

十年来，我们在许多领域都实现了重要突破。成立了校友会和大学理事会，成立了第一所孔子学院，成功获批了硕士研究生招生资格。我们还首次入围了"自然亚洲网站""自然出版指数"国内高校前十，发起并成功了两届"三山一坡"革命老区高校联盟研讨会。同时，我们还涌现出了刘秀祥、伦学东、黄梓琪、孙丰虎、陈飞等一大批优秀临大学子……

十年树木，百年树人。

陈见这十年的学校发展史，感受一所有跨度的临沂大学，就能够不忘过去艰苦的追寻，不忘披荆斩棘的长路，积极过活，努力奋斗，才不枉我们曾有的跋涉。

陈见这十年的学校发展史，感受一所有温度的临沂大学，就会尊崇无私奉献的精神，礼敬勤劳的广大师生，构筑我们最基本的价值观。

陈见这十年的学校发展史，感受一所有厚度的临沂大学，就能够感受国运之变化，感受立时代之潮头、发时代之先声的使命与担当。

陈见这十年的学校发展史，感受一所有热度的临沂大学，更能体会出一所学校的发展，要靠有担当的文化人。正所谓："文变染乎世情，兴废系乎时序。" 为此，我们当然要为学校的发展、为广大教职员工的福利鼓与呼。

历史如同江河，浩渺奔腾，多姿多彩；我们每一天的进步，恰似涓涓细流，独自淌过，最终汇入江河大洋。一代代临大人筚路蓝缕，践义成仁。如今，我们又确立了"区域一流、省内一流的高水平综合性应用型大学"的发展与建设新目标。我们将承继前人之志，燃灯前行。唯望临沂大学能够智者蜂起，百家争鸣，让思想的光芒肆意照射。 如此，才能勇者辈出，齐头并进，让实践的理性改变现实。

东风已至，奋健翮而扶摇万里。日新月异的临沂大学，正在历史与现实的交汇中，昂首阔步行进在建设区域一流、省内一流的高水平综合性应用型大学的征途上！

我们衷心祝福临沂大学崭新的每一天！

愿流年可忆，未来可期！

党委书记：

校　　长：

2020 年 3 月 1 日

目　录

绪论 赓续有常，再谱华章

积跬步致千里，起毫末成大树，汇涓流聚大海，皆因赓续有常，临沂大学亦然。80 年前，临沂大学的前身诞生于沂蒙三大抗日根据地之一的滨海根据地。其时，学校的基本要素——教师、教室、教材皆缺，然办学定位准确，目标明确，斗志昂扬，屡创佳绩。其后 70 年，学校虽历经十余次撤建离合，校名几经更迭，校址数度变更，但始终牢记为党育人、为国育才的初心使命，在抗大精神的历史寻绎中赓续红色基因，在沂蒙精神哺育中成长壮大，弦歌不断，终于 2010 年底汇聚众脉，获国家教育部批准，更名为临沂大学。随后，学校隆重举行临沂大学 70 周年庆典，承接 70 年办学的丰厚积淀，续写华章，开启了综合性大学办学的新征程。

一、新起点，70 年校庆展示学校新形象

临沂师范学院更名为临沂大学，是一个新的起点，对学校发展提出了新的要求。在这样的历史节点尤其需要总结过去，谋划未来，展示新形象。70 年校庆如约而至，恰逢其时。

（一）70 年校庆的背景

临沂大学兴起于战火纷飞的抗日战争时期，办学历史悠久，办学成就卓著，积淀丰厚。

临沂大学的前身是 1941 年由中共鲁中五地委和中国人民抗日军事政治大学第一分校共同创建的红色学校山东省立滨海中学，1945 年更名为山东省立滨海建国学院。1958 年，经山东省人民政府批准成立临沂大学，后又调整为几所学校分散办学。1999 年，经国家教育部批准，临沂师范专科学校和临沂教育学院合并建立临沂师范学院。此后，众脉汇聚，临沂师范学院越来越壮大。2010 年 11 月 26 日，教育部批准临沂师范学院更名为临沂大学。

临沂大学人艰苦奋斗、改革创新，秉承红色大学之创新创业精神，沐浴书圣文化之流风遗韵，顺应高等教育之发展规律，以理性的思考和韧性的拼搏，开拓了充满艰辛与机遇的前行之路，至 2010 年 11 月，学校整体面貌发生了巨大的变化：学校从抗战时期以培养革命所需要的军政干部为主，发展到为国家发展培养各类高素质人才；从办学初的师范部、中学部，到滨海建国学院时期的 11 个专业，发展到拥有 66 个本科专业、涵盖 9 大学科门类，面向全国 26 个山东省市自治区招生，与国外 48 所高校建立了友好合作关系，基本涵盖了临沂及周边区域所有支柱产业和重要

行业领域；在校学生从战争年代的几百人、师专时期的 3000 多人，到 34000 多人，成为全山东省规模较大的山东省属高校之一；在校教职员工从几十人发展到 2622 人，其中 1944 名专任教师中有教授、副教授 741 人，博士、硕士 1278 人；科研从在山东省内默默无闻，到仅在进入 21 世纪以来，已完成国家级山东省部级科研项目 204 项，横向科研项目 1397 项，科研成果获奖 840 项，鉴定科技成果 245 项，出版专著、教材 364 部，建成山东省级重点学科、重点实验室、人文社科研究基地 17 个，拥有国家和山东省级品牌特色专业、山东省级精品课程和双语教学示范课程 22 门。学校被确定为山东省首批研究生联合培养基地，全程独立开展硕士研究生培养工作。荣获国家教育部本科教学工作水平评估"优秀"等次，在多个学科领域达到了全国和全山东省的先进水平；学校从居无定所、学无课桌，到占地 6000 余亩，校舍建筑面积 143 万平方米，教学科研仪器设备总值 2.8 亿元，馆藏纸质图书 406 万册、电子图书 300 万册，中外文期刊近 4000 种。

70 年来，临沂大学及其前身始终根植于沂蒙红色沃土，为老区办学，先后培养了 20 余万名毕业生。他们中有在革命战争年代为国壮烈捐躯、浩气长存者，有立德树人的辛勤园丁，有成就卓著的专家学者，有政绩突出的人民公仆，有搏击商海的创业精英，有在国内外著名大学攻读硕士或博士学位的研究生，还有无怨无悔、默默奉献的普通劳动者。他们为沂蒙老区和国家建设做出了重要贡献。

学校更名为临沂大学后，解放思想、更新观念，紧抓历史机遇，提出了一系列办学治校的新思想、新理念、新思路、新举措，卓有成效地开展了开局起步阶段的各项工作，全面提升内涵、凝聚力量、回报社会，为学校发展注入了新鲜的血液、增添了强大动力，得到了社会各界的充分肯定。学校大力实施红色育人工程，重视社会主义核心价值体系教育，着力培养学生的沂蒙精神品质，取得了优秀的育人成绩。

（二）70 年校庆的过程

筹备阶段

2010 年 12 月 24 日，学校党委办公室、校长办公室印发《临沂大学 70 周年校庆筹备工作方案》，标志着临沂大学 70 周年校庆正式启动。该方案明确了 70 周年校庆的主题、原则和目的，以"回顾历史，展示成就，凝聚资源，共建品牌"为主题，坚持"隆重、节俭、务实、文明"的原则，重点是推介大学服务项目，让社会了解临沂大学、认识临沂大学、使用临沂大学，凝聚资源，共建品牌，努力扩大学校的影响力，增强学校的竞争力；成立了由学校党委书记、校长为主任的临沂大学 70 周年校庆筹备工作委员会，总体负责校庆工作的领导和组织工作；成立了校庆工作办公室和7个工作组，具体负责校庆筹备工作；确定了校庆主要活动及时间安排。

同日，临沂大学70周年校庆筹备工作部署会在校友中心召开。学校领导韩延明、谢亚非、李培江、姜同松、王明福出席会议，学校各部门、单位负责人，各学院党委书记，费县分校、沂水分校、附中主要负责人和校庆筹备工作办公室成员参加了会议。传达了《临沂大学70周年校庆筹备工作方案》，公布了学校70周年校庆筹备工作的主题、指导思想、工作目标和重点任务，介绍了校庆筹备工作的组织机构和主要职责，确定了校庆筹备工作分工。

校长韩延明针对70周年校庆活动筹备工作提出了5点意见：一是高度重视，全员参与；二是科学、准确地界定校友，以校庆活动为纽带，加强与校友的联系，让校友感觉到母校的友好和关心；三是借校庆活动，大力宣传学校，密切与社会各界的联系，积极开展各种活动；四是积极、灵活、有效地搞好校庆项目捐赠工作，积极引导校友和社会各界为临沂大学做出贡献；五是明确任务，落实责任，严格按照学校校庆筹备工作方案要求，各安其位、各司其职、各负其责、各显其能。韩延明强调，本次会议既是工作部署会，也是70周年校庆活动的动员会、启动会，到2011年6月份之前是对外宣传学校的关键阶段，更是统一思想、凝聚人心、推进建设高质量综合性大学进程的重要历史时期，全校上下要振奋精神、高度重视、积极参与，确保校庆活动达到预期目的，收到预期效果。

12月31日，学校发布《临沂大学70周年校庆活动策划方案、宣传口号、校庆标识和纪念品设计的征集公告》，向全校师生、校友和社会各界人士公开征集校庆活动策划方案、宣传口号、校庆标识和校庆纪念品。同日，临沂大学和临沂市广播电视台联合策划的《毕业于临沂大学》大型广播访谈节目在校友中心举行开播仪式。临沂大学校长韩延明指出，70周年校庆将是学校办学历程中的一件盛事。校友是学校的名片，更是学校的形象和荣誉。学校将以校庆为契机，大力宣传学校，全面联系校友。《毕业于临沂大学》大型广播访谈节目是联系广大校友的平台，学校党委宣传部和校友办公室，要全力配合好市广播电视台，努力将《毕业于临沂大学》大型广播访谈节目做成精品。

2011年1月4日，临沂大学发布《70周年校庆公告（第1号）》，回顾了临沂大学的办学历史和成就，决定于2011年6月举办丰富多彩的系列活动，认真总结学校发展历程，集中展示建校70年的辉煌成就。随后，在光明日报、中国教育报、临沂日报、校报、校园网等中央、山东省、市、校媒体发布了 70 周年校庆公告，简要介绍了学校发展情况，并向各级领导、海内外校友和社会各界朋友发出了诚挚邀请。

1 月 6 日，校庆工作办公室举行专题会议部署校庆重点工作项目。会议根据《临沂大学 70 周年校庆筹备工作方案》确定了 22 项校庆重点活动项目、责任人和完成时间；确定了校庆工作办公室成员的项目分工，明确了职责任务。

1 月 9 日，学校召开党委会，听取了 70 周年校庆重点工作进展情况汇报，部署了下一步工作。会议决定将校庆工作列为 2011 年的重点工作，要求各校庆项目组进一步制定细致的筹备工作方案，倒排工期，先急后缓、有序推进；要把工作的重点放在最大限度地调动广大校友的积极性上，同时兼顾社会各界的宣传和影响，取得最大的社会效益；要把学术、内涵、质量提升作为 70 周年校庆的重要内容，通过组织召开高层次、有影响的学术会议，提升综合性大学办学内涵。

2 月 27 日，临沂大学第四届教职工暨工会会员代表大会第二次会议隆重召开。校长韩延明在大会报告中，将"精心组织 70 周年校庆"列为 2011 年工作要点，要求大家抓住 70 周年校庆这一学校发展的重要契机和重要里程碑，精心策划、认真组织各项校庆活动。如展示办学成就、编写校史和改造提升校史馆、规范学校视觉形象标识、成立校友总会健全海内外校友分会、组织高层次的学术科技活动、争取校友和社会捐赠等，总结办学经验，展示办学成就，激励师生、校友爱校荣校，凝聚社会各界关心支持学校办学的热情和力量，全面提升综合性大学社会影响力。

3 月 9 日，校庆工作办公室举行专题会议部署校庆指挥部成立大会工作。会议通报了《关于公布 70 周年校庆重点活动项目及责任分工的通知》。

3 月 11 日，学校召开党委会，再次研究了 70 周年校庆工作。会议要求广泛开展校友联络工作；认真组织高层次的学术科技活动；全力开好校庆庆典大会；全面做好校庆宣传报道工作；全力促进新校区建设；切实提高校庆综合保障能力。

3 月 16 日，学校在校友中心举行 70 周年校庆工作部署会，通报了 70 周年校庆的庆典时间；宣布成立了以学校党委副书记谢亚非为总指挥的 70 周年校庆指挥部；具体安排部署了校庆有关工作。校长韩延明指出，本次校庆工作会议是站在新起点、谋划新发展、实现新突破、开创新局面的再动员，标志着 70 周年校庆筹备工作已进入倒计时冲刺阶段。

3 月 24 日，校庆工作办公室公布了《临沂大学 70 周年校庆经费管理办法》，以规范学校 70 周年校庆活动经费的开支管理。

4月6日上午，校庆工作指挥部召开会议，梳理了60个校庆工作项目。下午校庆指挥部召开第一次工作调度会，听取了校庆场馆建设组、科技活动组、宣传组、校友联络组、捐赠项目组、志愿服务与大学生科技文化活动组、各学院校庆工作协调组、庆典大会组、后勤保障组、安全保卫组、秘书材料组、邀请接待组负责人的项目进展情况汇报。学校党委副书记、校庆总指挥谢亚非作会议总结并部署了下一阶段的校庆工作。

4月26日，中共临沂大学委员会就举行临沂大学70周年校庆的指导思想、原则、目的意义和主要活动安排等向中共临沂市委作了请示。5月4日，中共临沂大学委员会又就举行临沂大学70周年校庆分别向中共山东省委高校工委、教育部等作了请示，得到了上级领导的同意和支持。

庆典阶段

4月28日，学校隆重举行临沂大学70周年校庆新闻发布会暨临沂市直校友联谊会，标志着临沂大学70周年校庆进入了庆典阶段。

在70周年校庆新闻发布会暨临沂市直校友联谊会上，通报了临沂大学的基本情况、70周年校庆筹备情况以及校庆期间的主要活动安排。会议认为，在全国上下深入学习胡锦涛总书记庆祝清华百年校庆重要讲话之际，学校隆重举行此次会议，对落实总书记对高校体制的新要求，用讲话精神指引学校办好70周年校庆、总结办学历史经验、科学谋划临沂大学的新发展具有非常重要的意义。

之后，临沂大学的校庆氛围逐渐浓厚，与校庆相关的工作陆续展开。主要表现在以下几个方面。

各地校友联谊会纷纷成立。

组建校友联谊会是校庆的一项重要工作。学校在完成了1973年至2010年期间毕业的近10万名毕业校友信息的统计、整理工作的基础上，召开校庆联络工作会议，对各地校友会成立工作进行了责任分工和部署。在学校领导的带领下，各部门、学院认真负责、积极主动，成立了包括北京、上海、济南、青岛、临沂市等在内的31个校友会。例如，4月28日，临沂市直校友联谊会在临沂大学举行；5月6日，临沂大学上海校友联谊会在上海市隆重举行；5月13日，临沂大学北京校友联谊会在北京市隆重举行；6月11日，临沂大学校友总会成立大会在学校校友中心隆重举行。各学院也成立了校友分会，为联络校友奠定了坚实的基础。

连续举办高层次系列学术报告会。

为提升校庆的学术含量，学校邀请国内外学术名家，多次举办国际、国内学术研讨会和学术讲座、报告会，其中包括28场纪念校庆70周年高层次系列学术报告会。邀请作学术报告的专家教授主要有：中国科学院姚建铨院士，中国工程院刘尚合院士，清华大学新闻与传播学院博士生导师、副院长、教育部新闻专业教学指导委员会成员李彬教授，美国南密西西比大学计算机学院院长张朝阳教授，美国南密西西比大学缪五建教授，德国弗莱堡大学范恩国博士，南京农业大学章元明、房经贵教授，新加坡南洋理工大学高萍教授，美国佛罗里达大学方玉光教授，湖南师范大学博士生导师肖北庚教授，东北财经大学博士生导师邱国栋教授，加拿大西安大略大学郁培教授，东南大学数学系主任刘继军教授，博士生导师曹进德、孙志忠教授，北京科技大学、航天科技一院余达太教授，北京大学博士生导师王新生教授，中国艺术研究院博士生导师项阳教授，《音乐研究》杂志常务副主编、中央音乐学院陈荃有教授，李殿仁将军，丁肇中院士等。

　　接受社会各界捐资助学。

　　为了保证70周年校庆捐赠工作的顺利进行，学校制定了《临沂大学70周年校庆捐赠管理办法》，从捐赠内容、捐赠形式、捐赠方法到捐赠奖励各个方面都做出了明确规定，保证了各项捐赠工作有序、规范、顺利进行。校庆期间共接受企事业单位和校友个人捐赠1500多万元，校友基金1000万元，接收到捐赠礼品63件、价值达1950万元，取得了丰硕的成果。主要捐赠如下。

　　6月2日，韩书凡将自己毕生收藏、价值高达1360万元的各类珍藏奇石1461件捐赠给了学校；金正大生态工程有限公司、淮海建设集团有限公司、祥泰实业有限公司分别为学校捐献100万元；沂蒙老区酒业有限公司为学校捐献价值50余万元的物品；临沂市人大常委会副主任于中华代表捐赠者捐赠的总价值100多万元图书等。

　　6月8日，山东师创软件工程有限公司捐赠价值30万元的实验设施；山东省恒瑞木业有限公司为美术学院学生设立40万元奖学基金；罗庄区职业教育中心捐赠现金10万元等。

　　6月10日，山东鹏宇集团董事长、校友向母校捐赠1000万元成立校友基金；山东九州商业集团有限公司、中国移动通信集团山东有限公司临沂分公司、沂州集团有限公司、青岛华仁世纪集团等知名企业捐资助学；沂水县委、县人民政府和沂水校友分会共同捐赠人民币30万元等。

　　6月11日，河东区委、区人民政府出资20万元捐资助学。

6月12日,阜阳临沂商城(兰华、兰田、华强、天基集团)捐赠100万元助学基金;兰山区政府捐资助学;临沂市交通运输局、临沂市公路局捐赠10万元助学基金,山东新光实业集团捐赠12万元物资等。

签订战略合作协议。

为提升临沂大学的办学实力、科研水平、管理水平,促进产学研合作,校庆期间多次与兄弟院校和科研机构、科技企业签订了战略合作协议。如6月9日,山东省委常委、青岛市委书记李群带领中国海洋大学、青岛大学、青岛科技大学、青岛理工大学四所高校领导来到学校,祝贺学校70华诞,并与学校签订战略合作协议。李群指出,临沂为中国革命建设和山东经济社会发展做出了巨大贡献,支持沂蒙老区应是每一个山东人的责任,能为老区大学在软件提升方面做些贡献更是兄弟院校的责任。所以此次青岛四所高校与临沂大学签订战略合作协议是非常必要的。希望临沂大学珍惜和利用好机会,切实把临沂大学办出水平、办出特色。衷心期待临沂大学培养更多的杰出人才,祝愿沂蒙人民幸福安康!

6月10日,学校产学研合作论坛及签约仪式在校友中心举行。山东省科技厅副厅长、青岛国家海洋科学研究中心主任李乃胜,学校校长韩延明等出席仪式。签约仪式上,学校各学院院长分别与33家企业签订了产学研合作协议。同日,学校举行了临沂大学与莒南县、临沭县、临沂高新技术产业开发区、临沂经济技术开发区、临沂临港经济开发区、兰山区的全面战略合作签约仪式。

6月11日,韩国水原科学大学成人教育学院形象设计培训中心、韩国建国大学语言培训学院在临沂大学隆重揭牌。

展示学校内涵,烘托校庆气氛。

5月14日,临沂大学发布了70周年校庆徽标。徽标以红色为主色调,既突出红色大学形象,又充满喜庆色彩。用艺术变形的"7"和"0"的元素动静结合整体构成"70",寓意临沂大学70周年校庆。数字"7"的艺术变形既像腾飞的巨龙,又似翱翔的凤凰;彩带、浪花等综合艺术元素的运用,既寓意喜庆吉祥,又展示临沂大学志存高远、蓬勃向上、争创一流的形象和临大人展翅搏击、放飞梦想、回报社会的进取精神。"70"在校标中的整体运用,强化了临沂大学的历史与文化元素,向世人展示了临沂大学师生弘扬沂蒙精神、传承人类文明的历史使命感和创新创业、追求卓越的时代责任感。

6月3日晚,为纪念中国共产党成立90周年和庆祝临沂大学建校70周年,临沂大学举行"颂歌献给党"红歌大合唱比赛,热情讴歌党的丰功伟绩。学校党政领导班子成员亲临比赛现场并与师生同台合唱《临沂大学校歌》。

6月7日，学校召开70周年校庆工作部署会，梳理校庆前期工作，对校庆后期工作项目进行调度、安排。学校党政主要领导出席会议，会议由校长韩延明主持。

6月8日，学校举行图书馆社会服务工作座谈会。会议宣布临沂人凭本人身份证或有效证件可来临沂大学图书馆办理读者证，利用读者证在图书馆内免费查阅资料、检索电子资源以及进行文献传递、课题跟踪等专项服务。

6月9日，学校举行《临沂大学校史》出版发行座谈会，对校史编撰情况进行介绍和总结；隆重举行临沂大学3D影视学院、孙子兵法学院揭牌仪式暨3D影视产业国际论坛活动。

6月10日，学校举行临沂大学"三馆"（红色馆、图书馆、博物馆）开馆仪式、"一个中心、八个组团"红色文化教育基地授牌仪式、"两基地两中心"（全国书法教育培训示范基地、山东省红色文化产业开发研究基地、山东沂蒙红色文化研究中心、山东羲之书法研究中心）揭牌仪式。当晚，为迎接学校70周年华诞，"辉煌70"迎校庆师生联欢晚会在学校艺术中心音乐厅隆重举行。

6月11日，国际书画艺术作品展在学校体育中心综合训练馆举行隆重的开幕仪式。中国教育学会书法专业委员会常务副理事长兼秘书长杨淑琴、中国教育学会书法专业委员会副秘书长张凤江、山东省美协副主席朱全增、临沂市人大常委会原主任李祥栋、临沂市政协原副主席马德仁，学校领导及国内外书画名家出席了开幕仪式。同日，学校举行仪式，欢迎百名女摄影家来学校采风，用镜头记录学校校庆期间的精彩瞬间。中国女摄影家协会驻会副主席、秘书长吕静波，中国女摄影家协会副主席、湖南山东省摄影家协会副主席李晓英，中国女摄影家协会副秘书长张晓蓉，山东省女摄影家协会主席李霞，以及16个来自山东省的女摄影家近百人出席了欢迎仪式。

6月11日晚，一场为庆祝临沂大学建校70周年而精心筹备的文艺视觉盛宴在沂河中心岛隆重举行。前来参加校庆庆典的中央山东省市级领导、著名专家学者、国内外友好学校领导、各地校友会会长及校友代表、著名企业家代表、学校领导观看了演出。

隆重举行庆典大会

6月12日上午，临沂大学建校70周年庆典在图书馆广场隆重举行。第十届全国人大农业与农村委员会主任委员、内蒙古自治区原党委书记刘明祖，第十一届全国人大教科文卫委员会副主任委员、黑龙江山东省委原书记宋法棠，中共中央党校副校长孙庆聚，教育部原副部长、中国高等教育学会会长周远清，中国香港科技大学原副校长孔宪铎，中国工程院院士、临沂大学名誉校长陈清泉，山东省人大常委会原副主任张瑞凤、王渭田，山东省人大常委会副主任连承敏，山东省政协副主席、党组副书记乔延春，山东省政协主席兼统战部部长张传林，山东省政协原副主席、党组副书记王久祜，山东省政协原副主席王宗廉、王裕晏，南京农业大学原校长、国家大豆改良中心主任、中国工程院院士盖钧镒，市委书记、市人大常委会主任张少军，中国科学院院士、中国科学院沈阳分院院长包信和，国务院学位委员会学科评议组成员、清华大学理学院院长、中国科学院院士薛其坤，中国人民解放军第二炮兵部队原副政委、北京八路军山东抗日根据地研究会会长罗东进中将，全国人大常委会农委委员、中国人民解放军国防大学原副政委李殿仁中将，中国科学院院士、山东大学学术委员会主任王克明，国际欧亚科学院院士、中国香港中文大学太空与地球信息科学研究所所长林珲，中组部办公厅副主任尹洪亮，国家院校设置评议委员会副主任委员、教育部评估中心原主任刘凤泰，教育部留学服务中心副主任安玉祥，国家教育行政学院常务副院长张兰春，山东省委宣传部副部长刘宝莅，山东省政府副秘书长司安民，山东省委高校工委书记、山东省教育厅厅长齐涛，山东省委高校工委副书记齐秀生，山东省总工会党组书记、常务副主席吕明辰，山东省人力资源和社会保障厅厅长董国勋，市委副书记、市长张务锋，山东省检察院党组副书记、副检察长李少华，山东省科技厅副厅长李乃胜，山东省社科联副主席、党组书记刘德龙，山东省文化厅巡视员邢玉斗，山东省人力资源和社会保障厅巡视员葛文学，山东省监狱管理局原政委张国新，市老领导王任之、张守业、刘兴武、于湘、李祥栋、高广田、李桂祥、李荣强，市政协主席孟宪海，市人大常委会党组书记、第一副主任朱绍阳，韩国水原科学大学总长朴哲秀，西班牙国际文化交流基金会主席安东尼奥，原临沂师范学院党委书记朱纪祥，中国人民解放军某部旅政治部主任、校友公举东等参加大会。大会由学校党委书记主持。

周远清宣读教育部贺信，对临沂大学 70 周年校庆表示热烈的祝贺和诚挚的问候！贺信中指出，长期以来，临沂大学秉承红色育人的光荣传统，艰苦奋斗，开拓进取，形成了优良的校风和学风，培养了一大批优秀专门人才。希望临沂大学突出办学特色，坚持内涵发展，创新人才培养模式，不断提高教育教学质量和办学水平，为实施科教兴国战略和人才强国战略做出新的更大的贡献！

孙庆聚在致辞中说，临沂大学自 1941 年创办以来，始终扎根沂蒙热土，传承红色大学光荣传统，追求卓越、敢为人先，部分学科、专业达到了国内领先水平。特别是学校更名为临沂大学后，确立了建设高质量综合性品牌大学目标，着力打造红色大学品牌，提出了培养具有沂蒙精神特质和国际视野的高素质应用型人才的定位，展示了一所新兴综合性大学的远大目标和宏伟气魄。希望临沂大学继承革命传统，弘扬沂蒙精神，与时俱进，为山东省和国家经济社会发展做出新的更大贡献！

山东省领导在讲话中指出，临沂大学深深扎根沂蒙沃土，用沂蒙精神办学育人，传承弘扬红色文化，薪火相传，青蓝相继，不断成长壮大，谱写了一曲求实创新、人才辈出的辉煌篇章，为沂蒙老区、为山东省、为国家经济建设和社会发展做出了重要贡献。希望临沂大学以70年校庆为新的起点，借鉴国内外高水平大学的发展经验，进一步突出自身优势，强化办学特色，提高教育质量，加快内涵发展，不断提高人才培养质量和服务经济社会发展能力，力争多出人才、多出成果，早日把学校建设成为高质量综合性品牌大学，为建设教育和人力资源强山东省、加快经济文化强山东省建设做出新的更大贡献！

张少军在致辞中指出，70年来，临沂大学汇聚众流，革故鼎新，奋斗不息，英才辈出，在政治、经济、科技、文化等各个领域发挥动力源和智囊库的作用，为老区的经济建设和社会发展做出了重大贡献，赢得了老区人民的信任和赞誉。衷心地希望临沂大学以更名和70周年校庆为新的起点，不断提升办学质量、办学水平和办学效益，为推动大临沂、新临沂的繁荣与进步，提供持续、坚强、有力的智力和人才支持。

临沂大学校长韩延明在致辞中指出，70年来，临沂大学的每一步跨越、每一次融合，都源于党和政府的亲切关怀，凝聚了国家教育部、山东省委山东省政府和山东省高校工委、山东省教育厅对老区大学的特别关爱；临沂大学的每一轮创业、每一项成果，都洒满了前辈学人披荆斩棘、创榛辟莽的汗水和心血，磨炼了师生员工知难而进、开拓创新的意志和品格，承载了社会各界鼎力扶持、无私帮助的关爱与呵护！我们坚信，有办学70年的丰厚积淀，有上级领导的亲切关怀，有全市人民的大力支持，有社会各界和海内外校友的真诚帮助，有全校师生员工的拼搏奋进，我们一定能够乘势而上、再创辉煌！

韩国水原科学大学总长朴哲秀在致辞中指出，自从2006年9月17日正式联谊以来，临沂大学与水原科学大学在校际互访、教授及学生交流、2+2双向学位项目、博士培养等领域开展了广泛的合作，仅用5年的时间，取得了其他大学用20—30年才能完成的成就。期待水原大学、水原科学大学和临沂大学紧紧握着手,为成为世界名牌大学,永远地并肩前进!

公举东在致辞中表示,他的成长与母校的教育培养是分不开的,在母校锤炼形成的意志品质让他受益终身。他衷心祝愿亲爱的母校日益发展壮大,并向敬爱的老师致以崇高的敬礼!

出席庆祝大会的还有:中央、山东省、市机关有关领导,知名专家学者、国外友好学校校长、国内兄弟高校党委书记、校长,外地市领导,驻临沂市全国、山东省、市人大代表、政协委员、民主党派主要负责人,临沂市老领导,学校老领导,临沂市直各部门主要负责人、各县区主要负责人,中央、山东省、市各大媒体记者,全山东省各重点中学校长,企业家代表,各地校友会会长和校友代表,教师、学生代表,共3万余人。

6月12日晚,"与沂蒙同行"中国青年民族乐团庆祝临沂大学建校70周年专场音乐会在蒙山沂水大剧院举行。前来参加校庆庆典的中央山东省市级领导、著名专家学者、国内外友好学校领导、各地校友会会长及校友代表、著名企业家代表,以及学校领导欣赏了音乐会。校庆活动完美收官。

(三)70周年校庆的意义

按照学校党委的决策部署,校庆工作指挥部的统一指挥协调,全校各部门、各单位、各校庆工作机构和全体师生员工积极工作,圆满完成了校庆各项工作任务,赢得了各级领导、各位来宾、广大校友和社会各界的高度赞誉,产生了广泛的社会反响,达到了"提升内涵、凝聚力量、展示形象"的预期目标,有力地推动了学校的建设与发展,具有深远的历史意义和现实意义。

第一,展示了大学形象

校庆是学校水平、层次、状态、实力的缩影展现,临沂大学70周年校庆较全面地展示了临沂大学形象。

校庆在临沂大学新校区举行,展示了学校的硬件设施:占地6000余亩的优美校园,布局科学、建筑面积143万平方米的崭新校舍,总值2.8亿元的先进教学科研仪器设备,国内单体面积最大的图书馆、纸质图书和丰富馆藏。同时,为确保图书馆、艺术中心、体育中心、音乐厅、大剧院在校庆前启用,为70周年校庆创造美好的环境条件,学校及临沂市相关部门尽最大努力,加班加点、倒排工期建设,极大地促进了临沂大学新校区的建设。

回顾、展示了临沂大学的历史成就和新发展战略。70周年校庆，是回顾办学历史、总结办学经验的重要平台，是展示办学成就和新发展战略的有效载体。校庆期间，学校通过编写校史、改造提升校史馆和博物馆、出版学报和校报专刊、广播电视宣传以及推介大学服务项目等形式，集中回顾了临沂大学70年创榛辟莽、继往开来的红色办学历程；展示了学校在人才培养、学术研究、社会服务、校园文化建设方面的成就；宣传杰出校友，宣示学校更名为大学后，确定的临沂大学办学定位、办学理念、办学目标等一系列办学治校的新思想、新理念、新思路、新举措，让社会进一步认识了大学，提高了全社会对临沂大学的认同度、知名度、美誉度，提升了临沂大学的核心竞争力和社会影响力。

提升了校园的文化品位。70周年校庆期间，学校多措并举，全面提升了临沂大学校园的文化品位。

首先，学校设计规范了学校视觉形象标识，规范校内建筑、道路与景观命名，研发制作了体现临沂大学办学特色和办学理念、自然人文特点、内蕴深厚的系列校园文化产品；结合学校办学定位和办学特点，明确了校标、校训、校歌、道路命名等校园精神及标识系统；根据校庆工作要求，设计、公布了校庆标识和校庆宣传口号。校风："实"；校训："明义、锐思、弘毅、致远"；校标以"临沂大学综合图书馆""临沂大学""临沂大学英文名称"和"1941"等主要设计元素构成。

其次，校友和社会各界捐助的孔子群雕、校训石、希望石、奇石艺术馆等，浓厚了临沂大学的文化氛围。呈现在沂滨抒怀广场的孔子群雕为先哲孔子携弟子子路、曾皙、冉有、公西华的侍坐群雕，给学校带来了浓厚的历史气息和先哲治学风范。屹立在学校南门的"校训石"，长12米、高3.8米，重130余吨，上面镌刻的校训，是中华民族传统文化与时代精神以及临沂大学办学追求的体现，是学校进入临沂大学新阶段办学精神的凝练、办学理念的集中体现和行为准则。矗立在学校管理服务大楼前面的"希望石"，长10余米、高3余米，重130吨。画面造型精美、气势恢宏，为学校增添了新的文化景观，也增加了师生感恩社会、回报社会的教育素材。设置在博物馆的韩书凡艺术馆，展陈了韩书凡毕生收藏、价值高达1360万元的各类珍藏奇石1461件。这些奇石在人才培养、文化建设、科学研究、形象展示等方面具有重要作用。

展现了临沂大学人的优良工作状态和精神风貌。70周年校庆期间，临沂大学人积极工作，注重行为、形象、礼仪的文明，提升了全校的精神文明状态，展示了临沂大学的内涵之美、本质之美，展现了临沂大学人的优良工作状态和精神风貌。

在学校校庆筹备委员会的统一领导下，实行"校庆指挥部负责制"，层层细化任务、分解指标，责任到人，精益求精，追求卓越。全校师生高度重视，以饱满的热情、创新的态度、只争朝夕的精神、脚踏实地的行动，凝心聚智、团结协作、扎实工作。尤其在校庆庆典大会、庆典晚会等大型活动中，认真做好组织、协调和联络工作，慎之又慎，做到忙而不乱，稳中有细，努力把每一个环节设计好、部署好、落实好。值得一提的是，校庆青年志愿者成了70周年校庆系列活动的"靓丽名片"。据不完全统计，校庆期间，全校共有2500名青年志愿者参加了各项活动，累计为校庆提供志愿服务时长约8万小时。他们用自己的实际行动践行了"奉献、友爱、互助、进步"的志愿者精神，展示了青春风采，展现了临沂大学人的形象，赢得了各级领导、嘉宾和广大师生的尊重和赞誉。

增强了临沂大学人的自豪感和凝聚力。70周年校庆是凝聚办学力量的历史机遇。隆重且卓有成效的一系列校庆活动，增加了临沂大学人的自豪感，进一步激发了全校师生员工的自信心和使命感，增强了学校的向心力和感召力；进一步激发了全校师生和海内外校友的荣校、兴校、强校之情，起到了统一思想、凝聚人心、聚集力量、推进建设高质量综合性品牌大学进程的重要作用。

第二，提升了办学内涵

70周年校庆，是提升学校内涵水平的历史机遇。临沂大学在70周年校庆的筹备阶段即把学术、内涵、质量提升作为校庆的重要内容，广泛组织开展科技成果展示、推广、洽谈活动和国际国内学术研讨会、学术讲座、校友创业论坛、企业家论坛等科技文化活动，组织召开了高层次、有影响的学术会议，提升了综合性大学办学内涵。在校庆活动中，邀请了国内外知名专家学者来校访问、讲学，举办了高层次的学术论坛，组织了形式多样的校庆学术活动。各部门、学院充分利用校庆平台，进一步发挥学校现有科技资源优势，组织教师进行高水平的学术研究，为产学研结合搭建平台，促进了学校内涵水平的提升。具体表现如下。

举办学术研讨会、讲座、报告会，浓厚了学术氛围。70周年校庆期间，学校邀请了国内外近百名包括诺贝尔奖获得者丁肇中、中国科学院姚建铨院士、中国工程院刘尚合院士和李殿仁将军在内的专家教授，召开多次国际国内学术研讨会、座谈会，举行了28场高层次学术报告会。众多的学术平台与专家教授们渊博的专业知识、宽阔的学术视野、丰富的科学研究经验、严谨的治学态度和富有感染力的讲解，深深地吸引了全校师生，提高了临沂大学人科研工作的积极性，为进一步的学术交流与合作奠定了良好的基础。

签订战略合作协议，搭建学校发展平台。70周年校庆期间，学校举行了临沂大学"三馆"（红色馆、图书馆、博物馆）开馆仪式，"一个中心、八个组团"红色文化教育基地授牌仪式，"两基地两中心"（全国书法教育培训示范基地、山东省红色文化产业开发研究基地、山东沂蒙红色文化研究中心、山东羲之书法研究中心），3D影视学院，孙子兵法学院揭牌仪式暨3D影视产业国际论坛活动；学校多次与兄弟院校和科研机构、科技企业签订战略合作协议。主要有：6月9日，与中国海洋大学、青岛大学、青岛科技大学、青岛理工大学签订战略合作协议；10日，学校举行产学研合作论坛及签约仪式，学校各学院院长分别与33家企业签订了产学研合作协议；同日，学校举行了临沂大学与莒南县、临沭县、临沂高新技术产业开发区、临沂经济技术开发区、临沂临港经济开发区、兰山区的全面战略合作签约仪式。11日，韩国水原科学大学成人教育学院形象设计培训中心、韩国建国大学语言培训学院落户临沂大学，为学校的健康发展搭建了良好的学术平台。

密切联系校友，接受各界捐助，提升了办学实力。校庆是密切与校友、社会各界联系的难得机遇。70周年校庆期间，学校高度重视校友工作，认真组织了毕业校友信息的统计、整理工作，组建了临沂大学校友总会和包括北京、上海、济南、青岛、临沂市直等31个校友联谊会，校内各学院也成立了校友分会。学校高度关注校友的发展，宣传校友的事迹，开展校友联谊活动，评选"荣誉校友"和"百名杰出校友"，与临沂电视台、临沂广播电台、临沂日报联合举办"毕业于临沂大学"校友访谈节目，增强了广大校友的亲近感、认同感和荣誉感；激励校友心系母校、支持母校，发挥校友在母校招生宣传、人才培养、科学研究、知识技术创新、推动科研成果转化方面的作用，为学校实实在在做贡献。

同时，学校积极争取包括校友在内的社会各界的大力支持，积极、灵活、有效地搞好了校庆项目捐赠工作。校庆期间，接受企事业单位和校友个人捐赠助学资金近3000万元，收到了价值达1950万元的捐赠礼品和一宗书画、石雕等艺术作品。更为重要的是，学校获得了社会各界关心、支持学校办学的热情和力量，大大提升了大学的办学实力。

第三，扩大了学校的影响力

校庆是一次广泛宣传学校，扩大学校影响力的良机。校庆期间的校友联络、社会关注、嘉宾莅临，特别是媒体的集中宣传，对扩大学校的影响力具有积极意义。

70周年校庆期间，临沂大学启动了中央、山东省、市各级各类媒体的集中宣传活动，先后邀请到了中央山东省市媒体100多人次，来学校宣传报道学校的发展改革成就和办学特色。光明日报、中国教育报、中国日报、国际日报、大众日报、齐鲁晚报、山东电视台（"山东新闻联播""早新闻"）、山东人民广播电台（"山东新闻"）、山东商报、临沂日报（连续四期系列报道）、沂蒙晚报、鲁南商报、临沂电视台（"临沂新闻"）、临沂人民广播电台（"临沂新闻"）等多家中央、山东省、市新闻媒体均在重要版面或栏目"第一时间"报道了学校校庆活动。新华网、人民网、光明网、央视网、网易网、新浪网、搜狐网、中国网、中国广播网、科学网、中国校庆网、大众网、中国临沂政府网、深圳新闻网、石油网、华禹教育网、江苏网、琅琊网、鲁南网、临沂在线、临沂商都网等各大主流网络媒体也纷纷发布或转载学校70周年校庆各项庆祝活动。其中，国际日报以"老区大学闯出'国际化'办学一片天"为题，对学校国际化办学进行了深入报道；《中国教育报》用一个整版刊发《花儿就是这样红》，全面介绍了学校以红色文化推进思想政治工作的办学特色；《大众日报》刊发题为"临沂大学倾力打造'红色'品牌"专题稿件，对学校红色育人工程进行了大幅报道；《临沂日报》连续在头版和二版刊发《弦歌不辍七十载质量立校谱华章》等四篇系列报道，对学校的办学历史和办学特色进行了全面报道。让社会各界了解学校的办学特色、感受庆典的热烈氛围，全面展示了学校建校70周年的辉煌成就和崭新形象，提高了学校的知名度和美誉度，扩大了学校的影响力。

此外，临沂大学70周年校庆不仅是学校的一件大事，也是沂蒙革命老区社会的一件大事，对繁荣革命老区教育文化事业、促进革命老区经济发展、提升临沂城市品位、打造临沂城市名片具有重要意义。

总之，临沂大学70周年校庆活动展示了学校70年办学的巨大成就，向全社会展示了临沂大学的新形象；增加了办学资源，开拓了新的办学空间，促成了高水平的国际学术交流；凝聚了各方力量，优化了学校发展的社会环境，全面展示临沂大学的美好形象，锻炼了党员干部，提升了师生素质，扩大了学校的影响力，为临沂大学更好更快地发展创造了更加有利的内部条件和外部环境。

二、全面开启综合性大学办学新征程

临沂师范学院更名为临沂大学，不仅是学校名称的变更，而且是一次从办学思路到办学实践脱胎换骨的蜕变，是临沂大学办学历史上的一个新起点、关键节点和标志性事件。随着 2010 年 12 月 8 日，临沂大学的更名揭牌，学校全面开启了迈向综合性大学办学的新征程。

（一）不断探索创新，逐步确定综合性大学定位

2010 年 12 月 22 日，学校召开了以"站在新起点、谋划新发展、实现新突破、开创新局面"为主题的解放思想、更新观念大讨论工作部署会。立足"十二五"事业发展，在内部调研、请专家来学校研讨、外出学习的基础上，全校上下建言献策，集思广益，科学谋划顶层设计，明确了校风校训，提出了"和为贵、学为先、师生为本、事业为重"的工作方针，展开了综合性大学定位的大讨论。

2011 年 4 月 13 日，学校召开解放思想大讨论总结大会，凝练解放思想大讨论成果，确立了建设"高质量综合性品牌大学"的办学目标和培养"具有沂蒙精神特质和国际视野的高素质应用型人才"的人才培养目标定位；确定了"五年强特色、十年创一流"的战略步骤；提出了"加强人才队伍建设、提高学术科研水平、提升社会服务能力"三大重点和"质量立校战略、开放强校战略、特色亮校战略"三大战略；明确实施"师资提升工程、教学质量工程、科研突破工程、文化建设工程、管理创新工程、党建保障工程"六大工程。

2013 年，临沂大学以显著办学优势和鲜明办学特色，成功获批应用型人才培养特色名校立项建设单位，为学校又好又快发展再上新台阶，提供了新的机遇和平台。

2014 年，学校贯彻党的十八大关于推进高等教育内涵式发展的部署，立足学校新发展方位，为解决好"十三五"和未来更长时期办学治校的方向性、目标性的根本问题，举办了为期一个月的"深化综合改革，聚力内涵发展"研讨班。形成了"八个聚力"的广泛共识，即聚力科学定位，把握好发展方向；聚力教学立校，牢牢把握人才培养这个中心；聚力科研强校，强化学科建设的龙头地位；聚力服务荣校，在服务老区中彰显办学特色；聚力人才兴校，建设高水平的师资队伍和管理服务队伍；聚力开放活校，优化办学资源；聚力文化铸校，建设富有特色的大学文化；聚力深化综合改革，形成有利于内涵发展的体制保障。

2015 年，在"八个聚力"的基础上，学校科学谋划，确定了建设"全国知名区域特色鲜明的创新创业型大学"的办学新定位。

2016 年 3 月，在中共临沂大学第三届党代会上，学校明确了创新创业型大学建设的"三步走"战略：第一步，到 2020 年基本形成创新创业型大学的治理结构和制度体系；第二步，到 2025 年初步建成全国知名区域特色鲜明的创新创业型大学；第

三步，到 2040 年建校 100 年前后，全面建成全国知名区域特色鲜明的创新创业型大学。确立了转型提升的发展主线，推动学校向应用型、创新创业上转，向质量、特色上提，开启了全面建设创新创业型大学的新征程。5 月，印发《临沂大学"十三五"事业发展规划（2016—2020）》，阐明了临沂大学未来 5 年的发展定位、战略目标、发展特色、人才培养、学科建设、科研创新、改革领域、区域协同、质量保障等方面的任务和举措，体现了全校师生的共同愿景。其中，确定办学定位是全国知名区域特色鲜明的创新创业型大学；培养目标定位是基础理论扎实，富有创新精神和创业能力，具有沂蒙精神特质和国际视野的高素质应用型人才。

（二）深化综合改革，构建综合性大学治理体系

2011 年，学校围绕综合性大学的发展目标和定位，按照填补空白、地方需要、突出特色的原则，优化整合学科专业布局，将教学单位由原来的 16 个（含 2 所分校）调整为 21 个，新建了 3D 影视学院、物流学院等 6 个二级学院，新成立了沂蒙文化研究院、羲之书法研究院等 9 个研究院所；将管理服务机构调整为 23 个，基本完成了综合性大学组织结构的改造。制定了"导向科研、导向基层"政策，从机构设置、人员配备、经费配套等方面，全面向科研、教学一线倾斜，形成了重视科研的浓厚氛围，激发了基层创造活力。启动了办学规章制度的转换提升工作，废、改、立制度 200 余项；完成了第一任期干部竞聘上岗，对 3/4 的处级干部进行了轮岗交流；实施放权强院、校院二级办学改革，改革经费预算办法，下放发展权、管理权、人事权、财务权、资产权等，支持学院自主办学，实现管理重心下移；改革后勤体制机制，组建后勤集团，构建了"市场化运作、企业化管理、社会化服务"的新型后勤保障体系；实施实验室分级管理，推进教授（博士）实验工作室建设，提高实验服务质量和使用效益；推进了办公自动化建设，论证建设师生服务大厅。通过内部管理改革，完成了综合性大学治理结构的合理构建。

2015 年 5 月，学校党委会审定通过《临沂大学章程》，2016 年 1 月 1 日山东省教育厅核准生效。《临沂大学章程》具有 5 个特色：一是明确了学校要致力于培养基础理论扎实，富有创新精神和创业能力，具有沂蒙精神特质和国际视野的高素质应用型人才，努力建设全国知名、区域特色鲜明的创新创业型大学；二是明确了学校的治理体系和治理结构；三是突出了师生在办学活动中的主体地位；四是彰显了学术权力在治学中的主导地位；五是明确了学校外部关系，突出了理事会、校友会、基金会在吸纳社会资源办学中的地位和作用。

2016年，学校制定了《综合改革实施方案》，确定了40项改革任务。优化学校内部治理结构，将学院、研究院（所）调整为6大学部、24个学院、4个校级研究院所、2个分校区；深化学校体制机制改革，将管理服务机构调整为25个管理单位和5个教辅单位；实施学部制改革，构建"四级建制、两级管理"的分级管理体制，推进管理重心下移，释放学院办学活力；推进办学核心制度建设，加强学术和民主治校体系建设，规范内部运行，完善现代大学治理体系；深化干部制度改革，深入推进取消二级学院行政级别试点改革，构建"能上能下、能进能出"机制，干部队伍年龄、学历、职称结构得到显著优化。

（三）深化人事改革，加强队伍建设

2011年，认真落实山东省高校人才工作目标责任考核意见，学校实施"名师工程"和"青年教师培育计划"。

2012年，学校深化人事制度改革，弱化"官本位"，强化"学本位"，实施"导向教学、导向科研、导向高层次人才"政策。出台高层次人才（团队）引进等创新政策，高端人才和地方专家型人才引进填补了学校多项空白。

2013年，学校组织实施"千名教师培训提升计划"，教师分批次赴浙江、上海等地高校集中培训。职称评聘实行分类管理，将教师系列分设为教学科研并重型、教学为主型、科研为主型和应用服务型。

2014年，学校修订高层次人才引进有关规定，提高引进人才的待遇。

2015年，学校实施"百名教授博士引进计划"，加强高水平创新团队建设，构建"学科带头人＋团队"模式；制定《临沂发展研究院社会服务团队培育建设实施方案》，启动优势特色学科团队提升工程；出台《临沂大学绩效考核分配办法（试行）》，建立健全符合学校特点、体现岗位绩效和分级分类管理的考核分配制度；深化人事制度，实现从身份管理到岗位管理的转变；设立校聘教授特殊岗位。

2016年，学校出台《加强党管人才工作的实施意见》，健全党管人才工作格局。

2017年，学校继续实施"百名博士教授引进计划"，国家杰青、千百万人才工程人选等高层次人才增加到23人，具有山东省部级及以上称号人才增加到34人。实施"专任教师博士化工程"，专任教师博士比成倍增长。学校被山东省委山东省政府授予"山东省年度人才工作先进单位"。

2018年，学校深化绩效制度改革，修订了绩效工资分配办法，赋予二级单位更多分配自主权。深化岗位管理制度改革，完成人员总量控制岗位设置，启动了定编定岗管理改革，开展了专业技术岗位届中考核，有效激发了教师的积极性。

2019年，学校强化人才优先，坚持引育并举，加大学科带头人引进力度，高层次人才效应不断彰显。启动定编定岗管理改革，强化师德师风建设，出台教授副教授从事课堂教学规定。

2020年，学校超常规引进高层次人才和团队，与临沂市联合开展"才聚沂蒙"行动。

（四）发挥红色资源优势，彰显老区大学特色

2011年6月，学校党委、行政联合印发《临沂大学红色育人工程实施意见》，以沂蒙精神这一"红魂"为主线，按照"三三三六"总体架构整体推进，以建立红色基地、研究红色文化、开设红色课程、建设红色场馆、组织红色活动、打造红色典型为载体，在学校人才培养中实施红色育人工程。

2012年5月17—19日，为传承红色文化，强健大学生体魄，推进社会主义核心价值体系建设，经中国大学生体育协会批准，在临沂大学举办主题为"盛世红运，青春中国"的第一届全国大学生传统运动会。

10月5日晚，山东省优秀舞台剧目展演在泉城济南进行。临沂大学师生创作编排的大型歌舞《沂蒙印象》在济南铁路文化宫首演成功。《沂蒙印象》与已成功演出的大型民族交响乐《沂蒙畅想》，以及即将打造的大型情景剧《沂蒙情深》，共同构成临沂大学沂蒙红色乐舞剧系列三部曲。

2015年11月25日，为学习贯彻习近平总书记关于弘扬沂蒙精神重要讲话和重要批示精神，由临沂大学发起，延安大学、井冈山大学、河北师范大学和临沂大学四所高校联合在临沂大学成功举办"三山一坡"高校联盟弘扬革命精神研讨会，以"井冈山精神、延安精神、西柏坡精神与沂蒙精神的历史地位与当代价值"为主题，深入研讨了新的时代条件下传统革命精神与文化资源的理论与实践价值，并达成"临沂共识"。

2016年3月，山东省沂蒙精神研究基地（临沂大学）入选首批"山东省理论工程建设研究重点基地"。

8月，以"沂蒙文化打造特色，沂蒙精神立德树人"为主要内容的临沂大学孙海英工作室入选首批"山东省思想政治理论课名师工作室"。

2017年2月，"沂蒙文化研究基地"获批"十三五"山东省高等学校人文社会科学研究基地。

11月，学校党委出台《关于大力弘扬沂蒙精神的实施意见》，积极挖掘沂蒙精

神的丰富内涵和育人价值，深入实施弘扬沂蒙精神"三五七"工程，着力培育师生"能吃苦、善创新、敢担当、乐奉献"的临大特质，为创建全国知名区域特色鲜明的创新创业型大学提供强大的精神动力。

12月20日，为充分发挥沂蒙精神在干部培训中的重要作用，山东省高等学校党员干部教育培训基地落户临沂大学。

2018年11月，学校召开"传承抗大基因、弘扬沂蒙精神——学习贯彻习近平总书记沂蒙精神重要讲话暨纪念抗大一分校成立80周年学术研讨会"。来自全国各地的专家学者，深入挖掘"抗大精神"与"沂蒙精神"的渊源、内涵及时代价值，共同探讨在习近平新时代中国特色社会主义思想指导下，牢牢把握立德树人根本任务，积极传承红色基因，大力弘扬沂蒙精神，努力培养德智体美劳全面发展、能够担当民族复兴大任的时代新人这一时代课题。

2019年，在临沂大学《落实立德树人聚焦专业建设构建一流本科教育教学体系和培养一流人才》中指出，"突出一个引领：即传承红色基因，弘扬沂蒙精神，打造立德树人特色育人体系。"学校党委出台《关于加强三全育人育全人工作的实施意见》，扎实开展"三全育人育全人"工作。提出要把沂蒙红色文化资源融入教育教学全过程，彰显革命老区大学人才培养的特色与品牌。

2020年7月1日，山东省大中小学红色文化传承研究指导中心在临沂大学揭牌成立。9月2日，学校获批2020年全国普通高校中华优秀传统文化传承基地。

11月24日，为深入学习贯彻习近平总书记关于弘扬沂蒙精神重要讲话和党的十九届五中全会精神，由延安大学、井冈山大学、河北师范大学、临沂大学主办的第五届"三山一坡"高校联盟弘扬革命精神研讨会在临沂大学举行。本届研讨会的主题是"弘扬革命精神，为党育人，为国育才"。

临沂大学大力传承红色基因、弘扬沂蒙精神，开展了系列丰富多彩的活动，打造了系列科研和教学平台，产出了系列的研究成果，取得显著育人成效。其中，临沂大学承担的全山东省红色基因传承研究重大项目，入选全国高校思想政治理论课教师研修基地，入选山东省高校思想政治工作十大建设计划校园文化品牌项目。

（五）倡导改革创新，促进内涵发展

2011年以来，学校一直倡导教学、科研、对外合作等方面的改革创新，促进了学校的内涵发展。

强化教学改革 优化人才培养

学校修订完善人才培养方案，制订拔尖学生培养计划，实施了本科生大类培养、多样化培养、个性化培养和"工学结合""订单培养"。大力实施红色育人和国际视野培育两大育人工程，构建了"一体两翼"的人才培养体系。制订了"内涵提升计划"（2011—2015 年），构建了全过程、多层次、个性化的实践教学体系。改革教师教育模式，成立了山东省首批教师教育基地，完善了"通识教育＋学科教育＋教师教育"有机结合的教师教育课程体系。推进考试改革和校际考试联盟建设，围绕学生个性化发展需求，扎实推进了学分制改革，强化教学质量监控体系建设，完成了教学运行状态数据监测平台建设。将创新创业教育融入人才培养全过程，以课程体系改革、教学模式改革为抓手，探索构建了"一二三四"融入式协同性多元化人才培养模式改革。实现了创新创业教育与专业教育相融合、理论与实践相融合、第一课堂与第二课堂相融合、点与面相融合。出台了《全面推进创新创业型大学建设的实施意见》。2015 年 1 月，临沂大学获批国家级"虚拟仿真实验教学示范中心"。2018 年 1 月，学校荣获山东省高等教育教学成果特等奖第二单位 1 项，一等奖 3 项、二等奖 8 项。2019 年 6 月 12 日，学校召开第七次本科教学工作会议。会议主题是落实立德树人根本任务，聚焦专业建设，加快推进一流本科教育教学体系构建，提升人才培养质量。9 月，学校马克思主义学院荣获"全国教育系统先进集体"称号。12 月，学校召开"三全育人"工作会议，着力构建全员育人、协同育人、特色育人体系。

至 2020 年 3 月，学校小学教育专业通过普通高等学校师范类专业第二级认证，机械设计制造及其自动化、制药工程顺利完成中国工程教育认证现场考察；学校以新工科、新农科和新文科建设为引领，探索"专业＋微专业"人才培养模式改革，开设 20 个微专业，5 门课程被评为国家级一流本科课程，7 个专业入选国家级一流专业建设点。

强化科学研究 提升办学层次

临沂大学科研工作按照"向上找导向、向下找需求"的指导思想，实现了"三个转变"，科研项目数量和层次逐年提升，形成了一批科研团队，取得了一系列高水平科研成果，产学研工作进一步拓展。实施一流学科建设计划，制定《学科建设总体规划》，重点打造 15 个学科群和 12 个专业群。优化完善科研激励机制，出台《委托科研与成果转化实施意见》。

2018 年 7 月，国家社科基金艺术学重大项目"新中国成立 70 周年中国戏曲史（山东卷）"获批立项，实现了学校哲学社会科学研究工作的新突破。

9月，学校获批山东省硕士学位授予权立项建设单位，实现了硕士学位授权点的突破，标志着学校人才培养层次由本专科提升到硕士研究生阶段。

2019年7月，学校印发了《临沂大学特色学科团队建设规划与实施方案》，集中优势学科力量，在沂蒙文化、肿瘤诊疗、智慧物流、资源环境与现代农业、教师教育、新能源新材料、古生物学等领域集中打造一批特色学科团队。

2020年，学校获批国家自然科学基金项目27项、国家社科基金项目7项、教育部人文社科项目9项、山东省自然科学基金项目62项、山东省社科规划研究项目35项，到位课题经费5400余万元；"山东省乡村生态规划与治理技术工程实验室"成功获批山东省工程实验室，化学学科入选山东省高水平学科培育学科；科研创新水平强势攀升，获得山东省自然科学奖二等奖和科技进步奖二、三等奖各1项，实现历史性突破；"小学卓越教师校地协同培养基地"获批山东省产教融合研究生联合培养示范基地立项建设名单；2020年，为抗击新冠肺炎疫情，临沂大学科研团队先后研制出新型冠状病毒检测试剂盒、消毒剂和智能防疫喷雾消毒机器人，为抗击新冠肺炎疫情贡献了临大力量。2020年又有9个硕士专业学位授权类别、3个硕士授权一级学科顺利通过山东省学位办审核，研究生招生规模不断扩大。

深化校地融合　倾力服务沂蒙

学校不忘老区人民的深情厚谊，始终秉承校地命运共同体理念，深化城校融合发展，坚持融入临沂、依靠临沂、服务临沂、贡献临沂，着力构建"水乳交融、共生共荣"的校地关系。

2012年，学校印发《临沂大学服务沂蒙行动计划（2012—2015年）》，加强与地方企事业单位的产学研合作。此后，学校先后与810余家单位建立产学研合作关系，承担了一批建设规划、技术咨询与培训、课题研究等项目；形成了校地共建、资源共享、互惠共赢的教师教育发展新模式；积极对接地方发展战略，发挥学校智库优势，推进校地协同创新，实施了"百名教授博士走沂蒙"行动；建设"农校对接示范园区"，实现了"政府满意、企业发展、农民增收"的多重经济和社会效益；与临沂市共建山东第一所新型职业农民学院。

2015年以来，临沂大学药学院在金银花产业化开发关键技术创新及应用领域，突破了新品种选育、新产品研发、产业化开发等关键技术问题，制定了中医药——金银花［ISO国际标准］。

2017 年 12 月，临沂市委办公室、市政府办公室联合印发《临沂市与临沂大学城校融合发展实施方案》，推动临沂市各县区、开发区和市直部门与临沂大学深度融合、密切协作，扎实推进高水平应用型大学建设工程、国际城市品牌打造工程等"十大工程"，构建城校多元合作的长效机制，实现临沂大学与临沂经济社会协同发展。

2018 年 11 月，学校与临沂市商城管委会联合申请的山东商贸物流研究院成立。2019 年 9 月，临沂大学商贸物流研究院团队编制的《临沂商贸服务型国家物流枢纽建设方案》通过国家发改委评审，助力临沂成功晋级全国首批国家物流枢纽。

2020 年 4 月，山东省高校第一个实体建制的乡村振兴学院——临沂大学乡村振兴学院签约奠基仪式成功举行。

密切国际交流 提升国际办学水平

2012 年 10 月，学校出台《临沂大学国际视野培育工程实施方案》，着力培养学生的国际视野和卓越创新素质。

2013 年 2 月，学校出台《临沂大学对韩高校合作优惠政策》，成立了中韩学院，合作建设了高尔夫学院、软件学院、水原大学临沂研究生院等教育机构。

2015 年以来，适时调整对外开放办学战略，巩固扩大对韩高校合作成果，深化与欧美国家高校的战略合作，与欧美等 19 个国家的 56 所高校建立合作办学关系。

2017 年 12 月，国务院副总理刘延东为临沂大学在几内亚建设的科纳克里大学孔子学院授牌，标志着临沂大学海外第一所孔子学院正式建成。

2019 年 1 月，学校党委出台《关于推进国际交流与合作工作的实施意见》，强化开放办学理念，完善大开放办学格局。

2021 年 1 月，学校出台《临沂大学中外合作办学管理办法》，鼓励有条件的学院与国（境）外高水平大学及具有优势学科专业的外国教育机构开展中外合作办学，继续扩大对外开放。

截至 3 月，学校新增 3 所国外友好大学，达成博士生联合培养项目 1 项；学校几内亚孔子学院注册学生 1500 余人，并首批成功完成转隶工作；学校获批国家、山东省公派出国留学项目 13 项，出国留学 112 人次，首次成班制招收学历留学生，其中录取首批 16 名研究生，实现历史性突破。

此外，学校不断提升校园建设水平，完成了校园消防安全专项整治，获批教育部"能效领跑者示范建设试点"项目、"山东省节水型高校"。

总之，从临沂大学揭牌以来，学校在各级党委的领导下，团结带领全校干部师生贯彻落实教育部、山东省委山东省政府关于临沂大学的部署要求，结合学校实际，围绕更名后"办什么学、怎么办学"和"培养什么人、怎样培养人"等基本问题，按照综合性大学的管理模式和办学规律，对学校定位、内部治理、发展导向、办学文化等进行了全面系统的探索、研究、梳理和优化提升，取得了阶段性的辉煌成果，迈出了建设综合性大学的坚实步伐。

2021 年 3 月，学校站在新起点，擘画学校新蓝图，召开了七届一次教代会（工代会），学校校长张书圣作《学校工作报告》，讨论通过了《临沂大学"十四五"发展规划》，确定了学校战略目标和"十四五"时期改革和发展的指导思想、基本原则、发展思路；提出了"十四五"时期学校改革和发展的十大任务和五大工程，发出了《唱响高质量发展主旋律，"十四五"事业再创新辉煌》的倡议。根据学校"十四五"主要目标，学校党委作出了"一二三五六"的总体部署。在教代会闭幕式上，学校党委书记王焕良强调，征途漫漫，唯有奋斗。学校要紧紧围绕在以习近平同志为核心的党中央周围，更加自觉增强"四个意识"、坚定"四个自信"、做到"两个维护"，大力发扬孺子牛、拓荒牛、老黄牛精神，勇当新时代泰山"挑山工"，不忘初心、牢记使命，奋力创新，奋勇争先，为建设区域一流、山东省内一流的高水平综合性应用型大学而努力奋斗！

我们有理由相信，在新的征程上，临沂大学一定会行稳致远，再创辉煌。

第一章 综合性大学的定位与特色发展

2011—2021 年这十年，临沂大学始终秉承优良办学传统，坚持为区域经济社会发展服务的办学宗旨，围绕内涵式发展这条主线，深化综合改革，不断构建完善综合性大学办学体系，经过了从建设高质量综合性品牌大学到建设全国知名、区域特色鲜明的创新创业型大学两次定位调整，制定实施了"十二五"和"十三五"两个发展规划，形成了沂蒙精神育人、城校融合发展两大鲜明办学特色。在"十四五"开局之际，学校进一步确定了"五年进'双高'、十年成'一流'"的战略目标，区域综合性大学的特色发展、高质量发展之路更加明晰。

第一节 办学定位的新探索

2010 年 11 月 26 日，教育部批复学校由临沂师范学院更名为临沂大学，"十年两段三步走"的战略规划成功实现，千万沂蒙人民欢欣鼓舞，全校师生为之自豪骄傲。站在新起点，面临新形势、新任务、新机遇，学校充分认识办好临沂大学的艰巨性和长期性，围绕"办一所什么样的大学、怎样办好这所大学"和"培养什么人、怎么培养人"这些办学的基本问题进行了持续深入的探索。

一、全面开启高质量综合性品牌大学建设

如何办好新生的临沂大学，不仅是全校领导干部师生关心的问题，也牵动着省委省政府、市委市政府和关心支持沂蒙老区发展的各级领导、社会各界、海内外校友的心，他们以各种形式建言献策，学校党委行政广泛征求意见，全校干部教师积极参与讨论，形成了共襄盛举的强大合力。

（一）举行第一次解放思想大讨论

2010 年 11 月 29 日，为全面贯彻国家教育部和山东省人民政府关于临沂大学的部署要求，解决好"办一所什么样的大学、怎样办好这所大学"这一基本问题，学校党委下发了《关于开展"站在新起点，谋划新发展，实现新突破，开创新局面"解放思想更新观念大讨论活动的意见》。该意见确立了"站在新起点，谋划新发展，实现新突破，开创新局面"的讨论主题，提出"坚持以科学发展观为指导，以思想的大解放、思路的大转变，推动各项工作的大提升、大发展，为临沂大学开好局、起好步奠定坚实的思想基础"。

2010 年 12 月 22 日，临沂大学解放思想、更新观念大讨论工作部署会在校友中心会议室召开。会议指出，通过解放思想、更新观念大讨论活动，要回头看看，总结升本十年来的经验和出现的问题；要低头想想，临沂大学未来的发展；还要抬头望望，结合目前高等教育发展趋势和我校国际化办学需要，对办一所什么样的大学进行深入思考和科学规划设计。会议强调，开展解放思想、更新观念大讨论活动，要做到"四个结合"，即学习与讨论和考查相结合，自下而上与自上而下相结合，扬弃与创新相结合，找差距与提建议相结合。要加强领导，正确引导，切实从发展的大局出发，从办好新生的临沂大学出发，按照学校有关要求，扎实组织好此次大讨论活动。随后，学校成立了大讨论活动领导小组和 7 个指导督导组。根据党委的意见，各基层党委、党总支也成立了领导机构，制定实施方案。学校党委先后召开了 4 次党委会，研究部署大讨论工作。

2011 年 4 月 13 日，学校在会议中心召开解放思想大讨论总结大会。会议指出，大讨论活动取得了四方面成效，分别是深入动员，周密部署，产生了广泛影响；抓好学习调研，带着问题找差距，推动了当前工作；统一思想认识，理清了内涵发展的新思路；总结大讨论成果，促进综合性大学制度体系转变提升。会议指出，建设什么样的大学是本次大讨论的核心问题，更是当前全校师生关注的中心问题。从国家对高等教育的总体要求来看，学校要有更高的办学定位；从我省高等教育的发展形势来看，学校面临重大的历史机遇，也面临严峻的挑战；从学校自身科学发展的要求来看，学校必须办出水平、办出特色、办出活力。会议明确，要经过 5 到 10 年努力，把临沂大学建设成一所名副其实的综合性大学、高质量大学、品牌大学。会议强调，学校党委从实际出发，确定了未来 5 到 10 年的战略目标为"五年强特色、十年创一流"，第一阶段是在"十二五"期间，全面强化人才培养、科学研究、社会服务等方面的办学特色，在同类院校中形成明显的比较优势；第二阶段是再经过五年奋斗，到 2020 年，我校在鲁南经济带、淮海经济区大学、全国红色大学、全国同类院校中实现率先发展，成为一流大学。会议明确，今后一个时期的工作要突出三个重点，一是全面加强人才队伍建设，二是全面提高学术科研水平，三是全面提升社会服务能力。实施三大战略，一是质量立校战略，二是开放强校战略，三是特色亮校战略。会议号召，全体师生员工以思想的大解放、思路的大转变促进各项工作的大发展、大提升，调动一切积极因素，形成学校发展的强大合力，努力把临沂大学建设成为高质量综合性品牌大学。

（二）召开临沂大学发展战略论证会

2010 年 12 月 8 日，在临沂大学揭牌庆典结束后，教育部原党组副书记、副部长、全国高校设置评议委员会主任张保庆同志主持召开临沂大学发展战略论证会。山东省原副省长张瑞凤，教育部巡视员、教育部高等教育教学评估中心原主任刘凤泰，教育部发展规划司副司长宋德民，国家教育学院副院长张益群，山东省高校工委书记、山东省教育厅厅长齐涛，中国工程院院士、世界电动车协会主席陈清泉，临沂市委书记连承敏，临沂市委副书记、市长张少军，山东轻工业学院党委书记徐同文，我校党委副书记、校长韩延明，党委副书记谢亚非出席论证会。

论证会结合临沂大学中长期改革和发展规划纲要蓝本，研讨论证了临沂大学未来十年发展所面临的办学定位、学科发展、体制机制等问题。会议认为，临沂大学揭牌为学校可持续发展提供了新的发展机遇，临沂大学在新的发展机遇期的建设和发展任务仍然很重，要始终保持清醒的认识。今后要在上级主管部门和临沂市的支持、指导下，贯彻落实党委领导下的校长负责制，继承发扬优良的办学传统，继续立足地方，坚持为沂蒙服务的办学定位，全力加强学科建设，提升学术科研等内涵层次，扎实做好教书育人工作，高水准打造校园文化，为创建高水平综合性大学而努力奋斗。

（三）全面开展作风建设

2011 年 5 月 6 日，学校在会议中心召开作风建设动员大会，深入贯彻落实胡锦涛总书记在清华大学百年校庆上的重要讲话，贯彻落实省委、市委关于"以人为本、执政为民"教育活动、师德教育活动、优化发展环境等工作部署，围绕"培养什么人、怎样培养人"这一根本问题，明确在临沂大学开局起步阶段，学校在作风建设方面面临的形势、问题和主要任务，明确应该以什么样的作风进入综合性大学发展新阶段。

会议指出，学校通过解放思想大讨论活动，明确了"高质量综合性品牌大学"的发展目标，确定了"五年强特色、十年创一流"的战略步骤，通过召开一系列座谈会，进一步吸纳了基层意见，在此基础上，学校召开作风建设动员大会，对于集中解决工作中存在的各种突出问题，以新作风、新形象、新境界全面进入高质量综合性品牌大学建设新时期是十分必要和及时的。

关于"培养什么人"，会议指出，按照胡锦涛总书记清华大学百年校庆讲话精神要求，我校要围绕"社会主义核心价值体系教育"这条主线，从实际出发，培养理论扎实、富有实践创新能力、秉承沂蒙精神、具有国际视野、适应区域经济社会发展需求的高素质应用型人才，简言之，就是要培养具有沂蒙精神特质和国际视野的高素质应用型人才。会议强调，培养什么人是关系党和国家前途命运的大问题，必须高度重视。我们必须要高度重视社会主义核心价值观教育，唱响主旋律，保证学生坚定的政治方向。同时如何把社会主义核心价值体系教育落到实处，是必须认真对待的重大问题。要坚持德育为先，把社会主义核心价值体系教育贯穿于人才培养的全过程，以强化思想政治理论课为切入点，占领学生思想政治教育高地；要在大学生实践教育环节中强化社会主义核心价值观教育，把树立和弘扬社会主义核心价值观的客观要求内化为青年学生的自觉行动；要把德育教育与校园文化建设结合起来，使学生在良好的校园人文、自然环境中陶冶情操，促进学生的自我全面发展和健康成长。

关于"怎样培养人"，会议指出，要突出"党风、教风、学风"三个重点，全面加强作风建设。通过狠抓党风建设，集中解决思想作风、工作作风、领导作风和生活作风方面存在的各种问题。狠抓党风建设，必须发扬密切联系师生的优良作风，体察基层情况，关注校园民生，倾听一线声音，认真解决师生工作生活中的实际困难；狠抓党风建设，必须在全校各级干部的思想上筑牢拒腐防变的坚强防线，正确对待和行使权力；狠抓党风建设，必须强化机关服务意识和效率意识，去除"官本位"思想，转变机关职能，把工作重心放在营造环境、搭建平台、提速增效上。教风不仅直接关系到教学质量的高低，而且对学生的世界观、人生观、价值观有着直接的影响。加强教风建设要从师德抓起，要继承和发扬优良传统和作风，向王汝涛、陈毛美、张金树等德艺双馨的大师、名师学习，从每一件小事做起，以有力的措施和高度自觉的精神落实教书育人，带动校风、学风的整体提升。学风包括领导干部的学风和青年学生的学习之风两个方面，领导干部要正确认识学校建设与发展的新形势、新任务和新要求，坚持"干什么、学什么""缺什么、补什么"，大力倡导学以致用、理论联系实际的学风。加强青年学生学风建设要认真落实胡锦涛总书记在清华校庆讲话中对青年学生提出的"三个希望"，把文化知识学习和思想品德修养紧密结合、把创新思维和社会实践紧密结合、把全面发展和个性发展紧密结合，狠抓思想教育和引导工作，加强辅导员作风建设，以作风带学风，实现学生学风的根本扭转。

会议强调，要充分利用沂蒙老区丰富的红色文化资源，实施红色育人工程。要突出沂蒙精神这一"红魂"，高度重视红色文化的育人价值。要扎实推进红色文化"三进"工作，形成红色文化育人模式，实施沂蒙精神进教材，使教学内容"新"起来；推进沂蒙精神进课堂，让教学形式"活"起来；强化沂蒙精神进头脑，让教学成效"实"起来；加大"三进"教学常规化，让育人模式"树"起来。要传承创新红色文化，打造红色大学品牌，建立一支结构合理的红色文化研究队伍，产生一批有影响的研究成果，推出一系列红色文化产品，打造一个红色文化校园。

会后，学校集中开展了三大活动，一是在全体党员和领导干部中间开展了"以人为本、执政为民"主题教育活动；二是在全体教师中开展师德建设主题教育活动；三是在全体机关工作人员中开展优化发展环境主题教育活动，把作风建设不断推向深入。

（四）举行第二次解放思想大讨论

2012年9月9日，学校在沂蒙大讲堂召开会议，隆重庆祝第28个教师节，同时启动了学校第二次解放思想大讨论活动，大讨论主题为"围绕社会服务，强化责任担当"。

会议强调，要认真解决好三个层面的问题。第一个层面，要解决好核心层的问题，就是定位问题。从我校人才培养目标的落实和办学过程中出现的问题看，学校内涵发展不足，忽视了"应用型"这个核心问题，所以大讨论活动要围绕"应用型"这个核心问题展开讨论，实现办学指导思想向"应用型"的转变。第二个层面，要解决好重点层的问题，就是要为社会服务。在内容上，要实施"六大行动"，为区域经济社会发展提供人才服务、科技服务、智力服务、文化服务、创业服务、资源服务，成为引领和助推老区发展的强大"引擎"；在方法上，要实现思想观念、价值取向、组织方式"三个转变"，全面推进协同创新；在措施上，要实施观摩县域经济、选派干部到县区挂职、博士教授真正下基层解决基层实际问题"三步走"的步骤，促进大学与地方的深度融合；在制度保障上，完善学年考核和职称评聘"两大评价机制"，改进考核评价办法。第三个层面，要解决好基础层的问题，就是责任担当落实的问题。就是要切实提高科学研究能力和自主创新能力，切实解决好社会服务工作的组织问题。

会议强调，解放思想不能空对空，要实打实。各部门、各单位要按照党委的部署，切实加强大讨论活动的组织引导，把社会服务作为今后工作的着力点，找准社会服务的结合点，攻克教学改革的关键点，抓好管理创新的保障点，强化责任落实，提高工作执行力；全校教师和教育工作者要深刻认识自己的神圣职责和重要使命，自尊自励，自强不息，通过思想再解放、认识再统一、行动再自觉，把质量建设和特色发展推进到一个新的阶段。要切实取得一批管长远的成果，落实"五个一批"，即要创新一批制度机制，明确一批研究方向，组建一批服务团队，打造一批合作平台，落实一批合作项目，真正使大讨论取得实效。

此次大讨论活动着力解决对应用型名校建设的认识问题和对社会服务的落实问题，历时四个半月，按照"学习动员""查摆问题、剖析根源""整改提高、实践突破"三个阶段，实现了"四个结合"，即与学习宣传贯彻党的十八大精神紧密结合、与开好校院两级班子民主生活会相结合、与观摩县域经济和考察省外高校相结合、与推进重点工作相结合，有力推动了学校发展，增强了教职员工的"五种意识"，即围绕"社会服务"这一着力点，增强了主动意识；围绕"责任、担当、落实"这一主题，增强了使命意识；围绕破除"满、慢、怨、窄、散"思想，增强了效率意识；围绕"应用型名校建设"这一核心定位，增强了发展意识；围绕"内涵建设"这一主线，增强了忧患意识。

作为第二次解放思想大讨论活动的重要内容，学校进行了首次大规模的省外高校集体考察，分四路对南方31所高校、科研院所，1家合作企业进行考察学习。此次考察进一步解放了思想，更新了观念，拓宽了思路，启迪了思维，找出了差距，明确了目标，树立了信心，增强了决心，达到了预期目标。

2013年1月23日上午，第二次解放思想大讨论活动总结大会在沂蒙大讲堂三楼报告厅隆重举行。会议总结了第二次解放思想大讨论活动取得的重要成果，特别是赴南方高校考察的主要启示和收获，对巩固、扩大和用好大讨论活动成果，以及学校今后一个时期工作目标、工作重点、重要举措等作了全面部署。会议强调，解放思想永无止境，一次解放思想不可能解决所有问题，此次解放思想重点解决应用型名校建设问题和为社会服务的问题，通过这些真正使我校以质量和特色为核心的内涵提升跃上一个新的台阶。会议提出了"一个统一，两个突破，两个转变"的工作要求。"一个统一"即统一思想，提高认识，全力争创应用型特色名校。"两个突破"即强力突破"为社会服务"这一难点，凝聚社会服务的正能量；众志成城实施内涵提升重点突破，要重点扶持优势特色学科，要通过试点学院扶持建设一批特色学院，要优先保证科研平台建设投入，要尽快组织实施对韩合作突破。"两个转变"一是更新观念、转变方式，用协同创新的思路解决制约发展的突出问题，要坚决推倒"四堵墙"，破除思想观念的束缚，要用协同创新的办法解决发展中的各种问题、突破各类发展瓶颈，要"多条腿走路"解决人才瓶颈；二是要认真贯彻落实中央的八项规定，转变工作作风，全面提高工作效率。会议要求，全校上下要始终把解放思想这把"金钥匙"牢牢抓在手上，坚持以思想解放引领学校科学发展，坚持不懈地破解难题、坚持不懈地改革创新、坚持不懈地改进作风，进一步增强责任担当落实意识，巩固好、转化好这次解放思想大讨论活动成果，为办好沂蒙人民满意的高等教育、建设高质量综合性品牌大学而努力奋斗。

二、"十二五"规划

"十二五"时期是我校全面进入综合性大学建设与发展的关键时期。为适应教育及社会发展的新形势、新任务、新要求，根据国家、山东省中长期教育改革和发展规划纲要精神以及国家教育部、山东省人民政府关于临沂大学的部署要求，按照学校"创建高质量综合性品牌大学"的发展目标和"五年强特色、十年创一流"的总体战略，2011年7月，学校制定和印发了"十二五"事业发展规划（2011—2015）。

"十二五"规划的核心内容主要体现在以下方面。

（一）确立内涵发展的基本思路

规划以科学发展观为统领，全面贯彻党的教育方针，遵循高等教育发展规律、市场经济发展规律和人才成长发展规律，坚持"提高质量、强化特色、提升内涵、创新发展"的办学方针，明确了"转变方式、调整结构、强化质量、凝练特色、促进和谐、注重效能"的发展思路。

转变方式。发展方式上由外延发展为主转变为以内涵发展为主。深化教育教学改革，实施质量工程建设，完善高等教育质量保障体系；不断改善办学条件，提高高等教育资源效益；加强内部管理，推进校风、学风和制度建设，建设学生健康成长的校园环境；推动科技创新与人才培养紧密结合，提高科研和创新能力，办出水平、办出特色、办出活力。

调整结构。按照有利于提升内涵和核心竞争力的原则，采取"导向科研、导向基层"的政策，调整优化学科专业结构，促进多学科交叉与融合，选择一批优势学科进行重点建设，积极培育硕士点，结合学校实际和区域经济社会需求，着力建设应用性学科专业、空白性学科专业、特色学科专业，形成覆盖面广、层次性强的学科专业结构；依靠人才引进和自我培育，优化师资队伍的学历结构、年龄结构、职称结构、学缘结构和学科专业结构，实现合理分布。

强化质量。确立质量品牌意识，规范质量品牌管理，借鉴国内外高质量大学办学经验，以先进理念为指导，以培养基础理论扎实、富有创新精神和实践能力的高素质应用型人才为目标，以内涵建设为核心，优化课程体系，创新课堂建设，构建全新的人才培养模式，全面提高人才培养质量；完善区域社会服务功能，增强科研针对性，提高服务质量。

凝练特色。从区域经济社会要求出发，从学校实际出发，围绕"沂蒙精神育人""校地（企）共建""商贸经济产业优势转化""学科专业建设""国际合作办学""现代物流"等方面做好特色发展文章，在人才培养、科学研究、社会服务等方面形成品牌影响力，全面提升学校核心竞争力。

促进和谐。按照科学发展观要求，统筹规模、结构、质量、效益之间的关系，兼顾改革、发展、稳定、民生之间的关系，理顺教学、科研、学科、专业之间的关系，促进和谐发展；以师生为本，以学生为中心，维护团结大局，形成凝心聚力、风正气顺、心齐劲足、干事创业的氛围，建设富有沂蒙精神特色的和谐校园文化；培养区域社会急需人才，开展社会科技文化服务，形成大学与区域社会的和谐发展与共赢发展。

注重效能。完善党委领导下的校长负责制，推进现代大学制度建设，充分发挥各类群众团体的作用，形成民主科学、依法治校的管理体系和办学氛围。深化学校内部管理体制和运行机制改革，实施人性化、精细化、规范化、科学化管理，增强成本效益意识、服务发展意识、特色品牌意识、市场竞争意识，全面提高管理水平和办学效益。

（二）明确了新的发展定位

发展目标定位——高质量综合性品牌大学。

学校类型定位——应用型大学。

办学层次定位——以本科教育为主，积极开展研究生教育。

人才培养目标定位——培养理论扎实、富有创新精神和实践能力、具有沂蒙精神特质和国际视野、适应区域经济社会发展需求的高素质应用型人才。

学科专业定位——以传统文理学科为基础，加强工科、经管、文化产业等应用型学科建设，重点发展社会急需的新兴应用技术学科专业和空白交叉学科专业，形成文理渗透、理工结合、具有鲜明区域性特色和国际性特征的学科专业结构。

服务面向定位——立足沂蒙，面向山东，辐射全国。

（三）制定了未来5至10年的办学目标

明确要在今后 5 年，全面强化在人才培养、科学研究、社会服务等各方面的办学特色，在同类院校中形成明显的比较优势；学校与区域经济社会联系更加紧密，学科专业结构日趋合理，部分学科达到省内同类高校较高水平，综合实力进入省内高校前列，到 2020 年，学校在淮海经济区大学、全国红色大学、全国同类院校中实现率先发展，成为一流大学，实现建设高质量综合性品牌大学的办学目标。

（四）决定实施质量立校、开放强校、特色亮校三大发展战略

质量立校战略。注重内涵发展，坚持教学工作的中心地位，树立和强化以提高质量为核心的教育教学观，建立以提高教育质量为导向的管理制度、工作机制和教育资源配置机制，把促进学生全面发展和适应社会需要，作为衡量学校事业发展的根本标准。创新人才培养模式，全方位、多层次推进人才培养，加快构建与企业名校合作、不同学科专业教育交叉、理论与实践有机衔接的开放性的人才培养新体系，稳步提升培养质量。组织实施《临沂大学拔尖学生培养计划》，支持学生参与科学研究，为学生创造自主学习的时间和自主创新的空间。加强专业基本条件建设和内涵建设，建立富有活力的专业建设与淘汰机制，增强人才培养的针对性和时效性。严格教学管理，推进和完善学分制，实行弹性学制，促进文理交融，构建系统、全面、科学的教学质量保障体系。保持学校规模适度发展，坚持以本科教育为主，逐步减少学校本部专科教育规模，积极发展研究生教育，提升人才培养层次。

开放强校战略。坚持开放办学，大力推进与区域经济社会的全面互动合作，不断提升国际合作办学的层次和水平，积极构建定位清晰、互利共赢的合作办学体系。注重校地互动，根据区域块状经济和产业集群的特点，采取"学校布点、学院定点、学科团队建点"的联动发展模式，拓展产学研合作广度和深度。积极争取地方政府支持，合作创建大学科技园区，促进科技成果产业化。面向区域社会，开拓终身教育市场，把职业教育、继续教育和社会培训作为重要的办学领域，创新社会培训项目，拓展办学形式。学习借鉴国外成人教育模式，以分校和多体制校区为主要载体，进一步明确职业教育、继续教育方向，尽快形成优势品牌。加大资源开放力度，面向市场、面向市民和企事业单位，开放课程、图书、实验设施等办学资源，真正使学校成为区域社会发展的"智库"。强化国际交流，加快推进国外合作与交流向全方位、多领域、高层次发展，提升国际合作水平。坚持"引进来"与"走出去"相结合的原则，以学科专业为依托、以学院为主体，积极引进国外知名高校优质师资与课程，建立和完善以教师和学生交流为主线的国际交流与合作渠道；多种方式利用国外优

质教育资源，创办中外合作办学项目，尽快在 3D 数字影视技术、先进制造业、国际服务业、国际文化产业等领域建成一批外向型专业；探索中外合作办学新模式，开展人才联合培养，推进优势互补、资源共享，提升学校国际地位和影响。推进校际合作，充分利用我省区域经济发展优势及区域文化特色，依托学校重要教学、科研平台，积极开展与国内名校的合作与交流。通过人才联合培养、导师互聘、学生互访、实验室（基地）开放、科研信息互动等项目，探索建立校际合作新模式。

特色亮校战略。实施特色亮校战略，贯彻"人无我有、人有我优、人优我高、人高我特"的错位竞争方针，依托临沂红色资源和商贸经济优势，大力发展强势学科、空白学科、交叉学科、前瞻性学科、特色专业和精品课程。依托临沂革命老区政治优势，打造红色大学特色。把沂蒙精神纳入人才培养目标，立足沂蒙丰富的红色资源，深入研究、发掘沂蒙精神育人价值，突出沂蒙精神这一"红魂"，实施"红色育人工程"，扎实推进红色文化与沂蒙精神"进校园""进课堂""进头脑"，组织大学生"下基地""下农村""下工厂"，围绕红色文化研编教材、研究课题、研发产品，形成红色文化育人模式，培养具有沂蒙精神特质和国际视野的优秀人才；传承创新红色文化，培养一支结构合理的红色文化研究队伍，产生一批具有代表性、有全国影响的科研成果，形成若干有影响的红色文化学科；推出一系列红色文化产品，打造红色文化校园，把学校建设成为弘扬沂蒙精神的阵地，不断扩大我校红色文化建设的影响力，形成鲜明品牌特色。依托临沂商贸经济优势，打造学科专业特色。充分利用临沂商贸城"天下物流、物流天下"的独特优势，以区域社会需求为主攻方向，在现代服务业、商业贸易、现代物流等与临沂经济社会发展战略性产业相关的学科专业领域，率先形成学科区位优势、做出特色，力争在现代服务业所需要的各类人才培养和物流产学研结合上有大的突破，形成鲜明的学科专业特色。

此外，规划还突出了加强人才队伍建设、提高学术科研水平、提升社会服务能力三大工作重点，明确了师资提升工程、教学质量工程、科研突破工程、文化建设工程、管理创新工程、党建保障工程等六项主要发展任务，为规划目标的实现提供了坚实保障。

三、进入创新创业型大学建设的新阶段

2014 年 9 月，省委调整学校党委领导班子，李喆同志任学校党委书记。新领导班子紧紧依靠全校广大党员干部和师生员工，坚持社会主义的办学方向，全面贯彻党的教育方针，坚决执行省委省政府的决策部署，在学校改革发展的关键时期，深

刻认识当前高等教育发展的新形势、新任务、新部署，进一步解放思想、凝聚共识，万众一心、群策群力，把学校推进到内涵发展的新阶段。

（一）举办"深化综合改革，聚力内涵发展"研讨班

2014 年 11 月 26 日下午，学校在沂蒙大讲堂三楼报告厅举行临沂大学"深化综合改革，聚力内涵发展"研讨班动员大会，启动了为期一个月的研讨活动。

举办"深化综合改革，聚力内涵发展"研讨班，一是适应高等教育改革发展新形势、新要求的需要。作为地方综合性大学，由于历史和现实等诸多客观原因，学校转型发展的压力更大、困难更多。这些都要求学校要深入学习研讨和系统思考，深刻把握高等教育改革发展新形势、新要求，学会从教育原点上来思考问题，用高等教育最前沿的理论来指导工作。二是推进学校加快改革发展的需要。临沂大学经过几十年的创新发展和几代人的辛勤努力，在办学治校的各个方面都形成了良好的传统和坚实的基础。但同时十多年来的跨越式发展，学校和其他一些地方高校一样，不可避免地伴生了一些深层次的问题，为此必须要有充分清醒的认识和攻坚克难的决心。三是进一步解放思想、凝心聚力、鼓劲提气的需要。发展不等人，改革不等人，要紧跟高等教育改革发展的大潮，进行再动员、再鼓劲、再提气，用事业凝聚人心，以发展鼓舞士气，在全校上下确立不发展不行、慢发展也不行、发展不好更不行的发展意识。

研讨班围绕"深化综合改革，聚力内涵发展"的主题，本着"精简、集中、高效"的原则，设计了理论学习、专题研讨、调研考察、总结交流四个环节，采取"请进来、走出去"的方式，不断深化学习效果。主要研讨了如下内容。一是现代大学精神、办学理念和办学内涵。围绕深入学习贯彻十八大和十八届三中、四中全会精神，围绕深入学习习近平总书记系列重要讲话精神，围绕深入贯彻落实国家、省教育主管部门的各项新政策、新措施、新要求，进一步认识新的时代背景下，如何认识大学的本质，应该树立什么样的大学精神，进一步科学把握学校如何定位今后的发展，丰富完善学校的办学定位、办学理念、发展思路和工作重点等顶层设计。二是作为地方综合性大学的发展策略。包括地方综合性大学的学科专业建设与人才培养、地方综合性大学的科学研究与社会服务、地方综合性大学的综合改革和地方综合性大学的办学特色与核心竞争力建设。三是作为革命老区大学的发展策略。临沂大学在沂蒙革命老区办学，这是得天独厚的办学优势。但学校在争取资源和发展空间方面，显然还存在很多差距，需要借鉴其他省内外地方综合性大学的经验，力争在特色学科平台建设、凝练大学文化、争取国家和上级政策支持、广借外力发展等方面取得更多进展。

2014年12月30日,"深化综合改革,聚力内涵发展"研讨班总结大会在沂蒙大讲堂三楼报告厅举行。会议指出,研讨班主题明确、组织得力、氛围民主、注重实效,在大学的本质和办学规律、正确处理教学科研和学科专业的关系、地方大学的科研和社会服务、核心竞争力建设、老区大学的发展策略等方面达成了一系列共识,实现了开阔视野、提高认识、统一思想、谋划发展的预期目标,为深化综合改革、编制"十三五"规划和推进2015年工作,奠定了坚实的思想基础和群众基础。

会议强调,党的十八大回应全社会的期待,提出了高等教育"走内涵式发展的道路""办人民满意的教育"。实现发展方式的转变,我们要做到 "八个聚力",即聚力办学定位、把握好发展方向;聚力教学立校、牢牢把握人才培养这个中心;聚力科研强校、强化学科建设的龙头地位;聚力服务荣校、在服务老区中彰显办学特色;聚力开放活校、优化国内外办学资源;聚力人才兴校、建设高水平的师资队伍和管理服务队伍;聚力文化铸校、建设富有特色的大学文化;聚力深化综合改革,形成有利于内涵发展的体制机制保障。会议强调,我们要从高等教育的原点上,思考"我是谁""从哪里来""到哪里去",正确定位我们在国际的、国内的以及区域的高等教育体系中、社会发展中所处的坐标定位,以需求为导向、以问题为切入点,明确"干啥""谁干""咋干"等基本问题,唱好适应、支撑、引领经济社会发展"三部曲",不断激发学校创新发展的内生动力,提升参与国内外高等教育竞争的核心竞争力。

会议指出,"十三五"时期是我国全面建成小康社会的关键时期,也是我校内涵发展的关键时期。要增强战略思维,把握发展大势,着眼于"两个一百年"中国梦的时代背景,着眼于10年、20年、30年之后临沂大学是什么样子,倒推今天的临沂大学应该怎么发展,科学编制好"十三五"事业发展的主题规划、专项规划和各学院的发展规划,形成完备的规划体系,实施战略管理、理性发展,要经得起历史的检验。

会议要求,把内涵建设推进到一个新的阶段,需要全校上下一盘棋,万众一心、众志成城。全校各级组织和党员干部师生,一要大力弘扬沂蒙精神,要把沂蒙精神蕴含的丰富内涵、沂蒙人民的优秀品格,一代一代地传承下去,内化成为全校师生的精神品质,坚持用沂蒙精神办学,用实际行动把各项工作推进到内涵发展"新常态"；二要认真贯彻落实民主集中制，严格贯彻落实党委领导下的校长负责制，健全完善各项会议制度和议事规则，规范学院党政联席会议制度，建立会议决策事项征求意见制度、党委班子成员深入基层调研制度，严格组织纪律，强化科学决策，自觉维护学校发展的大局，保证上级方针政策和党委决策的贯彻落实；三要切实加强党风廉政建设，严明党的政治纪律、组织纪律、廉政纪律，守规矩、明底线，遇事首先要问问法律、纪律和制度允不允许、答不答应，共同建设干部清正、机关清廉、校园清明的临沂大学。

（二）进一步明晰发展定位

2015 年 3 月 21 日，学校在校友中心会议室举行"临沂大学发展定位论证会"，邀请了南京大学高等教育研究所所长龚放教授、北京大学教务部副部长方新贵教授、厦门大学高等教育发展研究中心主任别敦荣教授、华东师范大学教育学部常务副主任范国睿教授、山东大学政治文明与宪政研究中心首席专家肖金明教授为我校内涵建设时期发展定位中的诸多问题问诊把脉。会上，向与会专家组汇报了学校的办学情况和章程的起草情况。五位专家就我校的发展定位、《临沂大学章程（草案）》以及办学中的诸多关键性问题进行了充分论证，并就学校如何更好地对接区域经济社会发展给予了指导。各位专家的意见为学校如何在区域中办好综合性大学、对接区域产业发展，如何从创新创业的角度考虑学校发展，如何通过定位走新走高、实现错位发展等，提供了重要的参考。

2015 年 4 月 24 日，学校党委会研究通过了临沂大学办学定位。5 月 18 日，学校举行新闻发布会，面向全社会公布了学校的办学定位及深化综合改革方案。会上，临沂大学副校长姜同松宣布并解读了《临沂大学深化综合改革方案》的重要意义、指导思想、改革目标以及改革内容，副校长张立富宣布了学校办学定位并对其中的关键词作了解读。

临沂大学贯彻党的十八届三中全会提出的全面深化综合改革的要求，响应"大众创业、万众创新"的要求，于 2014 年底在全校启动了办学定位及深化综合改革方案的制定工作，通过进一步加强学习、解放思想，认真讨论、集思广益，历经多次修订完善，最后形成了办学定位及深化综合改革方案。办学定位方案中明确，临沂大学要建设成为"全国知名、区域特色鲜明的创新创业型大学"，类型定位为"综合类应用研究型"，办学层次定位为"以本科教育为主，积极发展研究生教育"，学科专业定位为"面向国家战略和区域需求，强化基础学科支撑作用，创新发展应用学科，形成多学科交叉融合、特色鲜明的学科专业体系"，培养目标定位为"基础理论扎实，富有创新精神和创业能力，具有沂蒙精神特质和国际视野的高素质应用型人才"，服务面向定位为"立足沂蒙，面向山东，辐射全国，走向世界"。

2016年9月印发的《临沂大学综合改革方案》，紧紧围绕新的办学定位，坚持问题导向，找准制约因素，弘扬传统优势，革新体制机制，全面深化综合改革，通过改革来凝聚力量、释放活力，推动学校内涵发展、特色发展和创新发展。是以党的十八大、十八届三中、四中全会精神为指导，以国家战略和区域经济社会发展需求为导向，以处理好学校与市场、政府的关系为切入点，以立德树人为根本，以培养高素质应用型人才为出发点和落脚点，深化人才培养机制、学科建设与科研体制、学生工作体系、干部人事制度改革，强化资源配置体制机制建设、后勤社会化与节约型校园建设、现代大学制度建设和党的建设与党委领导等保障措施，破除体制机制弊端，进一步解放生产力，为推进区域特色鲜明的创新创业型大学建设提供制度保障，最终通过综合改革推进学校治理体系和治理能力现代化，显著增强学校的创新创业能力与办学活力，全面提升人才培养、科学研究、社会服务、文化传承的整体水平。

办学定位的确定和综合改革方案的制定，是"深化综合改革，聚力内涵发展"研讨班"八个聚力"共识的延伸，是进入高等教育新常态的新的历史条件下学校顶层设计的重要组成内容，贯彻了党委"六个全面推进"工作部署。全校各单位按照办学定位和改革方案的新精神，认真思考本单位的分类定位、创新发展问题，进一步凝聚共识，共同为学校内涵发展而努力，全面开启了创建全国知名、区域特色鲜明的创新创业型大学的新阶段。

2021年3月，学校召开七届一次教代会，对学校发展定位进一步进行了细化，提出要按照建设全国知名区域特色鲜明的创新创业型大学的既定战略，努力实现"五年进'双高'，十年成'一流'"，即到2025年，把学校建设成为区域一流、省内一流的高水平综合性应用型大学；到2035年，学校整体水平居于国内高水平综合性应用型地方高校前列，拉开了学校"十四五"发展的序幕。

第二节 办学特色培育与特色名校创建

学校变更为综合性大学，实现了管理体制由临沂市管理为主向以山东省管理为主的转变，学校始终坚持"为沂蒙服务"的办学宗旨，赓续学校优良办学传统，沂蒙精神育人、城校融合发展的办学特色日益彰显，应用型办学定位更加明晰，并且以学校人才政策为牵引，在内涵建设上和办学实力的增长上进入了快速发展的新阶段。

一、特殊的办学环境和背景

临沂大学的前身是抗日战争时期由中共滨海地委和抗大一分校共同创建的滨海建国学院，自诞生之日起，就践行"服务沂蒙"的办学宗旨，为区域经济社会发展尽心竭力。沂蒙老区党委政府也把临沂大学当成老区人民自己的大学，作为额头工程、一号工程进行投资建设，形成了校地互动、融合发展的特殊范例。

（一）学校自觉把弘扬沂蒙精神、服务老区发展作为重要的办学使命

沂蒙革命老区为中华民族的解放和新中国的诞生做出了巨大贡献和牺牲，被誉为"两战圣地、红色沂蒙"。在这里诞生的沂蒙精神，是新时期的"山东精神"，是开展文化育人得天独厚的宝贵财富和生动教材。党和国家领导人胡锦涛、李长春、刘云山指出，沂蒙精神与井冈山精神、延安精神、西柏坡精神、长征精神等精神一样，都是我们党的宝贵财富，是中华民族精神的具体体现，并对弘扬沂蒙精神做出了重要指示或批示。为了支持老区的建设发展，党中央和各级政府给予了有力的政策扶持。2011 年 9 月，国务院办公厅下发《关于山东沂蒙革命老区参照执行中部地区有关政策的通知》（国办函〔2011〕100 号）。山东省人民政府 2012 年工作报告进一步强调指出，要"深入落实国家支持沂蒙革命老区政策"。

（二）临沂市举全市之力建设的新校区基本完成

临沂大学新校区建设 2002 年启动选址和规划设计招标，2003 年奠基，2004 年全面动工兴建。2012 年 7 月 1 日，图书馆工程交接仪式在新落成的图书馆楼隆重举行；2014 年 9 月 25 日，新生开学典礼、军训成果检阅在新体育场举行，标志着新体育场全面启用。至此，临沂市委市政府历时十年、投资 33 亿元的建设新校区基本完成建设任务，为学校内涵发展奠定了坚实的基础。

（三）学校迅速成长为鲁东南地区唯一一所办学实力较强的综合性大学

2008 年 2 月，山东省人民政府印发《鲁南经济带区域发展规划》（鲁政发〔2008〕42 号），标志着山东区域发展格局重心从"东中西"全面转变为"北中南"。鲁南经济带包括日照、临沂、枣庄、济宁、菏泽 5 市共 43 个县，面积 5.05 万平方千米，人口 3210.5 万人，分别占全省的 1/3。目前该区域高校总数为 18 所，占全省总数的

13%；在校生 19 万人，仅占全省在校生总数的 9%。临沂大学所在的鲁东南地区还没有应用型特色名校。临沂市人民政府高度重视特色名校工程，与我校联合成立领导小组，划拨专项资金全力支持我校创建特色名校。

长期以来，临沂大学始终坚持正确的办学方向，遵循高等教育规律和人才培养规律，肩负区域大学使命，主动适应经济社会发展要求和应用型人才培养需要，与沂蒙革命老区共生共荣，被称为"沂蒙人民自己的大学"。近年来，学校遵循"实"的校风、"明义、锐思、弘毅、致远"的校训，根据区域经济社会发展需要，特别是行业产业的人才需求，认真总结办学经验，分析面临的机遇和挑战，依据自身办学条件和发展潜力，明确了学校的办学思路和办学定位，形成了清晰的办学思路。那就是：

立足沂蒙老区经济社会和行业产业发展需求，主动适应鲁南经济带等重点区域带动战略要求，全面实施"质量立校""开放强校""特色亮校"三大战略，走内涵式发展道路。突出人才培养主线，突出学生的中心地位。深化教育教学改革，加强实践教学，开展校地、校企合作，突出学生能力的培养，着力促进学生知识、能力、素质的全面提高，努力把学校建设成为学科专业门类齐全，以工、经、管、艺等应用型学科专业为主体，文理学科专业优势突出，在省内外同类院校中有突出办学特色和办学声誉的应用型人才培养特色名校。

二、立足沂蒙培育办学特色

作为沂蒙革命老区唯一的综合性大学，学校不忘初心，牢记使命，传承红色基因，弘扬沂蒙精神，把地方需求作为办学努力方向，不断努力提高人才培养质量，提升服务社会能力，充分发挥在区域经济社会发展中的支撑和引领作用，形成了两大办学特色。

（一）实施红色育人工程，把沂蒙精神融入应用型人才培养全过程

作为在沂蒙革命老区办学的一所综合性大学，学校面对多元化社会对高等教育的冲击和挑战，以及部分大学生不同程度地存在的政治信仰迷茫、价值取向扭曲、社会担当缺乏、不能吃苦耐劳等问题，于 2011 年提出并实施了红色育人工程，与国际视野培育工程、应用型专业人才培养方案等一起，构成了"一体两翼"应用型人才培养模式。

红色育人工程旨在发挥沂蒙精神对理想信念的导向功能、对道德情操的教化功能、对心理情感的陶冶功能、对创新素质的锻造功能，按照学校"培养具有沂蒙精

神特质和国际视野的高素质应用型人才"的目标定位，发挥高校文化传承创新功能，在强化学生专业知识技能的同时，利用沂蒙老区丰富的文化资源，深入发掘"爱党爱军、开拓奋进、艰苦创业、无私奉献"为主要内涵的沂蒙精神的育人价值，着力培养学生的沂蒙精神特质，锻塑了过硬的思想道德素质，促进了德才兼备、全面发展。

一是建立了红色育人工程实施体系。学校充分利用沂蒙精神这一立德树人的重要载体，按照"三三三六"的框架把沂蒙精神融入教育教学全过程。"三三三六"体系点面结合、整体推进，实现了又红又专、全面发展。

在实施过程中，重点抓好抓实了"三个融入"。将沂蒙精神融入办学思想。学校在办学目标、发展步骤、发展战略、人才目标定位等顶层设计中，都融入凝聚了沂蒙精神，凸显了老区大学定位。将沂蒙精神融入校园精神。把沂蒙精神的精髓，与沂蒙优秀地域文化的元素有机结合，确定了"实"的校风，凝练了"明义、锐思、弘毅、致远"的校训，并且把校园精神写入校歌。将沂蒙精神融入人才培养过程。通过课内与课外、理论与实践的有机结合，用沂蒙人民感天动地的事迹培养学生过硬的思想道德素质。

二是打造了文化育人的平台与载体。校内与校外相结合，打造了一批红色教育基地。在校内文化设施建设方面，建设了红色馆和红色非物质文化遗产展馆。在新建的图书馆、音乐厅、大剧院、3D影院，打造了一系列文艺精品；开通了校内红色育人电视频道和数字广播，在学报、校报开辟红色育人专栏；创作了一批红色雕塑等校园文化景点。依托临沂市"一个中心、八个组团"红色文化聚集区和省党性教育基地，建设了临沂大学爱国主义和教育教学实践基地。理论教学与实践育人相结合，打造了一批研究平台，先后建成了"山东省马克思主义群众观研究中心""山东省红色文化产业开发研究基地""山东沂蒙红色文化研究中心""山东省高校反腐倡廉优良传统教育基地""上海市学校思想政治教育教师社会实践基地"等平台。组织编写了《红色文化与沂蒙精神》校本教材，列为学生必修课程。

三是营造了富有特色的文化育人氛围。学校每年在新生中开展整建制军训，周末组织学生观看红色电影；师生共同打造了大型民族交响乐《沂蒙畅想》、大型红色舞剧《沂蒙印象》等一系列文化精品。《沂蒙印象》参加了"十艺节"优秀剧目展演，是全省两所参演高校之一。通过举办一系列文化活动，让学生把所学所感所想写出来、讲出来、演出来。学校分批组织2.4万师生开展了以"弘扬沂蒙精神、强化责任担当"为主题的红色育人工程"下基地"实践活动，让学生经受心灵洗礼，砥砺思想品格。

学校将德育与文化、体育相结合，创造性地将体育与德育、现代体育运动与传统文化元素、体育运动项目与学生素质拓展有效结合起来，研发了艰苦长征路、红军过草地、鸡毛信、六姐妹保军需、女子火线桥、攻上孟良崮、战地通信兵等 12 个竞赛项目，在成功举办了第一届大学生红色运动会基础上，由全国大学生体育协会主办，学校和临沂市政府共同承办的第一届全国大学生传统运动会于 2012 年 5 月 17 日至 19 日隆重举行，来自全国 16 个省、市、自治区的 42 所高校代表队共 439 名运动员和 17 所高校观摩团参加了运动会，很好地检验和强化了红色育人工程的成效。

四是取得了显著的育人成效。锻塑了师生崭新的素质风貌。通过实施文化育人，师生近距离触摸到和感悟了沂蒙精神为主体的红色文化和优秀文化，在灵魂和思想深处引起强烈的震撼和共鸣。促进了思想道德素质的提升，做到了真学、真信、真用，入耳、入脑、入心。数以万计的学子在沂蒙精神教育中受到了深刻洗礼，养成了爱党爱军、诚实守信、艰苦朴素、勤奋学习、勇于创新、乐于奉献的优良品格，沂蒙精神成为无数学子学习成才的动力源泉和"品牌烙印"。学校在校学生王凯、吴若飞在校期间以独立法人身份成功创业，双双获得"中国大学生自强之星"称号；大二学生韩寒创业两年身家百万；在校大学生刘秀祥、孙莎莎均因带着生病的母亲刻苦求学而感动社会，荣获"中华新二十四孝"提名奖和第二批"全国道德模范提名奖"；校友李海鹏向母校无偿捐赠创业所得 1000 万元，设立专项产学研基金。他们身上真切体现了沂蒙精神"大义、大爱、创业、奉献"的内涵和精髓。文化育人成果得到了上级和社会认可。2011 年以来，学校招生连续出现"火爆"局面，招生分数和生源质量均有很大提高，学生和家长选择报考我校，最重要的是一致看重学校在注重大学生"成才"教育的同时，有效加强"成人"教育。教育部以"临沂大学挖掘红色资源加强大学生思想政治教育"为题在《工作简报》作了推介；"红色馆"获全国高校校园文化建设优秀成果一等奖。中央电视台 2011 年 12 月 18 日《新闻联播》节目以"提炼本地精神，践行核心价值观"为题，对我校红色育人工程进行了报道。红色育人的探索成果在第二十次全国高校党建工作会议上被列为典型交流材料。

（二）校地资源共享、人才共育、互动共赢

学校所在的临沂市，位于山东省东南部，现辖三区九县及三个开发区，人口 1072 万人，总面积 1.72 万平方千米，人口和面积各占全省的 1/9。临沂有着深厚的历史文化资源，至今已有 2500 年的建城史。诸葛亮、王羲之、颜真卿和珠算发明家刘洪等都出生或曾生活在这里；临沂有着丰富的红色文化资源，建有爱国主义教育基地 70 余处。抗日战争和解放战争时期，我党我军先后在这里创建了滨海、鲁中、鲁南革命根据地。1940 年 8 月，在此成立了全国第一个中国共产党执政的省级人民政权——山东省战时工作推行委员会。临沂有着丰富的经济资源。依托农副产品、矿产资源优势，培植壮大了物流、化工、木业、机械、建材、医药等支柱产业，目前，临沂主导产业产值达到 4620 亿元。全市规模以上工业企业达到了 4650 家，利税过千万企业超过 1230 家。在商贸物流方面，临沂有"物流天下，天下物流""南有义乌，北有临沂"的美誉，临沂商城的物流网络已经发展到 2000 多条线路，覆盖全国 1800 多个县级以上城市。2012 年临沂商城直接出口达到 12 亿美元，是 2010 年的 7.2 倍，对全省乃至全国物流产业发展有着举足轻重的作用。临沂经济发达，企业生态良好。

学校立足老区、借力老区、融入老区、支撑老区，为培养适应老区需要的应用型人才，提高引领与服务区域发展能力提供了良好基础。

一是构建完善了覆盖区域主导产业领域的应用型学科专业体系。学校围绕临沂市委、市政府提出的"四三二一"的总体发展思路，按照学科专业对接支撑行业产业的原则，围绕临沂市支柱行业产业和现代新兴产业发展需求，构建了商贸物流、化学化工、资源环境、机械工程、电子信息、教师教育、文化产业、生物技术等 8 个应用型专业群。

学校立足"物流之都"临沂的商贸物流产业发展，加强了物流管理、国际经济与贸易、电子商务、会计学、工商管理等专业建设，已为社会培养了 6000 名"留得下、用得上"的高素质应用型人才，培训物流业务骨干 1000 余人。

根据临沂市建设滨水生态宜居城市战略，学校大力加强资源环境类学科专业建设。近几年，该专业教师在 Nature（《自然》）、Science（《科学》）等世界顶级杂志上发表论文 5 篇，依托学校自然博物馆（天宇自然博物馆），组织学生参与教师课题研究，围绕地质与古生物这一领域撰写毕业论文、申请创新创业训练计划项目，学生年均发表论文近 20 篇，为学生创新能力培养提供了有力的支撑。2012 年获得国家级大学生创新创业训练计划项目 4 项，校级项目 6 项。20 多人次在省级及以上学科竞赛中获奖。主持完成的国家自然科学基金项目"土地利用／覆被变化水环境效应的区域比较"为临沂市水环境污染防治、农用化学物质污染控制奠定了良好的基础；主持完成的"国家水土保持生态修复试点工程平邑县项目区效益评价"项目为沂蒙山区实施水土保持生态修复工程，全面控制水土流失、合理调整土地利用结构提供了理论指导和技术支持。

在教师教育方面，相关办学条件和资源完善，为沂蒙老区基础教育事业的发展做出了重要贡献。在临沂市各区县高级中学教师、骨干教师和正副校长中，我校毕业生分别占 52.39%、56.98% 和 47.48%。学校被评为"山东省教师教育先进单位"，承担了省级教师教育基地建设、中学教师培养模式改革、小学教师全科综合培养模式改革、幼儿园教师全新综合培养模式改革等 4 项国家教育体制改革试验区试点项目，成为山东省教育厅确定的首批 5 个省级教师教育基地之一，建立起教师教育学院、职业教育学院、初等教育学院和其他学院共同参与、适应地方基础教育改革与发展需要的教师教育体系。

二是校企合作培养高素质应用型人才。学校加强与行业、企业、社会团体之间的交流与合作，建立了人才共育、资源共享的人才联合培养工作机制。坚持与地方政府合作，多次召开由地方专家领导参加的专业论证会，共同论证专业课程设置和培养方案，形成了校地合作培养人才的新模式。通过合作培养，学生具备了扎实的专业知识和实践技能，显著增强了社会适应能力和就业竞争力。学校与企业合办了自动化专业（嵌入式软件外包方向）、会计学专业（金融外包方向）等 8 个校企合作专业，成为全省校企合作招生专业最多的高校，分别于 2009 年、2011 年两次被授予"山东省企校合作先进单位"。

学校广泛整合与协同社会教育资源，与企业开展"工学结合""订单培养"，与荣庆物流有限公司、金锣集团、青岛天泰温泉高尔夫发展有限公司等 20 家企业合作，定向培养高素质专业化的应用型人才。比如，立足临沂复合肥产能占全国 1/3 份额和化工专业市场强旺的优势，加强"校企合作培养""科研技能训练""卓越工程师培养"等改革，毕业生就业率一直保持在 95% 左右，毕业生大部分成为临沂化学化工和制药行业的骨干。目前，学校独立建设及与临沂市政府有关部门合作共建各类校外科研平台与实习实训基地共计 279 个。与企业共建了"临沂市木工机械检测工程技术研究中心"等 4 个市级工程技术研究中心，建设了 16 个大学生创新实验室，强化了学生实践能力和创新能力的培养。

三是服务区域发展成效显著。近五年来，学校共承担横向课题 819 项，转让科技成果 110 项，参与地方各类规划设计与咨询论证 46 项；与全市各县区、各开发区和一大批规模以上企业签订了 120 余项合作协议。承担了临沂市两型社会建设总体规划、县域旅游规划、产业基地和专业市场发展规划、金银花提取技术、发电并网技术、电动车技术研究等一批重大课题的研究。承办山东省万名骨干教师培训工程项目以及临沂市中学校长任职资格培训、金锣集团现代企业管理培训等120余个社会项目，为地方培训非学历人才13万人次。由我校王汝涛教授倡议发起并参与组织的书圣文化节已经成功举办10届，创造经济效益达900亿元。积极开展科技服务，我校吕庆淮教授发明专利——复合肥料造粒尾气的回收与利用，已经在复合肥企业中大面积推广应用，为临沂市施可丰化工股份有限公司等复合肥制造企业创造经济效益5亿元以上。田质广博士的产品——简谐波源检测仪和配电网单相接地故障定位仪在国家电网、胜利油田管网等行业运行管理中被广泛推广应用，实现间接经济、社会效益2亿元以上。蔬菜专家张金树教授深入临沂各县区，举办各类培训400多场，指导农技人员和专业户3.2万多人次，指导建设和种植的蔬菜大棚3.6万个、西瓜4.8万亩，创造的科技增加值超过亿元。

三、创建山东省应用型特色名校

2011年，为了推动高等教育科学发展，山东省启动了高等教育名校建设工程。经过全校上下的不懈努力，2013年11月临沂大学一举被省政府批准成为应用型人才培养特色名校立项建设单位，更名仅三年就进入了山东省重点支持建设的本科高校行列，标志着学校进入了内涵建设快速发展的新轨道。

（一）名校建设背景

2011年，为加强对高等学校的分类指导，强化内涵和特色发展，提高人才培养质量，发挥名校带动作用，增强高等教育服务我省经济社会发展的能力，根据《国家中长期教育改革和发展规划纲要（2010—2020年）》和《山东省中长期教育改革和发展规划纲要（2011—2020年）》文件精神，按照《山东省高等教育内涵提升计划（2011—2015年）》（鲁教高字〔2011〕1号）的要求，山东省教育厅、山东省财政厅指定出台了《关于山东省高等教育名校建设工程实施意见》（鲁教高字〔2011〕14号）（以下简称《意见》）。

《意见》以邓小平理论和"三个代表"重要思想为指导，深入贯彻落实科学发展观，强化实施科教兴鲁和人才强省战略，遵循高等教育发展规律，突出"分类指导、内涵发展、强化特色、提高质量"的主题，加快实施名校建设工程，推动高校科学发展，建设一批在深化教育教学改革、创新人才培养模式、提高人才培养质量、增强社会服务能力等方面发挥示范带动作用的高校，形成层次类别清晰、具有山东特色的高等教育体系。

在建设思路上，《意见》提出：以高素质应用型人才培养为目标，以专业建设为着力点，坚持"整体设计、分类管理、重点建设、示范带动、全面推进"的原则，按照应用基础型人才、应用型人才和技能型人才培养定位，遴选部分高校进行重点建设，打造人才培养特色名校，增强高等教育服务我省经济社会发展的能力。

其中，明确要重点建设10—15所应用型人才培养特色名校，建设成为服务于山东区域经济社会发展，能够支撑现代产业体系的高素质应用型人才培养基地，在全国同类高校中有较为突出的办学特色和较高的办学声誉。

（二）名校申报与创建过程

2013年2月27日，临沂大学第五届教代会（工代会）第二次会议召开，会议确定了临沂大学全力推进应用型特色名校的建设目标。会议指出，2012年临沂大学取得了高端人才引进、招生持续爆棚、育人特色彰显、红色文化传承创新、发展平台拓展、体制上划完成等标志性成果，在建设高质量综合性品牌大学的征程上迈出了坚实的步伐。2013年继续淡化"官本位"回归"学本位"，突显教授治学，积极推进科研工作"三大转变"，把"一个目标、一条主线、六大突破"作为2013年的总要求："一个目标"，即实现争创山东省应用型特色名校的目标；"一条主线"，即坚持以质量和特色为核心的内涵发展主线不动摇；"六大突破"，即要实现学科平台建设的突破，要实现高端人才和创新团队建设的突破，要实现教学改革的突破，要实现学院运行机制的突破，要实现协同创新与社会服务的突破，要实现对外开放的突破。

随后，学校成立了省应用型特色名校申报工作专班，抽调精干力量组织撰写申报书，并参加了省教育厅组织的现场答辩。11月23日省政府批准，临沂大学正式成为全省应用型特色名校立项建设单位。名校重点建设专业共19个，其中10个省级重点建设专业为物流管理、国际经济与贸易、地理科学、应用化学、机械设计制造及其自动化、电子信息科学与技术、软件工程、广播电视编导、数学与应用数学和小学教育；9个校级重点建设专业为生物技术、音乐学、文化产业管理、英语、车辆工程、法学、土木工程、书法学、社会体育指导与管理。以上专业分属商贸物流、化学化工、资源环境、机械电气、电子信息、教师教育、文化产业、生物农林、土木建筑、法学等10个专业群，其中商贸物流、资源环境是学校重点打造的2个专业群。

根据《山东省教育厅、山东省财政厅关于加强山东省高等教育名校建设工程管理工作的通知》（鲁教高字〔2014〕4号）精神，学校于2014年2月11日、12日召开名校建设工作部署会。会议传达了《临沂大学应用型名校建设方案》《临沂大学应用型名校建设推进方案》，部署了名校建设近期主要工作。一是修订、完善名校建设方案，撰写建设任务书，包括学校总体建设方案、建设任务书和重点专业建设方案、建设任务书。二是组织专家论证。各学院邀请校内外专家对名校重点专业建设方案进行论证；在此基础上，学校邀请省内外专家、行业企业专家、财务专家等，对学校名校建设方案进行论证。三是紧紧围绕名校建设方案、建设任务书，认真组织实施。会议强调，名校建设方案的制定与修改要突出人才培养主线，突出学生中心地位。处理好教学与科研的关系、学科建设与专业建设的关系，将学科优势、科研优势、社会服务能力优势转化为教学优势、人才培养优势；按照"整体设计、重点建设、示范带动、全面推进"原则，解决好学校整体建设和重点专业建设的关系、重点专业与一般专业的关系、软件建设与硬件建设的关系；坚持改革创新，力争在教学改革、人才培养模式、师资队伍、体制机制、教学管理等方面有较大突破。任务书撰写要有明确的项目建设阶段目标，有可检测指标和标准，预期目标、验收要点清晰；项目建设经费预算要科学合理，注重实效。

为加快我校应用型名校建设步伐，进一步提升特色名校建设水平，根据《山东省教育厅 山东省财政厅关于加强山东省高等教育名校建设工程管理工作的通知》（鲁教高字〔2014〕4号）精神，3月6日至8日，学校举行了应用型特色名校建设方案研讨会，各专业建设单位负责人围绕专业建设定位与目标、专业建设思路与内容、专业群与课程群建设思路、专业建设的创新与特色、下一步工作推进与保障措施、问题与建议等6个方面进行了汇报。与会人员结合学校总体建设方案、建设任务书和各专业建设方案进行了深入细致的研讨。3月29日，学校又专门召开应用型特色名校建设方案论证会，邀请来自省内八所高校的专家就我校应用型特色名校建设方案进行论证。会议由烟台大学校长、论证专家组组长房绍坤主持。专家组从专业建设、师资建设、人才培养模式、专业群建设以及校企合作等方面对我校应用型人才培养特色名校建设方案进行了论证。此后，学校又多次调度工程建设进展情况，进一步梳理问题，克服困难，创新体制机制，集中优势人财物，全力推进名校工程建设，促进了学校的内涵建设与发展。

第三节 实施综合改革，制定大学章程

2012年11月8日召开的党的十八大，对深化教育领域综合改革作出部署，这是

高等教育经过十年规模扩张之后，重新建立内涵发展质量标准的必然要求，是构建高等教育内涵发展新常态的系统工程。而随后开展的大学章程的制定工作，则是巩固深化这一改革成果、明晰高校内外部关系、确立高校办学主体地位、推进高等教育现代化发展的关键举措。

一、深化综合改革，促进内涵发展全面起势

2013年1月26日，教育部印发了《关于2013年深化教育领域综合改革的意见》（教改〔2013〕1号），明确了改革的指导思想、基本原则和重点任务，拉开了本轮教育综合改革的序幕。2016年4月22日，山东省委办公厅、省政府办公厅印发《关于推进高等教育综合改革的意见》（鲁办发〔2016〕19号），明确了33条具体改革任务。以这两个文件为遵循，学校紧密结合实际，不断推进综合改革向纵深发展。

（一）加强组织领导，打造综合改革支持系统

为贯彻落实中央和省委全面深化改革领导小组关于全面深化改革的决策部署，2014年5月，学校成立了党委全面深化改革领导小组，党委书记、校长为组长、副组长，领导班子其他成员为领导小组成员。领导小组统一部署全校性重要改革，把握总体进程，统揽改革活动，把握和统筹协调重大改革问题，指导、推动、督促党委有关重大改革政策措施的组织落实。

2014年9月，学校又进一步成立了专门的综合改革机构——综合改革办公室，负责处理党委全面深化改革领导小组日常事务，协调推动相关改革政策的制定和实施，开展专题调研和专项研究，督促落实领导小组议定事项，承担领导小组交办的重要工作任务。

综合改革是一项系统工程，必须加强组织领导，学校全面深化综合改革领导小组，负责改革总体设计、统筹协调、整体推进、督促落实。学校深化综合改革领导小组办公室和各专项改革工作推进组要根据改革的总体部署制定好实施方案，明确时间表、路线图并报省教育厅备案。

（二）调整办学定位，制定综合改革路线图

2015年4月24日第8次党委会研究通过了面向今后内涵发展新时期的办学定位：努力创建全国知名、区域特色鲜明的创新创业型大学。这一办学定位是学校党委在集中全校智慧、广泛听取社会各界的意见的前提下，经过4个月的集中研讨，并经国内著名的高等教育专家论证基础上提出的。学校同时确定了类型定位、办学层次定位、学科专业定位、培养目标定位、服务面向定位等。办学定位的调整是在内涵

发展的重要阶段的重要变革，也是学校对社会做出的发展宣示，奠定了深化综合改革的总基调。

2015 年 5 月 13 日，党委书记李喆主持召开了该年度第 10 次党委会，会议原则通过了学校综合改革方案。会议指出，全面推进深化综合改革，是落实党的十八届三中全会精神，激发全校创新创业创造活力的重要举措。学校改革方案坚持问题导向，确定了 8 个方面的综合改革任务，改革涉及面之广、力度之大前所未有，勾画了创新创业型大学建设的组织架构和建设路径。

2015 年 9 月 11 日，学校举行了"创新创业型大学建设实施意见"新闻发布会，正式向社会各界发布学校《关于全面推进创新创业型大学建设的实施意见》（以下简称《实施意见》）。《实施意见》的出台是学校落实党和国家关于高等教育改革发展的战略部署和学校党委"六个全面推进"总体战略部署的重要举措，也是深化创新创业教育改革、全面落实创建"全国知名区域特色鲜明的创新创业型大学"办学目标的重要举措。

2016 年 9 月 8 日，在充分调研、反复修改、广泛征求意见的基础上，学校印发了《临沂大学综合改革方案》，相关配套的工作台账一并实施。该方案围绕建设全国知名、区域特色鲜明的创新创业型大学这一总体目标，深化人才培养机制、学科建设与科研体制、学生工作体系、干部人事制度 4 项改革，强化资源配置体制机制建设、推进后勤社会化与节约型校园建设、完善现代大学制度、加强党的建设和党委领导 4 项保障措施，共 78 项改革任务。

（三）完善现代大学办学体系，确保综合改革成效

为推进改革方案的有效实施，学校围绕综合改革的攻坚方向和重点领域，组织开展了一系列对全校各教学单位、赴省内外高校深入学习调研活动，发现制约学校内涵发展的突出问题，收集工作意见和建议，深入研究国内高校综合改革范例，按照学校党委"六个全面推进"的总体部署，截至 2015 年 12 月，对学校 2010 年以来的规章制度进行了认真梳理，保留了规章制度 80 个，修订了规章制度 41 个，废止了 35 个规章制度，新建了 95 个规章制度。

2019 年 12 月，由山东省委编办、省财政厅、省人力资源和社会保障厅、省教育厅综合改革处调研组专家一行 4 人，对临沂大学教育综合改革政策落实情况进行了实地调研。专家组对学校准确把握省委教育工委、教育厅关于高等教育综合改革的政策要求，结合学校发展实际，坚持问题导向，深入推进综合改革工作取得的突出

成就给予了高度肯定。

二、制定大学章程，为依法自主办学保驾护航

大学章程是高等学校依法自主办学、实施管理和履行公共职能的基本准则，是制定内部管理制度及规范性文件、实施办学和管理活动、开展社会合作的依据。通过章程的形式，凝练我校的办学经验，明确办学指导思想，规范办学行为，既是上级要求，也是自身发展需求，对于推动依法自主办学具有深远意义。

（一）成立领导小组，加强章程建设组织保障

自 2013 年以来，围绕大学章程的编制工作，学校经历了建立健全组织机构、深入开展调查研究、广泛征求意见、教代会讨论、修改完善等几个阶段。

2014 年 10 月以后，根据新的办学要求，学校办公室印发了章程制定工作方案，成立了领导小组和编写组，学校党委书记李喆、学校校长杨波担任领导小组组长，副校长姜同松任副组长，主抓章程建设工作。在领导小组的领导和协调调度下，编写组进一步系统收集学习大学章程制定应遵循的国家法律法规和教育部出台的一系列指导性文件，调研省内外部分高校章程制定工作经验，参考已核准发布的 32 所部署高校章程文本，经过几次集中讨论，形成了章程的修订稿。

（二）反复论证调整，提升章程建设质量

章程建设历时两年多，经历了多次反复修改，在 2013 年 9 月形成了《临沂大学章程》初稿。2015 年 1 月 27 日—2 月 8 日，章程修订稿面向学校章程制定工作领导小组成员、校学术委员会委员和各学院党政负责人及各校区负责人征求了意见，收到各类意见建议 123 条，起草组在分析研讨的基础上进行了吸收。2015 年 3 月 10 日，提交临沂大学第五届教代会（工代会）讨论，教代会第四次会议听取了学校党委委员、副校长姜同松同志对《临沂大学章程（草案）》编制情况的说明，认真讨论并审议了《临沂大学章程（草案）》，并根据教代会讨论情况进行了第 17 次修改。

2015 年 4 月，学校党委确定了办学定位以后，编写组根据对办学定位的新精神以及改革方案中的改革精神，进行了全面的吸收和融入，对章程进行了第 19 次修改后，于 4 月份再次面向部分地方行政部门、社会合作单位和校友代表书面征求意见，收集整理意见建议 12 条，在此基础上对章程作了进一步修改完善，形成了最终文本。2015 年 5 月，杨波校长主持校长办公会专门听取了章程起草组关于章程起草情况、征求意见的情况和修改情况的汇报，就章程内容进行了讨论审议，认为章程经广泛听取意见、反复修改，已比较成熟。

2015 年 5 月 13 日，学校党委会 2015 年度第 10 次会议专门审定通过了《临沂大学章程》。会议认为，《临沂大学章程》是学校的"宪章"，历经近两年的建设得以高质量呈现。它是依法依规依纪治校的具体体现，是全校师生集体智慧的成果。全校上下要充分认识章程的重要性，自觉维护章程，带头遵守章程，按照章程建立完善学校各项规章制度，构建符合学校发展实际的现代大学制度。有关部门要对章程贯彻落实进行监督，对不按章程办事的要坚决纠正。

（三）章程核准审批，依法依章治校得以保障

2015 年 5 月 28 日，学校章程起草工作小组将学校党委会审议通过的《临沂大学章程》报山东省教育厅核准。2015 年 12 月 9 日，经教育厅高等学校章程核准委员会评议，并下发《高等学校章程核准书（第 36 号）》，予以审核通过。此时，历时两年建设，经过学习调研、文本起草、校内外征求意见、教代会讨论审议、校长办公会议讨论通过等阶段，先后 20 余次修改而成的学校章程最终完成。形成《临沂大学章程（核准稿）》，并于 2015 年 5 月上报教育厅申请核准。

最终核准后的《临沂大学章程》由序言和正文构成，正文主要包括总则、学生、教职工、治理体系、投入与保障、外部关系、学校标识、附则，共计 8 章，79 条，9824 字。核准后的《临沂大学章程》具有以下五个特色：一是充分吸收学校最新改革发展成果，明确了学校要致力于培养基础理论扎实，富有创新精神和创业能力，具有沂蒙精神特质和国际视野的高素质应用型人才，努力建设全国知名、区域特色鲜明的创新创业型大学；二是明确了学校治理体系和治理结构，包括领导体制、决策机制、组织结构、学院管理体制、学术治理和民主管理模式等在内的内部治理体系，对机构、学院、科研院所、学部等的设置原则做出了明确规定；三是突出了师生在办学活动中的主体地位，以独立章节的形式对教职工和学生应享有的权利和应履行的义务进行了规定；四是彰显了学术权力在治学中的主导地位，明确了学术委员会是校内最高学术机构，统筹行使学术事务的决策、审议、评定和咨询等职权，对校内的学术治理体系做出了具体规定；五是明确了学校外部关系，突出了理事会、校友会、基金会在吸纳社会资源办学中的地位和作用。

核准后的《临沂大学章程》是学校依法自主办学、实施管理和履行公共职能的基本准则与依据。学校将以章程的核准实施为契机，按照建设现代大学制度的要求，建立健全以章程为核心的制度体系，深入推动学校内部管理体制改革，不断提高依法治校、依章程自主管理的能力和水平，全面加快"全国知名、区域特色鲜明的创

新创业型大学"建设。

三、奋进"十三五"，开启内涵发展新航程

"十三五"是我校内涵发展和综合性大学转型提升的重要时期，学校办学定位的调整、综合改革的实施、大学章程的制定，推进全校师生不断深化对高等教育内涵发展和创新创业型大学建设的认识，也为"十三五"规划编制奠定了坚实基础。

（一）高起点启动规划编制

2014年12月，山东省教育厅印发了《关于做好全省教育事业发展"十三五"规划编制工作的通知》，对全省的教育事业发展规划进行了安排部署，并明确了任务分工和进度安排，也标志着全省范围内新一轮教育事业规划的正式开启。学校发展规划处第一时间对"十三五"规划基本思路开展了有关研究工作。根据学校党委要求，按照"自下而上"的部署，各部门、各单位迅速行动，对本工作领域"十二五"建设情况进行了认真总结梳理，初步拟定了各自"十三五"事业发展思路和预期目标。

2015年5月，学校年度第10次党委会专门研究部署了"十三五"规划编制工作。在这次会议上，学校党委书记李喆指出，编制"十三五"规划是关系学校长远发展的基础性、先导性和全局性的工作，是落实学校办学定位和综合改革方案、引领健康持续发展的重要保障。

作为规划编制主要负责部门的发展规划处也在第一时间结合上级总体部署和学校实际起草了制定好学校"十三五"规划编制方案工作思路、框架结构和实施步骤，有序推进规划编制工作。6月15日，在此基础上，发展规划处起草了"十三五"发展规划基本思路，按要求上报了山东省教育厅。

全校上下高度重视编制"十三五"事业发展规划的重要性，通过了"请进来""走出去"等形式，扎实开展学习研讨，进一步解放思想、统一认识，切实提高了规划编制的科学性。2015年5月28日，我校邀请了教育部（国家）教育发展研究中心高教室主任马陆亭为我校全体管理干部作"地方大学的战略规划与科学发展"报告，标志着"十三五"规划制定工作的全面启动。

为提高规划编制质量与水平，按照学校的整体规划部署，规划起草小组在正式编制规划之前起草了规划建议。规划工作专班的同志在接到任务以后，连续奋战、昼夜加班，以对事业、对学校高度负责的精神，进行了建议的起草工作，力求对每个问题都吃透上级精神、做好与学校实际的结合；力求提出的每一个指标都有根有据，既体现前瞻性，也考虑可操作性；力求对每一句话都精雕细琢，各个部分自成一体

又相互衔接，使整个建议稿体系完备、逻辑严密，内容全面、重点突出，语言精练、描述精准。

2015年12月30日，中共临沂大学委员会全体（扩大）会议召开，审议通过了《中共临沂大学委员会关于制定学校"十三五"事业发展规划的建议》（后简称《规划建议稿》），学校纪律检查委员会委员、中层单位负责人、副厅级及以上离退休党员干部、省市党代表和各民主党派负责人列席会议。审议通过的《规划建议稿》分为三大板块八个部分，共计11000字。主要描述了学校"十三五"时期的发展基础，辩证分析了发展面临的形势环境，提出了"十三五"时期的指导思想、目标任务务目标和发展理念；明确了以创新、特色、质量、开放、效益五大发展为主线，以及"十三五"时期学校事业发展的重点工作等核心内容。

（二）广泛调研论证凝聚各方智慧

"十三五"规划编制期间，学校党委书记李喆亲自主持召开了一系列座谈会并就规划制定提出了重要的指导意见，杨波校长对起草工作给予了全程指导，其他学校领导也提出了很多建设性的意见和有关工作要求。

起草过程中，学校党委书记李喆同志高度重视规划编制工作，亲自率领有关部门开展调研，连续召开管理服务单位、教学单位和科研院所、一线师生等三个座谈会。2015年12月3日，学校党委书记李喆主持召开"十三五"规划调研座谈会，传达了省管干部学习贯彻党的十八届五中全会精神专题培训班有关精神，讨论了"十三五"时期学校发展的优势和短板，并就未来五年的事业发展目标、战略重点和重点任务进行了深入研讨。部分管理服务单位、学院和科研院所的负责同志参加了讨论。

2015年12月14日，党委书记李喆在校友中心会议室召集师生代表座谈，允分听取一线教师和学生对"十三五"事业发展规划的意见和建议。会上，与会师生代表结合自身岗位任务、教学科研工作现状、学习生活实际等，分析了目前我校改革创新发展具备的优势和存在的短板，对未来五年学校发展愿景表达了美好期许，并对"十三五"时期的发展目标、战略重点和战略任务提出了许多合理性意见和建议。

2016年4月24日，规划建议初稿形成，第一时间开启了建议和意见的征集工作。学校通过网站和纸质函件等方式将《临沂大学"十三五"规划建议稿》征求意见稿发到各部门、各单位广泛征求意见，面向全体校领导、各中层单位和副厅级以上离退休老领导征求意见建议。2016年4月25日，学校召开了相关部门座谈会，进一步征求了意见，最终收集意见建议126条，采纳有效建议55条，作了42处修改，在此基础上形成了提交会议的《临沂大学"十三五"发展规划》（草案）。"十三五"规划征求意见建议的过程充分体现了全校师生的发展诉求，同时也在全校起到了很好的统一思想和宣传动员作用。

在规划编制过程中，注重提高透明度和社会的参与度，充分调动全校师生员工的主动性和积极性，通过开辟网站专栏、开设校报专题、刊登公开信、设立公开电话和公共邮箱等方式，利用学校官方微博、微信等新媒体，广泛征集各方面意见建议。对涉及全局的重大事项要开展不同层次座谈会，深入征求师生意见建议，特别要注重吸纳专家教授的意见和建议，确保规划制定过程成为全校统一思想、凝聚智慧、激发活力、形成合力的过程。

规划部门作为这项工作的牵头人，也在全校范围内主持召开部分部门负责人、学院书记院长和教授代表参加的征求意见会，充分听取大家的意见，使各单位都能参与到建议的起草中来，反映了师生的发展诉求。

（三）创新性高质量完成规划编制

学校"十三五"事业发展规划的编制追求与时俱进，在理念、方法等环节实现了创新突破。在规划体系上，做到了学院规划和专项规划并举，形成了三级规划体系。2016年5月9日，《临沂大学"十三五"专项规划和学院发展规划编制方案》印发，对学校专项规划、学院发展规划做了详尽编制要求和进度安排，进一步明确了9个专项规划的建设分工，确保了"十三五"专项规划、学院发展规划任务目标的落实。

其中，学院规划在2015年9月份全面启动开来，保障了专项规划编制进度与总体规划的协调一致、相互进行和配合支撑。其中，专项规划涵盖了学科建设、专业发展与创新创业人才培养、科研创新与区域协同发展、人才队伍建设、国际交流与合作、信息化与智慧校园建设、资源建设与管理、财务运行和资金保障、大学文化建设9个专项规划。

为了更好地编制好"十三五"事业发展规划，提高规划编制水平，学校先后邀请了众多高等教育理论和实践方面的专家学者进行指导。2015年5月28日，学校邀请了教育部（国家）教育发展研究中心高教室主任马陆亭为学校全体管理干部作了"地方大学的战略规划与科学发展"的辅导报告。2015年11月，围绕高校战略规划的内容和方法、结构与体系、编制实施以及跟踪评价等实践问题，学校专门邀请了上海交通大学规划编制专家、规划处处长杨颉教授为学校作了"十三五"规划专题报告。先后到烟台大学、鲁东大学进行了现场学习考察，并于省内其他高校、校内部分部门进行了多次沟通交流和研讨，先后对指标体系框架进行了 4 次较大调整。

2016 年 5 月 5 日，学校印发了《临沂大学"十三五"发展规划》。至此，临沂大学"十三五"事业规划编制工作完成，成为这一时期全体临大人的行动纲领和奋斗目标，继续为临沂大学事业发展再迈新台阶、再创新辉煌提供了战略引领。

（四）"十三五"规划的核心内容

《临沂大学"十三五"发展规划》（以下简称《规划》）采用"篇、章、节、点"四级架构，共分为 9 篇、27 章、61 节，设有 14 个专栏，文字部分约 2.5 万字，共分三大板块。第一、二篇为第一板块，属于总论部分，从宏观层面介绍了"十三五"时期发展环境、发展战略、发展思路、主要目标任务和发展机制。三至八篇为第二板块，属于分论部分，分别从应用型人才培养、科研创新与学术创业、师资队伍建设、开放办学、校园文化建设、公共服务能力提升等领域阐发了主要目标和措施。第九篇为第三板块，是规划实施的保障部分。

《规划》的核心内容和创新点主要体现在以下几个方面。

一是吸收了学校办学定位讨论成果，对定位体系进行了进一步确认。

目标定位：全国知名区域特色鲜明的创新创业型大学。

类型定位：综合类应用研究型。

培养层次定位：以本科教育为主，积极发展研究生教育。

学科专业定位：面向国家战略和区域需求，强化基础学科支撑作用，创新发展应用学科，形成多学科交叉融合、特色鲜明的学科专业体系。

培养目标定位：基础理论扎实，富有创新精神和创业能力，具有沂蒙精神特质和国际视野的高素质应用型人才。

服务面向定位：立足沂蒙，面向山东，辐射全国，走向世界。

二是首次提出了实现全国知名区域特色鲜明的创新创业型大学的办学目标"三步走"战略。

第一步：到 2020 年，基本形成创新创业型大学的治理结构和制度体系，实现学校与区域经济社会的融合发展，创新创业成为师生的价值追求、文化认同和行为自觉，人才培养、科学研究、社会服务与社会需求的符合度、对社会发展的贡献度显著提升，学校成为区域智库和区域创新体系的重要组成部分。

第二步：到 2025 年，初步建成全国知名区域特色鲜明的创新创业型大学，社会美誉度与核心竞争力全面增强，学校成为区域创新创业人才的重要培养基地和科技创新的研发基地，对区域经济社会发展形成有力支撑、局部引领。

第三步：到2040年，即建校100年前后，全面建成全国知名区域特色鲜明的创新创业型大学，学校成为创新创业人才培养的主阵地、区域创新发展的引领阵地和文化传承创新的主力阵营。

三是贯彻落实新发展理念，提出了五个方面的发展思路。

坚持创新发展，着力增强发展的内生动力。加快形成创新引领发展、创新带动创业的新动能，构建与创新创业型大学相适应的现代大学管理体制和运行机制，推进学校内涵发展的动力转换。

坚持特色发展，着力彰显区域办学特色。牢固树立特色发展理念，植根于区域经济社会的发展之中，多方位凝聚办学特色，以特色求发展，实现学校核心竞争力的快速提升。

坚持质量发展，着力培养高素质应用型人才。牢固确立人才培养的中心地位和以质量为核心的教育发展观，紧紧围绕人才培养目标定位，加强关键环节的改革，推进学生的全面发展和个性发展，争创一流本科教育。

坚持开放发展，着力增强发展活力。进一步开阔视野，把学校发展置于高等教育国际化和国内高等教育分类发展的大格局之中，坚持"引进来"与"走出去"并重，形成更加开放的办学体系，以开放办学带动创新、推进改革、促进发展。

坚持效益发展，着力提升发展的层次和水平。坚持规模、结构、质量和效益的协调发展，科学合理开发利用各类办学资源，推进各类办学要素的优化配置，保持发展的健康和可持续。

四是提出了转型提升的战略任务，实施三个方面的发展转型。

实施战略转型。加强对未来发展环境的战略预判，积极应对外部环境的变化和改革发展的新要求。一方面，实施"调整型"战略，深入开展学科专业结构、招生计划结构、人才队伍结构、办学收入结构、资源配置结构、绩效分配结构等办学结构的战略性优化调整，彰显应用型特色；另一方面，实施"外拓型"发展战略，加强开放办学体系建设，广泛建立各种形式的战略联盟、高校联盟、慕课联盟，实现协同发展、借力发展。

实施制度转型。深入开展创新创业型大学办学内涵和实现路径的研究和实践，加强对创新创业型大学的制度描述，加快推进制度配套设计，着力构建支撑创新创业教育改革、鼓励师生科研创新和学术创业、提升应用服务能力的制度体系和评价机制，及时用制度总结和固化改革发展成果，基本形成具有校本特色的创新创业型大学的制度体系和治理结构。

实施组织转型。加强向创新创业型大学、向应用研究型大学转变的组织化推进，完善创新创业服务，更加重视和优先支持创新创业教育机构、科技研发和孵化平台、技术转移服务部门、创新创业社团、新型智库等平台和载体建设，为师生创新创业提供制度化、组织化的支持服务与保障。

五是为确保规划实施，《规划》文本体现出了极其鲜明的绩效管理的思维。为将目标管理确定为学校"十三五"时期主要的管理形式，《规划》引入了KPI——依据学校的目标定位，倒推出关键的业务领域，再明确各领域的一级指标5个，二级指标39个。这些指标在属性上既有约束性指标，又有预期性指标；在指标体系的设计逻辑上，注重了学科引领战略，体现了战略目标取向，突出了创新创业类指标，同时对一些常规化、非关键性的指标进行了舍弃，在此基础上，制作形成了《临沂大学战略地图（2016—2020）》。

（五）谋划"十四五"，引领高质量发展新航程

进入2021年，在"两个一百年"奋斗目标的历史交汇点上，党的十九届五中全会重点研究了"十四五"规划问题并提出建议，为全党全国各族人民夺取全面建设社会主义现代化国家新胜利指明了前进方向、提供了根本遵循。

学校党委贯彻落实十九届五中全会精神，奋进新时代、开启新征程，研究确定了"十四五"战略目标和2035年远景目标。3月7日，学校七届一次教代会（工代会）审议了《临沂大学"十四五"发展规划（草案）》，对"十四五"时期的主要目标、总体思路和重点任务作了简要说明。在闭幕会上，党委书记王焕良号召，蓝图已经绘就，任务已经明确，全校师生要坚持开局就决战、起步就冲刺，唱响高质量发展主旋律，吹响攻坚突破冲锋号，努力实现党性与人民性的高度统一、事业需要与个人追求的高度统一、组织要求与群众期盼的高度统一，为建设区域一流、省内一流的高水平综合性应用型大学而努力奋斗。

第二章 综合性大学的办学体系建设

加快推进学校的办学体系建设，是顺利实现由师范院校向综合性大学转变的内在需求，也是学校推进内涵式发展、提升综合竞争力的内在需求。站在新的历史起点上，如何全面建设这所综合性大学，如何构建目标明确、层次清晰的现代大学治理体系，成为学校党委着力解决的重要问题。为适应新的发展目标，临沂大学审时度势，乘势而上，聚焦治理模式、制度体系、治理结构、文化建设上的革故鼎新，通过深化内部治理改革，推进管理重心下移；坚持问题导向，推进制度废改立工作；优化管理体制和运行机制，推进依法依规治校；培育具有强大凝聚力的大学文化，积极营造向上向善、干事创业的浓厚氛围，形成了基于办学定位且与学校发展阶段相适应的办学体系，构建起综合性大学治理的"四梁八柱"，科学回答了"办什么样的大学"和"怎样办好这所大学"的问题。

第一节 构建综合性大学治理模式

构建适合综合性大学发展的治理模式，是加快综合性大学建设的基础性工作。自 2010 年更名以来，学校贯彻落实国家和山东省推进高等教育综合改革部署，按照不同阶段的发展任务，不断深化办学体制改革，不断优化内设机构设置，不断加强办学平台建设，构建形成适合综合性大学建设发展的治理模式。

一、深化办学体制改革

学校不断深化内部管理体制和运行机制改革，以提高管理效能和办学质量为核心，以厘清责权利关系为重点，实施"导向基层、导向科研"和"导向教学、导向高层人才"基本政策，推进校院两级办学，构建"四级建制、两级管理"体制机制，扩大学院（研究所、校区）办学自主权，推进取消学院行政级别改革试点，逐步建立起责权清晰、基层自主管理、科学高效的管理体制和运行机制，增强基层办学活力。

2011 年 7 月 22 日，学校出台《临沂大学导向基层、导向科研基本政策》（临大办发〔2011〕17 号），从组织机构、岗位编制、人员配备、经费配套、津贴分配等方面，全面落实向科研教学一线倾斜政策，全面推行校、院两级管理模式，扩大教学单位人、财、物等管理权限。

2012 年 4 月 22 日，学校党委、行政出台《临沂大学校院二级管理实施办法》（临大发〔2012〕1号），贯彻落实"导向科研、导向基层"政策，推进放权强院，按照责权利相一致的原则，下移管理重心，优化全校资源配置，赋予学院在事业发展规划、人事管理、教学管理、科研管理、学生管理、对外交流与合作、社会服务、财务管理、资产管理等9个方面一定的管理职能和权限，建立学院自我发展、自我约束的办学机制。

2012年7月10日，学校党委出台《临沂大学导向教学、导向高层次人才基本政策》（临大发〔2012〕6号），面向全校设立20个教授特聘岗位（校级领导不参加），鼓励非教学岗位人员到教学岗位工作，明确管理人员"双肩挑"审批规定，设立教学教授岗，专业技术岗位设置与名额分配向省级重点学科（实验室）和学校特色学科、应用学科倾斜，引进高层次人才不受名额限制，按引进协议聘任，教学岗位实行分级管理，教学辅助岗位不分级管理，所有竞聘岗位定岗定责、择优聘任，自主选择、存量不减、兑现岗位待遇。

2016年11月23日，学校党委出台《临沂大学学部运行办法》（临大发〔2016〕30号），坚持学科引领、资源共享、教授治学原则设置学部。学部受学校委托，行使规划、审议、协调、整合、咨询职能，实行学部委员会制度。

2016年11月23日，学校党委出台《关于优化内部管理体制机制的实施意见》（临大发〔2016〕29号），坚持重心下移、责权利一致、提高效率效能原则，实行"四级建制、两级管理"分级管理体制，即实行学校、学部、学院（研究所、校区）、系四级建制，以学校、学院（研究所、校区）为管理主体，明确各级各层面的管理体制、职能，扩大学院（研究所、校区）干部人事权、财务权、资产权和教学、科研、学生工作、社会服务等管理权。沂水校区、费县校区在学校直接领导和职能部门指导下，在学校授权范围内进行自主管理、自主发展。整合优化部门和人力资源、转变管理服务部门职能、提高管理服务水平，加强组织领导和监督管理，实行任期目标责任制，建立健全权力运行制约和监督体制，推进职能转变和治理能力现代化。

2016年11月23日，学校党委贯彻落实《山东省委办公厅、省政府办公厅关于推进高等教育综合改革的意见》（鲁办发〔2016〕19号）、《省属高校取消二级学院行政级别改革试点方案》（鲁高工委通字〔2016〕69号）及相关通知精神，出台《临沂大学取消二级学院行政级别改革试点实施方案》（临大发〔2016〕31号），成立取消二级学院行政级别改革试点工作领导小组，从二级学院领导岗位设置、二级学院领导人员选聘与选任、职务晋升、交流与分流、配套政策措施和其他共5个方面明确了改革内容与措施，与学校 2016 年新一任期上岗工作统筹推进。

2020 年，为加强对沂水校区、费县校区的管理，学校党委、行政研究决定，将沂水校区、费县校区纳入普通二级单位管理，人财物等各项管理要归口本部主管部门统筹管理。

二、优化学校内设机构设置

为适应高等教育发展形势要求，加快推进转型提升，提高内涵发展质量和水平，学校围绕综合性大学发展定位，对接区域经济发展需求，持续推进综合改革，不断调整完善优化内设机构，建立起适合综合性大学建设发展的内部治理结构。

2011 年 8 月 10 日，学校党委、行政按照填补空白、地方需要、突出特色的原则，将管理服务机构调整为 23 个，设置党委办公室、校长办公室（合署）（档案馆），纪委、监察处、审计处（合署），组织部、机关党委（合署）（党校），宣传部（统战部）（新闻中心、博物馆、红色馆），学生工作部（处）（就业指导中心），工会（校友办、妇委会、计生办），团委，发展规划处（政策研究室），人事处，离退休工作处，教务处（教学评估与督导中心），科学技术处（研究生处），社会科学处（学报编辑部），财务处，资产管理处（国有资产管理办公室），保卫处（武装部、综治办），后勤基建处（后勤集团），招生办公室（国内合作办学办公室），职业教育与成人教育处，国际交流与合作处（国际教育交流学院），图书馆，实验管理中心，网络中心；将教学单位由原来的 16 个（含所分校）调整为 21 个，设置理学院（公共数学与物理教学部）、文学院（文化产业学院）（普通话培训与测试中心）、机械工程学院、建筑学院、汽车学院（设电动汽车系）、商学院、物流学院、法学院、外国语学院（大学外语教学部）、化学化工学院、资源环境学院、生命科学学院（农学院）（设食品工程系）、信息学院（服务外包学院）（公共计算机教学部）、传媒学院（3D 影视学院、孙子兵法学院）、教育学院（教师教育学院）、美术学院（羲之书法学院）、音乐学院（艺术教育中心）、体育学院（高尔夫学院）（公共体育教学部）、马克思主义学院（思想政治理论课教学部）、沂水分校（职业教育学院）、费县分校（继续教育学院）；新成立了沂蒙文化研究院、高等教育研究院、羲之书法研究院、水土保持与环境保育研究所、地质与古生物研究所、凝聚态物理研究所、电动车与新能源技术研究所、现代物流研究所、现代中药研究所等 9 个研究所，基本完成了综合性大学组织结构的改造。

2014 年 7 月 4 日，学校党委、行政决定成立临沂大学药学院，成立临沂大学药学院筹建工作领导小组。2014年7月22日，学校成立药学院专家指导委员会。2014年7月23日，学校召开了"临沂大学药学院"建设发展规划论证会，举行了"临沂大学药学院"揭牌仪式。

2014年8月23日，学校党委研究决定成立综合改革办公室、科技产业与社会服务处（与区域经济协同创新中心合署办公），将电动车与新能源技术研究所更名为新材料技术研究院。学校党委和综合改革领导小组研究决定成立人文学部、理学学部、工学学部、艺体学部、经管学部五大学部。

2016年1月，学校按照"学科归队、需求导向、集群发展、科教融合"原则，根据"四级建制、两级管理"体制机制，制定了《临沂大学学院（研究所）调整调研方案（征求意见稿）》，进一步优化学科专业结构。2016年1月16日，学校成立临沂大学学院（研究所）调整工作小组，对调整调研方案在全校范围内经过2轮广泛征求意见建议。

2016年12月23日，学校党委、行政根据学校深化内部管理体制机制改革要求，在前期广泛调研和充分听取各方面意见的基础上，将管理服务机构调整为30个：党委办公室（校长办公室），纪委办公室、监察处（合署），组织部（党校）、机关党委（合署），宣传部（新闻中心），统战部，学生工作部（处）（就业指导中心、武装部），团委，工会（女工委、计生办），离退休人员工作处，保卫处，发展规划与学科建设处，教务处（教师发展中心），教学质量监督与评估办公室，科学技术处（研究生处），社会科学处，社会服务处，人事处，国际交流与合作处（国际教育交流学院），招生办公室，职业培训与继续教育处，财务处，审计处，资产管理处，后勤管理处，基建处，图书馆，网络中心，创新创业学院，档案馆，学报编辑部；将学院、研究院（所）调整为6大学部、24个学院、4个校级研究院（所）、2个分校区，规划重点打造15个学科群和12个专业群。学部设置情况如下。社会科学学部：商学院，物流学院，法学院，马克思主义学院（沂蒙干部学院）；教育学部：教育学院（教师教育学院），体育与健康学院，音乐学院，美术学院；人文学部：文学院，外国语学院，传媒学院，历史文化学院（沂蒙文化研究院）；理学部：数学与统计学院，物理与电子工程学院，化学化工学院（生化分析研究所），药学院；工学部：机械与车辆工程学院，材料科学与工程学院，自动化与电气工程学院，信息科学与工程学院，土木工程与建筑学院；农学部：资源环境学院（水土保持与环境保育研究所），生命科学学院（地质与古生物研究所），农林科学学院。2017年上半年，学校开展了第二任期岗位竞聘工作。

2018年9月16日，学校获准于2019年起开展硕士研究生招生、培养和学位授予工作。2018年11月1日，学校决定在科学技术处（研究生处）内设机构增设临沂大学研究生招生办公室。

2019年6月14日，学校党委根据事业发展需要，对内设机构进行调整，撤销职业培训与继续教育处，增设研究生工作部（处）（学科建设办公室）、国际教育交流学院、继续教育学院，发展规划与学科建设处更名为发展规划处（政策研究室），科学技术处（研究生处）不再挂研究生处牌子，社会服务处增加职业培训相应管理职能，在国际交流与合作处（国际教育交流学院）不再挂国际教育交流学院牌子，设台港澳事务办公室。

2019年10月18日，学校党委出台《中共临沂大学纪律检查委员会、山东省监察委员会驻临沂大学监察专员办公室（合署）职能配置、内设机构和人员编制规定》（临大办发〔2019〕14号），设立山东省监察委员会驻临沂大学监察专员办公室，与校纪委合署办公，原纪委办公室、监察处和相应内设机构一并撤销。

2019年11月28日，学校党委出台《临沂大学妇女委员会职能配置等规定》（临大办发〔2019〕18号），成立临沂大学妇女委员会，与工会合署办公，工会不再加挂女工委、计生办牌子。

2020年5月26日，学校党委报请省委巡视工作领导小组，设立巡察工作领导小组办公室，作为巡察工作领导小组日常办事机构，承担统筹协调、指导督导、服务保障职责，与党委组织部合署办公。

2021年1月4日，学校党委、行政为适应新发展需求，加快推进学校实现高质量发展，对学校内设机构进行调整，设置党政管理机构25个：党委办公室、校长办公室（法律事务中心），纪委、监察专员办公室（合署），组织部（党校、巡察办、机关党委），宣传部（新闻中心），统战部（台港澳事务办公室），学生工作部（处）（武装部），教师工作部（人事处、教师发展中心），离退休工作处，工会、妇委会（合署），团委，规划处（政策研究室），教务处（招生办公室），教学评估处，研究生处（学科建设办公室），科学技术处，社会科学处，合作发展处（校友工作办公室、教育发展基金会秘书处），国际交流与合作处，财务处，审计处，信息处，资产处，安全保卫处，基建处，后勤处；教学机构26个：马克思主义学院（沂蒙干部学院），商学院，物流学院，法学院，教育学院（教师教育学院），体育与健康学院，音乐学院，美术学院，文学院，外国语学院，传媒学院，历史文化学院，数学与统计学院，物理与电子工程学院，化学化工学院，药学院，机械与车辆工程学院，材料科学与工程学院，自动化与电气工程学院，信息科学与工程学院，土木工程与建筑学院，资源环境学院，生命科学学院，农林科学学院，沂水校区，费县校区；科研机构 5 个：生化分析研究所，水土保持与环境保育研究所，地质与古生物研究所，沂蒙文化研究院，商贸物流研究院，其中地质与古生物研究所和沂蒙文化研究院直属学校管理，其他 3 个研究院挂靠相应学院管理；教辅机构 5 个：图书馆，创新创业学院，档案馆，实验管理中心，学报编辑部；直属机构 5 个：继续教育学院，国际教育交流学院，乡村振兴学院，教育集团，医学部筹建办公室。2021 年 1 月，学校开展了第三任期岗位竞聘工作。

三、加强办学平台建设

为增强学校整体办学实力，促进大学职能发挥，服务沂蒙经济社会发展，学校依托自身优势，紧密结合地方需求，加强教育教学、科学研究、社会服务、国内外合作交流等办学平台建设，有效整合办学资源，不断拓展办学空间，提升学校综合实力和社会影响力。

2012 年 12 月 8 日，学校与临沂市人民政府共建的山东省教师教育基地揭牌。临沂大学教师教育学院、临沂大学初等教育学院和临沂市教师专业发展中心培训基地同时揭牌。

2013 年 5 月 23 日，学校入选全国高校思想政治理论课骨干教师社会实践基地（山东），是教育部首批 12 个"全国高校思想政治理论课教师社会实践研修基地"之一。

2015 年 12 月 22 日，临沂创业大学揭牌。临沂创业大学是在临沂市人民政府的领导下，由临沂市人力资源与社会保障局主管，北京华普亿方集团和临沂大学合作共建的集创业教育、创业实训、创业服务、创业孵化为一体的新型社会大学，同时也是国内领先的创业培训与服务综合平台。

2015 年 12 月 27 日，临沂大学沂蒙文化研究院揭牌。

2016 年 1 月 16 日，学校公布沂蒙文化研究院机构设置，设置沂蒙文化研究院学术委员会；按照"3+1+X"模式，设置沂蒙抗日战争研究中心、沂蒙精神研究中心、沂蒙艺术研究中心 3 个常设研究中心、1 个全国文艺评论基地和"X"个课题组或项目组；设置名誉院长、院长和副院长，设立文献资料中心，撤销原沂蒙文化研究院。

2016 年 4 月 21 日，学校出台《临沂发展研究院社会服务团队培育建设实施方案》

（临大校发〔2016〕6号），依托临沂发展研究院10个研究中心，拟组建10个社会服务团队进行重点培育，通过人才引进和培养，经过3年建设，培育成为地方政府决策咨询服务的新型智库团队，助推临沂区域经济社会发展。

2016年12月23日，学校依托教育部全国高校思想政治理论课骨干教师社会实践研修基地设立临沂大学沂蒙干部学院。

2017年1月，学校被山东省高校工委授予"山东省思政课骨干教师社会实践研修基地"（全省共3个）。

2017年11月15日，学校与临沂市农业局联合成立的临沂新型职业农民学院揭牌成立，是山东省成立的第一所新型职业农民学院，是培育高层次、创新型新型职业农民的专门教育培训机构，是新型职业农民培育理论研究基地。

2017年12月12—13日，第十二届孔子学院大会在西安召开。大会开幕式上，中国国务院副总理、孔子学院总部理事会主席刘延东作主旨演讲，为临沂大学与几内亚科纳克里大学共建的几内亚科纳克里大学孔子学院等10所新建孔子学院授牌，标志着学校首个孔子学院正式成立。

2017年12月20日，山东省高等学校党员干部教育培训基地落户临沂大学。

2018年11月3日，学校与临沂商城管委会联合成立的山东商贸物流研究院成立，是校地共建的第一个应用型协同性研究院，是经过山东省哲学社会科学规划领导小组批准的国内首个商贸物流研究院。

2020年4月20日，在山东省派蒙阴乡村振兴服务队的积极推动下，学校与蒙阴县人民政府共建、山东东蒙企业集团全额投资兴建的临沂大学乡村振兴学院签约奠基，是全省高校第一个实体建制的乡村振兴学院。

2020年5月27日，学校根据《山东省教育厅关于同意协助实施3项文化传承（教育）工程的批复》（鲁教思函〔2020〕3号）意见，成立山东省大中小学红色文化传承研究指导中心，挂靠马克思主义学院，作为协助省教育厅组织实施全省教育系统红色文化传承工程的研究、指导、服务平台。2020年7月1日，学校举行山东省大中小学红色文化传承研究指导中心挂牌成立大会，与省教育厅相关部门签订了《山东省大中小学红色文化传承研究指导中心项目协议书》。

2020年9月2日，学校获批2020年全国普通高校中华优秀传统文化传承基地（全国共26个）。

2021年1月4日，学校成立临沂大学教育集团，整合学校教育资源，服务地方教育事业发展；增设医学部筹建办公室，推进临沂大学医学院建设。

第二节 完善综合性大学制度体系

构建和完善综合性大学制度体系是实现依法依规依纪治校，加快学校发展的基础保障。学校全面推进依法依规依纪治校，以更名为契机，全面推进制度转变提升工作，以制定实施《临沂大学章程》为统领，加快构建完善综合性大学的制度体系。

一、全面推进依法依规依纪治校

学校依法建章立制，注重程序公正，依法决策、照章办事，按照法治原则正确处理内外部关系，规范各类办学行为。科学划分、规范使用各级行政权力和学术权力，确保办学治校依法有序运转，法治行政、阳光行政、高效行政、廉洁行政。

2011年12月10日，学校出台《临沂大学法制宣传教育第六个五年规划（2011—2015）》（临大办发〔2011〕39号），学习宣传宪法和国家基本法律法规，高等教育相关法律法规，反腐倡廉相关法律法规，营造风清气正校园氛围，增强全校师生法制观念，全面推进依法治教、依法治校。

2012年2月27日，成立临沂大学"六五"普法规划工作领导小组，领导全校的"六五"普法推广工作。

2014年9月29日，成立临沂大学劳动人事争议调解委员会，负责学校劳动人事争议调解工作。

2015年3月10日，学校出台《关于依法依规依纪治校的实施意见》（临大发〔2015〕7号）。该意见贯彻党的十八届四中全会精神，落实依法治国基本方略要求，根据教育部关于《全面推进依法治校实施纲要》（教政法〔2012〕9号）精神，旨在加快学校制度体系建设步伐，进一步推进依法治校，保障学校各项事业科学发展、健康发展。意见明确，要建章立制，做到有法可依、有章可循，具体包括制定大学章程、坚持和完善党委领导下的校长负责制、制定事业发展规划、建立健全学术民主制度、建立健全民主管理制度、构建以校院两级管理为主的办学体制、建立健全规范性文件制定、修改、废止制度等内容。意见明确，要抓好落实，确保有章必行，按章办事，具体包括制定规范主体行为和权力运行程序的规则，制定具体事务管理办法，确定各项事务管理的原则、方式与程序，明确管理各方的权利与义务等内容。意见明确，要严肃纪律，确保政令畅通，令行禁止，具体包括严肃党的政治纪律和组织纪律、严肃财经纪律、严肃学术纪律、严肃工作纪律等内容。意见明确，要公开监督，确保执章必严，违章必究，具体包括落实政务公开机制，健全领导干部勤政廉政责任制以及干部经济责任离任审计等制度，建立健全学术自由保障与监督机制，完善党委统一领导下的依法依规依纪治校工作体制等内容。

2016 年 3 月 17 日，学校召开中国共产党临沂大学第三次代表大会，党委工作报告提出落实"六个全面推进"，抢抓发展机遇，深化综合改革，加快转型提升。"六个全面推进"其中之一是要全面推进依法依规依纪治校，建立完善现代大学治理体系。

2017 年 9 月 6 日，学校贯彻落实中央《关于推行法律顾问制度和公职律师公司律师制度的意见》、教育部《依法治教实施纲要（2016—2020）》和《山东省教育厅关于高等学校建立法律顾问制度的通知》等文件精神，出台《临沂大学法律顾问工作实施办法（试行）》（临大校办发〔2017〕17 号），规范学校法律顾问的聘任与管理，推进大学治理体系和治理能力现代化。

二、全面更新完善制度体系

全面转变提升学校制度体系，是学校更名后的一项重要工作，是规范办学的基本要求，也是提升办学层次、增强核心竞争力的基本保障。学校党委在更名后集中开展学校制度体系转变提升工作，加快构建充满活力、富有效率、更加开放、有利于学校科学发展的现代大学制度。

2011 年 1 月 21 日，学校发布《关于全面转变提升制度体系的通知》（临大办发〔2011〕2 号），按照建设现代大学制度的要求，紧密结合学校发展实际，对过去的规章制度进行认真梳理，全面做好转变提升工作，修订、新建管理制度 60 余项，制定了"十二五"事业发展规划和师资队伍建设、学科专业建设、校园建设三个子规划；贯彻"两个导向"和二级办学，出台了实施"放权强院"、二级办学的指导意见，在财务报销规程、实验室分级管理、成人高等教育和非学历教育管理、中层班子和干部考核、面向社会公开选聘特殊紧缺专业的硕士研究生和辅导员等方面出台了一系列制度措施。费县分校和沂水分校在人事制度与教学管理制度改革方面修订了一系列制度，逐步建立健全临沂大学规章制度体系，为建设高质量综合性品牌大学提供制度保障。

2016 年，学校党委把省委专项巡视整改作为固本强基、修复政治生态的有利契机，在解决突出问题的同时，及时总结经验并固化为制度成果，修订制定了各类制度 17 项，废止制度 2 项。

2018年4月23日，学校发布《关于进一步做好规章制度废改立梳理工作的通知》，对学校更名以来，以学校名义制发的制度性文件进行全面梳理，对与习近平新时代中国特色社会主义思想、党的十九大精神及上级政策不一致的，提出废止或修订意见；对学校之前制度与最新实行的制度不一致的提出废止和修订意见；对学校现行制度已不符合学校发展要求的提出废止、制定或修订意见。

2018年9月18日，学校发布《关于做好规范性文件集中清理工作的通知》，对与上位法规和文件不适应、不协调、不衔接、不一致的各类文件进行集中清理，集中废止校发文件17个。

2019年4月29日，学校党委、行政发布《关于废止、宣布失效和修改部分规范性文件的决定》（临大发〔2019〕6号），在对学校更名以来印发的规范性文件全面清理的基础上，决定废止文件18个；宣布失效文件12个，更名临沂大学之前的校发文件自然失效；人事变动后，学校临时机构组成人员未及时调整的文件自然失效，以调整后的临时机构组成人员文件为准；学校人才政策以当年度最新公布的文件为准，原有关文件自然失效。修改规范性文件25个，维护学校政策和制度的统一性和权威性。

三、着力提升加强核心制度体系

学校坚持依法治校，以办学定位为基本导向、以大学章程为基本遵循的制度体系，全面推进制度"废改立"工作，构建符合实际、独具特色、系统完备、运转高效的现代大学制度体系。

2016年8月25日，《临沂大学章程》经省主管部门审核公布。《临沂大学章程》由序言和正文构成，正文主要包括总则、学生、教职工、治理体系、投入与保障、外部关系、学校标识、附则，共计8章，79条，9824字。《临沂大学章程》充分吸收学校最新改革发展成果，明确了学校办学定位，明确了学校治理体系和治理结构，包括领导体制、决策机制、组织结构、学院管理体制、学术治理和民主管理模式等在内的内部治理体系，对机构、学院、科研院所、学部等的设置原则做出了明确规定。突出了师生在办学活动中的主体地位，彰显学术权力在治学中的主导地位，突出理事会、校友会、基金会在吸纳社会资源办学中的地位和作用，成为学校依法自主办学、实施管理和履行公共职能的基本准则和依据。

2016年8月25日，根据山东省教育厅《关于高校完善以章程为核心制度体系的通知》（鲁教法函〔2016〕3号）要求，学校发布《关于进一步宣传落实章程完善核心制度体系的通知》，配套印发了《临沂大学章程配套核心制度建设目录》（22 项核心制度），以《临沂大学章程》为基本遵循，开展了办学核心制度体系建设，启动了《临沂大学内部治理体系和管理规章制度》汇编工作，出台制度性改革文件 16 个。

2019 年 5 月 7 日，学校出台《临沂大学"基础管理规范年"活动实施方案》，全面贯彻落实党的十九大精神，深入贯彻全国、全省教育大会精神，以推进各项基础工作规范管理为抓手，全面梳理现有规章制度，提出"废改立"意见，完善管理制度与日常监管体系、责任落实与追究体系、隐患排查与应急管理体系，加强教育教学、招生、安全等重点领域的规范管理。

2020 年 4 月 15 日，按照教育部《高等学校章程制定暂行办法》（教育部第 31 号令），根据《山东省教育厅关于推进第一轮高等学校章程修改工作的通知》（鲁教法函〔2019〕4 号）要求，学校党委会审定同意《临沂大学章程修正案》，上报省教育厅核准备案。《临沂大学章程修正案》全面落实新时代新要求，全面落实高等教育放管服改革要求，全面总结凝练学校办学特色，体现了时代性、连续性、稳定性和权威性。

四、构建新时代教育评价制度体系

2020 年 10 月，中共中央、国务院印发《深化新时代教育评价改革总体方案》。根据省委教育工作领导小组和省教育厅部署要求，学校立即启动了学习贯彻工作，不折不扣落实《深化新时代教育评价改革总体方案》要求，开启学校教育评价制度体系的全面梳理和废改立工作。

2020 年 10 月 16 日，学校党委就学习贯彻《深化新时代教育评价改革总体方案》作出部署，要求全校不等不靠，立即行动起来，先学起来，深刻把握改革精神，全面梳理制度短板和问题，认真研究落实措施，制定工作方案。

2020 年 12 月 8—15 日，根据《中共山东省委教育工作领导小组办公室关于对照〈深化新时代教育评价改革总体方案〉开展规章制度和文件清理工作的通知》，学校组成专班，对照通知确定的清理范围、清理重点和工作要求，按照"谁起草、谁清理"原则，对学校更名以来的 961 个相关制度进行梳理，提出整改意见，对于改革精神不一致的制度停止执行，对能修订的立即修订，重点对学生和教师评价体系进行调整，完成学校人才招聘政策、中层单位和中层正副职年度考核办法、教学科研高层次项目与高水平成果奖励办法的修订工作，共废止制度 8 个、修订制度 28 个。

2020 年 12 月 29 日，省教育厅召开全省《深化新时代教育评价改革总体方案》

专题培训视频会议。王焕良同志就贯彻会议精神提出要求，一是组织全校全员全覆盖学习方案，结合学习贯彻党的十九届五中全会精神，真学细学深学，学懂弄通做实，增强改革的自觉性、主动性和坚定性；二是对照方案，全面彻底地开展全校规章制度的清理、修订和完善工作，凡是与方案不符合、不一致的全部改过来；三是全面加强党的领导，结合实际组织制订贯彻落实的措施，明确任务、明晰责任、狠抓落实，力争"十四五"学校立德树人的落实机制更加完善，引导教师潜心育人的评价体系更加健全，学生全面发展的评价办法更加多元，选人用人的方式更加科学，构建符合实际、系统科学的高质量评价体系。

第三节 优化综合性大学治理结构

学校为实现由师范类院校向综合性大学的转变，积极构建与综合性大学相适应的现代大学治理体系，全面推进依法治校，强化党的全面领导，坚持和完善党委领导下的校长负责制，强化学术权力，推进教授治学，理顺党政关系、学术权力与行政权力的关系以及学校管理与各学院管理之间的关系，综合性大学治理结构不断优化。

一、坚持和完善党委领导下的校长负责制

2014 年 10 月 15 日，中共中央办公厅印发《关于坚持和完善普通高等学校党委领导下的校长负责制的实施意见》。

2015 年 1 月 16 日，学校党委贯彻中共中央办公厅《关于坚持和完善普通高等学校党委领导下的校长负责制的实施意见》精神，结合学校实际，出台《中共临沂大学委员会关于认真贯彻执行民主集中制的若干规定》《临沂大学党委会议事规则》《临沂大学校长办公会议事规则》（临大发〔2015〕2 号），确定"三个不上会"原则，即学校各级领导班子议事决策，必须严格执行"集体领导、民主集中、个别酝酿、会议决定"的党的民主集中制原则，对重要决策事项在会前进行充分的调查研究和酝酿讨论，会前调研论证不充分的议题、班子成员会前没有充分酝酿沟通或有重大分歧的议题、临时动议的议题不上会。

2015 年 5 月 8 日，学校党委出台《临沂大学学院党政联席会议实施细则（试行）》，明确党政联席会议是学院最高决策机构，是学院重要事项决策的基本制度和主要形式。会议执行民主集中制原则，凡涉及学院事业发展的重要事项都应由党政联席会

议集体讨论决定。

2015 年 10 月 9 日，学校党委印发《中共临沂大学委员会关于落实"三重一大"决策制度的实施办法》（临大发〔2015〕20 号），确定"三个充分沟通"原则，即学校党委在集体决策"三重一大"事项前，应当进行深入细致的研究论证，广泛听取并充分吸收各方面的意见。会前调研论证，由班子成员或主管部门提出议题，在充分调查研究的基础上酝酿提出方案，坚持主管部门负责人与分管领导充分沟通、分管领导与主要领导充分沟通、党委书记和校长充分沟通的原则，经领导班子成员沟通酝酿且无重大分歧，学校党委主要领导审定后，由学校党委办公室汇总审核并提交会议讨论决定。

2018 年 6 月 30 日，学校党委修订《临沂大学党委会议事规则》《临沂大学校长办公会议事规则》（临大发〔2018〕11 号）。

2018 年 7 月 19 日，学校党委出台《临沂大学学院党政联席会议制度》《临沂大学学院党委会议事制度》（临大办发〔2018〕17 号），明确学院党委会是学院党的建设工作的决策机构，不能用党政联席会替代党委会。

2019 年 11 月 28 日，根据《中组部、教育部党组关于印发普通高等学校党委常务委员会会议和校长办公会（校务会议）议事规则示范文本的通知》（教党〔2019〕48 号）和省委教育工委有关通知精神，结合"不忘初心、牢记使命"主题教育相关要求，学校党委再次修订《临沂大学党委会议、校长办公会议事规则》（临大发〔2019〕18 号）。

2020 年 3 月 5 日，学校党委印发《关于进一步完善会议制度提高会议质量的意见》（临大发〔2020〕4 号），建立党委书记、校长定期沟通制度，周工作安排例会制度，重要会议定期安排制度和重要工作调度推进会议制度等，规范了重要专题会议和例行会议安排。

二、健全校级议事协调机构

2019 年 9 月 11 日，学校党委办公室、校长办公室联合印发《关于清理规范议事协调机构的通知》，按照"总量控制、精简高效、严格规范"的原则，对学校发文设立的各类委员会、领导小组、工作小组、协调小组等跨部门议事协调机构及其下设的各类专项小组、办公室等议事协调机构进行清理规范。

2019 年 11 月 28 日，学校党委会研究学校议事协调机构规范调整事宜，原则通过学校议事协调机构规范调整方案。根据该方案，学校设立各类议事协调机构 53 个。

2021 年 4 月 21 日，学校党委会研究学校议事协调机构规范调整事宜，原则通过学校议事协调机构规范调整方案。根据该方案，学校设立各类议事协调机构 53 个。具体如下：

临沂大学党的建设工作领导小组

临沂大学党委巡察工作领导小组

临沂大学党风廉政建设和反腐败工作协调小组

临沂大学意识形态和思想政治工作领导小组

临沂大学思想政治理论课建设领导小组

临沂大学马克思主义学院建设领导小组

临沂大学学位评定委员会

临沂大学第三届学术委员会

临沂大学学生工作委员会

临沂大学专业学位研究生教育指导委员会

临沂大学教学指导委员会

临沂大学教材使用审查委员会

临沂大学语言文字工作委员会

临沂大学体育运动委员会

临沂大学研究生招生组织机构

临沂大学招生工作领导小组

临沂大学创新创业教育工作领导小组

临沂大学大学生征兵工作领导小组和征兵工作站

临沂大学学生资助管理工作领导小组

临沂大学科技成果转化工作领导小组

临沂大学人才工作领导小组和人才工作小组

临沂大学师德师风建设委员会

临沂大学劳动人事争议调解委员会

临沂大学校友工作委员会

临沂大学关心下一代工作委员会

临沂大学离退休工作领导小组

临沂大学统一战线工作领导小组

临沂大学民族宗教工作领导小组

临沂大学全面深化综合改革领导小组

临沂大学预算管理委员会

临沂大学教育对外开放工作领导小组

临沂大学校园建设规划与管理委员会

临沂大学校园治安综合治理委员会

临沂大学国家安全人民防线领导小组

临沂大学保密委员会

临沂大学信息公开工作领导小组

临沂大学网络安全与信息化领导小组

临沂大学舆情管理工作领导小组

临沂大学消防安全管理委员会

临沂大学食品安全委员会

临沂大学防汛工作领导小组

临沂大学突发公共卫生事件应急处置（传染病防控）领导小组

临沂大学图书馆工作委员会

临沂大学实验室工作委员会

《临沂大学学报》编辑委员会

临沂大学档案工作委员会

临沂大学档案鉴定工作领导小组

临沂大学节约型校园建设领导小组

临沂大学绿化委员会

临沂大学爱国卫生运动委员会

临沂大学采购工作领导小组

临沂大学国有资产管理领导小组

临沂大学内部控制建设领导小组

三、强化学术权力

学校遵循高等教育规律，坚持正确处理行政权力和学术权力的关系，完善学术组织和学术管理制度，完善教授参与教学和学术事务的管理体制和运行机制，发挥教授在治学方面的主体作用，保证教师在学院改革、建设与发展中的地位和作用。

2012年，围绕内涵发展主线，学校改革专业技术职务竞聘办法，多措并举淡化"官本位"，回归"学本位"，16位处科级干部辞去管理职务到教学、科研一线工作，突显"教授治学"，光明日报连续八篇跟踪报道，在国内教育界及社会各界引起巨大反响，被称为"破冰之举"。

2012年2月13日，学校印发《临沂大学学院教授委员会章程》（临大办发〔2012〕3号），明确教授委员会在学院改革发展与民主管理中的重要作用，对教授委员会组成与产生程序、职责及议事规则等作出具体规定。

2014年1月6日，学校第一届学术委员会成立并召开第一次会议。第一届学术委员会名誉主任薛其坤，主任张书圣，副主任曲文军、傅尊伟，学术委员会委员23人。

2015年3月27日，学校印发《临沂大学学术委员会章程》《临沂大学学院（所）教授委员会规程》（临大校发〔2015〕3号），明确指出，学术委员会是学校最高学术机构，统筹行使学术事务的决策、审议、评议和咨询等职权。

2017年3月28日，学校举行第二届学术委员会成立暨第一次会议，修订学术委员会章程，遴选新一届学术委员会。本届学术委员会由27位委员组成。经表决通过，张书圣担任学术委员会主任委员，张福成、李中国担任副主任委员。

2013年11月11日，学校印发《临沂大学教学指导委员会章程》（临大校发〔2013〕10号），成立临沂大学教学指导委员会，主任杨波，副主任谢亚非、姜同松（常务）、刘占仁，委员29人。2018年3月，因人事变动，学校对教学指导委员会作出调整，主任马凤岗，副主任郑秀文（常务）、蒋学华，委员42人。

四、落实民主管理

学校把加强民主管理，作为坚持和完善党委领导下的校长负责制，推进教授治学，优化内部治理，构建现代大学制度体系的重要内容，通过完善制度机制，落实各项民主管理权力。

2012年2月4—5日，学校召开五届一次教代会（工代会）。本次教代会的主题是：以科学发展观为指导，落实"两个导向"，推进二级办学，开创内涵发展新局面。291名正式代表参会，11名特邀代表和156名列席代表列席会议。本次会议是学校在顺利完成综合性大学开局起步、全面实施学校"十二五"事业发展规划的新形势下召开的，对学校内涵提升、开创新局面、实现新跨越具有深远意义。

2014年5月，出台《临沂大学教职工代表大会实施细则》（临大办发〔2014〕11号），制定完善《教职工代表大会提案工作条例》和《二级单位教职工代表大会若干规定》，规范校院两级教代会制度。

2015 年 4 月 20—29 日，学校举办党外代表人士培训班，提高党外代表人士的综合素养和能力、政治把握能力、参政议政能力、组织领导能力和协作共事能力。李喆同志作题为"增进共识、提高能力，共同开创学校内涵发展的新局面"开班动员讲话。驻校各级人大代表、政协委员，各民主党派基层组织负责人，知联会负责人，少数民族代表人士、党外处级干部等党外代表人士参加培训。

2015 年 9 月 16 日，学校党委出台《关于进一步加强学校民主管理的实施意见》（临大发〔2015〕19 号），就全面推进落实学校民主管理工作提出明确意见、（1）严格基层调研和集体决策制度，深入推进党的民主集中制建设；（2）完善教代会制度，充分保障广大教职工的民主权利；（3）强化教授治学，不断提高学术管理能力；（4）强化群团组织建设，发挥工会、共青团、学生会等参与民主管理的积极作用；（5）探索实行大学理事会制度，积极争取社会力量参与学校民主管理和监督；（6）健全党务、校务信息公开制度，保障学校师生和社会公众的民主权力。

2017 年 4 月 15—16 日，学校召开第六届教代会（工代会）第一次会议。本次会议的主题是：强化责任担当，狠抓落实执行，全面加快推进转型提升步伐。304 名正式代表参会，5 名特邀代表和 212 名列席代表列席会议。会议选举产生了第六届工会委员会及各专门委员会，选举李彤光为第六届工会委员会主席，张茹、李同胜、徐传胜为副主席。

2016 年 3 月 17—18 日，学校召开中国共产党临沂大学第三次代表大会，来自全校各单位的 219 名代表参加，选举李喆、杨波、王明福、刘占仁、李明开、孙常生、张立富、张书圣、马凤岗（9 人）为新一届党委委员，李明开、牟海善、巩庆毅、邵长全、王立斌、张思峰、孔霞、蒋晓丽、张问银（9 人）为新一届纪委委员。在第三届党委会第一次全体会议上，李喆当选为党委书记，杨波、王明福、刘占仁当选为副书记。在第三届纪委第一次全体会议上，李明开当选为纪委书记，牟海善当选为纪委副书记。

2016 年 5 月 26 日，学校党委成立临沂大学统一战线工作领导小组（临大办发〔2016〕14 号），建立健全民主党派、无党派人士参与学校民主管理与民主监督的工作机制，充分发挥参政、议政与民主监督的作用。

2019 年 12 月 28 日，临沂大学第三次学生代表大会举行。会议选举产生了新一届学生会主席团成员，审议通过了关于学生会工作报告的决议、《临沂大学学生会章程（修正案）决议》和大会倡议，并作第三次学生代表大会提案征集工作报告。

2020 年 12 月 5 日，临沂大学第四次学生代表大会举行，会议选举产生了新一届学生会主席团成员，审议通过了关于学生会工作报告的决议、《临沂大学学生会章程（修正案）决议》，并向全校学生发出《文明修身，知行合一》的倡议，300 名学代会代表肩负全校青年学生的期望和重托，认真履职参会。

2016 年 4 月 7 日，学校出台《临沂大学信息公开实施办法》（临大校发〔2016〕5 号），成立学校信息公开工作领导小组，制定《临沂大学信息公开目录》《临沂大学学院信息公开目录》。建设信息公开专题网站，在 2018 年度山东省教育系统政务公开第三方评估中获优秀等次。

2019 年 5 月 29 日，学校修订信息公开实施办法（临大校发〔2019〕11 号），制定《临沂大学主动公开基本目录》《临沂大学学院信息公开目录》。

五、成立校院两级理事会

大学理事会是学校根据面向社会依法自主办学需要设立的，由办学相关方面代表参加、支持学校发展的咨询、协商、审议与监督机构，是学校科学决策、民主监督、社会参与的重要组织形式和制度平台。2017 年，学校建立并完善理事会制度，制定理事会章程，成立临沂大学理事会和 26 个学院、校区理事会，理事会单位达 1448 家。

2017 年 6 月 25 日，学校举行化学化工学院理事会成立大会。这是学校成立的首个学院理事会。此后，26 个学院、校区相继成立理事会。

2017 年 12 月 28 日，临沂大学理事会成立。山东省人大常委会原副主任张瑞凤，中国科学院院士、清华大学副校长薛其坤，临沂市人民政府副市长张玉兰，学校领导李喆、杨波、孙常生出席成立大会。杨波主持。地方政府、相关行业组织、企事业单位、社会组织代表，杰出校友、社会知名人士、知名专家，以及学校相关职能部门、师生代表参加会议。会议产生临沂大学第一届理事会理事，表决通过《临沂大学理事会章程》《临沂大学理事会组织机构选举办法》，选举产生临沂大学理事会组织机构。张瑞凤、薛群基、李喆担任名誉理事长，薛其坤担任理事长，杨波担任常务副理事长，房建成、孙常生担任副理事长。山东省教育厅、中共山东省委高等学校工作委员会、临沂市人民政府为副理事长单位。临沂市教育局、天元建设集团有限公司等 16 家企事业单位为常务理事单位，中国社会科学院经济研究所党委书记王立胜等 10 人为常务理事。理事会还有 58 家理事单位和个人，学校职能部门包括学工部、教务处、科技处、社科处、社会服务处，社会服务处处长赵勇担任秘书长。

第四节 熔铸大学特色文化

一所大学能够经久不衰、立于不败，生命力就在于其独特的文化。学校上下达成广泛共识，建设一所成熟大学，应当实现由人管人、制度管人到文化引领人的转变，依靠先进的文化来影响和引领师生的价值追求与行为。自 2010 年更名以来，学校高度重视大学文化建设，既坚持与时俱进，积极培育大学的时代精神和先进文化，又赓续优良传统，根植琅琊文化沃土，传承红色基因，弘扬沂蒙精神，把大学文化建设融入并体现到作风建设、制度建设、校园建设和文明建设等办学治校的各领域和全过程，熔铸形成具有鲜明时代特征和浓郁临大特色的大学主体文化。

一、重塑校徽、校训、校风、校歌

2011 年 3 月，根据学校更名后建设综合性大学的需要，结合筹备临沂大学 70 周年校庆，学校启动了校训、校歌、校徽、校风和校庆标识，征集校庆专题征文等活动，面向学校师生和全社会广泛征集意见建议和方案。

2011 年 5 月，由山东省音乐家协会副主席曲波作词、国内资深音乐制作人薛瑞光作曲的《临沂大学校歌》正式确定。校歌把沂蒙历史、人文、精神、景观等充分融入其中，传递了爱国、爱党、爱校、爱人民的无限情怀。校团委将学唱校歌纳入"高举团旗跟党走，我与临大共奋进"主题团日活动项目，并将校歌确定为各类学生活动时学生集体唱诵歌曲。

2011 年 5 月，学校校风、校训和校标最终确定，学校面向全社会发布《关于校风、校训、校标的公告》。公告内容如下。

（一）校风：实

"实"秉承了沂蒙人民的朴实民风、"沂蒙精神"的深刻内涵和党的"实事求是"的思想路线、"理论联系实际"的优良学风；"实"充分体现了我校的办学实际与沂蒙区域特色；"实"不是功利意义的价值取向，而是人文精神与科学精神的有机统一，它既是融会于学校和师生中的一种氛围、风尚，也是一种境界、理念。"实"的校风激励全体师生要积极吸纳国内外一切文明成果，做人做事做学问要时时处处从实际出发，以求实的精神、朴实的作风、务实的态度、踏实的工作，与时俱进，敢为人先，追求卓越，努力建设高质量综合性品牌大学。

（二）校训：明义锐思弘毅致远

校训分别取自临沂籍圣贤颜真卿、刘洪、曾子、诸葛亮之语或赞其之语。

"明义"语出颜真卿《庙享议》："此有以彰国家重本尚顺之明义，足为万代不易之令典也。"颜真卿为著名书法家，被誉为"亚圣"，一代忠勇名将（乾隆曾诗赞"忠以捐躯颜呆真"）。"明义"本为圣明的道义，后引申为深明大义。深明大义是沂蒙精神的深刻内涵之一。"明义"劝勉全体师生要从国家利益和民族精神出发，具备"大义""大爱"的优良品行和"大节"的崇高操守。

"锐思"语出《后汉书·律历志》刘昭注引《博物记》："洪笃信好学，观乎六艺髍书意，以为天文数术，探赜索隐，钩深致远，遂专心锐思。"刘洪被誉为"算圣"。"锐思"意为用心专一，具有敏锐的思想。"锐思"劝勉全体师生刻苦学习，深刻思考，努力探索自然和社会科学的精微深奥之理。

"弘毅"语出《论语·泰伯》："曾子曰：士不可以不弘毅，任重而道远。仁以为己任，不亦重乎？死而后已，不亦远乎？"曾子被誉为"宗圣"。"弘毅"，意为气象恢宏，意志坚强。"弘毅"劝勉全体师生要加强意志磨炼，努力做到宽宏坚毅，锲而不舍。

"致远"语出诸葛亮《诫子书》："非淡泊无以明志，非宁静无以致远。"诸葛亮被誉为"智圣"。"致远"意为实现远大的抱负，是目标，更是一种追求。"致远"劝勉全体师生要有远大的理想和抱负，以矢志不渝的奋斗精神，锐意进取，不断开拓创新。

采用与临沂历史文化密切相关的文化名人所创造的重要理念组合而成的校训，富含传统文化积淀，具有鲜明的地域特征，体现了对民族优秀文化基因和沂蒙精神的传承。从整体上看，校训中的四个理念，涵盖了德育修养、学业追求、意志品质、人生理想等不同方面，它们彼此独立，又浑然一体，富有时代精神。

（三）校标

以"临沂大学综合图书馆""临沂大学""临沂大学英文名称"和"1941"等主要设计元素构成。临沂大学图书馆是学校的地标性建筑，其造型以沂蒙山区特有地貌"崮"为参照，形似巍峨蒙山，浩然大气，代表了沂蒙老区厚重的历史文化，宣扬了踏实、敦厚、坚定的精神风格；"山"字造型，表达了为沂蒙老区再造"知识蒙山""人文蒙山""精神蒙山"之意。综合图书馆下面的三条直线，象征贯穿沂蒙大地的沂河。蒙山沂水相映寓意"书山有路勤为径，学海无涯苦作舟"。"1941"代表着临沂大学的创建时间，体现出学校的历史底蕴和红色源头。

徽章设计图案昭示出临沂大学师生弘扬沂蒙精神、传承人类文明的历史使命感和创新创业、追求卓越时代责任感。整个图案创意独特，寓意深刻，既反映历史，又能反映时代精神与办学特色，设计新颖，简洁流畅。

学校从王羲之书法作品中摘取四个字组合成"临沂大学"校名，同校徽一并发布，体现学校根植琅琊文化沃土的鲜明地域特色和深厚文化内蕴。

2014年1月，在国家教育部思想政治工作司组织编写的《百所高校校训、校徽、校歌汇编》中，临沂大学校训、校徽、校歌入选其中。

（四）主要楼宇、广场、休读点命名

2012年6月16日，学校印发《临沂大学主要楼宇、广场、休读点命名方案》（临大办发〔2012〕17号），按照充分体现校风、校训等校园精神和我校文化传统，综合考虑校园总体规划，同时融入地方文化特色和时代元素的原则，对学校主要楼宇、广场、休读点进行了命名。其中教学楼宇共分四大组群，分别以校训的四个词"明义、锐思、弘毅、致远"命名。主要广场、休读点、校内水域，以校史、地域文化、革命文化等元素命名，如书圣广场——图书馆前广场（前方东西路为书圣路）；学苑广场——学生第二餐厅东广场；星海广场——艺术中心北广场（纪念伟大的音乐家冼星海）；滨海湖——办公楼西南方水体（以我们学校的红色源头为"滨海建国学院"起名）；学海湖——图书馆北面水体（取"学海无涯苦作舟"之意）；文心潭——第一学生生活区东水体；雕龙亭——校友中心南小亭（《文心雕龙》的作者是古琅琊人刘勰，文心潭和雕龙亭呼应，以纪念刘勰）；水原亭——办公楼前小亭（因纪念与韩国水原大学合作而建）；兰亭——体育场西小亭（亭子顶为蓝色，取自"书圣"王羲之所作《兰亭集序》）；将军园——明义楼3号与明义楼4号之间绿化休读点（因迟浩田将军在此亲手栽植一棵香樟树而命名）；群贤园——明义楼1号和明义楼2号之间绿化休读点（因此处有孔子《沂滨抒怀》雕塑而命名，同时取王羲之《兰亭集序》中"群贤毕至、少长咸集"语句）；小东山——弘毅路与兵圣路交会处西景观山体（蒙山亦称"东山"，此处山体用"小东山"命名，地域特点展示）等。

二、培育"临大特质"，凝练"临大精神"

学校前身是抗大一分校与中共滨海区委共同创建的一所抗大式学校，从抗战烽火的洗礼中一路走来，在服务老区的淬炼中不断发展壮大，与沂蒙人民共同培育了"水乳交融、生死与共"的沂蒙精神。学校始终不忘初心、牢记使命，坚守为党育人、为国育才，传承红色基因，弘扬沂蒙精神，把学术文化、质量文化与办学传统、区域文化有机结合，灌注到制度建设、课堂建设、工作规范、校园环境等各个方面，凝练"临大精神"和"临大文化"，熔铸形成革命老区大学薪火传承的大学精神和鲜明特质。

2011年6月29日，学校党委、行政联合印发《临沂大学红色育人工程实施意见》（临大发〔2011〕10号），坚持以社会主义核心价值观教育为主题，以沂蒙精神这一"红魂"为主线，按照"三三三六"总体架构，在学校人才培养中实施红色育人工程，引导当代大学生坚定理念信念、崇尚荣誉责任、健全人格品德，增强爱国意识、集体意识、创业意识、奉献意识，提高思想道德素养、专业理论水平和社会实践能力，自觉成为"具有沂蒙精神特质和国际视野的高素质应用型人才"，成长为社会主义事业的合格建设者和可靠接班人。

2011年7月22日，学校印发《临沂大学"十二五"事业发展规划（2011—2015）》（临大发〔2011〕14号），提出"十二五"期间学校要实施"六大工程"，其中第四个工程是"文化建设工程"，明确提出要培育和弘扬校园精神，依托老区优势和红色大学传统，凝练、完善具有时代特点及临沂大学特色的校园精神，采取生动活泼、喜闻乐见的方式宣传学校愿景、精神文化、核心价值观等文化理念。

2016年5月5日，学校党委、行政联合印发《临沂大学"十三五"发展规划》（临大发〔2016〕10号），提出"十三五"期间学校要培育特色精神文化。以校风、校训为核心，融合优秀传统文化、地域文化以及现代大学精神等文化元素，进一步凝练形成学校核心办学理念和校园精神文化体系，形成富有临大特色、内涵完善的校园精神的科学表述，增强师生对学校的文化认同、使命认同和情感认同。

（一）培育"能吃苦、善创新、敢担当、乐奉献"的临大特质

2015年，学校确立了建设"全国知名区域特色鲜明的创新创业型大学"的办学定位后，学校党委围绕"培养什么人、怎样培养人"的问题，在广泛深入调研论证、征求李群等部分领导同志的意见基础上，提出要传承弘扬沂蒙精神，发扬临大人"特别能吃苦、特别能战斗、特别能奉献"的优良传统，培育青年学生"能吃苦、善创新、敢担当、乐奉献"的临大特质。

2015年6月29日，临沂大学召开庆祝建党94周年座谈会，李喆同志在代表学校党委的讲话中正式提出"临大特质"。他指出，伴随着我们党94年的奋进步伐，临沂大学也走了过一段不平凡的改革发展道路。各级党组织和广大党员积极发挥战斗堡垒和先锋模范作用，团结带领全校师生员工，发扬"能吃苦、善创新、敢担当、

乐奉献"的临大特质，艰苦奋斗，锐意创新，推进学校实现办学规模、办学层次、办学质量的不断跨越提升，在同类院校实现率先发展和科学发展。

2015 年 8 月 16 日，在"抗日民主政权建设的历史地位与当代启示"研讨会上，李喆同志在致辞中指出，临沂大学始终将传承弘扬沂蒙精神作为重要使命，将革命传统教育与人才培养有机融合，培养青年学生"能吃苦、善创新、敢担当、乐奉献"的临大特质。

2015 年 12 月 31 日，李喆同志在 2015 年奖助学金表彰大会上对临大特质的内涵作了系统阐述。能吃苦，是指临大师生具有沂蒙人民吃苦耐劳的优秀品格，不怕吃苦，吃苦不叫苦，乐观自信，百折不挠，不向困难低头，不断追求卓越。善创新，是指临大师生具有沂蒙人民开拓创新的优秀品格和敢为人先、敢于冒险的创新创业精神，敢于大胆质疑、善于独辟蹊径，勇于走别人没走过的路。敢担当，是指临大师生具有沂蒙人民忠诚可靠的优秀品格，在大是大非面前敢于坚持真理，在困难矛盾面前敢于担当责任，具有强烈的忧患意识、责任意识和使命意识。乐奉献，是指临大师生具有沂蒙人民勇于奉献的优秀品格，有强烈的集体责任感，顾全大局，甘于奉献，公而忘私，乐于助人。

2016 年 3 月 17 日，中共临沂大学第三次党代会报告中指出，临沂大学一路走来，历经坎坷而弦歌不断，靠的是传承弘扬沂蒙精神，在长期办学过程中积淀形成的"政治坚定、顾全大局、团结一心、争创一流"的优良传统和"能吃苦、善创新、敢担当、乐奉献"的临大特质，这是立校兴校的精神法宝。临大人的这种文化基因和可贵品质，是沂蒙精神的生动体现，是克难制胜的宝贵财富，我们一定要继续发扬光大。

2017 年 11 月 3 日，学校党委出台《关于大力弘扬沂蒙精神的实施意见》（临大发〔2017〕27 号），坚持以习近平新时代中国特色社会主义思想为指导，以总书记视察山东重要讲话、重要指示批示精神为遵循，积极挖掘沂蒙精神的丰富内涵和育人价值，深入实施弘扬沂蒙精神"三五七"工程，着力培育师生"能吃苦、善创新、敢担当、乐奉献"的临大特质。

2019 年 6 月 12 日，学校召开第七次教学工作会议。李喆同志作了题为"全员育人育全人，努力培养担当民族复兴大任的时代新人"的总结讲话，对如何培育"临大特质"作了系统阐述。讲话指出，培养学生具有"能吃苦、善创新、敢担当、乐奉献"的临大特质，目的是让红色基因代代相传。一是培养学生"能吃苦"。艰苦朴素的作风是抗大的本色和沂蒙精神的精髓。要传承抗大优良传统，培养学生艰苦朴素的工作作风，养成踏实刻苦的精神和持之以恒的毅力，在学习、工作、生活和创新创业中敢于吃苦，敢于经受挫折，培养百折不挠的精神。二是培养学生"善创新"。抗大机动灵活的战略战术就是善于创新的典型范例。要传承抗大精神，培养学生敢于斗争、勇于胜利的胆量和能力，培养学生的创新性思维，敢于走前人没走过的路，敢于做前人没有做过的事，大胆创新创业，追求更加卓越的成绩。三是培养学生"敢担当"。传承抗大坚定无比的理想信念和为民服务的宗旨情怀，弘扬"水乳交融、生死与共"的沂蒙精神，培养学生的爱国爱党和爱人民的家国情怀，主动投身到中华民族伟大复兴的事业中来。四是培养学生"乐奉献"。要传承沂蒙人民"最后一粒米做军粮，最后一块布做军装，最后一个骨肉上战场"的奉献精神，培养学生具有强烈的集体责任感，顾全大局，甘于奉献，公而忘私，乐于助人。讲话强调，培养学生具备"临大特质"，与我们革命老区大学的优良传统是一脉相承的，与党的教育方针是高度统一的，是新时代我们临大人的神圣使命和光荣职责，也应是我们人才培养的最大特色所在。

（二）凝练形成"团结包容、崇实尚贤、艰苦创业、勇于争先"的临大精神

2018年3月4日，李喆同志在临沂大学第六届教代会（工代会）第二次会议，闭幕式的讲话中指出，我们形成了革命老区大学的优良传统，有沂蒙精神这一得天独厚的政治优势，文化特色不断彰显。但是我们由多校融合而来，文化多元、诉求多元，历史遗留问题较多，没有成熟的主体大学文化，政治生态还不够稳固。我们必须重视大学核心文化精神，培育成熟的大学主体文化，凝练形成特色鲜明而又普遍认同的"临大精神"，涵养师生员工的大学境界，用一流的大学文化，引领学校不断走向成熟。

2018年3月4日，杨波同志在临沂大学第六届教代会（工代会）第二次会议上的工作报告中明确，要努力锻造成熟大学精神，将沂蒙精神、创新创业精神为内核的办学精神有机融入校园基本建设、融入文化景观设计、融入教育教学内容、融入校园文化活动、融入全员育人育全人过程，讲好临大故事，传播临大声音，让师生能够时刻看到、听到、感悟到临大精神，内化于心、外化于行，树立临大人的文化自信和文化自觉。

2018年3月4日，学校党委印发《临沂大学2018年工作要点》（临大发〔2018〕1号），提出"一五三"工作思路，其中要打造的"五个一流"，就包括一流校园文化打造计划，具体内容是，要融合学校办学优良传统、沂蒙精神和创新创

业文化，凝练形成富有临大特色、内涵完善的"临大精神"，构建成熟的大学文化。

2018 年 3 月，根据省委统一部署，学校开展"大学习、大调研、大改进"。学校党委在"大学习、大调研、大改进"过程中，就"临大精神"广泛征求意见，初步把"临大精神"概括为"团结包容、崇实尚贤、艰苦创业、勇于争先"。2018 年 6 月 14 日，学校党委召开"大学习、大调研、大改进"务虚会，李喆同志在会上阐述了"临沂精神"表述的基本内涵。"临大精神"的表述从临沂大学的历史积淀与现实需要的结合上进行综合考量。

"团结包容"：临沂大学历史上为军地共建学校，军民团结，同心同德，锻铸了良好的作风。尤其是进入新的历史时期，临沂大学实现了六校合一办学，彼此互相团结，互相包容，勠力同为，创造了老区办大学的奇迹，受到广泛地好评和赞誉；同时，临沂大学是沂蒙人自己的大学，也是一座开放的大学，大学资源为社会所共享，体现出开放包容的办学特质。

"崇实尚贤"：临沂大学校风是"实"。"实"在临沂大学长期的办学过程中，一直贯穿学校发展的始终。在地方办学的多年实践中，学校始终坚持服务沂蒙的宗旨，为地方经济社会发展做出了实实在在的贡献；同时，临沂历史上也是一个人才辈出的灵秀之地，临沂大学也一直沐浴在先贤的历史光辉中，在浓郁的文化氛围中，守正出新，追求卓越，创造了不凡的业绩。

"艰苦创业"：临沂有着光荣的红色革命传统，临沂大学在艰苦创业的沂蒙精神哺育下成长壮大，一开始就具备艰苦创业的品质。在办学历史的各个发展阶段上，临大人以"能吃苦、善创新、敢担当、乐奉献"的优秀特质，把艰苦创业的精神传承得渐入佳境，同时也带给整个沂蒙地区服务发展的良好办学形象。

"勇于争先"：临沂大学在抗战烽火中诞生，以不怕牺牲、敢为人先的气魄和智慧，勇开新天，独树一帜；尤其在过去的近 20 年的发展中，又实现了快速发展，勇敢走在了同类院校的前面，成功步入综合性大学的行列；在新的历史时期，率先提出"创新创业型大学"的办学定位，引领地方大学发展的方向。在未来新的发展平台上，临沂大学仍然需要这种奋斗精神的滋养。

2018 年 10 月 19 日，李喆同志在党委理论学习中心组（扩大）读书班上作《依靠学习走向未来》的总结讲话，指出，作为革命老区大学，要从代代相传的红色基因中汲取力量，秉承"坚定不移的理想信念、艰苦奋斗的工作作风、坚忍不拔的奋斗精神、战胜困难的必胜信心"的抗大精神，弘扬"爱党爱军、开拓奋进、艰苦创业、无私奉献"的沂蒙精神，践行"能吃苦、善创新、敢担当、乐奉献"的临大特质，熔铸"团结包容、崇实尚贤、艰苦创业、勇于争先"临大精神，筑牢思想根基，注入临大基因，形成特色，引领学校改革发展。

三、打造独具特色的创新创业文化

2016年5月5日，学校党委、行政联合印发《临沂大学"十三五"发展规划》（临大发〔2016〕10号）提出，要利用临沂现代商贸企业文化资源，营造鼓励创新、宽容失败的创新创业文化氛围。

2017年7月7日，李喆同志在学校第二任期中层管理人员培训总结讲话中强调，创新创业型大学建设是否成功，在于学校里的每一个人是否真正具有创新创业精神。创新创业型大学是以企业家精神重构的大学文化，强调以苦为乐、艰苦奋斗的精神，这与以"爱党爱军、开拓奋进、艰苦创业、无私奉献"为主要内涵的沂蒙精神是相通的。我们作为革命老区大学，凝练创新创业文化，就是要发扬和挖掘沂蒙精神中的吃苦耐劳品格、创新创业意识和无私奉献精神，吸收临沂现代商贸企业文化，倡导勇于冒险、大胆创新的企业家精神，营造鼓励创新、宽容失败的创新创业文化氛围，培育和践行"能吃苦、善创新、敢担当、乐奉献"的临大特质。习近平总书记指出：实干才能梦想成真。建设创新创业型大学，我们必须发扬沂蒙精神，弘扬临沂大学干部师生特别能吃苦、特别能战斗、特别能奉献的优良传统，以敢为人先的魄力，以坚持不懈的韧劲，以钉钉子的精神，开创一条创新创业之路。

四、厚植"知校、爱校、荣校、兴校"的大学文化

临沂大学建校以来，由于历史的各种原因，在长达80年的办学历程中，历经十几次撤建离合，校名几经更迭，校址数度迁徙，历经了多个办学阶段。2010年更名临沂大学以后，如何实现由文脉汇聚到人心凝聚，熔铸形成大学核心办学文化和普遍精神认同，成为大学文化建设的首要任务。学校强化党建引领，从干部作风、师德师风和教风、学风等方面入手，不断引领干部师生形成"知校、爱校、荣校、兴校"的浓厚文化氛围。

（一）确立"和为贵、学为先、师生为本、事业为重"的工作方针

2010年11月29日，学校党委召开全校管理与教学骨干会议，提出要以"和为贵、学为先、师生为本、事业为重"作为基本工作准则。"和为贵"，就是要和谐共处、同心同德，在讲大局的前提下，互相宽容、善于团结。领导班子成员要带头识大体、顾大局，严格按照民主集中制的原则办事，互相支持，互相维护，襟怀坦白，以诚待人。

"学为先"，就是在从师院到大学转变过程中，所有管理人员、教学人员、后勤人员，要通过学习使管理水平、教学水平、服务水平有一个大的提升，不断提高建设和发展综合性大学的质量和水平。"师生为本"，是科学发展观以人为本的要求，也是学校工作的出发点和落脚点，学校的一切工作都要围绕师生发展来进行，为教师排忧解难，为提高教育质量提供方便。"事业为重"，就是党员干部应以党的事业为重，正确处理事业与个人、事业与家庭的关系，竭尽全力为党添彩，为民谋利，通过做好岗位工作，实现事业推进和个人发展的相互促进、相得益彰。

2011年5月6日，学校党委召开作风建设动员大会，强调要以优良党风促教风带学风，要求全校今后一个时期，要在"和为贵、学为先、师生为本、事业为重"总方针指导下，围绕党风、教风和学风三个重点，全面加强作风建设。在党风建设方面，要按照胡锦涛总书记在中央纪律检查委员会第七次全体会议上提出树立八个方面的良好风气的要求，以领导作风和机关工作作风建设为重点，发扬密切联系师生的优良作风，在各级干部的思想上筑牢拒腐防变的坚强防线，强化机关服务意识和效率意识，认真解决师生工作生活中的实际困难，为教职员工搞科研、做学问创造宽松的外部环境。在教风方面，要按照胡锦涛总书记在清华大学百年校庆讲话中对高校教师提出的殷切的希望和要求，从师德抓起，培养出新时期我校的大师、名师，带动校风、学风的整体提升，保持学校不断发展的生命力。在学风建设方面，要大力倡导学以致用、理论联系实际的学风，真正把精力用在研究、解决实际问题上来，切实提高领导干部的"四种能力"；大力倡导教学和研究人员深入经济社会发展的一线，针对区域社会的发展实际开展研究工作，反哺老区、回报老区，用严谨的治学精神、治学态度和治学方法，构建良好的校园学术氛围，为学生的学风建设作出榜样和示范。

（二）树立王汝涛、陈毛美、张金树、张安柱四个典型

2011年4月28日，学校党委印发《关于在全校开展师德建设主题教育活动的意见》（临大发〔2011〕4号），利用半年时间，开展"为人师表、教书育人"师德建设主题教育活动，树立了学术大师王汝涛、师德楷模陈毛美、服务沂蒙标兵张金树三位典型人物。

2013年2月27日，学校党委印发《关于向张安柱同志学习的决定》，把张安柱同志确立为全校管理干部的表率。

（三）获批省级文明单位

2011年，学校学习借鉴临沂市创建文明城市的成功经验，大力开展文明校园创建活动，全面优化了育人环境，获得省级文明单位称号。

2011年11月1日，学校党委、行政联合印发《临沂大学文明校园创建活动实施意见》（临大发〔2011〕19号），以获得省级文明单位为新起点，参照《山东省文明单位建设管理条例（修订稿）》，围绕文明校园建设总体目标，扎实推进建设"四大环境"（廉洁高效的校务环境、生态美丽的校园环境、健康向上的文化环境、和谐诚信的平安环境）、开展"一个创建"（基层文明单位创建活动）、践行"两个公约"（教职工文明公约、大学生文明公约）活动，深入开展全员全程全方位文明创建。

2012年2月5日，学校五届一次教代会（工代会）向全体代表发出《创建高层次文明校园我们共同努力》的倡议书，倡议全校师生员工共同创建高层次文明校园，全面优化育人环境，把学校建设成为沂蒙老区精神文明的"首善之区"。

2012年3月6日，学校印发《临沂大学开展"做文明师生，创文明校园，为城市添彩"活动实施方案》，活动为期三个月，以党的十七大，十七届六中全会精神为指导，认真贯彻落实科学发展观，围绕"文明在脚下""文明在手上""文明在身边""文明在岗位""文明在网络"五方面活动内容，组织开展大讨论活动，激发广大师生维护学校荣誉、提升学校内涵的责任感和使命感，增强争做文明师生的主动性、自觉性和自律性，营造人人讲文明、处处皆文明的校园环境，推动文明校园建设。

（四）争当"忠诚干净担当"的好干部

2015年5月8日，学校党委制定《关于在全校中层以上领导干部中开展"三严三实"专题教育实施方案》（临大办发〔2015〕6号）。2015年5月14日，李喆同志以"自觉践行'三严三实'，争做'六个模范'"为题作"三严三实"专题教育党课，号召全校党员干部要严以修身，争做立德立行的模范；严以用权，争做勤政廉政的模范；严以律己，争做遵规守纪的模范；谋事要实，争做改革创新的模范；创业要实，争做实干担当的模范；做人要实，争做忠诚守信的模范。

2020年1月10日，王焕良同志在全校中层以上干部会议及随后召开的校党委会上强调，要发扬特别能吃苦、特别能战斗、特别能奉献的优良传统，努力打造作风优良、本领高强的领导班子，坚持一切出于公心、一切以事业为重、一切按规矩办事；绝对不做违规违纪的事，绝对不做不利于学校发展的事，绝对不做损害师生利益的事。

2020年5月28日，学校召开全面从严治党暨平安校园建设工作会议，王焕良同志在讲话中要求全校党员干部要争当"三个模范"，把对党忠诚融入血脉灵魂，即争当学懂弄通做实习近平新时代中国特色社会主义思想的模范，争当践行"两个维护"的模范，争当践行初心和使命的模范。

2020年8月26日，王焕良同志在学校暑期干部读书班的讲话中强调，领导干部要做到"五个绝对"，即绝对忠诚、绝对可靠、绝对放心、绝对过硬、绝对干净。

（五）争做"四有"好老师

2015年9月8日，李喆同志在学校庆祝第31个教师节暨表彰大会上作了题为"弘扬沂蒙精神，践行'四有'标准，争做党和人民满意的好教师"的讲话，强调有好老师就会有好学校、好学生、好声誉，正是一代代临大人的默默耕耘和无私奉献，才有了临沂大学蓬勃发展的今天。教师是立校之本，办好人民满意的大学，关键靠我们"学生好好学，老师好好教，管理人员好好服务"。作为革命老区大学的教师，更要弘扬沂蒙精神，践行"四有"标准，争做党和人民满意的好老师。

2020年9月9日，王焕良同志在学校庆祝2020年教师节暨表彰大会上作了题为"不忘初心、牢记使命，为实现学校高质量发展而努力奋斗"的讲话，强调老师是大学的主体，好老师成就好大学，好大学离不开好老师。临沂大学从1941年的一所抗大式学校，一路走来，筚路蓝缕，薪火传承，克服了种种难以想象的困难，把许多不可能变为了可能，创造了一个又一个发展奇迹。回顾历史，总结经验，靠的就是一代代临大人的无私奉献和辛勤付出，靠的就是我们血液里的红色基因和骨子里的沂蒙精神。临大人始终牢记初心和使命，坚定听党话、跟党走，牢记立德树人根本任务，坚持为党育人、为国育才，培养了一代代又红又专的社会主义建设者和接班人；临大人从不畏惧苦难，从不满足现状，特别能吃苦、特别能战斗、特别能奉献，敢想、敢干、敢拼；临大人从没有忘记我们的根在沂蒙，主动融入临沂、依靠临沂、服务临沂、贡献临沂，谱写了校地水乳交融、共生共荣的时代华章。希望广大教师践行"四有"标准，涵养高尚师德，潜心教书育人，刻苦钻研学问，努力服务社会。

（六）牢固树立"命运共同体"理念

2020年3月4日，王焕良同志在学校六届四次教代会（工代会）闭幕式讲话中强调，临沂大学是临大人的大学，学校发展得好，我们每个人才会好。我们就是一个命运共同体、责任共同体，在校内没有你的、我的，都是我们的。广大教职员工是学校事业发展的主体力量，是学校真正的主人。希望各位代表充分发挥引领作用，进一步强化爱校荣校的家园意识，做到"知校、爱校、荣校、兴校"，真正把学校当成自己的家，把事业放在这里，把感情留在这里，不计较个人一时得失，像爱护眼睛一样爱护我们的学校，全心全意为学校发展贡献力量。我们的干部，要加快实现从管理向治理、再从治理向服务的转变，急老师之所急，想老师之所想，为教职工提供最好的服务保障，不断提高教职工的福利待遇，不断增强教职工的获得感和幸福感。我们要共同努力，把临沂大学办得更好，办成党和政府放心的大学，办成受人尊敬、人民满意的大学。

2020年11月24日，王焕良在第五届"三山一坡"高校联盟弘扬革命精神研讨会开幕式致辞中强调，我们始终深刻把握沂蒙精神"水乳交融、生死与共"的内涵特质和时代要求，牢固树立校地命运共同体理念，大力推进城校融合发展，主动融入临沂、依靠临沂、服务临沂、贡献临沂，把论文写在祖国大地上，让科研成果在家门口转化，努力办好让人民满意的大学，谱写了"水乳交融、共生共荣"的校地融合发展的时代篇章。

第三章 改革创新，内涵式发展结硕果（上）

2011 年至 2021 年的 10 年，是高等教育全面深化教学改革、推进内涵提升和高质量发展的重要 10 年，国家把促进内涵提升、提高人才培养质量和科研水平放到重要位置。学校坚持教学立校战略、人才兴校战略、科研强校战略，以深化综合改革为动力，围绕立德树人根本任务，不断深化教育教学改革，完善人才培养模式，开展科研创新，加强人才和师资队伍建设，成功获批山东省应用型特色名校、硕士学位授予权单位，师资队伍和高层次人才队伍结构和教学科研水平得到加强，有力推进了学校内涵式发展。

第一节 深化人事改革，加强队伍建设

人才资源是高校事业发展的第一资源，师资队伍是高校高质量发展的中流砥柱，是兴校之本，它直接关系到学校的办学层次、办学质量和办学效益。建设一支高素质师资人才队伍，是学校深化高等教育综合改革，建设区域一流、山东省内一流的高水平综合性应用型大学的重要支撑和关键因素。

一、实施人才兴校战略

10 年来，学校积极实施人才兴校战略，始终坚持党管人才原则，不断创新人才工作理念、管理机制和工作方法，人才结构不断优化，教学和科研能力得到显著提高，推动了学校的可持续发展。2012 年，学校人才工作创新成为全山东省人才工作十佳典型案例，2013 年，学校在山东省人才目标责任制考核中获得优秀等次。

（一）坚持党管人才原则

党管人才是人才工作的重要原则。进入新世纪新阶段，中央作出实施人才强国战略的重大决策，确立了党管人才原则。为落实好这一原则，进一步加强学校党委对人才工作的领导，深入开展师德建设，树立了王汝涛、陈毛美、张金树 3 位典型。2016 年，中共临沂大学委员会印发《关于加强党管人才工作的实施意见》健全党管人才工作格局。明确了学校党管人才的主要范畴，包括学校各级各类人才；确立了学校党委的核心领导作用，要切实履行管宏观、管政策、管协调、管服务职责；健全了领导体制和工作机构，学校成立了以党委书记、校长为组长，其他校领导为成员的人才队伍建设领导小组，指导制定学校人才队伍建设的制度规划，研究人才队

伍建设中的重大问题并提出意见，检查督促人才队伍建设目标的实施，学校党委书记是学校人才工作第一责任人，在学校党委领导下，切实担负起人才工作牵头抓总的责任，当好参谋，创新实践，整合资源，示范引领，使人才工作"统"得起来、落实得下去。

规范人才工作运行机制。明确各学院建设任务，签订责任书，并作为学院工作考核及学院领导任用的重要指标。完善科学决策机制，涉及人才工作的重要文件、重要活动安排等，提交人才工作领导小组会议审定，重大事项报学校党委审定。强化二级学院、管理部门人才建设工程的职责与任务，建立起组织人事牵头抓总、职能部门密切配合、二级学院认真落实的人才工作格局。充分发挥学院在人才引进和培养方面的主动性，院长是学院队伍建设第一责任人，制定切实可行的学院队伍建设方案。学校各级党委切实履行"管宏观、管政策、管协调、管服务"职责，把工作重点放在人才工作战略思想的研究、总体规划的制定、重要政策的统筹和创新工程的策划等方面，做到既把人才工作"统"到党委的领导之下，又不越位、不包办，使党对人才工作的领导更加有力，重视人才工作、支持人才发展的氛围更加浓厚，努力形成人才辈出、人尽其才、才尽其用的生动局面。

完善人才工作保障机制。加强制度建设，研究制定符合学校实际的人才工作制度，建立学校领导及党员领导干部联系人才制度，实施校领导人才引进工作督导帮扶制度，负责督促指导所联系学院的人才引进工作，实施校领导联系专家制度，随时了解高层次人才在思想、工作、学习和生活等方面的情况，主动为其排忧解难。健全工作和服务平台，积极搭建高水平学科专业平台，制定科学合理的教学科研工作评价考核机制及激励政策，完善引才配套政策，解除人才的后顾之忧；做好高层次人才引进工作，加大高层次领军人才和优秀团队的引进力度；建立人才优先投入机制，坚持以学科建设为人才队伍建设的基本导向，重点学科优先投入，不断增加重点学科建设和人才引进的经费投入；建立人才工作目标责任制，将人才工作列为落实党建工作责任制情况述职的重要内容。

（二）完成体制划转和债务化解

2011年，按照国家教育部、山东省人民政府关于临沂大学管理体制的规定和中央高校债务化解工作的部署，会同临沂市委、市政府认真研究制定了体制划转和债务化解工作方案，顺利完成了体制划转和债务化解的各项工作。2012年，山东省人民政府颁发文件，确定学校划归山东省直属管理。深化岗位管理制度改革，启动了定编定岗管理改革，规范岗位管理，完成人员总量控制岗位设置，妥善解决了岗位备案遗留问题。

二、加强师资引进培养体系建设

学校始终把加强师资队伍建设作为学校事业发展的基础性工作来抓，坚持引育并举，先后实施"百名博士教授引进计划""千名教师培育提升计划"等举措，做好各类高层次人才的引进以及现有后备人才的培养工作，有力带动了师资队伍梯队建设。

（一）百名博士教授引进计划

"十二五"时期，学校坚持人才兴校战略，坚持引育并举，加强人力资源建设。2015年开始，实施"百名博士教授引进计划"，加大学科带头人和学术骨干的引进培养力度，加强高水平创新团队建设，构建"学科带头人＋团队"模式，出台了高层次人才引进政策，实行一人一策、一事一议，实施了"杰出青年教师人才支持计划"和"新进教师科研能力提升计划"，修订了在职教师进修学习激励政策，完善实施了专业技术岗位竞聘方案和绩效考核分配办法等，激发了办学活力，大幅提升了师资队伍水平。"十二五"期间，学校山东省级及以上称号人才从12人增至31人，增长了158%；具有博士学位的教师从162名增至388名，增长了140%；一批青年教师到国内外著名高校攻读博士学位、从事博士后研究或访学进修。

学校始终高度重视高层次人才引进工作，把师资队伍建设作为学校的基础工程。为优化教师队伍结构，促进教师学历、学缘、学科、年龄结构的合理配置与高效组合，自2015年起，连续三年实施了以"百名博士教授引进工程"为重点的高层次人才引进举措。学校每年面向海内外公开招聘35岁以下，毕业于海外知名大学和985、211重点大学的高水平博士或教授100名。以更加灵活、开放、多样的形式引聘和使用人才，提供有力的配套支持，尽力提供全方位服务。通过"早部署、早联络、早考察"的"三早"工作方式，以及年初发布人才引进计划、年中督导人才引进进程、年末评估人才引进质量的"三段"工作机制，确保了人才引进工作的圆满完成。自2015起，三年间，累计引进高水平博士、学科带头人、高层次人才等245人，其中，2015年1月引进杨文荣教授，成功获批山东省高校优势学科人才团队；2015年11月引进泰山学者特聘专家刘敬权教授；2016年8月引进国家杰青、百千万人才工程人选张福成研究员；2017年陆续引进并培养了中科院百人计划张弛研究员、山东省首届十百千高端引进人才梁儒全教授、天山学者刘云国教授等一批高层次人才。这些高层次人才的引进将会促进学校科学研究、人才培养、学科建设、对外交流与合作等方面的快速发展。人才引进政策的改革，较大幅度地提升了引进人才的待遇，提高了对优秀人才尤其是优秀青年人才的吸引力，使学校在人才竞争中取得了先机，在社会上引起了强烈反响。

（二）实施"临沂大学千名教师培训提升计划"

2013年6月至2014年5月，先后分十批次组织教师进行培训。整个培训活动由学校领导亲自挂帅带队，历时一年，下杭州，赴上海，行程12000千米，培训人员总计1000余人。听取报告50余场，参观高校30余所，开展座谈20余次。培训力度之大、范围之大、内容之丰富、效果之突出，均为学校历史之最，得到了培训学校、参训学员、参观考察高校等各方面的高度赞誉。此次培训，将专题培训与参观考察相结合，将集中培训与对口交流相结合，将业务培训与师德教育相结合，培训效果达到了最大化，通过培训学习，教师们普遍感受到开阔了视野，找到了差距，特别是与名牌大学教师的差距，提高了对搞好课堂教学、学术研究、学科建设和产学研工作的认识和能力，同时对学校政策有了更深刻的认识，坚定了发展的信心和决心。

（三）实施山东省高校青年教师成长计划与师资队伍"博士化"工程

学校积极组织了青年教师申请山东省高等学校青年骨干教师国内访问学者项目和优秀中青年骨干教师国际合作培养计划项目。仅2014年，学校就有20名教师获得了该项目，7名教师获得国家留学基金委和山东省政府资助分赴美国、加拿大等国外知名高校、科研机构进行为期半年或一年的学习与交流。为提升学校现有师资水平，实施"博士化"工程，仅2014年就新增在读博士研究生19人，有力优化了师资学历结构。

三、深化人事分配制度改革

深化人事分配制度改革，对于推进学校高质量发展具有重要意义。学校以职称制度改革和绩效考核与分配制度改革为抓手，开展教师职称分类管理、动态管理、合同管理，建立了以能力和业绩为导向的人才评价机制，完善以增加知识价值为导向的绩效分配激励机制，充分调动和激发了广大教职工的积极性和创造性，努力为各类人才提供优良的工作环境和事业发展环境，促进了人才的脱颖而出。

（一）推进职称制度改革

实施评聘分类评审。2011年，制定了《临沂大学2011年度专业技术职务任职资格评审工作实施意见》，坚持品德、知识、能力和业绩相统一的原则，坚持分类评审的原则，根据专业技术人员实际制定分类标准，鼓励个性发展。全校专业技术职务评审分为教学系列、辅导员系列、教学辅助系列，各系列单独评审；教授分为教学为主型和科研为主型进行评审；设立了辅导员系列，在职在岗的学生思想政治教育教师可单列名额、单独评审。

坚持两个导向。2012年，为进一步深化人事制度改革，建立以能力和业绩为导向的人才评价机制，更好地落实"导向基层、导向科研"政策，逐步实现由身份管理到岗位管理的转变，学校制定了《第一任期专业技术岗位竞聘上岗实施方案》，坚持存量不减、增量拉开、鼓励贡献的原则；坚持分类指导、梯次进行、逐级聘任的原则；坚持目标管理、评聘合一、一人一岗的原则；坚持导向教学、导向高层次人才的原则；坚持学以致用、专业与岗位对口原则；坚持放权强院、责权一致原则。专职辅导员纳入教师岗位序列、单列岗位，同时制定了《临沂大学教授特聘岗位实施办法》，开展了校内教授特殊岗位竞聘工作，充分调动和激发了广大教职工的积极性和创造性，建立了以能力和业绩为导向的人才评价机制。

实施动态管理。2015年，为适应建设"全国知名区域特色鲜明的创新创业型大学"的需要，充分调动广大教师教学与科研的积极性，改进岗位设置及聘用制度，完善学校自主评价、竞争择优、能上能下的用人机制，实现从身份管理到岗位管理的转变，学校制定了《2015年校内专业技术岗位竞聘实施方案》，坚持有利于提高教学科研水平，有利于岗位效能的充分发挥，有利于调动各方面的积极性，有利于团队建设和办学层次提高的原则，实行分级竞聘、聘期考核、动态管理。同时，完善过程管理，加强年度考核、中期考核和聘期考核，通过考核真正做到先期通知、中期提醒、聘期兑现，真正实现能上能下、动态调整。

实施合同管理。2016年，为适应"全国知名区域特色鲜明的创新创业型大学"的建设需要，充分调动和激发广大教师教学与科研的积极性、创造性，学校建立以能力和业绩为导向的人才评价机制，真正实现由"固定用人"到"合同用人"的转变，坚持按需设岗，竞争上岗，按岗聘用原则；坚持公开、公平、公正，竞争择优、能上能下原则；坚持重品德、重业绩、重能力、重社会服务原则；坚持严格考核，合同管理原则。

优化评审原则。2020年，为充分调动和激发广大教师教书育人的积极性、创造性，改革教师评价，践行教书育人使命，坚持把师德师风作为第一标准，建立以能力和业绩为导向的人才评价机制，坚持重教育教学实绩原则。进一步落实立德树人根本任务，突出教育教学实绩，注重推荐教学工作表现突出、教学业绩优秀，同时符合相应学术条件的教师。竞聘条件根据不同学科、不同岗位特点，充分体现了分类评价的要求。

鼓励人才脱颖而出。学校将聘任制作为改革的突破口，根据《关于深化高等学校教师职称制度改革的实施意见》文件的有关精神，大力推进实施校内专业技术岗位竞聘工作，教学岗位实行分级管理，基本形成了从岗位核定、岗位职责明确、岗位竞聘程序、岗位聘任、聘期考核一条龙的工作体系。出台了《临沂大学校内专业技术岗位竞聘上岗实施方案》，进一步下放教师岗位聘任权，学校根据岗位设置比例，确定四级以下岗位设置数，由学院制订岗位聘任条件，定岗定责、择优聘任，自主对四级以下教师岗位进行聘任，兑现相应岗位待遇。校内聘任政策的实施打破资历、学历限制，鼓励优秀人才脱颖而出，有效解决了岗位能上不能下的问题，真正实现能上能下、动态调整。探索建立教授职务终身制，不断完善教师评价机制和指标体系。积极拓展兼职、外聘、人才派遣等形式的教师资源的新途径，灵活用人机制，提高办学效益。第三聘期专业技术岗位共上岗 2113 人，其中专任教师 1785 人，专任教师中教授 245 人，副教授 698 人。博士 634 人，博士比 35.5%，硕士 799 人，硕博比 80.3%，高职比 52.8%，比第一聘期提高 15.4%。

学校一手抓改革、一手抓落实，各项改革举措落地见效，树立了重品德、重能力、重业绩的评价导向，让教师有更多时间、精力深耕专业，畅通了教师职业发展通道，教师主体活力充分释放，获得感、成就感、幸福感不断增强。

（二）绩效考核与分配制度改革

分配制度改革。学校认真落实人事部财政部印发《事业单位工作人员收入分配制度改革方案》，积极推进分配制度改革，改革事业单位工资制度，建立符合事业单位特点、体现岗位绩效和分级分类管理的收入分配制度，完善工资正常调整机制，健全宏观调控机制，逐步实现了收入分配的科学化和规范化。

建立岗位绩效工资制度。岗位绩效工资由岗位工资、薪级工资、绩效工资和津贴补贴四部分组成。岗位分为专业技术岗位、管理岗位和工勤技能岗位。专业技术岗位设置 13 个等级，管理岗位设置 10 个等级，工勤技能岗位分为技术工岗位和普通工岗位，技术工岗位设置 5 个等级，普通工岗位不分等级。实行工资分类管理，完善工资正常调整机制。

创新绩效工资分配机制。进一步扩大中层单位分配自主权。落实校院两级管理体制，总体设计，平稳过渡，推进"放管服"改革，奖励性绩效实施中层单位自主分配，激发办学活力。学校严格按照《临沂大学绩效工资分配办法（试行）》，把划拨金额和已发金额发给各个单位，鼓励各单位根据各自的发展目标、工作任务、年度考核、成功贡献等情况，按程序制定分配方案，自主进行分配。

完善以增加知识价值为导向的绩效分配激励机制。强化岗位管理，建立教师基本工作量制度，坚持"以岗定薪，责薪一致，按劳分配，优绩优酬"。向高层次人才、创新岗位、教学科研一线和有突出贡献的人员倾斜。根据《山东省教育厅、山东省财政厅、山东省人力资源和社会保障厅关于完善高等学校绩效工资内部分配办法的指导意见》及《深化新时代教育评价改革总体方案》要求，在绩效工资分配中要向教师、教学倾斜，提高教学工作在绩效工资中的比重，有效体现教师课时量和工作绩效。改进高校教师科研评价，突出质量导向，重点评价学术贡献、社会贡献以及支撑人才培养情况，不得将论文数、项目数、课题经费等科研量化指标与绩效工资分配、奖励挂钩。严肃收入分配纪律，严格分配程序。各单位分配办法制定要充分发扬民主，广泛征求职工意见，教代会或 2/3 以上全体教职工表决通过、并经党政联席会研究。成立由纪委书记任组长，工会、民主党派及教职工代表组成的绩效分配工作监督小组，对绩效分配工作进行全程监督检查，并接受信访和举报，严禁出现公示上报两套账或其他违规违纪情况。

四、探索实施人才工作创新

学校在人才强校战略引领下，不断创新人才工作体制机制，成为全省人才工作创新典型。学校通过实施"导向教学、导向科研、导向高层次"政策，强化了"学本位"导向，落实了教授治学。通过刚柔并济、引育结合、政策环境留人等措施，人才队伍结构持续优化，教学科研水平显著提升。

（一）确立"学本位"导向

落实教授治学，实施"导向教学、导向科研、导向高层次人才"政策，开展了专业技术岗位全员竞聘上岗，把全校最优秀的人才导向教学、科研一线。首先是政策引导。2011 年 7 月，党委、行政经过反复研究，出台了中层领导班子和处级干部竞聘上岗实施方案，旨在引导最优秀的人才流向基层和科研院所，为最优秀的人才特别是科研人员创造最良好的环境、给予最优惠的条件、实施最倾斜的政策。方案特别规定：学校鼓励符合竞聘条件的非教学科研人员竞聘教学、科研岗位；鼓励在同一处级岗位上，连续任职 2 届及以上的高级专业技术人员，专职从事专业技术工作；

管理服务单位处级干部一般应有教学单位处级任职经历；新提拔的正副处级干部，原则上应到教学单位去任职；专门设置处级、副处级辅导员岗位。依据这一政策，一批顶层的、重量级的人才到了科研院所和基层单位，基层与机关处室的干部交流达到 3/4。这种交流改变了干部的思维定式，使大家迅速适应了综合性大学的发展要求。2012 年 7—8 月，学校开展了专业技术岗位竞聘工作。竞聘涉及 1882 位教学科研管理教辅岗位的专业人才，党委制定了"导向教学、导向高层次人才"的竞聘原则，把 2011 年的"导向基层"明晰为"导向教学"。"导向教学"就是让科研人员必须兼顾教学，机关内限制很严的"双肩挑"人才也必须兼顾教学，凡担任教授特聘岗位者，一律不能担任正处级行政职务，以保证有足够的时间和精力投入到教学科研中。"导向高层次人才"就是待遇要导向高层次人才，学校设了教授特聘岗位一、二级各为 10 个，三级岗位 30 个，为教授提供了更宽更大的平台。其次是利益疏导。学校大大提高了教学科研岗位人员的待遇。教授最末位四级岗位的津贴每月也要比"处长"多 20%，教授三级岗位每月津贴比"处长"多 40%，特聘教授二级岗位的岗位津贴则是教授四级岗位的 5 倍左右。特聘教授一级岗位的津贴根据教授个人贡献大小，一般在 150 万元到 200 万元；贡献特别突出者，另外获赠价值 300 万元的一套别墅。学校为教学科研机构提供良好的工作条件和环境，教授的办公用房配置规格可高于处长们的办公室；扩大基层教学科研单位的财务权限，简化科研等经费使用管理手续。这些措施有力推动了人才资源的合理流动和优化配置。学校 16 位管理干部辞去管理职务当教授、做教师，8 位在职处级干部辞官当教授，《光明日报》对此进行了连续 8 篇跟踪报道。学校学术委员会主任不再由校长担任，而改由最受大家认可的学术领军人物担当，也是学校弱化"官本位"强化"学本位"的又一举措。同时学校还规定，各学院的行政管理干部也不能担任学院的学术委员会主任，而由本学院最权威的教授任职。这一举措，极大提升了教授、一线教师的教学学术地位，同时更在很大程度上避免了学术课题、科研奖励等资源被行政管理干部"大包大揽"的现象，进一步激发和调动了一线教师工作的积极性和主动性。"重基层、重人才"的理念在学校越发深入人心，为学校进一步推进人事制度改革铺平了道路。

（二）刚柔并济　引育结合

学校出台了高层次人才（团队）引进工作若干规定，加大高层次领军人才和优秀团队的引进力度。首先是刚柔并济引进人才，所谓刚，即为整体引进，包括骨干成员在内的团队引进。2012 年，学校整体引进了教育部"长江学者和创新团队发展计划"创新团队——张书圣教授生化分析创新团队，这不仅为学校带来了学术理念、学术水平和学术成果的提升，也填补了学校在国家杰出青年基金获得者、国家重点实验室负责人等方面的空白。2017 年陆续引进并培养了中科院百人计划张弛研究员、辽宁山东省首届十百千高端引进人才梁儒全教授、天山学者刘云国教授等一批高层次人才。所谓柔，即"不求所有、但求所用"的柔性引进高端人才和团队，出台了《临沂大学柔性引进人才办法》，柔性引进了"万人计划"百千万工程领军人才、国家杰出青年基金获得者、国际著名恐龙专家、中科院古脊椎动物与古人类研究所徐星研究员，促进了学校古生物研究团队的快速发展。2017 年在全山东省首家利用山东省新出台的急需紧缺人才特聘办法，引进千人计划青年项目获得者张兴林教授。正是由于刚柔并举，学校科研学术水平逐年攀升。其次是出台了《临沂大学人才招聘工作程序》，进一步严格、规范招聘工作程序，确保引进人才质量。最后是深化人才机制改革。推进"三化"工程，制定了《教职工进修学习管理办法》，鼓励青年教师攻读博士，推进师资队伍博士化、管理队伍职业化和服务队伍专业化。实施"新进教师科研能力提升计划"，面向新进各类高水平博士，按照"非升即走"原则，对在人事代理合同期限内完成规定任务的，每年额外享受人才补贴 10 万元，合同期满签订正式聘用合同；完不成合同规定任务的，原人事代理合同自动终止，不再聘用。此项政策将人员考核评价体系与激励体系相结合，进一步调动了新进人才的积极性和整体水平，同时促进了人员的合理流动。2017 年 5 月，获批山东省人才工作先进单位，被山东省委山东省政府通报表扬。2020 年在疫情防控期间，利用各种手段不断充实教师队伍数量，利用不聚集、多点连接的远程视频面试，切实做好疫情防控期间人才引进工作，确保人才引进不断线，全面助力学校高学历高质量的师资队伍建设。

（三）营造人才发展良好环境

坚持以人为本，健全和落实人才引进的各项配套制度，为人才提供良好的学术、工作、生活条件。不断深化人事制度改革，通过校内岗位竞聘、绩效考核分配等改革举措，积极构建人尽其才，才尽其用的激励机制。设立教授特聘岗位。打破资历、学历限制，以能力和业绩为主，聘任教授特殊岗位一、二、三级人员；提高特聘岗位的奖励性绩效工资标准，教授特聘岗位一、二、三级的奖励性绩效工资每年分别为 11 万元、9 万元和 7 万元，极大地激发了新进年轻教师的工作积极性和创造性。

按照"突出特色、汇聚优势、重点突破"的原则，以全校现有的市厅级及以上 30 余个基地、中心、院所为基础，实施全校教学科研人员"学科归队计划"，整合校内外资源，根据区域经济社会发展需求和学校办学基础，确定了商贸物流、沂蒙文化、教师教育、生化分析、水土保持与环境保育、地质与古生物等 6 个内涵提升重点建设领域。大力推进党委联系专家制度，着力加强人才的政治吸纳和政治引领。完善青年教师访问学者计划。学校积极支持青年教师赴国内外知名高校和研究机构进行学术访问，学校派出 600 余名教师赴国内外著名高校和研究机构进行 6—12 个月的学术访问，有力地提升了教师的合作研究能力和水平。

五、人才队伍建设成效显著

学校通过实施人才兴校战略，不断加强师资引进培养体系建设，深化人事分配制度改革，探索实施人才工作创新，凝聚人才优势力量，人才队伍结构持续优化。2011 年，山东省级及以上称号人才仅 12 人，截至 2020 年底，共有百千万人才工程国家级人选 2 人，国家杰出青年科学基金资助者 1 人，中科院百人计划 1 人，教育部新世纪优秀人才 1 人，享受国务院政府特殊津贴专家 5 人，全国优秀教师 1 人，29 人次荣获"泰山学者"等山东省级人才称号，增长了 3 倍。具有博士学位的教师从 162 名增至 584 名，增长了 260%。"山东省肿瘤标志物检测技术实验室""生化分析团队"先后入选教育部创新团队发展计划、山东省高等学校优势学科人才团队培育计划。2021 年，学校化学学科获批山东省高水平学科培育建设。同时，教师教学和科研能力全面提升，教学科研成果稳步增加，屡创新高。

第二节 强化教学改革，优化人才培养

10 年来，学校紧扣时代脉搏，坚持教学立校战略，全面深化以学生为中心的办学理念，不断强化教学中心地位。以应用型特色名校建设为契机，加强统筹谋划，全面深化教学改革，探索构建应用型人才培养模式，显著提升了教育教学水平和人才培养质量。

一、加强教学中心地位

学校一贯重视教学工作，形成了党政领导重视教学、政策制度规范教学、条件建设保障教学、科学研究促进教学、教学改革引领教学、优良师资提升教学的工作

格局，牢固确立了教学工作的中心地位。全校上下树立"教学中心、质量立校"理念，认真研究学生的学习需求和社会需求，逐步构建起"学生好好学、老师好好教、管理人员好好服务"的环境和机制。

2011 年，学校提出"提高质量，强化特色，提升内涵，创新发展"的办学要求。学校认真把握"双一流"建设、应用型转型、产教融合、创新创业教育等改革发展要求，解放思想，大胆创新。不断完善人才、学科专业、资源配置等发展的规划布局，不断优化管理服务、创新创业、开放办学等方面的体制机制，大力推进"放管服"改革，努力破解束缚发展、制约发展的难题，释放办学的活力。

学校积极推进教学"四个回归"，即从教育理念上回归大学本质，在教育目标上回归社会需求，在教学常识上回归教育规律，在教学模式上回归学生主体，立德树人特色品牌不断彰显。学校召开"三全育人"工作会议，召开了第七次本科教学工作会议。聚焦为党育人、为国育才，构建了"三全育人"育全人体系，顺利通过山东省体育、美育工作专家评估。

二、创新人才培养模式

学校以先进办学理念为指导，以培养基础理论扎实、富有创新精神和实践能力的高素质应用型人才为目标，以教学内容和教学手段改革为核心，围绕学生的自主学习能力、实践动手能力和创新创业能力培养，探索构建了 "一体两翼"人才培养模式、"一二三四"融入式协同性多元化人才培养模式和"三全育人"培养模式，显著提高了教学质量和人才培养质量。

（一）探索"一体两翼"人才培养模式

2011 年，着力推进人才培养模式改革，首次执行 2011 年版本专科人才培养方案。落实人才培养目标定位，修订完善了 2011 年版本专科人才培养方案，制定出台了拔尖学生培养计划，实施了本科生大类培养、多样化培养、个性化培养和专科生"工学结合""订单培养"。2012 年，全面落实胡锦涛总书记提出的"育人为本、德育为先、能力为重、全面发展"的要求，全面实施红色育人工程和国际视野培育工程。这两大育人工程是我校人才培养目标的"两个支点"，与 2011 年版本专科人才培养方案共同构成了"一体两翼"的育人体系。按照"三三三六"和"四个一"总体框架推进，成功举办了全国首届大学生传统运动会，红色非物质文化遗产展馆、王汝涛文史馆建成开馆，编辑出版了《沂蒙精神与沂蒙红色文化》，与光明日报社联合举办了沂蒙精神与社会主义核心价值观研讨会，国家社科基金课题"红色文化与社会主义核心价值体系建设研究"圆满结题。开展了学生"三下"、红色电影展播、红色演讲比赛、爱国歌曲比赛等系列活动 70 余项。开出了国际视野培育系列课程，引进国外优质课程 36 门，举办了第二届外语文化节系列活动。学校被评为"山东省教育国际交流与合作先进单位"。2013 年，教学改革深入推进。按照"一体两翼"人才培养体系要求，完成了 2011 年版培养方案的修订工作，构建了包括通识课程、大类平台课程、专业课程、实践教学课程、创新教育课程在内的"平台 + 模块"的课程体系。强化实践教学，推进实验课程改革与实验项目建设；全面启动精品课堂建设，开展了中青年教师课堂教学竞赛；首次发布年度本科教学质量报告，开展了校内专业评估。

（二）构建"一二三四"融入式协同性多元化人才培养模式

2015 年，紧紧围绕立德树人根本任务，不断深化教学改革，以应用型特色名校立项建设为契机，探索构建了"一二三四"融入式协同性多元化人才培养模式。2016 年，继续探索构建"一二三四"融入式协同性多元化人才培养模式。认真落实创新创业教育融入人才培养全过程，开展了各专业人才培养方案的修订工作，成为中国创新创业教育联盟成员单位。2018 年，深化人才培养模式改革，落实《国务院办公厅关于产教融合的若干意见》，深入推进"一二三四"融入式协同性多元化人才培养模式改革，对接国家战略和地方需求，建设一批复合型人才培养模式改革实验班，大力推进创新创业教育，促进教育链、人才链与产业链、创新链有机衔接。一是"一条主线"，以沂蒙精神为引领，将创新创业教育理念融入人才培养全过程；二是"两个协同"，构建国内、国际协同育人机制；三是"三个阶段"，将学程分为相对独立、交错衔接的通识教育、专业教育和个性化教育三个阶段；四是"四个类型"，面向社会和学生发展双重需求的"学术型、复合型、创业型、国际型"人才培养类型。

（三）创新"三全育人"培养模式

学校全面贯彻党的十九大和历届全会精神，坚持立德树人根本任务，传承红色基因，弘扬沂蒙精神，着力实施"三全育人""五育并举"人才培养综合改革，致力于培养基础理论扎实、富有创新精神和创业能力、具有沂蒙精神特质和国际视野的高素质应用型人才。

2018 年，落实学校思想政治工作会议精神，建立健全立德树人系统化推进机制，完善"三全育人"体系，推进思政课课程、教材和师资队伍质量工程，加强马克思主义学院建设，丰富育人载体，创新教育方式，构建长效机制，切实提高思政课教学质量和德育效果。2019年出台全员育人育全人实施方案，完善体育、美育和劳动教育刚性管理机制，争创教育部"三全育人"综合改革试点学校（院系）。2020年，实施"三全育人育全人"攻坚工程，加快提高人才培养质量。聚焦"为党育人、为国育才"，深化"三全育人"改革，突出"专业、课程和师资"三大重点，抓牢基础，固守常态，强化革新，打造高水平人才培养体系。大力推进课程思政，构建"三全育人"新机制，每个专业打造3—5门课程思政示范课，提升专业育人水平。优化"三全育人育全人"体系。落实学校"三全育人"工作会议精神，制定出台配套文件，完善"三全育人"和"五育并举"的人才培养体系。加大山东省重点马克思主义学院建设力度，强化思政课建设，推进第一课堂与第二课堂深度衔接融合，提升思政课的针对性、时代感和吸引力。加强专职思政队伍建设，确保年底专职思政课教师、专职辅导员师生比分别达到1∶350和1∶200。

三、加强专业建设

学校立足应用型人才培养目标，坚持"分类指导、内涵发展、强化特色、提高质量"的建设思路，优化调整专业结构，加强应用型高水平专业群建设，推进一流专业建设，开展专业认证，强化新工科、新文科、新农科专业建设，努力形成文理渗透、理工结合、特色与优势明显、基础与应用相互促进、多学科相互支撑的学科专业建设体系，以适应产业结构调整和战略性新兴产业发展需求。

（一）优化调整专业结构

为更好地适应经济社会发展对应用型人才的需要，学校紧密结合地方经济社会发展和我校专业建设实际，构建并实施了专业动态调整机制，先后出台了《中共临沂大学委员会关于全面推进创新创业型大学建设的实施意见》《临沂大学综合改革方案》《临沂大学创新创业教育改革实施方案》《临沂大学协同育人实施办法》《临沂大学关于加强专业建设与管理的实施意见》《临沂大学专业设置与动态调整机制管理办法（试行）》《创新创业教育课程体系与学分设置指导性意见（试行）》等文件，着力推进专业结构布局优化和调整。

首先，立足地方经济社会发展需求，坚持多元整合，促进特色发展，构建与地方经济社会发展需要相适应、与学校办学定位和办学特色相匹配的学科专业体系和人才培养结构体系。其次，坚持"育强扶特"，培育和扶持特色品牌专业。发挥专业群的辐射带动作用，实现所有专业的应用型转型或特色化打造。通过"校院共建，层级推优"的方式，积极发展国家级、省级人才培养与专业试点项目。再次，实施专业预警和淘汰制度，构建专业动态调整机制。构建专业发展状态数据库，实施专业预警机制，确定鼓励性、限制性和预警性专业目录。根据地方经济社会需求和学校定位，根据评价结果进行教学资源的配置，探索建立与学生就业、经费投入、资源配置挂钩的专业发展动态调整机制。构建能上能下、能进能出的专业动态调整机制。最后，探索校地、校企、校校、校所专业共建和协同育人机制，协同实施卓越人才培养计划；深化企校合作共建专业、企校合作共建课程、企校合作共建实验室、教授工作室等新模式；完善跨学院、跨学科、跨专业选课机制，促进跨专业选课学习，切实推动辅修第二专业、双学位人才培养；强化第二课堂建设，推荐科教融合、产教融合，统筹校内、校外各类资源，把社会资源转化为育人资源。

2011年，按照填补空白、地方需要、突出优势的基本原则，将教学单位由原来的16个（包含2所分校）调整为21个，新成立6个与区域经济社会发展产业行业密切相关的学院；2015根据山东省教育厅、山东省财政厅《关于改革拨款定额鼓励本科高校特色发展的意见》和《关于扩大实施本科高校拨款定额改革的通知》文件要求，科学合理划分鼓励性发展专业（A类）、一般性发展专业（B类）和限制性发展专业（C类），A、B、C类专业分别为25、41、16个。2017年，紧密对接产业行业需求，优化招生结构，适度增加普通文理专业计划，调减艺术类计划，减少春季招生计划。2020年，按照学校"以本科教育为主，积极发展研究生教育"的定位，制定实施专科专业优化调整方案，进一步优化专业和招生结构。抓住我省建设国家职业教育创新发展高地的契机，支持沂水、费县校区做大做强职业教育。2021年要继续优化专业结构。按照"固优、增急、培新"原则，建立专业预警和动态调整机制，有序推进专业"瘦身"计划，加快推进专科"割尾巴"工程，停招社会需求低的专业，加强校企合作专业与中外合作专业建设，重点打造3—5个现代产业学院。

专业布局结构优化调整后取得了显著成效。2011年至2014年新增11个本科专业。2015年至2017年增设了8个本科专业。均为应用性较强、需求量大的专业，如材料科学与工程、药学、园艺、商务英语、物流工程等。2018年，聚焦国家战略和地方需求，暂停、撤销专业14个，新增数据科学与大数据技术、动物科学、地理空间信息工程3个本科专业，停招法语、产品设计、自然地理与资源环境、信息与计算科学4个本科专业，本科专业共计91个，招生专业81个。专科语文教育、数学教育、物理教育、英语教育、空中乘务恢复招生，招生专业45个。遴选出13个重点建设学科（专业类别）和12个重点培育学科（专业类别）。2019年，新增新能源材料与器件、医学检验技术、微电子科学与工程、机器人工程 4 个本科专业，复招飞行器制造工程专业，停招电子信息科学与技术、汽车服务工程、教育技术、编辑出版学 4 个本科专业，本科专业共计 95 个，招生专业 82 个。专科社会体育专业开始招生、专科招生专业 46 个。2020 年，按照固优、增急、培新思路，不断加大专业结构调整优化力度，完善专业建设预警和淘汰机制，新增人工智能、智能制造工程、建筑环境与能源应用工程 3 个应用型本科专业，同时停招网络工程、飞行器制造工程、房地产开发与管理 3 个本科专业，本科招生专业 82 个，新增学前教育专科专业 1 个，专科招生专业 47 个。专业结构和布局得到进一步优化。

（二）加强应用型高水平专业群建设

2012 年，按照学科链、专业链对接产业链的建设思路，结合临沂市行业产业发展需求，加强了覆盖商贸物流、化学化工、资源环境、文化产业、教师教育、机械电子等领域的 7 个应用型特色专业群（18 个专业）的建设。2015 年重点加强了 10 大应用特色专业群建设，首批遴选 6 个优势特色领域。

2016 年，与 7 家职业院校合作开展"3+4""3+2"对口贯通分段培养，分类建设了十大应用特色专业群，形成了涵盖十大学科门类、应用型专业占70%的专业体系。按照学科归属，对校本部的学科专业分布进行了全面调整，新建 4 个学院、更名 4 个学院，对部分专业进行了"学科归队"，为建设特色鲜明、优势突出的学科体系和专业集群奠定了基础。2017 年，紧密对接产业行业需求，建设了 12 个应用型专业群（55 个专业），其中 5 个专业群获山东省教育厅立项建设。2019 年，积极推进新工科、特色专业群、专业认证等工作，培育建设5—10 个山东省高水平应用型专业（群），争取教育部"双万"建设计划项目。

（三）推进一流专业建设

2017 年，围绕建设创新创业型大学，坚持特色发展理念，加快学科、专业、人才和生源等结构性调整。学科建设实现历史性突破，5 个学科点获批山东省硕士学位授予权立项建设单位，3 个学科点通过国务院学位办审核，实现了历史性突破。制订实施"一流学科建设行动计划"，强化了学科龙头地位，初步构建了"131"学科发展布局。2019 年，打造特色优势专业，出台教师开设新课激励政策，实施淘汰"水课"、打造"金课"重点工程，推动课堂教学革命，获批国家一流专业建设点 3 个、山东省一流专业建设点 9 个，3 个专业获得国家专业认证受理。2020 年，强化特色优势专业建设，加大投入力度，优化调整专业结构，淘汰一批特色不鲜明、就业前景不好、市场需求不高的专业，建设一批新工科、新医科、新农科、新文科专业，新增省级一流专业 2 个，获批国家一流本科课程 5 门、山东省级 20 门。2021 年，新增获批 4 个国家级一流专业建设点。推进"四新"专业建设，加快推进工科专业向校企合作专业转型。着力打造"金课"。结合"双万"计划，完善一流专业建设标准和达标方案，加大规划教材、教学改革项目、教学成果奖的建设支持力度，参照建设指标进行中期检查，做好一流专业督导验收工作。加大对一流培育专业建设的支持力度。积极指导 10 个校级重点建设专业、10 个培育建设专业参加 2021 年双一流专业申报。

（四）开展专业认证

学校坚持以专业认证为抓手，不断提高专业建设水平和人才培养质量。按照"学生中心、产出导向、持续改进"认证理念持续推进专业建设，工程教育认证和师范类专业认证均取得了突破。2018 年，积极推进专业认证，机械设计制造及其自动化专业、制药工程专业通过认证受理申请。2020 年，小学教育专业通过普通高等学校师范类专业第二级认证，实现了学校专业认证零的突破。机械设计制造及其自动化、制药工程顺利完成中国工程教育认证现场考查，标志着学校工程教育认证取得重大进展；地理科学完成专家进校认证现场考查，电气工程及其自动化、电子信息工程、通信工程、软件工程、计算机科学与技术 5 个专业获得工程教育专业认证申请受理。

（五）强化新工科、新文科、新农科专业建设

2020 年，学校主动迎接新一轮技术革命和产业革命，面向经济社会发展多元需求，服务新旧动能转换重大工程需要，对接山东省即将实施的高校分类管理、分类评价体系，在学科专业建设方面定规划、定重点、定方向，强化新兴学科、交叉学科建设，优化提升传统学科，优化调整专业结构，淘汰一批特色不鲜明、就业前景不好、市场需求不高的专业，大力推进新工科、新农科、新文科、新医科等专业建设，引导学校有限资源实现合理配置，集中建设一批优势特色鲜明的学科和专业，提升支撑引领经济社会发展的能力。力争入选一批山东省示范性产教融合"四新学院"。推进新工科建设，调整 3 个工科专业；优化专业结构，停招 13 个专科和费县校区"3+4"项目，校本部无专科学院由 6 个增至 12 个。立项建设校级新工科、新农科教改项目15 项；主办 2019 年山东省新工科建设研讨会，2020 年连续主办两届新文科建设研讨会等。

学校以新工科、新农科和新文科建设为引领，探索"专业 + 微专业"人才培养模式改革，开设 20 个微专业，新增 2 个山东省级一流专业建设点，推荐 10 个专业

参评国家级一流专业建设点，5门课程被评为国家级一流本科课程。获第八届山东省师范类高校学生从业技能大赛中获一等奖7项、二等奖19项、三等奖13项，在第四届中华职业教育创新创业大赛中获金奖。938人次获得山东省部级竞赛三等奖以上奖项394项。

四、推进课程与课堂建设

学校坚持把加强课程建设作为提升教学质量和水平的重要抓手，以增强课程育人功能、提升课程育人实效为目标，围绕课程体系优化、教学内容更新、教学模式改进、考核评价科学等方面，系统推进课程体系建设。先后开展了创新课程建设、一流本科课程建设、信息化教学建设、思政课程建设，不断提高课程建设质量，增强了课程育人功能，提升了课程育人成效。

（一）推进一流本科课程建设

2011年，建成山东省级精品课程3门，"山东省高等学校成人高等教育特色课程"3门。2013年全面启动精品课堂建设，获批国家级精品资源共享课程2门，评选校级精品课程22门，2014年，按照"优化课内，强化课外""教师精讲，学生多练""教师引导，学生自学""课堂教学，网络辅助"的原则，落实三个阶段的部署，深入推进精品课堂建设。

2015年，继续加大精品课程建设力度，评选校级精品课程19门。2017年，建成国家精品资源共享课2门，获国家精品在线开放课程1门。截至2021年3月，学校重点建设各类优质课程达到335门，仅项目经费资助就获批400多万元。进一步提升了课程建设总体水平和质量，较好地满足了学生成长成才的个性化需要，为应用型人才培养夯实了基础。

学校出台《临沂大学一流课程建设方案》，以"N+1+1"考试综合改革倒逼课堂教学模式改革，提高课程的高阶性、创新性和挑战度。2020年，服务山东省八大发展战略和临沂市主导产业，加快推进"七个一"特色优势学科建设，进一步凝练主攻方向，按照国家级、山东省部级、校级三个层次培育打造重点学科平台和团队，获国家级一流课程5门，动物医学和生物科学专业被认定为山东省一流本科专业建设点。

（二）加强信息化教学建设

2015年，以山东省教育信息化试点单位建设为契机，升级校园网核心业务，全面开展教职工、学生、仪器设备、资产、教学、科研、校友等数据库资源建设，强化各类信息系统的整合和集成，用信息化推进带动管理的现代化。加强图书馆信息化、集约化、智能化服务平台建设，进一步扩大与国内外高校数字资源的同步共享，提升人文环境，逐步完善各项服务功能。出台《临沂大学课程信息化建设实施意见》，加大对课程信息化建设的支持力度。已自主建设 140 余门在线开放课程，在线选课学校累计超过 670 所，选课学生 12 万余人。学校推进考试改革和校际考试联盟建设，初步建成了教学运行状态数据监测平台。国家级虚拟仿真实验教学中心首次落户学校。

2017 年，建设智慧校园，实施软件正版化工程，全面建成虚拟数据中心，新增专业学科数据库 29 个，试用数据库 13 个，全面改造网络核心架构，达到国家网络安全策略和标准规范，以优异成绩通过"山东省教育信息化示范单位"评审验收。2018 年，回归教育常识，提升课程要素水平，推进课程"信息化、标准化、国际化"建设，完善通识课程模块体系建设，深化课堂教学模式改革和考试综合改革，强化教学质量工程项目建设，提高教学信息化普及程度。2020 年，制定目标，系统化提高信息化水平。制定实施智慧化校园建设方案，优化学校信息化建设顶层设计，为制度创新和流程再造提供有力支撑。对标国家教育信息化发展战略，提升教育信息化水平。完善网上办事大厅建设，优化提升财务报销、招标采购、教学和学生管理等服务系统，推动信息资源整合共享，让信息多跑路，让师生少跑腿。

（三）探索思政课程建设

学校把沂蒙精神融入教育部规定的四门主干课程中。在此基础上，出台《深化课程思政建设实施方案》，将沂蒙精神有机融入专业课程，出台了《临沂大学课程思政建设实施方案》。2019 年，推进课程思政建设，校级课程思政立项 313 项。2021 年，按照中央和山东省委统一部署要求，推进习近平总书记教育重要论述进教材进课堂进头脑。继续加强思政课程和课程思政建设，打造一批精品课程。截至2021 年 3 月，课程思政教改立项 140 项，示范课程 173 门，校领导为全体教师作课程思政报告，举办集中培训 6 次，基本实现课程思政教学全覆盖。

（四）实施创新课堂建设

2013 年，学校加强和推进创新课堂建设。更新教学理念，深化教学内容、教学手段、教学方式方法和教学评价改革，构建课内外、校内外于一体的教学模式，将"精讲、质疑、启发、讨论、创新"等要素融入其中，着力培养学生自主学习、合作学习、研究性学习、终身学习和实践创新能力。

2020 年，扎实推进创新课堂工作。以创新课堂作为提高教学质量的突破口，实行教师讲授、学生自学和课外训练"三三结合"。先后组织开展了中青年教师课堂教学竞赛、"创新课堂展示月"、实践创新型课程和实践创新型教师评选、多媒体教学课件评选等活动。安排校院两级展示课 360 节次，评选校级优秀教学课件 50 项，其中 11 项获山东省级奖。

从教学理念、方案设计、内容更新、方法运用、效果考核等环节，扎实推进"创新课堂建设计划"。学校单列 200 万元创新课堂建设专项经费，加强创新课堂展示，大力提倡特色化教学模式和个性化教学风格，全力推进案例式、探究式、讨论式、情境式、启发式等课堂教学模式，促进科研与教学互动，及时把科研成果转化为教学内容，促进创新课堂建设的深入开展。

五、深化教学改革与研究

深入开展教学改革与研究是强化教学建设、促进应用型人才培养的有效路径。学校通过实施学分制改革、推进校企合作办学模式改革、深化考试综合改革等一系列教学改革与研究举措，谋划教学建设、推进教学发展、提高教师教学能力，保障了教育教学质量的稳步提高。

（一）实施学分制改革

2013 年开始，学校探索实施创新学分制度，进一步完善了学生管理与服务机制。2014 年，构建相应的科学化、规范化的教学管理体系，促进人才培养的综合化与个性化、多样化的有机结合。2015 年，以创新创业教育为引领修订人才培养方案，启动了学分制改革，推进以学生为导向的课堂教学改革，强化了创新创业实践教学体系建设。按照山东省教育厅的部署，自 2015 级开始实行学分制收费、学分制管理，这对教学组织、教学管理和学生管理工作提出了全新的要求。为此，在充分调研的基础上，认真研究制定学分制改革实施方案及其各项配套管理制度，加大选修课建设力度，加强"慕课"资源建设，提升教务管理和课程建设的网络信息化水平，构建新型班级建设模式，继续推进考试改革，保证学分制顺利实施。2016 年，全面实施了学分制改革，完成了教学管理体系的改造，顺利通过了山东省级试点验收。2018 年，深入推进"一二三四"人才培养模式改革，完善学分制改革配套制度。2019 年，完善学分制管理体系，取消"清考"和"补考"，课程全部实行"N+1+1"考试，加大学生学业挑战度。2020 年，深化学分制改革，完善选课、辅修专业等配套管理体系，完善学业预警、淘汰机制，全面推进学分制管理。

（二）推进校企合作办学模式改革

学校坚持为区域经济社会发展服务的办学传统，积极实施校企合作、校地协同，先后制订实施了两个"服务沂蒙行动计划"，提高了应用型人才培养质量。

学校不断加强与地方党政机关和企事业单位的全面对接，加强校地资源共建共享。整合校内资源，学校与临沂市共建临沂发展研究院、沂蒙研究院等机构，开展决策咨询服务，发挥智库作用。合作共建区域人才高地，发挥校地两个方面的积极性，建立人才共引共用共享机制，形成双方学科性人才与应用型人才的相得益彰。共建临沂创业大学，积极参与创业培训，深入开展校地协同创新。探索实施"政府搭台、企业注资、学校借势发展"的新路子，出台《服务区域经济社会行动计划》，围绕区域产业发展计划，争取在现代物流、美丽乡村、环境保护、农村电商、现代中药研发、区域文化产业等领域，新建一批校地、校企协同创新平台；牵头筹建山东省国际商贸与现代物流协同创新中心，深入推进产学研合作。组建一批社会服务团队，努力帮助地方解决经济社会文化发展中的重大课题。

2012年，优化了学科专业结构，校企合作专业由5个增至8个，成为全省校企合作专业最多的高校。2014年，开放办学发展势头良好。新增校企合作本科专业1个，与省内3所职业院校开通"3+2""3+4"分段贯通培养，丰富了应用型人才培养结构。2016年，国内合作办学成效显著，与荣庆物流等10家知名企业开展了专业合作共建，共建校企合作本科专业13个，专科专业4个。扩大了校校、校企、校地合作，与青岛四高校签订了战略合作协议，与武汉大学等10余所高校联合培养研究生，与7家职业院校合作开展"3+4""3+2"对口贯通分段培养。2017年新增2个校企合作专业。

（三）深化考试综合改革

2017年，围绕人才培养目标定位，坚持回归教学常识，强化教学质量意识，全面推进学分制改革，深入推进了"N+1+1"考试综合改革，实施了课堂笔记考核，构建了适应学分制的"课程网"；强化过程性考试，推行非标准化考试，形成了多元的学业评价体系，实现了向学习过程考核的转变，学生的创新意识、创业能力、实践能力在考试过程中得以培养和锻炼。

六、强化创新创业教育

学校于2014年确定了建设"全国知名区域特色鲜明的创新创业型大学"的办学目标，明确了培养"基础理论扎实，富有创新精神和创业能力，具有沂蒙精神特质和国际视野的高素质应用型人才"的人才培养目标，构建实施"一二三四"融入式协同性多元化人才培养模式，开展创新创业教育。加强创新创业教师队伍建设，构建创新创业教育体系，加强创新创业课程体系建设，搭建三方联动的创新创业平台，构建创新创业教育和素质拓展相结合的实践教学体系，全面提高创新创业教育工作水平。

（一）构建创新创业人才培养模式

依托沂蒙精神顶层设计，着力培育大学生创新精神与创业能力。学校把提高人才培养质量作为创新创业工作的出发点和落脚点，修订人才培养目标定位，将沂蒙精神育人、创新创业教育融入人才培养全过程，大力推进专业教育与创新创业教育的有机融合，构建并实施特色鲜明、城校融合的全程式"一二三四"人才培养模式，努力培养"基础理论扎实、富有创新精神和创业能力、具有沂蒙精神特质和国际视野的高素质应用型人才"。

邀请行业专家参与制定专业培养方案，重构人才培养质量标准，将创新精神、创业意识和创新创业能力纳入人才培养质量评价指标。按照"产出导向"理念，专业对接产业、课程对接职业需求，形成"三阶段四类型"培养方案，每个专业设置 2—4 个专业方向进行分流培养。修订培养方案，明确规定各专业在人才培养方案制定过程中，安排 10 学分的创新创业类必修课程，规定创新创业通识必修课 2 学分、创新创业通识选修课 4 学分、创新创业实践 4 学分，形成"通识教育、专业教育和创新创业教育"相融合的创新创业课程体系和学分转换制度。

（二）加强创新创业教师队伍建设

依托教师发展中心，着力提升创新创业教育能力。学校十分重视创新创业教育教学团队和创新创业指导教师两支队伍的建设，坚持引进和培养相结合，打造专兼职相结合的创新创业教学团队，着力提升教师自身的创新创业能力。各学院结合专业特点，重视吸收创新创业能力突出的行业专家和企业家参与创新创业教学团队。实施教师"双百计划"，近两年共选派百余名骨干教师进基层挂职锻炼，从政府部门、规模企业聘请百名人才来担任兼职教授。重视加强"双师双能型"教师队伍建设，将教师到企事业兼职、挂职锻炼纳入考核，三年内组织 170 余次师资培训。形成了校内校外、学界业界、专职兼职相结合的多元化创新创业教育师资队伍。

（三）构建"通识教育＋专业教育＋创新创业教育＋创新创业实践"的创新创业教育体系

学校构建了包括通识课程、大类平台课程、专业课程、实践教学课程、创新教育课程在内的"平台＋模块"的课程体系。

2014年，新增校企合作本科专业1个，与山东省内3所职业院校开通"3+2""3+4"分段贯通培养，丰富了应用型人才培养结构。2015年，社会服务平台不断扩大，与杭州东忠集团合作建设了临沂大学智慧城市研究院，与蒙山旅游管委会共建了教学科研实践基地，与九间棚集团共建了山东省金银花研究院，与荣庆物流集团共建了中国冷链物流协同研究中心和临沂大学荣庆物流学院，与临沂国家高新区共建了临沂大学区域经济协同创新园区，引进和培植创业企业36家。

（四）加强创新创业课程体系建设

为了强根固本，实施优质课程建设工程，构建"通识教育＋专业课程＋艺术实践"的创新创业课程体系，实现第一、二课堂，校外基地的融合贯通，提升学生综合素质和能力。

依托区域专业优势，着力构建创新创业优质课程体系。临沂商城核心区面积31平方千米，现有专业批发市场134个、物流园区19处，配载全国物流线路2000多条，获评中国市场名城、中国物流之都，形成了以商贸物流为主导的八大优势产业。学校对接区域产业需求，建有山东商贸物流研究院、沂蒙文化研究院等产学研合作机构，获批物流管理等5个山东省高水平应用型专业群，建有校企合作专业23个，2017年，学校荣获"山东省校企合作先进单位"。

学校围绕区域产业发展需求，面向全体学生开设了通识必修课程；增设符合商贸物流方向有关的创新创业选修课程模块；全校融入了创新创业内容的专业课程有630多门、创新创业课程案例库16个；启动创新创业教育示范课程建设计划，以点代面推进各类课程建设，将创新创业教育理念融入渗透到单门课程的所有要素。建成"创新创业教育示范课程"629门，出版创新创业类教材22部，5门创新创业类课程在山东省高等学校在线开放课程平台上线。

（五）搭建"学生创业工作室、学院创业中心、学校创业园"三方联动的创新创业平台

2011年，学校制定了《临沂大学创新创业教育改革实施方案》，强化专业实践、综合实践和创新创业实践相结合的实践教学体系建设，搭建校院两级具有专业特色的创新创业实践实训体系，让大学生获得充分的校内外实习实践机会，提升创新创业意识和实践动手能力。充分发挥生物学国家虚拟仿真实验教学中心、山东省肿瘤标志物检测技术实验室等山东省级以上教学科研平台和38个校级公共基础与专业实验室的资源优势，实施全天候开放、预约开放、定时开放等形式，服务师生、社会创新创业实践。

学校与临沂市政府合作共建，制定实施"城校融合发展实施方案"，共同建设了大学生创业园、临沂创业大学、临大胡同里在内的大学生创业孵化基地8个。大力建设创新创业教育创业园和创客空间。截止到2018年，创业园已累计孵化近40个创新创业项目，项目涵盖了教育、互联网技术开发、校园文化创意、智能硬件开发、无人机航拍、电子商务等多个领域。注重与地方、行业、企业密切合作建设大学生创新创业基地，开展创新创业实践教育。

（六）构建创新创业教育和素质拓展相结合的实践教学体系

2015年，学校以创新创业教育为引领修订了人才培养方案，推进以学生为导向的课堂教学改革，强化了创新创业实践教学体系建设。

依托教学机制改革，着力增强创新创业教学管理实效。一是建立并实施了临沂大学创新创业学分积累与转换制度，出台了《临沂大学在线开放课程学习认证与学分认定试行办法》，对学生在线课程的学习范围、过程、认定程序做了具体规定，把创新创业学分作为必修学分纳入培养计划，设置创新创业与素质拓展综合模块，规定"学生开展创新创业实践、学科竞赛、学术报告、发表论文、获得专利和自主创业等情况"可折算为1—4学分。二是修订了《临沂大学全日制学生学籍管理规定》，实施弹性学制，放宽修业年限，允许学生调整学业进程、保留学籍休学创新创业，鼓励支持学生跨专业参与创新创业实践。三是设立大学生创新创业奖学金和奖励金，支持入学生自主创业，调动学生创新创业实践的积极性，2018年学生创新创业类奖学金总额99.07万。学校将学生获得的学分和奖学金荣誉称号纳入学生创新创业档案和成绩记载，并计入学生档案。四是推进考试综合改革，强化过程性考试。实施"N+1+1"考试模式，推行非标准化考试，形成了多元的学业评价体系，实现了向学习过程考核的转变，学生的创新意识、创业能力、实践能力在考试过程中得以培养和锻炼。2019年，实施"1381"创新创业训练计划，获批大学生创新创业训练计划项目国家级37项、山东省级94项，大学生获山东省级以上奖励1100余项，获评"2019年度全山东省创新创业典型经验高校"。

七、健全教育质量监控与评估体系

学校坚持教学质量生命线的理念，不断健全质量监控体系。成立了教育质量监控和教学评估机构，建立一支教育质量监控和教学评估队伍，加强教学质量数据库建设，扎实开展审核评估工作，着力优化教学管理模式，全面促进教学质量文化建设，努力形成充满活力的教学运行机制和完善有力的教学质量保障体系。

（一）健全教育质量监控和教学评估机构

按照"管、办、评"相对分离的原则，为了加强教育质量建设保障体系和教学评估，加强教师整体教育教学素质的培养提高，建立系统化的教学质量监督保障体系，2014年8月，学校成立"教育质量评估与教师发展中心"；2016年12月，更名为"教学质量监督与评估办公室"；2021年1月，更名为"教学评估处"。

（二）建立一支教育质量监控和教学评估队伍

按照教学督导员任职条件，建设了一支数量充足、专兼职相结合的督学队伍，他们均具有丰富的教学经验和教学管理经验。截至2021年3月，有20名专职校级教学督导员和160余名院级兼职教学督导员，从教育管理、校内培养和毕业生质量等多个方面进行评估、监督，切实保障人才培养质量。

（三）出台相关文件政策

为保障教育管理质量和人才培养质量，建设应用型综合性品牌大学，学校陆续出台了《关于进一步加强本科教学质量监控的意见》《临沂大学教师课堂教学质量评价办法》《临沂大学教学督导工作条例》《临沂大学人才培养质量达成情况评价管理与实施办法（试行）》《临沂大学关于建立毕业生跟踪反馈机制的意见（试行）》等一系列加强本科教学质量建设的规划和制度。

（四）开展审核评估工作

2016年11月13—18日，教育部专家组一行11人对学校进行为期5天的本科教学工作审核评估。专家组通过深度访谈、听课看课、校内考察、走访、文件查阅、专业剖析和课程分析等形式全面考察学校的人才培养状况。专家组一致认为：学校的办学定位、人才培养目标科学合理，符合新时期国家对高校人才培养的要求和办学实际，人才培养成绩突出；学院在教学上要求严格，学生学习刻苦，学风淳厚，教学工作与培养目标之间的达成度比较高；师资队伍优良，教学条件和教学经费保障比较好；本科教学质量保障体系得到重视，专业质量标准、课程质量标准、教学环节质量标准、教学行为质量标准均已制定，形成了政府、社会与学校三方评估组织相结合的监测评估系统，质量保障体系运行良好；学生和用人单位的满意度高，对学校学生的总体评价好。

2019 年 6 月 19—20 日，山东省教育厅组织专家组对学校进行了本科教学工作审核评估整改落实情况专项检查。专家组深度访谈了学校领导、职能部门负责人，走访了部分学院，与教师和学生代表进行座谈，查阅了相关文件、档案等资料，对学校审核评估整改情况进行了全面的检查。专家组高度肯定了学校审核评估整改工作，认为学校领导和全校师生高度重视本科教学工作审核评估整改工作，组织领导有力，整改方案扎实，责任分工明确，整改效果明显。

（五）加强教学质量数据库建设

学校重视教学质量数据库建设，建设了校内教学基本状态数据库系统。依托高等教育质量监测国家数据平台和校内教学基本状态数据库，开展年度教学基本状态数据采集与填报，编制并反馈学校教学基本状态数据分析报告，作为学校下一年度改进教学工作的基本依据。在此基础上，形成本科教学质量年度报告及专业人才培养状况年度报告，并按照教育部要求向社会公开。

八、教学质量与人才培养质量稳步提升

随着教学立校战略的全面实施以及教学改革的全面深化，学校应用型人才培养目标定位更加明晰，应用型人才培养模式不断优化，显著提升了教育教学水平、科研和社会服务水平。学校获批了系列教学质量工程项目，人才培养质量显著提升，就业率、创业率以及社会用人单位的满意度稳步提升。

（一）获批系列教学质量工程项目

一是获批应用型特色名校。2013 年，学校成功获批山东省应用型名校立项建设单位。在各级主管部门和领导的大力支持下，经过学校上下的周密部署、充分准备和扎实建设，学校以显著办学优势和鲜明办学特色，以评审、答辩等环节的优异成绩，成功获批山东省应用型人才培养特色名校立项建设单位，进入了山东省重点支持建设的本科高校行列，成为学校发展历史上新的里程碑。2015 年，继续按照"整体设计、重点建设、示范带动、全面推进"原则，认真落实好建设推进方案和任务书，从师资队伍建设、实验实践条件、课程和网络课程资源、产学研合作、师生对外交流等方面进行强化建设。

二是获批国家"十三五"产教融合发展工程应用型高校项目。2016 年，学校圆满完成了"山东省应用型人才培养特色名校"立项建设任务，入围国家"十三五"产教融合发展工程应用型高校项目评选，1 个团队入选教育部创新团队和山东省高等学校优势学科人才团队培育计划；2017 年，教育部产学合作协同育人项目 19 项；

2018 年，教育部产学合作协同育人项目 40 项；2019 年，教育部产学合作协同育人项目 62 项，2020 年，教育部产学合作协同育人项目 27 项。

三是获批教师教育基地。2011 年，学校挂牌成立了山东省首批教师教育基地，建设完善了"通识教育＋学科教育＋教师教育"有机结合的教师教育课程体系，获得 4 项国家教师教育综合改革试验区试点项目，教育学院、体育学院、美术学院承担了 3 个山东省骨干教师培训班的培训工作，与临沂市人民政府签署了共建教师教育基地的合作协议。加强教学质量与教学改革工程项目建设，被批准为全国第三批大学英语教学改革示范点和全国高校唯一的书法教育培训示范基地；艺术实验教学中心被评为山东省级实验教学示范中心；基于校地联盟的反思实践型小学教师培养模式创新实验区被评为山东省级人才培养模式创新实验区。2012 年，根据国家和山东省教师教育改革精神，在全面调研的基础上，科学设计"2.5+1.5"教师培养的新模式，不断强化教师教育条件建设，与临沂市人民政府联合成立了教师教育学院和临沂市教师专业发展中心，共建山东省教师教育基地。初步搭建起了校地共建、资源共享、互惠共赢的教师教育发展新模式。2015 年，进一步统筹整合全校各学科的教师教育资源，发挥教育部教育体制改革试验区、省市共建教师教育基地等平台优势，合理布局高等教育、幼儿教育、职前教育、继续教育等学科方向，突出应用性，强化科研、教学、育人"三位一体"建设，巩固教师教育优势。

四是斩获各类各级教学比赛佳绩。2012 年，先后组织开展了中青年教师课堂教学竞赛、"创新课堂展示月"、实践创新型课程和实践创新型教师评选、多媒体教学课件评选等活动。安排校院两级展示课 360 人节次，评选校级优秀教学课件 50 项，其中 11 项获山东省级奖。2013 年，开展了中青年教师课堂教学竞赛。2015 年，山东省青年教师教学竞赛优秀奖 3 人。2016 年，山东省青年教师教学竞赛三等奖 1 人，优秀教学奖 2 个。2017 年，山东省青年教师教学竞赛三等奖 4 人，校级课堂教学竞赛暨"青年教学能手"评选一等奖 10 人，二等奖 5 人，三等奖 10 人，一等奖的 10 人同时被认定为青年教学能手。获第三届全国高等院校工程应用技术教师大赛决赛一等奖、三等奖各 1 项。2018 年，山东省青年教师教学竞赛一等奖 3 人，二等奖 1 人，三等奖 3 人。2019 年，在山东省第六届高校青年教师教学比赛中，学校 4 名教师获得二等奖、2 名教师获得三等奖、7 名教师获得优秀奖；1 名教师获教学信息化比赛一等奖，2 名教师获二等奖，1 名教师获三等奖；连续两届获山东省高校青年教学比赛优秀组织奖。2020 年，第七届山东省青年教师教学竞赛二等奖 2 人，三等奖 3 人；山东省青年教师信息化教学竞赛一等奖 1 个，二等奖 2 个，三等奖 1 个。

五是获批教学改革立项。2011 年，学校年度首次获得 9 项山东省高校质量与教学改革工程项目，有力地推动了学校教学改革和内涵提升。争取山东省"十二五"职成教规划课题 11 项。此外，还获得了山东省"十一五"教育创新成果奖两项，全山东省教育系统优秀调研成果一等奖一项。2012 年，大力推进本科教学质量与教学改革工程，获山东省级教学改革研究项目 9 项；校级教学改革研究项目 50 项，大学外语教学改革示范点专项项目 5 项。2014 年，山东省级教学改革研究项目 1 个，评选校级教学改革研究项目 70 项；课堂教学模式改革示范项目 11 个、优秀教学奖 9 个。2015 年，获批山东省级教学改革研究项目 7 项，其中重点 2 项，面上 5 项。2016 年，评选校级教学改革研究项目 50 项，其中重点项目 10 项，一般项目 40 项；课堂教学模式改革示范项目 5 项。2017 年，获批山东省级教学改革研究项目 5 项，其中资助重点 1 项，资助面上 2 项，自筹重点 1 项，自筹面上 1 项；获批课程联盟在线课程建设研究项目 2 项；2018 年，评选校级教学改革研究项目 72 项；获评山东省级教学改革与研究项目 12 项（其中重点项目 3 项）；2019 年，获批山东省级基础教育教学改革研究项目 1 项；2020 年，获批山东省级教学改革研究项目 10 项，其中重点 2 项，面上 8 项；山东省思政课教学改革重点项目 1 项；评选校级教学改革研究项目 65 项，其中重点 22 项，面上 43 项；校级"课程思政"教学项目 313 项，其中教学改革研究项目 140 项，示范课程项目 173 项。"新工科"教学改革研究项目 10 项，其中重点 3 项，一般 7 项；"新农科"教学改革研究项目 5 项其中重点 2 项，一般 3 项。

六是获得教学成果奖。2012 年，评选校级教学成果奖 46 项，其中一等奖 6 项，二等奖 15 项，三等奖 25 项。2014 年，获评山东省级高等教育教学成果奖共 8 项，其中一等奖 2 项，二等奖 2 项，三等奖 4 项；山东省级基础教育教学成果奖 5 项，其中一等奖 1 项，二等奖 1 项，三等奖 3 项；校级教学成果奖 50 项，其中一等奖 10 项，二等奖 18 项，三等奖 22 项。2017 年，评选校级教学成果奖 60 项，其中特等奖 10 项，一等奖 20 项，二等奖 30 项；获第八届省教育成果特等奖 1 项、一等奖 3 项，二等奖 7 项，圆满完成了本科教学工作审核评估整改。2018 年，获得山东省高等教育教学成果奖 10 项、基础教育国家教学成果二等奖 1 项，参与获得高等教育国家教学成果一等奖 1 项。

七是获评教学团队、教学名师。2011 年，实施"名师工程"和"青年教师培育计划"，按照择需、择优、择急、择重原则，引进博士师资 38 人，面向社会公开选聘特殊急需专业人才 17 人，公开选聘博士、硕士辅导员 15 人。深入开展师德建设，树立了王汝涛、陈毛美、张金树 3 位典型，评选表彰了"十大教学名师""十大师德标兵"和 22 名青年教学能手，有 3 名教授分别获得山东省第六届教学名师、临沂市有突出贡献的中青年专家和临沂市十大杰出青年称号。获批山东省级教学团队 1 个，评选校级优秀教学团队 15 个，省级教学名师 1 人。

2012 年，学校出台了高层次人才（团队）引进等创新政策，高端人才和地方专家型人才引进填补学校多项空白，团队建设从山东省级队进入了国家队，使学校在高端引领和协同创新方面形成了特色优势，成为 2012 年山东省高校人才工作十佳创新案例。新引进 30 岁以下 985、211 高校毕业博士 40 人，师资队伍中的博士比例上升到 17%。加大青年教师的培养力度。9 名中青年骨干教师获得山东省教育厅资助的国内外访学项目资助，6 名优秀青年教师入选学校"杰出青年人才支持计划"。成立山东省级教学团队 1 个，优秀教学团队 10 个；获评山东省级教学名师 1 人。2013 年，新增省教学名师 1 人，教学团队等质量与改革工程项目覆盖面广、参与度高，建设水平明显提高。2014 年，获评山东省级教学名师 1 人，优秀教学团队 12 个。2015 年，获评山东省级教学名师 1 人，评选优秀教学团队 10 个。2016 年，评出校优秀教学团队 10 个。2020 年，校级教学名师 8 名。2021 年，新增省级教学名师 2 名。

八是开展校本教材立项。根据社会需求和人才培养需要确定教学内容，并及时吸收国内外最新研究成果和教师个人研究成果。2011 年，出版了第一批立项优秀校本教材 14 部，有力地推动了校本教材建设，获批山东省级优秀教材二等奖 1 项；2013 年，校本教材立项 12 部；2014 年，教材立项 20 部；2018 年，建设校本教材 10 部。严格执行《临沂大学教材管理办法》和《临沂大学教材建设立项管理办法》。

（二）人才培养质量显著提升

2011 年，毕业生就业率达到 95.43%。毕业生高端就业 1855 人，其中考研升学 898 人，出国留学、参军入伍、三支一扶及创业 219 人，考取国家公务员、各类事业单位 738 人。2012 年，学生的专业素质和实践创新能力显著增强，就业创业工作再创佳绩。举办、承办山东省毕业生供需见面会、各类专场招聘会 100 余场，提供就业岗位近 3 万个，建立就业基地 130 个，孵化创业项目 30 余个。2012 届毕业生初次就业率达 96.21%，位列全山东省高校第二。

2013 年，实施创新学分制度，进一步完善了学生管理与服务机制，显著促进了学生综合素质与实践创新能力的提高。学生获山东省级及以上学科竞赛奖 1077 项，其中国家级奖 420 项；根据山东省教育厅、人力资源和社会保障厅就业信息网数据统计，学校 2013 届毕业生就业率达 95.96%，正式就业率 31.85%。141 人自主创业，就业率和创业人数稳居全山东省高校前列。

2015 年，强化学生综合素质培养。继续深入开展"中国梦"主题教育、弘扬传统文化等教育实践活动，深入实施导航工程、筑基工程，强化社会责任感、创新精神和实践能力培养。制定美育和体育教育方案，探索实施美育教育和体育教育的有效途径，推进"一院一品牌"精品活动创建。加强创新创业教育，整合管理职能，实行学生素质拓展、创新能力培养、学科竞赛、创业训练一体化建设，建设校院两级生涯规划中心，开展青春创业活动，立项大学生创新创业项目 80 项，山东省级及以上学科竞赛、科技大赛获奖突破 1560 人次。毕业生就业率一直稳定在 95% 以上，连续五年位居山东省同类高校前三名，毕业生自主创业率连续三年列山东省属高校第一名。

2016 年，毕业生就业率连续保持在 95% 以上。坚持选派第一书记和县区挂职干部。2018 年，深入推进学风建设，完善学业预警制度，打通人才培养的"最后一公里"，切实提高英语四六级通过率和研究生、公务员、事业单位、专升本考取率，提高社会和用人单位的赞誉和满意度。考研率、专升本率同比增长近 10%，就业率 98.5%、自主创业率 7%，居山东省属高校前列。2019 年，本科毕业生初次就业率 91.6%、考研率 16.9%。学生入伍 226 人，入选西部计划志愿者 46 人，108 名师生援疆实习支教，居全山东省高校前列。2020 年，开展"百日攻坚"就业服务行动，就业率达到 90.69%，考研率同比提升 3.2%，参军入伍人数翻了一番，居全山东省高校前列。

第三节 创新科学研究，获批硕士学位授予权单位

科学研究是高校的重要职能，是高校核心竞争力的重要载体。学科建设是高校发展的龙头，学科建设和发展的状况从根本上反映和体现了高校的办学水平、办学特色、学术地位。10 年来，学校大力推行科研强校战略和学科引领战略，坚持"两个导向"，实施科研管理体制创新，大力加强学科建设，优化学科方向，科研水平、科研创新能力和对经济社会发展的贡献度得到有效提升。

一、强化科研创新和学科建设

学校把科技创新和学科建设摆在了内涵式发展和高质量发展的首要位置。在科

研创新工作中，强化学本位理念，在岗位竞聘中和科研思路上中强化"两个导向"，积极推动科研和社会服务工作要实现的"三大转变"。重点推进了繁荣社会科学研究工作，实施了"一流学科建设行动计划"，实施了学科"重点提升计划"与"特色跨越计划"，强力推进研究生教育，使科研创新和学科建设取得了历史性突破。

（一）出台"两个导向"政策

学校揭牌后，历时4个多月时间进行解放思想更新观念大讨论活动，并发动全社会力量进行研讨，最后确定了"建设高质量综合性品牌大学"办学目标，出台了《内涵提升计划》，把科技创新和学科建设摆在了内涵发展的首要位置，学校将"提高学术科研水平"列入"十二五"事业发展规划，促进学术科研工作的整体提升。

在岗位竞聘中突出"两个导向"。

为提升科研能力和服务社会能力，在2011年的干部竞聘中，学校提出了"导向科研、导向基层"两个导向政策，在人、财、物、政策等方面，全面向"科研"和"二级学院"倾斜，争取科研多出成果、快出成果、出大成果，鼓励学院独立办学、创新办学。"两个导向"重要的指导思想是让最优秀的人才流向基层和科研院所，为最优秀的人才特别是科研人员创造最良好的环境、给予最优惠的条件、实施最倾斜的政策。依据这一政策，在当年干部竞聘中，一批顶层的、重量级的人才到了科研院所和基层单位，基层与机关处室的干部交流达到3/4。这种交流改变了干部的思维定式，适应了综合性大学的发展要求。在2011年7月进行的专业技术竞聘中，学校党委出台了"导向教学、导向高层次人才"的竞聘原则，"导向高层次人才"就是待遇要导向高层次人才，学校设了特聘教授二级岗、三级岗，大大提高教学科研岗位的待遇。"两个导向"政策出台后，中层干部更多向教学科研单位倾斜、流动，1882名教学科研人员踊跃参加专业技术岗位竞聘，8位现职处长主动写辞职书，要求到教学科研岗位当教授，这一举措对打破"官本位"、回归"学本位"起到了导向与示范作用，为发展内涵、提升质量、形成特色、创建品牌提供了有力支撑。

在科研思路上中强化"两个导向"。

学校出台"两个导向"、放权强院与校院二级管理的政策，提出的"向上找导向，向下找需求"的科研工作思路，积极推动的科研和社会服务工作要实现的"三大转变"。

"向上找导向"，就是要牢牢把握住国家对于高等教育事业发展的基本导向，进一步明确学校的着力点和主攻方向，这个导向就是协同创新。2011年，教育部、财政部制定了《"高等学校创新能力提升计划"实施方案》（"2011计划"）。"2011

计划"导向的重点任务是四个面向，一是面向社会前沿和社会发展的重大问题；二是面向行业产业经济的核心共性问题；三是面向区域发展的重大需求，鼓励各类高校通过多种形式自觉服务于区域经济社会经济建设和发展；四是面向社会主义文化建设的迫切需求，整合高等学校人文社会科学的学科和人才优势，推动与科研院所、行业产业以及境外高等学校研究机构开展协同研究。"向下找需求"，就是围绕为社会服务、区域经济创新，解决区域发展的重大需求，2010 年，我们新成立的 9 个科研院所、6 个学院，全部围绕区域经济发展要求和新兴产业。各个学院都要找准自己的结合点、需求点，自己结对子，结合区域社会发展面临的实际问题，发挥人才、科技和智力优势，切实为区域发展解难题、办实事，扑下身子接地气、壮底气、聚人气。

围绕"十二五"科研目标和任务，抓住用好战略机遇，强化政策导向，即从政策上引导科研人员实现"三个转变"。一是要实现由单打独斗向团体攻关的转变。在当今科学研究只有合作才能出成果，个人式的单打独斗不会有多大的成就，因此要更加重视科研团队的组建，既要凝聚校内各种创新力量组建创新团队，更要重视与校外研究机构和企事业单位的协同合作。二是要实现由注重个人成果向注重为学生、为社会做贡献的转变。要改变为晋职称做学问、搞研究的观念和做法，要凝聚研究力量和研究方向，更加突出对社会的实际贡献的导向，要将为学生做了什么、为社会做了什么作为今后评价的标准，让真正有贡献者有为有位。三是要实现由以论文、获奖为主的考核评价方式向注重原始创新和解决重大需求的转变。鼓励教师围绕社会需求做科研，真正将科研重心转移到为社会服务上来，产生有应用价值的成果，为社会做出实实在在的贡献。

（二）繁荣社会科学研究

2012 年 1 月 6 日，学校社会科学振兴暨表彰大会在沂蒙大讲堂三楼报告厅隆重举行，表彰 2011 年在社会科学方面取得的突出成绩，全面部署今后社会科学研究工作。山东省政协常委、山东省社科联副主席、山东大学博士生导师、民俗研究专家刘德龙，山东省社科联副秘书长、学术部部长高璞，临沂市社科联党组书记、副主席刘勋建，学校领导出席大会。学校党委书记作题为"抢抓机遇开拓创新振兴临沂大学社会科学事业"的重要讲话，从政策、理论、方法的高度对振兴学校社会科学作出部署：第一，认清形势，充分认识大力发展社会科学是贯彻六中全会精神、建设文化经济强山东省、建设大美临沂、建设高质量综合型品牌大学的迫切需要；第二，把握现状，切实增强繁荣发展学校社会科学工作的使命感、紧迫感和危机感，要弥补学校社会科学在整体优势、科研层次、研究基础、资源配置和经费方面等方面存在的不足，抢抓发展机遇，全面振兴学校的社会科学工作；第三，按照实现三个转变、突出四个重点、强化三大措施、完善一个机制、提高一个水平的"三四三一一"思路，全力开创学校社会科学工作新局面，即实现思维方式的转变、科研方法的转变、战略中心的转变，突出重大项目重大成果重大奖励总量和质量上的突破、突出为区域社会服务、突出文化传承创新、突出重点学科专业，强化坚定不移贯彻落实"两个导向"、坚定不移强化"两个育人工程"、坚定不移加强人才队伍建设三个措施，完善对高水平科研成果的评价、奖励和激励机制，提高社会科学管理水平，促进学校哲学社会科学的繁荣发展。

为贯彻落实《教育部关于深入推进高等学校哲学社会科学繁荣发展的意见》和学校党委"一二三四五"工作思路，全面提升学校人文社会科学的研究水平，充分发挥人文社会科学在人才培养、学科建设、科学研究、服务社会等方面的作用，2012 年 3 月 6 日，学校出台《临沂大学社会科学振兴计划》，加快人文社会科学创新体系和创新团队建设，突出学校人文社会科学的研究特色，提高人文社会科学的整体研究水平、创新能力和服务能力，为区域经济和社会发展提供强有力的思想保证和智力支持。

围绕科研工作"三大转变"，社科振兴计划确立了六大目标。一是加强人才队伍建设，建立一支人文社会科学学术带头人和学术骨干队伍，加大学术领军人物的引进力度，到 2015 年，培养 15 名左右人文社科校级学术带头人；加强中青年学术骨干的培养，每年在沂蒙文化研究、高等教育研究、物流研究等研究团队中，遴选 10 名青年学术骨干予以重点培养。二是加强创新团队建设，提高人文社会科学学术创新能力和可持续发展能力，到 2015 年，争取有 1—3 个科研团队进入山东省部级人文社会科学创新团队行列；组织有竞争实力的创新团队申报国家和教育部的哲学社会科学重大攻关课题，争取在重大项目上实现突破，提升学校人文社会科学核心竞争力。三是突出区域特色，强化人文社会科学研究平台的建设，重点支持"沂蒙文化""红色文化""高等教育""书法文化""物流管理""社会学管理""文化产业管理""马克思主义群众观""社会主义核心价值体系建设"等方面的研究，形成学校人文社会科学研究特色；到 2015 年，立项建设 10 个校级人文社科研究基地，重点建设 5 个山东省级人文社科研究基地，并力争实现教育部或山东省部共建人文社科研究基地的突破。四是扩大对外交流与合作，提升社科研究的国际视野，加强对外交流与合作平台建设，争取主办、承办各类高水平社科会议、讲座，坚持"走出去"与"请进来"相结合，支持优秀学者到海外进行讲学访问，积极聘请国内外知名专家学者承担课程讲授、人才培养和科学研究工作，加强"沂蒙大讲堂"建设。五是重点培育和发展优势学科，提高人文社会学科竞争力，依托沂蒙革命老区红色文化资源优势、临沂商贸物流经济优势和学校传统优势，加强相关学科建设，构筑学科高地，带动和引领全校人文社会学科的整体发展。六是加快科研成果转化，提升社会服务能力，增强人文社会科学研究的针对性、时代性，加强与区域社会紧密相关的应用研究、对策研究和现实问题研究。积极开展校地合作和校企合作，发挥人文社会科学在为各级政府决策提供咨询、为企业发展提供服务的积极作用；鼓励和支持教学科研人员积极参与各级政府和企事业的科学决策，承担为地方党委和政府提供决策咨询服务的课题，将研究成果应用于社会经济发展实践，以高水平咨询活动、科研活动、社会实践活动和研究成果，为区域经济社会发展提供高质量的服务。

（三）实施"一流学科建设行动计划"

学校始终坚持以学科建设为龙头，坚持以学科建设引领专业建设、科学研究和人才培养工作的指导思想，学校"十三五"事业发展规划中提出实施学科引领战略。2017年11月，学校印发了《临沂大学一流学科建设行动计划》，明确提出实施学科建设"131"计划，即通过建设一流学科，引领教学、科研和社会服务三个方面工作，培养一流人才。为实现学科引领，要打造三个一流：一流的平台、一流的团队、一流的成果。分三个层次建设：重点建设、重点培育和动态建设。实现三个阶段目标：建成硕士点，为博士点申报奠定坚实的基础，建成一流学科和一流地方综合性大学。具体要实施四项工程，即博士点培育工程、ESI前1%学科建设工程、国家级奖励培育工程和一流学院建设工程。这为优化学科布局，明确主干学科和学科方向，实施精准扶持、重点培育，解决人才培养质量和社会服务能力日益提升的要求与学科发展水平不高、特色不鲜明、结构不合理之间的矛盾提供了指导思想和行动指南。

（四）实施学科"重点提升计划"与"特色跨越计划"

为突出学科建设龙头地位，2013年，学校在学术部内部成立学科建设办公室。

为贯彻落实《临沂大学"十二五"建设规划》《临沂大学内涵提升计划（2011—2015）》，充分发挥学科平台对学校内涵建设的支撑作用，打造高水平学科平台（重点学科、重点实验室、工程技术研究中心、人文社科研究基地），尽快形成学科建设特色优势，2013年4月15日，学校出台《临沂大学2013—2015年学科平台建设实施方案》，实施特色跨越计划及重点提升计划，全校遴选确定了高等教育学重点学科、区域文化学重点学科、新闻传播学重点学科、应用数学重点学科、凝聚态物理重点学科、认知科学与语言学能研究基地、生化分析重点实验室、水土保持与环境保育重点实验室、地质与古生物重点实验室、山东省鲁南中药材资源开发工程技术研究中心等 10 个特色学科平台，按照文科 200 万元、理工科 400 万元的额度，共资助 3200 万元用于重点建设。实践证明建设效果非常好，2013—2015 年全校 85% 的高水平成果、80% 以上国家级课题出自这 10 个学科平台。

二、创新科研管理体制机制

科研管理体制机制建设是学校科学研究发展的坚实保障。学校高度重视科研发展规划和体制机制改革，立足国情、省情和校情，出台一系列管理办法，确保科学研究规范、有序发展。学校完善了科研管理机构设置，健全了科研考核评价与激励机制，创新了科研经费管理机制，建立健全了学术创业引导机制、科研诚信体系、科研助理服务制度，为科研工作提供了有力保障。

（一）完善科研管理机构设置

为了提升科研水平，学校在机构全面压缩的情况下，2013 年 6 月，单独成立了科技处和社科处。

社会科学处主要工作职责是：负责制定学校人文社会科学研究管理制度并组织实施；负责组织各级各类人文社会科学科研项目的申报，对获批项目实施监督、检查和管理；负责人文社会科学成果认定，组织各级各类人文社会科学成果奖励申报，做好知识产权保护工作；负责协调组织和管理人文社会科学类学术交流活动；协助财务处、审计处检查监督人文社会科学类科研经费的使用情况。2014 年 12 月，为进一步繁荣学校哲学社会科学，按照学校党委的决定，并经山东省社会科学界联合会批准，成立了临沂大学社会科学界联合会，学校党委委员、副校长张立富担任学校社科联主席。

科学技术处是学校负责科技管理与服务工作的科研管理机构，下设科技开发科、项目科、成果科、平台与团队建设科 4 个科室，主要负责组织各级科技类项目、科技平台的申报与管理，各级各类科技成果、奖励的申报，专利、软件著作权等知识产权的申请与管理，科研平台、团队的规划建设与管理等工作。

按照填补空白、地方需要、突出优势的基本原则，2011 年，将教学单位由原来的 16 个（包含 2 所分校）调整为 21 个，新成立物流学院、商学院、资源环境研究院、建筑学院、电动汽车学院等6个与区域经济社会发展产业行业密切相关的学院，设置了9个科研机构，进一步强化为沂蒙老区服务的本领。

（二）完善科研考核评价与激励机制

学校坚持问题导向，十分重视科研考核评价与激励机制的改革工作，围绕科技创新能力和科技服务能力两个评价核心，充分尊重学科差异，根据教师所从事的研究类型和科学领域，建立以质为主、兼顾数量的科研评价制度，赋予科技创新领军人才更大的资源支配权和技术路线决策权。制定或完善了《临沂大学高层次项目与高水平成果奖励办法》《临沂大学科研经费管理办法》《临沂大学学术评价及奖励办法》等文件，构建了培育、管理、评价、考核的较为完善的制度体系，使科研管理工作更为规范、科学。修订完善绩效分配、科研奖励办法，在科研绩效分配过程中，突出院所在教师科研考核评价中的主导作用，鼓励教学科研人员进行长期、系统的创新性探索，加大对重大科研贡献、高水平成果的激励力度，鼓励产生各种形式的"高精尖"成果，鼓励科研工作"百花齐放"，促进科研工作既有量的扩张、又有质的提升。

2011年以来，学校纵向科研项目立项数和经费数年平均增长率分别达到11.9%和18%，2015年以来增长尤为显著，其中，2020年纵向科研项目立项数达到124项，2019年纵向科研项目经费数达到5516万元。

（三）创新科研经费管理机制

为加强科研经费管理，提高科研经费使用效益，充分调动广大教师和科研人员的积极性，促进学校科研工作健康持续发展，根据国家科研及财务管理有关法规，多次修订完善《临沂大学科研经费管理办法》，制定了《临沂大学科研项目经费"包干制"实施办法（试行）》，明确了科研经费的来源、管理、配套及开支范围，通过优化财务报销流程、提高横向课题结余经费的奖励性绩效支配比例等措施，减轻教师在科研经费使用过程中的事务性负担，为教师创造更宽松的工作环境，充分调动广大教师开展科研工作的积极性，提高科研经费使用效益，促进学校科研工作健康持续发展。

（四）建立学术创业引导机制

学校切实履行"为沂蒙服务"的办学宗旨，根据区域经济社会发展需求和学校实际，制订了《临沂大学服务沂蒙行动计划》，并通过建立学术创业激励机制，完善支撑学术创业的服务保障体系，将技术转移、创新和转化应用列入科研评价的重要内容，推进科技成果使用处置和收益管理改革，制定科技成果转化办法，大幅度提高科研人员成果转化收益分享比例，加强对学术创业政策引导和组织化推进，提高对区域经济社会发展的贡献度。2011年以来，学校委托类科研项目立项数年平均增长率为5.9%，到位经费平均增长率达23.7%，2018年以来增长尤为显著，2020年，委托类科研项目立项数和到位经费分别达到99项和1857万元。

（五）建立健全科研诚信体系

学校长期重视科研诚信建设工作，根据教育部《高等学校预防与处理学术不端行为办法》，结合学校实际情况，制定了《临沂大学学术规范及违规处理办法》，明确了学术不端行为的受理、调查、认定与处理等程序，定期组织教师学习学术规范和道德的相关文件，使教师们牢固树立遵守学术规范和科研诚信的意识，倡导实事求是、坚持真理、学风严谨的优良风气，发扬学术民主，营造鼓励学术创新、宽容失败、不骄不躁、风清气正的科研生态环境。

（六）规范科研助理服务制度

根据教育部《高等学校科研助理管理办法》（教技〔2010〕4号）及学校"十三五"发展规划有关精神，为进一步提高学校创新人才的培养质量和创新能力，积极推进学校专职科研队伍建设，2017年3月，学校制定了《临沂大学科研助理岗位聘用管理办法（暂行）》，允许科研项目组根据承担的科研任务需要，自主设立岗位、公开招聘专职从事科研工作的人员，科研助理实行人事代理管理制度或人才派遣制度，对科研助理的聘用管理给予规范化管理。新冠肺炎疫情期间，认真响应《教育部办公厅关于高等学校进一步做好开发科研助理岗位吸纳毕业生就业工作的通知》和《科技部教育部人力资源社会保障部财政部中科院自然科学基金委关于鼓励科研项目开发科研助理岗位吸纳高校毕业生就业工作的通知》，深刻认识开发科研助理岗位吸纳毕业生就业的重要意义，积极开发科研助理岗位，吸纳高校毕业生就业，截至2020年12月，共计聘用科研助理24人。

三、加强科研平台与团队建设

学校一贯高度重视各类科研平台建设工作，紧紧围绕科研和学科规划目标任务，建立规范高效的管理体制和运行机制，集中资源，突出重点，促学科交叉融合，突出科研优势和特色。学校重视高水平科研团队建设，形成一批梯队合理、富有科研实力的创新团队。学校不断加强特色优势学科团队建设，积极培育和申报山东省部级平台，大力推进学校与政府、企业、科研院所及国内的协同创新，完善平台管理和绩效考核，健全完善科技成果转化平台和机制，实现了科研创新能力的跨越式提升。

（一）加强特色优势学科团队建设

2014年，根据学科建设工作需要，在全校范围内开展了科研创新团队的遴选活动，应用数学、分析化学、水土保持与环境保育、高等教育等团队成为较成熟的科研团队；凝聚态物理、地质与古生物、区域文化等团队已初建成型；现代中药、商贸物流等团队尚缺乏团队带头人，今后需重点培养和引进学科带头人，培育学术造诣深厚、准确把握学科发展方向、业务精湛的学术骨干人才。

2015年，高水平科研团队崭露头角，生化分析团队先后入选教育部"长江学者和创新团队发展计划"和"山东省高等学校优势学科人才团队培育计划"，首次实现山东省部级科研团队"零"的突破；在全校范围内组织开展学科团队遴选工作，首批确定9个专业型硕士点团队、6个学术型硕士点团队、29个学科方向团队进行重点建设，为硕士点申报奠定基础。

2016年，启动优势特色学科团队提升工程，全校共遴选出15个学科团队进行重点培育和建设，并对3个校级特色学科平台终期考核优秀团队继续支持建设。为加快推进创新创业型大学建设，根据临沂发展研究院建设规划，遴选出10个社会服务团队进行重点培育。

2019年，学校周建伟、祝洪洋、李雪梅、徐守芳、张安彩、王梁、张兴林、苏鑫、罗亚海9个团队入选山东省高等学校青创科技计划团队，邱建龙、吕慎金、刘前进、王秀庭、邹吉林5个团队入选山东省高等学校青创科技计划引育团队。

2019年，郭英姝、石少广、刘波、杨志刚4个团队入选山东省高等学校青创科技计划团队。

（二）积极培育和申报山东省部级平台

2012年，全面启动学科平台建设工作，开展和实施了校级重点学科"特色跨越计划"和"重点提升计划"。

2013年，学校大力加强与其他高校的科研协作，成为"化学成像功能探针山东省高校协同创新中心"和"先进建筑材料绿色制造与应用协同创新中心"两个山东省高校协同创新中心参与单位。学校生化分析团队首次入围中国科学院科技创新"交叉与合作团队"。在人文社科方面，马克思主义学院获批了"全国高校政治思想理论课教师社会实践研修基地"。2013年，完成了"山东省肿瘤标志物检测技术重点实验室"、2013年山东省国际科技合作研究中心等学科平台申报工作和建设论证工作。

2015年，学校获批"中国文艺评论基地"，为全国首批22个、山东省唯一一个文艺评论基地。

2016 年，学校新增山东省级重点实验室 1 个，山东省级工程技术研究中心 2 个，山东省级国际科技合作研究中心 4 个，市级工程技术研究中心 5 个，山东省理论建设工程重点研究基地——山东省沂蒙精神研究基地落户学校，这标志着临沂大学成为山东省沂蒙精神研究的主要阵地。

2017 年，获批科技厅"张书圣科技领军人才创新工作室""山东省农业科技园区规划设计工程技术研究中心"。通过强化建设，山东省肿瘤标志物检测技术重点实验室提前通过山东省科技厅组织的专家验收，山东省"鲁南中药材资源开发工程技术研究中心"和"肥料工业废物资源化利用工程技术研究中心"顺利通过绩效评估。"山东商贸物流研究院"获批山东省社会科学规划重点研究基地，"沂蒙文化研究基地"获批教育厅"十三五"山东省高等学校科研创新平台，是"沂蒙文化研究基地"在获批"十二五"山东省高等学校人文社会科学研究基地基础上取得的又一重要突破。

2018 年，获批山东省对接产业"山东省高等学校肿瘤标志物检测技术、装备及诊疗一体化协同创新中心"，获批建设经费 1800 万元；获批"山东省肿瘤诊疗一体化技术工程实验室"，实现了学校在山东省发改委科研平台零的突破；获批"山东省靶向药物载体研制及诊疗一体化工程技术研究中心"。2018 年，学校新增 3 个山东省级社科科研平台，"山东沂蒙文化研究院""山东戏曲艺术重点研究基地"获批山东省社会科学规划重点研究基地，马克思主义学院被山东省委教育工委评为山东省重点马克思主义学院。"临沂大学心理健康与家庭教育研究中心"获批山东省社会科学普及教育基地。"地方戏曲资源数字化集成与应用"获批山东省文化厅"山东省文化科技重点实验室"，"红色文化学""戏曲音乐学"两个学科成功获批山东省文化厅"山东省文化艺术科学重点学科"。

2020 年，学校获批教育部中华优秀传统文化（柳琴戏）传承基地。获批教育厅全山东省教育系统文化传承（教育）工程山东省大中小学红色文化传承指导中心。

2016—2020 第二任期内，学校获批山东省级科研平台 7 个，其中"山东省高等学校肿瘤标志物检测技术、装备及诊疗一体化协同创新中心"1 个，获批建设经费1800 万元；新增获批山东省工程实验室 2 个，实现了学校在山东省发改委科研平台零的突破；新增山东省级工程技术研究中心 2 个。

（三）大力推进校地协同创新

2012 年，立足服务沂蒙，与各部门紧密合作，派出了 21 个专家团队分赴各县区开展科技服务工作、参与临沂市科普惠农工程、开展对口帮扶工作、搜集企业技术难题需求等，产学研合作成效显著。

2013 年，贯彻执行"临沂大学服务沂蒙计划"，有序地引导校内各院所与地方科技园区、企业开展产学研合作，促成生命科学学院与临沂市创新园林绿化公司的实质性合作；汽车学院与沂南县人民政府合作办学签约；建筑学院与浩华地产校企合作签约标志着建筑学院与浩华地产的强强联合正式迈出第一步。继续推进教授、博士专家团赴企业开展科技服务工作，重点开展与学校签署战略合作的县区的科技服务，着力解决临沂企业的技术难题，为科研人员开展科技服务工作搭建平台。2013 年，学校与相关部门和企业共签署科技合作协议 67 项，横向科研合同经费 635.75 万元，到位经费 529 万元。

2014 年，认真落实服务沂蒙工作，贯彻执行"临沂大学服务沂蒙计划"，有序地引导校内各院所与地方科技园区、企业开展科技服务和产学研合作。2014 年 4—5 月，先后派出李修岭、薛凯峰、温梅姣等 6 名博士到白马河湿地公园、郯城经济开发区、山东阳煤恒通化工股份有限公司等企事业单位科技服务；与沂水县组织部联系，选派田充、尤海涛、王军、王洪伟 4 名博士到青援食品有限公司、清沂山石化集团、山东龙冈旅游集团、盛泽物流等企业服务。

2015 年，制订了《服务区域经济社会行动计划》，创新服务模式，有序地引导校内各院所与地方政府、企业开展科技服务和产学研合作。加强校地协同，鼓励科研团队进驻企业。信息学院和商学院分别在临港经济开发区、莒南县建立博士教授工作站，派驻博士教授进驻科技型企业。学校相关院所分别与山东省地泰菌业有限公司、鼎益农业科技公司、山东协发化工股份有限公司等 30 多家企事业单位进行实质性合作。锂电池新能源制造项目在沂南县落地，高效节能炉和高分子材料制造项目落地开发区孵化器。学校工业废弃物资源化利用工程技术中心与临沂天元新材料集团、济南大学成功联合申报 2015 年度山东省自主创新及成果转化专项计划项目。

2016 年，学校以《临沂大学服务沂蒙行动计划（2012—2015）》和《服务区域经济社会行动计划》为指导，按照临沂市"四三二一"的发展思路，围绕沂蒙老区经济社会发展的重大战略需求，认真落实临沂大学服务沂蒙的办学理念，创新服务模式，有序地引导校内学院（研究所）与地方政府、企业开展科技服务和产学研合作。对接临沂企业技术难题，为院所开展产学研合作工作提供信息服务。自 2011 年起，组建教授、博士为骨干的科研服务团队 21 个，与市属各企业联合开展科技攻关和技术服务 200 余项。结合应用型名校工程建设，梳理科技成果，整理编辑《临沂大学科技服务成果汇编（2013—2014）》和《临沂大学科技服务成果汇编（2015—2016）》。利用山东省科技成果转化平台，筛选发明专利等技术供给 34 项，通过参加科技成果推介会等方式，积极向社会推荐学校科研成果。

2019 年，积极引导学校科研团队。同具有强烈创新意识，具备一定研发基础的企业维系良好的合作与信任关系，与企业联合开展重大技术攻关，成功参与获批 2 项山东省重大专项，其中，1 项立项经费 1600 万元（孙雪梅团队承担 240 万元研发任务）、1 项立项经费 960 万元（曲宗金团队承担 91 万元研发任务）。

2020 年，主动对接山东省"八大发展战略"和"十强产业"，临沂市十优产业，坚持四个面向，加强基础研究，突出原始创新，产出了一批原创性科研成果，为经济社会高质量发展起到了重要推动作用。与地方政府密切沟通，同市科技局、市科协联合开展"服务经济科技融合发展行动"，先后深入兰山区、河东区、高新区、郯城县、沂南县、沂水县、莒南县等县区的龙头企业及高新企业，现场调研企业的人才需求、技术需求，掌握企业生产过程面临的发展瓶颈，发挥学校人才优势，持续跟进帮助企业解决技术难题。通过这种方式与 300 余家企业建立了良好的合作与信任关系，签订委托研发项目 86 项，到位经费 1800 万元。

（四）完善平台管理和绩效考核

2013 年，学校实施特色跨越计划及重点提升计划。以科研服务教学，支持特色名校工程建设，制定临沂大学 2013—2015 年学科平台建设实施方案，2013 年 5 月 27 日，公布 2013—2015 年学科平台建设立项单位 10 个，其中特色跨越计划项目 5 个，重点提升计划项目 5 个。

2014 年，为进一步提高科研创新能力，强化学科平台建设，充分发挥科研工作对学校内涵建设支撑作用，关于整合资源组建科研创新平台的意见，公布八大科研平台：马克思主义群众观与沂蒙精神研究中心，沂蒙文化研究中心，地理地质与古生物研究中心，刘洪应用数学研究中心，文化传承协同创新中心，区域经济协同创新中心，国际商贸与现代物流研发中心，现代医药研发中心。

2015 年 9 月 1 日，公布临沂大学山东省级重点实验室管理办法。2016 年 4 月 24 日，公布临沂大学优势特色学科团队提升工程建设实施方案，建设商贸物流、沂蒙文化、教师教育、生化分析、水土保持与环境保育、地质与古生物等 6 个内涵提升重点建设团队，9 个优势特色学科团队建设。2017 年，制订临沂大学一流学科建设行动计划，启动"131 计划"，通过建设一流学科，引领教学、科研和社会服务三个方面工作，培养一流人才。

四、强力推进研究生教育

学校把获批硕士授权单位作为"十二五""十三五"期间核心战略指标。抢抓发展机遇，健全体制机制，稳步推进研究生教育规范化建设。在推进研究生教育过程中，坚持立德树人，打造德才兼备研究生导师队伍。聚焦培养质量，实施研究生教育质量提升工程。推进科教融合，探索校地协同育人新机制。扩大招生规模，持续推进学位点增列工作，提升了学位授权点建设质量。

（一）抢抓发展机遇，获批山东省唯一新增硕士授权单位

学校抢抓研究生教育发展机遇，提前谋划硕士单位申报工作。2016 年，遴选化学、中国语言文学、教育硕士、工程硕士、农业硕士 5 个硕士点进行重点培育建设。2017 年，五个硕士点全部达到教育部学位点申报基本条件和要求，成为 2017 年山东省唯一新增硕士学位授权高校。2018 年，化学、工程硕士、教育硕士 3 个学位点顺利通过国家学位办研究生招生资格审核。2019 年，学校第一届硕士研究生在化学、生物医学工程、小学教育、学科教学（思政）4 个专业招生，共招收 45 人，全部顺利入学。2020 年，学校硕士研究生招生人数达到 166 人。

（二）健全体制机制，推进研究生教育规范化建设

为全面推进学校研究生教育工作，2019 年 6 月，学校成立研究生工作（部）处（学科建设办公室）。

作为新上硕士单位，为确保首届硕士研究生培养工作的顺利开展，保证研究生培养质量，2019—2020 年，学校先后制定了《临沂大学研究生学籍管理暂行规定》《临沂大学研究生奖助学金管理办法》《临沂大学关于制定硕士研究生培养方案的指导意见》《临沂大学专业学位研究生实践基地建设与管理办法》《临沂大学专业学位研究生专业实践实施办法》《临沂大学研究生中期考核与筛选办法》《临沂大学学位论文开题报告暂行规定》《临沂大学研究生教学工作管理暂行规定》《临沂大学硕士学位授予工作实施细则》《研究生课程考核及成绩管理暂行规定》《研究生教学工作管理暂行规定》等 31 个文件，用以规范研究生培养过程管理。

（三）坚持立德树人，打造德才兼备研究生导师队伍

为着力打造一支德才兼备的研究生导师队伍，学校坚持把立德树人作为根本任务，全面贯彻落实党的教育方针，把思想政治工作贯穿教育教学全过程，2019 年制

定了《临沂大学全面落实研究生导师立德树人职责实施细则（试行）》和《临沂大学硕士研究生指导教师遴选与管理办法》，明确了学校研究生导师立德树人的职责要求，明确导师是研究生培养第一责任人，强化导师责任意识，严格研究生导师遴选，强化导师队伍管理与考核，强化导师激励机制，激发导师积极性。2018—2020年，经过三次导师遴选，全校共遴选出硕士研究生指导教师326人，其中校内研究生指导教师243人，校外合作硕士研究生指导教师83人。同时，学校还积极推荐优秀教师担任兄弟院校研究生导师，截至2020年，在其他高校与科研院所兼职的博士、硕士研究生指导教师共有329人，其中，化学一级学科硕士点、教育硕士、电子信息3个专业学位类别硕士点的专任教师62人在其他高校和科研院所从事兼职指导博士、硕士研究生工作。

（四）聚焦培养质量，实施研究生教育质量提升工程

学校非常注重强化研究生课程建设，努力创新研究生培养模式，推动研究生教育教学改革与创新，不断提高研究生培养质量。在2019年山东省教育厅组织的"山东省研究生教育质量提升计划"的申报和评选中，学校首次组织申报的3个研究生教育教学改革项目、1个专业学位研究生教学案例库项目全部立项建设，立项经费13万元。其中，2个项目获批2020年度山东省级研究生教育教学改革重点培育项目。

2020年，学校出台了《临沂大学研究生教育质量提升工程项目管理办法》，决定实施研究生教育质量提升工程，设立研究生优质课程、专业学位研究生教学案例库、研究生精品教材、研究生教育教学改革研究项目、研究生"课程思政"教学改革研究项目等6类研究生项目。首次批准立项了优质课程建设项目6项、教学案例库建设项目3项、精品教材建设项目5项、研究生教育教学改革研究项目15项、研究生"课程思政"教学改革项目5项，资助建设经费76万元。

2020年的"山东省研究生教育质量提升计划和研究生创新计划项目"申报中，学校申报的1门山东省研究生优质课程和1个专业学位研究生教学案例库和1项山东省研究生优秀成果奖全部进入拟立项及拟获奖名单。

（五）推进科教融合，探索校地协同育人新机制

为提高研究生培养质量，学校积极探索校地协同育人新机制，不断推进科教融合、产教融合，促进教育链、人才链与产业链、创新链有机衔接，各学院设立理事会，吸纳地方政府、行业、企业参与研究生教育办学，推动行业专家担任学位评定分委员会委员和教学指导委员会委员，聘请行业专家担任校外合作导师，校企共同制定

研究生培养方案等方式，构建紧密对接产业链、服务创新链的学科专业体系。2019年，制定出台了《临沂大学专业学位研究生实践基地建设与管理办法》《临沂大学专业学位研究生专业实践实施办法》，2020年，设立10个专业学位研究生校级实践基地，以每个2万元的资助额度，重点培育建设。同年，学校"小学卓越教师校地协同培养基地"成功获批山东省产教融合研究生联合培养示范基地，立项经费36万元。

（六）扩大招生规模，持续推进学位点增列工作

2019年，学校首批硕士研究生招生规模为45人，2020年，学校充分利用国家和山东省政策优势，将招生计划扩大至168人。经过两轮招生，学校硕士研究生在校生规模达211人。

为进一步扩大招生规模，增加学校硕士授权点数量是根本。2019年10月，学校提前启动了2020年度新增硕士学位授权点预申报工作。2020年，学校将硕士学位点增列工作列为当年学校年度重点工作之一。经过预申报，共有24个学位点基本符合教育部学位授予审核基本条件。同年10月，教育部启动了2020年度硕士学位授权审核工作。根据《山东省人民政府学位委员会关于做好2020年博士硕士学位授权点审核工作的通知》要求，学校首次申报21个硕士学位点，经过山东省教育厅六轮次的审核修改后，13个硕士学位授权点申报材料完全达标。最终，马克思主义理论、数学、控制科学与工程等3个学术型硕士学位点，应用统计、应用心理、体育、汉语国际教育、旅游管理、药学、土木水利、生物与医药、农业等9个专业型硕士学位点通过山东省学位委员会审核。

五、加强学术交流

学术交流在科学创新，特别是思维创新中起着非常重要的作用。它活跃学术思想，推进学科发展，促进人才成长，是科学技术发展的重要渠道，是实现科技进步的重要方式和手段，是培育创新人才的重要平台，是实现自主创新不可或缺的基础环节。学校为营造良好的学术氛围和科研环境，始终坚持立足现实，着眼未来，紧紧把握战略发展机遇，发挥人才、学科和地缘优势，瞄准国际前沿，坚持"走出去"与"请进来"相结合，广泛开展高层次、高水准的学术交流活动，推动了杰出学术人才走向世界舞台，进一步提升了学校的影响力和学术话语权。

学校积极开展多元化的国内外学术交流，与国内外高校和学术组织建立稳定的友好合作关系。学校坚持"走出去"与"请进来"相结合，邀请国内外知名学者来校讲座、讲学，选派教师外出讲学，出国考察交流、进修学习，主办或协办国际学

术会议 7 次，参加各类国内外学术会议人员 2500 多人次，提高了教师的学术水平，浓郁了学术氛围。

自然科学方面，动物行为与调控国际学术研讨会（2011 年）、国家自然科学基金委数理部二维电子系统研究论坛（2011 年）、第四纪地质与岱崮地貌国际学术研讨会（2012 年）、第十一届全国分析化学年会（2012 年）、第七届应用动力系统最新进展国际会议（2013 年）、2013 调和分析国际研讨会（2013 年）、山东省第二届分析化学年会（2013 年）、第 11 届中国矩阵论及其应用国际会议（2014 年）、国家自然科学基金委分析化学战略研讨会（2015 年）、中国农业资源与区划学会学术年会（2017 年）、第二届《中国科学》控制科学热点问题研讨会（2017 年）、2018 先进制造技术论坛（2018 年）、第 26 届全国高校地质地貌教学研究会学术年会（2018 年）、山东物理学会第十二次会员代表大会暨学术年会（2018 年）、2018 自适应动态规划与强化学习研讨会暨第十八期自动化前沿热点论坛（2018 年）、第五届全国储能工程大会、先进功能材料国际学术研讨会（2019 年）、第三届山东省新旧动能转换国家战略现代物流与智能技术专题论坛（2020 年）等高层次会议的成功举办推动了学校的学术发展，也引起了社会广泛关注，相关会议在临沂日报、琅琊新闻网等媒体上进行了报道。

哲学社会科学方面，2013 年 4 月 13—14 日，举办山东社科论坛——沂蒙精神与群众路线研讨会，30 多位思想理论界专家从不同层面对沂蒙精神内涵与开展群众路线教育的现实意义作了深入阐述，来自全国高校、社科研究机构的 200 余名代表参加研讨会。

2014 年 10 月 19 日，举办山东社科论坛——现代物流与区域发展研讨会，来自全国物流信息行业领域以及 40 多所兄弟院校的专家学者与会，获得山东省"优秀社科论坛"称号。

2015 年 11 月 25 日，井冈山大学、延安大学、河北师范大学和临沂大学四所高校在山东临沂举行纪念习近平总书记沂蒙精神讲话两周年暨"三山一坡"（井冈山、宝塔山、沂蒙山、西柏坡）高校弘扬革命精神研讨会，并达成"临沂共识"。国内社科界专家学者近百人出席会议。研讨会获教育部部长袁贵仁、副部长杜玉波等领导的高度关注，并作批示，要求加强后续的宣传报道工作。《光明日报》《中国教育报》、中国教育网站等媒体给予了连续深入报道。2015 年 11 月 15 日，举办山东社科论坛——大美新临沂视野下的生态经济建设研讨会，被山东省社科联评为年度十佳论坛。

2016年6月20日，举办山东社科论坛——脱贫攻坚与革命老区创新发展研讨会，来自17个山东省市的有关部门领导、专家学者共计170余人出席会议，新华社、光明日报等近20家媒体深入报道。

2017年10月14日，举办山东社科论坛——特色小城镇与新型城镇化路径创新研讨会，被山东省社科联评为年度十佳论坛。

2018年10月13日，举办山东社科论坛——红色基因传承学术研讨会，被山东省社科联评为年度十佳研讨会；举办"传承抗大基因弘扬沂蒙精神——纪念习近平总书记发表沂蒙精神重要讲话5周年暨抗大一分校成立80周年学术研讨会""山东省世界经济学会2018年年会""第一届山东革命根据地史学术研讨会""中国教育语言学研究会第九届年会"等学术会议。

2011—2018年连续8年承办山东省"全山东省社科理论骨干和高校哲学社会科学教学科研骨干研修班"，来自全山东省高校系统哲学社会科学教学科研骨干、全山东省党校讲师团、社科联社科院、各市党委宣传部分管理论工作的人员共计1500余人参加研修活动。

2019年11月23日，举办山东社科论坛——弘扬沂蒙精神与繁荣红色文学研讨会；举办"山东根据地研究学术工作坊""第一届山东省英国史学术研讨会"等学术会议。

2020年9月23日至25日，承办山东省高等教育管理科学研究会2020年学术年会，来自全山东省100余所高校的230余名专家学者参加会议；10月10日，举办山东社科论坛——全面建成小康社会与巩固脱贫成果机制研讨会，来自全国40多所高校和科研院所的60余位专家学者参加会议；先后举办"临沂大学新文科建设研讨会""第五届'三山一坡'高校联盟弘扬革命精神研讨会""山东省会计学会会计教育专业委员会2020年年会"等学术会议。

学校积极拓宽对外交流合作渠道，加快国际化办学步伐。与国内外高校建立广泛合作关系，选派学术骨干到国外知名大学做访问学者，开阔了他们的学术视野。广泛的国内外学术交流，使学校的学术影响日益扩大。

六、学科与科研工作实现突破

在科研强校战略和学科引领战略驱动下，学校的科研管理体制机制得以优化，学科建设实现历史性飞跃。学校的高层次人才队伍不断壮大，科研团队和科研平台得到强化，高水平科研成果不断涌现，在很多领域实现历史性突破，为学校核心竞争力的提升和高质量发展提供了强有力的科研支撑。

（一）高层次人才队伍不断壮大

在"人才兴校"战略下，学校坚持引育并举的人才队伍建设方针。近10年来，引进和培养有国家级、山东省级高层次人才称号的42人，包括国家杰青2人，"国家百千万人才工程"人选2人，国家级青年人才称号1人、泰山学者13人、享受国务院政府特殊津贴专家5人、教育部新世纪优秀人才4人、山东省有突出贡献的中青年专家3人、山东高等学校重点学科首席专家3人、山东省杰青3人、中科院百人计划专家2人，以及天山学者、楚天学者等其他山东省级人才5人。学校哲学社会科学领域有教育部高等学校教师培养教学指导委员会委员1人（李中国），山东省有突出贡献的中青年专家1人（李中国），山东省社会科学学科新秀1人（李中国），山东省理论人才"百人工程"2人（赵长芬、罗亚海），山东省第五批齐鲁文化英才1人（王秀庭）。同时实施在职人员提升计划，加大教师攻读博士学位的政策、资金扶持力度。实施"人人进学科、人人进团队"计划，把人才作为支撑发展的第一资源，高层次人才队伍不断壮大。武传坤教授获批500万元的山东省重点研发计划项目，张兴林教授获批200万元的山东省自然基金重大基础研究项目，高层次人才效应不断彰显。在现有团队建设的基础上，进一步强化顶层设计，凝练学科方向，制订人才队伍建设中长期规划和年度计划，紧扣学科专业建设需求，按照"学科带头人＋团队"建设模式，按计划重点引进高层次人才、团队和高水平博士，积极营造良好的发展环境与人才孵化机制。汇聚团队力量，力争到"十四五"末，使若干学科达到山东省属高校一流水平，个别学科进入国内一流行列。获批山东省高校"青创计划引育团队"和"青创科技计划团队"15个。

（二）科研平台实现新突破

平台建设是学科评估的重要指标，平台建设的加强，将促进人才培养、科技成果产出和科研团队建设，对学校高水平大学和优势特色学科建设起到重要的推动作用。学校进一步围绕一流学科建设、加大投入，出台特色优势学科平台建设规划，搭建多层面辅助平台，"固巢留凤""筑巢引凤"，从政策层面对科研加以规范引导，组好科研团队，建好科研平台，多出科研成果，为区域科技创新服务。学校现有山东省级重点学科4个，山东省重点实验室1个，山东省高校重点实验室1个，山东省工程技术研究中心4个，山东省工程实验室2个，山东省国际科技合作研究中心4个，山东省人文社科研究基地1个，校级特色学科平台10个，建设山东省高校协同创新中心 2 个。其中，在哲学社会科学方面，2015 年，获批中国文联"中国文艺评论基地"，成为全国首批 22 个文艺评论基地之一，也是山东唯一获得该基地的高校。2016 年，获批山东省委宣传部"山东省沂蒙精神研究基地"，使沂蒙精神研究步入山东省级科研平台之中。2017 年 3 月，学校"沂蒙文化研究基地"成功获批教育厅"十三五"山东省高等学校人文社会科学研究平台。2017、2018 年，学校新增 3 个山东省级社科科研平台，"山东商贸物流研究院""山东沂蒙文化研究院""山东戏曲艺术重点研究基地"获批山东省社会科学规划重点研究基地。"临沂大学心理健康与家庭教育研究中心"获批山东省社会科学普及教育基地。2018 年，学校申报的"地方戏曲资源数字化集成与应用"获批山东省文化厅"山东省文化科技重点实验室"，"红色文化学""戏曲音乐学"两个学科成功获批山东省文化厅"山东省文化艺术科学重点学科"。2019 年，学校获批教育厅"山东省中华优秀传统文化传承基地"1 个，山东省社科普及教育基地 1 个。2020 年，学校获批教育部中华优秀传统文化（柳琴戏）传承基地 1 个，获批教育厅全山东省教育系统文化传承（教育）工程山东省大中小学红色文化传承指导中心。力争在"十四五"期间打造更多的山东省级科研平台，争取在国家级科研平台建设方面取得新突破。

（三）高水平科研成果不断涌现

学校稳步推进科研管理体制机制改革，着力破除制约创新能力提升的各类障碍，不断完善适应学校发展新阶段的科研管理体系。以提升学术水平和服务行业能力为导向，修订完善科研经费、科技奖励、成果转化等科研政策，先后制定出台了《临沂大学科技成果转化管理办法（试行）》《临沂大学科研经费管理办法（2017 版）》《临沂大学高层次项目与高水平成果奖励办法》等一系列科研管理新政策，进一步激发教师科研活力；围绕大项目、大平台和大成果，初步构建了校院两级联动策划机制，完善重大项目、重大平台、重大成果培育机制；以学术水平和行业贡献为导向，不断修订完善职称评审和岗位聘任科研业绩认定条件，在注重学科前沿和基础研究的同时，亦注重行业影响力、经济社会发展贡献以及团队建设等情况，学校科研成果丰硕。

在成果奖方面，科技成果奖不断涌现。学校通过政策和制度的不断完善，鼓励教师积极投身科研，涌现出了一大批创新性科研成果，共获山东省部级奖 56 项。在发明专利方面，专利数量和质量不断提高。学校通过健全知识产权管理制度，构建知识产权宣传培训平台，开展形式多样的专利申请活动等一系列创新性举措，不断提高科研人员的知识产权意识，专利申请量和授权量逐年持续增长。截至 2020 年底，学校专利拥有量 948 件，其中发明专利 174 件。

2011 年以来，科研项目立项数和经费稳步提升。截至 2020 年 12 月 31 日，共获批纵向项目 901 项，争取委托类项目 578 项，科研经费总量为 3.11 亿元（纵向项目经费 2.39 亿元，委托类项目经费 0.72 亿元）。其中，国家自然科学基金等国家级项目 269 项，山东省部级项目 456 项，市厅级项目 173 项，并在一些山东省部级以上高层次科研项目领域取得立项突破，主要包括国家自然科学基金重点项目（1 项、300 万元）；国际（地区）合作与交流项目（1 项、197 万元）；山东省重点研发计划重大专项（1 项、500 万元）；山东省自然科学基金重大基础研究项目（3 项、800 万元）；山东省自然科学基金领军人才前瞻性研究专题（1 项、100 万元）；山东省自然科学基金杰出青年基金项目（1 项、60 万元）。

哲学社会科学方面，2013 年度，获批国家级项目 2 项、山东省部级项目 20 项，完成博士教授文库建设对象 20 部，获批山东省社会科学优秀成果奖 7 项，并获批山东省政府第一届文化创新奖，获得了学校历史上第一个泰山文艺奖，在文化传承创新上走在全山东省前列。2014 年度，获批国家级项目 3 项、山东省部级项目 27 项，累计纵向到位经费比上年度增加一倍，获批山东省社会科学优秀成果奖二等奖 3 项、三等奖 4 项。2015 年度，获批国家级项目 4 项，创历史新高，在全山东省高校并列第 7 位，其中，首次突破国家社科基金艺术学项目 1 项，获得山东省部级项目 20 项；山东省部级以上奖励首次突破 13 项，其中山东省社会科学优秀成果奖 10 项，二等奖在学校历史上首次突破 5 项，在全山东省所有参评单位中位列第 4。再获山东省文化创新奖 1 项，全山东省仅 5 所高校获奖项，连续两届获此奖励的高校仅有 2 所，此外还有教育部人文社科成果优秀奖三等奖 1 项，泰山文艺奖二等奖 1 项。

2016 年度，获批国家级项目 1 项，获批教育部人文社科基金项目 10 项，比上年翻了两番，在全国位列第 52 位，在全山东省位列第 4 位；获批山东省部级项目 47 项，比上年翻了一番；获山东省社会科学优秀成果奖 11 项，在全山东省位居第 6 位，进入全山东省第二方阵，获泰山文艺奖 1 项。2017 年度，获批 6 项国家社科基金项目，立项数量上再创新高，首次获批国家社科基金后期资助项目，获批 9 项教育部人文社科研究项目，位列山东省属高校第 5 位，获批 49 项山东省社科规划项目，位列山东省属高校第 3 位。获批国家艺术基金项目 1 项，是 2017 年山东省高校唯一入选的国家艺术基金"艺术人才培养"项目；获山东省社会科学优秀成果奖 6 项，其中一等奖1项、二等奖2项、三等奖3项，获奖等次再创新高，获奖总数在山东省属高校中列第9位。获批第三届山东省文化创新奖获奖1项，是学校连续第三次获奖。2018年度，学校国家社科基金立项实现重大突破，共获批8项国家社科基金项目，其中重大项目1项、一般项目4项、后期资助项目2项、"冷门绝学"重点专项1项，立项数量再创新高，获批项目类别更加多样。获批的国家社科基金艺术学重大项目是2018年度山东省获批的唯一该层次项目，也是学校科研工作首次获批国家重大项目，实现了学校科研工作的新突破；"冷门绝学"重点专项是国家社科基金首次设立的重点研究项目，学校即获批1项；获批教育部人文社科项目立项8项，位列全国106位、山东省属高校第6位；获批山东省社科规划项目58项，位列全山东省高校第4位。共有6项成果获山东省第三十二次社会科学优秀成果奖，其中一等奖2项、三等奖4项，连续两年获批一等奖，实现了社科高层次优秀成果奖新突破。2019年度，获批国家社科基金项目9项，立项总数创历史新高，其中5项一般项目立项数量位列山东省属高校第9位，创学校历史新高；获批山东省部级课题44项，教育部人文社科项目立项数位列山东省属高校并列第9位，山东省社科规划研究项目立项数位列山东省属高校第10位。获山东省社会科学优秀成果奖11项，获奖总数位列山东省属高校第6，其中一等奖获奖数量排名第4，二等奖获奖数量排名第3，在一等奖、二等奖获奖数量及获奖总数上都创学校历史新高；获山东省第十一届泰山文艺奖一等奖1项，这是学校首次获得泰山文艺奖一等奖。2020年度，获批国家社科基金项目7项，其中一般项目5项、后期资助项目1项、思政专项1项；获批山东省部级课题55项，其中教育部人文社科项目立项9位列全国高校77名，山东高校第5名；获批20项2020年度山东省社科规划研究专项，位列山东高校第5名、山东省属高校第4名。获山东省第三十四届社会科学优秀成果奖9项，获奖数量名列山东省属高校第6位。

第四章 改革创新，内涵式发展结硕果（下）

"十二五"末，学校在确立了新的办学定位后，认真落实山东省委山东省政府综合改革部署，紧紧围绕向应用型、创新创业转型，向质量、特色上提升的"转型提升"主线，不断深化改革创新力度，凸显立德树人根本任务，努力实现创新、特色、质量、开放、效益发展，使办学质量、水平与综合实力得到显著提高，核心竞争力显著增强。学校努力凝聚全校师生的改革共识和行动合力，制定出台了包括学生工作体系、对外交流办学、强化资源配置、推进后勤社会化与节约型校园建设等领域的改革，各项工作取得重要突破，内涵发展结出累累硕果。

第一节 创新学生工作，亮化中心工程

近10年来，学校不断适应人才培养模式改革的需要，完善学生学习服务体系和素质提升支撑体系建设，通过完善红色育人体系、学生工作"一专三兼"育人体系等建设，努力培养学生"能吃苦、善创新、敢担当、乐奉献"的临大特质，创新学生工作，亮化中心工程，各项工作取得良好突破。

一、培养方式更加多元

从老区高校实际出发，学校学生工作经过多年探索实践，在落实特色育人工程、改进学生思想政治工作、深化国际办学改革等方面突显水平，使培养方式更加多元。

（一）落实特色育人工程

学校不断适应人才培养模式改革的需要，完善学生学习服务体系和素质提升支撑体系建设，落实"两个育人工程"，把育人工作深度融入学生工作中。

实施"三三三六"红色育人工程。完善红色育人体系建设，强化以沂蒙精神为主题的社会主义核心价值观教育。推进红色育人工程的常态化建设，把沂蒙红色文化教育有机融入思想政治理论课，修订完善了思想政治课实践教学实施方案。

启动国际视野培育工程。围绕"三种知识、一个能力"的培养要求，按照"四个一"的总体架构，组织开展大学生英语口语大赛和外语文化节等活动，加强了与国外高校的师生交流和项目合作，拓展了学生的国际视野。构建了学生工作"一专三兼"育人体系，落实辅导员队伍"双重身份、双线晋升"制度。

加强学生社团建设，实施校园活动精品工程。组织学生参加国内外科技文化活动。

完善大学生资助体系，建立慈善工作站。将沂蒙精神融入立德树人过程中，通过多种形式的主题教育活动，鼓励和引导全体师生自觉弘扬沂蒙精神，努力培养学生"能吃苦、善创新、敢担当、乐奉献"的临大特质。

创新德育工作格局，推进思想引领与核心价值观培育。深入开展了"中国梦"主题教育、践行社会主义核心价值观大讨论、校园文化精品工程等系列活动。实施素质拓展学分制，鼓励学生积极参加各级各类学科竞赛，强化学生的综合素质培养。加强国防和爱国主义教育，成为全山东省唯一"全国高校国防教育特色学校"。

坚持"典型引导、示范带动"，深化"青年马克思主义者培养工程"。先后有多个团支部获评全国示范团支部。

（二）落实"四个结合"，做实大学生思想政治教育

主阵地与主渠道相结合。夯实第一课堂"主阵地"，深入落实核心价值观教育"进教材、进课堂、进头脑"，提高"形势与政策课"的课堂教学效果。夯实第二课堂主渠道，按模块、分专题编撰《思政大纲》，以第一课堂的形式，开展第二课堂的教育工作，打通两个课堂的相互衔接和促进。

主平台与主空间相结合。夯实校园文化"主平台"，通过校园宣传栏、横幅、广播、标语等载体，做亮"学在临大·筑基人生"品牌活动，营造浓厚的校园文化氛围。夯实网络教育"主空间"，完善学工部、团委等网站，打造以"学在临大"为主的微信平台，开通思想教育短信学习平台，完善网络教育阵地建设。

主题教育与专题教育相结合。把握学生的认知和成长规律，将常规教育和专题教育结合起来。大力推进理想信念教育、爱国主义教育、思想道德教育、心理健康教育、安全法制教育、全面素质教育等。

红色文化与传统文化相结合。加强学生沂蒙红色文化和中华传统文化教育活动。每年分期分批举办中国传统文化讲座，扶植多个文化类社团，组建不同类型团队，开展暑期专题文化实践活动。

（三）深化特色育人工程实施力度，全面提升学生综合素质

按照红色育人工程的要求，在以专业学习为主体、打造专业能力的基础上，强化大学生社会主义核心价值观教育，认真开展"下工厂、下农村（社区）"、新生军训、红运会等活动，配合各学院开展好"下基地"实践活动；落实对外开放大会精神，有效利用国内、国外教育市场、教育资源，积极做好国际文化学习交流平台建设；组织辅导员和优秀学生出国访学、留学，组织开展外语角、留学经验交流会等活动。

二、就业出口形式更加多样

就业是高校办学的重要环节，也决定着一所高校的办学质量。多年来，学校通过多种途径，多措并举，通过市场拓展、细化指导、层级提升、质量工程等形式，不断增加毕业生就业市场的开拓力度。学校就业出口形式更加多样化。

（一）加强指导，拓展市场，全面提升大学生就业创业质量

以提高学生就业水平、拓展高层次就业市场为重点，以规范就业管理为保障，提高就业质量为目标，充分利用国家政策，积极争取社会各界支持，完善就业制度建设，通过各种渠道加强与全国知名企业的交流，拓展校外就业市场，利用学校就业服务大厅，积极组织校内就业市场，为学生搭建优质就业平台，不断推进校企合作，建立新的就业实习基地，提高学生社会适应性及社会竞争力，加强就业工作人员以及大学生的就业指导工作，帮助学生树立积极的就业态度，积极开展调查研究，进一步掌握就业形势及学生就业需求，提高就业服务质量。平均每年引进1000家优秀企业进校园，提供上万就业岗位；家庭困难毕业生求职补助率100%；就业工作人员培训率达100%；初次就业率平均超过90%，正式就业率平均超过60%。

（二）细化就业创业指导与服务，建立创业学院，提升创业规模与层次，提高学生高质量就业率

以拓展高层次就业市场、渠道为重点，以提高就业创业指导服务为保障，以提高就业质量为目标，实现学生就业高质量。

完善就业服务体系。充分利用国家政策，鼓励毕业生到城乡基层、中小企业、中西部地区、艰苦边远地区就业；以服务沂蒙为载体，利用学校就业服务平台，举办临沂市县区专场招聘会；加强毕业生就业信息服务，为学生搭建优质就业平台，组织好每年毕业生供需见面会；加强与企业的交流，拓宽就业渠道，提升高质量就业水平。

加强创业教育。开展创业示范点推进工作，举办创业大赛，提高创业工作水平；成立创业学院，加强创业教育、创业培训，孵化高层次大学生创业项目，提升创业层次和水平。

提高就业指导服务水平。积极开展调查研究，加强就业创业指导队伍建设，提升就业服务质量；开展有针对性的就业指导和咨询，帮助学生树立积极的就业态度，对困难毕业生群体实行重点帮扶。

不断争取引进优秀企业进校园，提供就业岗位；家庭困难毕业生求职补助率

100%；就业工作人员培训率达100%。

（三）推进就业圆梦工程，提高学生就业竞争力

强化就业指导服务。认真学习和掌握就业政策，及时准确传达到位；完善就业指导课程体系，规范就业课程教学管理；调动各方资源，服务学生就业教育；积极参加各类就业大赛，重点做好山东省师范类学生从业技能大赛参赛工作；加强就业咨询服务，落实就业个性帮扶举措。

完善信息平台建设。构建"大就业"工作格局，加强就业基础调研工作，搜集整理有效就业信息，确保就业信息安全及时；更新完善就业信息网建设，扩充就业信息发布数量和信息受众面；发挥新媒介平台作用，畅通就业信息发布渠道，缩减常规工作流程，提高就业工作效率。深化校企合作，加强与学校和学院两级理事会的联系，加大企业合作力度，构建学校毕业生到理事会单位就业的新模式。

大力拓展就业渠道。加强就业市场建设，形成促进就业合力；积极开展各类校园招聘，扎实做好承办山东省厅供需见面会，营造优良就业氛围；鼓励引导学生面向基层就业，确保各类项目就业成果；巩固已有就业市场、积极开辟新基地；优化创业教育培训平台，鼓励扶持创业项目，激励引导大学生自主创业，实现创业带动就业。

完善规范制度建设，实现毕业生稳就业目标。推行就业规范服务，打造全员满意工程；加强就业招聘的跟踪落实，确保招聘效果；完善就业动态监测机制，随时掌握就业状况；完善就业考评体系，发挥典型引领示范作用，构建就业工作奖惩机制；强化就业队伍培训，提升队伍工作水平。积极组织开展毕业季"百日攻坚"毕业生就业服务行动，完善就业管理系统，举办年度春季网络招聘会，举办临沂市十优产业行业现场招聘会；关注特殊群体毕业生就业，关心湖北籍毕业生就业工作，有针对性地进行分类指导，帮助他们顺利就业。

三、文明工程保障学生健康成长

学校深入推进以凝聚学习氛围、完善公寓管理制度、建立心理健康教育平台、完善资助工作体系等为主要内容的文明工程，以保障广大学子在校学习期间的健康成长。

（一）凝聚浓厚的学习氛围

深入推进学风建设。组织开展学风品牌建设活动，指导各学院根据学科专业特点开展学风建设"一院一品牌"培育，评选优良学风班级和临沂大学十大优秀学子，

发挥学习榜样的带动作用；深入开展学风建设督查活动，及时发布督查信息通报，优化校园学风生态，营造积极"学生好好学"的优良学风。

持之以恒抓学风建设。一是坚持管理育学风。实施班级日志记录制度。将班主任、辅导员定位学风建设第一责任人。落实"三个一"，每天进一次课堂，每周进一次公寓，每月与任课教师交流一次。二是强化目标管理。完善"四率"评比考核。三是坚持制度树学风。强化学风督察制度，实施"约会晨光"早读制度。建立学业预警制度。四是实施综合素质评价制度。五是坚持榜样带学风。实施"筑基工程"——班级、宿舍建设，以优良学风建设为主线，以班风建设、学风建设、组织建设、制度建设、文化建设为内容，构建新型班级建设模式和学习型公寓创建模式，按照学习型、文化型、制度型、创新型，评选百个先进班级，500强先进宿舍。

坚持以活动促学风。一是开展"说学风、话学风、强内涵、树品牌"主题活动；二是开展手机远离课堂活动；三是建立校、院、班三级读书会，开辟网上、网下读书沙龙，开展读书节系列活动，营造好"学生好好学"的浓厚氛围。

（二）完善公寓管理机制

推进公寓基础管理体系建设由成形向筑基转型，创建整洁有序的公寓卫生环境。建立"四比四进"长效机制，探索建立每月宿舍卫生日制度，做好学生宿舍"净""静"管理工作；强化日常安全管理，执行好"两排查、一检查"月报制度，做好学生安全稳定工作；继续做好辅导员进公寓工作，建立"晨检＋夜值＋夜宿＋特巡"规范；探索新生自主选宿舍和老生按作息兴趣分配宿舍模式，促进宿舍分配方式科学化。

推进公寓文化建设向文化型公寓建设转型，营造公寓文化育人氛围。围绕"四比四进"主题教育活动，开展宿舍文化节、十佳学习型公寓创建、特色宿舍评比等活动，努力营造特色公寓文化氛围；设立学生公寓文化"开放式"项目支持计划，推进学生工作阵地的拓展；围绕社会主义核心价值观、中国传统文化、三节三爱、美育体育教育、行为养成等主题，更新走廊、门厅文化，提升公寓主题文化建设内涵和教育效果。

推进党团组织进公寓由自主发展向思想引领转型，构建学生自我管理的工作机制。开展党员示范宿舍、党员联系宿舍等活动，建立党员工作站，设立党员先锋服务岗；调动学院力量建设好学生公寓文化活动室，出台学生公寓文化活动室建设标准和评比办法；加强学生公寓自律委员会队伍建设，做好培训和学习型组织创建工作，发挥好桥梁纽带作用。

推进公寓管理配套建设由保底向提升转型，健全功能完备的公寓服务体系。加强学生节水节电教育活动，建设节约型园区；督促一区学生公寓门禁系统尽快施工，纳入同一平台管理，发挥 LED 屏、门禁查询系统等资源集成管理优势；积极推进学生公寓楼层治安监控项目，为建立安全的学生公寓环境提供技防保障；协调后勤处完成学生生活区晾衣架建设，电风扇、排气扇更换，学生公寓整楼粉刷，智能控电改造等项目；协调基建处完成学生公寓卫生间、阳台渗漏维修，楼顶瓦片更换等建设任务，完善学生公寓条件保障；完善物业管理服务标准和要求，科学核定学生公寓物业管理成本，顺利完成学生公寓物业招标和平稳交接工作。

（三）完善心理健康教育平台

设立心理健康教育专门机构，配备专职人员；加强专业心理咨询教师、辅导员及班级心理委员、寝室心理联络员等业务知识培训。创新心理健康教育模式，通过编制电子宣传手册、举办专场讲座、组织普查测评、开展团体辅导、举行专业培训等形式，确保心理健康教育工作全覆盖。开展心理健康教育活动，以课堂教学、心理健康节、心理健康活动月等活动载体，开展多层次、多形式的心理健康教育活动，宣传普及心理健康知识，提升学生心理健康素质；做好学生日常心理咨询、心理健康普查、心理测量等工作，建立学生心理健康状况档案动态信息收集、分析和研判工作机制，增强工作的针对性。

（四）完善资助工作体系

健全资助工作组织体系。进一步选优配强资助工作队伍，健全资助工作制度，积极开展学生资助研究工作，健全资助工作人员培训制度，建立健全相关奖惩机制和责任追究制度，加强资助工作的监督检查和过程性监管；做好"校、院、班"三级资助工作资讯网络体系建设，推进全覆盖的资助工作微信群、QQ 群等新媒体资讯网络体系建设。

建设资助工作帮扶体系。建立健全四级资助认定工作机制，确保家庭经济困难学生 100% 入库；建立以孤儿、特困家庭学生、建档立卡家庭学生为重点的精准助学制度，全面推进生源地信用助学贷款，做好各级各类奖助学金的评审和发放工作，贯彻落实建档立卡学生资助政策。组织开展"心手相连，筑梦临大""爱在心中，感恩更美"等诚信、励志、感恩主题教育活动。

完善资助工作宣传体系。开展资助诚信教育宣传月活动，组织"学生资助宣传大使"开展"励志校园，感动临大"为主题的受助学生事迹报告会。贯彻落实"资助政策两节课"、寒假家庭经济困难学生走访"送温暖"、资助政策宣讲等活动，定期开展网络和信息安全检查工作；积极利用新媒体等手段，让学生及时了解学生资助工作的动态，及时掌握与自己相关的各类奖助的评定、发放等信息。

四、大学生思想政治教育扎实有效

学校聚力立德树人工程根本任务，在推进大学生思想政治教育、积极培育临大特质等方面，增强培育责任感，努力打造学校思想政治工作亮丽品牌。

（一）推进立德树人工程，加强大学生思想政治教育工作

加强理想信念教育。结合弘扬沂蒙精神，深入开展社会主义核心价值体系教育；深入学习党的十八大、十九大精神，结合学生关心的热点、焦点问题，开展爱国主义教育；开展"强责任、勇担当"活动，结合新生入学教育，引导学生树立科学的世界观、人生观、价值观，增强学习动力，主动成长成才。

强化道德素质教育。围绕学校人才培养目标，开展多渠道、多层次、多形式的主题教育活动；建立健全班级管理模式，营造优良的班风学风，增强集体荣誉感与凝聚力；开展学术、科技、文体和社会实践活动，激励和促进学生综合素质的全面发展；加强学生养成教育，开展学生文明礼仪教育，促进校园文明和谐建设。

构建多层次育人平台。构建宣传平台，宣传推介优秀班集体建设、优秀学生个人成长成才的成功经验，推动学生自我管理。以辅导员进社区为切入点，扎实推进思想政治教育工作进社区，积极探索社区育人的工作方法。构建信息平台，利用网络媒体积极开展思想政治教育和信息调研工作，畅通学生网络信息渠道。构建活动平台，通过组织开展优秀学子巡讲会，优秀学生、学生干部评选等活动，树立典型、表彰先进。

开展"爱学习、爱劳动、爱祖国"主题教育活动。结合学生关注的热点，围绕培养学生学习兴趣、提升学习能力、养成劳动习惯、坚定爱国信念等内容，通过专题报告、座谈研讨等形式进行宣讲，教育和引导学生把个人的学习成长和国家的前途命运结合起来，不断升华对"三爱"的理解和认识。

（二）聚力学生思想政治教育，积极培育临大特质

全面学习贯彻党的十九大、全国全山东省高校思想政治工作会议精神和学校党建与思想政治工作会议精神，培育临大特质。做好"十九大精神学习研究宣传全覆盖"行动，深入学习习近平新时代中国特色社会主义思想，把握方向，精心组织，使十九大精神主题宣传活动成为加强大学生理想信念教育的一个重要载体；深入贯

彻学校党建与思想政治工作会议精神，将会议精神融入学生教育管理服务全过程；深入实施弘扬沂蒙精神"三五七"工程，努力构建和完善学校大学生思想政治教育工作的新模式，着力培育学生"能吃苦、善创新、敢担当、乐奉献"的临大特质，努力打造学校学生思想政治教育工作亮丽品牌。

积极培育和弘扬社会主义核心价值观，讲好临大故事。以改革开放40周年、习近平总书记发表弘扬沂蒙精神重要讲话五周年等契机，广泛开展以爱国主义为核心的民族精神和以改革创新为核心的时代精神宣传教育，引导学生坚定道路自信、理论自信、制度自信、文化自信。建设深受喜爱的"沂蒙大讲堂"，邀请专家学者、知名校友及社会知名人士作报告，发挥社会力量在学生成长发展过程中的教育引领作用；大力选树表彰临沂大学优秀学生、优秀毕业生等，使评选表彰过程成为培育和践行核心价值观的过程，把学习身边榜样的过程转化为践行社会主义核心价值观的过程。

强化网络思想政治工作，发好临大声音。以探索易班建设为契机，发挥辅导员、学生党员的作用，充分发挥校、院、班三级微信平台和辅导员微信、微博的网络育人模式的作用，开展政策宣传、答疑解惑、经验交流和活动宣传，推广贴近学生思想特点的网络文化产品，提升学生的接受度与参与度，唱响主旋律，传播正能量。

开展大学生思想政治教育测评工作。根据中宣部、教育部及山东省委高校工委的通知要求，本着"以评促改、以评促建、以评促管、评建结合、重在建设"的工作方针，认真落实《全国大学生思想政治教育工作测评体系》自测自评工作，进一步加强和改进学校的大学生思想政治教育工作，切实把学校的大学生思想政治教育工作提高到一个新水平。

五、特色教育环境逐步优化

特色教育是学校教育发展的重要立足点。学校从老区高校实际出发，通过搭建载体平台、创新教育模式、推进红色基因传承等方面的工作，走出了颇具自身特点的特色教育新路子。

（一）以军训、军事理论课教学为载体，强化学生国防意识

以质量特色为核心，以国防教育为基础，以学生军训为重点，以管理创新为动力，以服务学生全面发展为目标，不断推动学校武装部工作取得新进展。

指导成立学生国防教育协会，做好学生的国防教育和军事理论课教学工作，开展形式多样的大学生国防教育活动，提高学生的国防意识和军事素质。

精心组织学生军训，更新军训内容，激发学生军训积极性。

加强军训科目研究、军训理论创新，推动学科建设和谐发展。

做好征兵工作，积极宣传和教育，做好毕业生应征入伍和预征工作，提高学校学生入伍和投入国防建设的积极性。

认真做好大学生复退转业军人返校就读、应征入伍学费补偿等工作。

（二）创新开展国防教育，争创双拥共建品牌

加强国防教育工作。加强基地教育育人工作，开展"军营体验日活动""军事训练营"等教育活动，确保国防教育的质量和效果。认真筹备学生军训，做好军训教官的联络和准备工作，不断丰富军训内容，调整训练科目，开展"识图用图""无线电测向"等活动，激发学生军训积极性，保证军训效果，做好军训开训式和阅兵式的组织工作。

做好征兵、双拥工作。加强征兵宣传，力争高标准完成每年上级赋予的征兵数量和比例，做好入伍学生资格审查、资助、跟踪服务工作；召开退伍学生座谈会，加强"国旗护卫队"等社团指导工作。做好当地驻军及沂蒙旅的走访慰问工作，利用"八一""春节"等节日以不同方式慰问驻地军人及共建单位，努力创建双拥共建品牌。

做好军事理论教学工作。以迎接山东省教育厅军事理论课教学评价工作为契机，按照必修课程建设的标准，对照指标体系，做好军事理论课程建设工作，争取在山东省军事理论课建设评价中获得好评。

（三）推进红色文化学院建设

制定临沂大学红色文化学院建设方案和红色班级建设管理办法，成立红色文化学院，建立红色班级，以"弘扬沂蒙精神、传承红色基因"为主要内容，开展理论专题教育、红色文化体验、社会实践锻炼等教育活动，将红色资源转化为优质教育资源，创新人才培养模式，让红色基因代代相传，培养学生"能吃苦、善创新、敢担当、乐奉献"的临大特质。

六、学生管理队伍日臻成熟

学生管理队伍是高校管理最重要的管理力量之一。学校的顺利发展、成功教育等都离不开一支强有力的辅导员队伍。十多年来，学校紧密配合综合性大学的发展需求，通过搭建平台、落实责任等，不断推进辅导员队伍的专业化建设，大大提升了学生管理队伍的职业化水平。

（一）搭建平台，加强规范，大力提升辅导员队伍战斗力和创造力

结合学校实际，深入贯彻中央 16 号文件精神，按照国家教育部《普通高等学校辅导员队伍建设规定》和中共山东省委高校工委《关于进一步加强高等学校辅导员队伍建设的意见》，按照"服务主导学生、团队教导学生、红色活动引导学生、就业指导学生"的思路，提高辅导员的洞察力、思考力、执行力，不断适应综合性临沂大学建设发展要求，进一步完善辅导员的培养、发展、管理考核机制，全面实施《临沂大学辅导员工作条例》，全力打造一支政治强、业务精、纪律严、作风正的辅导员队伍。对各学院学生工作及队伍建设加强指导与督查。鼓励辅导员结合专业发展方向，加强工作思考与研究，提高理论水平和工作实践能力。组建思想政治教育、心理健康教育、职业生涯规划指导等方向的科研团队，使每位辅导员都有专业发展方向，积极为辅导员创造条件承担与学生工作相关的研究课题。开展辅导员名师工程、辅导员职业培训、业务考核、优秀辅导员评选表彰、优秀学生工作案例评选等工作。

（二）落实学校辅导员工作条例，推进辅导员专业化建设

严格落实学校辅导员工作条例。按照临沂大学辅导员管理条例的规定，认真履行辅导员队伍管理的职能，会同有关部门、学院共同做好辅导员的配备、选聘、管理和考核工作，充分调动辅导员工作的积极性、主动性、创造性，充分发挥好辅导员在大学生思想政治教育、综合素质提升、就业指导等方面的作用。

进一步优化辅导员培养与保障机制。进一步加大辅导员培训力度，深入学习全国高校思想政治工作会议精神，提高辅导员开展大学生思想政治教育的能力和水平。举行第四届辅导员职业能力大赛，评选表彰 2017 年优秀辅导员，推荐 1—2 名优秀辅导员参加全国高校辅导员挂职交流，积极选送辅导员参加校外培训。

提升辅导员队伍研究能力与水平。大力支持 8 个辅导员专业研究团队建设，进一步加强山东省级和校级辅导员名师工作室建设，通过定向委托课题、专项工作项目，培育一批理论成果和实践工作成果。组织 2017 年辅导员校级课题申报、辅导员优秀工作案例评选，培育思想政治教育研究优秀成果。

（三）实施"蓝青工程"，落实平台，加强辅导员职业化水平

完善素质提升平台。一是筹建 3—5 个校级辅导员名师工作室；二是定期举办辅导员沙龙；三是实施辅导员培训学分制，开展辅导员业务专题培训（思想政治教育理论类、学生工作业务类、心理健康教育类、文化艺术类、管理方法类等培训专题）。

搭建技能展示平台。一是举办辅导员技能大赛；二是举办辅导员主题班会观摩；

三是开展辅导员工作成果展。

搭建理论研究平台。一是实施辅导员校级课题评选；二是开展辅导员工作案例评选；三是组织辅导员编著学生工作用书（学业规划、就业创业、管理教育等）。

搭建工作交流平台。一是推荐优秀辅导员参加全国高校辅导员挂职交流；二是评选表彰年度十佳辅导员、优秀辅导员；三是积极选送辅导员参加校外培训。

第二节 深化校地融合，倾力服务沂蒙

临沂大学不忘老区人民的深情厚谊，始终秉承校地命运共同体理念，坚持融入临沂、依靠临沂、服务临沂、贡献临沂，着力构建"水乳交融、共生共荣"的校地关系。作为服务沂蒙的主阵地，社会服务处成立以来，认真制订学校服务地方工作的计划规划，并组织实施、统筹推进政产学研用工作，开拓与地方合作交流渠道，搭建校地、校企双向互动的交流与合作平台；负责学校科技成果转化、大学科技园区建设工作，为教学科研人员成果转化、产品孵化提供各方面的服务和支持；负责组织实施学校对外科技扶贫工作；负责学校校友会、基金会和理事会的日常管理与运行。深入贯彻落实"服务沂蒙行动计划"，加强与地方企事业单位的产学研合作，取得了初步成效。

一、服务沂蒙行动提速

作为老区高校，面向经济社会发展主战场，服务是一项重要的社会功能。在新旧动能转换不断深入的大背景下，学校深度融入区域经济社会发展，促进校地校企合作，取得了初步的成就。

（一）新旧动能转换工作不断深入

不断加快创新平台建设。紧紧围绕山东省"十强"产业和临沂市"8+8主导产业"发展需求，不断加强创新能力建设，在商贸物流、乡村振兴、智能制造等领域规划建设了山东商贸物流研究院、先进控制技术研究院产学研一体化创新平台。山东中医药传承与应用研究院、山东商贸物流研究院、临沂智能制造与设计研究院、临沂农村发展研究院等5个院均列为市级协同创新研究院。

不断融入区域经济社会发展。根据区域经济布局和县区优势特色产业需要，不断提高新动能创造能力。与市科技局、临沭县等共建了科技成果供求信息库及成果信息发布平台，与高新区联合打造环临沂大学创新创业孵化圈。依托现有资源，加大非学历教育和职业培训，着力培养高素质实用型技能人才。与市农业局联合培养有文化、懂技术、会经营的新型职业农民 3 万余人次。

（二）校地校企合作不断深化

城校融合发展进展顺利。推进城校融合发展的组织机构日趋健全，对接机制日益完善；十大工程中的六大工程"协同创新平台建设工程""新型智库建设工程""科技成果转移转化工程""大学科技园建设工程""国际城市品牌打造工程""高水平应用型大学建设工程"扎实开展；与临沂市发改委、科技局、人社局，经开区、高新区、临港区、兰山区、兰陵县、沂南县等单位已签署战略合作协议或就相关项目合作达成共识，具体合作都在积极推进中。

校企校地合作成效明显。与市科技局合作共建了山东商贸物流研究院、山东中医药传承与应用研究院等首批 6 个市级协同创新研究院，全部纳入市级科研平台管理。其中，市财政每年支持山东中医药传承与应用研究院 200 万元，经开区每年支持先进控制技术研究院 50 万元，沂南县每年支持学校朱家林田园综合体综合服务基地 50 万元；与高新区、经开区、沂南县等达成合作项目 19 项，落地成果转化 6 项。在兰陵县合建了乡村振兴研究院，在临沭县建立了新材料博士工作站，在兰山区建立了水表产业专家工作站，在临港区建立了产学研综合基地。

积极参加中国物流科技城建设。借助学校分管领导、社会服务负责人分别在临沂市商城转型发展和中国物流科技城创建领导小组、物流科技港片区推进办公室任职的重要机遇，推介学校人才主动介入临沂市委、市政府重点打造的中国物流科技城项目，为项目建言，为学校发声。同时，积极引进地方资源，达成校地校企合作，服务学校发展。

成功召开山东商贸物流研究院成立大会。筹建了山东商贸物流研究院并于 2018 年 11 月成功召开成立大会。国内知名专家云集大会建言献策。山东省市各大媒体高度关注、报道，在社会上产生了广泛影响。山东商贸物流研究院是由学校和临沂商城管委会共同申报、获批的山东省级社科研究基地，是学校校地共建的第一个应用型协同性研究院，对服务商贸物流产业转型升级、构建新型校地共建关系，具有重要的示范和引领作用。

（三）社会合作取得重要进展

积极对接、服务山东省"十强"产业发展和新旧动能转换重大工程，认真组织实施《临沂市与临沂大学城校融合发展实施方案》。2019 年，先后与沂南县、临港经济开发区等县区签署了战略合作协议，与临沂市消防支队、鲁南制药集团等企事业单位签订合作协议22项，开展各类合作项目64项，落实到位朱家林社会服务基地30万元研究经费、先进控制技术研究院50万元建设经费；合作共建了智能制造研究院、农村发展研究院等6个协同性应用性创新平台。

截至2021年3月，学校先后同千余家单位建立产学研合作关系，签署相关合作协议，促进成果转化项目，深度参与地方各类规划设计与咨询论证，承担了一批建设规划、技术咨询与培训、课题研究等项目。先后选派15名处级干部到县区挂职，寻找社会服务的结合点。分批把30个教授博士团队送到基层，攻克县域经济难题，为地方经济发展做出了贡献。深化校地融合，社会服务反哺沂蒙老区，倾力服务沂蒙。与临沂市政府联合成立了教师教育学院和临沂市教师专业发展中心，共建山东省教师教育基地，形成了校地共建、资源共享、互惠共赢的教师教育发展新模式，服务地方教育事业发展，被评为山东省教师教育先进单位。

积极对接地方发展战略，发挥学校智库优势，推进校地协同创新。实施了"百名教授博士走沂蒙"行动，下企业农村对接上百次，在多个县区建立了博士教授工作站，为基层提供培训、咨询和科技支持。在全国率先建设"农校对接示范园区"，实现了"政府满意、企业发展、农民增收"的多重经济和社会效益。围绕大学建设，以加大培训服务为突破口，与临沂市共建了山东第一所新型职业农民学院，努力为服务老区、建设老区做出新的更大贡献。

二、社会服务落地生根

临沂大学是鲁南地区唯一一所综合性大学，也是老区脱贫攻坚战的主力军。近10年来，学校"服务沂蒙"的办学宗旨催生出了一支服务社会的重要力量，在科技帮扶、科技扶贫、物流城市建设等方面，成绩斐然。

（一）科技帮扶工作稳步推进

科技帮扶三个乡镇。响应教育厅号召，学校认领了兰山区汪沟镇、蒙阴县垛庄镇、兰陵县卞庄街道3个乡镇进行对口科技帮扶。根据地方需求，按照学科组建了由20多名专家教授组成的"科技扶贫专家服务团"。学校领导身体力行，多次奔赴3个乡镇对接交流，分别在垛庄镇椿树沟田园综合体项目、汪沟镇乡镇旅游规划项目、卞庄街道党建教育VR制作项目上达成了帮扶。

大力支持山东省派帮扶队。大力支持山东省"千名干部下基层"临沂帮扶团队，助力临沂新旧动能转换重大工程。先后会同山东省派乡村振兴服务队、民营企业高质量发展服务队、市发改委等组织了校企合作对接系列活动，与新港木业集团、奔腾激光有限公司等达成合作项目 7 项。

（二）科技扶贫工作扎实推进

2018 年以来，学校认领山东省定点扶贫乡镇兰陵卞庄街道办事处、蒙阴垛庄镇、兰山汪沟镇三个。先后 15 次前往三个乡镇实施帮扶工作。开展辣椒种植、玉米－小麦种植、生物肥等 8 个方面的技术讲座。对 4 个合作社的农副产品种植及加工进行指导。对 3 个批次的苹果、甜瓜、酥梨等进行可溶性固形物、硬度、酸度检测。先后 4 次对垛庄镇开源村、卞庄街道办事处高沙窝村进行实地勘察，编制乡村整治规划和梨园规划。

（三）积极参加中国物流科技城建设

借助学校分管领导、社会服务负责人分别在临沂市商城转型发展和中国物流科技城创建领导小组、物流科技港片区推进办公室任职的重要机遇，推介学校人才主动介入临沂市委、市政府重点打造的中国物流科技城项目，为项目建言，为学校发声。同时，积极引进地方资源，达成校地校企合作，服务学校发展。

三、校友工作深层推进

"校友在哪里，学校的边界就在哪里。"近年来，校友工作已被越来越多的高校提上重要的工作议程，所取得的成绩也突显出了校友工作的重要性，校友队伍已经成为学校发展的重要推动力。学校校友工作也在组织制度、理事会等方面迈出了新步伐。

（一）校友工作不断创新

成立了校友工作委员会。成立了由学校主要领导担任主任、相关职能部门负责人和各学院党委书记为委员的临沂大学校友工作委员会，加强对校友工作的领导。根据上级政策调整，准备临沂大学校友会独立法人的注册工作。

各地成立了校友工作联络处。在临沂以外地市，按照校友意愿成立了临沂大学地方校友联络处。截至 2021 年 3 月，已分别在北京、济南、青海等地成立了校友联络处。同时，根据行业校友情况，先后成立了化工、资环等行业校友联络处。先后成立了资源环境行业校友联络处、新疆校友联络处、海南校友联络处，改建了济南校友联络处，参加了 2019 年度北京校友联络处年度工作总结会。承办了山东省高等教育管理科学研究会高校校友工作委员会 2019 年年会。

（二）理事会工作开辟新局

到 2018 年底，全校 26 个学院、校区的理事会全部建设完毕。学院理事会建设，不仅在社会上产生了广泛深远的影响，引起了社会各界的关注，学院也都感受到理事会在人才共育、师资共享、资源共用等方面所带来的好处。经初步统计，进入学院理事会的单位共有 1448 家，其中，企业 801 家，占 70.6%；事业单位及党政机关 339 家，占 23.4%；杰出校友及社会知名人士 40 人，占 2.76%。学院理事会几乎把全市与专业相关的领军企业和规模以上的知名企业都吸纳了进来，共达成合作项目 96 项，捐助经费、意向合作经费累计 4400 多万元。下一步要更好地推动理事会的运行，发挥好理事会的平台作用。

成立了学校理事会。校院两级理事会运行良好，年会均顺利召开。在各学院、分校的共同努力下，理事会平台作用得以凸显，理事单位已成为校地校企合作、学生就业实习的主要阵地。截至 2021 年 3 月，已有近百家理事单位与临沂大学达成合作研发项目，涉及中医药、机械、化工、软件开发、商贸物流、材料等领域。

四、基金会工作步入正轨

基金会作为典型的教育类社会公益组织，是高校公益事业发展的重要组成部分。学校结合教育发展规律和学校事业发展需要，通过推进基金会工作，初步走上了基金会发展与学校战略发展融合之路，促进了学校科学化管理水平的进一步提高。

（一）搭建教育发展基金会平台

临沂大学教育发展基金会账户已开通，各类社会捐助现在都可以直接进入基金会账户；下一步将继续完善组织机构，健全捐助制度，创新运行方式，发挥基金会秘书处作用，广泛吸纳国内外企业、社会团体以及广大校友的爱心捐助，服务学校事业发展。

（二）社会捐赠工作日益壮大

注册成立了临沂大学教育发展基金会。经过近一年半的努力，于 2018 年 4 月获得基金会法人登记证书，8 月获得公益性捐赠税前扣除资格。从此，学校拥有了一个接纳社会捐助的合法组织。

基金使用与管理科学规范。基金会理事会出台了基金会财务管理办法（试行）、基金管理办法（试行）、捐赠资助项目管理办法（试行）等文件，规范了基金的使用与管理。从 2018 年 8 月至此，共有 50 余家企业和个人捐赠现金 840 余万元、物资 656 万元，获得山东省财政厅配比 309 万元，有力地服务了学校事业发展。

第三节 加强国际交流，提升国际化办学水平

更名临沂大学后，学校把"开放强校"战略列为三大强校战略之一，建立了以学科专业为依托、以二级学院为主体、以教师和学生交流为主线的国际交流与合作渠道。随着学校办学规模的不断扩大，一个日益走向国际化办学的大格局正逐步形成。

一、交流制度更加完善

学校秉承"对外合作交流以学科发展的人才培养为导向"的工作理念，坚持对外交流制度化，坚持"请进来"与"走出去"相结合，强化开放办学理念，完善大开放办学格局，力争使交流渠道更加通畅，交流环境更加和谐，并逐渐形成了自己的特色。

（一）对外交流制度化

自 2012 年，学校出台《临沂大学国际视野培育工程实施方案》，按照"通晓国际基本规则、掌握世界文明成果、了解世界发展最新趋势、具备国际交流能力"的要求，着力培养学生的卓越创新素质。与美国、英国、俄罗斯、韩国、日本、法国、印度、马来西亚等国家的 63 所高校建立了友好合作关系。建立了以学科专业为依托、以二级学院为主体、以教师和学生交流为主线的国际交流与合作渠道。

2013 年，学校又出台《临沂大学对韩高校合作优惠政策》，提出"突出韩国、兼顾其他"的总体思路，确立"全面对韩，扩大东南亚，巩固欧美"的开放战略，突出对外开放的四个重点：一是提高学校竞争能力和国际影响力；二是提高学科的学术贡献和国际知名度；三是提高教师的教学能力和国际交流水平；四是提高学生的创新能力和竞争力。成立了中韩学院，与韩国江南大学互设办事处并联合成立"临沂大学世宗学堂"，与韩国高校合作建设了高尔夫学院、软件学院、水原大学临沂研究生院、水原科学大学美容美发教育中心等教育机构，开展了 9 个中外合作办学项目，建成合作学院 18 个，合作专业 36 个，中外合作办学项目在校生达 971 人，满足了学生多样化学习需求。

2015 年以来，适时调整对外开放办学战略，巩固扩大对韩高校合作成果，拓展与欧美高水平大学的战略合作，优化开放办学格局。建设了中韩学院、世宗学堂、中印软件学院等合作办学平台，与韩国水原大学达成共建两个博士学位点合作协议；深化与欧美国家高校的战略合作，与欧美等 19 个国家的 56 所高校建立合作办学关系。积极响应国家"一带一路"倡议，2018 年在几内亚与科纳克里大学合作共建首个孔子学院，举办了"一带一路"跨境电商战略专题培训班。

2019年1月8日，为强化开放办学理念，完善大开放办学格局，学校党委出台《关于推进国际交流与合作工作的实施意见》，实施学院对标合作共建计划、双向留学推进计划、师资队伍国际化培养计划、学生国际视野拓展计划、"一带一路"教育行动融入计划、国际城市品牌打造助推计划"六大计划"，建立和完善"学校为主导，学院为主体，全员共同参与，项目点面结合"的大开放办学格局。

2021年1月7日，学校出台《临沂大学中外合作办学管理办法》，鼓励有条件的学院、校区在既有专业基础上，密切结合国家、地方和区域经济发展规划以及学校学科专业建设需要，立足社会急需的学科专业领域，与国（境）外高水平大学及具有优势学科专业的外国教育机构开展中外合作办学。

（二）交流合作拓视野

近年来，学校不断优化国际合作办学格局，对接国家"一带一路"倡议，加强国际交流与合作，实施开放办学，在校际交流、课程体系创新与国际课程引进、国际智力引进、管理人员与教师的境内外培训与交流等方面取得了较大的成绩。截至2021年3月，已与62所国外高校建立了合作关系，签署了156项合作协议。学校将进一步优化"十四五"期间国际交流与合作的总体布局，推动国际化办学走深走实，为学校国际化人才培养的内涵建设和质量提升打开新局面。

学校坚持"走出去"与"请进来"相结合，先后接待了80多个国外高校165个代表团来访，根据合作项目需要组织了50多个代表团出访美国、英国、俄罗斯等国高校。现有留学生65人，长期聘请外籍教师43人。

二、对外交流硕果喜人

经过多年的努力，学校对外交流取得了令人瞩目的成绩。外聘教师数量不断增加，合作办学扎实推进，师生、校际的互访互学越来越频繁，交流成果喜人。

（一）外聘教师数量稳步增长

2011年，学校坚持外聘教师与学校发展同步增长的原则，一年内共聘请外国专家、教师122人次。海外著名专家学者来校讲学26人次；2014年，聘请外国专家、教师86人次，海外著名专家学者来校讲学35人次；2015年，聘请外国文教专家、外籍教师56人，其中，两名外籍教师获"沂蒙友谊奖"，一名获"临沂市荣誉市民"称号，接收海外长期留学生155人；2017年，聘请外籍教师38人，2017年4月18日临沂市市政府举行第七届"沂蒙友谊奖"颁奖仪式，对为临沂经济社会发展做出突出贡献的外国专家进行了表彰，学校澳大利亚籍专家刘敬权教授和菲律宾籍专家RATAYJONELRETIRO 先生获此殊荣；2020 年，在严重的疫情形势下，学校仍然聘请外教 23 人，覆盖全校 10 个学院，并加强对外籍教师疫情防控，截至 2021 年 3 月，学校国（境）外教师无一人确诊、无疑似。

（二）合作办学扎实推进

2011 年，全校共成功申报中外合作办学本科项目 1 个，专科项目 2 个。本科项目是与韩国水原大学合作举办的社会体育专业；两个专科项目是与韩国新罗大学合作的动漫设计与制作专科专业、与韩国水原大学合作的社会体育专科专业。另外，与瑞典布莱津理工学院合作的机械设计与制造专业本科项目已通过山东省教育厅初审，国家教育部正在审批中。到 2015 年，中外合作办学专业 9 个，在校生总数 1360人。每年学费收入近 2000 万元。2017 年，引进国外课程 30 余门，与菲律宾女子大学、德拉萨大学达成博士联合培养意向；中外合作办学专业达到 6 个，其中本科专业 2 个，专科专业 4 个，在校生 1233 人，2017 年度总计为学校增收约 2000 万。

2020 年，完成学校与韩国水原大学合作举办社会体育指导与管理专业本科教育项目延期招生工作；韩国江南大学合作举办房地产经营与管理专业专科教育项目的终止举办工作；学生出国留学 112 人次（含长短期）；与古巴比那尔德里奥大学等 3所国外大学建立友好合作关系，与国外高校实现博士生联合培养项目 1 个。

（三）师生互访交流频繁

2011 年，国际间校际交流完成 4 个校级领导团出访任务。出访了美国、加拿大、法国、德国、西班牙、印度、越南、马来西亚、巴西、智利等国家和地区的近 30 所友好院校，签署相关合作协议，进一步推进已有合作项目；先后接待美国、英国、俄罗斯、德国、韩国、日本、印度、新加坡、泰国、澳大利亚、瑞典、西班牙、新西兰等国家 30 多个国外高校 40 个代表团来访，根据合作项目签订多项合作协议。

2014 年，共接待韩国建国大学和世宗大学，加拿大奥克兰大学 20 个国外友好学校来访；162 人赴韩国、西班牙、俄罗斯交换学习，78 名赴海外短期访学、交流。赴国外攻读高一级学位学生 41 名。

2015 年，学校教师公派长期出国留学 14 人，短期交流 32 人。向国外派遣 4 名汉语教师。学生赴国外、港澳台学习总计 329 人，其中攻读高一级学位 53 人。2017 年，外派教师和管理干部国外培训 59 人次；举办了全校范围的出国留学推介会，学生出国留学访学 282 人；招收留学生 211 人。本年度，首次申请到山东省政府外国留学生奖学金项目，外籍专家资助经费达到 104 万元。

2018 年，本年度完成 3 个校级团队出访任务。出访西班牙阿方索十世大学、拉科鲁尼亚大学，厄瓜多尔安巴托科技大学、科托帕西技术大学，白俄罗斯国立文化艺术大学、白俄罗斯国立大学，英国赫尔大学、雷丁大学、布鲁内尔伦敦大学。与西班牙、厄瓜多尔、白俄罗斯、英国等国家和地区的 7 所高校签署合作协议。接待国外友好学校 18 个来访团组。

2019 年，本年度完成 2 个校级团队出访任务。出访马来西亚思特雅大学、拉曼大学和菲律宾德拉萨大学、远东大学、圣保罗大学、俄罗斯莫斯科国立大学、别尔格罗德国立工艺大学、法国布雷斯特商学院、布雷斯特国立工程师学院、巴黎高等美术学院、意大利罗马第三大学、佛罗西诺内美术学院等 12 所高校。与俄罗斯、法国、意大利、菲律宾、马来西亚、美国等国家的 10 所高校签署合作协议，接待国外友好学校 16 个来访团组。

（四）友好访问愈加紧密

2011 年度，先后接待美国、英国、俄罗斯、德国、韩国、日本、印度、新加坡、泰国、澳大利亚、瑞典、西班牙、新西兰等国家 30 多个国外高校 40 个代表团来访，根据合作项目签订多项合作协议。2014 年度，共接待韩国建国大学、世宗大学，加拿大奥克兰大学 20 个国外友好学校来访。2017 年 6 月 20 日，西班牙卡斯蒂利亚拉曼查大学代表团在执行副校长乔迪·希梅诺（Jordi Gimeno Beviá）的带领下来学校访问；8 月 2 日，日本东部大学产学研联盟考察团访问学校；9 月 7 日，俄罗斯莫斯科国立大学音乐学院代表团在临沂市外专局陪同下来学校交流；9 月 22 日，加拿大萨山东省大学文理学院凯斯·卡尔森教授一行来访，进一步拓宽了国际交流与合作空间；10 月，韩国世宗学堂总部堂长一行来学校考察世宗学堂运行情况；11 月，韩国灵山大学国际处中国招生代表刘伟汉一行来学校就美术学院学生出国留学项目进行交流；韩国江南大学国际处处长一行来学校访问交流；12 月，俄罗斯弗拉基米尔大学代表团在音乐学院院长带领下访问学校；韩国新罗大学教师代表来学校交流；几内亚科纳克里大学校长及国际处处长来访问学校并参加 2017 年度孔子学院大会。

2018 年度，接待国外友好学校 18 个来访团组。2019 年度，与俄罗斯、法国、意大利、菲律宾、马来西亚、美国等国家的 10 所高校签署合作协议，接待国外友好学校 16 个来访团组。2020 年度接待国内外高校来访团组 3 个。

三、孔子学院实现突破

2018 年 4 月 25 日，学校有史以来首个海外办学平台——几内亚科纳克里大学孔子学院正式运行，这也是我国在几内亚建立的首所孔子学院，填补了国家此项工作的国别空白。学院建筑面积 400 平方米，现有中外方院长各 1 人、公派汉语教师 3 人、志愿者 1 人、兼职汉语教师 11 人，截至年底，在校生 300 余人。2018 年 12 月 7 日，孔子学院理事会第一次会议在临沂大学举行，理事长特拉奥雷、副理事长杨波及理事参加了会议。

2020 年，孔子学院转隶工作顺利完成并成为第一批海外转隶完成的孔子学院，由中国国际中文教育基金会完成授权使用孔子学院品牌、名称和标识；完成了 2020 年国家 4 名公派汉语教师的公开遴选和培训工作；首次在几内亚松福尼亚大学首建中文系，为大一 350 名学生开设了汉语学分课，分为中文商贸、中文翻译和中文师范三个方向。

第四节 强化服务保障，聚力学校发展

随着学校办学规模的不断扩大，在学校党委行政坚强领导下，学校的各项服务保障工作不断跃上新台阶。后勤服务、图书馆建设、资产管理、网络建设、财务运营、治安管理等全面发力，构筑起了向全国知名、区域特色鲜明的创新创业型大学奋力迈进的强有力保障体系。

一、积极构建"大后勤"新格局

十年来，学校后勤通过不断推进改革，服务项目实现了社会化，运行机制不断得到完善，服务质量和服务水平不断跃升，改革成效显著，受到国内众多高校关注。

（一）改革路径不断拓宽

学校后勤改革始于 2000 年，经过了近 20 年的探索实践。尤其是近 10 年来，后勤服务项目已经完全实现社会化，构建了"小机关、大服务、社会化"的格局，初步形成了"政府履行职责、市场提供服务、学校自主选择、行业自律管理、多方依法监管"的新型后勤服务保障体系，围绕学校建设发展目标，深化后勤改革，转变资源配置方式，充分利用市场机制，提高后勤运行效率和保障质量，有力地促进了学校教育事业的健康发展。

坚持"五字方针"，确保改革顺利进行。改革理念"新"：由学校办后勤转变

为购买社会服务，学校扬长避短，突出人才培养中心工作。改革层面"深"：社会化改革涉及面广，改革彻底，还原市场化和公益性。改革方向"准"：实现了后勤社会化服务、市场化运作、刚性化预算。改革机制"活"：实现管、办分离，使后勤服务保障充满了生机活力，专业公司提供服务，学校依法监管。改革步子"稳"：坚持循序渐进、收放有序、稳步推进的原则，在实践中探索，成熟一项改革一项，规避了用工风险，提升了服务质量。

循序渐进，推进后勤社会化改革。2000年5月26日，学校出台了《后勤社会化改革实施方案》，制定了社会化改革分四步走的战略目标。前十年，逐步构建了"小机关，大实体"格局，主要解决了后勤服务项目与学校整建制剥离问题，成立后勤实体；构建了"小机关，多实体"格局，主要解决了后勤服务保障针对性和规范性问题，因事设岗、以岗选人；构建了"小机关、部分服务项目社会化"格局，主要是淡化层级观念，实行项目管理，多实体与社会化服务项目并存。

2012年8月以来，通过深化"小机关、大服务、社会化"格局，后勤服务全面实行社会化。针对改革过程中暴露出来的项目运行效益缓慢，各服务项目职责不明晰，执行合同不定位，监管不力等现象，学校制定了《临沂大学关于进一步深化后勤改革提升服务保障能力的实施意见》。建立了"政府履行职责、市场提供服务、学校自主选择、行业自律管理、多方依法监管"的新型后勤服务保障体系，对后勤服务项目进行了更加深入的改革，形成了"小机关、大服务、社会化"的改革运行模式。此次改革，主要是在后勤工作中，全面实行社会化。

建立准入和退出机制，引进社会优质服务资源，公开招投标完成了对校园绿化保洁、楼宇管理、水电暖维护维修、学生餐厅、学校医院的托管服务。后勤管理处则代表学校履行监管职能，制定社会化服务项目质量监管标准体系，依据合同，加强监管，实现了从办后勤到监管后勤的职能转变。

后勤社会化实践路径清晰。截至2021年3月，学校整体物业服务保障由9家物业服务公司托管，具体是：校园环境保洁、绿化管理服务由山东祥泰园林建设集团有限公司托管（委托绿化面积：100.74万平方米，保洁面积：684003平方米）；教学楼、办公楼物业服务及水电暖管理由山东宏泰物业发展公司托管（教学楼面积：54.2万平方米，34栋教学楼）；学生第一食堂由青岛中快餐饮管理有限公司托管；学生第二食堂由北京时代嘉华-喜客多餐饮管理有限公司托管；学生第三食堂由山东怡朦餐饮管理有限公司托管；校医院由临沂市口岸医院托管；学生第一生活区宿舍由山东明德物业管理有限公司托管（服务项目为21栋公寓楼，服务面积16万平方米）；第二生活区学生宿舍由山东宏泰物业发展公司托管（服务项目为22栋公寓楼，服务面积19万平方米）；学校校园安全保卫由淄博张店保安服务公司托管；教职工宿舍区由湖南株洲物业公司管理有限公司托管。

（二）服务保障运行机制日臻完善

在后勤社会化改革的实践中，后勤管理处积极探索，紧紧围绕学校的中心工作和大局做好服务保障工作；在管理服务中贯彻"全员育人"的理念，逐步形成了"一二三四五六"的工作思路和要求，实现了后勤服务保障由实践探索到理论的创新，形成了临沂大学独具特色的后勤服务保障运行机制。

确定一个目标：实现让师生满意的工作目标。

突出两条主线：育人主线和责任主线。一条是育人主线：环境育人、服务育人、管理育人；另一条是责任主线：守土有责、守土负责、守土尽责。

兼顾三种关系：兼顾服务和育人的关系；兼顾市场和公益的关系；兼顾监管和廉洁的关系。

加强四化建设：管理的智慧化、运行的精细化、考核评价的标准化、队伍建设的专业化。

构筑五大愿景：大服务理念、大后勤格局、大保障体系、大工匠精神、大教育情怀。

达到六项要求：做优服务、做强保障、做精管理、做细标准、做靓环境、做实安全。

（三）后勤社会化改革成效显著

学校后勤社会化改革之路，是一个在实践中不断探索完善的过程，但总体讲，改革的方向是正确的，改革取得了明显成效。

提高了服务质量和水平。在改革的过程中，通过引进知名的品牌公司进校开展后勤服务，实现了专业团队做专业工作，后勤服务保障的专业化、标准化、规范化、智慧化水平明显提升，由此提高了后勤服务保障的质量。

规避了用工风险。高资质的社会公司，有科学规范的用工制度，所有用工由公司负责，严格执行国家劳动法等相关法律法规，公司成为劳动用工合同主体，规范了用工管理，理顺了管理体制，学校的管理者都是在编在岗人员，这样就有效规避了劳动用工风险。

更新了传统观念。通过改革改变过去对后勤服务习惯于"福利化、无偿化"的思想观念，改变了过去对后勤工作依赖"统、管、包"的行政手段，转为主要依靠经济手段（全成本核算，引入竞争机制，效益最大化），辅之以行政手段（加强监督检查，行政适当介入）进行后勤管理和改革，还原了大学后勤服务的市场性为主、公益性为辅的本来面目。

为学校引进高水平人才预留了空间。通过社会化改革，后勤人员实现了由干到监管的职能转变。现在后勤管理处有在编在岗人员 26 人，负责全校校园绿化保洁、物业及水电暖管理、学生餐厅及校医院的监管，这样就大大节省了人员编制岗位，学校可以大量引进高水平人才。

二、图书资料聚优而成

2012 年 7 月，临沂大学新图书馆大楼落成启用，实现了校区文献资源快速融合发展。10 年间，图书馆始终秉承"读者第一、服务至上"的办馆宗旨，围绕本科课程设置、学科建设体系、师范专业认证等内涵发展配置资源，着力提升学科服务能力和区域发展水平，实现了由传统图书馆到现代图书馆、数字图书馆的转型升级。

（一）办馆条件极大改善

场馆建设。图书馆大楼建筑面积 6.7 万平方米，是学校地标性建筑，也是国内高校单体建筑面积最大的图书馆之一。图书馆馆藏文献 486.1 万册，阅览座位 8200 个，设 6 个学科分馆。在场馆建设上，先后完成电子阅览室、读者培训中心和创客空间配置改造，增添北纬 35 度阅读空间 1 个，24 小时考研阅览室 2 口；升级多功能学术报告厅 1 个，在一楼、四楼分别建设牛振江雕塑艺术馆（沂蒙历史文化长廊）和俄罗斯绘画珍藏馆（美育教学空间长廊）；相继完成"临沂地方作家作品专架""张世勤作家捐赠专架""临沂大学离退休教授捐赠专架""爱国学者徐广存博士珍藏馆""中小学教材教案资源库""山东革命根据地图书馆""临大文库""临沂社科文库"等重要场馆建设，形成了"四圣三馆两中心一长廊"和"一学二协三创四讨五交六研"的服务空间格局。

基础设备。新馆建成后，图书馆先后完成 113650 节书架和 1.6 万余件阅览桌椅家具和检测仪安装。2015 年，投资近千万元建成现代化中心机房 1 处，启用 RFID 智能借还管理系统，独享 1000 兆带宽，拥有 SEVER 服务器 37 台，交换机 85 个，数字存储容量 160 T，4 对双路光纤，实现馆内有线无线网络全覆盖。采用最先进的"汇文文献信息服务系统"，将校园卡与门禁、自助借还以及馆员工作站融为一体，馆内图书任意选取、阅览、借还，实现了文献资源利用最大化。

截至 2020 年 12 月，图书馆拥有计算机网络 PCSEVER 服务器 37 台，各类计算机

613 台，交换机端口 760 个，数字存储容量 160 TB。在信息化技术服务方面，配置了阅报机、云屏数字阅读机、印娃打印机、24 小时自助还书机、书舒朗读亭等智能设备，微信微博推送服务常态化。

（二）文献资源稳步增长

纸本图书。近年来，学校年均投入经费 800 万元用于购置电子数据库和纸本图书。纸本文献由 2011 年的 287 万册增长至 2020 年的 486 万册，年增长率 7.11%（见表 1）。为保证库房有序发展，还进一步优化藏书布局，设置一线、二线书库，完善书架标识，采用图书定位系统等。

表 1：2011-2020 年纸本图书增长量（单位：册）

年度	图书种数	图书总量	年度	图书种数	图书总量
2011	469718	2876427	2016	595459	3809113
2012	486005	2969827	2017	604978	3939963
2013	512320	3119951	2018	619181	4428774
2014	534374	3311174	2019	636714	4606869
2015	560857	3500861	2020	657430	4859119

电子资源。多年来，图书馆根据教学需求，不断优化电子数据库招标采购。截至 2021 年 3 月，共购买中外文电子数据库 38 个，自建特色数据库 4 个，拥有中外文电子图书 268 万种，电子期刊 5 万种。2016 年起，共享广州大学图书馆 90 个数据库、山东大学图书馆"随书光盘发布系统"使用权。据不完全统计，图书馆年均数据库访问 1000 万次，论文下载 280 万篇。同时，不定时更新免费数据库使用权限，2020 年，疫情期间共为师生开通试用数据库 62 个。

社会捐赠。图书馆制定详细的文献捐赠办法，完善捐赠协议等。2016—2021 年，共接收山东省文联、民间文艺家协会、山东省沂蒙文化研究院、临沂市委党校研究室、山东省委党史研究室、爱国旅法学者徐广存、中小学校等捐赠图书资料 5 万余册，价值 160 万元，接收各类书画作品捐赠 742 幅，相继完成徐广存博士捐赠专架、中小学教材教案资源库、离退休教授捐赠书架和山东革命根据地图书馆建设，美化了育人环境，丰富了特色馆藏。

（三）读者服务成效显著

流通阅览。图书馆有阅览座位 8200 个，日均入馆 8000 人次，生均图书 11.6 册，年借还图书 42 万册，阅览图书 66 万册。图书馆早 6:00 开馆，晚 22:00 闭馆，周开放时间 122 小时，年开馆 355 天，数据库 7×24 小时开放，实现了"藏－借－阅－查－检"一体化服务模式，利用汇文微信平台推送资源服务。为了提高资源使用效率，增加研究生、本科生和在职教师借阅权限和册数，编写大学生利用图书馆数据分析报告，多途径开展新书荐购，线上开展红色文献传递，推介红色资源。

阅读推广。每年开展新生入馆教育和毕业生清书工作；举办"4.23 世界读书日"系列活动和学院文化周、图书漂流、毕业生献书、读者信息素养大赛、数据库知识讲座、馆员书评、年度读者之星评选等阅读项目；举办品牌服务项目真人图书馆、换书大集、书韵荣军、新时代文明实践志愿服务；配合书香校园建设，编辑出版《临大图苑》《学科服务动态》，线上开展"你选书，我买单"，利用朗读亭开展普通话朗诵大赛；定期组织志愿者馆员和学生深入社区、企业、学校、农村，送书送温暖，开展新时代文明实践志愿服务。

学科服务。2017 年，首开学术检索项目服务，为校内外读者提供论文查收查引查重服务，检索学术不端。出台《临沂大学图书馆科技信息代查代检服务实施办法》。每年由馆领导带队赴学院开展院系走访，成立 21 人专兼职学科服务团队。先后聘请了江苏大学、江苏宝和数据公司、山东理工大学等高校知名图书情报专家就研究生培养方案进行论证并辅导，聘请校内外专家为全校学科带头人作学科服务专题报告。2020 年，与山东科技大学联合培养图书情报学专业硕士研究生。

（四）对外交流持续向好

馆际合作。图书馆是中国高等教育文献保障系统（CALIS）、中国高校人文社会科学文献中心（CASHL）、国家科技图书文献中心（NSTL）、高校图书馆数字资源采购联盟（DRAA）的成员馆。多年来，图书馆依托"馆际合作工作站"，与国家图书馆、山东大学图书馆、广州大学图书馆、山东科技大学、聊城大学、济南大学和临沂市图书馆等单位开展长期合作，建立了良好的馆际合作关系。2018 年 11 月，图书馆与山东科技大学达成联合培养研究生协议。

学术交流。随着办馆水平的不断提高，图书馆相继举办、承办中国作协"文学照亮生活"全民公益大讲堂、"高校图书馆馆藏电子资源建设"研讨会和"人工智能技术在高校图书馆领域的应用"等大型学术研讨会、报告会，参与华东地区地方院校图书馆协作年会、鲁南地区高校图书馆转型发展与服务创新研讨会、山东科技大学情报学硕士点合格评估高端会议，举办了《临沂文学典藏》丛书座谈会、《兰山历史文化通览》新书发布会、全市古籍普查培训班等重量级活动。10 年来，接待200 余家单位来馆参观考察学习，外派馆员 600 人次培训，对于开展图书馆学术文化交流和提高馆员素养具有十分重要的作用。

特色文化。依托山东省级社科普及教育基地平台和新时代文明实践志愿服务队，图书馆积极打造提升育人空间和人文环境。先后举办郑汉农书法作品展、庄连峰国学经典长卷书法展、美院毕业生作品汇报展、"图说临大40年"摄影展、老三届校友书画艺术展、"非遗文化进校园"等特色展示展览活动。利用场地空间,开展离退休人员书法培训和沂蒙历史文化社科普及教育等,年均接待观众5000人次。

（五）日常管理科学规范

机构设置。为创建科学有序的服务平台,图书馆不断调整内设机构,设办公室、空间与保障服务部、流通与阅览服务部、系统与技术服务部、特藏与公共服务部、业务与资源建设部、学科与情报服务部等7个业务部室;设学术与发展委员会、业务与资源建设委员会、资产与环境建设委员会监督管理部室运行,构建以扁平化管理为标志的新的管理体制,规范了馆员工作流程,提高了工作服务效率。

运行机制。图书馆实施以项目管理为平台的新的运行机制。先后实施"馆长接待日""首问负责制""客户经理制"等"一站式"服务,全员挂牌上岗,为校内外师生提供"两全两无(全天候、全覆盖,无障碍、无缝隙)"服务,增设"读者服务中心""导读咨询台""志愿服务岗",为师生提供咨询、检索、下载、复制、答疑个性化服务,配合"馆员素养大家谈"、师德师风专项整改等活动,提高馆员职业素养和标准化服务水平。

制度建设。2011年以来,图书馆不断丰富完善各种规章制度,先后出台《入馆须知》《读者文明公约》《图书馆自修区使用管理规定》《图书馆考勤制度》等内部管理制度50余项(款),为科学化管理、精细化服务平稳运行提供制度保障和决策依据。

三、资产管理更加合理

高校资产管理涉及学校教学、科研、后勤等各个环节,因此,提高站位、转变观念、完善制度、提高资产使用率,对提升办学水平,提高办学质量尤为重要。10年来,学校通过完善管理制度,构筑了完备的资产增长与运营秩序。

（一）管理制度不断完善

编制了《临沂大学实验管理汇编(2013版)》;起草制定了《临沂大学国有资产管理办法》《临沂大学公用房屋管理办法》《临沂大学无形资产管理办法》等9个规章制度,制度建设实现了实验室、国有资产管理工作无缝隙全覆盖。

继续深化实验室分级管理体制改革,对原一级管理的186口专业实验室及室内仪器设备过渡到相关学院实施二级管理,相应的37名实验技术人员随同实验室安排到相关单位工作。

重新修订了《临沂大学公用房屋管理办法》，在全校范围内开展了一次资源大整合大调整工作，按照规定标准配置行政办公用房，收回办公用房120口，面积4360平方米，转为教学、科研用房。光明日报、山东新闻、齐鲁视线、齐鲁网、临沂新闻等各大媒体纷纷做了报道。

2015年，完成了学校资源配置专题调研报告以及实验室建设"十三五"规划工作。围绕创新创业大学建设的新定位，学校认真开展了全校资源配置专项调研工作，撰写了高质量的调研报告，为学校综合改革提供参考依据；同时，结合学校发展目标、学院发展需求，经过广泛征求意见和调研，制定了《临沂大学实验室建设"十三五"发展规划》，为学校资源配置指明了方向。

2017年，梳理修订了学校《国有资产管理办法》《临沂大学采购管理办法（试行）》《临沂大学小额零星应急项目采购管理办法（暂行）》《临沂大学接受捐赠固定资产管理办法》等9项资产管理相关制度，以制度修订和建设为基础，形成科学规范的资产管理长效机制。重新梳理了设备、家具管理及维修、合同续签等13项流程，进一步简化了工作流程，提高了服务师生的工作效率。

2019年，结合学校实际，修订出台临沂大学国有资产有偿使用管理办法、公用房屋配置标准及调配办法等制度，完善、修订完成《临沂大学2019年资产管理制度汇编》，推进学校国有资产管理工作制度化、规范化。加强资产管理员培训工作，不断提高国有资产管理水平和工作效率。

无形资产管理取得实效。学校印发了《临沂大学无形资产管理办法》，依法依规开展了无形资产清查工作，督促违规使用学校校名、誉名的单位进行整改。无形资产的管理坚持依法依规、有偿使用的原则，使用价值采取委托专业评估机构评估认定，确保国有资产完整、增值。

（二）资产数量不断增长

拓宽对外联系渠道。学校与山东君成环境监测有限公司合作共建实验室取得重要突破。山东君成科技环境检测有限公司累计投资351.32万元，合作共建实验室顺利通过了实验室资质认定专家组的现场考核，为化学化工学院、生命科学学院、资源环境学院相关专业的部分学生毕业设计、实践、实习和教师科研搭建了一个良好的平台。

突出先进性和应用型两大特色。不断加大投入，建成了设施先进、功能完善的工程训练中心。2014年暑假期间，工程训练中心作为独立建制的教学单位成立，填补了学校工科实训场地的空白。围绕内涵发展，不断拓展投入渠道。周密部署、积极申请各级支持项目，年内争取各类试验教学仪器设备支持资金 3440 余万元，其中，山东省高等学校骨干学科教学实验中心建设工程项目资金 1000 万元，名校工程建设配套资金 1100 万元，中央财政支持地方高校发展专项资金教学实验室建设项目资金 900 万元，山东省财政厅支持资金 300 万元，中国建设银行临沂支行支付实验室建设资金 130 万元，山东君成环境检测有限公司投入资金 10 万元。全年完成实验室改造 16 口、新增实验室 25 口；完成全校 3267 口公有房屋信息数据的采集工作，收缴公有房屋租赁费 162 万元。

设备额度实现良好增长。2017 年度，会同相关学院和部门，采取每周调度和及时服务等方式，组织或指导验收仪器设备总额为 6553.9 万元。属于本年度采购计划的仪器设备验收总额为 4174.72 万元，其中，40 万元以上仪器设备 5 台，2018 年，完成山东省政府采购总预算 14295.64 万元，同比增长 16%；财政专项预算总额 3293 万元，同比增长近 2 倍，截至 2021 年 3 月预算执行完成率 100%，其中，财政专项资金使用实现了零剩余。在采购力度加大的情况下，学校对到货设备逐一跟踪，及时办理验收，做到重点项目重点跟踪服务。2018 年全年共组织或指导验收仪器设备总额为 6553.9 万元，含 40 万元以上仪器设备 13 台，属于本年度采购计划的仪器设备验收总额为 4174.72 万元，其中 40 万元以上仪器设备 7 台。截至 2019 年 12 月 31 日，临沂大学拥有固定资产总额为 256014.35 万元，其中教学、科研仪器设备资产总值 47550.11 万元。学校总占地面积 3720737.61 平方米，产权占地面积为 3393883.61 平方米。学校总建筑面积为 1083856.75 平方米，其中教学行政用房面积（教学科研及辅助用房＋行政办公用房）为 635747.75 平方米，实验室及实习场所面积 146068.71 平方米。2020 年，顺利完成贷款采购科研仪器设备的论证、采购工作，总额 1648.59 万元。

（三）资产分布愈加合理

建设了大型仪器设备共享平台。为提高全校大型仪器设备的使用效率，经过多次分析、论证，立项建设了大型仪器设备共享平台，全校教学科研单位的大型仪器设备全部纳入共享管理，降低了运行成本，提高了使用效率。加强了优势学科、重点学科的投入力度，形成了资源配置动态调整机制。为彰显特色、凸显优势，学校出台了《关于进一步加强教学科研资源配置工作的实施意见》，明确了扶优扶特的重点投入机制，在资源配置上对重点学科、优势学科平台进行倾斜。2015 年，投入资金学科平台资金共 3778 万。其中，投入地质与古生物重点实验室、生化分析重点实验室、水土保持与环境保育重点实验室、凝聚态物理重点学科、新闻传播学重点学科、认知科学与语言学能研究基地、高等教育学重点学科等 7 个重点学科平台共计 1378 万；投入高仿真书画临摹创作实训室、建筑材科及结构实验室项目、应用心理学实验室改造、旅游综合实验室、药学实验室、先进信息技术虚报仿真实验中心及电子商务实训室、国际贸易商务实训室、地理信息系统与遥感实验室等 12 个教学实验室共计 1400 万，投入汽车工程实验中心、电子电气实验中心、生物实验教学中心、语言综合实验教学中心等 4 个团队建设共计 1000 万。

探索校内资源使用成本分担机制，逐步推进校内公共资源成本核算、有偿使用改革。一方面在大型仪器设备管理上，采取共享机制，实施成本分担，增强学院积极性；另一方面在公用房屋的管理方法进行探索和尝试，建立了公用房屋管理系统，对全校公用房屋进行数据统计和信息管理。在此基础上，以公用房屋为试点，启动有偿使用改革。2019 年，完成 2018—2019 学年度临沂大学 10 万元以上大型仪器设备使用效益评价工作，形成使用效益评价报告。通过大型仪器设备共享平台预约使用共 151 次，设备共享水平及能力得到进一步提高。

（四）招投标制度更加规范

规范招标程序，积极推进政府招标采购工作。圆满完成 2017 年山东省政府采购年初总预算 12308.69 万元任务，共签订合同 202 份。其中财政专项支付完成率 100%。圆满完成 2017 年中央财政支持地方高校建设项目 1160 万元采购任务，签订合同共 18 份，支付完成 100%。

在充分调研基础上，制定切实可行的设备采购方案。科学编制采购计划，确保及时配备到位，减少零星购置，节省资金。2019 年，政府采购预算 15584 万元（包括理工实训大楼建设项目 6500 万元），其中财政拨款预算 7830 万元。完成 2020 年预采购项目共申报 13 个，总预算 3217.3 万元。完成留学生公寓楼、费县学生宿舍楼、理工实训大楼建设项目招投标情况自查工作，并形成自查报告报山东省教育厅与山东省发改委。

圆满完成 2020 年政府采购预算 10805 万元，签订 268 份合同，满足教学、科研及后勤保障需求。完成 24 个预采购项目，金额 4981.25 万元。克服重重困难，科学谋划，顺利完成全校 1738.3 万元消防整改项目采购，确保该项目顺利实施。

四、网络建设稳步推进

2009 年学校网络中心成立后，主要承担了临沂大学校园信息化建设、管理、运行以及中国教育与科研计算机网临沂市城市节点的建设、管理和服务工作。通过改革内部机构，实现了综合性管理，数字化校园建设取得显著成就。

（一）推进情况

学校校园网主干带宽达 3000 兆，网络核心交换设备具备 100 G 的升级能力，实现了虚拟化和极简化。校园网外联出口 3 个，总带宽 4000 Mbps，其中，中国联通 1000 M、中国移动 1000 M、中国教育科研网 1000 M 主链路和 1000 M 备份链路；教育科研网实现了 IPv4/IPv6 双栈接入；学校主页全新改版实现 IPv4/IPv6 双栈运行，通过实施等级保护，更好地保障了学校主页和网站群的安全性；网络接入信息点数量 24035 个。共享通信运营商资源实现 WLAN（LYU）楼内全覆盖及沂蒙大讲堂广场、图书馆广场、艺术中心广场、体育场馆等主要室外公共场所的覆盖。费县、沂水两分校分别以千兆链路和 IPv4/IPv6 双栈方式接入本部校园网，实现两分校共享本部网络资源。校外师生通过 VPN 虚拟专用网访问内部网络资源。

（二）数字化校园建设情况

数字化校园系统在统一信息门户、统一身份认证平台、统一数据库和统一数据标准的基础平台上，运行了办公自动化、迎新、离校、人事、科研、就业、学工、招生、校友、国际交流、网站群、综合分析查询等多个业务系统。实现了与图书、邮件、资产、财务、一卡通、教务系统、教学基本状态数据库以及网络教学平台等多个系统的集成。本年度，完成研究生系统和图书馆门户系统的上线及集成对接等平台支持与条件保障；完成新版财务系统数据中心的建设以及整体数据迁移；2019 年，应用系统及系统运维项目 30 个，实际投入建设资金 400 多万元。数字校园软件系统及开发、集成、运维投入累计 1800 余万元，管理信息系统数据总量 2520 GB。2 个超融合数据中心全面建成并投入运行，主要的业务系统已实现全面迁移。推进实施软件正版化工程。学校获评为"山东省教育信息化示范单位"。

（三）网络信息安全情况

首先，基本完成了校园网信息安全设施建设，实现了校园网及网络信息的安全管控，达到了国家网络安全策略和标准规范要求。通过网络实名认证系统、网络信息安全审计系统、校园网安全评测系统、校园网防火墙、教育网安全云防护、网页防篡改、堡垒机、DDI、WAF 以及校园网安全策略，已构建起了功能较为完善的校园网信息安全硬件防护体系。2019年，网络信息安全新建设项目5个，建设投入70余万元，实施了数据中心IDC同城灾备。其次，2019年12月，中国教育和科研计算机网（CERNET）赛尔网络有限公司山东分公司主办的临沂高校网络安全研讨会暨教育网临沂节点网络安全应急中心成立。再次，通过实施办公信息系统、学校门户网站等5个主要信息系统等级保护2.0测评，全面摸清了信息基础设施和信息系统的风险底数和安全防护状况，构建起校园网信息安全防护体系。

五、财务管理开新变局

财务部门本着"量入为出，科学预算，厉行节约，保证重点"的工作原则，统筹兼顾，开拓进取，扎实工作，确保了财务工作安全、稳定、有序、高效运转，为学校各项事业发展提供了有力的财务保障。

（一）完善财务管理制度

修订完善了《临沂大学财务结算签报规程》《临沂大学差旅费管理办法》《临沂大学公务卡结算管理办法》等管理制度，进一步强化了预算管理，规范了资金审批权限。每天坚持考勤签到制度，严格落实岗位责任制，将工作任务分解落实到各科室并细化到人，实行奖优惩劣，充分调动全体工作人员工作积极性。在增设学生勤工助学岗的基础上，又采取了财务服务外包形式，引进了会计师事务所专业财务人员，满足了财务日常报销需求，提高了工作质量。加强兼职报账员的培训，与师生多沟通、多交流，做到态度热情，服务周到。通过财务查询和预约平台，让全校师生及时、准确地获取有关财务信息，为师生提供高效、优质、快捷的服务。

（二）营造风清气正的工作环境

以构建拒腐防变思想道德防线为重点，加强示范教育和警示教育，把反腐倡廉教育落实到党员干部日常管理工作之中，推进教育工作常态化。

着眼于规范财务制度执行，要求党员干部认真践行廉洁工作承诺，遵守廉洁自律各项规定，做到勤政务实、勤俭节约、秉公办事。

深入开展廉政风险防范管理工作，进一步健全重点岗位和关键环节监督机制，严格落实党风廉政建设责任制，严格按各项管理制度办事，管住自己的手和嘴。

以山东省审计组对韩延明校长经济责任离任审计及学校资产负债上划情况审计为契机，理清了财务宏观管理思路，规范了财务基础操作流程，整改了20余项过去财务及资产管理工作中遗留的问题，摸清了学校资产债务家底，提高了财务管理能力水平。

（三）扎实做好财务支出工作

进一步细化了预算流程管理，出台了相关制度，严格按照财政预算执行要求，把好资金支出关；合理安排各类资金，确保了学校各项重点工作圆满完成。

加大了教学科研设备等硬件建设投入，2020年再投资4000万元完成了科技大楼主体工程建设，进一步改善了学校办学条件和办学环境，为学校可持续发展提供了坚实的保障。

根据国家相关政策，清理退还了教职工全部集资款4900多万元。落实兑现了新增教职工薪级工资、奖励绩效工资及社会保险等5000多万元，进一步增加了教职工收入。

加强了学科平台建设、科研经费配套、人才引进与培训、重点项目等资金投入力度，确保学校各项事业快速健康发展。

认真落实中央"八项规定"，严格控制"三公经费"，减少行政运行支出。

针对多年积累的财务借款，财务处通过查阅账簿、认真核对、询问经办人及有关领导等方式清理了学校的各类借款，对已实际形成的支出，督促及时按规定到财务处办理报销手续，未使用的资金及时交回。本年度清理各类借款3600余万元。通过清理各类借款，优化了资金结构，保证了资金使用的合理高效。

（四）不断提高财务管理的服务水平

充实了阳光服务大厅财务报销岗位，保证财务一站式窗口报销业务，满足了广大教职工各类财务报销的需求。

增加了自助圈存机、自动存取款机、报销查询机等专用设备，24小时不间断为师生充值、挂失、存款、取款、查询及报销等提供方便。

开通了网上银行支付系统，取消了现金支付，保证资金支付即时到账，提高了资金安全与效率，解决了师生报销排队拥挤问题。

健全和规范各项工作流程，对各类收入、科研经费开具发票、劳务费审核、计提申报缴纳税金、校园卡办理、公积金办理、工资发放变更、经费到位确认、财务报销、科研经费配套等都明确了项目及工作流程，推进财务管理服务转型。

按照学校数字化校园建设要求，对财务管理软件再次升级优化，彻底实现财务数据与学校相关部门共享，工作效率提高一倍以上。

（五）全面实现公务卡结算制度

为充分利用现代化服务手段，向广大师生提供更加高效、优质、方便、快捷的服务，结合学校财务工作实际，和用友专业财务软件开发公司共同研发了财务核算系统，在"网上预约报销系统"升级和完善的同时，全面实行"网上银行支付系统""公务卡结算系统"，从根本上改变了传统的报销模式，规范了报销和信息填报流程。实现了会计核算、经费管理、资金管理的相互联系、相互制约和集中管理控制。

六、校园治安管理成绩突出

围绕学校中心工作，保卫处紧扣"维护学校安全稳定，构建和谐平安校园"这一主题，努力构建校园安全防范体系，积极营造安全有序、平安和谐的校园环境。被上级公安机关授予"集体三等功"。

（一）做好政治保卫工作

以 2017 年党的十九大召开为契机，按照上级有关精神，围绕"四类风险隐患"梳理出学校潜在的风险点，逐一落实责任单位并周密制定防范措施，及时排除不稳定、不安定因素，达到了部门间互动、苗头上防范的工作格局，确保学校整体状况良好，实现了"六不双零"目标要求；加大与市国保支队沟通与联系，配合公安机关做好对原法轮功者的"敲门行动"，圆满完成"崇尚科学、反邪教"网上签名活动。

（二）落实网格化安全管理模式

成立了以各部门主要责任人为成员的校园安全综合治理委员会，每年与学校各单位签订年度《校园管理综合治理责任书》和《校园消防安全责任书》。明确职责，制定相应管理办法，构建整体安全管理模式，完善安全保卫工作各项规章制度，逐步建立安全防范长效机制。

（三）完善安全防范体系

推进平安校园建设，强化人防、物防、技防建设，构建网格化、全覆盖校园安全监管体系，不断加大监控视频数量；大力开展校园交通秩序整治，设置学生上下课高峰期交通指挥岗位，深化落实"高峰站点、平峰巡线、无峰控面、有警出警、无警服务"的安防服务理念；完善校园交通设施，增加校内道路安全交通标识 800余处；自 2017 年 12 月 1 日起，严禁外卖电动车进出校园，减少了校园交通隐患；清理校内废弃自行车 3000 余辆，净化了校园环境。

（四）开展"消防安全月"活动

下发《临沂大学"安全生产月"活动实施方案》，多次举办安全教育报告会，加强师生消防逃生与灭火演练；开展消防知识进基层活动，邀请市公安局消防支队作消防安全知识培训，并对物业公司管理人员培训 2000 余人次；为保证消防设施良

性运转，灭火器换粉 3000 余具；随时更换维修照明灯、安全出口指示牌，地上栓保养刷漆等；督促艺术中心、图书馆与有资质的维保企业签订维保合同，并组织实施；完成了图书馆七氟丙烷灭火器材维修与安装调试工作；监督完成了水保所新增消防设施设备安装验收工作。

（五）紧盯信访与户籍工作

实现了专项工作制度化、常态化。接转政府"12345"市民服务热线来电来信，按期回复率 100%；圆满完成各年度新生和毕业生的户口迁移工作；完成了教职工日常户口手续的办理工作。

第五章 传承红色基因，培育时代新人

临沂大学地处沂蒙革命老区，是沂蒙精神哺育成长起来的大学，从1941年滨海地委和抗大一分校建立的滨海建国学院，到临沂市委市政府举全市之力、集全市之智建设的大学新校区，走过了80个春秋，培养了20多万党和人民需要的各类人才。作为一所根植沂蒙革命老区80载的高校，临沂大学如何将丰厚的红色文化资源转化为育人资源，是学校长期以来尤其是更名以来重点探索的课题。

第一节 确立和完善红色文化育人的办学方略

2011年，学校党委确定依托临沂红色文化资源，充分挖掘红色文化的深刻内涵和时代价值，实施"红色育人工程"，以此进一步强化大学生社会主义核心价值观教育，6月29日，印发了《临沂大学红色育人工程实施意见》；2017年11月3日，在"红色育人工程"的基础上，又印发了《中共临沂大学委员会关于大力弘扬沂蒙精神的实施意见》，逐步形成了红色文化育人的办学方略。

一、"红色育人工程"的提出与实施

沂蒙是著名的全国革命老区，"爱党爱军、开拓奋进、艰苦创业、无私奉献"的沂蒙精神激励着一代又一代青年学子。如何利用沂蒙文化育人，是临沂大学党委长期以来不断探索的课题。

（一）提出

以"爱党爱军、开拓奋进、艰苦创业、无私奉献"为主要内涵的沂蒙精神，是山东党政军民共同培育的先进群体意识，是浓缩历史与现实、传统与现代、革命与建设、改革与开放的崇高精神，是历久弥新的思想宝藏。党和国家领导人、山东省历届省委领导都对沂蒙精神给予了高度评价。尤其是2005年8月16日，山东省委省政府在北京举行了沂蒙精神晋京展，"轰动京城，感动中国"。刘云山同志在参观了展览之后指出，"沂蒙精神与井冈山精神、长征精神、延安精神一样，都是伟大民族精神的具体表现，是中国共产党的宝贵精神财富"。李长春同志参观展览时强调"要加强沂蒙精神爱国主义教育基地建设，使沂蒙精神世代相传、发扬光大"。2011年6月19日，李长春同志在视察临沂时，对沂蒙精神进行了再次肯定并提出了新时期弘扬沂蒙精神的新要求。

作为共产党领导人民创造的中国革命史的重要载体，以沂蒙精神为代表的红色文化对塑造和树立大学生社会主义核心价值体系，解决信仰、信念和信任问题，具有重要的现实意义和深远的历史意义。2010年前后，临沂市对沂蒙老区的红色资源进行了深入挖掘，打造了"沂蒙精神政治品牌、红色文艺精品品牌、红色文化产业品牌"三个品牌，推出了以42集大型电视连续剧《沂蒙》、电影《沂蒙六姐妹》、大型水上实景演出《蒙山沂水》为代表的一大批广受全国人民欢迎的红色经典作品，规划建设了"一个中心、八个组团"的红色文化聚集区，建设了一批爱国教育基地和红色旅游景点和景区，成为全国八大红色旅游城市和全国30个重点红色旅游景区之一，这为学校实施"红色育人工程"提供了丰富的教育资源。

"红色育人工程"可以概括为"三三三六"工程。第一个"三"是"三进"，推进沂蒙精神进校园、进课堂、进头脑，包括进三院、三馆、三媒体；第二个"三"是"三下"，让大学生在校期间各用一个月下红色文化教育基地、下农村、下工厂；第三个"三"是"三研"，研编红色教材、研究红色课题、研发红色产品。"六"是指"六个一"活动，每年进行一场高质量军训、一场红歌会、一场红色运动会、一场红色演讲会、一场红色文化高端论坛、一次红色评先树优。

（二）实施

推进红色文化"进校园、进课堂、进头脑"。临沂大学于2011年6月建设了全面展现沂蒙精神内涵的"红色馆"，设立了收集世界各地红色文化资料的"图书馆"，开设了展示沂蒙地质风貌、文化名人、非物质文化遗产的"博物馆"，使"三馆"成为大学生理解并认可红色文化的重要载体。同时，学校还依托影视专业，建设了电影院，定期为广大学生免费播放红色影视作品；依托舞蹈专业，建设了大剧院，编排了室内版大型红色经典舞蹈"蒙山沂水"，定期在大剧院为师生演出；依托音乐专业，建设了音乐厅，编排了大型交响乐"沂蒙畅想"，让大学生接受红色高雅音乐的洗礼。临沂大学"三院"已经成为大学生积极主动接受红色教育的重要阵地。临沂大学的"三个媒体"即校报、学报、网站也成为学校传播红色文化的重要途径，每期校报和学报都会刊登与红色文化有关的人物事件和理论文章，学校还开设了"沂蒙精神教育基地"专题网站，让大学生在网络中深入了解红色文化。通过对"三馆""三院"和"三媒体"的强化建设，临沂大学已经构建了红色文化"进校园"的全方位渠道。

课堂是大学生接受文化教育的重要载体，学校于2012年组织编写了具有校本特色的"红色教材"《红色文化与沂蒙精神》，并以创新的方式给同学们授课，深受同学们接受和欢迎。

学校还组建了"沂蒙红色文化宣讲团"，以专题报告和专题讲座的方式，向学生强力宣讲感天动地的沂蒙精神及其重要的时代价值；成立了"沂蒙精神研究"红色社团，通过组织社团活动影响和凝聚学生。学校全面开通校园广播红色频段和校园电视红色频道，播放红色影视、讲述红色故事、研讨红色话题等方式，让学生接受耳濡目染的熏陶，引导红色文化"进头脑"。

开展大学生"下基地、下农村、下工厂"活动。沂蒙是一片红色沃土。在这片钟灵毓秀的土地上，曾诞生沂蒙六姐妹、沂蒙母亲、沂蒙红嫂等众多铭刻在史册上的英雄儿女，他们为后人树立了一座不朽的历史丰碑，他们所缔造的沂蒙精神，成为中华民族宝贵的精神财富，更被临沂大学视为取之不尽的精神富矿。临沂现有国家级爱国主义教育基地 4 个，山东省级爱国主义教育基地 13 个，地市级教育基地 40 多个，学校把沂蒙红色教育基地整合为"一个中心、八个组团"。"一个中心"是指以华东革命烈士陵园为中心，辐射沂蒙革命历史纪念馆、沂蒙精神展馆等多处红色资源，形成红色文化的聚集区；"八个组团"是指英雄孟良崮纪念区、红色首府纪念区、华东野战局诞生纪念地暨新四军旧址纪念区、红嫂故里纪念区、中共山东分局纪念区、滨海革命文化纪念区、大青山战斗遗址纪念区和鲁南革命文化纪念区。

为了让学生真正了解历史、领悟红色文化的深厚内涵，学校规定，每个学生"下基地"的时间不得少于 10 天，并且每人还必须完成一篇高质量的下基地调查报告。同时，学校还把各个基地的基本情况编写成了教材，让大学生在下基地的同时，能够对照教材更加深刻地了解红色基地情况。同时学校还要求，学生必须结合专业特点"下农村、下工厂"搞调研，时间累计不得少于 20 天。调研期间必须与农民、工人同吃、同住、同劳动，通过这种方式让学生切身感受农村、工厂生活现状，同时增强了动手能力，提高适应社会的能力。

实施"红色教材、红色课题、红色文化产品"研究。文化传承与创新是大学的主要功能之一，作为沂蒙老区唯一一所综合性大学，临沂大学把继承和弘扬沂蒙精神作为学校的一项重要任务，通过研编红色教材、研究红色课题、研发红色产品，不断升华红色文化的育人功能。为此，学校专门成立了《红色文化与沂蒙精神》教材研编小组，突出教材的科学性、实用性和可读性，使这个系列教材成为学生乐读愿学的生动课本。2016 年 3 月 15 日，在山东省教育厅召开的"全省实施理论建设工程，推进'四大平台'建设工作会议"上，学校申报的山东省沂蒙精神研究基地获批山东省理论建设工程重点研究基地，马克思主义学院被评为山东省重点马克思主义学院培育单位，徐东升被聘为研究基地首席专家并入选省理论建设工程学术委员会成员。

为深化高端课题的研究，临沂大学于 2011 年成立了沂蒙文化研究院，加大了对红色文化研究课题的投入力度。临沂大学承担了国家社科基金课题"红色文化与社会主义核心价值体系建设"，实现了沂蒙红色文化研究获得国家级立项的突破，编写的《沂蒙简史》《沂蒙精神》《沂蒙革命斗争史略》《沂蒙红色文化概论》等专著，受到了专家的广泛好评。2016 年 9 月，学校马克思主义学院徐东升教授主持申报的"沂蒙精神重大理论与实践问题研究"，被省委宣传部评为山东省 2016 年社科规划重大项目；2016 年 11 月 23 日，《大众日报》刊发学校刘涛博士和赵长芬博士理论文章《弘扬沂蒙精神凝聚筑梦力量》和《弘扬沂蒙精神进一步凝聚党心民心》，推广学校沂蒙精神理论研究成果。2017 年 2 月，山东省教育厅公布"十三五"山东省高等学校科研创新平台立项名单（鲁教科字〔2017〕4 号），学校"沂蒙文化研究基地"获批"十三五"山东省高等学校人文社会科学研究平台。

在红色产品研发方面，学校争取到了"山东省红色文化产业研发基地"项目，以此为依托进行三个方面研发：拍摄一系列电视理论片，用科学理论武装学生；编辑一系列红色文化丛书，用优秀文化作品鼓舞学生；研发一批红色文化旅游产品，投放企业生产并投放红色旅游景点。临沂大学电视制作中心拍摄的电视专题片《沂蒙》和电视理论专题片《沂蒙精神颂》均获得"山东省精神文明精品工程奖"。2017 年学校沂蒙精神基地被山东省委高校工委授予首批全省高校思想政治理论课教师社会实践研修基地称号。

深入开展"六项红色活动"。一是在新生中开展为期两周的新生军训活动，军训过程中注重融入红色精神，如邀请老红军、沂蒙六姐妹、红嫂等来与学生交流；二是每年在学生中开展一次红歌大赛，让红色歌曲至少一个月时间是校园里的"流行歌曲"；三是每年举行一次规模适度的红色运动会，让大学生在红色运动项目中更加了解红色文化，更加懂得团结合作；四是鼓励学生进行红色文学与文艺创作，通过演讲比赛等形式，让学生思、学、讲红色文化，在学生中普及红色文化理念；五是每年举行一次全国红色文化高端论坛，广泛邀请全国各地红色文化研究专家，挖掘红色文化的深刻内涵和重要的育人价值；六是每年评选表彰一次红色育人工作先进集体、先进个人或红色文化建设精品，充分发挥先进模范的典型引领作用和辐射带动作用。

2012 年 5 月 17—18 日，学校发起并承办了全国第一届大学生红色运动会，红运会由全国大学生体育协会、山东省教育厅、山东省体育局、山东省委高校工委主办，临沂大学和临沂市政府共同承办，有 50 多家高校报名参加红运会。运动会期间，还举行了由光明日报社和临沂大学联合举办的红色文化与社会主义核心价值体系建设研讨会。2016 年学生工作实施"领航工程"，坚持用沂蒙精神和优秀传统文化教育学生，先后开展"践行社会主义核心价值观"解放思想大讨论、向党代会献礼等主题活动；以"诚信感恩"为主题，开展"助学·筑梦·铸人"活动；以引导学生树立节约观念为目的，开展"节俭养德"主题教育活动。

二、"三五七"工程的提出与实施

2013 年 11 月，习近平总书记视察山东时指出："沂蒙精神与延安精神、井冈山精神、西柏坡精神一样，是党和国家的宝贵精神财富，要不断结合新的时代条件发扬光大。"如何传承和弘扬沂蒙精神，进一步挖掘沂蒙精神新的时代价值，做到弘扬与育人相统一，学校党委继续积极探索。

（一）提出

习近平总书记指出："山东是革命老区，有着光荣传统，军民水乳交融、生死与共铸就的沂蒙精神，对我们今天抓党的建设仍然具有十分重要的启示作用。"为深入学习习近平总书记关于沂蒙精神的重要讲话和重要指示要求，认真贯彻落实中共山东省委办公厅《关于大力弘扬沂蒙精神的意见精神》，不断提升用沂蒙精神办学和育人的成效，学校提出了大力弘扬沂蒙精神的实施意见。2017 年，学校确定在实施红色育人工程的基础上，实施弘扬沂蒙精神"三五七"工程。"三五七"工程是指，沂蒙精神进课堂、进教材、进头脑；沂蒙精神融入校园文化、人才培养、科学研究、社会服务、党性教育；实施干部培训、军事训练、实践调研、文艺创作、高端论坛、课题研究、典型示范等弘扬沂蒙精神工作计划。

（二）实施

沂蒙精神"三进"

进课堂。将沂蒙精神纳入思想政治理论课建设体系，面向全校学生开设"沂蒙文化与沂蒙精神"必修课程；其他课程教学也要突出沂蒙革命故事、革命传统、革命英雄素材鲜活的特点，充分发挥沂蒙精神的育人功能。2017 年学校人才培养方案中增设了"沂蒙文化与沂蒙精神"通识必修课，共 32 学时、2 学分，将沂蒙精神融入思政课，并同时开设了6门选修课，面向全校学生选修。

进教材。学校编写了校本教材《沂蒙精神大学生读本》，编写了《临沂简史》《沂蒙文化史》《沂蒙红色文化概论》等学习宣传沂蒙精神的教材和读物。并大力推进课程思政建设，2020年校级课程思政立项313项，"毛泽东思想和中国特色社会主义理论体系概论""思想道德与法治"两门课程获批山东省教育厅全省大中小学思政课"金课"。

进头脑。将沂蒙精神贯穿于办学育人全过程，坚持知行合一、学用结合，构建弘扬沂蒙精神常态化、制度化机制，促进沂蒙精神内化于心、外化于行。2017年学校深入开展党的十九大精神学习教育活动，组织学生收看党的十九大开幕式，集中观看十九大专题片；开展主题教育实践活动、学习心得交流活动；开展十九大精神宣讲，成立"习近平新时代中国特色社会主义思想研习会""沂蒙精神研究协会"等学习社团；开展"书香溯古韵乐学创新风"中国优秀传统文化月系列活动、红色革命文化主题教育活动、诚信教育"八个一"主题活动，扎实开展了毕业季、入学教育活动，组织了以"赞颂辉煌成就、赓续红色基因、支持改革强军"为主题的纪念建军90周年系列活动，开展了"助学 筑梦 铸人"征文比赛，征集作品344篇，评选表彰优秀征文56篇；开展诚信辩论赛，表彰优秀辩手18人，优秀团队4个。2019年开展纪念五四运动100周年征文活动、聚焦"我和祖国共成长"，开展了"唱国歌·迎国庆"万人升旗仪式、纪念"一二·九"全国大学生爱国运动的活动及升旗仪式；开展"寻访红色足迹，传承沂蒙精神"活动，在清明节期间广泛开展纪念革命英烈系列活动，以毕业教育、入学教育活动为载体，深入开展革命传统教育。

沂蒙精神"五个融入"

融入校园文化。在校报、网站、广播站、"两微一端"等开辟"沂蒙精神"专栏，大力宣传沂蒙精神；强化大学生"沂蒙精神研究"社团建设，组织爱国歌曲合唱比赛、演讲比赛、征文比赛等主题教育活动，积极弘扬沂蒙精神。2017年11月，学生社团"沂蒙文化研究协会"和"习近平新时代中国特色社会主义思想研习社"成立，12月26日，以"同一个校园，共播种希望"为主题的2017年临沂大学校园绿叶奖颁奖晚会举行；建设完善将军园、沂蒙文化长廊、沂蒙精神群雕等校园红色文化景点，在适当位置矗立沂蒙精神标识、标牌，营造沂蒙精神育人氛围，2017年在明义1与2号楼之间，精心打造"心"湖景观，在建设中融入沂蒙元素，达到绿化与育人的双重效果；建设具有历史纪念意义的抗大一分校、滨海建国学院校门、校舍等特色文化景观，挖掘沂蒙精神史料，充实完善红色馆、红色非物质文化遗产展馆内容，加强师生校史校情教育，溯园在 2018 年建成，成为临沂大学追根溯源、弘扬沂蒙精神的精神文化景区。

融入人才培养。按照培育"临大特质"的目标要求，精心设计人才培养方案。加强创新创业教育，学校开设了"创业基础"通识必修课和创新创业类通识选修课程，培养创新精神和创业意识；把革命传统元素纳入体育课程教学和体育竞赛项目，加强劳动锻炼，组织开展第二课堂活动，培养学生吃苦耐劳精神和责任担当意识；加强爱国爱校教育，培养学生集体主义观念和无私奉献精神。2019 年 12 月，临沂大学召开"三全育人"工作会议，紧紧围绕为党育人、为国育才，落实立德树人根本任务，传承抗大基因，弘扬沂蒙精神，构建了完善的全员育人育全人体系。

融入科学研究。以沂蒙精神为引领，促进科学研究水平提升。继承和发扬沂蒙人民团结一心的优良传统，提升科研人员的团队合作意识，强力推进集体攻关；发扬开拓创新精神，积极打造"沂蒙研究"等领域研究的"一招鲜"，努力形成学科优势；发扬求真务实和吃苦耐劳精神，甘于寂寞、善于钻研，不急功近利、不弄虚作假，多出原创性科研成果，不断扩大学术影响力。2017 年 10 月，在中共山东省委宣传部下发的《关于资助 2017 年度重大理论与实践问题研究课题的通知》中，学校10 项课题获得重点资助。2019 年《沂蒙精神融入高校思想政治理论课全方位立体化教学改革的探索与实践》获山东省第八届高等教育省级教学成果奖一等奖，"弘扬沂蒙精神打造'筑梦强国'精品课程"入选山东省高校思想政治工作十大建设计划重点项目。

融入社会服务。根据"立足沂蒙、扎根沂蒙、服务沂蒙"的服务面向定位，临沂大学深度实施了"服务沂蒙行动计划"和"城校融合"发展战略，构建服务沂蒙对口合作长效机制。打造临沂大学理事会、教育发展基金会两大服务沂蒙工作平台，建设临沂大学科技园，开展山东商贸物流研究院、临沂发展研究院等智库建设，积极为沂蒙地方政府决策提供咨询建议。2018 年 11 月，临沂大学和临沂市商城管委会联合申请的山东商贸物流研究院正式成立，这是临沂大学校地共建的第一个应用型协同性研究院，对服务商贸物流产业转型升级、构建新型校地共建关系，具有重要的示范和引领作用。2020 年临沂大学与临沂市政府联合开展"才聚沂蒙"行动，校地共建了沂蒙创新研究院、临沂大学科技园、乡村振兴学院，与海信集团等 8 家企事业单位及高校签订全面战略合作协议，科技帮扶 3 个乡镇工作扎实推进。

融入党性教育。临沂大学充分发挥沂蒙精神在党建工作中的引领作用，将学习和践行沂蒙精神纳入各级党委中心组理论学习和党员教育培训，纳入"两学一做"学习教育和"三会一课"。充分发扬联系群众光荣传统，改进了联系群众方式方法，深化领导干部直接联系和服务师生工作，推动广大党员干部在实践中示范带动传承弘扬沂蒙精神。

弘扬沂蒙精神"七项计划"

干部培训计划。临沂大学将沂蒙精神教育列入干部培训计划，定期对校内管理服务人员和专业教师进行培训；拓展沂蒙干部学院业务，积极承接校外培训项目，扩大沂蒙精神的社会影响；做好山东省委组织部安排的大学生村官、第一书记等培训项目，将沂蒙精神作为培训的重要内容，增强学员对沂蒙精神的价值认同。2017年11月7日、14日，2017年第一期、第二期山东高校教师党支部书记示范培训班相继在学校开班。每期由来自全省各高校100名教工党支部书记组成，学校基层党支部书记参加培训；2017年，临沂大学承办了全省大学生村官培训任务、全省高校正处级干部党的十九大精神专题学习班。

同时，学校高度重视加强培训基地建设，举办多种综合素能提升培训班，发挥学校社会服务职能，取得了良好的社会效果。山东省2018年选调生培训在学校成功举办，来自全省965名即将赴农村基层任职的选调生参加了为期6天的培训。2018年学校获批全省政法干部培训基地，担负起高素质法治人才培养工作的政治责任，为优秀法治人才特别是杰出法治人才培养贡献力量。

军事训练计划。临沂大学将沂蒙老区人民"爱党爱军"的光荣传统融入大学生国防教育，开展不少于2周的新生军事技能训练，锻炼过硬的身体素质，培养良好的纪律规范、集体荣誉感和坚韧不拔的意志品质。新生开学14天的军训成为每年新生入校的第一课，临沂大学探索性的"退役学生当教官"起到了很好的示范引领作用。2017年9月，临沂大学国旗护卫队应邀参加了由共青团中央学校部主办的"青春旗帜——向祖国致敬"第四届全国高校升旗手交流展示活动，获得"全国十佳升旗手"称号。10月临沂大学代表山东省唯一一所高校到四川参加了"教育部2017年度军事课教学展示活动"，并被教育部评为"全国国防教育特色学校"。

实践调研计划。临沂大学依托沂蒙革命老区的资源优势，组织学生走进爱国主义教育基地、企业和社会基层，开展社会调查、志愿服务等活动，体验沂蒙社情民情。本科生在校期间参加社会实践活动时间累计不少于4周，研究生和专科生不少于2周，每个学生在校期间至少参加 1 次社会调查，撰写 1 篇调查报告。2019 年 12 月，教育部和团中央共同发来的表扬信和感谢信，对学校"云飞支教队"和"守护家园，振兴生态"社会实践服务团两支实践队的出色表现表示感谢，给予表扬，两支队伍均被评为"优秀服务队"。此外，临沂大学于 2020 年荣获全国暑期"三下乡"社会实践活动优秀单位。

文艺创作计划。精心创作以沂蒙精神为主题的文艺作品，以文学艺术形式传承弘扬沂蒙精神。2019 年临沂大学创作了大型民族交响乐《沂蒙史诗》，并于 12 月到山东省委党校（山东行政学院）进行专场演出。同年，学校先后推出了大型舞剧《渊子崖》和大型歌剧《初心》，均收到了令人震撼的效果。

高端论坛计划。临沂大学组织了"三山一坡"革命精神研讨会、山东根据地研究学术研讨会、沂蒙文学与沂蒙精神研讨等高端论坛，邀请全国各地研究专家，深入挖掘沂蒙精神等革命精神文化的深刻内涵和育人价值。2018 年 11 月 21—22 日，传承抗大基因、弘扬沂蒙精神——学习贯彻习近平总书记沂蒙精神重要讲话暨纪念抗大一分校成立 80 周年学术研讨会在学校举办，来自全国各地的抗大研究机构、高校专家学者齐聚一堂，回顾抗大一分校的历史，深入挖掘"抗大精神"与"沂蒙精神"的渊源、内涵及时代价值；2018 年 10 月，学校承办了山东社科论坛——红色基因传承学术研讨会，并获评 2018 年十佳研讨会；2020 年 11 月 24 日，第五届"三山一坡"高校联盟弘扬革命精神研讨会在学校举行，会议就中国共产党革命精神的理论研究和育人实践经验进行了学术交流；2020 年学校获批山东省大中小学红色文化传承研究指导中心（全省共 3 个）、教育部中华优秀传统文化传承基地（全国共 26 个）。

课题研究计划。临沂大学不断加强沂蒙精神理论研究，强化国家级、山东省部级研究课题申报，并在学校社科规划项目中设立"沂蒙精神研究"专项，每年列出10 个左右选题参照山东省级项目予以重点支持。2017 年 11 月，山东省哲学社会科学规划领导小组正式批复学校与临沂市商城管委会共同成立"山东商贸物流研究院"，并纳入省社会学科规划基地管理；2018 年新增"山东沂蒙文化研究院""山东戏曲艺术重点研究基地""临沂大学心理健康与家庭教育研究中心" 3 个省级社科科研平台。

典型示范计划。临沂大学充分发挥典型示范带动作用，大力选树新时期弘扬沂蒙精神的各类先进典型，每年推荐评选"振兴沂蒙劳动奖章""临沂好人""师德标兵""优秀党员"等，引导广大师生以榜样为标杆，自觉践行沂蒙精神。临沂大学马克思主义学院沂蒙精神与形势政策党支部获评临沂市 2018 年度巾帼文明岗，2019 年 12 月 27 日，《中国教育报》以《走在前头：以定力和坚守打造育人根本》为题，详细报道了学校马克思主义学院发展特色：党的建设扛旗帜、教学科研"别样红"、育人育才亮实招、社会服务铸口碑等。

三、打造"传承红色基因，弘扬沂蒙精神"德育体系

无论是"红色育人工程"，还是"三五七工程"，无不体现"沂蒙精神"的深刻内涵，两项工程都是把沂蒙精神这一"红魂"与社会主义核心价值体系这一"兴国之魂"熔铸起来，强化对师生社会主义核心价值观教育，让社会主义核心价值体系由理论落实到实践。

（一）用红色文化强化育人功能

临沂大学始终秉承和弘扬沂蒙精神，深入研究、发掘沂蒙精神的育人价值，着力培养学生立场坚定、追求执着的政治信仰，开拓进取、敢为人先的思想意识，艰苦奋斗、自强不息的精神风貌，顾全大局、勇于奉献的价值观念，使学生走好人生道路，成为具有沂蒙精神特质的优秀接班人。

（二）用沂蒙文化凝练校园精神

临沂的历史文化和红色文化是学校开展德育工作的最生动素材。临沂是一座建城 2500 多年的历史古城，文化悠久而灿烂，闻名中外的《孙子兵法》《孙膑兵法》竹简就出土于临沂，孔子 72 贤徒中有 13 人生长在临沂，历史上二十四孝中有七孝在临沂，王羲之、诸葛亮、颜真卿和刘洪等都出生或曾在这里生活。临沂更是全国著名的革命老区，抗日战争和解放战争时期，我党我军先后在临沂创建了滨海、鲁中、鲁南革命根据地。在革命战争年代，党政军民一起，同仇敌忾，英勇斗争，演绎了一幕幕荡气回肠、可歌可泣的英雄故事，创造了感天动地的"沂蒙精神"。

文化育人是最长久的育人，文化建设要体现在学校的规划中。临沂大学校园文化总体规划深刻体现了沂蒙文化特色，学校在校园精神凝练、校园标识系统设计、校园文化景点建设等各方面都凸显了区域文化主题。校训"明义、锐思、弘毅、致远"分别取自临沂籍圣贤书法亚圣颜真卿、算圣刘洪、宗圣曾子、智圣诸葛亮之语或赞其之语，并用书圣王羲之体书写而成，称之为"五圣"校训。校风为"实"，体现了沂蒙人民的朴实民风、"沂蒙精神"的深刻内涵、党的"实事求是"的思想路线和"理论联系实际"的优良学风。校标以学校地标性建筑图书馆为主题，其造型以沂蒙山区特有地貌"崮"为参照，形似巍峨蒙山，浩然大气，代表了沂蒙老区厚重

的历史文化，宣扬了踏实、敦厚、坚定的精神风格；"山"字造型，表达了为沂蒙老区再造"知识蒙山""人文蒙山""精神蒙山"之意。图案下面的三条直线，象征贯穿沂蒙大地的沂河。蒙山沂水相映寓意"书山有路勤为径，学海无涯苦作舟"。《临沂大学校歌》也体现了地域特色，把沂蒙历史、人文、精神、景观等充分融入其中，传递了爱国、爱党、爱校、爱人民的无限情怀，成为广大师生传唱的经典。在国家教育部思想政治工作司组织编写的《百所高校校训、校徽、校歌汇编》中，临沂大学校训、校徽、校歌入选其中。

（三）用沂蒙文化提升科研水平

一支素质精良的文化传承创新队伍对校园文化的建设发展具有重要意义。2013年1月，临沂大学文化传承协同创新中心正式揭牌成立，标志着临沂大学在文化建设方面又迈进了一步。文化传承创新中心下设"一社四院"，分别是教育科学出版社临沂大学分社、演艺创意研发院、工艺美术研发院、雕塑艺术研发院、影视创意研发院。教育科学出版社临沂大学分社主要开展出版策划、版权代理等，特别注重对沂蒙文化相关图书音像资料的研究与开发，形成沂蒙文化的研究、编辑、出版和发行高地；演艺创意研发院以大剧院、音乐厅、体育馆等为依托，研究创作乐舞剧等文艺精品、体育舞蹈精品，参加国际国内相关比赛，传播沂蒙优秀文化；工艺美术研发院以韩书凡工作室为依托，以韩书凡石刻和沂蒙民间工艺为创作素材，协同临沂市民间艺术家协会、美术学院等，研究、创作、开发富有沂蒙和学校特色的系列文化产品等投放市场；雕塑艺术研发院以牛振江工作室为依托，以沂蒙历史文化和红色文化元素为题材，开展城市与校园文化雕塑研究、创作、设计、制作；影视创意研发院以黄立宇工作室为依托，以文献纪录片、理论宣传片制作为重点，开展区域文化特色的影视创意研究、创作、拍摄、制作。2012年4月7日，临沂大学师生参与拍摄的《红色沂蒙365》电视专题片首播仪式举行，该片第一次以影视方式全方位展示沂蒙红色历史上的"今天"，连续一年时间每晚在临沂电视台播出，产生了很大的社会反响。2014年，临沂大学学生参加了"五月的鲜花"全国大学生文艺汇演，在央视舞台上展现了临大学子的青春风采。2016年，沂蒙文化研究院成立，标志着学校对沂蒙文化的研究又进一步深入，对沂蒙文化育人功能的挖掘又进一步加强，而立足沂蒙文化研究院取得的研究成果又纷至沓来。学校相继获批山东省中华优秀传统文化传承基地（柳琴戏）、中国文艺评论基地、山东红色文化产业开发研究基地、山东沂蒙红色文化研究中心、山东省大中小学生红色文化传承研究指导中心。

（四）用沂蒙文化升华场馆建设

文化场馆是对红色文化的静态呈现，对构建良好的德育体系，让大学生深入理解红色文化的深刻内涵具有重要意义。临沂大学相继建设了六个场馆和校园文化景观园溯园，传承创新沂蒙文化。

红色馆。于 2011 年 6 月 12 日开馆，占地 900 余平方米，是学校实施红色育人工程的重要实践教育基地，也是学校进行红色文化研究的重要科研基地。该馆以"沂蒙精神"为主线，分为"沂蒙热土、红色黄埔、薪火相传、再展宏图"四个部分，用图片、影像、光电、实物等形式，对"沂蒙精神"的诞生、形成、发展、升华过程，以及临沂大学用沂蒙精神办学，铸就红色大学的历程进行了集中展示。该馆荣获 2011 年全国高校校园文化建设优秀成果一等奖，先后获批全国高校党性教育基地、教育部全国高校思想政治理论课骨干教师社会实践研修基地、山东省理论建设工程重点研究基地——山东省沂蒙精神研究基地。2019 年 11 月 24 日，提升后的红色馆重新开馆。新红色馆成为追溯学校红色办学源头、展示学校传承红色基因成果的重要场馆。

博物馆。于 2011 年 6 月 12 日开馆，建筑面积 4400 多平方米，一层为自然博物馆，展示沂蒙岩石、矿物、化石等标本，师生利用馆藏进行科研，在《科学》《自然》《美国科学院院刊》《远古世界》等世界顶级杂志发表论文；二层为红色非物质文化遗产展馆，展馆以诞生、传承于沂蒙地区的各种红色非物质文化遗产为展示内容，由红色文化展示区、红色文物展示区、红色非遗传承实践与创新区等部分组成，共展示红色文物、作品 400 余件；地下一层为书凡艺术馆，展出工艺美术作品 1500 余件。

山东革命根据地北海银行博物馆（山东革命金融博物馆）。北海银行创建于抗战初期，至 1948 年 12 月 1 日完成历史使命。作为中国共产党领导下的抗日根据地创建的主要银行，北海银行完全可以称得上是"央行基石"或"央行之本"。北海银行为保障战争胜利、推进全国货币金融统一立下了不可磨灭的功绩，为新中国金融系统的建立和完善奠定了重要基础。该馆于 2019 年 12 月 19 日开馆，面积 900 余平方米，分"顺应形势创立，助力山东抗战""迎击日伪法币，赢得货币战争""开展金融服务，保障战时经济""一代金融志士，英名彪炳史册""肇基银行伟业，传承红色基因"五个部分，是山东革命金融重要展馆、爱国主义教育和党史国史教育的重要基地。

王汝涛文史馆。王汝涛（1921—2009），曾在学校任教多年，著名作家、文史专家。为纪念先生，学校于 2012 年 10 月 23 日建设王汝涛文史馆，该馆用 200 余幅照片，60 余部学术手稿，130 余册论文刊物，100 余件证书、证件、书信，以及先生伏案工作、笔耕不辍的书房原景等大量珍贵的史料、图片和物品，全面展现了先生严谨治学、淡泊名利、潜心钻研、教书育人、卓尔不凡的一生及其光辉灿烂的学术成就。

王小古艺术馆。王小古（1915—1982），曾在学校任教多年，著名花鸟画家、杰出的美术教育家。为纪念先生，学校于 2013 年 6 月 14 日建设王小古艺术馆，馆内共展出绘画、书法、印章作品 160 余幅，书籍资料 140 余份，文房四宝 46 件，信件 110 余封，照片 70 余张，其他实物 50 余件，全面展示先生的诗、书、画、印艺术，用珍贵的史料再现了王小古的艺术成就。

张寿民书法馆。张寿民（1908—1998），曾在学校任教多年，革命家、教育家、德艺双馨的书法家。为纪念先生，学校于 2013 年 9 月建设张寿民书法馆，面积近 600 平方米，馆藏作品 120 余幅，旨在征集张寿民先生大作，抢救重要文化遗产成果，为广大书法爱好者提供学习场所。当代中国书法大家对其作品评价极高，欧阳中石先生曾赞其书法艺术"集文章道义，兴翰墨风流"，启功先生也曾为其书法集欣然题名。张寿民书法馆的建成不仅有利于加强临沂市书法文化的传承，而且能更好地推动书法名城建设。

溯园。于 2018 年 11 月 21 日建成，是学校利用抗大红色资源、沂蒙精神资源，按照红色理念打造的校园文化景观，复原了抗大一分校沂蒙办学点、滨海建国学院部分旧址校貌，使学生身临其境、潜移默化地接受革命传统教育，追溯革命历史、传承红色基因。2019 年 11 月 24 日，大型浮雕《水乳交融生死与共》落户溯园，成为师生感受和浸润沂蒙精神的又一重要艺术载体。

（五）用沂蒙文化打造文艺精品

文艺精品创作是文化传承创新的一项重要内容，文艺精品深厚、持久的感染力，对鼓舞青年大学生积极健康向上具有重要的作用，对丰富、活跃校园文化，搭建学生实习实践平台具有重大意义。临沂大学立足红色文化，做精红色文化精品，取得了良好的效果。

学校编排了大型民族交响乐《沂蒙畅想》和《沂蒙史诗》，并在全国各高校、党政机关进行了演出，同时也被教育部指定为"高雅艺术进校园"巡演项目；编排了大型红色歌舞《沂蒙印象》，被"十艺节"组委会指定为"喜迎十八大，相约十艺节"优秀舞台剧目展演作品，在济南进行了两场演出，该项目于 2013 年 10 月获得山东省文艺界最高奖"泰山文艺奖"；编演了大型情景剧《沂蒙情深》，生动地展现了临沂大学的诞生历程，以及临大师生与沂蒙乡亲，对党对革命情深似海、大爱至诚的博大胸襟，深刻地反映了滨海建国学院师生对老区人民血浓于水的深厚感情；编排了大型舞剧《渊子崖》，该剧反映了抗日战争时期沂蒙人民不屈不挠与侵略者坚决斗争的精神；编排了歌剧《初心》，反映了三代沂蒙人不忘初心，牢记使命，坚定弘扬沂蒙精神，坚决跟党走的深刻内涵。

第二节 传承红色基因，弘扬沂蒙精神的创新探索

传承红色基因，弘扬沂蒙精神，都必须坚持以习近平新时代中国特色社会主义思想为指导，必须落实立德树人根本任务，以促进学生德智体美劳全面发展为目标。

一、抓好"三全育人"

2019 年 12 月，临沂大学下发了《关于加强三全育人育全人工作的实施意见》。"三全育人"是贯彻党的十九届四中全会和全国全山东省教育大会精神，落实为党育人、为国育才，根据中共中央、国务院《关于加强和改进新形势下高校思想政治工作的意见》和中共山东省委、山东省人民政府《关于加强和改进新形势下高校思想政治工作的实施意见》等要求，结合学校实际而实施的。坚持全员全程全方位育人，深化人才培养体制机制改革，努力培养"基础理论扎实，富有创新精神和创业能力，具有沂蒙精神特质和国际视野的高素质应用型人才"。

"三全育人"按照"一二三五十"的育人工作思路开展工作。"一"是指聚焦一个目标，培养学生鲜明特质；"二"是指弘扬两种精神，打造红色育人品牌，用"抗大基因"和"沂蒙精神"强化育人；"三"是指强化三方联动，深化学校、家庭和社会三方协同育人机制，构建三方协同育人共同体；"五"是指推进五育并举，将德育、智育、体育、美育、劳育覆盖到每名学生，贯穿从入学到毕业的各阶段，促进学生全面发展；"十"是指打通十大环节，即加强课程、科研、实践、文化、网络、管理、服务、心理、资助、组织育人功能，全面统筹办学治校各领域、教育教学各环节、人才培养各方面的育人资源和育人力量，推进"三全育人"落实落细。

二、深化"五个融入"

沂蒙精神可以育人，可以铸魂，可以聚力，可以集才。把沂蒙精神融入校园文化、

融入人才培养、融入科学研究、融入社会服务、融入基层党建，让沂蒙精神与学校建设发展共生共荣、息息相关。

（一）融入校园文化

学校重点建设了呈现红色沂蒙光荣历史和临沂大学红色历史的红色馆、展示沂蒙红色非物质文化遗产的博物馆，在图书馆建设了红色文献收藏中心，修建了溯园，建设了上演红色文艺精品的音乐厅、大剧院，开通了校内沂蒙精神育人电视频道和数字广播，在学报、校报开辟沂蒙精神育人专栏，创作了一批红色雕塑、沂蒙精神长廊等校园文化景点，全面推进沂蒙精神"进校园"。学校还把电影《沂蒙》、电视剧《沂蒙六姐妹》等沂蒙精神影视剧搬进课堂，把《蒙山沂水》《沂蒙畅想》《沂蒙情深》《沂蒙印象》《渊子崖》《初心》《沂蒙史诗》等沂蒙精神话剧、歌舞搬上舞台，鼓励、支持并指导学生组建沂蒙精神社团、开展社团活动，全面推进沂蒙精神"进头脑"。

（二）融入人才培养

学校不仅将沂蒙精神与教育部规定的四门思想政治理论课有机结合，还在人才培养方案中明确规定，面向全校学生开设校本思想政治理论必修课"沂蒙精神与沂蒙红色文化"，研发编写相关教材，开展系统的、专题性的沂蒙精神教育。该课程已成为临沂大学最有活力、最受学生欢迎的通识课程之一。学校在音乐教学中开设红色艺术欣赏，陶冶学生情操，引导学生品味、体验沂蒙精神；在历史教学中贯穿党史教育、民族精神与时代精神的教育；在中国现当代文学教学中突出中国共产党革命精神的育人功能；在自然科学教学中用科学家们的治学精神教育青年一代；在体育教学中把革命传统元素纳入课程教学，创设了一些新的体育运动项目，使学生在体育运动中回归到战争年代革命老区人民抗战、支前的情境，形成对老区人民"爱党爱军、无私奉献"的感性认识。

（三）融入科学研究

学校成立了沂蒙文化研究院、山东省马克思主义群众观研究中心等研究机构，对沂蒙精神、沂蒙文化等进行全面、系统的研究。先后承办了沂蒙精神与社会主义核心价值体系研讨会、沂蒙精神与群众路线研讨会、山东革命根据地建设研讨会等全国性学术研讨会，邀请相关领域的专家学者共同研讨沂蒙精神。出版沂蒙精神研究著作30余部，发表论文50余篇；获批国家社科基金项目"马克思主义群众观视域下的沂蒙精神研究"、教育部人文社科项目"基于沂蒙精神育人的社会主义核心价值观认同教育实践路径研究"和"沂蒙精神研究"等3项，山东省社科规划重大项目"沂蒙精神的重大理论与实践问题研究"等2项，山东省社科规划沂蒙精神研究专项、中共山东党史研究专项10项，在沂蒙精神研究方面获批山东省部级课题40余项，出版专著30余部，发表论文300余篇。获批全国高校思想政治理论课教师研修基地、山东省理论工程重点研究基地——山东省沂蒙精神研究基地、山东省"十三五"人文社科研究平台——沂蒙文化研究基地、山东省大中小学红色文化传承研究指导中心等重要平台。

（四）融入社会服务

学校成立了社会服务处（后更名为发展合作处）、区域经济协同创新中心，实施城校融合互动。每年都派出上百位博士教授下基层，服务老区群众、帮扶困难群众，帮助解决群众生产、生活中的难题。扎实推进大学生"下基地""下农村""下工厂"等项目。"下基地"实践活动重在让大学生了解历史。学校依托临沂市"一个中心、八个组团"沂蒙精神聚集区和山东省党性教育基地，有计划地组织学生深入基地了解沂蒙精神和红色历史，增强了学生对沂蒙精神的感性认识。"下农村"实践重在让大学生了解农业、农村与农民。学校组织大学生调查、了解社会主义新农村的新气象、新变化、新发展，了解社区建设发展、管理方式及建设成果。"下工厂"实践重在让大学生了解工业、工人与城市发展。学校组织大学生进入企业，参与生产与劳动，开展生产实践、技术研发、课程设计、创新创业训练、产学研结合等实践活动，强化大学生实践技能，增进大学生同普通劳动者的感情，增强大学生的社会适应能力和创新创业意识。

（五）融入基层党建

学校连续多年开展"弘扬沂蒙精神，争做时代先锋"等主题的实践活动，旨在深入贯彻落实习近平总书记关于弘扬沂蒙精神的重要论述和指示批示精神以及中央和山东省委关于"不忘初心、牢记使命"主题教育，传承红色基因，进一步推动沂蒙精神融入党建工作，发动基层党组织和广大党员在传承红色基因、坚守初心强党性上作表率，在转变作风、为民服务解难题上当先锋，在狠抓落实、干事创业敢担当上走在前，努力开拓沂蒙特色党建工作之路。各基层党组织从抓规范、打基础入手，从解难题、办实事着力，持续深化提升支部标准化建设，强化支部"双带头人"建设，积极开展"对标先进"工作，争创弘扬沂蒙精神先锋的党组织。要求广大党员按照"照镜子、找差距，寻初心、明方向，强党性、转作风"的要求，开展"党员画像"，对照体现沂蒙精神的原型画、对标担当作为的要求做，争先创优。认真落实到社区"双报到"制度，定期走进基层走近群众，问民需、纾民难、办实事，争做新时代担当奉献好党员。

三、抓实"三个载体"

学校不断强化马克思主义的基础地位，围绕教材、教师、教学关键环节，推进思想政治理论课改革创新。

（一）思政课程载体

建立思政课教师工作规范，完善工作标准，优化教研条件，建立以教学效果为导向的考核评价机制，引导教师自觉提升职业能力。学校积极落实思政课特聘教授制度，不断改进教学方法，丰富教学手段，提倡小班化、研讨式、互动式教学和案例教学，加强了"慕课""微课"等建设，形成了开放多元、灵活实用的教学模式，提高了思想政治理论课针对性、感染力和实效性。

学校建立专业课教师德育规范，深入挖掘专业课的德育内涵和德育元素，分学科制定德育指导方案，明确德育目标、范畴和实施途径，构建体现不同学科专业特点的德育模式，把思想引导和价值观塑造融入每门课的教学之中，实现专业教育与思想政治教育有机融合。学校构建了以哲学社会科学课程为核心的通识课体系，强化通识课程对专业育人的方法支撑，培养学生共同的价值认知、文化共识和精神素养，实现教书育人的统一。

（二）研究阐发载体

学校始终高度重视科学研究，立足马克思主义理论学科建设，积极搭建学科、科研平台，夯实发展基础，教育部"全国思政课骨干教师社会实践研修基地"、山东省理论工程重点研究基地——沂蒙精神研究基地、山东省重点马克思主义学院、山东省思政课名师工作室等平台落户学校，承办了教育部社科中心"不忘初心、牢记使命"理论研讨会、山东省国际政治和国际共运学会年会、山东社科论坛——红色基因传承学术研讨会等高端学术会议。获批国家社科基金项目（含后期资助）10余项，教育部人文社科项目近20项，山东省社科规划项目60多项（含重大项目2项），公开发表论文近300篇，其中CSSCI论文50余篇，出版著作近60部，在《光明日报》《人民日报》等知名报刊发表理论文章20余篇，获得山东省社科成果奖6项、市厅级社科成果奖100余项。

（三）活动实践载体

学校系统设计实践育人教育教学体系，分类制定实践教学标准，科学设置实践教学比重。深入开展大学生志愿者暑期文化科技卫生"三下乡"社会实践和"调研山东"社会调查活动，纳入学分管理，提高学生的参与率和覆盖面，增强学生对社会的认知感和责任感。建立健全学雷锋志愿服务制度，广泛开展社会公益活动。增强军事训练实效，强化学生国防意识和集体意识，锤炼坚强意志品格。

结合思政课学习，组织学生到华东革命烈士陵园、沂蒙革命纪念馆、孟良崮纪念馆、红嫂纪念馆等爱国主义教育基地进行现场教学，开展爱党爱军、无私奉献教育；到经济建设前沿地区进行参观体验，开展艰苦奋斗、创新创业教育；参观学校图书馆、校史馆、博物馆等，进行尊师重教、爱校荣校教育。

打造沂蒙大讲堂、书香校园等特色文化品牌项目，组织优秀传统文化月、体育文化节、读书节、诗词大会等系列精品活动，实施中华经典诵读工程，组织开展礼敬中华优秀传统文化、青春国学荟、"国学达人"挑战赛等校园文化活动。充分利用开学典礼、毕业典礼（学位授予）、各类颁奖仪式等庆典活动，加强对学生的爱国、爱校、爱家教育。强化校训校歌校史育人功能，实施文明校园创建活动，深入培育大学文化和优良校风学风，不断提升校园文明程度。

第三节 办学育人的质量特色显著强化

"水乳交融、生死与共"铸就的沂蒙精神继承和融合了中国优秀传统文化和革命精神，蕴含着共产党人一脉相承的红色基因和始终不渝的初心使命，具有强大的生命力、震撼力和感召力，是当代大学生继承革命传统、传承红色基因的有效和生动载体，具有重要的育人功能和引领价值。临沂大学坚持把立德树人作为中心环节，牢牢把握正确育人方向，全力推进沂蒙精神"进校园、进课堂、进头脑"，让沂蒙精神的种子在学生心中落地生根，从而保证学校始终成为培养社会主义事业建设者和接班人的坚强阵地，办学育人质量不断提升。

一、提升了办学育人质量

临沂大学充分挖掘沂蒙精神的时代价值和深刻内涵，把沂蒙精神教育融入人才培养全过程，着力培育学生"能吃苦、善创新、敢担当、乐奉献"的临大特质，积淀浓厚的红色底蕴，熔铸了"团结包容、崇实尚贤、艰苦创业、勇于争先"的临大精神。在沂蒙精神的熏陶下，学生的知识、能力与素质得到协调发展、全面提升。

先后有 20 余人次荣获"全国道德模范""全国大学生自强之星""山东省道德模范""山东省十大孝子""新世纪中华二十四孝"等荣誉称号，10 余人次获"山东高校毕业生十大成功创业者"、山东省首届创业大奖、山东省创新项目扶持、山东省发明专利奖等，参加"西部计划"人数稳居全山东省前列，连续获评"全国西部计划优秀项目办"，6000 余人次在全国全山东省各类学科竞赛和专业技能大赛中获奖。

学校将沂蒙精神融入育人体系，推进沂蒙精神进教材、进课堂，把对沂蒙精神研究的最新成果深度融入校本课程。学校组织专家研编《沂蒙红色文化与沂蒙精神》《红色文化与沂蒙精神案例研究》等校本教材，全方位深入阐述沂蒙红色文化，把沂蒙精神和红色文化融入教育部规定的四门思想政治理论必修课。自 2013 年起，学校面向全校本专科生，开设思想政治理论课校本必修课程"红色文化与沂蒙精神"。各学院还根据自身的专业实际，开设富有自身特色的沂蒙精神相关通识类课程，比如从历史学课程群中引申出"沂蒙抗日战争史""沂蒙解放战争史"等课程，从文学课程群中引申出"沂蒙红色文学作品赏析"等课程，在音乐教学中开设了红色艺术欣赏等课程，从体育类课程群中创设"红色"运动项目，引导学生品味、体验沂蒙精神，对学生进行价值观教育。2014 年 7 月，学校《依托沂蒙红色文化，推进大学生社会主义价值观教育教学的研究与实践》获得山东省教学成果奖二等奖。

"沂蒙精神进课堂"在全国产生较大反响。2011 年 6 月，学校成为"上海市思想政治理论课骨干教师社会实践研修基地"。2013 年 6 月，学校被教育部确立为全国首批十二家之一、山东省唯一的"全国高校思想政治理论课教师社会实践研修基地"。2017 年 2 月，学校沂蒙精神基地被山东省委高校工委授予首批全山东省高校思想政治理论课教师社会实践研修基地。2018 年 5 月，学校入选全国高校思想政治理论课教师研修基地。

学校依托红色文化资源加强思想理论教育和价值引领，培养了一批青年理论学习骨干和理论宣传骨干，创作了一批鲜活的理论传播精品，进一步提高了思想政治教育效果。自 2016 年以来，师生作品在山东省教育厅、团山东省委和大众报业集团主办的寻找青年"政治佳"活动中获得 20 余项"十佳"奖励，学校连续获评优秀组织奖。

学校依托沂蒙精神强化实践育人，推进创新创业教育。2017 年，学校"第一书记"助手项目参加第三届中国"互联网 +"大学生创新创业大赛"青年红色筑梦之旅"活动并载誉归来。2018 年，学校承办了"青年红色筑梦之旅"全国对接现场活动，被山东省教育厅授予"特别贡献奖"。

学校将革命老区爱党爱军的光荣传统融入国防教育,全面提升学生的国防观念。学生应征入伍人数连续多年位居山东省属高校首位,连续多次获评"山东省大学生征兵工作先进单位",《中国国防报》先后两次报道了学校依托红色文化资源开展大学生国防教育的经验。2016年9月27日至10月2日,临沂大学国旗护卫队应邀参加由共青团中央学校部主办的"青春旗帜——向祖国致敬"第三届全国高校升旗手交流展示活动并获得"全国十佳升旗手"称号。2017年3月,学校被教育部评为"全国国防教育特色学校",成为山东省唯一获此殊荣的本科高校。2018年,学校代表山东省参加了"教育部2018年度军事课教学展示活动"。

二、彰显了鲜明办学特色

学校党委高度重视红色基因在大学建设中的作用,将传承红色基因、弘扬沂蒙精神作为推进学校特色发展的有力抓手,融入学校顶层设计。

学校创新实施了内涵提升重点建设工程,主动对接区域经济产业行业需要,结合学校传统优势,首批遴选确定生化分析、商贸物流、沂蒙文化研究、水土保持与环境保育、教师教育、地质与古生物研究等6个重点研究领域,集中优势资源加强建设,带动学科群整体发展。

2019年1月9日,学校明确提出,要着力强化特色、突出红色、办出成色,进一步推进全国知名区域特色鲜明的创新创业型大学建设,其中的"突出红色",就是坚持落实立德树人根本任务,在红色基因研究与传承方面走在前列,打造沂蒙精神理论研究高地,创新德育模式,将红色基因传承贯穿人才培养全过程,彰显革命老区大学的育人特色。

7月2日,学校印发《临沂大学特色学科团队建设规划与实施方案》,明确提出集中优势学科力量,打造"七个一"特色方向,即扛起一面旗帜、攻克一组技术、打造一个引擎、养育一方水土、培养一支队伍、研发一系列新材料、形成一批高水平成果。其中的"扛起一面旗帜",就是"以沂蒙精神、抗大精神、红色文化、红色基因、红色文艺育人等为研究方向,打造全国红色文化传承的高地"。

学校办学特色日益彰显,获批全国高校党性教育基地、山东省马克思主义研究基地和山东省红色文化研究基地,承担了山东省"红色基因传承工程"重大项目,荣获全国高校校园文化建设优秀成果一等奖2项,荣获泰山文艺奖2项、山东省文化创新奖 2 项。在全山东省高校思政教育优秀成果等思政项目评选中获奖 17 项，2 个团支部获评全国高校践行社会主义核心价值观"示范团支部"。

三、促进了学校的特色发展与高质量发展

临沂大学沂蒙文化研究院深入挖掘沂蒙精神内涵，开展社会主义核心价值观教育研究。研究院下辖山东省"十二五"高校人文社科研究基地（沂蒙文化研究基地）、山东省红色文化产业开发研究基地、山东沂蒙红色文化研究中心和山东沂蒙文学重点研究基地。在此基础上，2015 年 12 月，学校对沂蒙文化研究院进行了进一步的优化与加强，山东省政协原副主席、山东省齐鲁文化研究院院长王志民被聘任为名誉院长、学术委员会委员，研究院下设沂蒙抗日战争研究中心、沂蒙精神研究中心、沂蒙艺术研究中心等 3 个常设研究中心，1 个全国文艺评论基地和若干个项目组，系统开展沂蒙精神和社会主义核心价值体系教育研究工作。2011 年，学校获批山东省文化厅"山东沂蒙红色文化研究中心"。2012 年 5 月，教育部将临沂大学列为三个"全国高校党性教育基地"之一。2016 年 3 月，学校获批山东省理论建设工程重点研究基地——"山东省沂蒙精神研究基地"。学校坚持以沂蒙精神、马克思主义群众观等关联领域为研究对象，产出了一大批科研成果，先后获得国家社科基金课题 1 项、教育部课题 6 项、山东省社科规划课题 28 项，出版专著 30 余部，发表论文 200 余篇。其中，"红色文化与社会主义核心价值体系建设"获得国家社科基金课题立项，"沂蒙红色文化与沂蒙精神"被评为山东省思想政治教育优秀成果一等奖。2016 年 9 月，马克思主义学院徐东升教授主持申报的"沂蒙精神重大理论与实践问题研究"，被山东省委宣传部评为山东省 2016 年社科规划重大项目。

为进一步研究和弘扬沂蒙精神，学校举办了一系列的高层次论坛。2012 年 5 月 18 日，与光明日报社联合举办沂蒙精神与社会主义核心价值体系建设研讨会，就沂蒙精神的内涵、形成、传承与弘扬及其与社会主义核心价值体系的内在关系等进行了深入研讨。2013 年 4 月 13—14 日，学校承办山东社科论坛——沂蒙精神与群众路线研讨会，与会专家从不同层面对沂蒙精神内涵与开展群众路线教育的现实意义作了深入阐述。

2015 年 11 月 25 日，由临沂大学发起，井冈山大学、延安大学、河北师范大学与临沂大学共同主办的纪念习近平总书记沂蒙精神讲话两周年暨"三山一坡"（井冈山、宝塔山、沂蒙山、西柏坡）高校弘扬革命精神研讨会在临沂大学举办。会议深入研讨了新的时代条件下传统革命精神与文化资源的理论与实践价值，进一步把

沂蒙精神的深刻内涵与时代价值推向了全国，《光明日报》等各级媒体连续重头报道，受到了时任教育部部长袁贵仁的批示，"继承弘扬'三山一坡'精神办好高校、培养优秀人才"，扩大了沂蒙精神在全国高校的影响。研讨会上，四所高校达成"临沂共识"：习近平总书记沂蒙精神讲话是研究、传承与弘扬中国共产党革命精神的重要遵循；"三山一坡"精神是弘扬中国共产党革命精神的重要内容和生动载体；革命老区高校要强化内涵发展和协同创新，切实担负起传承弘扬中国革命精神的神圣使命；革命老区高校的改革发展需要进一步的支持和指导。"三山一坡"高校联席会成立 5 年以来，牢记传承红色基因、弘扬革命精神的政治责任，不断深化中国革命精神的系统性研究，产出了一大批研究成果，产生了广泛积极的影响。

2016 年 11 月 25 日，学校召开学习习近平总书记发表沂蒙精神重要讲话 3 周年座谈会，总结用"沂蒙精神"育人的经验做法，并就进一步深入挖掘沂蒙精神的深刻内涵和育人价值进行了研讨，提出了"用政治理论教化人、用文艺作品感染人、用校园文化熏陶人、用文化场馆引导人、用科学研究提升人"的沂蒙精神育人体系。

2018 年 10 月 13 日，学校承办山东社科论坛——红色基因传承学术研讨会，贯彻落实习近平总书记提出的"要把红色资源利用好、把红色传统发扬好、把红色基因传承好"指示精神，纪念习近平总书记发表关于沂蒙精神重要讲话和重要指示精神 5 周年。

2018 年 11 月 10 日，山东省社科联社会组织学术月活动之"沂蒙精神的昨天、今天与明天"研讨会在临沂大学召开，进一步推进沂蒙精神的研究与传承。

2018 年 11 月 21—22 日，学校举行传承抗大基因、弘扬沂蒙精神——学习贯彻习近平总书记沂蒙精神重要讲话暨纪念抗大一分校成立 80 周年学术研讨会。与会专家学者共同探讨在习近平新时代中国特色社会主义思想指导下，牢牢把握立德树人根本任务，积极传承红色基因，大力弘扬沂蒙精神，努力培养德智体美劳全面发展、能够担当民族复兴大任的时代新人这一时代课题。

临沂大学把沂蒙精神融入人才培养体系，推进全员、全过程、全方位传承红色基因，打造了校本特色鲜明、育人成效显著的革命老区大学德育体系。在沂蒙精神的激励下，学校内涵建设实现了快速发展。2020 年"高质量发展看山东·高校行"对学校传承红色基因、弘扬沂蒙精神系列成果进行了重头报道。11 月 20 日，《大众日报》理论版刊发了学校党委书记王焕良的理论文章《弘扬沂蒙精神谱写新时代党群关系新篇章》。

第六章 党的建设和思想政治工作

学校始终高度重视并不断加强党的建设和思想政治工作，坚持党要管党、从严治党的方针，坚持思想建党、组织建党、制度治党紧密结合，认真学习贯彻党的十八大、十九大及十九届历次全会精神，全面贯彻落实党的路线方针政策，切实加强学校党委对各项工作的全面领导，紧扣立德树人这一根本任务，压紧压实党建工作责任制，不断探索新形势下加强和改进思想政治工作的途径、方法、载体，努力提高党建和思想政治工作水平，为全面推进区域一流、山东省内一流的高水平综合性应用型大学建设，培养德智体美劳全面发展的能够担当民族复兴大任的时代新人，提供了坚强有力的政治保证。

第一节 深入推进全面从严治党

学校党委履行全面从严治党主体责任，认真落实党委领导下的校长负责制，不断加强领导班子自身建设，加强党组织的思想建设、组织建设、作风建设、反腐倡廉建设和制度建设，改进领导方式和工作方法，从政治上、政策上、机制上把握学校的发展方向，抓好大局、出好思路、管好干部。

一、强化思想引领

思想建设是全面从严治党的首要任务和要求，而理论武装则是思想建设的关键所在。学校把党委理论学习中心组学习列入重要议事日程，把理论学习纳入党支部"三会一课"、团支部学习、教职工培训、学生骨干培训的重要内容，扎实开展党的创新理论大众化工作，不断推进师生理论学习常态化、制度化、规范化，切实把学习成果落实到干好本职工作、推动学校事业发展上。

（一）开展党委理论学习中心组学习

学校党委把理论学习中心组学习列入重要议事日程，纳入党建工作责任制，纳入意识形态工作责任制，纳入效能目标管理考核体系，纳入校内巡察的重要内容，认真落实"第一议题"学习制度，把学习宣传贯彻习近平新时代中国特色社会主义思想作为首要任务，坚持全面系统学、突出重点学、持续跟进学、联系实际学，不断完善校、院两级党委理论学习中心组学习制度，充分发挥"关键少数"在理论学习中的示范引领作用，建立了"集中学习与个人自学相结合、理论学习与实践调研相结合、线上学习与线下学习相结合"的学习模式。2014 年 1 月 10 日，学校出台了《关于进一步加强和改进党委理论中心组学习的意见》，从学习内容、形式及组织、考核等几个方面作了严格要求，中心组学习制度化、规范化初步形成。2018 年 11 月 7 日学校印发了《临沂大学党委理论学习中心组学习制度》，从考勤、笔记、档案、考核等几个方面作了严格要求，做到了时间、内容、人员、计划、组织"五落实"，进一步促进了中心组学习的制度化、规范化。

党委理论学习中心组学习坚持理论联系实际，围绕学校中心工作，不断丰富学习内容，创新学习方法。2011 年组织开展了为期 4 个月的"站在新起点，谋划新发展，实现新突破，开创新局面"大讨论活动，明确了大学的发展定位、发展目标和发展任务。2012 年 9 月 10 日，学校党委印发《关于开展"责任、担当、落实"解放思想大讨论活动的意见》。据此，学校开展了历时两个多月的大讨论活动，通过大动员、大讨论、大查找、大整改，集中查找并解决影响和制约学校内涵发展特别是为社会服务工作的思想观念、工作作风、领导方式和工作方法等方面存在的突出问题，全面提升了为社会服务的责任意识、担当精神、落实力度，为学校各项事业健康发展奠定了坚强的思想保证。2014 年 11 月 21 日，学校党委印发了《关于举办深化综合改革聚力内涵发展研讨班的通知》。研讨班召开之际，正值学校冲刺"十二五"、谋划"十三五"的关键时期。为期 1 个月的学习研讨活动，全面总结经验、梳理问题、明晰思路，对科学制定事业发展规划，科学制定大学章程，深化综合改革，规范内部管理，正确处理校内外各方面的关系，完善现代大学制度，具有重要意义。2020 年 5 月 8 日，学校党委印发《关于深入开展"解放思想、改革创新"大讨论的通知》。学校党委成员、全校中层正副职、党支部书记、教研室主任围绕"分类建设问题""加大投入和绩效管理问题""深化产学研融合问题""加强教师队伍建设管理问题"和"加强和改善党对高校的全面领导问题"等 5 个方面，深入讨论了学校在学科专业建设、教学科研政策导向、人才队伍建设管理、学校党的建设、绩效考核等方面存在的问题，厘清了制约学校高质量发展的问题清单。

（二）推进党的创新理论大众化

学校党委认真贯彻落实党中央关于用党的理论创新成果武装全党、教育群众，积极推进理论大众化的战略部署，把加强学习和推进理论大众化作为内涵提升、队伍建设的有效载体，以学习型党组织建设为抓手，以理论学习坚定理想信念、凝聚人心、激励创新，致力推动理论更好地深入基层、服务师生，全校上下形成了浓厚的理论学习氛围。2014 年 10 月，学校获批第二批"山东省理论大众化示范点"，成为 100 个山东省理论大众化示范点中 9 所获批高校之一。

学校扎实推进理论大众化工作，把思想政治理论课作为对大学生进行马克思主义理论教育的主渠道，作为推进马克思主义大众化的重要途径。2011 年 5 月 6 日，学校印发了《关于进一步加强和改进思想政治理论课建设的实施意见》，2017 年 11 月 27 日，学校出台了《临沂大学关于加强和改进思想政治理论课建设的实施方案》，2020 年 6 月 11 日学校印发了《临沂大学深化课程思政建设实施方案》，将沂蒙精神有机融入思想政治理论课教学与实践。在开设教育部规定的四门思政课主干课程的基础上，面向全校学生，开设校本思想政治理论必修课"沂蒙红色文化与沂蒙精神"，占 2 个学分。2012 年 12 月，李纪岩入选山东省理论人才百人工程。2013 年 9 月，张立梅入选山东省高校思政理论课教师"十百工程"优秀中青年骨干教师。2015 年 12 月，李纪岩、赵长芬入选山东省理论人才"百人工程"。李纪岩系第二次入选，其著作《当代大学生社会主义核心价值观培育研究》同时荣获山东省理论人才"百人工程"优秀理论成果（专著类）表彰资助。2017 年 6 月，孙海英获全国高校"思政课教师 2016 年度影响力提名人物"。2018 年 9 月，学校的"弘扬沂蒙精神，打造'筑梦强国'精品课程"入选山东省高校思想政治工作十大建设计划重点项目。2021 年 1 月，赵长芬、罗亚海入选山东省理论人才"百人工程"。

学校积极搭建理论学习宣传普及平台，建设"沂蒙大讲堂"、校报、广播电台、《人民日报》电子阅报栏、校园网、"两微一端"、党员活动室、图书馆、红色影院、大剧院等理论宣传教育阵地。2013 年 5 月，学校建立首批教育部"全国高校思想政治理论课教师社会实践研修基地"；2017 年 2 月建立"山东省高校思想政治理论课骨干教师沂蒙精神社会实践研修基地"；2017 年 12 月建立"山东省高等学校党员干部教育培训基地"。同时，还成立了思想政治类大学生社团，开展理论普及工作。2011 年 9 月成立"沂蒙文化传播协会"；2017 年 10 月成立"红色文化传承促进协会"；2017 年 11 月，学校成立习近平新时代中国特色社会主义思想研习社。通过各种平台，加强师生对新思想新理论的学习教育，收到了良好的学习效果。

学校充分利用学科、人才资源优势，加强理论骨干队伍建设，组建理论宣讲队伍，努力让理论普及工作走向师生、走向社会。先后组建了党的十八大、十九大精神校内宣讲团，全国全山东省教育大会精神宣讲团，面向全校各基层党委开展宣讲活动。学校还积极组织教授学者走进社区、走进企事业单位、走进临沂广播电视直播间，为区域经济社会发展出谋划策，深受市民好评。

学校加强马克思主义中国化理论研究，以沂蒙精神研究为主线，不断深化中国共产党革命精神研究，推出了一批有价值有分量的研究成果，为理论大众化提供了坚实的理论支撑。设立"中国特色社会主义理论体系研究中心""马克思主义群众观研究中心"等校级研究平台6个，建立沂蒙精神研究基地、沂蒙文化研究基地等山东省级研究平台3个，承办了沂蒙精神与社会主义核心价值体系研讨会、山东革命根据地建设研讨会、"三山一坡"革命精神研讨会、"传承抗大基因，弘扬沂蒙精神"学术研讨会等全国性学术会议。获批国家社科基金项目"马克思主义群众观视域下的沂蒙精神研究"、教育部人文社科项目"基于沂蒙精神育人的社会主义核心价值观认同教育实践路径研究"和"沂蒙精神研究"等3项，山东省社科规划重大项目"沂蒙精神的重大理论与实践问题研究"等2项，山东省社科规划沂蒙精神研究专项、中共山东党史研究专项10项。2016年3月，沂蒙精神研究基地入选首批"山东省理论工程建设研究重点基地"。2017年3月，依托山东省沂蒙精神研究基地的研究基础，成功申报了"十三五"山东省高等学校人文社会科学研究平台沂蒙文化研究基地。

二、夯实党组织建设

党的基层组织是党执政的组织基础，学校党委紧紧围绕学校立德树人根本任务和转型提升工作主线，全面落实党委主体责任，努力推动全面从严治党向基层延伸，全面提升基层党组织的战斗力、凝聚力、创造力。

（一）加强基层党组织建设

学校党委充分发挥基层党组织政治核心和战斗堡垒作用，提高党建工作的规范化、制度化、科学化水平，以建设学习型、服务型、创新型党组织为目标，坚持师生为本，为办好人民满意的教育，全面建设创新创业型大学，提供强有力的组织保证。

学校党委不断强化党建工作体制机制建设，成立了以党委书记为组长的党建工作领导小组，党委职能部门设置齐全，党的纪律检查机构健全。将基层党建工作摆在突出位置，每年至少召开一次专题研究基层党组织建设的会议，明确年度工作目标、完善激励机制，定期听取基层党建工作汇报，及时解决党建工作中的重大问题。先后制定了《关于加强基层党组织建设的实施意见》《关于深入推进基层服务型党组织建设的实施意见》《关于进一步加强基层党支部建设的意见》《基层党委书记抓党建工作清单制度》《关于落实全面从严治党要求进一步加强和改进党的建设的实施意见》《关于加强学校党委自身建设的决定》《关于落实全面从严治党主体责任的实施意见》《临沂大学党建工作任务清单》等一系列党建指导性文件，认真落实党委主体责任和基层党组织的推进落实责任，全面提升基层党组织的战斗力、凝聚力、创造力。

学校党委按照便于组织管理、利于作用发挥的原则，科学合理调整党组织设置，形成了精简、统一、高效的党组织体系。强化院（系）级党组织政治功能，2015年制定了《临沂大学学院党政联席会议实施细则（试行）》，2018年修订完善了《学院党政联席会议制度和学院党委会议事制度》，进一步规范了学院党组织运行。持续实施党支部建设规范提升行动，推进党支部规范化建设，着力打造过硬党支部。制定并实施了《中共临沂大学委员会关于进一步加强党支部建设的实施意见》《关于创建示范党支部的通知》《关于把学校党委委员及基层党委书记所在支部建设成示范支部的通知》《临沂大学党支部档案基本建设规范》等文件，实现了支部规范化建设的目标。坚持把党建创新作为固本强基的重要方式，推行基层党建工作创新"书记项目"，培育和打造一批党建创新工作品牌。制定《关于推行基层党建工作创新"书记项目"的通知》。2018年在山东省高校基层党建重点建设项目推荐工作中，学校党委书记基层党建突破项目被列为重点扶持对象，另外，9个重点党建项目受到重点扶持。在校内开展了党建重点建设项目申报工作，遴选出年度示范党支部、优秀党支部书记、优秀主题党日活动、"书记项目"优秀案例等50项，从党费中划拨建设、培养、工作经费9万元进行重点扶持、培养、资助。

学校党委制定并实施了"对标争先"建设计划实施方案，获批全国高校党建工作样板支部培育创建单位1个；山东党建工作标杆院系培育创建单位1个，山东党建工作样板支部培育创建单位2个，山东高校"双带头人"教师党支部书记工作室培育创建单位1个；学校党建工作标杆学院培育创建单位3个、样板支部培育创建单位16个，"双带头人"教师党支部书记工作室培育创建单位7个，学校分别予以经费支持。2016年音乐学院学生党支部和教育学院高等教育研究院党支部分别获第二届全国高校"两学一做"支部风采推荐展示优秀成果和特色成果。纪委监察审计党支部的"'三步五法'支部工作法"获评山东高校组织工作创新二等奖。

学校党委积极健全和落实党内政治生活制度，把严明党的纪律和规矩融入组织建设全过程，教育引导广大党员、干部严格遵守党的政治纪律和政治规矩。出台了《关于全面推行"主题党日"制度的意见》《临沂大学党员日常学习制度》。坚持民主生活会和组织生活会制度，严格落实党员领导干部双重组织生活制度，严格规范谈心谈话制度，坚持民主评议党员制度，把评议结果作为党内奖惩的重要依据。落实党员思想状况定期分析制度，建立健全党内关怀激励机制，贯彻党务公开制度。

学校党委不断完善党建考核评价制度和督查机制，推行基层党组织书记"双向述职"，制定《关于健全完善述职评议考核制度落实各级党组织书记抓基层党建工作责任的实施意见（试行）》《关于开展各级党组织书记向学校纪委会述责述廉工作的实施意见》，把党组织书记述职评议考核作为党建工作的抓手，构筑了"年初建立清单、年终组织述职"的党建工作格局。制定《临沂大学基层党支部考核办法》，2018年进行修订完善，明确师生党支部建设标准。出台《临沂大学基层党建督查工作实施方案》，对发展党员、党员教育培训、组织生活落实等情况进行经常性督查。依据《中共临沂大学委员会关于印发巡察工作实施办法（修订）的通知》，围绕党的政治建设、思想建设、组织建设等开展校内巡察工作，自2018年开始，已进行校内四轮巡察和"回头看"工作。

学校党委不断加强党建工作队伍建设，以换届为契机选优配强党组织书记。2016年3月召开了临沂大学第三次党代会，顺利完成学校党委换届工作；6月，188个党支部也全部完成换届工作；2017年30个院级党委换届完成；2021年3月召开临沂大学第四次党代会进行学校党委换届，院级党委同时召开党员大会进行换届。制定并实施教师党支部书记"双带头人"培育工程，出台《教师党支部书记"双带头人"培育工程实施方案》和《关于开展首批"双带头人"教师党支部书记书记工作室建设工作的通知》，2020年"双带头人"教师党支部书记已达97%。

学校党委不断落实党建工作条件保障，严格执行上级相关文件规定，设立党建专项经费、党建活动场所，完善相关配套设施。制定《关于做好党员活动室建设工作的通知》《关于进一步做好党员活动室建设工作的通知》。每个院级党委每年基础经费不低于2万元，并按照每名党员每年不少于100元的标准列支工作经费，纳入学校经费预算。

（二）加强党员发展和管理

学校党委严格按照党员发展工作的标准和程序开展工作，把好党员队伍入口关，加强党员的日常教育和管理，确保党员在学校各项工作中发挥先锋模范作用。

加强制度建设。2011—2020年，共发展党员8777人。按照党组织属地管理原则，2011—2018年，学校党组织隶属临沂市市直机关工委，2019年至今转到临沂市委组织部。随着全面从严治党的不断深入，学校根据上级党组织关于发展党员的各项文件制度，不断完善发展党员工作的制度体系，先后印发了《临沂大学发展党员工作实施细则（试行）》《临沂大学发展党员工作实施细则》《关于加强在中青年教师和学术骨干中发展党员工作的意见》《临沂大学发展党员工作实施细则（修订）》等文件。明确了发展党员工作的指导原则和审批权限。遵循"十六字"总要求"控制总量、优化结构、提高质量、发挥作用"，落实"三个坚持"即"坚持党章规定的党员标准，始终把政治标准放在首位；坚持慎重发展、均衡发展，有领导、有计划地进行；坚持入党自愿原则和个别吸收原则，成熟一个，发展一个"。自2017年9月份以来，吸收预备党员和预备党员转正，由院级党委审议、学校党委审批。

坚持发展党员政治标准要求。把发展党员工作的着力点放在对入党积极分子培养教育上，重视做好思想上入党工作。坚持把政治标准作为首要标准，把综合素质作为重要考察内容，注重把大学生的一贯表现和关键时刻表现、自我评价和群众评议相结合。创新发展党员工作做法，在确定发展对象环节，采取答辩形式，全面了解拟发展对象的整体情况，为发展党员把好"入口关"。在预审和谈话环节，采取了基层党委互审、互谈的形式，集中审查，分散整改，提高了基层党委发展党员工作的责任意识。创新培训模式，印发《中共临沂大学委员会党校工作细则（修订）》，把党员教育培训纳入单位工作计划，设立党校师资专家库，统一安排入党积极分子、发展对象、预备党员转正培训，严格教学、考试程序，采取专家报告、专题授课、党性教育基地现场教学、考试等形式进行培训，规范了组织发展过程的相关培训，提升了培训整体质量。

建立健全组织员队伍。自2012年开始，建立了一支稳定的专兼职组织员队伍，聘请特邀组织员13人，全程参与基层党组织发展党员工作，在入党积极分子培养教育、推优、材料审查、组织谈话等发展党员工作的各个环节，发挥了重要的监督、检查、指导作用。2017年学校设专职组织员3人。根据山东省委组织部和山东省委教育工委联合印发《关于推进高校党建工作重点任务落实的通知》，2018年为学院配备专职组织员8人，兼职组织员21人；2020年结合干部换届为学院配备专职组织员27人，实现了学院组织员配备全覆盖。

严格规范党员管理。把严格党员日常教育管理、组织关系转接、党费收缴、信教党员排查整治等工作作为日常工作，保持党组织的纯洁性。依托"灯塔——党建在线"综合管理服务平台，做好党员组织关系管理工作。学校出台了《关于做好出国（境）共产党员组织关系管理的通知》，按规定及时做好出国（境）学习研究的党员联系和党籍管理等工作。2016 年 3 月，对 2007 年实行组织关系回执制度以来，正式组织关系转出后尚未收到回执的党员进行了全面排查，清查处置了不合格党员 7 人。制定出台了《党员量化积分管理实施办法》，用积分的形式对党员的日常表现进行全方位量化考核，探索形成了一套目标明确、操作规范、管理到位的党员管理新机制。根据山东省委巡视组 2016 年 5 月 21 日对学校党费收缴工作提出的反馈意见及《中共中央组织部关于在"两学一做"学习教育中开展党费收缴工作专项检查的通知》有关要求，完成了全校 2008 年 4 月以来党费整改补缴工作，修订了《临沂大学党费收缴、使用和管理办法》，进一步规范党费管理、使用。

开展党员志愿服务活动。积极组织党员到社区报到，与社区进行党建重点项目共驻共建。制定《关于开展党组织、在职党员"双报到双报告"工作的通知》，建立党建服务队 26 支，先后完成共驻共建项目 3 个，进社区开展健康咨询、义务查体、消防知识进社区、法律宣传志愿服务活动 50 余次。制定《健全完善党内激励、关怀、帮扶制度》《关于落实领导干部联系学生工作的通知》《关于推进领导干部直接联系和服务群众工作的通知》，开展"双联双优""双包双联"活动，增强党组织的亲和力、凝聚力，激发广大党员发挥先锋模范作用的内在动力。结合党的纪念日开展系列党建活动。2020 年疫情防控中全体党员积极踊跃捐款，共捐款 75 万余元。

选树优秀典型。建立和完善党员示范岗、服务型党组织示范点，开展"受教育、亮承诺、见行动"活动，积极开展评先树优，营造积极向上、创先争优的浓厚氛围。开展了"书记项目"优秀工作案例、优秀主题党日、"优秀支部工作法"等评选活动。对在教育改革和发展中表现突出的先进基层党组织、优秀共产党员、优秀党务工作者及时进行表彰，2012、2014、2016、2019 年等 4 次组织党内表彰，获山东省教育系统"优秀共产党员""优秀党务工作者""先进基层党组织"荣誉称号的共计 13 人（个），获临沂市"优秀共产党员""优秀党务工作者""先进基层党组织"荣誉称号的共计 5 人（个），获临沂市直机关工委"优秀共产党员""优秀党务工作者""先进基层党组织"荣誉称号的共计 19 人（个），受学校党委表彰的优秀共产党员 361 人，优秀党务工作者 47 人，优秀基层党组织 180 个。

（三）建强中层领导班子和干部队伍

学校党委紧紧围绕习近平总书记提出的"好干部"5 条标准，认真做好新时代选人用人工作，积极推进高素质专业化干部队伍建设，激励广大干部新时代新担当新作为，努力为学校改革发展提供坚强的组织和人才保障。

自 2011 年以来，学校共进行了 3 次任期中层领导班子和中层正副职调整工作。2011 年，为适应综合性大学建设，学校党委在暑期开展了临沂大学第一任期干部竞聘上岗工作。按照"导向科研、导向基层"的政策和班子调整的六项原则，分"三个阶段六个步骤"的部署有序推进，实现了全校干部、人才的大流动、大交流。重视提拔任用优秀高学历年轻干部，干部队伍结构进一步优化。在新提拔的 30 名中层正职、60 名副职干部中，具有硕士学位的 31 人，具有博士学位的 18 人，占新提拔干部总数的 54%。经过第一任期干部竞争上岗，中层正副职中非中共党员干部 17 人，占总数的 9%；女干部 34 人，占总数的 18%；年龄在 35 岁以下的 21 人，学历层次上具有硕士以上学位的干部由 38% 提高到 42%，干部队伍整体素质实现了大幅度提升，进一步激发了干部队伍干事创业的活力。

第一任期上岗后，学校与中层单位负责人签订了任期工作目标任务书。学校党委为加强中层领导班子建设，激发中层单位干事创业的热情，借鉴地方科学发展观考核办法，实行目标考核，制定了中层单位学年工作考核办法，构建了以业绩和贡献为主要内容的中层单位考核指标体系，实行定性考核与定量考核相结合、常规工作考核与特色创新考核相结合，综合运用网上公开述职述廉、民主测评、现场观摩打分、网上评议等考核方式。考核结果作为中层领导班子建设、干部调整使用的重要依据，考核结果为"较差"等次的单位，学校党委对中层领导班子进行集体约谈，连续两年"较差"等次的单位，学校党委对中层领导班子进行调整。

2017 年，为推进学校转型提升、加快推进创新创业型大学建设，落实山东省高校取消二级学院行政级别试点精神，推进山东省委专项巡视整改和山东省委组织部选人用人专项检查整改，学校进行了第二任期中层正副职选拔任用工作。选拔任用了一大批年富力强、学历高的年轻干部，中层正副职平均年龄由 51 岁降低到 47 岁，年龄段相对集中的 51 到 55 岁的由 46% 降低到 18%，40 岁以下的由 11% 提高到 17%。二级学院院长、副院长博士比由 46% 提高到 86%，中层班子年龄结构、学历结构、专业结构得到明显改善，走在了山东省同类院校前列。学校管理队伍素质发生革命性变化，二级学院办学活力被充分激活。同时，学校党委严格按照组织选拔程序、任职资格条件组织选拔调整了 48 名具有与任职学院业务相一致的专业背景和任职经历的二级学院党委书记、副书记，选好配强了懂业务精党建的基层党组织负责人。加大干部任职交流。推进单位之间、管理机构和学院之间、行政和党务之间的干部交流。有 27 名中层正副职在二级学院与管理机构之间进行了轮岗交流。2 名二级学院领导人员提任至管理教辅机构，2 名管理机构副职提拔交流至二级学院担任领导人员。42 名党务干部在单位之间进行了党务工作岗位上的交流，20 名干部在党务与行政、业务岗位之间进行了双向交流。

2018 年 11 月，学校要求各单位按照好干部标准，向党委推荐了一批经过基层扎实历练，工作业绩较为突出，培养潜力大的优秀年轻科级干部和具有博士学位的优秀年轻教师。同时，为进一步加大年轻人才的培养力度，提升管理队伍的可持续发展能力，学校党委自 2018 年起实施"青年学者管理岗位锻炼计划"，每年遴选一批在管理领域具有发展潜力的青年教师和管理人员，通过校内外管理岗位挂职等多种渠道进行滚动培养。

2019 年，修订完善了《临沂大学中层单位学年度考核办法》，综合考虑单位属性，对中层单位考核实行分类排序。对有关数据进行归一处理，尽量消除不同单位的学科专业、办学规模、师资结构等因素产生的影响。管理单位实行合格考核，教学单位实行综合考核，按照学部分别排序，单项考核按照文理进行全校统一排序。加大了对考核结果的使用力度，学院单项考核、管理服务单位满意度列全校后 10% 的，组织部会同有关职能部门约谈单位领导班子有关成员。连续 2 年列全校后 5% 的，对领导班子有关人员的岗位进行调整。同时，修订完善了《临沂大学中层正副职管理人员学年度考核办法》，办法实行定性考核与定量考核相结合、分类考核与整体考核相结合、民主评议与领导评价相结合的原则，对中层正副职管理人员进行分类学年度考核，并对考核结果的使用做了具体说明。

2020 年 12 月底，学校启动了第三任期中层领导班子调整和中层正副职选拔任用工作。在山东省委组织部、山东省委教育工委的领导和指导下，在全校干部和教职员工的广泛关注和共同努力下，按照党政管理岗位和学院院长、副院长岗位两个阶段的工作压茬进行的方式，各个工作环节实现了无缝衔接。不足一个月的时间，以快节奏、高效率、稳推进的特性圆满完成了中层领导班子调整和中层正副职选拔任用工作。这次调整和选拔任用工作，共涉及 280 名干部。其中，从第二任期中层正副职中提拔 16 名党政管理岗位正职、7 名学院院长；从科级（管理岗位七级人员）中提拔 39 名党政管理岗位副职、2 名校区副校长；从专业教师中提拔 32 名副院长。进行岗位交流的 72 人，留在原岗位继续任职的 73 人。同时，在学校党委政策的引导下，部分原任中层正副职自愿转到了专业技术或专职组织员、教学督导员等岗位上，积极营造了干部"能上能下"的良好环境。经过这次调整和选拔任用，学校干部队伍的结构特别是年龄结构得到了进一步优化，现在中层正职平均年龄 50 岁，与调整前平均年龄 52 岁相比，降低了 2 岁，现在中层副职平均年龄 46 岁，与调整前平均年龄 49 岁相比，降低了 3 岁。中层正副职平均年龄进一步年轻化，实现了领导干部的新老交替、平稳过渡，增添了队伍活力。同时，通过岗位的调整，各中层领导班子形成了年龄、经历、专长等方面的合理配备，有效强化了中层班子整体功能和活力，为推动学校各项事业持续健康快速发展提供了坚强有力的保障。

三、深化纪律作风建设

2011 年以来，学校党委始终以习近平新时代中国特色社会主义思想为指导，坚决贯彻中央关于党风廉政建设和反腐败工作的决策部署和山东省委有关工作要求，严格落实党委主体责任，积极支持校纪委履行监督职责，从严监督执纪问责，持之以恒正风肃纪，扎实推进党风廉政建设和反腐败工作，为学校改革发展稳定提供有力纪律保证。

（一）压紧压实"两个责任"，深入推进全面从严治党

学校党委自觉担负全面从严治党主体责任，积极支持校纪委履行监督责任，完善制度建设，规范运行机制，党委主体责任和纪委监督责任贯通联动、一体落实的工作机制日益完善。学校党委带头履行主体责任，2017 年印发《关于落实全面从严治党要求进一步加强和改进党的建设的实施意见》，2018 年出台并严格执行《落实全面从严治党主体责任的实施意见》和《加强党委自身建设的决定》，不断加强领导班子建设，发挥头雁作用，带头履行好管党治党主体责任。层层传导全面从严治党压力，每年初，学校召开全面从严治党和党风廉政建设专题会议，部署安排年度重点工作任务，细化分工、责任到人。会后及时转发纪检监察工作要点等重要文件，校纪委跟踪做好监督检查，督促各基层党组织压实主体责任，引导各级领导干部认真履行"两个责任"，确保党风廉政建设各项任务得到有效落实。加强党风廉政建设工作组织协调，学校党委定期听取纪检监察部门有关政治生态、案件查办、审查发现问题等情况汇报，分析面临的形势任务，研究部署下步任务；成立了党风廉政建设和反腐败工作协调小组，定期组织相关部门开展党风廉政建设形势研判，加强信息共享，形成监督合力，提出意见建议，协助党委加强对党风廉政建设的组织领导，党委纪委同频共振、同向发力的体制不断健全。强化党风廉政建设责任制考核，多次修订、完善《中层单位落实党风廉政建设责任制考核评价办法》并严格考核，自 2017 年起，每年组织基层党组织主要负责人向党委汇报党建情况并向校纪委述责

述廉，述职情况纳入年度考核，以强力考核倒逼责任落实。

（二）履行监督首责，有效防范、化解廉政风险

学校党委积极支持纪委履行监督首责。做实政治监督，及时梳理、汇总习近平总书记有关重要讲话和指示批示精神，紧紧围绕"两个维护"开展监督检查。2011年以来，围绕群众路线教育实践活动、"三严三实"专题教育、"两学一做"学习教育、"不忘初心、牢记使命"主题教育、新冠肺炎疫情防控、制止餐饮浪费、新生入学资格审查、毕业生就业帮扶等开展了一系列监督检查，确保党中央决策部署得到有效落实。精准开展日常监督，印发并严格执行《重大事项和重要工作监督实施办法（试行）》，对党员发展、奖助学金发放、人才引进、消防安全整治等重大事项实施事前、事中、事后全程监督，精准发现问题，坚决纠正偏差，督促抓好整改落实。充分发挥巡视巡察利剑作用，认真完成山东省委巡视发现问题的整改落实。根据 2016 年山东省委巡视发现的突出问题，梳理确定了 13 项整改任务，明确分工、责任到人，切实抓好问题整改，较好完成了各项整改任务。深入开展校内巡察，2017 年学校出台了《巡察工作实施办法》，在山东省属高校内率先启动巡察工作。截至 2020 年底已完成五轮巡察和一轮"回头看"，合计发现问题 400 余个，对发现问题采取反馈、通报、移交、约谈、"回头看"、问责的"六步督促法"，取得政治、法纪和社会综合效果的有机统一，在山东省属高校范围内初步起到示范引领作用，20 余所高校纪委来学校考察交流。

（三）"惩立教"三管齐下，一体推进"三不"机制建设

从严执纪问责。坚持"严"的主基调，始终保持反腐败高压态势，2016 年以来，积极配合上级纪委和司法机关对违法乱纪的党员干部进行严肃处理，坚决整治师生身边的腐败现象，共给予 45 人党纪、政纪处分，责令 3 个基层党组织向党委作出书面检查，对个别单位出现的典型案例及时通报曝光，并以约谈提醒、诫勉谈话等多种形式，以点带面、加强惩戒，切实维护广大师生群众的利益。

注重建章立制。校党委先后研究出台了《关于规范领导干部和党员操办婚丧喜庆事宜的暂行规定》《落实全面从严治党加强政治纪律底线防控体系建设实施方案》等一系列规章制度，校纪委制定了《纪律检查建议、监察建议工作办法》《纪检监察干部监督工作实施办法》等内部制度，扎紧织密制度的笼子，最大限度地减少制度漏洞。

强化纪律教育。抓住"关键少数"，认真落实党内谈话制度，不定期同中层单

位领导干部开展廉政谈话，督促其落实管党治党政治责任。管住"大多数"，定期召开全面从严治党专题报告会，深入开展《中国共产党纪律处分条例》等党规党纪精神宣讲，组织党员干部赴廉政教育馆接受现场教育，在重大节日、关键节点及时发送提醒短信，通过微信公众号等新媒体开展典型案例剖析，举办廉洁教育作品展，多措并举督促党员干部遵规守纪。

（四）深化体制改革，持续加强纪检监察队伍建设

按照山东省纪委监委部署，扎实推进山东省属高校纪检监察体制改革，2019年10月，印发《中共临沂大学纪律检查委员会、山东省监察委员会驻临沂大学监察专员办公室（合署）职能配置、内设机构和人员编制规定》，设立了山东省监委驻临沂大学监察专员办公室，与校纪委合署办公。2020年3月，发布纪委、监察专员办公室相关人员任免通知，在山东省高校中率先完成机构设置和人员调整，纪检监察工作机制更加完善，进一步聚焦主责主业。

坚定理想信念。始终坚持以政治建设为统领，发挥党建引领作用，创新实施"三步五法"理想信念教育，引导党员干部始终保持对党的绝对忠诚，2019年，纪委监察党支部获批"山东党建工作样板支部培育创建单位"。

加强业务培训。每年初制订年度培训计划，积极组织人员参加上级纪委业务培训，定期开展典型案例分析研讨和应知应会知识测试，不断增强履职本领，2名干部被评为山东省纪检监察系统2019年度"专业比武能手"。

第二节 积极开展党内集中教育

党内集中教育活动是党进行思想与作风建设的重要途径和方式。2012年6月9日，学校召开创先争优活动总结工作专题会议，系统全面总结了此次活动取得的思想成果、制度成果和实践成果，标志着历时2年多的集中性创先争优活动基本结束，转入基层党组织和广大党员的经常性创先争优。自2013年以来，学校党委根据中央、山东省委统一部署，先后开展了党的群众路线教育实践活动、"三严三实"专题教育、"两学一做"学习教育、"不忘初心、牢记使命"主题教育、党史学习教育等党内集中教育，筑牢全面从严治党的思想根基，汇聚起了推动学校改革发展稳定各项工作的强大正能量。

一、党的群众路线教育实践活动

根据山东省委统一部署，学校是山东省第一批深入开展党的群众路线教育实践活动单位。2013年7月24日正式启动，12月基本完成。学校党委按照"照镜子、正衣冠、洗洗澡、治治病"的总要求，既扎实做好"学习教育、听取意见，查摆问题、开展批评，整改落实、建章立制"三个环节的规定动作，同时结合实际创新性地做好自选动作。学校党委高度重视，成立了教育实践活动领导小组，建立了党委成员联系点，同时组织精干力量成立了6个督导组，协调和督查指导全校活动开展。领导干部先学先行，学校党委成员和各级领导干部充分发挥活动组织者、推进者、监督者作用，学校党委成员带头学习宣讲、带头交流发言，全校51个中层领导班子、216名处级干部、2889名师生党员参加了教育实践活动，实现了教育实践活动全覆盖。创新学习形式方法，切实增强学习效果。党委班子举行集体学习，组织开展中心组（扩大）专题学习，组织处级以上干部进行了为期4天的专题集中学习讨论，举行了党的十八届三中全会精神专题培训。学校结合学习内容对处级以上干部举行了2次学习考试。精心设计学习专题，采取自学、专家辅导、交流讨论"三结合"的方法，先后组织专题学习5次，举行了4场专题报告会，组织观看了专题片《力量》、电影《沂蒙六姐妹》和《周恩来的四个昼夜》等特色活动。学校领导带头深入基层调研，校级班子成员共主持召开各类座谈会56个，督导组与师生进行个别谈话1253人次；处级干部深入基层调研400余次，发放调查问卷2000余份，畅通师生反映问题的渠道，共收集到各类意见建议341条，归类整理为16大类64个具体工作项目。把解决问题作为教育实践活动的出发点和落脚点，校院两级领导班子和领导干部根据开好专题民主生活会的要求，深入查摆"四风"问题，认真撰写对照检查材料，进行触及思想和灵魂的自我剖析。校级班子共查摆"四风"突出问题15项，班子成员查摆问题223条。各基层党组织也认真开展了对照检查，共查摆"四风"问题208项，校级班子成员之间互相提出批评意见163条，处级干部之间互相提出批评意见2170条。狠抓各类问题的整改落实。确定重点整改项目22个，"四风"突出问题专项整治项目22个，新建修订规章制度22个。坚持用制度建设固化教育实践活动成果，推动作风建设的常态化长效化。明确制度建设任务，明确了20项制度建设的责任部门和完成时间。抓好制度执行监督。发现的违纪违规行为实行"零容忍"，加大问责力度。通过深入开展教育实践活动，全校上下进一步增强了责任意识、机遇意识、质量意识、发展意识，取得了一批重要的思想认识、实践及制度成果。光明日报、中央电视台、大众日报、山东卫视新闻联播和山东省教育实践活动简报等对学校党委教育实践活动给予了专题报道。

二、"三严三实"专题教育

学校党委按照中央、山东省委部署，结合学校实际，扎实开展"三严三实"专题教育。通过规范化、特色化、常态化、长效化的多项举措，将"三严三实"内化于心，外化于行；将"三严三实"的作风作为党员干部干事创业的思想指南和行动指南；以"三严三实"专题教育的突出成效为学校改革发展汇聚正能量。

2015年5月14日，党委书记李喆同志讲授专题党课，标志着学校"三严三实"专题教育正式启动。学校党委研究制定了专题教育实施方案，建设了"三严三实"专题网站，对每个学习专题的主题设计、内容安排、问题查摆、"回头看"等关键动作进行专题研究，每一个学习专题都形成细化方案，细分题目，有动员、有总结。按照专题教育要求，党委书记李喆同志认真履行第一责任人的责任，党委班子成员按照工作职责分工，认真落实"一岗双责"，在分头为分管领域上好党课的同时，认真抓好分管领域专题教育的督促检查，列席专题研讨。学校党委工作部门协调配合，组织部牵头深入研究谋划，加强工作指导；纪委办公室（监察处）重点抓好不严不实问题台账的梳理和专项整治任务清单；党委办公室积极参谋协调，推动专题教育全面融入党委工作重点；宣传部认真落实党委中心组专题学习研讨、方向引导，抓好专题网站建设，营造良好氛围。扎实开展专题学习研讨。学校党委坚持把学习教育摆在首位，通过专题党课、业余时间自学、集体学习讨论、精心组织辅导报告等多种形式，深化学习研讨。坚持领导带头学习，党委中心组学习采取1—2个人领读、大家发言讨论等形式进行，坚持每月一次集中学习研讨。结合第二专题横跨暑假的实际，学校党委举办了党委中心组（扩大）学习会议暨2015年暑期领导骨干读书班活动。两个专题研讨共邀请了7名山东省内外著名专家学者为研讨班学员作辅导报告，分10组围绕报告主题、结合本单位发展实际进行了5次分组讨论，学校委中心组成员作为普通一员分别参加了讨论。围绕"严以用权、创业要实"第三专题的学习研讨，认真对照2015年工作任务，认真查摆不担当、不作为和乱作为的问题，探讨创新工作思路。12月，召开了党建与思想政治工作会议，深入分析了新形势、新机遇和新挑战。对学习研讨进展情况及时编印了工作动态。深入查摆和整改不严不实问题，李喆同志在专题党课中把全校不严不实的问题概括为6个方面、28种表现；8名学校党委班子成员共查摆个人问题 43 条；各基层领导班子和干部查摆现象和问题 594 条。各类问题经分类梳理，都明确了整改措施、责任部门及完成时限，分别建立了台账。学校党委领导班子形成不严不实问题台账及整改任务清单 13 项，确定了专项整治任务 10 项，确定了即知即改项目 11 项。

三、"两学一做"学习教育

学校党委把"两学一做"学习教育作为加强党的思想政治建设的重要载体，推动全面从严治党向基层延伸的有力抓手，着力解决党员队伍和党的基层组织建设方面存在的突出问题，不断增强党组织的创造力、凝聚力、战斗力。

根据中央、山东省委有关部署安排，结合学校第三次党代会提出的建设创新创业型大学的发展战略与目标，学校党委在全体党员中开展"学党章党规、学系列讲话，做合格党员"学习教育。2016 年 4 月 27 日，召开"两学一做"学习教育工作座谈会，对学校学习教育工作进行了部署安排，标志着学校"两学一做"学习教育全面开展。5 月 8 日前，全校 28 个基层党委（党总支）结合实际制定了学习教育实施方案，对全体党员进行了部署动员。在学习教育持续深入推进上，学校党委始终高度重视，坚持把学习党章党规和学习系列讲话有机结合，实行多种形式进行学习教育，确保实现党员队伍全覆盖，每周安排一次学习，实行"固定学习日"制度。开展"受教育、亮承诺、见行动"主题活动，促进"两学一做"学习教育取得实效。注重将学习教育与推进重点工作相联系，结合学校"展望'十三五'，加快转型提升"宣讲活动，学习贯彻学校党代会、教代会精神，落实学校"十三五"事业发展规划，学习教育成为学校重点工作的有力推手。

在聚焦问题真查实改上，针对中央提出的党员着力解决的 5 个方面的问题及学校实际，学校在基层党组织和党员中进行深入查摆，对查摆出的问题制定整改措施，明确整改时间和责任人，做到突出问题导向，抓好整改落实。在完善党员教育常态化机制上，从制度建设、班子自身建设入手，严格党内组织生活制度，先后出台了《关于加强民主集中制建设的若干规定》《关于进一步加强基层党支部建设的意见》等系列党建工作制度。坚持和完善民主集中制，推进党务公开，严格落实"三会一课"、民主评议党员等制度。9 月 7 日，学校召开了"两学一做"学习教育工作推进会，就落实基层党建 7 项重点任务逐项作出部署，提出要求。在山东省委巡视组关于山东省属高校专项巡视反馈意见的整改落实上，33 项整改任务已经全部完成。根据中央及山东省委关于推进"两学一做"学习教育常态化制度化的意见，结合工作实际，制定了《关于推进"两学一做"学习教育常态化制度化的实施方案》，构建了六个长效机制，切实推进"两学一做"学习教育常态化制度化。

四、"不忘初心、牢记使命"主题教育

学校党委于 2019 年 9—11 月开展了以中层以上党员领导干部为重点，全体党员参加的"不忘初心、牢记使命"主题教育，进一步强化党员领导干部的担当作为，加快推进学校内涵式高质量发展。

根据中共中央《关于开展第二批"不忘初心、牢记使命"主题教育的指导意见》和山东省委有关部署要求，在山东省委第六巡回指导组的有力指导督导下，主题教育按照 5 个阶段开展。2019 年 9 月 11 日，召开了"不忘初心、牢记使命"主题教育工作会议，对开展主题教育工作进行了动员部署。在学习教育阶段，校级及中层班子按照专题学习安排，开展集体学习研讨 367 次。举办了为期 5 天的专题读书班，中层以上干部集中封闭学习。组织 89 名领导干部参加山东省专题学习班。创新开展主题党日、志愿服务等"七个一"项目，创作排演了大型艺术党课《初心》、专题党课《青春榴火》和原创大型民族管弦乐《沂蒙史诗》，开展了"重走抗大路"等革命传统教育活动 85 次。邀请时代楷模王传喜、郭永怀事迹报告团作先进事迹报告，开展学习优秀校友伦学冬舍身救人事迹专题活动，开展学习榜样活动 95 次。邀请临沂市委书记王玉君来学校作思政和形势政策专题报告，开展形势政策教育 74 场次。在调查研究阶段，召开各层面专门座谈会，畅通"五专通道"，集中座谈 14 次，个别交流 500 余人次，征集基层意见 82 条，并主动到政府部门、企事业单位、理事会单位和家长、校友等群体调研，形成调研报告 9 份，各中层正副职形成调研报告 140 份，召开调研成果交流会 59 场次。在检视问题阶段，落实山东省委确定的 9 项专项整治任务，梳理确定 16 个专项整治项目，制定印发了专项整治工作方案，开展了形式主义、官僚主义专项整治，整改问题现象 21 项。撰写检视剖析材料 198 份，组织开展"5+1"问题专项检视查摆，形成专项报告 33 份。在主题教育过程中，共查找问题 870 项，确定重点整改项目 299 个。2019 年 12 月 4 日召开了"不忘初心、牢记使命"主题教育专题民主生活会，深入开展批评和自我批评。在整改落实阶段，强化问题意识、整改意识，对在学习教育、调查研究、检视剖析中发现的问题，即知即改、应改尽改，逐一明确整改目标、整改措施、完成时限，实行台账管理，逐项抓好整改。开展了漠视群众利益问题专项检查，梳理建立了"四个清单"，聚焦师生反映集中的问题 16 个，进行了即知即改。2020 年 1 月 13 日召开了主题教育总结大会。

五、党史学习教育

2021年是中国共产党成立100周年。为从党的百年伟大奋斗历程中汲取继续前进的智慧和力量，深入学习贯彻习近平新时代中国特色社会主义思想，巩固深化"不忘初心、牢记使命"主题教育成果，激励全党全国各族人民满怀信心迈进全面建设社会主义现代化国家新征程，中共中央于2月底印发《关于在全党开展党史学习教育的通知》，就党史学习教育作出部署安排。

2021年3月15日，学校党史学习教育动员大会在沂蒙大讲堂报告厅召开，深入学习习近平总书记在党史学习教育动员大会上的重要讲话精神，贯彻落实党中央决策部署和省委工作要求，对全校党史学习教育工作进行动员部署，标志着学校党史学习教育拉开帷幕。党委书记王焕良作动员讲话，党委副书记、校长张书圣主持会议，党委副书记黄富峰通报学校党史学习教育实施方案，学校领导班子成员出席会议。王焕良强调，要坚持革命老区大学走在前列的政治自觉，确保党史学习教育取得实实在在成效。开展党史学习教育，要结合学校实际，学在前、做在先，努力在提高政治能力、坚定践行"两个维护"上走在前列，努力在感悟思想伟力、持续深化理论武装上走在前列，努力在践行初心使命、办好为民实事上走在前列，努力在把握历史规律和大势、加快推动高质量发展上走在前列，努力在强化底线思维、应对风险挑战上走在前列，在传承红色基因、弘扬沂蒙精神上走在前列，把学习成效转化为工作动力和成效。

第三节 全面强化思想政治工作

学校党委坚持以习近平新时代中国特色社会主义思想为指导，全面贯彻落实全国全省高校思想政治工作会议精神，以立德树人为根本任务，以理想信念教育为核心，以社会主义核心价值观为引领，坚持全员全过程全方位育人，构建"大思政"格局，突出"用课程教化人、用文艺感染人、用环境熏陶人、用文化引导人、用科研提升人"的沂蒙精神育人特色，全面提升思想政治工作水平。2013年7月，学校荣获山东省首批"德耀齐鲁"道德示范基地。2017年4月，学校荣获"全国国防教育特色学校"称号。马克思主义学院荣获"2013—2014年度全山东省高校思想政治教育工作先进集体"称号，并于2019年9月荣获"全国教育系统先进集体"称号。2018年9月，学校获批山东省高校思想政治工作十大建设计划重点项目3项，经费50万元。

一、健全思想政治工作体制机制

学校坚持以习近平新时代中国特色社会主义思想为指导，深入学习贯彻全国全山东省高校思想政治工作会议等上级有关会议精神，牢牢坚守社会主义办学方向，认真落实立德树人的根本任务，坚持沂蒙精神办学育人，健全工作机制，强化队伍建设，压实工作责任，落实工作举措，抓实目标考核，努力培养社会主义事业的建设者和接班人。

（一）加强思想政治工作组织领导

学校党委切实把思想政治工作摆在重要位置，纳入学校事业发展规划，列入重要议事日程，认真落实抓思想政治工作的主体责任，不断加强对思想政治工作的组织领导。2013 年 1 月，学校成立精神文明建设指导委员会，党委副书记谢亚非任主任，副校长李培江、王明福、刘占仁任副主任。2015 年 12 月 18 日，学校召开党建与思想政治工作会议，党委书记李喆作了《践行"三严三实"，落实"六个全面推进"，切实加强和改进新形势下学校党建和思想政治工作》的大会主题报告，进一步明确了学校党建和思想政治工作的目标任务和思路措施，为全面建设创新创业型大学提供了坚强的思想保障、政治保障和组织保障。2016 年 11 月，学校成立马克思主义学院建设领导小组，李喆任组长，党委副书记刘占仁、副校长马凤岗任副组长。2017 年 9 月 7 日，学校召开党建与思想政治工作会议，党委书记李喆作了《坚定方向、走在前列、全面提升党建和思想政治工作水平》的重要讲话，总结学校思想政治工作取得成绩与经验，科学研判思想政治工作面临的新形势、新任务、新要求，就进一步加强和改进学校思想政治工作作出部署和安排。2018 年 1 月 16 日，学校成立思想政治工作领导小组，党委书记李喆任组长，校长杨波、党委副书记刘占仁任副组长。2018 年 7 月，学校成立教师工作部（挂靠人事处），负责教师思想政治工作，孔霞兼任部长，董勤岭、高进峰、来涛、隋群兼任副部长。2019 年 6 月，学校成立研究生工作部，负责研究生思想政治工作，邱建龙任部长。2019 年 12 月 3 日，学校召开"三全育人"工作会议，就落实立德树人根本任务，传承抗大基因，弘扬沂蒙精神，深化"三全育人"改革，构建完善"全员育人育全人"体系作出部署和安排，学校党委书记李喆作大会主题报告。2020 年 1 月，独立设置教师工作部，邱建龙任部长，隋群、王振海、王玮任副部长。2020 年 5 月 28 日，学校将"临沂大学思想政治工作领导小组"调整为"临沂大学意识形态和思想政治工作领导小组"，李喆任组长，杨波、刘占仁任副组长。

2016—2021 年，学校党委积极适应思想政治工作面临的新形势新任务，不断加强思想政治工作制度建设，明确工作责任，细化工作举措，先后出台了《中共临沂大学委员会关于进一步加强宣传思想工作的实施意见》《中共临沂大学委员会关于加强和改进新形势下思想政治工作的实施意见》《中共临沂大学委员会关于加强三全育人育全人工作的实施意见》《中共临沂大学委员会落实党委意识形态工作责任制实施办法（修订）》《中共临沂大学委员会意识形态工作校内巡察实施办法（试行）》等系列文件。

（二）构建"大思政"工作格局

学校紧扣"培养什么人、如何培养人、为谁培养人"的根本问题，坚持立德树人根本任务，全面统筹办学治校各领域、教育教学各环节、人才培养各方面的育人资源和育人力量，着力构建"大思政"工作格局，把思想政治教育贯穿教育教学全过程。学校探索形成了党委统一领导、党政工团齐抓共管、相关部门各司其职、专兼职队伍相互结合的思想政治工作责任体系和联动工作机制，从而实现全员全程全方位育人。2015 年 12 月，学校党委出台《关于进一步加强宣传思想工作的实施意见》，提出宣传思想工作要"构建党委统一领导、党政工团齐抓共管、党委宣传部牵头协调、有关部门和学院（校区）分工负责的格局"，厘定了包括理论武装、大学生思想政治教育、教师思想政治工作、宣传思想阵地管理等在内的 25 条措施，同时明确了相关部门的工作责任。2017 年 11 月，学校党委制定《临沂大学关于加强和改进思想政治理论课建设的实施方案》《临沂大学关于加强学科专业德育的实施方案》《临沂大学关于加强文化育人的实施方案》《临沂大学关于加强实践育人的实施方案》《临沂大学关于加强管理服务育人的实施方案》，把育人工作细化落实到人才培养的各个环节。2019 年 12 月，学校党委出台《关于加强三全育人育全人工作的实施意见》，明确了"三全育人"工作的指导思想、基本原则、实现途径，提出"一二三五十"的育人工作思路，做实做细全员育人，构建内容完善、标准健全、运行科学、保障有力、成效显著、特色鲜明的一体化"三全育人"工作体系。2020 年 6 月，学校制定《临沂大学深化课程思政建设实施方案》，明确了"课程思政"建设的指导思想、建设目标和建设计划，同年 12 月，学校立项建设校级"课程思政"教学项目 313 项，其中教学改革研究项目 140 项，示范课程项目 173 项，广大教师深入挖掘扩展各门课程的思想政治元素，各门课程的思想政治教育功能得到充分发挥，形成了各类各门课程协同育人格局。2020 年 4 月和 12 月，学校出台《临沂大学辅导员绩效考核办法》

《临沂大学思想政治理论课教师岗位津贴发放管理办法》，按照月人均1000元发放岗位津贴，进一步提升了辅导员和思政课教师的工作积极性。此外，学校每年开展"百名辅导员访千家"活动，推进家校信息共享，引导学生家长参与学生成长成才教育，形成家校共育合力。受新冠肺炎疫情影响，2021年寒假家访工作以线上"云家访"的形式进行。

二、巩固壮大主流思想舆论

学校党委牢牢把握正确舆论导向，创新思政课建设，强化统一战线工作，提升宣传思想工作，唱响主旋律，弘扬正能量，讲好临大故事，传播临大声音，不断巩固壮大主流思想舆论，更好强信心、聚民心、暖人心、筑同心，努力把全校干部师生的精神力量凝聚到实现中华民族伟大复兴中国梦和"两个一百年"奋斗目标上来，凝聚到学校事业发展上来。

（一）加强思想政治理论课建设

思想政治理论课是巩固马克思主义在高校意识形态领域指导地位，坚持社会主义办学方向的重要阵地。学校党委以教学改革为主线，以师资队伍建设为关键，充分发挥思想政治理论课在大学生思想政治教育中的主渠道作用，思想政治理论课建设水平不断提升。

2011年8月，思想政治理论课教学部从法学院独立出来，成立马克思主义学院，思想政治理论课按照教育部规定设置课程、学时、学分，增设校本思政课"沂蒙红色文化与沂蒙精神"。2011年11月，学校顺利通过了山东省高校思政课专项督导检查。

2016年3月15日，在山东省教育厅召开的"全山东省实施理论建设工程，推进'四大平台'建设工作会议"上，临沂大学马克思主义学院申报的山东省沂蒙精神研究基地被授予山东省理论建设工程重点研究基地，临沂大学马克思主义学院被评为山东省重点马克思主义学院（培育）。

2017年5月13日，学校主办了第二届山东省高校思想政治理论课教学改革协作会议。11月3日，学校印发了《关于加强和改进新形势下思想政治工作的实施意见》，规定围绕教材、教师、教学关键环节，推进思想政治理论课改革创新。建立思政课教师工作规范，完善工作标准，优化教研条件，建立以教学效果为导向的考核评价机制，引导教师自觉提升职业能力。落实思政课特聘教授制度。改进教学方法，丰富教学手段，提倡小班化、研讨式、互动式教学和案例教学，加强"慕课""微课"

等建设，形成开放多元、灵活实用的教学模式，提高思想政治理论课针对性、感染力和实效性。文件还明确了专职思政课教师数量配比、队伍建设、思想政治理论课专项经费落实等内容。11 月 27 日，学校印发《临沂大学关于加强和改进思想政治理论课建设的实施方案》，明确提出将沂蒙精神融入思想政治理论课教学与实践，以项目形式推进改革创新；将学术研究与教学研究相结合，研究成果转化与教学质量提升相结合，思想政治理论课教学与马克思主义理论专业人才培养相结合，提供坚实的学科支撑；建设一支信仰坚定、业务精湛、素质全面、成绩优异的思想政治理论课教学科研团队，培养出一批教学能手、理论专家、实践专家。努力提高思想政治理论课的针对性、感染力和实效性，建设学生真心喜爱、终身受益的思想政治理论课，充分发挥思想政治教育的主渠道主阵地作用。

2018 年 1 月 16 日，学校党委对临沂大学思想政治理论课建设领导小组进行调整，党委书记李喆和校长杨波任组长。

2020 年 3 月，"沂蒙精神融入大中小学思想政治理论课一体化探索与实践"获批山东省学校思政课教学改革项目。5 月，教育厅批复成立山东省大中小学红色文化传承研究指导中心，设在马克思主义学院。10 月 13 日，《中共山东省委教育工委山东省教育厅关于公布 2020 年度"山东学校思政课教师年度人物""山东高校辅导员年度人物"评选结果的通知》公布，孙海英教授荣获"山东学校优秀思政课教师"荣誉称号。11 月 30 日，学校印发《临沂大学思想政治理论课教师岗位津贴发放管理办法》，明确了思政课教师岗位津贴发放对象、发放原则、工作考核、发放标准、发放办法等内容，进一步提高专职思政课教师待遇，促进思政课教师队伍建设。

2021 年 1 月，山东省教育厅公布了全山东省大中小学思政课"金课"建设名单，临沂大学"毛泽东思想和中国特色社会主义理论体系概论""思想道德与法治"两门课程入选。

（二）创新新闻宣传工作

学校高度重视新闻宣传工作，以习近平新时代中国特色社会主义思想为指导，树牢"四个意识"，坚定"四个自信"，坚决做到"两个维护"，坚持围绕中心、服务大局，坚持立德树人根本任务，按照"做亮对外宣传、做强对内宣传"思路，积极发挥内聚人心、外塑形象两大职能，创新工作机制，不断优化各类载体，转作风、强服务，深入一线，面向基层，围绕内涵提升、典型引领以及学者、学生、学科、学术四大主体，讲好临大故事、传播临大声音、阐释临大特色，激发改革动力，凝聚发展力量，为学校内涵高质量发展营造良好的氛围。

学校外宣工作始终以挖掘学校办学亮点为主线，积极策划、主动出击，努力打造全方位、多层次、宽领域的外宣新格局，实现了"市级媒体不断线，山东省级媒体有重点，国家媒体创新点"的外宣目标，提升了学校的社会影响力与美誉度。10年来，在人民日报、中央电视台、光明日报、中国教育报、中国青年报、大众日报、山东电视台等山东省级以上媒体刊发重点新闻稿件近300篇，各级各类媒体发表（转载）学校稿件1万余篇。其中成功策划宣传了学校8位处长辞职当教授的人事改革创新举措以及一年后的后续报道。2012年11月25日，光明日报头版头条以"打破'官本位'回归学本位"为题进行报道，并配发短评《弱化"官本位"的有力举措》；11月26日、27日，又进行深入追踪报道和社会关注情况报道。2015年12月6日，光明日报以"'三山一坡'精神培养优秀接班人"为题，整版报道了学校举办的纪念习近平总书记沂蒙精神讲话两周年暨"三山一坡"（井冈山、宝塔山、沂蒙山、西柏坡）高校弘扬革命精神研讨会。2016年12月14日，光明日报头版以"临沂大学：把沂蒙精神融入育人体系"为题，对学校召开学习习近平总书记沂蒙精神重要讲话三周年座谈会，以及学校弘扬传承沂蒙精神，挖掘沂蒙精神育人价值进行了报道。2020年6月24日，中国教育报以"阳光体育育阳光青年"为题，报道了学校探索实践"体教融合"促进大学生健康发展的经验。9月16日，中央电视台以"书法在校园"为题报道了学校书法专业建设情况。11月，大众日报客户端对学校深化城校融合、服务地方经济社会发展的经验进行连续报道。

学校内宣工作注重全媒体建设，建立了在"网、报、播、端、微信、微博、抖音、快手"立体式传播矩阵，实现了文字、图片、声音、视频全媒介新闻传播格局。2012年，校报由四开改为对开，版面设计更加灵活，报道视角更加开阔；2014年，获全国高校好新闻一等奖2项、二等奖1项、三等奖2项；完善了校园广播系统，实现中英文双语播报，平均每天播出时长90分钟，利用广播传播校园文化正能量，服务广大师生，2018年，荣获"全国校园最受欢迎的电台节目"称号。2019年，作品"沂州海棠花在塔卡拉玛干沙漠绽放""万里之外，一场特别的毕业典礼"分获山东新闻奖高校报作品复评奖二、三等奖，实现了行业获奖历史突破。

（三）构筑网络思政同心圆

学校党委认真加强和改进网络思想政治工作，努力提升用网治网水平，着力构建思想政治工作线上线下同心圆。学校将互联网技术与传统思想政治工作优势有机融合，实现思想政治工作由平面向立体、由静止向动态、由单一向多维转变，不断增强思想政治工作的时代感和吸引力。2013年，学校制定大学生网络思想政治教育建设规划，提出"在已有网络平台的基础上，通过逐步整改，建设好融思想性、知识性、趣味性、服务性于一体的主题教育网，积极开展生动活泼的网络思想政治教育活动"。2014年4月，学校党委出台《关于进一步加强网络宣传教育工作的意见》，明确加强新形势下网络思想政治教育的思路和措施。2015年12月，学校党委出台《关于进一步加强宣传思想工作的实施意见》，就"加强校园网络安全管理、加强网络思想政治教育、加强网络宣传阵地建设"提出明确要求。2017年11月，学校党委出台《关于加强舆情管理的实施方案》，2018年11月，学校成立网络安全与信息化领导小组，校长杨波任组长，党委副书记刘占仁、副校长马凤岗任副组长，同时制定《临沂大学网络与信息安全管理规定》，进一步明确了网络意识形态安全工作的责任主体、责任范围、工作机制及考核评价办法，形成了党委统一领导、党政齐抓共管、有关部门分工负责的工作格局。2018年12月，学校成立"临大易班"建设工作领导小组，制定了"临大易班"建设工作实施方案。截至2021年1月，已建成校级易班学生工作站1个，学生骨干40名，学校有关政工干部、辅导员、班主任全部入驻易班，实名注册用户29950人。2019年1月25日，学校注册学习强国学习平台"临沂大学"学习组织，成立工作专班，开展"学习强国"学习平台推广使用工作。截至2021年1月，注册用户达15000人。学校积极加强新媒体建设与管理。2011年11月18日，临沂大学官方微博成功注册，截至2021年1月26日，推送博文8881条，粉丝数14.2万；2012年12月18日，临沂大学网络文明传播志愿者协会成立；2013年10月10日，临沂大学新媒体中心、新媒体协会成立；2014年3月27日，临沂大学微信公众号正式开通运营，截至2021年1月26日，推送图文2522条，粉丝数146436；2015年12月8日，临沂大学头条号注册成功；2017年5月24日，临沂大学QQ公众号正式开通运营，截至2021年1月26日，粉丝数37305，当年获全国最具影响力校园号冠军；2018年4月13日，临沂大学抖音号正式开通运营；2018年5月，运行达18年之久的临沂大学主网站再次改版，新版网站使用HTML5技术制作，兼容PC端和手机端，对功能模块进行重新梳理，对相关栏目进行充实和调整，学校网站于2013、2015年两次在教育部中国大学生在线主办的优秀网站评选中荣获"全国高校百佳网站"称号。2018年9月，"临沂大学网络文化工作室"入选山东省高校思想政治工作十大建设计划重点项目。2019年1月，临沂大学官方微信荣获

"全国高校优秀网络栏目"。2018—2020 年，学校连续三年被山东省教育厅评为"山东教育政务新媒体先进单位""山东广播电视融媒体先进单位"。

（四）推进统一战线工作

学校党委认真落实中央、山东省委统战工作精神和《中国共产党统一战线条例》，加强对统一战线工作的组织领导，夯实主体责任，完善制度机制，强化工作措施，构建"大统战"工作格局。学校着力加强党外知识分子思想政治引领，注重党外代表人士队伍建设，凝聚共识，坚持立德树人，坚持教育与宗教相分离原则，建立健全民族宗教工作机制，抵御和防范境外宗教渗透与校园传教，开创统一战线工作新局面。2012 年 8 月，学校宣传部理论统战科调整至组织部，设置了统战部，与组织部合署办公，配备两名专兼职工作人员，由学校党委书记直接分管统战工作。建立了各民主党派成员和无党派代表人士信息档案，完善了无党派人员信息库。2012 年 10 月 29 日，学校党委副书记石立岩出席临沂市党外代表人士队伍建设工作会议，以"凝聚政治共识，服务科学发展，打造高素质党外代表人士队伍"为题作典型发言。2013 年学校党委为统战工作划拨专项经费，支持民主党派加强基层组织建设，为党外人士开展组织活动提供了固定场所。2014 年 6 月 18 日，临沂大学党外知识分子联谊会成立。生命科学学院林光哲教授当选为会长，国际交流与合作处副处长隋长虹、信息学院副院长李英奎、凝聚态物理研究所执行所长陈丽、汽车学院副教授李正平为副会长，化学化工学院教授夏其英为秘书长，会员 45 人。2014 年 11 月，学校在各基层党委配备统战委员，共 27 人。2014 年 12 月 4 日，学校召开统战工作会议，学校党委委员、副校长孙常生出席会议并讲话，就"如何做好基层统战工作"提出了要求，各基层党委统战委员参加了会议。2015 年 4 月 21—30 日，学校举办党外代表人士培训班，党委书记李喆出席开班仪式并作动员讲话，党委委员、副校长孙常生在结业仪式上作总结讲话。培训采取了专题讲座、自学研讨、观看专题片、学习交流、实践教学、考察学习等形式。驻校各级人大代表、政协委员，各民主党派基层组织负责人，学校知联会负责人，少数民族代表人士、党外处级干部等 47 名党外代表人士参加了专题培训。2015 年 12 月 25 日，学校归侨侨眷联谊会（简称"侨联"）成立，王立斌当选侨联主席，副主席为张国庆、王晓凌（兼秘书长）。2015 年 12 月，学校党委出台了《临沂大学抵御和防范校园传教渗透工作专门协调机制工作制度》，在学校党委领导下开展工作，党委委员、副校长孙常生任组长，统战部部长孔霞任副组长，下设办公室在党委统战部，孔霞兼任办公室主任，董勤岭、金光伟任副主任，各党委（党总支）副书记为成员兼联络员，构建了抵御和防范宗教渗透的网络体系。2016 年 5 月，学校党委印发了《关于成立统一战线工作领导小组的通知》，李喆任组长，王明福任副组长，相关部门负责人和基层党委书记任成员，下设办公室在党委统战部，办公室主任由党委统战部部长担任，建立了由学校党委统一领导、党委统战部牵头协调、多部门及各基层党委密切配合、上下联动的长效工作机制。同时出台了《关于建立党员领导干部联系党外代表人士制度的实施意见》，建立了学校党员领导干部与党外代表人士联谊交友制度。2016 年 6 月 17 日，致公党临沂大学支部成立，科技产业服务处副处长王言群当选为致公党临沂大学支部主委，商学院禹香兰和汽车学院宋东明当选为副主委，学校民主党派基层组织达到 5 个。2016 年 7 月，民革临沂大学支部一行 8 人应台湾艺术大学邀请，进行为期 8 天的"艺心沂意一家亲"文化交流活动，获评 2016 年度山东省优秀对台交流项目。2017 年 1 月，学校第二任期换届，学校党委独立设置统战部，配备专职工作人员 2 人，统战部部长刘建华，统战秘书刘艳春，各基层党委书记兼任统战委员。2018 年 1 月 31 日，在山东省第十三届人民代表大会第一次会议上，生命科学学院副院长（主持工作）王学斌教授当选第十三届全国人民代表大会代表。2018 年 4 月，民盟临沂大学总支主委王梁获山东省先进工作者荣誉称号，党外代表人士王晓丽获临沂市劳动模范荣誉称号。2018 年 5 月学校成立民族宗教工作领导小组，王明福任组长，牟海善、张思峰、任庆大、刘建华、王统永、颜骁任副组长，各基层党委书记为成员，领导小组办公室设在党委统战部，刘建华兼任办公室主任，将宗教工作纳入学校重要议事日程。2018 年 8 月，党委副书记王明福带领统战部、各民主党派、统战团体负责人赴延安参加了"不忘初心，坚定理想信念"专题培训班。2019 年 1 月 10 日，临沂大学欧美同学会（留学人员联谊会）成立，建立了学校党委与留学人员之间的桥梁与纽带。4 月，联合曲阜师范大学等 3 所高校赴西柏坡举办了"不忘合作初心，继续携手前进"党外人士专题培训班。6 月，统战部增设统战科和知识分子联络科两个科。学校党委将统一战线工作纳入学校各级领导班子、领导干部和党建工作评价考核体系，列入了党委书记履行全面从严治党责任和抓党建工作述职评议内容，纳入了巡察工作和意识形态校内巡察内容。7 月 11 日，学校党外知识分子联谊会换届，选举产生第二届理事会，王晓丽当选会长，夏其英、隋长虹、李英奎、张国伟当选副会长。11 月，学校党委调整了学校统一战线工作领导小组，李喆任组长，刘占仁任副组长；调整民族宗教工作领导小组，刘占仁任组长，牟海善、张思峰、任庆大、刘建华、王统永、颜骁任副组长，任副组长；调整抵御和防范校园传教渗透工作专门协调机制成员，刘占仁任组长，刘建华任副组长，办公室均设在统战部，刘建华兼任办公室主任。2020年3月，学校党委把贯彻落实《关于加强新时代高校党外知识分子工作的实施意见》，加强中青年党外后备干部队伍梯队建设列入了学校2020年工作要点。8月，学校党委为加强统战工作力量，决定由学校党委副书记刘占仁兼任统战部部长，刘建华任统战部常务副部长（正处级）。截至2021年2月，学校现有民革、民盟、民建、民进、农工党、致公党、九三学社7个民主党派，成员共有115人。其中民革、民盟、民进、致公党、九三学社在学校设有基层组织。党外知识分子900余人。

三、加强师德师风建设

学校积极创新师德教育、加强师德宣传、优化管理服务、强化师德考核，大力推进师德师风建设，营造师风好教风好的良好氛围。

（一）领导重视，责任明确

学校党委高度重视师德师风建设，把师德建设纳入学校事业发展规划，纳入重要议事日程，纳入教师队伍建设的具体工作中。2014年1月，学校印发《中共临沂大学委员会关于进一步加强师德建设的意见》，强化师德教育，培育师德典型，明确师德底线，严格师德考核，成立师德建设工作领导小组，明确工作举措和主责单位。2015年11月，学校党委出台了《中共临沂大学委员会关于关于建立健全师德建设长效机制的实施意见》，构建了"党委统一领导、党政齐抓共管、部门学院具体落实、教师自我约束"的师德建设领导体制和工作机制。成立了由党委宣传部牵头，教师工作部、人事处、监察处、教务处、教育质量评估与教师发展中心、学术部、社科处、学工部、工会等协同配合的师德建设委员会，负责统筹协调师德长效机制建设，各有关部门根据责任分工，积极推进落实师德建设长效机制的各项具体工作。各中层单位成立了师德建设工作小组，重点落实师德建设的具体任务。学校先后制定了《临沂大学学术规范及违规处理办法》《临沂大学教师师德失范行为负面清单及处理办法》《关于成立临沂大学师德建设委员会的通知》等文件，进一步对学校的师德师风建设工作提出了具体的实施意见和要求。这些规章和制度从不同角度规范了学院师德师风建设工作的指导思想、工作目标、基本思路以及具体实施的基本原则，使得学校学院的师德师风建设工作目标明确，有章可循，逐步走上经常化、制度化的轨道。

（二）突出重点，务求实效

学校重点抓好第一线教师尤其是青年教师的师德师风建设。首先，加强教师的学习和培养。学校每年召开新入校青年教师座谈会，请老教师做辅导报告，提高新入职教师爱生重教的使命感。各学院积极召开任课教师座谈会，要求教师严以律己，刻苦学习，从严执教，提高业务能力和工作责任心。其次，加强教学管理和监控。学校、学院教学督导员经常深入课堂听课，抽查部分课程的学生评教情况，促进教师逐步形成强烈的授课质量意识，保证了教学质量。再次，激发教师参与教改的积极性。为顺应当前高等教育改革的需要，学校、学院采取各种措施，引导教师积极开展专业、课程的教学改革活动，改进教学方法和手段，增强授课效果。鼓励教师积极承担部级、山东省级、校级的多项教学研究项目，深入探索专业教育教学的规律性，增强了教师认真治学的意识和能力。学校以爱岗敬业教育为重点开展师德师风教育，建立健全师德师风规范。校领导不定期召开专题会议，听取意见，制定方案，解决师德师风建设中出现的各种问题。2020年4月，学校开展师德师风专项整治教育活动，组织实施师德师风自查工作，全面检查各单位师德师风建设工作贯彻落实情况，深入排查存在的突出问题和薄弱环节，深化师德师风综合治理。

（三）抓好载体，弘扬高尚师德

学校围绕"为人师表、教书育人、德育为先、立德树人、管理育人、服务育人"的师德要求，开展了一系列师德师风教育活动。

开展30年教龄表彰活动。学校坚持每年教师节对从教满30年的教师进行表彰，极大地促进了当好人民教师的责任感和自豪感，表彰活动开展以来已有百余名教职工获得此项殊荣。

开展师德主题教育活动。学校大力倡导教书育人、为人师表的好风尚，大力宣传和表彰奖励那些道德高尚、治学严谨、作风正派，在师生中有良好声誉的先进分子，努力营造树师德、铸师魂、正师风的良好氛围，引导和激励广大教职工自觉加强思想建设、道德建设和作风建设，真正成为学生的楷模和表率。教师工作部积极倡导并配合有关部门在教职工中开展主题教育活动，建立了师德建设专家、育人楷模定期进校宣讲制度，把高校师德重大典型、全国教书育人楷模、一线优秀教师等请进课堂。2016年10月，学校举行全国优秀教师"李保国先进事迹报告会"。2017年4月，学校举行全国优秀教师"唐乐群先进事迹报告会"。2020年10月，学校举行全国最美教师、临沂大学优秀校友刘秀祥报告会。

选树师德先进典型。学校通过评选"师德标兵""优秀教师""十大卓越教师""十大管理服务育人模范""十佳辅导员""十大最美教师""感动临大十大人物"等活动，大力开展师德表彰奖励，树立学校师德典型，增强广大教师教书育人的自觉性，提升教师精神境界。近年来，先后有李中国、王学斌获"山东高校十大师德标兵"提名奖称号，徐传胜获"山东高校十大师德标兵"称号，季跃龙荣获"第七届山东高校十佳辅导员"称号，吴建章获"山东高校十佳辅导员"称号，臧广良获"山东高校优秀辅导员"称号，李同胜获"山东省优秀教师"称号。学校充分利用校园网站、电视台、广播站、校报、宣传橱窗及微博、微信等媒介形式，广泛宣传优秀教师爱校敬业、辛勤耕耘、严谨治学的先进事迹，引导教职工爱岗敬业、无私奉献、教书育人、管理育人、服务育人，促进广大教职工学有榜样，赶有目标，有力推进了师德师风建设和"树、创、献"活动，提高了全校师生员工加强自身道德修养的自觉性，营造了"扬师德、正师风、树师表"的良好氛围。

四、加强学生思想政治工作

学校充分利用在沂蒙革命老区办学的政治资源优势，坚持用沂蒙精神和优秀传统文化影响和熏陶学生，强化大学生社会主义核心价值观教育，引领学生思潮、凝聚学生价值共识。

（一）加强新时代青年理想信念教育

学校高度重视学生理想信念教育，坚持以立德树人为根本，突出"传承红色基因，弘扬沂蒙精神，培育学生临大特质"的学生思想政治教育的特色，以弘扬爱国奋斗精神为主线，因事而化、因时而进、因势而新，将理想信念教育融入日常思政工作，强化工作创新，推动科学发展，不断增强学生的中国特色社会主义道路自信、理论自信、制度自信、文化自信，着力培养担当民族复兴大任的时代新人。

丰富教育内容。学校每年组织全校学生举行迎国庆、纪念"一二·九"运动升旗仪式。2011年5—7月，开展"两庆一迎"系列主题教育活动，塑造大学生社会主义核心价值观，通过观看红色影视剧、学唱红色歌曲、解读红色书籍、参观红色基地、举行主题班会、参加主题讨论、聆听专场报告、寻访优秀校友、提出成才建议、写好个人感受，强化沂蒙精神育人特色，培养学生沂蒙精神品质。组织观看蒙山沂水演出、沂蒙红色乐舞三部曲，传承沂蒙精神，培养学生爱党、爱国热情。9月，学校组织学唱校歌活动，从学唱校歌活动中了解学校办学历史、校园精神，深化对学校的认识，使学唱校歌成为激励学生刻苦学习、奋发有为的前进动力。2012年3月，实施以"学雷锋，见行动，讲文明，树新风"为主题的"学生文明修身工程"，培养道德品质高尚、行为举止完美、有气质、有修养、社会竞争力强的新时代大学生。

2012年12月—2013年3月，开展"感恩·诚信·责任·奋进"主题教育活动，提高大学生的责任担当意识，引导学生树立明礼诚信、知恩图报、自强不息、奋发成才的精神，培养具有沂蒙精神特质和国际视野的高素质应用型人才。2013年6月，开展"中国梦·我的梦"主题班会教育活动，引导广大学生为实现国家富强、民族复兴、人民幸福的伟大"中国梦"而发奋学习、不懈奋斗。2014年3月，开展"践行社会主义核心价值观"解放思想大讨论活动，以党的十八大和十八届三中全会精神为指导，坚持立德树人基本导向，以践行社会主义核心价值观（"三个倡导"）为核心，以"三爱三节"教育（爱学习、爱劳动、爱祖国，节粮、节水、节电）为载体，通过开展"三三三"解放思想大讨论，增强学生践行社会主义核心价值观的自觉性，强化责任担当意识，提升综合素质和文明素养，促进学生成长成才。2014年5月，开展向"时代楷模"朱彦夫学习主题活动，用朱彦夫的先进感人事迹感召学生，进一步加强和改进大学生思想政治教育工作，引导学生践行社会主义核心价值观，奋发学习、成长成才。9月，开展烈士纪念日纪念活动，参加临沂市烈士公祭活动、开展网上纪念烈士活动、组织瞻仰活动、用烈士英雄事迹教育青年学生，缅怀烈士功绩，弘扬烈士精神，培养学生的爱国主义、集体主义精神和社会主义道德风尚。2015年9—11月，以"节俭养德、共建节约型校园"为主题开展"节俭养德"主题教育活动，引导广大青年学生树立节约观念、增强节约意识、规范节约行为、养成良好习惯，争做勤俭节约风尚的示范者、传播者和践行者。10月，在全校大学生中深入开展党史国史学习教育活动，把"两史"教育融入人才培养的全过程，帮助大学生树立正确的世界观、人生观、价值观，把"两史"教育内化为爱党、爱国、爱学习、爱家乡的具体行动，自觉做中国特色社会主义事业的建设者和捍卫者。2016年11月，开展"学在临大，我为审核评估做贡献"主题教育活动，加强学生迎评意识教育，强化责任担当，扎实做好学生教育管理工作，稳步推进学生学风建设。2017年4—9月，开展诚信教育"八个一"主题教育活动，增强学生的诚信意识和法律素质，牢固树立守信光荣、失信可耻的道德观念，弘扬法治理念和契约精神。8月，学校"第一书记助手"项目队作为山东省推荐项目参加了第三届中国"互联网+"大学生创新创业大赛"青年红色筑梦之旅"实践活动，学校开展学习贯彻习近平总书记给"青年红色筑梦之旅"大学生重要回信精神活动，引导青年学生在艰苦奋斗中锤炼意志品质，把激昂的青春梦融入伟大的中国梦，紧跟时代砥砺前行，为实现中华民族伟大复兴奉献青春力量。2018年9—10月，开展"重温总书记回信，助力青春中国梦"主题教育活动，转达习近平总书记对青年学生的亲切问候，用总书记重要回信精神，激励学校青年学生传承红色基因，弘扬沂蒙精神，积极创新创业，以"青春梦""创业梦"托起伟大的"中国梦"。2019年3月，以"缅怀先烈·同心筑梦"为主题在清明节期间广泛开展纪念革命英烈系列活动，积极引导学生抒发对先烈、先贤的感恩、敬仰和追思之情。9月，在临沂广播电视台举行临沂大学"党史国史校史"电视竞赛，学习内容涵盖中国近代以来170多年的斗争史、中国共产党98年的奋斗史、新中国成立70周年的发展史和临沂大学近80年来的发展史等丰富内容，引导青年学生传承抗大基因，弘扬沂蒙精神，做到知史爱党、知史爱国、知史爱校。2020年2月，开展众志成城·同心战"疫"线上疫情防控主题教育活动，引导广大学生积极抗击疫情，锤炼意志品行，努力提升自我，为坚决遏制疫情扩散、夺取防控斗争胜利贡献力量。9月，开展勤俭节约主题教育活动，在全校广大学生中大兴勤俭节约之风，提高节约意识，倡导节约文化，自觉抵制铺张浪费，切实培养广大学生勤俭节约的良好习惯，在全校营造节约为荣的氛围。9—10月，开展爱国主义教育活动，引导学生深刻理解新时代爱国主义精神的丰富内涵，在知行合一、学以致用上下功夫，努力把小我融入大我，以实际行动爱国报国。

深化教育载体。2011年5月，学校出台《中共临沂大学委员会临沂大学关于进一步加强和改进思想政治理论课建设的实施意见》，指出思想政治理论课承担着对大学生进行系统的马克思主义理论教育的任务，是对大学生进行思想政治教育的主渠道，是帮助大学生树立正确的世界观、人生观、价值观的重要途径。学校举办优秀毕业生党员事迹报告会，发挥校友榜样作用，激励广大学生党员积极投入高质量综合性品牌大学建设，用校友的榜样教育学生，用身边的事迹激励学生，让广大学生党员学有榜样、赶有目标。10月，学校举行临沂大学第一届大学生红色运动会，以"弘扬沂蒙精神，增强学生体质"为主题，将德育与体育、红色文化元素与现代田径运动、红色体育项目与全民健身运动有效结合，打造红色育人特色品牌。11月，开展文明校园创建活动，深化以沂蒙精神为载体的社会主义核心价值体系教育，把社会主义核心价值体系融入学生教育全程；大力倡导树立以"八荣八耻"为主要内容的社会主义荣辱观，营造健康向上的舆论氛围；修订和完善《大学生文明公约》，规范大学生的文明行为，倡导说文明话、做文明事，遵守校园规章制度，树立大学生的良好形象。2014年5月，印发并实施了《中共临沂大学委员会关于推进中华传统文化教育工作的实施意见》，深入挖掘中华优秀传统文化资源，结合深入推进红色育人工程，广泛开展优秀传统文化教育实践活动，以弘扬爱国主义精神为核心，通过开展以"天下兴亡、匹夫有责"为重点的家国情怀教育，开展以"仁爱共济、立己达人"为重点的社会关爱教育，开展以"崇德弘毅、笃学锐思"为重点的人格修养教育，将优秀传统文化教育贯穿于学校文化建设，融入人才培养全过程。9月，开展"社会主义核心价值观与当代知识分子的价值追求"讨论活动，引导和激励学生正确处理个人抱负与国家发展、民族命运、人民需求的关系，自觉践行社会主义核心价值观，传播科学理论，服务社会发展，为实现中华民族伟大复兴"中国梦"贡献力量。2018年12月，制定并实施《"临大易班"建设工作实施方案》，以提供优质网络服务和资源为导向，以探索教育教学新模式和新内涵为基点，以提升网络育人功能和效果为根本，推动思想政治工作传统优势同信息技术高度融合，进一步增强大学生思想政治教育的时代感和吸引力，不断夯实网络思想政治教育阵地。2020年11月，开展学生"文明修身月"活动，进一步培育和践行社会主义核心价值观，创建文明和谐的校园学习环境，教育引导广大学生提高文明意识和养成文明行为习惯，培养道德品质高尚、行为举止完美、有气质、有修养、社会竞争力强的新时代大学生。

（二）提升大学生社会实践成效

学校把实践育人纳入学校教学计划，规定相应学时学分，形成了实践育人长效工作机制，利用寒暑假社会实践和专业见习，组织学生在校期间参加下工厂、下农村、下基地等实践活动，引导和帮助广大青年学生在社会实践中受教育、长才干、做贡献。

围绕育人目标和实践主题，学校积极开展大学生社会实践活动，将社会实践打造为学生开阔视野、体验基层、服务社会的重要品牌，取得了显著成效。2012年4月2日，学校召开红色育人工程社会实践工作部署会，提出要认真贯彻落实教育部、中宣部等七部门联合印发的《关于进一步加强高校实践育人工作的若干意见》文件精神，将学校红色育人工程与之紧密结合，全面推进"三下"工作。

2015年，荣获团中央"全国百强实践团队"及全国大中专学生暑期"三下乡"社会实践优秀团队2项大奖。2016年7月5日，由学校团委组建的"山东省青年马克思主义者培养工程纪念建党95周年暨红军长征胜利80周年社会实践团"和资源环境学院组建的"临沂海绵城市建设推进调研"团队入选2016年全国大学生暑期社会实践重点团队，成为山东省入围团队最多的高校。2017年12月4日，文学院"禁毒防艾"社会实践宣讲团获"团中央2017年三下乡直播团队优秀奖"。2018年，学校获得全国暑期社会实践传播力优秀新闻宣传单位称号，入选国家级优秀社会实践团队1支、全国百强传播力团队3支。

2019年7月，临沂大学"重走抗大路，砥砺报国志"3支暑期社会实践团队历经陕西、山西、河北、山东4省9市，跨越1500余千米，追寻抗大足迹，感悟抗大精神。

2019年12月24日，学校收到教育部和团中央共同发来的表扬信和感谢信，对学校"云飞支教队"和"守护家园，振兴生态"社会实践服务团2支实践队的出色表现表示感谢，给予表扬，两支队伍均被评为"优秀服务队"。

2020年7月，临沂大学"七彩梦想邮递员"暑期社会实践团队投身教育扶贫，奉献青春力量，荣获2020"榜样100"全国最佳大学生团队；索尼梦想教室全国优秀团队；2020"趁年轻，去基层"全国大学生千校千项活动：最美团队、基层新画卷（费县手绣——一枝独绣、梦想教室——遇见）。学校被评为2020全国大中专学生志愿者暑期"三下乡"社会实践活动优秀单位。

（三）提高辅导员职业素养

辅导员是开展大学生思想政治教育的骨干力量，是高等学校学生日常思想政治教育和管理工作的组织者、实施者、指导者。学校一直高度重视辅导员队伍建设，坚持把立德树人作为根本任务，把辅导员队伍建设作为教师队伍和管理队伍建设的重要内容，整体规划、统筹安排，不断提高队伍的专业水平和职业能力，保证辅导员工作有条件、干事有平台、待遇有保障、发展有空间，不断提高辅导员队伍的实践育人能力和理论研究水平。2012年7月，胡秀俊、崔红霞、徐娅囡获"第四届山东高校优秀辅导员"称号。2014年11月，季跃龙、尉海东荣获第五届"山东高校优秀辅导员"荣誉称号。2015年11月，王红坤、毛子成荣获第六届"山东高校优秀辅导员"荣誉称号。2016年11月，季跃龙、傅春长分别荣获第七届"山东高校十佳辅导员""山东高校优秀辅导员"荣誉称号。2017年4月，季跃龙入围"第九届全国高校辅导员年度人物"。2017年11月，吴建章、臧广良分别荣获第八届"山东高校十佳辅导员""山东高校优秀辅导员"荣誉称号。2018年7月，吴建章荣获"2018年全国高校辅导员年度人物"入围奖。2019年4月，胡秀俊荣获2019年"山东高校辅导员年度人物"荣誉称号。2019年9月，胡秀俊荣获第十一届全国高校辅导员年度人物提名奖。2020年10月，刘丽萍荣获2020年度"山东高校优秀辅导员"荣誉称号。

强化制度保障。2011年5月，制定了《临沂大学辅导员工作条例》，专职辅导员可按照学校党政干部选拔任用的有关规定和程序，晋升副科级、正科级、副处级、正处级行政级别。专职辅导员（正处级辅导员除外）可参加专业技术职务资格的评聘，实行标准、指标、序列、评审"四单列"。2011年11月，制定了《临沂大学辅导员队伍"一专三兼"实施方案》，坚持"育人为本，德育为先"的原则，建设一支"一专三兼"辅导员工作队伍，即建设一支以专职辅导员为骨干，两课教师、教育心理专业教师，熟悉思想政治教育工作的老干部，优秀学生党员干部或研究生（辅导员助理）共同参与的专兼结合的辅导员工作队伍。2012年7月，制定并实施了《临沂大学辅导员学年度考核实施办法》，全校专、兼职辅导员参与考核，坚持定性与定量考核相结合的原则，注重完成工作目标、注重实绩考核。2015年12月，制定《2015年辅导员专业技术岗位竞聘实施方案》，组织开展2015年辅导员系列校内专业技术岗位竞聘工作。2015年12月，制定《2015年度临沂大学辅导员考核办法》，考核内容主要包括职业素质、工作能力、学生教育管理、工作绩效、附加项目（加减分项目）等内容，分为定性考核和定量考核，结果为优秀、合格、基本合格、不合格四个等次。2016年8月，印发了《临沂大学辅导员工作条例（修订）》。2020年4月，印发《临沂大学辅导员队伍建设实施办法》，进一步明确了辅导员的岗位要求和工作职责，学校按专兼结合、以专为主原则，构建一支年龄、专业、学历等结构合理的辅导员队伍。确定了专职辅导员具有教师和管理人员双重身份，学校落实专职辅导员职务职级"双线"晋升要求，推动辅导员队伍专业化职业化建设，并把专职辅导员培训纳入干部队伍培训和师资队伍建设整体规划。2020年4月制定了《临沂大学辅导员绩效考核办法》，坚持客观公正、民主公开原则，采取自评和他评，定量和定性等多层面、多维度的有机结合方式，开展辅导员绩效考核。学校根据考核结果发放辅导员山东省绩效工资，其中考核结果为优秀的每人1200元／月，合格的每人1000元／月，基本合格的每人500元／月，按12个月计算一次性发放。2020年11月，开展2020年专职辅导员绩效考核工作，评选优秀25人，合格121人。

优化队伍建设。2013年3月，制定并印发《关于进一步加强和改进辅导员队伍作风建设的实施意见》，要求树立弘扬与时俱进、甘于奉献、以德修身的思想作风，弘扬理论联系实际、虚心好学、学以致用的优良学风，弘扬学生为本、服务基层、高效务实的工作作风，弘扬廉洁勤政、崇尚简朴、秉公办事的生活作风，坚持和完善学生工作公示制度、学生评议辅导员制度、辅导员联系家长制度、谈心制度、辅导员深入课堂制度、会议制度、工作周记制度、辅导员工作档案制度、进宿舍制度、工作调研制度，确立长效机制、保证制度落实。2014年6月，启动辅导员"蓝青工程"，发挥老学团工作者的传、帮、带作用，为青年辅导员搭建成长平台，提升青年辅导员的师德修养，提高其学生工作的管理技能和水平。蓝青工程周期为两年，围绕辅导员理论学习、理论研究、职业规划、业务指导、工作拓展5个方面展开，主要内容是带师魂即敬业爱岗，无私奉献；带师能即学生管理和服务工作的技能；带师德即育德之道，为人师表。10月，学校以做一名有理想信念、道德情操、扎实学识和仁爱之心的人民满意的好老师为目标，召开青年辅导员"社会主义核心价值观与当代知识分子的价值追求"座谈会。2015年5月，学校开展辅导员师德建设大讨论活动，贯彻落实学校党委提出的"八个聚力、六个全面推进"，深入推进"三严三实"教育，围绕学校内涵发展，如何全面推进辅导员师德建设等4个方面开展研讨。

深化素质培养。学校每年开展辅导员优秀工作案例评选活动、十佳辅导员评选活动、辅导员家访活动。2013年4月，学校开展校级辅导员专项课题立项评审，设置课题20项，课题资助总额46000元。2013年7—10月，完成学校"千名教师培训提升计划"辅导员培训班，进一步提升辅导员队伍的思想政治素质和服务学生发展的能力，增强工作的科学性，提高工作的时效性，推动团学工作取得新的成效。2014年1月，举办临沂大学首届辅导员职业能力大赛。4月，学校辅导员专项课题立项增至30项，课题资助总额10万元。2015年6月至2019年10月，学校举办第二至第五届辅导员素质能力大赛。2015年4月，建设5个临沂大学辅导员名师工作室，胡秀俊名师工作室获批第二批山东高校辅导员名师工作室。2016年4月，开展"辅导员走进图书馆"主题活动，培养辅导员的学习意识，提升辅导员素质。2016年8—11月，组织学生工作人员参加"高校辅导员创新创业教育和指导能力提升"专题网络培训。2016年10月，对辅导员专业技术岗位人员第一聘期期满进行考核，组织第二聘期辅导员系列专业技术岗位竞聘工作。2017年12月，开展学习宣传贯彻党的十九大精神——临沂大学优秀辅导员"校园巡讲"和"网络巡礼"活动。2019年12月，完成了全国第七期普通高等学校辅导员网络培训。2020年4月，组织全体专职辅导员参加了"全国高校辅导员网络培训示范班"。

加强岗位研究。学校积极开展辅导员专业化建设，不断提高辅导员理论研究水平，促进辅导员在实践中创新工作方法，提高工作的科学化水平。2016年4月，组建临沂大学辅导员专业研究团队，包括全校专职辅导员（含副书记及高级辅导员），学工部、团委工作人员 145 人，建设大学生思想政治教育研究（理论与实践）、高校辅导员队伍建设研究、大学生党团组织建设研究、大学生创新创业研究、大学生职业生涯规划研究、高校学生事务管理研究、大学生心理咨询与心理健康教育研究、沂蒙精神育人理论与实践研究 8 个团队。2016 年度学生教育与管理工作优秀科研成果评选，吴建章《高校贫困生问题研究》获优秀科研成果著作类一等奖，王凯旋《培育和践行社会主义核心价值观个案研究》（第二作者）、李春举《大学生职业发展与高校创新创业教育研究》获优秀科研成果著作类二等奖，吴建章《地方高校师范毕业生就业心理分析及对策研究》获优秀科研成果论文类一等奖，胡秀俊《高校辅导员在学风建设中的作用机制探究》获优秀科研成果论文类二等奖，李焕《浅谈新媒体背景下高校思想政治教育的创新——基于隐性教育的视角》获优秀科研成果论文类三等奖。2014 年 7 月田建获全国高校辅导员职业能力大赛赛区三等奖。2016 年 12 月，徐泽亮获第三届山东高校辅导员职业能力大赛二等奖。2017 年山东高校辅导员工作论坛，刘丽萍的论文《自媒体时代高校辅导员思想政治教育话语优化研究》获一等奖，唐燕、吕维明、李培之的论文《组织育人视域下学生组织建设的现实选择》和李开才、李雯、潘星任的论文《高校辅导员队伍育人能力提升的相关制约因素及对策》获三等奖。2018 年山东高校辅导员工作论坛，吴建章的论文《高校辅导员科研团队建设现状与发展路径研究》获一等奖，刘丽萍的论文《供给侧视角下高校辅导员日常思想政治教育优化研究》、尉海东的论文《新旧动能转换视域下创新高校学困生帮扶机制》获二等奖。2019 年山东高校辅导员工作论坛，吴建章、庞晓东的论文《扶贫攻坚视域下高校建档立卡贫困家庭毕业生就业精准帮扶研究》获一等奖，刘丽萍的论文《"三全育人"视域下高校辅导员与思政课教师协同育人机制构建》获二等奖，李焕的《"三全育人"视域下创新高校思想政治教育方式的思考》、李开才的《新时代高校辅导员核心能力构建与职业化建设研究》论文获三等奖。2020 年山东高校辅导员工作论坛，吴建章的论文《高校建档立卡贫困家庭大学生群体特征及其精准帮扶》获一等奖，刘丽萍的论文《"沉默的螺旋"理论对高校辅导员做好网络舆情引导的启发》获三等奖。

五、加强和改进意识形态工作

2013 年 8 月，习近平总书记在全国宣传思想工作会议上指出："意识形态工作是党的一项极端重要的工作，是为国家立心、为民族立魂的工作。"意识形态关乎旗帜、关乎道路、关乎国家政治安全。意识形态工作的根本任务，就是巩固马克思主义在意识形态领域的指导地位，巩固全党全国人民团结奋斗的共同思想基础。高校是传播、维护、建设社会主义意识形态的重要阵地，肩负着培养社会主义事业合格建设者和可靠接班人的历史使命。学校党委高度重视意识形态工作，坚持党管意识形态原则，认真贯彻落实中央、省委关于意识形态工作的系列决策部署，牢牢把握党对意识形态工作的领导权，积极为推动学校事业发展稳定大局凝心聚力。广大师生不断增强"四个意识"，坚定"四个自信"，做到"两个维护"，普遍认同我国社会主义主流意识形态，积极践行社会主义核心价值观，爱党爱国爱校情感浓厚，临大特质不断彰显，社会责任感和使命感不断增强，全校意识形态领域形势健康平稳、积极向上。

明确责任，完善工作体制机制。党的十八大以来，学校党委紧紧围绕学习贯彻落实党的十八大、十九大精神，以及全国宣传思想工作会议、全国高校思想政治工作会议、文艺工作座谈会、全国党校工作会议、党的新闻舆论工作座谈会、网络安全和信息化工作座谈会、哲学社会科学工作座谈会等系列会议精神，切实肩负起意识形态工作的主体责任，着力构建意识形态工作长效机制，扎实推进意识形态工作向纵深发展。2018年4月18日，学校党委出台了《中共临沂大学委员会落实党委意识形态工作责任制实施办法》，按照分级负责和"谁主管谁负责""谁监管谁担责"的原则，明确了学校党委和各基层党委意识形态工作责任，明确了党委宣传部、相关职能部门落实意识形态工作职责，明确了学校意识形态阵地管控措施，明确了对领导班子、领导干部实行责任追究的10种情形。为进一步加强意识形态工作领导，学校党委于2020年5月28日将"临沂大学思想政治工作领导小组"调整为"临沂大学意识形态和思想政治工作领导小组"。为推动意识形态工作责任制落实到位，根据中共山东省委教育工委《关于推进全省高校意识形态工作校内巡察制度建设的指导意见》（鲁教工委发〔2018〕6号）等上级文件要求，学校党委于2020年5月28日召开专题会议，研究通过了意识形态工作校内巡察实施办法。2020年6月中旬至12月底，学校党委对全校30个基层党委分两批次开展意识形态工作校内巡察，巡察组听取汇报30次，列席党委理论学习中心组集体学习24次，列席党委会4次，列席党政联席会2次，与班子成员及师生代表开展个别谈话633人次，开展师生调查问卷665份，并调阅了30个基层党委自2018年1月以来的意识形态工作材料，找出了基层党委在落实意识形态工作制方面存在的问题。2021年1月5日，学校第三十三次校党委会研究通过《落实党委意识形态工作责任制实施办法（修订）》，意识形态工作体制机制进一步完善。

狠抓落实，提升工作制度化规范化建设。学校各级党委全面落实主体责任制，将意识形态工作融入办学治校和立德树人实践，将意识形态工作纳入党委工作重要议事日程，定期分析研判意识形态领域情况，党委书记勇挑"第一责任人"职责，带头抓意识形态工作；领导班子成员自觉履行"一岗双责"，主动抓好分管领域的意识形态工作。落实了党委会每年2次专题研究意识形态工作的要求；落实了意识形态工作通报制度，学校党委每年2次通报意识形态工作情况；落实了意识形态工作检查考核制度，将考核成绩纳入中层单位和领导班子、领导干部年度考核。学校党委将意识形态工作向全委会报告工作的重要内容，作为党委班子成员民主生活会和述职述廉的重要内容，纳入基层党建述职评议考核，纳入执行党的纪律尤其是政治纪律和政治规矩的监督检查范围。

加强管理，严格意识形态阵地管理。学校党委牢牢把握意识形态阵地的正确政治方向、价值取向、舆论导向，确保了意识形态阵地可管可控。加强哲学社会科学活动管理，按照"谁主办、谁负责，谁审批、谁监督"的原则，严格落实"一会一报"制度。加强课堂教育教学管理，认真落实课堂准入制度、领导听课制度、教学督导制度和学生评教制度。加强网络信息安全管理，学校党委办公室2017年11月27日出台了《临沂大学关于加强舆情管理的实施方案》，完善了舆情报告、会商研判、舆论引导、风险评估、应急处理"五项机制"。2018年11月28日，学校出台了《临沂大学网络与信息安全管理规定》，进一步明确了学校网络与信息安全管理体制和各单位的工作职责。学校积极加强宣传阵地管理，校内各单位坚持党管媒体原则，认真落实信息发布审核制度，全校宣传阵地弘扬主旋律，传递正能量，营造了良好氛围。积极加强社团及校园文化活动管理，对全校学生社团开展跟踪指导和服务，实行大学生社团登记和年检制度，截至2021年3月底，全校共有学生社团151个，其中五星级社团7个，四星级社团11个，3星级社团5个，普通社团128个。

2021年3月28日，山东省委第九巡视组对学校开展意识形态工作专项巡视，对学校各级党委落实意识形态工作责任制情况进行全面"体检"。巡视期间，巡视组各位领导以直面问题的担当精神、实事求是的科学态度、严谨务实的工作作风，通过开展个别谈话、受理群众来信来访、调阅文件资料、问卷调查、下沉调研等多种方式，深入了解情况，既客观评价了学校意识形态工作取得的成绩，又严肃指出了存在的问题和不足，明确提出了具体的整改意见，为学校落实整改要求指明了方向、提供了指导，达到了"推动改革、促进发展"的巡视目的。

第七章 开新局，谋划学校新发展

2020年，一场新冠肺炎疫情突袭荆楚大地，蔓延波及全国。学校强化组织领导、建全防控制度、排查疫情风险、筹措防疫物资、落实防控举措，战"役"工作井然有序。自5月20日起，学生陆续返校入学。学校统筹疫情防控与事业发展，强力推进重点工作攻坚，事业发展取得新突破。"十三五"收官在即，学校既定事业发展核心目标任务陆续实现。站在新起点、谋划新发展，学校确立"高起点谋划、高质量发展、有重点打造、有特色推进"（简称"两高两有"）的工作方针，"十四五"事业发展规划编制工作有序推进。2021年3月7日，临沂大学第七届教代会（工代会）第一次会议通过了《临沂大学"十四五"事业发展规划》。奋进"十四五"，临沂大学迈入事业发展的又一个黄金周期。

第一节 疫情防控，于变局中开新局

庚子新春伊始，新冠肺炎疫情突如其来，武汉封城湖北告急，人们正常的生活秩序瞬间改变。疫情变化的数据不断更新，时刻牵动着14亿国人的心。面对严重疫情，以习近平同志为核心的党中央准确研判、科学谋划，沉着应对、精准施策，统筹推进新冠肺炎疫情防控和经济社会发展，带领全国人民风雨同舟、勠力同心，在"坚定信心、同舟共济、科学防治、精准施策"号召下，一场史无前例的疫情防控攻坚战全面打响。

一、疫情就是命令，防控就是责任

2020年1月10日，临沂大学召开干部大会，宣布山东省委关于调整临沂大学党委主要负责人的决定。山东省委决定：王焕良同志任临沂大学党委委员、书记。免去李喆同志临沂大学党委书记、委员职务。

面对新冠疫情，按照党中央部署和山东省委要求，在前期方案和部署基础上，1月26日，学校成立由党委书记和校长任组长的应对新型冠状病毒感染的肺炎疫情防控工作领导小组，并成立指挥部。指挥部在学校应对新型冠状病毒感染的肺炎疫情防控工作领导小组领导下开展工作。指挥部下设办公室，办公室设在党委办公室（校长办公室）。

（一）疫情来袭，学校迅疾做出反应

1月27日，按照疫情防控工作领导小组要求，指挥部召开了第一次会议，传达学习习近平总书记重要指示精神和中央、山东省委有关部署要求，就疫情防控工作进行全面部署。31日，党委书记王焕良主持召开党委扩大会议暨疫情防控专题会议，对疫情防控工作进行再动员、再部署。王焕良要求，全校上下要坚决落实习近平总书记重要指示、党中央部署、山东省委和山东省委教育工委等系列部署，进一步提高政治站位，深刻认识当前疫情防控形势的严峻性、复杂性和疫情防控工作的重要性、紧迫性，切实增强"四个意识"、坚定"四个自信"、坚决做到"两个维护"，把广大师生生命安全和身体健康放在第一位，把疫情防控工作作为当前最重要的工作来抓，做到思想上高度重视、认识上高度统一、行动上高度自觉、措施上全面到位，坚决打赢新冠疫情防控阻击战。

2月4日，学校组织收看全山东省教育系统新型冠状病毒感染的肺炎疫情防控工作视频会议。9日，党委书记王焕良主持召开新冠肺炎疫情防控工作调度会，听取学校疫情防控工作落实情况汇报，研究部署当前和下一阶段疫情防控工作。

落实学校党委决策部署，学校后勤服务保障部门积极响应，率先行动，联防联控、严防死守，坚持"守好门、盯准人、净环境、稳人心"，奋力抗击新冠肺炎疫情，为全校师生生命安全和健康牢牢筑就校园安全防线。2月15日，党委副书记、校长杨波，党委委员、副校长张立富、池福安带队到学校南门、北门、校医院点、物业管理中心工作点等疫情防控点位检查督导疫情防控情况。

为了提高防控知识和技能水平，切实为全面开学做好准备，学校通过线上线下相结合的方式，对全校师生员工进行了专门培训，相继下发《关于加强全校师生员工新冠肺炎疫情防控知识和技能培训的通知》《关于组织收看全山东省学校开学前疫情防控规范培训特别节目的通知》，组织了专门的疫情防控技能培训。

（二）战"疫"勇担当，党旗在一线高高飘扬

"疫情就是命令，防控就是责任。在全国上下齐力攻坚克难、打好新冠肺炎疫情防控阻击战的紧要关头，作为一名共产党员，我郑重承诺：……"疫情面前，一份特殊时期的承诺在临沂大学各大微信群中广泛流传，广大党员干部一句句庄严的"我承诺"透过网络在全校师生心中不断回响。各基层党组织和广大党员在疫情防控阻击战中积极主动履职、有效发挥作用，让党旗始终在防控一线高高飘扬。

疫情面前，学校明确领导干部在疫情防控工作中的6条职责，制定在疫情防控阻击战一线考察领导班子和领导干部的具体措施。各基层党组织和广大党员干部，

不忘初心、牢记使命，筑牢抵御疫情的严密防线，守卫着全校师生的安全健康，切实做到哪里有急难险重，哪里就有党组织坚强有力的工作、哪里就有党员当先锋作表率。

落实学校党委决策部署，各学院迅速行动起来，从思想上、政治上和行动上坚定严守疫情防控的重大政治责任，师生一心，恪尽职守，扎实工作，严密构筑起疫情防控的坚强防线。马克思主义学院提出"四做"，要求人人做坚定防控"执纪者"、人人做特殊时期"力行者"、人人做守土担责"强后盾"、人人做防控工作"小喇叭"。教育学院以党支部为工作单元，延伸到党员，包括全体师生，明晰工作事项，责任到人，吹响集结号，高举党旗奋勇向前，做到守土有责、守土担责、守土尽责。商学院采取全面教育强认识、全面摸排强责任、全面服务暖人心、全员提升促发展等"四全"措施，带领师生同心战"疫"。传媒学院取消行政人员休假，"线上在岗"，做到"24小时手机畅通和15分钟到达学校"。历史文化学院通过微信、QQ和电话询问学生身体状况，对湖北籍学生做好一一对接。沂水校区领导班子分工包片，以党支部为主体，对校园和5个家属区实施网格化管理。一时间，全校迅疾构筑起一张防控新冠疫情的大网。

从严摸排，人事处依托钉钉软件平台建立临沂大学教职工群，对全校教职工人员情况精准摸排，严格落实疫情防控信息"日报告""零报告"制度，制定教职工疫情防控校院两级责任制，建立校级——对象主体——学院——教师个人的疫情防控工作机制，全力保障教职工身心健康。落实防控责任，学生工作部（处）、团委、研究生工作部（处）、国际教育交流学院等通过微信公众号、钉钉平台、QQ群等渠道向学生及家长宣传疫情防控最新动态和日常防控知识，提前谋划学生开学预案，做好防疫物资储备工作，准备疫情防控备用隔离观察室，制作张贴预防新冠肺炎相关宣传材料等。

（三）领导关怀，现场指导防疫工作

在学校"战役"的紧要关头，山东省市领导深入校园，现场检查指导疫情防控工作。2月20日，山东省教育厅总督学刘欣堂带领督查组一行，来到临沂大学南门、学生公寓楼、校医院点等进行现场检查督导，听取有关校园疫情防控工作情况汇报，检查相关工作档案材料，并进行了现场指导。

3月10日，临沂市委副书记、市长孟庆斌深入校园重点区域实地察看，了解校园封闭管理、学生宿舍管理、学校医院管理、卫生防疫消毒和留学生管理等方面的疫情防控措施落实情况，以及"线上教学"开展情况，并向坚守在战"疫"一线的教职员工表示亲切慰问。

3月24日，临沂市政协主席徐涛深入校园，现场察看教师隔离点、校园入门卡口、教育学院教学楼、留学生公寓楼等重点区域，并就做好春季学生返校、留学生日常管理等提出具体要求。

（四）爱心汇聚，社会各界援助校园防控

病毒无情，人间有爱。社会各界十分关心学校疫情防控和返校复学工作，多家企业为学校捐赠超声雾化消毒机、口罩、防护服、消毒液、额温枪等疫情防控物资，为疫情防控提供爱心支持。

2020年2月，学校先后收到山东仁瑞生物科技有限公司、山东圣翔节能科技有限公司和山东齐鲁融媒乡村振兴研究院有限责任公司三家企业单位的捐赠。3月5日，山东润通科技有限公司总经理、临沂大学信息科学与工程学院校友华伟捐赠一套通道式体温筛检系统。31日，山东海纳教育科技有限公司捐赠消毒液等价值约合12万元人民币的疫情防控物资。4月10日，临沂浦园卫生用品有限公司捐赠2吨次氯酸消毒液。13日，宝源防水材料股份有限公司捐赠4万元人民币和价值6万元的防护口罩。28日，山东爱乐传媒有限公司捐赠2.5吨84消毒液。5月15日，临沂市体育产业协会携山东智道会展策划有限公司、临沂哈啰电动车运营中心等企业捐赠消毒液、额温枪、口罩、气雾杀虫剂等防疫物资一宗。19日，山东小犀实业有限公司、山东中鲁管业有限公司捐赠1万个一次性医用口罩、60套防护服等物资。20日，山东阿巴乔医疗科技有限公司捐赠价值10万元的超声雾化消毒机10台和EOW酸性氧化电位水消毒液100L。6月2日，山东文亮教育集团捐赠抗疫物资口罩5000个和测温设备2套。源源不断的捐赠物资涌入学校，彰显了人间大爱，助力了校园疫情防控，为取得战"疫"最终胜利提供了坚实的物质保障。

（五）勇于担当，"临大力量"助力全民战"役"

沧海横流方显英雄本色。疫情面前，临沂大学师生主动发挥科技和智力优势，积极参与新冠肺炎病毒检测、消毒消杀等技术难题的科技攻关，积极汇聚学校力量，贡献疫情防控工作。

农林科学学院教授张兴林博士带领"微生物与宿主健康研究团队"齐心协力进行技术攻坚，联合中拓生物有限公司，以国家疾控中心公布的2019-nCoV基因组序列为基础，成功研制出"2019新型冠状病毒核酸检测试剂盒系列产品"。产品用于新型冠状病毒的鉴别诊断，为疾病防控贡献力量。中拓生物有限公司生产的第一批产品及时发往武汉疾控中心及各医学实验室。机械与车辆工程学院教授、临沂大学临沂工业设计与智能制造研究院院长张远明博士联合山东中科智能设备有限公司，成功研制出 ZK-R280A 智能防疫喷雾消毒机器人，并实现了批量生产。ZK-R280A 升级款机器人主要由履带式平台、药箱、水雾喷射系统组成，配备 5G 智能控制技术和高精度导航系统、360 度高清摄像头，具有自主避障、移动速度快、爬坡能力强、续航时间长等优势，采用手机远程操控、激光自主导航、智能喷雾进行自动化消毒作业，代替人工，避免交叉感染，极大提高了防疫消毒效率，最适宜在学校、医院、车站、广场、商场等人类密集场所进行防疫消毒。药学院教授、山东仁瑞生物科技有限公司创始人张淳博士带领教授团队科研攻关，研发出可有效杀灭新冠病毒的季铵盐复合消毒剂配方，公司被纳入全国性疫情防控重点企业，季铵盐复合消毒剂日产量达到 10 万瓶。疫情面前，药学院学生充分发挥专业特长，主动服务疫情防控工作。积极参与药企防疫药品生产，服务社区联防联控第一线，为疫情阻击战贡献自己的一分力量，彰显了临沂大学学子的时代风采。

二、落实"四个责任"，顺利实现返校复学

2 月 27 日，党委书记王焕良深入 26 个学院，检查新冠肺炎疫情防控工作和新学期教学运行情况。王焕良指出，当前疫情防控正处于最吃劲的关键阶段，要全面进入"开学"的"战时"状态，教师要进入教学状态，学生要进入学习状态，干部要进入工作状态，切实压实"四个责任"，即领导责任、组织责任、岗位责任和个人责任，抓紧抓细抓实各项防控工作。各级领导干部和党员同志要勇当先锋、敢打头阵、主动担当、积极作为，让党旗高高飘扬在防控一线。

（一）周密部署，全面做好开学复课工作

3 月 4 日，学校召开新冠肺炎疫情防控开学前外事工作统筹协调会，党委委员、副校长池福安对国际交流与合作处、国际教育交流学院及其他与会单位前期开展的涉外工作及外教、留学生疫情防控工作给予了充分肯定，并对下一步疫情防控工作提出明确要求。4 月 15 日，党委书记王焕良，党委委员、副校长马凤岗一行深入费县校区学生教室、食堂、公寓、浴室，以及临时隔离点、防疫物资储备库等重点场所实地察看，听取费县校区工作汇报，详细了解师生入校流程、突发应急状况处置、防疫物资储备等学生返校复学准备情况，对校区防控工作给予了充分肯定，并对进一步做好复学准备各项工作提出了指导意见和要求。

5月6日，学校召开春季学期开学培训动员会，传达全山东省高等学校春季学期开学工作视频会议精神，安排部署春季学期开学工作。18日，学校召开常态化疫情防控与返校复学工作动员部署会，全面部署返校复学、常态化疫情防控和统筹推进事业改革发展工作。会议指出，在疫情防控常态化条件下，学校复学复课是实现生产生活秩序全面恢复的迫切需要，也是我国疫情防控阻击战取得重大战略成果的重要标志。复学复课是对全校疫情防控的一次大考，也是一次不能输的战役。全校上下要强化政治担当，提高政治站位，树牢"四个意识"、坚定"四个自信"、坚决做到"两个维护"，将思想认识和行动统一到中央和山东省委的决策部署上来，把返校复学作为当前头等大事，作为践行初心和使命的政治考验，坚决克服麻痹思想、厌战情绪、侥幸心理、松劲心态，做到思想上再重视、行动上再提速、落实上再压实、细之又细、慎之又慎，确保安全有序顺利完成学生返校复学工作。

为了全面提高应对疫情的应急反应处置能力，3月27日，学校组织开展学生公寓疫情防控演练。演练分别模拟物业人员上岗测温验证出现体温异常，学生进入公寓楼测温验证时发现发烧症状，以及学生在宿舍内出现发热、干咳、咽痛、乏力等疑似感染症状后，物业服务人员、辅导员、学生工作处人员和学校留观转诊组应采取的全流程处置情况。演练内容包括使用规范用语进行测温、实名验证、留置疑似人员、信息报告、安抚学生和消毒处理等。演练结束后，演练人员根据实际情况，对演练环节存在的问题和不足再次交流、推演，确保关键时期不放松，严格落实各项防控措施。4月29日，学校组织开展了最大规模疫情防控应急演练。临沂市疾控中心、兰山区公安分局大学派出所、临沂市妇幼保健院等相关单位专家和负责人出席活动。演练内容包括返校报到、宿舍生活、教室上课、餐厅就餐、入住集中隔离观察室等5个场景，演练过程完整模拟了疫情防控日常检测操作流程及学生体温异常情况应急处置流程，为即将到来的全体学生返校复学之旅提供了坚实保障。

（二）临沂大学迎来春季学期返校学子

4月20日，经临沂市和费县疫情防控指挥部核验批准同意，费县校区迎来首批返校学生。5月中旬，临沂大学顺利通过山东省及临沂市组织的高校开学条件核验。

5月20日，学校本部迎来了2020年春季学期首批返校学子。临沂市副市长张玉兰，临沂市有关部门负责人和学校领导一同来到学校南门，迎接看望返校的学生。学生报到处现场秩序井然。已做过核酸和血清抗体检测的学生从南门口依次进入，在工作人员引导下进行体温检测、消毒消杀、身份核验等，然后领取一份装有口罩、体温计、消毒纸巾、免洗消毒液、喷雾酒精等防疫物品的健康包。未做过检测的同学依次有序进行核酸和血清抗体检测。中午时分，学校为同学们提供了可口的饭菜。检测采样结束后，同学们沿着指定路线搭乘专车到达学生公寓楼，再次进行测温和身份核验后进入各自宿舍。当天，学校组织党员教职工组成志愿服务小分队，在临沂火车南站、火车东站、临沂北站、临沂长途汽车总站、临沂启阳机场等地迎接返校学生，体现出临沂大学对学生的关爱。

为了顺利迎接学生返校报到，学校先期制定工作方案，召开动员部署会，在学校疫情处置工作领导小组（指挥部）统一领导下，成立学生返校信息管理、接站服务、进校检测等相关工作组，明确各组职责和学院责任，确保返校报到环节各项工作万无一失。根据安排，首批返校学生为研究生和11个学院的毕业生。其他学生按照规定，分批次错时错峰返校复学。返校时间安排和具体要求，事先由各学院、校区提前通知到每一位同学。学生返校后，各学院按照学校要求，统一组织上好"开学第一课"，并按照常态化防控要求与学生签订"疫情防控承诺书"，统筹做好疫情防控和学习生活。

学生陆续返校后，5月23日，学校召开学生返校复学工作交流会议，听取各学院汇报在学生返校复学过程中发现的问题，传达山东省和学校关于学生返校复学新要求。会议要求，要进一步提高认识，做实做细学生返校报到工作，严格学生日常教育管理，压紧压实工作责任，发挥党团优势，注重联合协作，进一步做好学生返校复学工作。

为了切实做好学生返校后的疫情防控以及学生心理健康疏导工作，提高学校疫情防控工作队伍的科学化、专业化水平，6月3—4日，大学生心理健康教育中心组织各学院、校区党委副书记、辅导员、心理健康教育中心专兼职教师、学工部和团委工作人员参加了由北京师范大学举办的"大学生返校后的疫情防控和心理健康教育专题网络培训"，培训采取线上网络直播与点播相结合的形式进行。通过培训，增强了学校心理健康教育队伍对返校后学生心理防护知识的了解和认识，提高了师生疫情防控工作的科学化、专业化水平。

三、统筹校园疫情防控与学校高质量发展

2020年是极不平凡的一年。面对新冠肺炎疫情的严峻考验，临沂大学全校上下，在学校党委的坚强领导下，自觉践行习近平新时代中国特色社会主义思想，弘扬沂蒙精神，强化党建引领，坚持稳中求进工作总基调，聚焦"三大重点、五大战略、

六大攻坚行动"，砥砺奋进，抢抓机遇，向难而行，乘势而上，经受了空前考验，取得了显著成绩，实现了学校"十三五"圆满收官，推动学校内涵式高质量发展进入新的阶段。

（一）六届四次教代会（工代会）以网络会议形式召开

3月2日，临沂大学第六届四次教代会（工代会）以网络会议形式召开。大会以习近平新时代中国特色社会主义思想为指导，坚持高质量内涵式发展主线，突出学科、专业和人才队伍三大重点，统筹调结构、强特色、提质量、促改革、保稳定五大战略，持续推进"五个一流"建设，实施"六大攻坚工程"，努力建设全国知名区域特色鲜明的创新创业型大学。大会审议通过了《学校工作报告》《工会工作报告》《学校财务预决算报告》《教代会提案工作报告》和《临沂大学章程（修正案）》，对六届三次教代会优秀提案进行了表彰，向全体教职工发出了《不忘初心担使命，勠力同心谱新篇》的倡议书。

（二）"停课不停学"，线上教学全面展开

疫情来袭，根据教育部和山东省教育厅有关要求，全山东省普通高等学校（含高职院校）推迟了春季学期开学时间。为尽量减少延迟开学对教学的影响，保证整个学期教学任务的圆满完成，学校广泛调动各教学单位和广大教师力量，扎实推进春季学期本科教学各项准备工作，确保"停课不停教、停课不停学"。学校高度重视首次实施的大规模"线上"教学工作，积极谋划做好在线教学的各项准备工作，全力保障教学工作顺利运行。教务处统筹教学工作安排，联合网络中心对接数据平台，协调网络在线课程平台公司提供技术支撑和条件支持。各学院做牢、做全开课教学预案，积极组织实施在线教学工作。2月24日，临沂大学春季学期线上教学如期进行。当天，学校领导分别对所联系的学院进行教学信息调研和督导，重点对当天533门"线上"课程进行了检查。

全校师生克服困难，认真推进战"疫"期间的教学工作。任课教师依托钉钉、智慧树、雨课堂、中国大学MOOC等网络平台，整合线上优质课程资源和教材录播课程，利用QQ群、微信群、钉钉群、腾讯会议等，通过视频会议、语音（PPT）直播、线上自学+师生讨论答疑、学生上传作业等方式开展在线授课。为了提高线上教学效果，老师们精心准备各种教学资料，或反复录制视频、音频，或反复模拟课程直播，通过自主开发的教务处微信公众号"锐思云"耐心与学生沟通建立授课班级群，做好应对授课问题预案。

7月，在疫情防控常态化背景下，学校启动线上期末考试。本次考试共4428场次，线上考试2326场次，其中，采用钉钉线上考试1196场，腾讯会议265场，雨课堂178场。本次考试是学校首次尝试大规模线上期末考试，在严格疫情防控工作的前提下，教务处印发了《线上教学课程考试工作方案》，各学院认真组织专任教师及辅导员召开"线上"考试考务培训会，强调"线上"考试纪律和监控要求，采用利用网络平台（如钉钉等）笔试、面试、口试等方式进行"线上"远程考试，力求"云考场"的考试达到线下同质效果。

（三）小学教育专业通过国家认证

临沂大学积极发挥师范教育优势，重点打造教育学科特色，努力培养小学教育专业人才。2019年11月，教育部专家组对临沂大学小学教育专业认证进行了现场考查。按照工作程序，专家组听取了专业建设基本情况汇报：就小学教育专业培养目标达成度评价制度、实践基地建设经费投入、教师分类评价制度、师范专业学生工作等进行问询，听课看课、调阅毕业论文（设计）、试卷、实习报告和实习档案袋，进行深度访谈；组织召开各类座谈会，集中考察图书馆、教育学院实验实训中心、校外实习基地等。2020年6月，教育部办公厅《关于公布2020年通过普通高等学校师范类专业认证的专业名单的通知》公布了临沂大学小学教育专业通过普通高等学校师范类专业第二级认证。认证结论有效期为6年，自2020年7月起至2026年6月止。小学教育专业通过师范类专业认证，实现了学校专业认证零的突破。进入下半年，学校继续强化专业建设，加大专业认证工作力度，机械设计制造及其自动化、制药工程等专业顺利完成中国工程教育认证现场考查，地理科学专业完成专家进校认证现场考查。2021年2月3日，中国工程教育专业认证协会、教育部高等教育教学评估中心发布《关于受理2021年工程教育认证申请的通知》公布临沂大学电气工程及其自动化、电子信息工程、通信工程、软件工程、计算机科学与技术等5个专业获得工程教育专业认证申请受理。

（四）乡村振兴学院正式签约落地

4月20日，临沂大学乡村振兴学院签约奠基仪式在蒙阴县岱崮镇举行。山东省委教育工委副书记、山东省教育厅党组副书记、副厅长白皓，山东省教育厅总督学、山东省派蒙阴乡村振兴服务队队长刘欣堂，临沂市副市长张玉兰，蒙阴县委书记王皓玉、青岛理工大学党委副书记、临沂校区党委书记李国华，临沂职业学院党委书记徐化国、院长刘磊，学校党委书记王焕良，党委委员、副校长孙常生出席仪式。

白皓代表山东省教育厅向临沂大学乡村振兴学院奠基表示祝贺。他指出，临沂大学乡村振兴学院，是全山东省高校第一个实体建制的乡村振兴学院，是全山东省教育系统服务乡村振兴的又一项重大成果，为全山东省高校服务乡村振兴提供了"临大样板"。张玉兰希望临沂大学会同市直各有关单位和蒙阴县政府，将学院建设成为农村基层党员干部、农民技能培训教育、沂蒙红色文化教育和学历教育、非学历教育以及创新创业教育培训的综合服务平台，为乡村振兴和全面建成小康社会做出应有的贡献。王焕良表示将努力把乡村振兴学院建设成培养"现代农民"的一流基地、乡村创新创业的示范平台和服务乡村振兴战略的高端智库，打造乡村振兴教育的"沂蒙样板"，为沂蒙革命老区乡村振兴事业贡献"临大力量"。孙常生代表临沂大学与蒙阴县人民政府签约。

临沂大学乡村振兴学院是临沂大学的二级学院，在山东省派蒙阴乡村振兴服务队的积极推动下，由临沂大学和蒙阴县人民政府双方共建，山东东蒙企业集团全额投资兴建，实行双方共建、学校为主的管理体制。项目坐落在风景秀丽、红色文化浓郁的蒙阴县岱崮地貌旅游区核心区——"三线军工小镇"，预计总投资 2 亿元，项目总占地 50 亩，总建筑面积 33000 平方米，预计于 2020 年 9 月 20 日竣工。项目建成后将拥有现代化的教学中心、行政中心、会议中心、生态文明乡村展示馆、图书馆、文体馆和学校公寓楼，可同时容纳 1300 多人在校培训与学习。

10 年来，学校始终坚持开放办学，全面践行"为沂蒙服务"宗旨，强化校地命运共同体理念，城校融合发展，2020 年与临沂市政府联合开展"才聚沂蒙"行动，校地共建了沂蒙创新研究院、临沂大学科技园，与海信集团等 8 家企事业单位及高校签订全面战略合作协议，科技帮扶 3 个乡镇工作，扎实推进；出台《中外合作办学管理办法》，新增 3 所国外友好大学，学校在几内亚创办的孔子学院首批成功完成转隶工作，首次成班制学历留学生，实现历史性突破。

（五）研究生教育实现新的突破

临沂大学加快推进研究生教育，2020 年又有 9 个硕士专业学位授权类别、3 个硕士授权一级学科顺利通过山东省学位办审核，化学学科入选山东省高水平培育学科；获批山东省应用型本科高校建设首批支持高校；获得山东省自然科学奖和科技进步奖，二、三等奖各 1 项，实现历史性突破，首次获批山东省重点研发计划（软科学重大项目）；获批国家社科基金项目 7 项，教育部人文社科项目 9 项，位居山东省属高校第 5 位；新增国家级一流专业 3 个、山东省级 2 个，获批国家一流本科课程 5 门、山东省级 20 门；研究生招生计划从 45 个增加到 168 个；图书馆与山东科技大学开展联合培养图书情报专业硕士研究生。教育学院申报的"小学卓越教师校地协同培养基地"获批山东省产教融合研究生联合培养示范基地立项建设名单。这是学校首次获批的山东省级研究生联合培养示范基地，对推动研究生分类培养模式改革和质量保证体系构建，探索校地协同育人机制，落实国家产教融合战略具有重要意义。

（六）"三山一坡"高校联盟弘扬革命精神研讨会如期举行

11 月 24 日，由临沂大学、延安大学、井冈山大学、河北师范大学主办的第五届"三山一坡"高校联盟弘扬革命精神研讨会在临沂大学举行。本届研讨会的主题是"弘扬革命精神，为党育人，为国育才"。

教育部社会科学研究中心主任王炳林教授在线出席活动。临沂市委常委、秘书长范连生，山东省社科联原副主席周忠高，《中共中央党校学报》副主编、中央党校二级教授刘学侠；河北师范大学党委书记戴建兵，井冈山大学党委书记胡春晓，延安大学党委委员、副校长杨伟宏，井冈山大学党委常委、副校长陈小林，井冈山大学原校长、井冈山精神研究中心主任张泰城；临沂大学党委书记王焕良等出席会议。在开幕式上，临沂市委和"三山一坡"高校领导分别致辞和讲话。在主旨报告阶段，王炳林教授在线上作了题为"关于革命精神研究和传播的几个问题"的报告，王焕良教授以"打造特色鲜明、成效显著的革命老区大学育人体系"为题，介绍了临沂大学沂蒙精神融入"三全育人"的主要做法和经验。

兰州大学、西藏民族大学、江西科技师范大学、海南热带海洋学院、山东财经大学、济南大学等相关高校领导和专家，"三山一坡"联盟高校的专家代表，山东沂蒙干部学院、临沂市各红色教育和党性教育基地负责人，临沂大学师生代表，光明日报等各级媒体的记者朋友参加了活动。

栀子花开，骊歌唱响。6 月 20 日，2020 届毕业生毕业典礼暨学位授予仪式在沂蒙大讲堂举行。受疫情影响，毕业典礼采取"线上＋线下"模式同时举行，400 余名毕业生代表在现场参加了典礼仪式，其余毕业生通过网络直播方式参加"云典礼"。

第二节 谋篇"十四五"，擘画学校新蓝图

"十四五"时期是我国全面建成小康社会、实现第一个百年奋斗目标之后，乘

势而上开启全面建设社会主义现代化国家新征程、向第二个百年奋斗目标进军的第一个五年。党的十九届五中全会明确了我国"十四五"时期经济社会发展的主要目标，提出了到 2035 年基本实现社会主义现代化的远景目标。站在历史关键节点上，学校党委深入分析发展环境面临的深刻复杂变化，立足新阶段、贯彻新理念、融入新格局、抢抓新机遇、担当新使命，明确提出了"十四五"时期学校发展的指导方针、主要目标、发展思路、重点任务、重大工程，确立了"五年进'双高'、十年成'一流'"的奋斗目标，为推动学校走在国内高水平综合性应用型地方高校前列指明了科学路径。

一、精心谋划，全面开启高质量发展新征程

2020 年是全面建成小康社会、实现第一个百年奋斗目标的决胜之年，是"十三五"规划收官之年，也是山东省委确定的"重点工作攻坚年"。面对新冠肺炎疫情严峻考验，学校坚持稳中求进工作总基调，科学谋划，精准施策，取得了显著成绩，实现了"十三五"圆满收官，学校高质量发展进入新阶段。"十三五"期间，学校坚持以习近平新时代中国特色社会主义思想为指导，全面贯彻落实党的教育方针，深入贯彻落实国家和山东省关于教育工作的部署要求，积极贯彻落实学校第三次党代会精神，坚持立德树人根本任务，以提高人才培养质量、提升科研创新能力、融入区域经济社会发展为重点，努力推进改革发展、转型提升，积极推进治理体系和治理能力现代化建设，教育事业取得重要成就。以成功获批硕士学位授予单位为标志，办学层次实现大跨越；山东省部级以上高层次人才由 14 人次增加到 48 人次，博士教师由 388 人增加到 701 人，科研经费由 1.2 亿元增加到 2.6 亿元，学校在全国高校排名从 334 位上升到 289 位，整体实力跃上大台阶；办学规模稳定在 45000 人以上，独立培养的研究生从无到有，本科生比例由 49% 增加到 83%，办学结构得到大优化；传承红色基因，弘扬沂蒙精神，获批"全国国防教育特色学校"、参加"青年红色筑梦之旅"活动，特色品牌得到大彰显；深化内部治理改革，构建"四级建制、两级管理"体制，推进二级学院行政级别改革试点，构建符合实际、独具特色、系统完备、运转高效的内部治理体系，治理水平实现大提高；招生录取分数连年攀高，大学生就业创业率稳居山东省属高校前列，用人单位满意度达到 98% 以上，建设了首个海外孔子学院，办学影响实现大提升；全面推进依法依规依纪治校，筑牢"三个底线"，坚守"三个绝不"，校内巡察走在全山东省前列，政治生态实现大转变。

"十四五"规划关系学校未来五年的全局性和战略性部署，是指导学校改革发展的宏伟蓝图和行动纲领。学校党委高度重视"十四五"规划编制工作，2020 年 4 月，

学校启动"十四五"发展规划前期调研工作。党委书记王焕良多次强调，要提高站位和认识，把制定"十四五"规划作为当前重中之重的工作，高质量完成编制工作，为未来五年起好步、布好局。

5月8—15日，学校组织开展了"解放思想、改革创新"大讨论，以习近平新时代中国特色社会主义思想为指导，贯彻落实山东省委"重点工作攻坚年"动员大会、全山东省高等教育高质量发展座谈会精神，坚持问题导向，明确发展目标，聚焦特色优势，提出改革路径和新举措，推动思想再解放、改革再深入、工作再落实，推进学校高质量发展再上新台阶。

6月15日，临沂大学举行高质量发展座谈会。党委书记王焕良指出，2020年是全面建成小康社会的决胜之年，是"十三五"收官之年，又遭遇新冠肺炎疫情"大考"。面向"十四五"，临沂大学怎么办，学科建设如何规划，方向如何聚焦，是摆在当前的重大任务，对于加快推进高质量发展意义重大。王焕良希望与会专家畅所欲言，为科学规划"十四五"传经送宝，助力临沂大学高质量发展。

经过反复酝酿论证，2020年7月，学校印发规划编制工作方案，成立以书记和校长为组长的领导小组以及规划起草小组，明确时间安排和工作要求。方案提出，以习近平新时代中国特色社会主义思想为指导，深入贯彻党的十九大及历次全会精神，全面落实习近平总书记关于教育的重要论述和全国全山东省教育大会精神，按照国家和山东省有关工作要求，全面总结评估学校"十三五"规划执行情况，深入分析学校发展面临的内外部环境，对标同类先进高校，明确"十四五"时期学校的发展思路和重大改革举措，全力推动学校实现高质量发展。方案指出，编制"十四五"规划坚持守正创新，坚持目标导向和问题导向，准确把握定位，全面深化改革，以落实立德树人根本任务为宗旨，适应、支撑和引领区域经济社会发展需求，形成高水平、高质量的事业规划体系。方案确定了学校"十四五"规划由总体规划、专项规划和学院（校区）规划3部分组成。子规划包括学科建设、人才培养、科学研究、师资队伍建设、国际交流合作、校园建设、资源建设管理、财务运行保障、社会服务等9个专项。

8月26—28日，学校举办暑期领导干部读书班。党委书记王焕良指出，根据当前形势和工作实际，切实提高站位和认识，把制定"十四五"发展规划作为当前重中之重，充分利用这次学习研讨的机会，着眼长远，把握大势，开门问策，集思广益，深入讨论"十四五"时期的办学思路、发展重点和实现路径，高质量完成"十四五"

发展规划的编制工作。坚决克服传统依赖、经验依赖和领导依赖，调整发展思路和办学模式，把发展的重心从外延式发展真正转换到内涵式发展上来，对应山东省"高水平大学、高水平学科"遴选条件，调整内部考核评价机制，引导学校高质量发展、特色发展。

9月3日，学校召开"十四五"发展规划编制调度会。会议指出，"十四五"规划是事关学校未来五年的全局性和战略性部署，是指导学校改革发展的宏伟蓝图和行动纲领。会议要求，各相关部门、学院（校区）要全面评估总结"十三五"完成情况、发展亮点和薄弱环节；要认真分析研判"十四五"时期的新形势和新要求，科学确定"十四五"重要发展目标；要把握时间节点，高质量、严标准完成各阶段工作任务；要加强沟通对接，确保三级规划体系有效衔接。会议强调，各单位要加强组织领导，切实增加责任感和使命感，坚持开门问策、集思广益、民主参与，鼓励广大师生以各种方式建言献策，积极吸收专家意见和关心学校发展的社会各界人士、校友的建议，确保在规划编制过程中统一思想、凝聚发展合力。

9月16日，党委书记王焕良到学院调研。王焕良对各学院推进高质量发展提出了希望和要求。他指出，学院要实现高质量发展，必须有实招，做到知己知彼、心中有数，不打糊涂仗；要追求一流、精准定位，明确努力方向；要科学谋划、重点突破，实现特色发展；要整合资源、强力推进，实现协同共进；他希望各学院在战略上有规划，战术上有实招，咬住目标不放松，持续用力，久久为功。要高度重视家风建设，牢固树立共同体意识，树正气、倡新风，凝聚形成强大合力，为学校高质量发展贡献力量。

11月7日，临沂大学召开中层以上干部会议，宣布山东省委关于临沂大学校长职务调整的决定。山东省委决定：张书圣同志任临沂大学党委副书记、校长。

12月4日，学校召开规划编制调度会。党委副书记、校长张书圣强调编制学校"十四五"发展规划，必须坚持以《山东省本科高校分类考核实施方案（试行）》《山东省高水平大学建设实施方案》《山东省应用型本科高校建设指导标准（试行）》等为导向，研讨突破点、明确着力点、找准切入点，避免大而全、杜绝空对空，做到学有榜样、赶有目标、行有标尺、做有抓手。要科学把握"十四五"期间学校发展的基本思路和工作重点，要围绕深入实施人才强校战略，构建大学工、大思政、大教育育人格局，推进研究生教育扩容提质，构建形成科研创新与学科发展的良性循环，要以城校融合发展带动社会服务全面升级，开创国际交流合作新局面，切实加强支撑服务保障能力建设，担当作为，干事创业，全面开启高质量发展新阶段。

12月，学校党委理论学习中心组（扩大）举行2020年第13次集体学习，专题学习党的十九届五中全会精神。党委书记王焕良就做好当前重点工作进行了部署，他强调，要科学制定学校"十四五"发展规划，组织专班，集中力量，加快进度，制定具有前瞻性、引领性、战略性、科学性的规划，圆满完成全年重点任务，确保为2021年工作开好局、起好步。

2021年1月上旬，学校召开"十四五"规划编制系列座谈会，党委书记王焕良，党委副书记、校长张书圣分别就《临沂大学"十四五"发展规划》（征求意见稿），听取职能部门负责人、学部主任、学院党委书记、学院院长、党外代表人士、离退休老同志等各方面意见建议。王焕良强调，要坚持以习近平新时代中国特色社会主义思想为指导，全面贯彻落实党的教育方针，坚持立德树人根本任务，坚持新发展理念，以服务国家战略和区域经济社会发展为导向，坚持"两高两有"方针，扎实做好学校"十四五"规划编制工作。要站在全山东省战略全局，坚持服务沂蒙导向，立足学校发展实际，自觉把学校"十四五"规划融入山东省"十四五"规划，密切对接临沂市"十四五"规划。要坚持人才培养主线，优化人才培养结构，提升办学层次；要坚持人才强校战略，引育并举，不断强化师资队伍建设；要坚持特色发展理念，坚持有所为有所不为，确定重点突破项目；要坚持系统发展理念，守正创新，前有思路、后有举措，服务保障到位；要坚持服务社会，以问题为导向，不断提升科研能力和人才培养质量；要完善规划编制工作机制，做好与各部门单位的沟通对接，充分吸收全校教职工的意见建议，开门问策、集思广益，努力提高规划编制质量。

1月中旬，学校召开"十四五"发展规划论证会。临沂市发改委、教育局、科技局、工信局、人社局、农业农村局、商务局、卫健委、临沂商城管委会，市政府研究室、产业技术研究院，临沂高新区、经开区管委会等部门单位负责人、专家应邀出席会议。与会人员认真听取了汇报，并结合各自分管工作，围绕如何落实国家、山东省重大战略部署以及服务临沂区域经济社会发展，就进一步完善学校"十四五"发展规划提出了建设性的意见建议。

2月，学校召开"十四五"规划研讨会，党委委员、副校长孙常生对学校总体规划和专项规划编制工作给予肯定，对下一步工作做出要求：一要做好规划衔接工作，以总规划为纲，专项规划分领域落实，确保目标任务落地落实；二要科学设定2021年发展指标，面对新的发展目标、任务，科学规划打好开局战；三要加强规划宣讲工作，进一步强化全校教职员工的规划意识，营造浓厚发展氛围，凝聚人心、勠力前行；四要用创新思维推动工作，创新工作方法，破解发展难题，推动工作落实；五要加强制度修订完善工作，聚焦规划主线、年度重点，健全激励措施，做好政策协调，挖掘最大潜力，为目标实现营造良好的制度文化环境。

3月6日，临沂大学第七届教代会（工代会）第一次会议召开。会议审议并通过了《临沂大学"十四五"发展规划》。党委书记王焕良强调，有了正确的方向，就会产生无穷的动力。会议提出了"一二三五六"的总体思路，确立了建设区域一流、山东省内一流高水平综合性应用型大学的新奋斗目标，所有工作都要紧紧围绕这个奋斗目标，坚持"两高两有"的工作方针，实施"三大办学战略"，采取"五大行动"和"五大工程"，坚持"六大原则"、实现"六大转变"，努力引进培育区域一流、山东省内一流的人才、团队和平台，培育和打造区域一流、山东省内一流的学科、专业、课程，招收和培养区域一流、山东省内一流的学生。王焕良强调，进入"十四五"，国家正逢盛世，山东机遇难求，老区大有所为，临沂大学正处在船到中流、人到半山的关键时期。要牢固树立命运共同体理念，接过学校改革发展的历史接力棒。管理服务部门要主动认领指标和任务，强化担当，狠抓落实，以超强的执行力，真正把思路变成行动，把愿景变成现实。学院、校区要强化主体意识，主动谋划工作，主动寻找增长点和突破口，真正实现向学院办大学的转变。广大干部教师要努力实现党性与人民性的高度统一、事业需要与个人追求的高度统一、组织要求与群众期盼的高度统一，敢想、敢干、敢拼，想干事、善作为、能成事，把不可能变为可能，把可能变为现实。

二、临沂大学"十四五"发展规划

在深刻分析和把握形势的基础上，结合办学实际，2020年11月，形成《临沂大学"十四五"发展规划》征求意见稿，历经前后四次修改完善后，2021年2月底形成《临沂大学"十四五"发展规划》草案，2021年3月，经学校七届一次教代会充分讨论，形成《临沂大学"十四五"发展规划》正式文本。

（一）《规划》确定了学校战略目标和"十四五"时期改革和发展的指导思想、基本原则、总体发展思路

战略目标

按照建设全国知名区域特色鲜明的创新创业型大学的既定战略，努力实现"五年进'双高'、十年成'一流'"的目标，即第一个阶段，到2025年，把学校建设

成为红色育人特色鲜明、学科专业优势突出、城校深度融合发展，现代大学治理体系日益完善，区域一流、山东省内一流的高水平综合性应用型大学；第二个阶段，再奋斗十年，到 2035 年，3—5 个学科达到国家一流水平，20 个左右学科进入山东省内一流行列，创新创业特色优势鲜明，基本实现治理体系和治理能力现代化，国际影响力进一步提升，整体办学水平位居国内高水平综合性应用型地方高校前列。

指导思想

以习近平新时代中国特色社会主义思想为指导，深入贯彻党的十九大和十九届二中、三中、四中、五中全会精神，认真落实习近平总书记关于教育的重要论述和全国全山东省教育大会精神，全面贯彻党的教育方针，按照学校党委"一二三五六"的总体部署，坚持全面加强党的领导，坚持新发展理念，坚持以师生为中心的发展思想，坚持系统观念，坚持传承红色基因、弘扬沂蒙精神，坚持服务地方，融入临沂、依靠临沂、服务临沂、贡献临沂，遵循"两高两有"的工作方针，深入实施教学立校战略、人才兴校战略、科研强校战略，统筹推进学科筑峰、教学强基、聚才引智、科研振兴、合作共进，突出抓好党建领航、"三全育人"、治理提升、文化铸魂、凝心聚力，加快实现从规模扩张向内涵提升转变、从多点分散向集中聚焦转变、从守旧求全向特色优势转变、从各自为战向系统整合转变、从内部协调向开放协同转变、从模糊粗放向精准精细转变，全面建设区域一流、山东省内一流的高水平综合性应用型大学。

基本原则

必须坚持全面加强党的领导。全面贯彻党的基本路线和教育方针，增强"四个意识"、坚定"四个自信"、做到"两个维护"，切实加强党对学校工作的统一领导，为实现高质量发展、办好中国特色社会主义大学提供思想保证、政治保证和组织保证。

必须坚持新发展理念。把新发展理念贯穿全过程和各领域，稳定办学规模，优化教育供给，坚持质量优先，兼顾效益，围绕内涵式高质量发展主线，牢固树立人才培养工作中心地位，加强思想政治教育、优势特色专业建设、用人单位协同培育等工作，不断提高学校高质量发展成色。

必须坚持以师生为中心的发展思想。把"以师生为中心"的理念融入办学治校、教育教学的全过程，站在师生的立场看问题、谋发展，坚持把学校事业进步、教师发展和学生成长成才有机融合，让师生拥有更大的获得感。

必须坚持系统思维。着眼全局，系统谋划、统筹安排各类重大改革事项，合理安排改革优先顺序，以深化新时代教育评价改革为突破口，着力推进重点建设工程项目，解决关键性问题，协调推进制度创新、体制机制创新、科技创新和文化创新，激发全校创新活力，增强内生动力。

必须坚持传承红色基因、弘扬沂蒙精神。筑牢红色大学的办学基因，扎根沂蒙办大学，始终把沂蒙精神作为激励干事创业的动力源泉，传承红色基因，牢记初心使命，打造"水乳交融、生死与共"的特色鲜明的临大文化，培育大学精神，提升学校软实力。

必须坚持服务地方。融入临沂、依靠临沂、服务临沂、贡献临沂。用好平台、抓住机遇、积极作为，扎实推进城校融合发展，深化政产学研深度合作，在科学研究、技术创新、成果转化、人才培养、社会管理等方面优势互补、协同发展，助力提高学校科研创新能力和人才培养质量，推进区域新旧动能转换，开创社会服务工作新局面。

发展思路

根据学校"十四五"主要目标，学校党委作出了"一二三五六"的总体部署。

"一"即树立"一个奋斗目标"：建设区域一流、山东省内一流的高水平综合性应用型大学。"区域一流"指在鲁南苏北甚至更大区域争创一流；"山东省内一流"指在全山东省高校争创一流，既要融入区域、辐射区域，又要按照隶属关系，纳入一流建设体系。

"二"即遵循"两高两有"工作方针。这与国家和山东省战略高度吻合，也符合临沂大学实际。

"三"即实施"三大办学战略"：教学立校战略、人才兴校战略、科研强校战略。这是我们必须长期坚持的战略。

"五"即采取"五大行动"和推进"五大工程"。

"五大行动"是指学科筑峰行动，教学强基行动，聚才引智行动，科研振兴行动，合作共进行动；"五大工程"是指党建领航工程，"三全育人"工程，治理提升工程，文化铸魂工程，凝心聚力工程。"五大行动"是具体措施，是实现路径；"五大工程"是基础和根本，是长期战略。

"六"即坚持"六大原则"和实现"六大转变"。

"六大原则"是指：坚持全面加强党的领导；坚持新发展理念；坚持以师生为中心的发展思想；坚持系统的观念；坚持传承红色基因、弘扬沂蒙精神；坚持服务地方，融入临沂、依靠临沂、服务临沂、贡献临沂。"六大转变"是指：从规模扩张向内涵提升转变，从多点分散向集中聚焦转变，从守旧求全向特色优势转变，从各自为战向系统整合转变，从内部协调向开放协同转变，从模糊粗放向精准精细转变。"六大原则"是基本遵循，"六大转变"是工作目标。

学校党委"一二三五六"的总体思路，是一个系统整体，逻辑清晰，重点突出，层次分明，既有战略层面的长远谋划，又有战术层面的具体安排，充分贯彻了新发展理念，充分体现了系统观念，充分考虑了学校实际，对于深入把握和贯彻学校"十四五"规划，具有重要指导和引领作用。

（二）《规划》提出了"十四五"时期学校改革和发展的重点任务

全面提升学科建设实力

坚持学科建设龙头地位，实施学科筑峰行动，从守旧求全向特色优势转变，到"十四五"末，力争4个学科达到博士点申报条件，硕士点实现学院全覆盖，2个学科进入山东省高水平学科建设行列，建成一批相互支撑、协同发展的一流学科，整体水平实现质的跃升，力争实现学科评估B等级水平突破。

构建高质量教学体系

坚持教学立校战略，坚持传承红色基因、弘扬沂蒙精神，以新一轮本科教育教学审核评估为契机，到"十四五"末，本科专业招生总数控制在70个左右，实现从规模扩张向内涵提升转变；获批15个国家级、40个山东省级一流本科专业建设点，获批国家一流课程20门，获得国家级教学成果奖1项；建成研究生山东省级优质课程（专业学位案例库）30个。

打造一流师资队伍

坚持人才兴校战略，实施聚才引智行动，到"十四五"末，力争实现专任教师博士比超过50%，生师比不超过16:1，引进20名海内外领军人才，力争入选山东省部级以上人才创新团队5个，山东省级及以上教学名师15人。

加强科研创新能力

坚持科研强校战略，坚持"四个面向"，推动从各自为战向系统整合转变，到"十四五"末，力争获批山东省部级及以上重点、重大项目自然科学类25项、社会科学类10项，获得山东省部级及以上自然科学类奖励10项，社会科学类奖励50项，年度纵向科研经费达到7000万元以上、横向科研经费达到13000万元以上，新增15个山东省部级及以上科研平台。

深化城校融合发展

坚持融入临沂、依靠临沂、服务临沂、贡献临沂，推动从内部协调向开放协同转变，力争到"十四五"末，建设 5—7 个山东省级及以上现代产业学院，打造 3—5 个具有地方特色和较大影响力的新型高校智库。力争年均实现科技成果转化、社会培训、捐赠等经费 8000 万元以上。

（三）《规划》就保障"十四五"目标任务落实落地提出了保障措施

坚持党的全面领导

完善坚持和加强党对学校工作全面领导的体制机制，形成落实党的领导纵到底、横到边、全覆盖的工作格局。坚定不移全面从严治党，加强和改进校内巡察制度，强化监督执纪问责，持续加强作风建设。认真贯彻执行党委领导下的校长负责制，健全完善学院党组织会议和党政联席会议制度，推动全校深入学习贯彻习近平新时代中国特色社会主义思想，增强"四个意识"、坚定"四个自信"、做到"两个维护"。强化党的创新理论武装，扎实开展党史、新中国史、改革开放史、社会主义发展史学习教育，巩固发扬"不忘初心、牢记使命"教育成果，教育引导广大党员干部在学思践悟中坚定理想信念，提升履职尽责能力，凝聚全校砥砺奋进的强大合力。

加强支撑体系建设

加强国有资产的全生命周期管理，提高资产管理制度化和信息化水平。进一步完善大型仪器设备的运行管理机制，扩大仪器设备开放共享范围，加强大型仪器使用绩效考核评估。加强实验室环境与安全管理，推动全校实验资源开放共享。优化校园空间布局，建设理工实验实训楼、人才公寓和新一批学生公寓。加大对信息化建设支持和投入力度，加强大数据要素建设和有效治理，整合优化各类应用系统，构建基于大数据科学决策和个性化服务的融合集成平台，建设"智慧临大"。提升图书馆服务功能，改造物理空间，健全文献资源发展政策，加强数字图书馆基础设施和运行环境建设，满足多元化学习需求。完善节能减排工作体系，加强节约型校园建设。实施教职工健康幸福工程，提升教职工获得感和幸福感，促进学校和谐发展。

提升增收节支能力

积极争取各级财政支持，深挖办学潜力，吸引社会资源，拓宽筹资渠道，推进全员筹资工作体系建设，"十四五"期间学校生均经费达到博士学位授予单位基本条件。加强财务制度建设，推进绩效管理与预算管理相结合，完善内控机制。加强财务工作监管，创新审计工作形式和内容，重点监控各类资金使用的效益。创新增收节支渠道，发挥继续教育学院、国际教育交流学院、乡村振兴学院、教育集团的融资优势，大幅提升非学历培训收入。

完善规划实施机制

加强规划宣传，强化师生认同。强化总体规划引导作用，专项规划和学院规划既要切实落实总体规划战略意图和主要发展任务，也要突出自身重点和创新，实现多规合一、配套实施。各级规划明确阶段性重要发展指标、重大战略任务、重点改革举措和工程项目，细化任务分工，制定落实的时间表、路线图、任务书、责任状，务求取得实效。各级规划要建立规划实施的跟踪监控考核及调整机制，加强对规划实施情况的跟踪分析，形成年度监测、中期检查和最终考核的管理闭环，确保规划目标任务落地落细落实。

临沂大学 2011—2021 年大事记

2011 年

1 月

14 日，学校被山东省经济和信息化委员会评为"2010 年全省企校合作培养人才先进单位"。

2 月

9 日，学校被中共临沂市委、临沂市人民政府授予"2010 年度平安临沂建设先进单位"荣誉称号。

24 日，韩国江原大学生命科学学院院长安喆博士代表团一行 3 人来校访问，校长韩延明会见客人。

27—28 日，第四届教职工暨工会会员代表大会第二次会议召开。

28 日，美国纽海文大学校长 Steve Kaplan 博士及李昌钰博士一行来校参观考察。临沂市委书记张少军会见客人。

3 月

15 日，新校区体育场工程深化设计方案论证会在临沂大学工程建设指挥部举行。

18 日，临沂大学研究生首次参加第七届全国研究生数学建模竞赛，由周厚春教授、郭政副教授指导的应用数学专业 2009 级研究生朱曼、杨锁玲和王国栋 3 人共同完成的课题"神经元的形态分类和识别研究"获三等奖。

31 日，山东省人民政府参事、中国高等教育管理研究会副理事长、中国高等教育学会常务理事田建国做客沂蒙大讲堂，作《建设有理念大学，培养创新型人才》报告。

4 月

4 日，泰国东方大学校长顾问、前校长 Suchart Upatham 博士，国际学院院长、前副校长 Rana Pongruengphant 博士及国际学院院长助理 Punnee Pimapunsri 博士一行来校参观访问。

9 日，学校教学工作会议。校长韩延明作了《全力构建综合性大学教学工作新体系》的主题报告。

10 日，学校推荐的《临沂大学高招录取与高中综合素质评价"硬挂钩"》获山东省"十一五"教育创新成果特别奖，《临沂大学紧扣区域发展需要面向社会开放课程》获山东省"十一五"教育创新成果三等奖。

12 日，法国尚贝里高等商学院校长 Mr.Pinat、校长助理 Mrs.Geraldine 一行来校参观访问。

13 日，学校在新校区会议中心召开解放思想大讨论总结大会，号召师生员工努力把临沂大学建设成为高质量综合性品牌大学。

14 日，马来西亚世纪大学校长 Laurence Wu 博士、国际学生部主任 Karen Wang 博士及中国市场部经理齐乾伯一行来校参观访问。

15 日，共青团山东省委副书记、省青联主席张涛带领参加 2011 年全省共青团工作观摩会的 30 余名代表来校参观考察共青团和大学生创业工作。

15 日下午，临沂市委副书记、市长张务锋代表临沂市委市政府会见了前来学校考察访问的山东大学党委副书记、山大威海分校党委书记仝兴华一行。

18 日，学校邀请部分离退休老教授代表在管理服务中心 502 会议室举行座谈会，就"校风、教风、学风"三风建设工作征求意见和建议。

19 日，山东省教育厅下发《关于做好国家基础教育和教师教育综合改革试验区试点项目的通知》（鲁教办字〔2011〕15 号），学校申报的"省级教师教育基地建设""中学教师培养模式改革""小学教师全科综合培养模式改革""幼儿园教师全科综合培养模式改革"4 个项目全部获得国家教师教育综合改革试验区试点项目立项，成为 17 所高校中立项率最高的高校之一。

28 日，学校隆重举行 70 周年校庆新闻发布会暨临沂市直校友联谊会。

5 月

6 日，临沂大学上海校友联谊会在上海市隆重举行。副校长王明福参加会议。

13 日，临沂大学北京校友联谊会在北京市隆重举行。校长韩延明、党委副书记谢亚非参加会议。

20 日，由山东省音乐家协会副主席曲波作词、国内音乐界资深音乐制作人薛瑞光作曲的《临沂大学校歌》正式确定。

23 日，中国教育学会书法教育专业委员会副理事长张凤民教授、副秘书长张凤江教授对学校申请中国教育学会书法教育专业委员会全国书法教育培训示范基地进行评审。校长韩延明出席汇报会。

26 日，山东省教育厅公布了第六届山东省普通高等学校教学名师的评选结果，学校李同胜教授荣获第六届山东省普通高等学校教学名师称号。至此，学校已有 5 名省级教学名师。

6月

9 日，学校举行《临沂大学校史》出版发行座谈会，对校史编撰情况进行介绍和总结。

11 日，临沂大学校友总会正式成立。成立大会在校友中心会议室隆重举行。来自全国各地的临沂大学校友分会会长、秘书长及校友代表出席大会。大会宣布刘导生、宋法棠、张瑞凤为临沂大学校友总会名誉会长，并通过了临沂大学校友总会会长、副会长、秘书长及常务理事会候选人名单。校长韩延明任校友总会首任会长。

12 日，临沂大学建校 70 周年庆典在新校区羲之广场隆重举行。

29 日，学校在沂蒙大讲堂报告厅隆重举行庆祝中国共产党成立 90 周年暨表彰大会。

29 日，学校印发《临沂大学红色育人工程实施意见》。

7月

19 日，山东省教育厅、山东省财政厅联合下发《关于公布山东省"十二五"重点学科的通知》和《关于公布山东省"十二五"高等学校科研创新平台的通知》，公布了山东省"十二五"省级重点学科和"十二五"高等学校科研创新平台评审结果，学校高等教育学、应用数学、自然地理学、区域经济学 4 个学科被确定为山东省"十二五"省级重点学科；资源与环境分析化学实验室被确定为山东省"十二五"高校重点实验室，沂蒙文化研究基地被确定为山东省"十二五"高校人文社会科学研究基地。

21 日，学校审计处被评为山东省内部审计工作先进单位，受到山东省审计厅的表彰，是我省受表彰的 4 所高校之一。

28 日，英国 *Nature*（《自然》）杂志发表临沂大学教授、中国科学院古脊椎动物与古人类研究所研究员徐星等人关于发现于我国辽西地区大约 1.6 亿年前沉积地层中产出的一件小型恐龙标本的研究成果。研究者们基于这件标本命名了"郑氏晓廷龙"，以感谢临沂大学教授、山东天宇自然博物馆馆长郑晓廷为建立山东天宇自然博物馆，并以此为基础保护和收藏大量重要脊椎动物化石标本所做的努力。

8月

8 日，学校圆满完成了本科各批次招生录取工作，共录取新生 6587 人，超额完成 6573 人的本科计划，并且生源质量大幅提升，实现招生工作的"大丰收"。

19 日，2011 年国家自然基金项目评审结果已公布，学校立项数量取得历史性突破，成功申请到11项，其中小项目2项。11个项目批准经费共计279万元。

9月

2日，学校机械工程学院郭春凤教授获2011年度"临沂市有突出贡献的中青年专家"称号。

5日，《美国科学院院刊》（*Proceedings of the National Academy of Sciences USA*）网络版（*Early Edition*）发表了学校郑晓廷教授与中科院古脊椎动物与古人类研究所周忠和、张福成研究员以及美国学者 Larry Martin 教授等人合作研究的一项成果，报道了我国辽西早白垩世地层发现的两种原始鸟类的三件标本上保存的迄今最早的鸟类嗉囊的化石证据，嗉囊内充满了推测可能属于未知裸子植物的种子；此外这两种鸟类腹部还保存了胃石，表明这些早期鸟类已经具有了和现代鸟类相似的消化器官。

28日，学校与山东师范大学合作培养的第三届研究生开学典礼在校友中心会议室举行。

10月

7—9日，由国家自然科学基金委员会资助，学校凝聚态物理研究所承办的2011国家自然科学基金委数理部二维电子系统研究论坛在学校沂蒙大讲堂隆重举行。

18日，全国政协原副主席、致公党中央原主席、中国人权研究会会长罗豪才，全国政协委员、致公党中央秘书长曹鸿鸣，中国社科院人权研究中心秘书长柳华文，山东省政协原副主席张敏等领导一行在临沂市委书记、市人大常委会主任张少军，市委副书记、市长张务锋，市政协主席孟宪海，市人大常委会党组书记、第一副主任朱绍阳，市委副书记申长友等临沂市领导陪同下来学校视察指导工作。

22日，融红色文化和体育竞赛于一体的临沂大学第一届大学生红色运动会在学校体育场隆重开幕。

11月

6日，山东省科技发展计划项目"小麦复方抗旱型浸种剂和包衣剂产品开发和大田释放"鉴定会在学校管理服务中心会议室举行。学校党委副书记石立岩出席了鉴定会。

15日，经省文化厅批准，由文学院张学强博士作为学科带头人的"红色文化学"成为山东省文化艺术科学"十二五"重点建设学科。

12月

8 日，2011 版本科培养方案论证会在校友中心会议室举行。进入到综合性大学办学平台后，按照综合性大学办学标准和服务地方经济建设的要求，学校对 2011 版人才培养方案进行了充分调研和全面修订。

9 日，临沂市大学生创业示范园区和高校毕业生创业孵化基地揭牌仪式在沂蒙大讲堂隆重举行。

14 日，山东省人力资源和社会保障厅、山东省科学技术协会联合下发《关于表彰第七届山东省优秀科技工作者的通报》，表彰了全省 68 位优秀科技工作者，并分别给予记二等功奖励。学校教授郭春凤榜上有名。郭春凤教授是临沂市唯一获得此届奖励的科技工作者。

16 日，学校"山东省鲁南中药材资源开发工程技术研究中心"和"山东省肥料工业废物资源化利用工程技术研究中心"正式获批列入 2011 年山东省工程技术研究中心组建计划。

31 日，教育部下发了《教育部思想政治工作司关于公布 2011 年高校校园文化建设优秀成果评选结果的通知》，公布了 2011 年高校校园文化建设优秀成果获奖名单。学校报送的校园文化建设成果"红色馆"荣获一等奖。

2012 年
1 月

6 日，学校举行社会科学振兴暨表彰大会，全面部署今后社会科学研究工作。山东省政协常委、省社科联副主席、山东大学博士生导师、民俗研究专家刘德龙，山东省社科联副秘书长、学术部部长高璞，临沂市社科联党组书记、副主席刘勋建出席大会。大会由校长韩延明主持。

7 日，学校水土保持与环境保育研究所所长于兴修教授获山东省自然科学学术创新人才奖，成为 2011 年山东省自然科学学术创新奖授奖十名获奖者之一。

9 日，由大众日报、团省委、省学联联合举办的第三届"调研山东"大学生社会调查活动中，学校团委荣获"优秀组织单位"，教育学院团委提报的"纵观山东地区特殊教育发展现状"获优秀调研成果奖。

13 日，学校获批 2 个"山东省工程技术研究中心"。9 个项目获批 2012 年山东省高等学校教学改革立项项目，3 个课程群共 12 门课程被评为山东省高等学校省级精品课程。

13—15日，英国剑桥大学Marjorie Batchelor博士第6次来学校访问。

15日，在共青团山东省十二届五次全委（扩大）会议上，学校团委获得"2011年度山东省红旗团委"称号。

2月

4—5日，学校第五届教职工暨工会会员代表大会第一次会议召开。

18日，校领导在北京看望了学校第一任校长，北京市原市委书记、市政协主席刘导生先生及其夫人高励女士，向他们全面介绍了临沂大学更名以来的各项工作和取得的成就。

27日，在济南召开的全省高校党的建设工作会议上，学校以《实施红色育人工程，践行社会主义核心价值体系》为题在会上作典型发言。

3月

10日，由临沂大学、临沂国家高新区科技创业园联合举办的临沂国家高新区科技创业园临沂大学专场招聘会成功举行。

12日，法国尚贝里高等商学院代表团在Patrice Mengual校长带领下来学校访问。校长韩延明、副校长姜同松会见了Patrice Mengual校长一行。签订临沂大学与法国尚贝里高等商学院关于合作举办食品科学与工程（葡萄酒方向）专业等3个本科中外合作项目书。

24日，中共山东省委常委、组织部长高晓兵来学校调研，对"第一书记"培训筹备工作进行检查。

27日，学校领导在北京会见了清华大学党委书记胡和平和中科院院士、清华大学物理系主任、学校凝聚态物理研究所所长薛其坤。双方就内涵提升、学术研究、人才引进等工作进行了深入交流。华东师范大学副校长、半导体研究领域著名专家朱自强，学校副校长姜同松一同会见。

4月

2日下午，学校召开红色育人工程社会实践工作部署会。会上，对贯彻落实教育部、中央宣传部、财政部、文化部、总参谋部、总政治部、共青团中央等七部门联合下发的教思政〔2012〕1号文件《关于进一步加强高校实践育人工作的若干意见》进行全面部署。

7日，由学校和市委组织部、市委宣传部联合拍摄，临沂广播电视台、临沂大学影视艺术中心承拍的大型电视系列片《红色沂蒙365》首播仪式在临沭县滨海红色文化纪念园广场隆重举行。

12 日，中国科学院院士周忠和教授受聘为学校地质与古生物研究所名誉所长、特聘教授，聘任仪式在校友中心接待室举行。

16—17 日，全省教育系统宣传工作会议暨山东省高校思想政治教育研究会 2012 年年会在枣庄举行。学校党委副书记、纪委书记石立岩代表学校作了《挖掘红色文化育人功能，强化大学生社会主义核心价值观教育》的典型发言。

24 日，第一届全国大学生红色运动会新闻发布会在学校举行。揭晓了会徽、吉祥物、会歌和组委会成员名单，介绍第一届全国大学生红色运动会组织筹备情况与赛会日程安排方案。

27 日，学校的新疆喀什实习支教团和学生吴若飞分获十大"沂蒙青年榜样"称号。

5 月

3 日，学校水土保持与环境保育研究所所长于兴修教授被山东省总工会授予"山东省富民兴鲁劳动奖章"。同时，机械工程学院副院长郭春凤教授被临沂市总工会授予"临沂市振兴沂蒙劳动奖章"。

4 日，临沂大学技巧啦啦队随中国啦啦操代表团代表中国参加了在美国奥兰多举行的 2012 年世界啦啦操锦标赛，最后闯入决赛并取得了"国家杯"集体技巧啦啦操第 8 名的优异成绩。

8 日，学校学生刘秀祥荣获 2011 年度"中国大学生自强之星"。

10 日，央视网创新科技视频以"临沂大学——突出人才培养特色，实施全员育人工程"为题，对学校人才培养特色进行了报道。

13—15 日，《大众日报》连续 3 天在显要位置报道学校红色育人工程和国际视野培育工程两大工程。

15—19 日，由中国大学生体育协会主办，中共山东省委高校工委、山东省教育厅、山东省体育局协办，临沂市人民政府和临沂大学共同承办的第一届全国大学生传统运动会在学校举行。

18 日，由光明日报社和临沂大学共同主办的沂蒙精神与社会主义核心价值体系建设研讨会在学校举行。

18 日，综合性期刊行业优秀级杂志德国《自然科学》发表了学校地质与古生物研究所所长郑晓廷教授和美国堪萨斯大学 B. M. Rothschild 教授、L. D. Martin 教授关于鱼龙减压综合症的重要研究成果。同日，中央电视台科教频道专题报道了学校自然博物馆（山东天宇自然博物馆），重点介绍了我馆独一无二的珍贵宝石和各种珍稀恐龙、鸟类等古生物化石，引起强烈反响。

24日，山东省教育厅批准了全省7个中外合作办学专科教育项目，学校与韩国江南大学合作的房地产经营与估价专科专业位列其中。

26日，学校教育学院李中国教授和法学院张晓翔博士获得"第51批中国博士后科学基金面上资助"项目资助。

28日，学校新申报的汽车学院的自动化（嵌入式软件外包方向）、物流学院的会计学（金融外包方向）、信息学院的计算机科学与技术（3G移动智能开发与应用方向）3个校企合作专业（方向）获准招生。

26—30日，学校首届联合培养硕士研究生分批次到山东师范大学进行了硕士学位论文答辩。

6月

4日，《光明日报》在第七版整版以《爱党爱军、开拓进取、艰苦创业、无私奉献》为主标题，推出了学校"沂蒙精神与社会主义核心价值体系建设研讨会"理论成果。

14日，学校被山东省妇联授予"山东省三八红旗集体"荣誉称号。

25—26日，中国教育发展战略学会第二届会员代表大会暨2012年学术年会在北京隆重召开。教育部部长袁贵仁出席会议并讲话。学校校长韩延明教授应邀参加会议，并被推选为"中国教育发展战略学会理事"，其研究成果《终身学习体系中大学教育的价值省察与制度调适》被评为"教育发展战略研究优秀成果"二等奖（全国共25项）。

7月

1日，经教育部考试中心批准，GRE考试考点落户学校。

1日，临沂大学图书馆工程交接仪式在新落成的图书馆楼隆重举行。

18日，由江苏省古生物学会、河南省古生物学会、安徽省古生物学会、湖北省古生物学会、山东省平邑天宇自然博物馆、临沂大学及江苏省地质学会地层古生物专业委员会联合主办的2012年"地层古生物研究与科学传播研讨会"在学校召开。

22日，新图书馆开始正式搬迁，420万册图书陆续入藏临沂大学新图书馆。

8月

1日，同济大学城市污染控制国家工程研究中心主任马鲁铭教授来学校访问。临沂市委常委、市政府常务副市长左沛廷会见了马鲁铭一行。

13 日，学校选派 10 名处级干部到县区挂职，分批送教授、博士团队到基层，中草药研究团队到九间棚金银花基地，沂蒙文化研究团队到蒙山管委会，地质与古生物研究所到天宇博物馆，真正到社会需求的最前沿，实实在在地回报老区人民。

18 日，国家自然科学基金委员会公布了 2012 年度国家自然科学基金项目评审结果，学校 2012 年度共获得国家自然科学基金项目 18 项，项目数量与立项经费均取得了历史性突破，居省属高校前列。

24 日，全世界最权威的学术杂志之一 Science（《科学》）以"恐龙王为科学界打开化石宝藏"为题，报道学校地质与古生物研究所所长郑晓廷教授利用其一手建立的世界上最重要的化石收藏博物馆——天宇自然博物馆丰富的馆藏资源，潜心科学研究，实现人生转变的传奇故事。

28 日，学校物理与电子电气实验教学中心被评为"三星级山东省科普教育基地"。

29 日，财政部、住房和城乡建设部批准学校节约型校园建筑节能监管体系建设项目，并获得国家财政专项补助资金 270 万元。

9 月

3 日，广播电视编导专业、物流管理专业被评为"山东省高等学校特色专业建设点"，大学英语教学团队被评为"山东省高等学校教学团队"，于兴修教授被评为"第七届山东省高等学校教学名师"。

5 日，由学校承办的第十届书圣文化节书法高峰论坛暨"沂蒙红色影视拍摄基地""沂蒙红嫂革命纪念馆""沂蒙红色写生基地"揭牌仪式在沂南县马牧池乡隆重举行。仪式由王明福主持。

6 日，山东省教育厅下文表彰了教师教育先进单位和先进个人，学校被评为教师教育先进单位，教育学院副院长李中国、教务处副处长林秋华被评为教师教育先进个人。

8 日，2012 年度 CCTV"希望之星"英语风采大赛国际赛在美国哈佛大学落下帷幕，学校外国语学院 2009 级学生冯慧媛获得大学组季军，并同时获得"最佳风采奖"。

18 日，教育部原党组副书记、副部长、全国高校设置评议委员会主任张保庆在中国教育发展基金会秘书长张中原、副秘书长孙胜伟，临沂市人大常委会副主任、市总工会主席孙丰刚陪同下来学校视察。

21 日，《解放军报》副总编辑孙临平少将一行 5 人来学校考察访问。

10 月

9 日，*Nature Communications*（《自然——通讯》）杂志发表学校郑晓廷教授、王孝理博士与中科院古脊椎动物与古人类研究所博士后邹晶梅、周忠和院士等合作完成的题为"反鸟类幼年个体揭示鸟类胸骨的早期演化"（*Insight into the early evolution of the avian sternum from juvenile enantiornithines*）的研究成果。

22 日，王汝涛文史馆开馆仪式举行。山东省人大常委会原副主任、省老年学学会会长苗枫林应邀出席。

11 月

3 日，学校"山东省中美低维物理与纳米结构合作研究中心""山东省中韩现代中药生物技术合作研究中心""山东省中荷沉积环境测试技术合作研究中心""山东省中澳功能材料与纳米传感技术合作研究中心"正式获批列入 2012 年山东省国际合作研究中心组建计划。

11 日，山东省农业厅下发《关于公布省级现代农业技术培训基地的通知》文件（鲁农科技字〔2012〕46 号），正式批准学校为省级现代农业技术培训基地。

20 日，教育部发文公布了 2012 年度教育部－欧特克公司专业综合改革项目名单（教高司函〔2012〕165 号），学校美术学院的动画专业、建筑学院的土木工程专业被列为首批教育部－欧特克公司专业综合改革试点专业。

26 日，教育部下发《关于公布 2012 年度"新世纪优秀人才支持计划"入选人员名单的通知》（教技函〔2012〕80 号），山东省省属高校共有 6 名教师入围，学校"生化分析团队"的毕赛博士名列其中，并获得 50 万元人才基金资助。

26 日，经临沂市政府批准，授予学校外国语学院谢楠教授 2012 年度"临沂市有突出贡献的中青年专家"荣誉称号。

25—28 日，《光明日报》连续重头报道学校 8 名处级干部辞去"官职"当教授新闻，在社会上引起了强烈反响。

2013 年

1 月

7 日，《中国教育报》在第 5 版"一线观察"栏目以《教研相长　团结合作》为主标题，报道了学校外国语学院大学英语省级教学团队。

23 日，第二次解放思想大讨论活动总结大会在沂蒙大讲堂三楼报告厅隆重举行，标志着为期四个半月的以"责任、担当、落实"为主题、以"社会服务"为着力点的临沂大学第二次解放思想大讨论活动落下帷幕。

24 日，国家教育部思想政治工作司组织编写的《百所高校校训、校徽、校歌汇编》由中国人民大学出版社出版发行，学校校训、校徽、校歌入选其中。

2 月

6 日，《光明日报》在"综合新闻"版面用较大篇幅以《临沂大学美术学院全面推进人才培养模式创新》为题，从国际视野培养、沂蒙精神培育、学生创新创业能力培训、走进社会锻炼等视角对学校美术学院人才培养模式创新进行了报道。

27 日，学校第五届教职工暨工会会员代表大会第二次会议在沂蒙大讲堂三楼报告厅隆重开幕。

3 月

11 日，临沂大学科技大楼隆重奠基。

15 日，世界顶级综合类学术期刊 *Science*（《科学》）刊登了临沂大学地质与古生物研究所所长郑晓廷教授的科研团队与中国科学院古脊椎动物与古人类研究所合作完成的学术论文，题目为 "*Hind Wings in Basal Birds and the Evolution of Leg Feathers*"，同期还刊登了著名科学家对该论文的专题评述文章，这是临沂大学第二次在 *Science* 期刊发表论文。

18 日，世界顶级学术期刊 *Nature*（《自然》）以临沂大学为第一单位、学校地质与古生物研究所所长郑晓廷教授为第一作者，刊发了《早白垩世鸟类卵泡的精美保存对研究恐龙繁殖行为的意义》一文，对早期鸟类繁殖系统进行了论述。

28 日，学校召开中层以上干部会议，宣布山东省委关于学校领导班子调整的决定。省委决定：杨波同志任临沂大学校长。

4 月

13—14 日，由光明日报社、山东省委宣传部、山东省社科联、山东省委高校工委、山东省委党校、大众报业集团、山东广播电视台、山东社会科学院、临沂市委主办，临沂市委宣传部、临沂大学共同承办的山东社科论坛——沂蒙精神与群众路线研讨会在学校隆重召开。

17 日，学校名誉校长、中国工程院院士、英国皇家工程院院士、世界电动车协会主席陈清泉教授来学校指导工作，在沂蒙大讲堂为师生作了一场精彩的学术报告。

26日，山东省教育厅发文公布了2013年全省高校新增成教专业，学校新增专业6个，其中专升本专业4个，高升专专业2个。至此，学校成人教育不同层次各类专业已达118个。

28日，山东省教育厅公布了2013年度山东省高等学校科研计划项目评审结果，学校共有6项课题获得资助。这是学校首次获批山东省高等学校科研计划有资项目。同时获批4项山东省高等学校科研计划无资项目。

5月

6日，在山东省五四表彰中，学校团委荣获2012年度山东省"五四红旗团委"荣誉称号，学校学生会主席、体育学院王声荣获"山东省优秀共青团员"荣誉称号。

17日上午，以"弘扬沂蒙精神，增强学生体质"为主题，以推广"阳光体育运动"为目标的学校第三届大学生红色运动会隆重开幕。

6月

8日，由国家自然科学基金委资助，浙江师范大学、广州大学、上海师范大学发起，学校承办的第七届应用动力系统最新进展国际会议在临沂宾馆大学店举行。广州大学校长庾建设，国际著名数学家Shui-Nee Chow、John Mallet-Paret，学校校长杨波、副校长姜同松、王勇出席了开幕式。

13日，韩国水原大学李仁洙总长一行在访问学校祝贺学校72周年校庆之际，来到学校附属小学进行捐赠，捐赠活动在附小四楼会议室举行。学校党委副书记谢亚非，副校长张立富出席捐赠仪式。

21日，中国高等教育学会"纪念学会成立30周年，加强新时期社团建设"研讨会在北京召开。会议评选表彰了30名从事高教工作逾30年、在高教研究方面做出重要贡献的学者。学校原校长、高等教育研究院韩延明教授获此殊荣。

25日，中国博士后基金会发布了《关于公布中国博士后科学基金第六批特别资助获资助人员的通知》，李中国教授继2012年获得一等资助后，再次荣获"中国博士后科学基金特别资助"，成为两年来教育学一级学科国内唯一获得一等资助和特别资助的博士后。

7月

8日，在临沂市GLM物流国际化人才建设研讨会开幕仪式上，美国运输与物流协会执行董事Laurie为临沂大学GLM国际物流师培训基地授牌，中国国际人才交流基金会主任高鹏飞为临沂大学GLM国际物流师考试机构授牌。

8 月

3 日，学校原校长、中共山东省委党史研究室巡视员韩延明受聘为学校高等教育研究院名誉院长和省委组织部在学校挂牌成立的山东省马克思主义群众观研究中心主任。

8 日，英国 *Nature*（《自然》）杂志发表了题为《一种新的树栖贼兽类揭示了侏罗纪时期有冠类哺乳动物的多元分化》的研究新成果。该论文由学校地质与古生物研究所所长郑晓廷教授、王孝理博士和中科院北京古脊椎动物与古人类研究所毕顺东研究员，国际著名古哺乳动物学家、美国纽约自然历史博物馆孟津教授合作完成。这是学校继 2011 年和 2013 年 3 月以来第三次在英国的 *Nature*（《自然》）发表论文，标志着学校古生物研究水平已稳步进入国际先进行列。

13 日，*Natureasia*（自然亚洲）网站"自然出版指数"排名进行了更新，此次更新数据时间段为 2012 年 8 月 13 日至 2013 年 8 月 12 日。从过去 12 个月在《自然》本刊论文（不包括子刊）出版指数看，临沂大学列中国高校第八位，前七名分别是清华大学、北京大学、中国科技大学、云南大学、燕山大学、中国农业大学和同济大学。

15 日，央视四套"中国新闻"栏目以《山东临沂：大型情景剧〈沂蒙情深〉上演》为题，报道学校通过打造沂蒙红色乐舞剧三部曲，深化文化传承和创新职能。

16 日，学校傅尊伟教授与北京师范大学陆善镇教授、美国密苏里大学 Grafakos 教授和上海大学赵发友博士合作发表在 *HOUSTON JOURNAL OF MATHEMATICS* 上的论文 "*SHARP BOUNDS FOR m-LINEAR HARDY AND HILBERT OPERATORS*" SCI 被引数进入数学学科全球前 1%。这也是在 ESI 数据库（近 10 年）中 Institution 部分输入 Linyi Univ 或 Linyi Normal Univ 显示的唯一一篇高频论文。

27 日，国家自然科学基金委员会公布了 2013 年度国家自然科学基金申请集中接收期间项目评审结果，学校在保持历年良好成绩的基础上，又取得新突破，2013 年共获国家自然科学基金资助项目 24 项，在全省省属高校中排名第十位。

9 月

4 日上午，作为第十一届中国·临沂书圣文化节重要活动内容之一，临沂大学"张寿民书法馆"正式开馆。

12 日，山东省社会科学规划办公室下发了 2013 年度山东省社会科学规划研究项目立项通知书，学校"社会主义核心价值体系建设视域下的公民道德建设研究"等

12 项课题获得立项，有资课题 10 项、自筹经费课题 2 项。

18 日，《大众日报》头版"走群众路线 树齐鲁新风"专栏，以《行政干部腾出办公室给教授》为题报道学校"取消校领导'一人一车'制，撤销接待科，扎扎实实走群众路线"。

25 日，山东省"泰山文艺奖"评选结果揭晓，由学校师生自排、自演的大型红色歌舞《沂蒙印象》获此殊荣。

27 日，山东省人民政府印发《关于公布首届山东省文化创新奖获奖项目的通报》，授予学校与临沂市文化广电新闻出版局、临沂市蒙山沂水演艺集团联合申报的"沂蒙演艺精品的协同创新模式"为首届山东省文化创新奖获奖项目。

29 日，山东省教育厅、山东省科技厅、山东省财政厅联合发布通知，公布了山东省高等学校协同创新中心立项名单，学校参与的"先进建筑材料绿色制造与应用协同创新中心"和"化学成像功能探针协同创新中心"被批准立项建设。

10 月

7 日，《美国科学院院刊》（*Proceedings of the National Academy of Sciences USA*）网络版（*Early Edition*）发表临沂大学王孝理、郑晓廷、张小梅和中科院古脊椎动物与古人类研究所 Jingmai O'Connor、Corwin Sullivan、周忠和，以及阿根廷学者 Pablo Tubaro 合作完成的一篇题为《热河鸟奇特双尾羽与早期鸟类尾羽演化的复杂性》（*Unique caudal plumage of Jeholornis and complex tail evolution in early birds*）的研究成果。

17 日，在省委高校工委组织开展的 2012 年度全省高校校园文化建设优秀成果评选活动中，学校组织申报的《沂蒙精神与社会主义核心价值体系研究》《红色沂蒙365》、全国第一届大学生传统运动会分获理论与学术类、声像类、活动类优秀成果一等奖。

11 月

1 日，由国家体育总局、教育部中国大学生协会主办的 2013 年全国啦啦操锦标赛在江苏省溧阳市举行。学校继 2012 年代表中国参加世锦赛后，再次获得代表中国参加 2014 年国际啦啦操比赛的资格。

14 日，教育部公布了 2013 年度"新世纪优秀人才支持计划"评选结果，学校"生化分析团队"郭英姝博士入选并获得计划资助 50 万元。学校已连续两年获得该人才支持计划立项资助，至此，学校"生化分析团队" 已有四位教师入选教育部"新世纪优秀人才支持计划"。

25 日下午，学校更名三周年纪念大会在沂蒙大讲堂三楼报告厅隆重举行。

27 日，中央电视台第四频道在《中国新闻》栏目中报道学校改革创新举措。临沂大学将行政管理办公室压缩 2/5，腾出近 6000 平方米的房间设立教师备课室等教学科研场所，并且配备现代化的办公设施。为创新教育体制改革，学校建立起了领导干部联系基层情系师生三级联系体系。

12 月

10 日，山东省教育厅下发《关于公布 2013 年度山东省本科高校特色专业建设点名单的通知》（鲁教高字〔2013〕15 号），全省高校 69 个专业被评为 2013 年度"山东省本科高校特色专业建设点"，学校电子信息科学与技术、音乐学 2 个本科专业名列其中。至此，学校已有 9 个省级特色专业建设点，其中数学与应用数学、公共事业管理 2 个本科专业被评为国家级特色专业建设点。

16 日、17 日，国内主流媒体《光明日报》以及省内重要媒体《齐鲁晚报》分别对学校 2012 年高校回归"学本位"的"破冰之举"——八位处长辞职当教授，一年后的改革现状进行了追踪报道。

20 日，第二届临沂市"沂蒙文艺奖"评选结果揭晓，学校申报的舞台情景剧《沂蒙情深》荣获戏剧类一等奖；美术学院教授杨树国的中国画《红军不怕远征难》获美术类二等奖；学校文化传承创新中心申报的民间工艺《仿古伏羲断纹古琴》获民间文艺奖二等奖；文学院李红梅博士的论文《早期都市流行歌曲中的乐天精神》获文艺理论研究类二等奖。

30 日，学校 2013 年十大民生工程之一——校园无线网络（WLAN）正式开通并试运行，实现了校内办公区、公共活动区、教学区、实验区四大区域无线网络全覆盖。

2014 年
1 月

3 日，山东省高校伙食专业委员会、省教育厅下发通知，授予学校"山东省高校 2013 年度伙食管理服务工作示范单位"荣誉称号。

6 日，临沂大学第一届学术委员会成立并召开第一次会议。

8 日，由张书圣教授主持的国家杰出青年科学基金项目——肿瘤标志物的光电化学传感分析方法正式落户学校。

14 日，第四届山东优秀发明家评选结果揭晓，学校化学化工学院吕庆淮教授被评为"山东优秀发明家"。

2月

18 日，学校第五届教职工暨工会会员代表大会第三次会议隆重举行。

24 日，学校 2014 年省内艺术类专业招生考试工作圆满结束，报考人数达到 15934 人，比去年增加 2383 人，实现了招生工作的开门红。

3月

11 日，学校隆重召开党建工作会议暨践行社会主义核心价值观大讨论动员大会。会议传达学习了全国全省高校党建工作会议精神，研究部署学校党建工作，动员在全校学生中开展"践行社会主义核心价值观"解放思想大讨论活动。

27 日，临沂大学官方微信公众平台正式开通。

29 日，学校召开应用型特色名校建设方案论证会，邀请来自省内八所高校的专家就学校应用型特色名校建设方案进行论证。会议由烟台大学校长、论证专家组组长房绍坤主持。

4月

8 日，学校启动 2014 年管理干部培训，并邀请人力资源和社会保障部中国人事科学研究院原副院长吴德贵教授作培训班第一讲。开班仪式上，杨波传达了培训班的方案安排，并为吴德贵教授颁发了特聘教授聘书。

14 日，学校李中国教授被聘为教育部高等学校小学教师培养教学指导委员会委员。

23 日，山东省省直第三批"第一书记"培训工作在学校圆满结束，来自各省直单位的 587 名"第一书记"即将奔赴基层工作岗位，完成党建扶贫任务。

26 日，学校第四届大学生红色运动会隆重开幕。

5月

4 日，学校郑晓廷教授凭借在世界顶级学术期刊 *Nature*（《自然》）及 *Science*（《科学》）上发表的 6 篇轰动学术界的论文入选 2013 年生命科学十大风云人物。

9 日，学校申报的"网络软件开发基础联合课程"等 3 个课程群共 15 门课程全部被评为山东省高等学校省级精品课程。至此，学校共有省级精品课程 44 门，省级双语教学示范课程 1 门。

23—25 日，由国家体育总局、教育部大学生体协、全国啦啦操竞赛委员会主办的 2014 年全国啦啦操锦标赛在江苏省举行。学校啦啦操队荣获技巧啦啦操冠军、爵士啦啦操亚军并取得了大学组团体第 3 名的优异成绩。

31 日，学校承担的国家软科学研究计划重大合作项目"沂蒙老区协调跨越发展的科教驱动研究"顺利通过结题验收。

6 月

5 日，山东省教育厅公布了 2014 年山东省高校科技发展计划项目立项通知，学校喜获 5 项 2014 年山东省高校科技发展计划科技类项目。

24 日，学校隆重举行 2014 届毕业典礼暨学士学位授予仪式，欢送 8521 名毕业生。

24 日，学校地质与古生物研究所研究发现最早的水生外寄生昆虫，*eLife* 在线发表了学校陈军博士等人与中科院、美国堪萨斯大学、德国伯恩大学及英国自然历史博物馆合作完成的研究成果《侏罗纪一种极度适应水生外寄生的虻类幼虫》。

7 月

12—14 日，由临沂大学、中科院古脊椎动物与古人类研究所主办的"2014 年热河生物群研究国际学术研讨会"在临沂大学自然博物馆（山东天宇自然博物馆）召开。

19 日，学校与韩国江南大学共同筹建的韩国世宗学堂通过韩国世宗学堂财团的评审，成为山东省第五所世宗学堂。

8 月

4 日，由南开大学、天津大学主办，学校承办的刘徽应用数学中心第三届全国应用数学研讨会在学校举行。来自国内外的 100 余位专家学者参加了研讨。

21 日，学校 2014 年招生录取工作圆满结束，当年学校计划招生 12330 人，实际录取 12443 人，本专科招生均取得全面丰收。

9 月

9 日，《美国科学院院刊》在线发表了由中国科学院周忠和院士和临沂大学地质与古生物研究所所长郑晓廷教授带领的研究团队共同完成的成果——近鸟龙和会鸟不具胸骨及其演化意义，首次提出并验证了近鸟龙、会鸟和始祖鸟不具有胸骨结构的结论。

18 日，中共山东省委高校工委、省教育厅发布《关于表彰 2013 年度全省高校思想政治教育优秀成果的决定》，学校 4 项成果获优秀成果奖，其中一等奖 2 项，三等奖 2 项，获奖数量和质量均居全省高校前列。

23 日下午，澳门特别行政区第十二届全国人大代表一行，在视察团团长、全国人大常委会委员、澳门特别行政区立法会主席贺一诚带领下来学校视察。临沂市人大常委会党组书记、第一副主任杜德昌陪同。

29 日上午，学校召开中层以上干部会议，宣布中共山东省委关于临沂大学主要领导同志职务调整的决定。省委决定：李喆同志任临沂大学党委委员、书记。

10 月

9 日，2014 年度山东省社会科学规划研究项目评审结果正式公布，学校 17 项课题获准立项，其中年度项目 11 项，各类研究专项 6 项，立项数创学校历史新高。

14 日，山东省科技厅发布了《关于下发 2014 年山东省自主创新及成果转化专项计划的通知》，学校杨波教授主持的《农产品冷链物流全程可视化管理系统研发与产业化示范》项目获得资助立项，这是学校首次获得山东省自主创新及成果转化专项的资助。

24 日，"临沂大学首届体育文化节"隆重开幕。

27 日，中国物流与采购联合会 2014 年度科学技术奖揭晓，学校申报的成果《基于竞争与耦合视角的物流企业创新发展的机理与优化研究》荣获科技进步一等奖。这是学校首次获得该奖项。

28 日，由中国戏曲音乐学会理论研究会主办，临沂市柳琴戏传承保护中心、临沂市音乐家协会、临沂市戏剧家协会协办，学校承办的 2014 中国戏曲音乐学术研讨会在学校隆重举行。

11 月

12 日，中共山东省委宣传部经过综合研究评估，确定并公布了第二批"山东省理论大众化示范点"，学校名列其中，成为两批 100 个省理论大众化示范点中 9 所获批高校之一。

21 日，从韩国举行的"2014 韩国首尔国际综合艺术邀请展暨美术竞技大赛"传来喜讯，学校学生再创佳绩，3 人荣获金奖、5 人获得银奖、11 人获得铜奖，另有 9 人获得优秀奖。

12 月

4 日，学校优秀毕业生、西部计划志愿者孙丰虎荣获"全国首批优秀五星级志愿者"荣誉称号。

11 日，由学校承办的 2014 年海峡两岸大学生语言、文学与文化学术研讨会在学校举行，来自台中科技大学、台北科技大学等 9 所海峡两岸高校的师生代表参加了会议。

22 日，由教育部主办的第七届全国高校百佳网站网络评选活动结果揭晓，学校团委网站"大学时代"获评"全国高校百佳网站"荣誉称号，成为山东省获评本次百佳网站的 6 所高校之一。

28 日，光明日报以"临沂大学：蹚新路传承沂蒙文化"为题，以头版双头条的形式，对学校前往聊城大学、济南大学演出"沂蒙畅想"和"沂蒙印象"作了报道，并对学校近年来弘扬沂蒙精神、传承沂蒙文化的做法进行了深度挖掘。

2015 年

1 月

8 日，民革临沂大学支部荣获民革山东省委"博爱·牵手"活动十佳基层组织称号。

9 日，*Nature* 出版集团首次正式发布中国前 200 名科研机构的自然指数情况。临沂大学 2014 自然指数在全国科研机构中排名第 139 位，在 *Nature* 和 *Science*，WFC 指数前 25 名机构中排名第 12 位，其中在高校中排名第 7 位。

21 日，教育部公布 100 个国家级虚拟仿真实验教学中心名单，学校基于省级生物学实验教学示范中心建设的"生物学虚拟仿真实验教学中心"获批，这是学校在实验教学建设方面首次获批国家级项目。

27 日，学校第二个药学类硕士研究生联合培养基地在临沂出入境检验检疫局正式揭牌。

2 月

2 日，学校与临沂市食品药品检验检测中心共建硕士研究生联合培养基地揭牌签约仪式举行。

4 日，2015 年全省共青团学校工作会议在济南召开，学校团委连续第四年荣获"山东省红旗团委"称号。

6 日，学校与广东药学院共建硕士研究生联合培养基地揭牌暨签约仪式举行。李培江出席。

3 月

10 日，学校第五届教职工暨工会会员代表大会第四次会议举行。李喆作"适应新常态，抢抓新机遇，谋求新发展，实现新作为"的大会主题讲话，杨波作学校工作报告。

18 日，教育部下发《关于公布 2014 年度普通高等学校本科专业备案或审批结果的通知》，学校申报的材料科学与工程和药学两个本科专业获得批准，将于 2015 年开始招生。至此，学校本科专业增至 82 个。

19 日，根据山东省教育厅《关于公布 2015 年高等学校成人高等教育新增专业的通知》，学校增加金融工程和车辆工程 2 个成人高等教育专升本专业，2015 年开始招生。

21 日，学校召开"临沂大学发展定位论证会"，邀请南京大学高等教育研究所所长龚放教授、北京大学教务部副部长方新贵教授等为学校内涵建设时期发展定位中的诸多问题问诊把脉。

22 日，根据山东省文字工作委员会、山东省教育厅《关于公布第六批山东省语言文字规范化达标学校名单的通知》，学校被评为"山东省语言文字规范化达标学校"。

25 日，学校首批网络在线课程"笔墨时空""大学写作"实现上线。

29 日，学校正式发布实施《临沂大学学术委员会章程》和《临沂大学院（所）教授委员会规程》。

4 月

9 日，杨波向学校法学院教师刘炼科律师颁发聘书，聘任其为学校法律事务顾问，标志着学校首次建立完善学校法律事务顾问制度。

30 日，*Nature* 杂志发表学校地质与古生物科研团队完成的题为"一件具有膜翅膀的奇异侏罗纪兽脚类恐龙"的研究成果，这是学校第四次在 *Nature* 上发表论文，代表我国学者在鸟类起源研究方向再一次取得重大成果。

5 月

5 日，张书圣教授荣获山东省"富民兴鲁"劳动奖章。

5 日，《自然－通讯》（*Nature Communications*）发表了由学校地质与古生物研究所、中国科学院古脊椎动物与古人类研究所、麦考瑞大学研究者联合完成的一篇题为"*The oldest record of Ornithuromorpha from the Early Cretaceous of China*"的论文，报道了世界上迄今发现的最古老的今鸟型类化石。

10 日，"纪念王小古诞辰 100 周年"书画展在学校艺术中心开展。

14 日，学校正式启动"百名教授博士走沂蒙"活动。

14 日，学校党委举办"三严三实"专题教育党课，正式启动在全校中层以上领导干部中开展的"三严三实"专题教育。

20 日，学校李雪梅教授获第十届山东省青年科技奖。

6 月

6 日，学校召开"十三五"发展战略研讨会，邀请北京大学、山东师范大学等院校的教育专家，共同交流研讨临沂大学怎样办好"创新创业型大学"，健康科学地迈进"十三五"。

29 日，学校召开庆祝建党 94 周年座谈会。

7 月

15 日，教育部下发《关于做好 2015 年"国培计划"——示范性教师培训团队研修和紧缺领域骨干教师培训项目实施和参训学员选派工作的通知》，学校申报的"小学法制教育课程资源的开发与利用"获批立项。这是学校首次获批"国培计划"项目，山东省仅此 1 项。

21 日，山东省科技厅发布《关于批准建设"山东省血液免疫省级重点实验室"等 35 家省级重点实验室的通知》，公布了 2015 年山东省省级重点实验室建设计划，学校"山东省肿瘤标志物检测技术重点实验室"正式获批，这是学校获批的第 2 个省级重点实验室。

29 日，学校 2015 年省内本科招生录取工作圆满结束，录取分数再创历史新高，实际录取普通本科 3463 人，艺体类计划 1231 人，专升本 661 人。

30 日，山东省自然科学基金委员会下发《关于下达 2015 年度山东省自然科学基金计划的通知》，学校共有 9 项课题获得立项，立项项目数量及资助经费额度均创历史新高，其中省属高校优秀青年基金立项实现了该项目零的突破。

8 月

8 日，学校在山东省第二十九次社会科学优秀成果奖评审中获 10 项奖励，其中二、三等奖各 5 项，获奖总数再创新高。

16 日，由光明日报社、山东省沂蒙文化研究会与学校共同主办，学校承办的"抗日民主政权建设的历史地位与当代启示研讨会"举行。

20 日，国家自然科学基金委员会公布 2015 年度国家自然科学基金项目中重点项目、面上项目、青年科学基金项目的评审结果。学校共有 15 项课题获得资助，资助直接经费 755 万元。

21 日，学校 2015 年招生录取工作圆满结束。本科实际录取 6585 人，专科实际录取 3659 人，合计 10244 人。

9 月

8 日，国家艺术基金管理中心公布国家艺术基金 2015 年度资助项目立项名单，学校申报的"戏曲音乐理论与评论人才培养"获得立项资助。这是学校首次获得该项目立项资助，同时也是 2015 年山东省唯一获得立项的该类项目。

9 日，山东省教育厅公布第九届山东省本科高等学校教学名师获奖名单，学校徐传胜教授被评为山东省教学名师。

23 日，全国首批"中国文艺评论基地"授牌仪式在中国文联文艺家之家举行，学校与北京大学、清华大学、浙江省文联等单位被授予"中国文艺评论基地"，成为全国首批 22 个文艺评论基地之一。

27 日，学校出台《关于深化学分制改革的实施意见》，全面启动学分制试点改革，明确从 2015 级学生开始全面推进选课制，实现通识必修课和通识选修课滚动开出，所有专业开通双学位和辅修专业，部分课程探索平行班开课。

10 月

8 日，学校举办纪念王汝涛先生诞辰 94 周年座谈会。

9 日，学校党委研究出台《中共临沂大学委员会关于落实"三重一大"决策制度的实施办法》，对于进一步规范学校党委领导班子集体决策程序、有效防范决策风险，提高决策执行效力，具有重要意义。

28 日，教育部公布 2015 年"创新团队发展计划"滚动支持名单，学校张书圣教授带领的生化分析团队成功获批。在教育部公布的 2015 年国家级大学生创新创业训练计划项目中，学校获批 81 项。

11 月

6 日，山东省社会科学规划管理办公室发布 2015 年度省社科规划研究项目立项通知，学校 15 项课题获得立项，项目数量和到位经费均创历史新高。

15 日，由学校与山东省社科联、临沂市社科联共同主办的山东社科论坛——大美新临沂视野下的生态经济建设研讨会在学校举办。

17 日，山东省人民政府办公厅公布新一批泰山学者特聘专家名单，学校牛莉教授被授予"泰山学者特聘专家"称号。

25 日，在习近平总书记发表沂蒙精神重要讲话两周年之际，由学校发起，并与井冈山大学、延安大学、河北师范大学共同举办的学习习近平总书记沂蒙精神讲话研讨会在学校举办，达成了"临沂共识"。

12月

2日，山东省教育厅、财政厅公布"山东省高等学校优势学科人才团队培育计划"首批入选名单，学校申报的"山东省高等学校化学优势学科生化分析人才团队"成功入选。

3日，学校马克思主义学院李纪岩、赵长芬入选山东省理论人才"百人工程"。

7日，作为全国首批22个国家级"中国文艺评论基地"之一，学校举行基地揭牌仪式暨基地建设发展研讨会。中国文艺评论家协会副主席路侃等专家学者出席仪式。

11日，自然出版集团公布最新的科研机构的"自然出版指数"（NPI）排名，统计时间范围为2014年12月1日至2015年11月30日。学校位居中国大学百强榜第58名。

12日，学校工程训练中心正式启用。

13日，省政府正式公布第二届山东省文化创新奖获奖项目名单，由学校与临沂市民族管弦乐学会联合申报的"古琴艺术教育传承模式创新"荣获第二届山东省文化创新奖。

9—16日，杨波率团赴法国、西班牙高校访问，先后对法国卢瓦尔区政府、南特大学、马赛大学实验室、西班牙马德里康普顿斯大学、阿尔卡拉大学等进行友好访问。

22日，临沂创业大学揭牌仪式在学校举行。

25日，学校归侨侨眷联谊会正式成立。

27日，临沂大学沂蒙文化研究院揭牌仪式举行。

30日，由临沂大学党委会审议通过并报山东省教育厅核准的《临沂大学章程》，经教育厅高等学校章程核准委员会评议，予以审核通过。

2016年

1月

8日，学校正式加入中国"CDIO工程教育联盟"，成为该联盟创始会员并成为联盟理事单位。

12日，山东省人民政府公布首批泰山产业领军人才名单，药学院张淳博士成功入选并被授予"泰山产业领军人才"称号。

19 日，学校地质与古生物研究所和中国科学院古脊椎动物与古人类研究所等单位共同研究发现的"具有皮膜翅膀的小型恐龙"研究成果入选中国地质学会 2015 年度"十大地质科技进展"，并位列第一。

2 月

1 日，教育学院李中国教授入选 2015 年度山东省有突出贡献的中青年专家。

3 日，由共青团中央、全国学联主办的 2015 年度寻访"中国大学生自强之星"活动评选结果揭晓。教育学院 2014 级学生、捐献造血干细胞挽救他人生命的黄梓琪同学荣获"2015 年度中国大学生自强之星提名奖"。

16 日，教育部发布《关于公布 2015 年度普通高等学校本科专业备案或审批结果的通知》，学校新增商务英语、园艺、物流工程 3 个应用型本科专业。至此，学校本科专业已达 88 个，涵盖 11 大学科门类。

29 日，学校获得"全国绿化模范单位"荣誉称号。

29 日，学校主办的"艺心沂意"关怀大陆烧烫伤儿童公益活动暨台湾艺术大学青年交流夏令营，被中共山东省委台湾工作办公室和山东省人民政府台湾事务办公室评为 2015 年度山东省优秀对台交流项目。

3 月

1 日，学校 2016 年省内艺术类专业招生考试工作圆满结束，报考人数总计 16547 人。

7 日，学校再次获评"山东省学生资助工作先进单位"。

10 日，临沂大学图书馆自助借还书管理系统（RFID）正式上线并投入试用。

14 日，摩洛哥摩中友好协会主席卡利勒及副主席博阿诺一行，就推动双方交流合作以及孔子学院建设等问题，再次来校访问洽谈。

15 日，在山东省教育厅召开的"全省实施理论建设工程，推进'四大平台'建设工作会议"上，学校申报的山东省沂蒙精神研究基地获批山东省理论建设工程重点研究基地，马克思主义学院被评为山东省重点马克思主义学院培育单位。

17—18 日，学校隆重召开中国共产党临沂大学第三次代表大会，来自全校各单位的 219 名代表参加。

22 日，学校荣获"山东省大学生征兵工作先进单位"。

28 日，学校 2015 年面向全校设立校聘教授特殊岗位。

29 日，学校举行临沂市人大常委会"立法服务研究基地"揭牌暨临沂大学"法律应用研究中心"成立仪式。

31 日，山东省档案工作第十协作组会议在学校举行。

4 月

20 日，学校生命科学学院王学斌教授"本色青芥辣的制备工艺与示范"、生命科学学院王莹博士"瓜类主要病毒病的防控技术研究与示范"、药学院郭绍芬教授"蒙山丹参高产栽培技术与新品种示范推广"获批山东省 2016 年农业重大应用技术创新项目，批准经费 110 万元，创历史新高。

22 日，山东省艺术研究院与临沂大学共建"山东省艺术研究创作基地"揭牌仪式在学校举行。"山东省非物质文化遗产（古琴艺术）传承基地"同时落户学校。

26—27 日，学校五届五次教职工暨工会会员代表大会隆重举行。

28 日，国际著名学术期刊 Nature（《自然》）刊发了学校地质与古生物研究所陈军博士及中国科学院南京地质古生物研究所、英国自然历史博物馆合作完成的题为 "Palaeontology: Benefits of trade in amber fossils" 的文章，综述了目前中国具有化石包裹体琥珀（fossiliferous amber）的开发、保护及研究现状，并指出琥珀贸易对古生物学研究具有重要意义。

5 月

9 日，根据山东省农业厅、财政厅"省现代农业产业技术体系创新团队岗位聘用人员"入选名单，学校郑亚琴教授入选栽培与土肥产业创新团队岗位专家，获得 125 万元的专项支持。吕慎金教授、孟凡生教授分别入选牧草产业技术体系、家禽产业技术体系临沂综合试验站站长，分别获得 75 万元的专项支持。

10 日，全国政协委员、前中共中央对外联络部副部长于洪君教授来校作《当前的大国关系和中国特色大国外交》专题报告。

11 日，韩国水原大学总长李仁洙率团访问学校。

14 日，在中国物流学会物流领域产学研结合工作会议上，学校物流学院获批"中国物流学会产学研基地"。

18 日，学校胡秀俊工作室入选第二批山东高校辅导员名师工作室。

30 日，《临沂大学 2015 年本科教学质量报告》由学校教育质量评估与教师发展中心组织编制完成并通过网络正式对社会发布。

6 月

13 日，学校校友、中国社会科学院经济研究所党委书记王立胜教授来校作《建构中国特色哲学社会科学——学习习近平总书记在哲学社会科学工作座谈会上的讲话的体会》专题报告。

14 日，学校凝聚态物理研究所王晓丽博士的课题"高压对材料结构与性质的影响"获批 2016 年山东省自然科学杰出青年基金项目，资助经费 100 万元，实现了学校在此类项目上零的突破。

17 日，中国致公党临沂总支部临沂大学支部在学校正式成立。

18—20 日，由学校和临沂市社会科学界联合会承办的山东社科论坛——脱贫攻坚与革命老区创新发展研讨会在学校召开。

20 日，美国特洛伊大学副校长 Curtis H. Porter 一行就合作办学相关事宜来学校考察交流，张书圣出席会见。双方共同签署了《中国临沂大学和美国特洛伊大学协议》，并就两校"3+1"中外合作办学项目初步达成合作意向。

21 日，省委第十一巡视组向学校党委反馈专项巡视情况。

24 日，学校举行 2016 年大学生西部计划及西部基层就业表彰大会暨志愿者欢送仪式。

7 月

9 日，学校 50 名学子获省委统战部"同心·光彩助学行动"捐助。

12 日，学校获批 10 项 2016 年度教育部人文社会科学研究项目，其中，规划基金项目 3 项、青年基金项目 4 项、自筹基金项目 1 项、中国特色社会主义理论研究专项 2 项。立项数在全国高校中排名第 52 位，在山东省高校中位居第 4。

26—27 日，由山东省财政厅、省教育厅委托第三方机构组成的省考评专家组，对学校 2015 年省高校骨干学科教学实验中心建设工程项目进行绩效考核。

8 月

4 日，临沂大学"泰山学者工作站"暨"博立特中试实验室"签约揭牌仪式在临沂临港经济开发区举行。临沂大学泰山学者、生化分析科研团队刘敬权与开发区高新技术企业孵化中心主任孙文彬签订博立特中试实验室进驻孵化协议。

6 日，南开大学原副校长逄锦聚教授来校作《建设高水平的马克思主义理论学科与马克思主义学院》专题报告。省委高校工委副书记黄琦出席报告会。

16 日，学校 2016 年招生录取工作圆满结束。总计录取新生 12072 人，其中普通本科 6191 人、专升本 711 人、专科 3670 人，两个分校录取七年制本科 200 人、五年制专科 1300 人。

17 日，学校获批 29 项 2016 年度国家自然科学基金项目，其中面上项目 10 项，青年科学基金项目 18 项，主任基金 1 项，批准直接经费共计 955 万元（加上间接经费，经费总额将突破 1000 万元），立项数和经费数均位列省属高校第 10 位。

25 日，孔子世界联合会秘书长、孔子世界株式会社社长乔丙俊教授带领由 12 个国家和地区的 27 名成员组成的"海外侨领暨海外华文媒体走进沂蒙"考察团来校考察交流。

9 月

2 日，学校资源环境学院王梁博士团队凭借"基于 GIS 的山东省农业非点源污染控制区划研究"荣获 2016 年度中国地理信息科技进步奖二等奖。

2 日，学校马克思主义学院徐东升教授主持申报的"沂蒙精神重大理论与实践问题研究"，被省委宣传部评为山东省 2016 年社科规划重大项目，到位项目经费 50 万元。

7 日，学校召开"两学一做"学习教育工作推进会。会议传达学校党委《关于在"两学一做"学习教育中开展"受教育、亮承诺、见行动"主题活动的通知》。

8 日，学校生命科学学院王学斌教授荣获"2016 年山东高校十大师德标兵提名奖"。理学院徐传胜教授入选"2016 齐鲁最美教师"60 强。

10 月

15 日，由山东省社会科学界联合会主办、临沂大学承办的山东社科论坛"互联网＋时代的文学生产与传播研讨会"在学校举行。

15 日，临沂市第六届运动会开幕式在学校体育场举行。

11 月

3 日，学校郑荣坤教授荣获"泰山学者青年专家"称号。

12 日，ACM SIGCSE 中国分会成立仪式暨学术报告会在学校举行。仪式由 ACM SIGCSE 中国分会常务副主席、常务理事、学校校长杨波主持。

29 日，学校获批 4 个山东省高水平应用型立项建设专业（群），其中地理科学获批重点专业立项，小学教育、机械设计制造及其自动化、物流管理 3 个专业（群）获批培育专业立项。

12 月

1 日，图书馆正式启动"创新创业数字资源平台"建设，为创新创业型人才培养提供精准服务和"智库"支持。

1 日，学校与韩国水原大学共建"计算机科学"和"化学工程学"2 个博士学科。

7 日，学校新增 3 项国家自然科学基金项目。至此，学校当年共获批 32 项国家自然科学基金项目，获得资助经费共计 1202 万元。

10 日，中国高校计算机教育"CMOOC 联盟山东省工作委员会"第一期全省 MOOC 教师培训研讨班在学校开班。

5—14 日，李喆率团访问俄罗斯、法国、几内亚三国四所高校，分别与俄罗斯弗拉基米尔国立大学、法国雷恩商学院、几内亚科纳克里大学签署合作备忘录与合作协议，对莫斯科市立师范大学进行访问并交换合作意向。

14 日，《光明日报》头版以《临沂大学：把沂蒙精神融入育人体系》为题，对学校召开学习习近平总书记沂蒙精神重要讲话三周年座谈会，以及弘扬、传承沂蒙精神，挖掘沂蒙精神育人价值进行了报道。《中国教育报》《临沂日报》等媒体对此作了深入报道。

29 日，学校举行 2016 年学生工作总结表彰大会，发放奖助学金 3064 万余元，奖励 17887 人次。

2017 年
1 月

7 日，学校举行"临沂大学中国特色社会主义理论体系研究中心"揭牌仪式暨发展论证会。教育部高等学校社会科学发展研究中心王炳林、山东省委高校工委刘欣堂等出席。王炳林与刘欣堂共同为研究中心揭牌，马凤岗为与会专家颁发临沂大学兼职教授聘书。

8 日，学校获"全国国防教育特色学校"称号，成为山东省唯一获此殊荣的本科高校，全国共 32 所本科院校获批。

12 日，学校举行张书圣科技领军人才创新工作室揭牌仪式。山东省科技厅基础处副处长王建新、学校领导杨波共同为工作室揭牌。

24 日，经中国大学生在线投票，学校图书馆获评 2016 年度十大最美校园地标。

2 月

15 日，山东省科技厅公布 2016 年山东省省级工程技术研究中心立项建设名单，学校"山东省农业科技园区规划设计工程技术研究中心"获批建设。这是全省和全国唯一的以农业园区规划为特色的省级工程技术研究中心。

19 日，学校 2017 年艺术类专业招生考试工作圆满结束，报考人数总计 10958 人。

3 月

1 日，*Nature Communications* 在线刊登题为《高精度的体型重建推动基干近鸟类的功能解剖学》的论文，该项研究对近鸟龙的体型重建直接建立在软组织证据基础之上，使得恐龙的复原效果更加可信。相关研究成果由王孝理博士、郑晓廷教授与国内外研究院所合作完成。

4 日，学校召开山东省肿瘤标志物检测技术重点实验室验收委员会暨学术委员会会议。中国科学院院士、南京大学博士生导师陈洪渊，中科院武汉物理与数学所所长、国家杰青刘买利，山东师范大学校长、国家杰青唐波，东北大学副校长、国家杰青王建华，南京大学生命分析化学国家重点实验室副主任、国家杰青、长江学者徐静娟，厦门大学化学院院长、国家杰青江云宝，复旦大学博士生导师、国家杰青刘宝红，湖南大学化学计量与生物传感分析国家重点实验室副主任、国家杰青、长江学者张晓兵，武汉大学博士生导师、国家杰青、国家万人计划刘志洪等 16 位专家学者；山东省科技厅基础研究与科技条件处处长陈成刚；学校领导杨波、张书圣出席。经验收委员会决定，实验室圆满完成建设计划任务书规定的任务，实现了建设目标，通过验收。

13 日，根据教育部《关于公布 2016 年度普通高等学校本科专业备案和审批结果的通知》（教高〔2017〕2 号），学校城市地下空间工程、统计学、中药学 3 个本科专业获批设置，2017 年开始招生。至此，学校共有涵盖经济学、法学、教育学、文学、理学、工学、管理学、艺术学、药学等 11 个学科门类 88 个本科专业。

30 日，山东省教育厅公布"十三五"山东省高等学校科研创新平台立项名单（鲁教科字〔2017〕4 号），学校"功能纳米材料与技术实验室"和"复杂系统与智能计算实验室"获批"十三五"山东省高等学校重点实验室；"沂蒙文化研究基地"获批"十三五"山东省高等学校人文社会科学研究平台。

4 月

1 日，学校举行与临沂市农业科学院共建山东省农业科技园区规划设计工程技术研究中心园区品牌战略发展分中心签约仪式。

8 日，由《中国科学: 信息科学》编辑部、中国自动化学会控制理论专业委员会主办，临沂大学自动化与电气工程学院承办的第二届《中国科学》控制科学热点问题研讨会开幕。该研究领域的 5 位院士，9 位 IEEE Fellow，16 位长江学者，20 位国家杰青，以及中组部青年千人计划学者、万人计划青年拔尖人才、青年长江学者、国家优青、新世纪人才、各省特聘教授和杰青、全国重点大学副校长、控制科学与工程学科的专家学者共计100余人参加研讨会。

15—16日，学校召开第六届教代会（工代会）第一次会议。

18日，机械与车辆工程学院聘请的菲律宾专家RATAY JONEL RETIRO获第七届"沂蒙友谊奖"。"沂蒙友谊奖"是临沂市人民政府授予来我市工作外国专家的最高荣誉奖项。

21—23日，由历史文化学院与陕西师范大学医学社会史研究中心共同主办的全国医学社会史高端论坛"第二届医学社会史研讨会暨《医学、文化与社会集刊》编委会"召开。

24日，艾瑞深中国校友会网《2017中国大学评价研究报告》公布"中国大学CNS论文排行榜"，临沂大学位列榜单第12名。

28日，中共山东省委高校工委下发《关于表彰2017年山东高校十大优秀学生的决定》，学校物理与电子工程学院陈飞同学荣获2017年山东高校十大优秀学生提名奖。

5月

12日，学校被山东省学校后勤协会、山东省高校伙食专业委员会授予"2016年度山东省高校伙食管理工作先进单位"。

18日，中共中央政治局原委员、中央军委原副主席迟浩田上将，在中共山东省委常委、常务副省长李群，中共临沂市委书记林峰海，市委副书记、市长张术平等陪同下来校视察。

19日，化学化工学院设立的第一个校外博士工作站在临沭县山东金德新材料有限公司揭牌并正式投入运营。

26日，省属高校2013年度教育部"新世纪优秀人才支持计划"结题验收会在学校召开。教育部科技司副司长高润生，山东省教育厅副巡视员巩守柳，学校领导李喆、张书圣出席开幕式。

6月

14日，学校召开临沂经济技术开发区与临沂大学合作项目对接座谈会。党委委员、副校长孙常生，临沂经济技术开发区管委会副主任刘发舜出席会议并讲话。

20日，学校举行2017年招生新闻发布会。2017年学校继续面向25个省（市、自治区）进行招生，总计划招生12989人。

22 日，学校获批"2016 年度山东省人才工作先进单位"。

27 日，山东省科技厅下发《2017 年度山东省自然科学基金（第一批）拟推荐项目公示》和《关于 2017 年度省重点研发计划（公益类专项）拟立项项目的通知》，学校获批立项 46 项。山东省自然科学基金第一批立项数量已达学校同类项目前四年的总和。

28—30 日，几内亚高等教育部孔子学院专员 Amadou Nalla LY 来校考察交流。李喆、刘占仁出席会见。

7 月

13—14 日，几内亚科纳克里大学校长杜俊·朗西尼·特拉奥雷（Doussou Lancinè TRAORE）先生一行来校访问。

17 日，根据鲁教科字〔2017〕9 号文件，学校以优秀成绩通过第一批省教育信息化试点单位验收，成为山东省教育信息化工作示范单位。

19 日，由临沂大学和科纳克里大学共建的几内亚第一所孔子学院正式成立，这是临沂大学首所海外孔子学院。孔子学院总部副总干事、中国国家汉办副主任静炜与几内亚科纳克里大学校长杜俊·朗西尼·特拉奥雷（Doussou Lancinè TRAORE）共同签署《关于合作建设孔子学院的协议》。在 12 月 12—13 日召开的第十二届孔子学院大会上，国务院副总理刘延东为学校孔子学院授牌。

21 日，学校音乐学院主持申报的"诸城派古琴表演人才培养"项目通过 2017 年国家艺术基金立项，获得资助经费 70 万。这是 2017 年我省高校唯一入选的国家艺术基金"艺术人才培养"项目。

27 日，山东省自然科学基金委员会发布 2017 年度山东省自然科学基金重大基础研究项目评审结果及拟推荐意见公示结果，学校张书圣教授研究的课题"小动物 PET/CT/FMI 三模态同机融合成像系统"获得该项计划资助，立项经费 500 万元。

8 月

2 日，日本东部大学产学研联盟秘书长谷口浩二一行 7 人在中国新闻社研究员、山东分社原社长王鲁平和山东海外留学归国人员联谊会副会长王晨陪同下来校访问。刘占仁出席会见。

17 日，国家自然科学基金委员会公布 2017 年度国家自然科学基金项目评审结果，学校共有 37 项研究课题获得国家自然科学基金资助。立项课题数量位列全省省属高校第 10 位。

25 日，学校山东省农业科技园区规划设计工程技术研究中心主任王梁作为唯一的专家代表，在中央农办牵头科技部、国家发改委、财政部等部委召开的国家农业科技园区调研座谈会上作典型发言。

28 日，山东教育电视台在"教育新闻"头条栏目，以"习近平回信'青年红色筑梦之旅'点燃沂蒙老区学子创业扶贫之志"为题，报道学校"第一书记助手"项目团队参加第三届中国"互联网+"大学生创新创业大赛"青年红色筑梦之旅"实践活动并载誉归来的事迹。

9 月

6 日，中共山东省委高校工委、山东省教育厅发布《关于表彰 2016 年度全省高校思想政治教育优秀成果的决定》，学校 7 项成果获奖，获奖数量和质量均居全省高校前列。

10 月

8—14 日，王明福一行 5 人访问澳大利亚迪肯大学、悉尼大学和菲律宾女子大学、德拉萨大学，分别与 4 校签署合作备忘录和校际合作协议。

14 日，2017 年山东社科论坛——特色小城镇与新型城镇化路径创新研讨会在学校召开。

17 日，《大众日报》以《一所老区大学的转型提升之路》为题，对学校聚力创新创业的实践探索进行报道。

19 日，根据国家自然科学基金委员会《2017 年度国家自然科学基金委员会与以色列科学基金会合作研究项目批准通知》，资源环境学院于禄鹏教授申报的课题"末次冰期以来中国和以色列沙漠—河流相互作用过程及其对沙漠演化的控制作用"获得资助，资助直接经费 197 万元。这是学校首次获得国家自然科学基金国际合作项目，实现了国家基金国际合作项目重大突破。

24 日，中共山东省委宣传部下发《关于资助 2017 年度重大理论与实践问题研究课题的通知》，对评选出的 10 项课题进行重点资助。学校马克思主义学院徐东升教授主持的"弘扬沂蒙精神研究"获批，获得资助金额 18 万元。

26 日，根据 2017 年度山东省社会科学规划研究项目评审立项结果，学校共获批 48 项该类项目，立项质量、数量均创历史新高，其中年度课题 14 项、各类专项课题 34 项。

11 月

2 日，学校召开学习贯彻党的十九大精神会议。

2 日，山东省人民政府学位委员会发布《关于公布 2017—2023 年博士硕士学位授予立项（培育）建设单位的通知》（鲁学位〔2017〕8 号），学校获批山东省 2017—2023 年硕士学位授予立项建设单位。

2 日，山东省人民政府发布《关于公布第三届山东省文化创新奖获奖项目的通报》。王秀庭教授申报的"沂蒙文化研究与传承模式的创新与实践"项目获此殊荣，这是学校第 3 次获得山东省文化创新奖。

3 日，学校党委印发《关于大力弘扬沂蒙精神的实施意见》，决定实施弘扬沂蒙精神"三五七"工程。

13 日，药学院王振教授团队与保龄宝生物股份有限公司联合申报的课题"牛蒡膳食纤维在糖尿病患者特定全营养配方食品中的应用研究和新产品开发"获得山东省重点研发计划项目（医用食品专项计划）资助，立项经费 80 万元。

16 日，学校图书馆首次引进全市第一台"朗读亭"并投入使用。

22 日，全国大学生数学建模竞赛组委会公布 2017 年"高教杯"全国大学生数学建模竞赛获奖名单，学校数学与统计学院姜自武老师指导的参赛队伍获得国家一等奖 1 项，实现了学校在全国大学生数学建模竞赛中的历史性突破。

12 月

5 日，学校党委出台《临沂大学一流学科建设行动计划》，决定实施"131"计划。

15 日，国家自然科学基金委员会发布 2017 年度第三批资助项目立项通知，学校共有 3 项课题获得理论物理专项，至此学校 2017 年国家自然科学基金已达 41 项。

15 日，临沂市委书记王玉君到学校宣讲党的十九大精神。

26 日，学校海绵城市工程技术研究中心、生命活性物质检测技术重点实验室等 6 个项目获批建设，这是学校历年来获批临沂市工程技术研究中心数量最多的一次。至此，学校市级工程技术研究中心（重点实验室）的数量增至 15 个。

28 日，临沂大学理事会成立大会举行。

2018 年

1 月

11 日，中共临沂大学委员会全体（扩大）会议在校友中心召开。会议听取并审议了李喆同志代表学校党委所作的工作报告,审议了《临沂大学 2018 年工作要点(草案)》,通过了《中共临沂大学委员会全体(扩大)会议决议》。

11 日,由中国妇女发展基金会单亲妈妈关爱基金和女子音乐基金、临沂大学音乐学院共同主办的"古琴教室"捐赠暨单亲妈妈关爱基金技能培训基地揭牌仪式在学校音乐学院举行。

16 日,临沂大学教育发展基金会理事会成立大会召开。

24 日,学校数学与统计学院与曲阜师范大学数学科学院研究生联合培养签约仪式暨一流学科建设学术研讨会举行。

31 日,在线出版的著名期刊《英国皇家学会会刊 B 辑》(*Proceeding of the Royal Society B*)发表了学校古生物研究团队与中国科学院古脊椎动物与古人类研究所周忠和院士团队合作的研究成果。

2 月

25 日上午,山东省工艺美术大师、临沂民间著名剪纸艺术家王滨先生,向学校捐赠其经典革命历史歌曲研究专著《永远的歌声》40 册。

3 月

4 日,临沂大学第六届教代会(工代会)第二次会议在沂蒙大讲堂三楼报告厅开幕。本次教代会的主题是:强化责任担当,狠抓落实执行,全面加快推进转型提升步伐。

27 日,十三届全国人大代表、学校生命科学学院副院长(主持工作)王学斌教授,在沂蒙大讲堂三楼报告厅为全校师生作两会精神报告。

4 月

12 日,《中国青年报》要闻版以《临沂大学:老区学子书写创新创业教育精彩华章》为题,重点报道了学校青年学子创新创业实践活动取得的优异成绩。

19 日,临沂大学 2018 年田径运动会胜利开幕。

25 日,学校与几内亚科纳克里大学共建的孔子学院举行开课仪式,89 名正式注册学生开始上课。

5 月

1 日,在院长莎菲罗夫·瓦列里·根纳季耶维奇教授(SHAFIROV VALERII)的带领下,俄联邦农业部事业单位农业工业干部管理学院农业专家团一行 8 人来校访问。

23 日,临沂军分区副司令员童培友一行来学校调研大学生征兵工作。

6 月

1 日，由临沂大学档案馆、临沂市档案局联合举办的"档案宣传进校园系列活动"在学校开展。

11 日，庆祝临沂大学 77 周年校庆暨美术学院 2018 届本科毕业作品书画展在美术学院举行。

12 日，临沂大学建校 77 周年师生联欢会在学校艺术中心隆重举行。

30 日，"不忘初心、牢记使命"理论研讨会暨新一批《中国共产党革命精神系列读本》出版座谈会在临沂大学举行。教育部高等学校社会科学发展研究中心主任王炳林、副主任赵军，中央党史和文献研究院副局长刘荣刚，中共党史出版社副总编吴江，山东省委党史研究室副巡视员姚丙华等出席会议。

7 月

18 日，《临沂日报》头版头条以《临沂大学城校融合迈快步 服务新旧动能转换开新局》为题，对临沂大学与临沂市合作共建，深入推进城校融合发展，助推新旧动能转化重大工程的成绩进行了报道。

8 月

3—5 日，由山东物理学会主办、临沂大学物理与电子工程学院承办的"山东物理学会第十二次会员代表大会暨学术年会"在学校举行。

17—20 日，由全国高校地质地貌教学研究会主办、资源环境学院承办的第 26 届全国高校地质地貌教学研究会学术年会在学校举行。来自全国 40 多所高校、科研机构的专家学者、研究生以及中学地理教师 100 余人参加了本次大会。

24 日，山东省文化厅沂蒙文化研究基地揭牌仪式在学校举行。

9 月

7 日，由临沂大学主办的"2018 年'福瑞德'杯第四届中日韩高校美术书法学术交流展"在临沂市福瑞德艺术馆举行。日本福冈教育大学、韩国新罗大学、临沂大学美术学院师生共计 400 余人参观了此次书法文化交流展。

11 日，中国科学院院士、清华大学副校长薛其坤教授为音乐学院 2018 级新生深情讲授"开学第一讲"。

10 月

9 日，学校在校友中心会议室举行硕士研究生招生新闻发布会。

13 日，山东社科论坛——红色基因传承学术研讨会在学校举办。

20 日，由山东省社会科学界联合会、山东省水浒研究会、临沂大学共同主办，临沂大学文学院承办的"罗学"与沂蒙传统文化学术研讨会暨山东省水浒研究会 2018 年学术年会在学校举行。

22 日，由中国自动化学会自适应动态规划与强化学习专业委员会、自动化学报、IEEE/CAA Journal of Automatica Sinica 主办，临沂大学自动化与电气工程学院、山东省高等学校复杂系统与智能计算重点实验室承办的 2018 自适应动态规划与强化学习研讨会暨第十八期自动化前沿热点论坛在学校举办。

22 日，美国科学院院刊 PNAS 发表了学校生命科学学院（地质与古生物研究所）王孝理教授、郑晓廷教授与约翰内斯堡大学、中国科学院古脊椎动物与古人类研究所、南京地质与古生物研究所等单位合作研究的最新研究成果 *Archaeorhynchus Preserving Significant Soft Tissue including Probable Fossilized Lungs*。

25 日，临沂市中医药传承与应用研究院签约揭牌仪式在学校举行。

11 月

3 日，由临沂大学和临沂市商城管委会联合申请的山东商贸物流研究院成立大会暨建设发展研讨会在沂蒙大讲堂举行。

9 日，山东科技大学与临沂大学硕士研究生联合培养签约仪式在学校举行。

10 日，山东省社科联社会组织学术月活动之"沂蒙精神的昨天、今天与明天"研讨会在学校召开。

14 日，临沂大学首届中意国际教育研讨会暨中意国际教育合作示范基地发布会在学校校友中心会议室举行。

21—22 日，传承抗大基因、弘扬沂蒙精神——学习贯彻习近平总书记沂蒙精神重要讲话暨纪念抗大一分校成立 80 周年学术研讨会在学校沂蒙大讲堂举行。

12 月

22 日，九三学社临沂大学支社委员会换届大会在学校办公楼 502 会议室举行。

23 日，临沂大学理事会 2018 年年会在校友中心会议室举行。

28 日，临沂大学庆祝改革开放 40 周年新年联欢晚会在艺术中心大剧院举行。

30 日，学校档案工作荣获"山东省档案工作科学化管理示范单位"称号。

2019 年

1 月

3 日，中共山东省委宣传部、山东省社科联下发《关于认定第十一批"山东省社会科学普及教育基地"的通知》，临沂大学心理健康与家庭教育研究中心榜上有名，是继学校图书馆后获批的又一省级社科普及教育基地。

9 日，中共临沂大学委员会三届三次全体（扩大）会议召开。

10 日，临沂大学欧美同学会（临沂大学留学人员联谊会）成立大会暨第一届理事会第一次会议在学校校友中心会议室举行。

9—10 日，英国赫尔大学地理与地质学院院长 Jeffrey Blackford、理工学部国际项目副院长 Mark Lorch、文科与教育学部国际项目副院长 Julia Holdsworth、工商、法律与政学部国际项目副院长 Lynne Barrow、数字媒体系讲师 Jason Hayhurst、国际合作经理 Caroline Michel、中国办公室刘娟娟一行来访。

15 日，青年歌唱家褚海辰特聘教授聘任仪式在音乐学院会议室举行。

16 日，山东省住房和城乡建设厅下发《关于公布 2018 年度山东省建筑质量"泰山杯"、装饰装修质量"泰山杯"和"山东省建筑工程优质结构"工程的通知》（鲁建质安字〔2019〕2 号），学校科技大楼工程荣获 2018 年度山东省建筑质量"泰山杯"奖。

24 日，山东省教育厅发布了《关于公布山东省高等学校对接产业类协同创新中心立项建设名单的通知》（鲁教科字〔2019〕1 号），由临沂大学牵头申报的"山东省高等学校肿瘤标志物检测技术、装备及诊疗一体化协同创新中心"获批立项建设，这是学校牵头获批的首个山东省高等学校协同创新中心。

31 日，国家哲学社会科学工作办公室下发通知，"沂蒙精神研究"被立为国家社科基金党的革命精神谱系梳理和图书编辑出版研究专项项目（批准号为 19VPX008）。

2 月

22 日，中国高等教育学会在杭州正式发布 2014—2018 年中国高校创新人才培养暨学科竞赛评估结果，学校凭借近年来在全国大学生数学建模竞赛、全国大学生智能汽车竞赛、全国大学生电子设计竞赛、全国大学生机械创新设计大赛、全国大学生广告艺术大赛、ACM-ICPC 国际大学生程序设计竞赛、中国大学生计算机设计大赛等赛事中取得的优异成绩，冲进排名 TOP300，位列第 280 位。

3 月

3 日，临沂大学六届三次教代会（工代会）在学校沂蒙大讲堂召开。

3 日，山东省科技厅发布《关于公布 2018 年度山东省工程技术研究中心建设名单的通知》（鲁科字〔2018〕135 号），依托临沂大学建设的"山东省靶向药物载体研制及诊疗一体化工程技术研究中心"获批立项建设。另外，临沂大学与山东豪门铝业有限公司合作申报的"山东省汽车轻量化铝材工程技术研究中心"也同时获批。

18 日，学校与美国南新罕布什尔大学在办公楼第二会议室举行"2+2"学士学位人才培养谅解备忘录洽谈与签约仪式。

19 日，临沂大学与中德模具工程技术中心产学研合作基地揭牌仪式在临沂经济技术开发区中德模具工程技术中心举行。

20 日，教育部学校规划建设发展中心函〔2019〕9 号文件通知，学校自动化与电气工程学院申报的"互联网＋中国制造 2025"产教融合促进计划项目获得立项建设。

4 月

5 日，山东省人力资源和社会保障厅下发《关于公布 2019 年度全省创新创业典型经验高校名单的通知》，临沂大学与山东师范大学、山东建筑大学等 12 所高校被评为"山东省创新创业典型经验高校"。

18 日，山东省教育厅公布了《关于成立 2019—2022 年山东省本科教育教学指导委员会的通知》，学校刘恩允等 7 名教授分别当选学科专业建设、化学类专业及大学化学课程、教育学类、计算机类及大学计算机课程、数学类及大学数学课程、历史学类、动物与水产类等 7 个专业类的教学指导委员会委员；其中，秘书长 1 人，委员 6 人。

18 日，学校 2019 年田径运动会盛大开幕。

24 日，山东省科技奖励大会在济南召开，表彰 2018 年度为我省科技事业和现代化建设做出突出贡献的科技工作者。学校土木工程与建筑学院特聘教授梁运培、付厚利教授团队参与申报的"高陡边坡动力灾变失稳机理与多源信息监测预警方法及防治"项目获得科学技术进步二等奖（第二单位），标志着学校校企合作与校校合作达到了一个新高度。

28 日，学校张书圣、毕赛、宋昕玥等编撰的学术专著 *Nucleic Acid Amplification Strategies for Biosensing, Bioimaging and Biomedicine* 由 Springer 出版社出版发行（ISBN：978-981-13-7043-4）。Springer 是世界上最大的科技出版社之一，拥有 150 多年的发展历史，以出版学术性出版物而闻名于世，也是最早将纸本期刊做成电子版发行的出版商。

5 月

7 日，英国西英格兰大学环境与工程学院负责人 Dr. Robert Morris Williams 一行 5 人来学校洽谈合作办学事宜。

9 日，生命科学学院教授闫丽研发的辣椒新品种（实丰 802）荣获国家农业农村部颁发的"非主要农作物品种登记证书"。这是学校首次获得植物新品种登记，标志着农作物种质资源创新方面取得了新突破。

18 日，山东省世界史专业委员会和学校历史文化学院联合主办的山东省英国史学术研讨会暨山东省世界史专业委员会 2019 年理事会在学校举办。

27 日，全国高等学校国防教育联盟会议在学校沂蒙大讲堂举行。

6 月

5 日，山东省高等教育管理科学研究会高校校友工作委员会 2019 年年会开幕式在学校校友中心会议室举行。

27 日，学校庆祝中国共产党成立 98 周年暨表彰大会在沂蒙大讲堂三楼报告厅举行。

28 日，学校援疆实习支教工作座谈会在新疆喀什麦盖提县第二中学礼堂举行。

7 月

1 日，民革山东省委副主委、民革中央画院院长孔维克，民革山东省委秘书长高贤德，民革山东省委参政议政部部长李振友等一行 15 人来学校调研。

16—19 日，中韩大数据与人工智能学术论坛在学校成功举办。学校党委副书记、校长杨波，党委委员、副校长张书圣亲切会见了与会专家。

8 月

3 日，临沂大学新疆校友联络处在乌鲁木齐成立。

8 日，《中国教育报》以《"教授下午茶"开启第二课堂新模式》为题，报道了学校音乐学院搭建开放灵活的教学平台——"教授下午茶"，推进教育教学改革，提高人才培养质量。

9 月

3 日，学校首届硕士研究生开学典礼在校友中心会议室举行。

4 日，"临沂大学外国留学生中医药文化体验基地"揭牌仪式在临沂市中医医院举行。

12 日，山东省人社厅、教育厅联合下发《关于表彰全省教育系统先进集体和先进个人的通报》（鲁人社办发〔2019〕15 号），学校李同胜教授荣获"山东省优秀教师"称号。

21 日，北京八路军山东抗日根据地研究会副会长黎小弟一行 3 人就黎玉系列文稿整理编撰工作来校访问交流。学校党委书记李喆会见黎小弟一行。

26 日，年逾八旬的沂蒙名医、原临沂市中医医院副院长朱晓鸣及夫人赵洛匀来学校，向图书馆捐赠著作《名医类案阐发与临证要诀》一书。

10 月

20 日，"放歌新时代"山东省大学生校园最美歌声大赛颁奖典礼举行。学校音乐学院学生李明鑫获独唱类乙组一等奖，并应邀参加典礼。赵峰老师获优秀指导教师奖。

29 日，"学习强国"学习平台"学校思政"号报道了学校强化全员育人育全人，扎实开展"不忘初心、牢记使命"主题教育情况。

31 日，由临沂市兰山区委宣传部组织、临沂大学文学院专家团队编纂撰写、齐鲁书社编辑出版的《兰山历史文化通览》新书发布会暨临沂大学实习基地揭牌仪式在学校图书馆举行。

11 月

1 日，新华网以《严起来、动起来、实起来——推进主题教育这些高校这样做》为题，报道了部分中管高校、省属高校"不忘初心、牢记使命"主题教育开展情况，学校作为省属高校位列其中。

13 日，临沂大学中国画艺术研究院揭牌仪式在校友中心会议室举行。

15 日，《中国教育报》以《两种精神办学 三项举措育人——临沂大学潜心培养担当民族复兴大任的时代新人纪实》为题，整版报道了学校传承抗大基因、弘扬沂蒙精神，采取"融入、熏陶、践行"三大育人举措，培养担当民族复兴大任时代新人的具体路径和成就。

23 日，山东社科论坛——弘扬沂蒙精神与繁荣红色文学研讨会在学校举行。

26 日，沂蒙精神与当代文艺创作研讨会暨山东省社会科学（红色文艺创作与传承创新研究）普及教育基地揭牌仪式在学校音乐学院举行。

28 日，西班牙卡塔赫纳理工大学校长 Alejandro Díaz Morcillo、国际事务执行副校长 José Manuel Ferrández Vicente 一行 5 人来学校洽谈国际合作办学事宜。党委书记李喆，党委委员、副校长池福安会见了 Alejandro Díaz Morcillo 一行。

29 日，山东省科技厅发布《关于下达 2019 年度山东省重点研发计划（重大科技创新工程和结转项目）的通知》（鲁科字〔2019〕135 号文），学校获批 3 项重大科技创新工程项目。

12 月

2 日，临沂市委授予 5 位外籍人士 "临沂市荣誉市民" 称号，学校美国教师罗伯特·韦恩·艾略特博士获此殊荣。同时，市人民政府举办了第八届 "沂蒙友谊奖" 颁奖典礼，对 10 名外籍专家进行表彰，学校苗晓东博士名列其中。

2 日，民革榜样人物、示范支部、优秀党员之家表彰大会在北京召开，20 位民革榜样人物、200 个示范支部、200 个优秀党员之家受到表彰。民革临沂大学支部获评全国首批 "示范支部" "优秀党员之家"。

3 日，临沂大学召开 "三全育人" 工作会议。

6 日，张寿民诞辰 110 周年书法展暨学术研讨会在临沂市美术馆举行。

12 日，临沂市委书记王玉君来学校作《思政和形势政策辅导报告》。

12 日，学校大型民族交响乐《沂蒙史诗》专场演出在山东省委党校（山东行政学院）礼堂举行。

15 日，由山东省科学技术协会主办，临沂大学、临沂市科学技术协会、山东环境科学学会共同承办的泰山科技论坛——VOCs 减排控制与大气污染防治学术会议在学校举行。

19 日，临沂大学理工实验实训楼正式开工建设。

20 日，教育部下发《关于 2019 年度教育援外项目立项的通知》，学校申报的 "临沂大学对几内亚科纳克里大学孔子学院跨境电商人才培养援助项目" 获得教育部立项资助。

20 日，学校与中国农业大学研究生联合培养协议签约仪式在中国农业大学举行。

24 日，学校收到教育部和团中央共同发来的表扬信和感谢信，对学校 "云飞支教队" 和 "守护家园，振兴生态" 社会实践服务团两支实践队的出色表现表示感谢，给予表扬，两支队伍均被评为 "优秀服务队"。

27 日，《中国教育报》以《走在前头：以定力和坚守打造育人根本》为题，详细报道了学校马克思主义学院发展特色。

27 日，省委决定：王焕良同志任临沂大学党委委员、书记。

29 日，由山东省农业科技园区规划设计工程技术研究中心、学校资源环境学院和临沂市农科院共同主办的第二期"沂蒙乡村振兴大讲堂"在学校举行。学校党委委员、副校长张立富，临沂市科协主席徐勤夫、副主席徐爱铎，临沂市农科院党委书记、院长周绪元出席开幕式。

31日，山东省教育厅公布"2019年山东省高等学校青创人才引育计划拟立项建设团队"名单，学校推选的5支团队获批立项，立项资助总经费700万元。

31日，临沂大学学位评定委员会2019—2020学年第一次全体会议举行。学校学位评定委员会主席杨波，副主席张书圣、马凤岗和19位委员参加会议。会议表决，通过《临沂大学研究生指导教师管理办法》等6个研究生管理相关制度，通过相关学院制定的研究生培养方案。

2020 年
1 月

5日，临沂大学北京校友联络处"活出沂蒙范"2019年会在京举行。

9日，临沂市人民政府临政字〔2020〕1号、3号文批复《临沂大学关于将滨海建国学院（临沂大学）旧址确定为"临沂市重点抗日战争遗址"并立碑纪念的请示》。

10日上午，滨海建国学院旧址在莒南县王家坊前村正式立碑。

10日下午，学校在沂蒙大讲堂三楼报告厅召开干部大会，宣布山东省委关于调整临沂大学党委主要负责人的决定。省委决定：王焕良同志任临沂大学党委委员、书记。

10日，学校化学化工学院生化分析研究所高中锋教授关于可视化传感新方法的最新研究成果 *Manipulating the hydrophobicity of DNA as a universal strategy for visual biosensing* 在国际著名学术期刊 *Nature* 杂志子刊 *Nature Protocols*（影响因子11.334）上发表，标志着学校在生命分析化学研究领域取得了重大突破。

13日下午，学校召开"不忘初心、牢记使命"主题教育总结大会，学习贯彻中央、省委主题教育总结大会精神，回顾总结学校主题教育开展情况，对巩固和深化主题教育成果进行安排部署。

26日，临沂大学成立由党委书记和校长任组长的应对新型冠状病毒感染的肺炎疫情防控工作领导小组，并成立指挥部。

30日，面对新型冠状病毒感染的肺炎疫情，学校张兴林教授带领"微生物与宿主健康研究团队"齐心协力进行技术攻坚，联合中拓生物有限公司，以国家疾控中心公布的 2019-nCoV 基因组序列为基础，成功研制"2019 新型冠状病毒核酸检测试剂盒系列产品"。

2 月

9 日，马来西亚拉曼大学校长尤芳达教授就新冠肺炎疫情向学校校长杨波教授发来慰问信，在对遭受疫情的中国人民致以慰问的同时，对中国人民早日战胜疫情表达了支持和信心。马来西亚拉曼大学为临沂大学友好学校，是马来西亚最大华人政党马华公会创办的一所研究型大学，有 14 所学院，52 个学术部门以及 32 个研究中心，学科覆盖文、经、管、理、工、农、医、教、艺，是马来西亚规模最大和最著名的大学之一。

3 月

2 日上午，临沂大学六届四次教代会（工代会）以网络会议形式召开。

4 日，英雄校友伦学冬被山东省人民政府评定为烈士。2019 年 7 月 27 日，伦学冬同志在烟台经济技术开发区因抢救落水男孩牺牲。

25 日，临沂大学工业设计与智能制造研究院与山东中科智能设备有限公司共同研制出 ZK-R280A 智能防疫喷雾消毒机器人，目前已实现了量产。这是继张兴林团队研发的快速检测新冠病毒试剂盒和张淳教授团队研发的便携式免洗专杀冠状病毒消毒液后，学校研发的又一科技抗疫"利器"。

4 月

20 日，临沂大学乡村振兴学院签约奠基仪式举行，这是全省高校第一个实体建制的乡村振兴学院，为深化城校融合发展、完善校地共建机制搭建了重要平台。

5 月

8—15 日，根据中共山东省委教育工委、省教育厅《关于认真学习贯彻全省高等教育高质量发展座谈会精神的通知》要求，学校组织开展了"解放思想、改革创新"大讨论。

9 日，中国管理科学研究院武书连主持的《2020 中国大学评价》大学排行榜公布，学校综合实力居全国高校第 289 位（较 2019 年上升 16 位），山东省高校第 19 位。

13 日，在 2020 年临沂市总工会、市妇联组织的优秀评选中，学校张兴林教授被授予"临沂市五一劳动奖章"，校团委被授予"临沂市十佳女职工建功立业标兵岗""临沂市五一劳动奖状"，王雪芹家庭被评为"临沂市文明和谐职工家庭"，张少云博士被评为"临沂市巾帼建功标兵"。

15 日，山东教育厅发布《关于同意协助实施 3 项文化传承（教育）工程的批复》（鲁教思函〔2020〕3 号），同意依托临沂大学设立山东省大中小学红色文化传承研究指导中心，作为协助省教育厅组织实施全省教育系统红色文化传承工程的研究、指导、服务平台。

26 日，学校土木工程与建筑学院付厚利教授负责的海绵城市工程技术研究团队以临沂大学为投标主体，成功竞得临沂市海绵城市政府采购项目"临沂市海绵城市建设评估项目"。

6 月

11 日下午，临沂大学与马来西亚新纪元大学学院博士联合培养签约仪式举行。学校党委委员、副校长张书圣，马来西亚新纪元大学学院副校长张亮出席。

15 日，世界大学排名中心发布了 2020 年 CWUR 世界大学排名。学校再次入围 2000 所大学榜单，排名第 1943 位，较 2019 年（1994 位）提升 51 位，大陆高校第 246 位。

20 日，临沂大学在沂蒙大讲堂举行 2020 届毕业生毕业典礼暨学位授予仪式，送别 11000 余名毕业生。受疫情影响，毕业典礼采取"线上＋线下"模式同时举行，400 余名毕业生代表在现场参加典礼仪式，其余毕业生通过网络直播方式参加"云典礼"。

22 日，山东省发展和改革委员会发布《关于公布 2020 年认定山东省工程实验室（工程研究中心）名单的通知》，学校资源环境学院申报的"山东省乡村生态规划与治理技术工程实验室"正式获批，这是学校获批的第二个山东省工程实验室。

24 日，《中国教育报》以《阳光体育 育阳光青年——临沂大学探索实践"体教融合"促进大学生健康发展》为题，深度报道学校"体教融合"工作情况和成效。

29 日上午，学校在山东根据地北海银行博物馆举办山东根据地金融史学术研讨会暨山东根据地北海银行博物馆藏品捐赠仪式。

7 月

6 日，学校正式启动 2019—2020 学年第二学期线上期末考试。本学期考试共 4428 场次，线上考试 2326 场次，其中采用钉钉线上考试 1196 场，腾讯会议 265 场，雨课堂 178 场。

6 日，山东省发展和改革委员会发布《关于公布 2020 年认定山东省工程实验室（工程研究中心）名单的通知》（鲁发改高技〔2020〕809 号）。根据通知，本次启动的工程实验室建设计划共 181 家，其中省属高校获批 25 家。学校资源环境学院申报的"山东省乡村生态规划与治理技术工程实验室"正式获批。

24 日，学校荣获"全省大学生征兵工作先进单位"。

29 日，山东电视台《晚间新闻》播出《临沂大学：国防课堂夯实学生拥军爱国情》，报道了学校国防教育创新做法和取得的成效。

8 月

1 日，根据《教育部办公厅关于公布 2020 年通过普通高等学校师范类专业认证的专业名单的通知》（教师厅函〔2020〕8 号），学校小学教育专业通过普通高等学校师范类专业第二级认证，此次认证结论有效期为 6 年，自 2020 年 7 月起至 2026 年 6 月止。

4 日，山东电视台公共频道以"产学研结合 赋能乡村振兴"为题，报道了学校发挥人才和智力优势，积极探索服务乡村振兴的实践与经验。

9 月

3 日下午，全国政协常委、中国书法家协会主席苏士澍一行来学校调研指导书法学专业建设工作。

9 日下午，学校举行庆祝 2020 年教师节暨表彰大会。

10 日，市委书记王安德来学校调研并走访慰问教学科研一线教师，代表市委、市政府向全市广大教学科研人员致以节日问候和崇高敬意。

10 日，由中宣部、教育部、中央广播电视总台举办的"闪亮的名字——2020 寻找最美教师"发布仪式上，公布了 10 位最美教师、1 个最美教师团队的先进事迹。学校校友、贵州省黔西南布依族苗族自治州望谟县实验高中教师刘秀祥获 2020 年"最美教师"称号。

17 日，教育部办公厅发布通知，公布 2020 年全国普通高校中华优秀传统文化传承基地名单，学校音乐学院申报的柳琴戏项目成功入选。

23—25 日，山东省高等教育管理科学研究会 2020 年学术年会在学校举行，来自全省 100 余所高校的 230 余名专家学者参加会议。

29 日，《山东省教育厅关于公布山东省产教融合研究生联合培养示范基地立项建设名单的通知》公布了 2020 年山东省产教融合研究生联合培养示范基地立项建设名单，学校教育学院申报的"小学卓越教师校地协同培养基地"正式获批。

10月

4日，学校优秀校友、全国最美教师、贵州省黔西南布依族苗族自治州望谟县实验高中副校长刘秀祥回母校，在学校2020级新生开学典礼暨军训总结表彰大会上作题为"相信奋斗的力量"的事迹报告。学校党委书记王焕良，党委委员、副校长张立富会见了刘秀祥。

10日，山东社科论坛——全面建成小康社会与巩固脱贫成果机制研讨会在学校举行。

22日，省文化和旅游厅艺术顾问、原副厅长、一级巡视员张桂林，省档案馆副馆长王宪东，省艺术研究院院长林凡军等一行5人来学校，就北海银行档案史料研究工作进行调研。

24日，山东环境科学学会第七次会员代表大会暨2020年学术年会在济南召开。经过换届选举，学校党委委员、副校长张书圣教授当选为山东环境科学学会第七届副理事长，学校资源环境学院副院长（主持工作）王梁当选为学会常务理事。

11月

5日，山东教育发布、大众日报客户端等平台以"临沂大学：与城市共生共荣同频共振谋发展"为题，播放了"高质量发展看山东·高校行"临沂大学党委书记王焕良专访，展示了学校内涵式高质量发展典型案例，介绍了学校红色文化育人新成效。

7日，省委决定张书圣同志任临沂大学党委副书记、校长。

17日，第四届中华职业教育创新创业大赛全国总决赛结束，学校创新创业学院"兵回沂蒙山 文旅桃花源"项目获应用型本科组一等奖，跻身全国八金之一，成为山东唯一获得全国金奖的项目，实现了学校在国家级创新创业类大赛中历史性突破。同时王君普老师等被评选为"优秀指导教师"。

20日，《大众日报》理论版刊发了校党委书记王焕良理论文章《弘扬沂蒙精神谱写新时代党群关系新篇章》。

24日，为深入学习贯彻习近平总书记关于弘扬沂蒙精神重要讲话和党的十九届五中全会精神，由延安大学、井冈山大学、河北师范大学、临沂大学主办的第五届"三山一坡"高校联盟弘扬革命精神研讨会在学校举行。

24日，省妇联印发《关于表彰山东省三八红旗手标兵、山东省三八红旗手、山东省三八红旗集体的决定》，学校马克思主义学院孙海英教授喜获"山东省三八红旗手"称号。

30 日，教育部发布了《关于公布首批国家级一流本科课程认定结果的通知》，学校"笔墨时空——解读中国书法文化基因""小学数学教学技能训练""数学分析""税务会计""管理运筹学"等 5 门本科课程榜上有名。

12 月

1 日，依据《国家优质工程奖评选办法》，2020—2021 年度第一批国家优质工程奖评审工作顺利结束并公布入选工程名单，学校科技大楼工程榜上有名。

2 日，学校召开党的十九届五中全会精神宣讲会，校党委书记王焕良作宣讲报告。

9 日，《临沂大学校史（2011—2021）》编撰工作推进会召开。学校党委委员、副校长崔晓红出席会议并讲话。

13 日，中国散文创作与研究中心成立大会在学校校友中心会议室举行。

15 日，山东省水利厅、山东省教育厅、山东省机关事务管理局三部门联合公布了山东省第一批节水型高校名单，学校被授予"山东省节水型高校"荣誉称号，标志着学校节水工作提升到一个新的管理水平。山东省共有 17 家高校获得此项荣誉称号。

15 日，山东省教育厅教师处公布了山东省特级教师工作坊主持人名单。学校发展规划处处长李中国教授、数学与统计学院院长傅尊伟教授入选省特级教师工作坊主持人。

16 日，山东省科技厅公布了 2020 年山东省重点研发计划（软科学）项目，全省共 11 项重大项目、26 项重点项目、195 项一般项目获得立项。学校资源环境学院王梁教授申报的"山东省三大经济圈人才生态环境建设与重点产业协同发展研究"获批重大项目，这是学校首次获批山东省重点研发计划（软科学）重大项目，实现了历史性突破。

21 日，山东省教育厅公布了全省大中小学思政课"金课"建设名单，学校"毛泽东思想和中国特色社会主义理论体系概论""思想道德与法治"两门课程榜上有名。

22 日，山东省教育厅发布《山东省教育厅 山东省语言文字工作委员会关于加强山东省语言文字推广基地建设工作的通知》，公布首批山东省语言文字推广基地名单，学校成功入选，全省共 16 家单位入选。

24 日，临沂市委书记王安德来校作党的十九届五中全会精神报告。

29 日，临沂大学 2021 新年音乐会—大型民族管弦乐《沂蒙史诗》在艺术中心大剧院举行。

2021 年

1 月

5 日，山东省人民政府公布了 2020 年山东省科学技术奖，学校以第一单位获省自然科学奖 1 项、科技进步奖 2 项。

7 日，中央马克思主义理论研究和建设工程首席专家、兰州大学刘先春教授受邀来学校作党的十九届五中全会专题辅导报告。学校党委书记王焕良，党委委员、副校长马凤岗、池福安、崔晓红会见了刘先春教授。

11 日，蒙阴县委书记王丽云一行来学校考察，交流探讨推进临沂大学乡村振兴学院工作情况。

15 日，临沂大学与青岛海信电子产业控股股份有限公司合作签约仪式在临沂大学举行。校党委书记王焕良会见了海信控股高级副总裁代慧忠一行。党委副书记、校长张书圣，党委委员、副校长孙常生出席签约仪式。

15 日，山东省大数据局公布了山东省首批大数据人才培训示范基地名单，学校成功入选。

16 日，山东省教育厅公布了山东省高等学校高水平学科培育学科建设名单，学校化学学科成功获批培育建设。本次共有 15 所高校入选。

18 日，省人力资源和社会保障厅、省科学技术协会通报第十届山东省优秀科技工作者名单，学校资源环境学院王梁教授、农林科学学院张兴林教授获评"第十届山东省优秀科技工作者"。

21 日，临沂大学校友会成立大会暨一届一次会员代表大会在沂蒙大讲堂举行。

21 日，临沂大学-科纳克里大学孔子学院举行理事会二届一次视频会议。科纳克里大学校长、理事会理事长特拉奥雷（Doussou Lancinè TRAORE），临沂大学校长张书圣、副校长崔晓红出席会议。

2 月

4 日，临沂市"青鸟计划"就业服务季暨"青鸟计划 才聚沂蒙"2021 年云招聘活动在沂蒙大讲堂举行。

26 日，临沂市人民政府外事办公室主任张剑一行来学校进行专题调研。学校党委委员、副校长郑秀文陪同调研并举行座谈。

3 月

6—7 日，临沂大学召开第七届教代会（工代会）第一次会议。

9 日，临沂大学第三届学术委员会成立大会暨第一次全体会议在校友中心会议室举行。

附录

附录1 临沂大学现任党政领导名录

党委书记：　王焕良

校　　长：　张书圣

党委副书记：张书圣　刘占仁　黄富峰

副 校 长：　孙常生　张立富　马凤岗　池福安　崔晓红　郑秀文

纪委书记、省监委驻临沂大学监察专员：张洪东

党委委员：　王焕良　张书圣　刘占仁　黄富峰　孙常生　张立富　马凤岗

　　　　　　池福安　张洪东　崔晓红　郑秀文　张思峰　白金山

附录 2 临沂大学历任校领导班子成员

党委书记：　李　喆（2014.09 － 2019.12）

　　　　　　王焕良（2019.12 －　　　　）

校　　长：　韩延明（2010.12 － 2013.04）

　　　　　　杨　波（2013.04 － 2020.11）

　　　　　　张书圣（2020.11 －　　　　）

党委副书记：韩延明（2010.12 － 2013.03）

　　　　　　杨　波（2013.04 － 2020.11）

　　　　　　石立岩（2010.12 － 2013.02）

　　　　　　谢亚非（2010.12 － 2015.06）

　　　　　　王明福（2016.03 － 2019.04）

　　　　　　刘占仁（2016.03 －　　　　）

　　　　　　张书圣（2020.10 －　　　　）

　　　　　　黄富峰（2021.01 －　　　　）

纪委书记：　石立岩（2010.12 － 2012.04）

　　　　　　李明开（2012.04 － 2018.03）

　　　　　　张洪东（2018.12 －　　　　）

副 校 长：　李培江（2010.12 － 2015.12）

　　　　　　姜同松（2010.12 － 2015.06）

　　　　　　王明福（2010.12 － 2016.04）

　　　　　　刘占仁（2011.06 － 2016.04）

　　　　　　孙常生（2013.06 －　　　　）

　　　　　　张立富（2013.06 －　　　　）

　　　　　　张书圣（2015.12 －　　　　）

　　　　　　马凤岗（2015.12 －　　　　）

　　　　　　池福安（2016.11 －　　　　）

　　　　　　崔晓红（2020.11 －　　　　）

　　　　　　郑秀文（2020.11 －　　　　）

附录 3 临沂大学 2011—2021 年历届
驻校人大代表、政协委员

2011 年驻校省市人大代表及政协委员：

山东省第十一届人大代表 1 人（韩延明）

临沂市第十七届人大常委 1 人（毛红旗）

兰山区第十七届人大代表 1 人（胡文娟）

第十三届山东省政协委员 1 人（李红婷）（于 2011 年 1 月调离临沂大学）

第十三届临沂市政协委员 14 人（韩延明、高德新、刘恩允、李红婷、李桂荣、王学斌、马晓春、孙钶心、王永友、廉玉姬、孔祥萍、林化军、王志和、袁中勇）（李红婷于 2011 年 1 月调离临沂大学后辞去第十三届临沂市政协委员职务）

2012 年驻校省市人大代表及政协委员：

临沂市第十八届人大常委 1 人（毛红旗）

兰山区第十八届人大代表 3 人（杜金中、蒋晓虹、李秋实）

第十四届临沂市政协委员 9 人（韩延明、王学斌、马晓春、刘恩允、廉玉姬、郭春凤、吴成军、高德新、王言群）

2013 年驻校省市人大代表及政协委员：

山东省第十二届人大代表 1 人（韩延明）（2013.1—2013.4，于 2013 年 4 月调离临沂大学）

临沂市第十八届人大常委 1 人（毛红旗）

兰山区第十八届人大代表 3 人（杜金中、蒋晓虹、李秋实）

第十四届临沂市政协委员 9 人（杨波、王学斌、马晓春、刘恩允、廉玉姬、郭春凤、吴成军、高德新、王言群）

2014 年驻校省市人大代表及政协委员：

山东省第十二届人大代表 1 人（李喆）

临沂市第十八届人大常委 1 人（毛红旗）

兰山区第十八届人大代表 3 人（杜金中、蒋晓虹、李秋实）

第十四届临沂市政协委员 9 人（杨波、王学斌、马晓春、刘恩允、廉玉姬、郭春凤、吴成军、高德新、王言群）

2015—2016 年驻校省市人大代表及政协委员：

山东省第十二届人大代表 1 人（李喆）

临沂市第十八届人大常委 1 人（毛红旗）

临沂市第十八届人大代表 1 人（李喆）

兰山区第十八届人大代表 3 人（杜金中、蒋晓虹、李秋实）

第十四届临沂市政协委员 9 人（杨波、王学斌、马晓春、刘恩允、廉玉姬、郭春凤、吴成军、高德新、王言群）

2017 年驻校省市人大代表及政协委员：

全国第十三届人大代表 1 人（王学斌）

山东省第十二届人大代表 1 人（李喆）

临沂市第十九届人大代表 2 人（李喆、陈志笃）

兰山区第十九届人大代表 2 人（朱登元、张海娟）

第十五届临沂市政协委员 12 人（杨波、王学斌、马晓春、张庆阳、刘恩允、周波、高德新、禹香兰、郭春凤、吴成军、隋长虹、孙成明）

（王学斌、马晓春、刘恩允、高德新当选为第十五届临沂市政协常委）

第十届沂水县政协委员 1 人（唐丰霖）

第十届费县政协委员 1 人（蒋吉才）

2018 年驻校省市人大代表及政协委员：

全国第十三届人大代表 1 人（王学斌）

临沂市第十九届人大代表 2 人（李喆、陈志笃）

兰山区第十九届人民代表大会代表 2 人（朱登元、张海娟）

第十五届临沂市政协委员 13 人（杨波、王学斌、马晓春、张庆阳、刘鹏、刘恩允、周波、高德新、禹香兰、郭春凤、吴成军、隋长虹、孙成明）

第十届沂水县政协委员 1 人（唐丰霖）

第十届费县政协委员 1 人（蒋吉才）

2019 年驻校省市人大代表及政协委员：

全国第十三届人大代表 1 人（王学斌）

第十二届山东省政协委员 1 人（李喆）

临沂市第十九届人大代表 2 人（李喆、陈志笃）

兰山区第十九届人大代表 2 人（朱登元、张海娟）

第十五届临沂市政协委员 13 人（杨波、王学斌、马晓春、张庆阳、刘鹏、刘恩允、周波、高德新、禹香兰、郭春凤、吴成军、隋长虹、孙成明）

第十届沂水县政协委员 1 人（唐丰霖）

第十届费县政协委员 1 人（蒋吉才）

2020 年驻校省市人大代表及政协委员：

全国第十三届人大代表 1 人（王学斌）

山东省第十三届人大常委 1 人（李喆）（2020.1—2020.2，于 2020 年 2 月调离临沂大学）

临沂市第十九届人大代表 2 人（王焕良、陈志笃）（李喆 2020 年 6 月辞去临沂市第十九届人大代表职务）

兰山区第十九届人大代表 2 人（朱登元、张海娟）

第十五届临沂市政协委员 13 人（杨波、王学斌、马晓春、张庆阳、刘鹏、刘恩允、周波、高德新、禹香兰、郭春凤、吴成军、隋长虹、孙成明）

（杨波、刘恩允因调离临沂大学于 2020 年 12 月辞去第十五届临沂市政协委员职务，同时，刘恩允辞去第十五届临沂市政协常委职务）

第十届沂水县政协委员 2 人（唐丰霖、孔娜）

第十届费县政协委员 1 人（蒋吉才）

2021 年驻校省市人大代表及政协委员：

第十三届全国人大代表 1 人（王学斌）

临沂市第十九届人大代表 2 人（王焕良、陈志笃）

第十九届兰山区人大代表 2 人（朱登元、张海娟）

第十五届临沂市政协委员 12 人（张书圣、王学斌、马晓春、张庆阳、刘鹏、周波、高德新、禹香兰、郭春凤、吴成军、隋长虹、孙成明）

第十届沂水县政协委员 2 人（唐丰霖、孔娜）

第十届费县政协委员 1 人（蒋吉才）

附录4 临沂大学2011—2021年民主党派、统战团体负责人

一、民主党派（共有7个民主党派，5个民主党派基层组织，共有党派成员115人，其中在职89人，离退休26人）

民革临沂大学支部

王学斌　2011—2016.12任民革临沂市委副主委，2016.12至今任民革临沂市委主委

马晓春　2011—2016.12任民革临沂市委委员，2016.12至今任民革临沂市委副主委

李桂荣　2011—2013.8任民革临沂大学支部主委

张庆阳　2013.8至今任民革临沂大学支部主委

民盟临沂大学总支部（于2019年12月更名为民盟临沂大学基层委员会）

毛红旗　2011—2017.9任民盟临沂市委副主委

徐丙臣　2011—2017.11任民盟临沂大学总支主委

刘　鹏　2011—2017.11任民盟临沂大学总支副主委，2017.8至今任民盟临沂市委副秘书长

王　梁　2017.11—2019.1任民盟临沂大学总支主委；2019.12至今任民盟临沂大学基层委员会主委

民进临沂大学总支部

鲁运庚　2011—2018.12任民进临沂大学总支主任

刘恩允　2013.12—2018.12任民进临沂市委委员、民进临沂大学总支副主任；2018.12—2020.12任民进临沂市委委员

周　波　2018.12至今任民进临沂大学总支主任

致公党临沂大学支部成立于2016年6月

高德新　2011至今任致公党省属临沂总支部副主委

王言群　2016.6至今任致公党临沂大学支部主委

九三学社临沂大学支社

廉玉姬　2011—2018.12任九三学社临沂大学支社主委

张海娟 2018.12 至今任九三学社临沂大学支社主委

二、统战团体

临沂大学党外知识分子联谊会：成立于 2014 年 6 月，第一届会长林光哲，副会长隋长虹、李英奎、陈丽、李正平，秘书长夏其英，理事 45 名。2019 年 7 月换届，第二届会长王晓丽，副会长夏其英、隋长虹、李英奎、张国伟，秘书长王茂广，副秘书长赵峰，常务理事 14 名，理事 46 名。

临沂大学归侨侨眷联谊会：成立于 2015 年 12 月，主席王立斌，副主席张国庆、王晓凌（兼秘书长），常委 4 名，会员 21 名。

临沂大学欧美同学会（临沂大学留学人员联谊会）：成立于 2019 年 1 月，会长邱建龙，副会长谢楠、张兴林、张弛、辛化伟，秘书长孙国栋，副秘书长禹香兰、王美艺，常务理事 18 名，理事 49 名，会员 118 名。

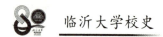

附录5 临沂大学 2011—2021 年主要常设机构负责人名录

第一任期（2011 年—2017 年）

机构名称	职务	姓名	任职时间
党委办公室、校长办公室（档案馆）、综合改革办公室、发展规划处	党委办公室、校长办公室主任	马凤岗	2011.08—2014.08
	党委办公室、校长办公室主任	巩庆毅	2014.08—2016.09
	党委办公室、校长办公室主任	牟海善	2016.09—2017.01
	党委办公室、校长办公室副主任	高东兴	2011.08—2012.08
	党委办公室、校长办公室副主任	刘强	2011.08—2017.03
	党委办公室、校长办公室副主任	张茹	2011.08—2012.08
	校长办公室副主任、档案馆馆长	张茹	2012.08—2017.03
	党委办公室、校长办公室副主任	孙涛	2012.08—2017.03
	党委办公室、校长办公室副主任	王忠慧	2014.08—2017.03
	党委办公室、校长办公室副主任	孙涛	2012.08—2013.07
	校友工作办公室主任（兼）	王晓真	2015.07—2017.03
	档案馆馆长	孙世军	2011.08—2014.08
	党委办公室副主任、政策研究室主任、发展规划处处长	刘强	2014.08—2017.03
	政策研究室副主任、发展规划处副处长（主持）	魏元栋	2011.08—2014.08
	发展规划处处长	来涛	2015.07—2017.03
	发展规划处处长	孙世军	2014.08—2017.01
	党委办公室副主任、综合改革办公室主任	全先庆	2014.08—2017.02
	综合改革办公室副主任	张洪高	2014.08—2017.03
纪委、监察处	纪委副书记	刘兆明	2011.08—2012.07
	纪委副书记、监察处处长	任庆大	2011.08—2014.08
	纪委副书记	牟海善	2014.09—2017.02
	正处级纪检员	高纪平	2013.07—2014.08
	正处级纪检员	李永臣	2013.07—2014.01
	正处级纪检员	滕向农	2015.07—2017.01
	纪委办公室主任	滕向农	2011.08—2017.01
	监察处处长	邵长全	2015.07—2017.01
	监察处副处长	陈继诚	2011.08—2013.07
	监察处副处长	邵长全	2013.07—2015.07
	监察处副处长	闵凡信	2014.08—2017.03
	监察处副处长、效能督察办公室主任	马彦明	2014.08—2017.03
	招标采购监督管理办公室副主任（主持）	邵长全	2012.08—2015.07
党委组织部、机关党委（合署）、统战部、党校	部长（党校副校长）	孙常生	2011.08—2014.07
	部长	马凤岗	2014.07—2016.10
	部长	张思峰	2016.10—2017.01
	副部长、机关党委书记	牟海善	2011.08—2014.09
	副部长、机关党委副书记（主持）	解克萌	2014.08—2017.03
	副部长	孔霞	2011.08—2020.12
	副部长	巩庆毅	2011.08—2014.08
	机关党委副书记	解克萌	2011.08—2014.08
	副部长、党校副校长、干部培训中心副主任	于建波	2014.08—2017.03
	党委统战部副部长（兼）	孔霞	2012.08—2015.07
	统战部部长	孔霞	2015.07—2017.01

机构名称	职务	姓名	任职时间
党委宣传部（新闻中心、博物馆、红色馆、文化传承与协同创新中心）	党委宣传部（统战部）部长	张立富	2011.08—2014.07
	部长	任庆大	2014.08—2017.01
	党委宣传部副部长、博物馆（红色馆）馆长	黄永亮	2011.08—2014.08
	新闻中心主任	王焕全	2015.07—2017.01
	新闻中心副主任（主持）	王焕全	2012.08—2015.07
	副部长	王焕全	2011.08—2017.01
	博物馆（红色馆）副馆长	何茂华	2011.08—2017.03
	区域文化传承创新中心副主任	王晓凌	2013.07—2014.08
	文化传承协同创新中心副主任	王晓凌	2014.08—2017.03
学生工作部（处）、就业指导中心、团委	部长（处长）、主任	张安柱	2011.08—2013.02
	部长（处长）、主任	白金山	2013.07—2017.01
	学生工作处副处长、就业指导中心副主任	于建波	2011.08—2014.08
	学生工作部副部长	白金山	2012.08—2013.07
	学生工作处副处长	董勤岭	2011.08—2017.03
	学生工作处副处长	杨洪杰	2011.08—2017.03
	副部（处）长、副主任	冯焕顺	2014.08—2017.03
	学生工作部副部长（兼）	王琳	2014.08—2016.07
	团委副书记（主持）	白金山	2011.08—2012.08
	团委书记	白金山	2012.08—2017.01
	团委副书记	王忠慧	2011.08—2014.08
	团委副书记	王琳	2011.08—2016.07
工会（校友办、妇委会、计生办）	主席	李彤光	2011.08—2017.01
	副主席、计划生育办公室主任	王德欣	2011.08—2014.08
	校友工作办公室主任	王晓凌	2011.08—2012.08
	校友工作办公室副主任（主持）、女工委主任	王德欣	2014.08—2017.03
	女工委主任	杜佩珊	2014.03—2014.08
	副主席、计划生育办公室主任	杜佩珊	2014.08—2017.03
离退休工作处	处长	史松波	2011.08—2017.01
	副处长	赵亮	2011.09—2017.03
	副处长	刘化英	2011.08—2017.03
保卫处（武装部、综治办）	处长	张春国	2011.08—2014.08
	副处长（主持）	颜骁	2014.08—2017.03
	副处长	孙涛	2011.08—2012.08
	副处长	蒲洪发	2012.08—2017.03
	副处长	金光伟	2013.07—2017.03
教务处（教学评估与督导中心）	处长	许长谭	2011.08—2012.07
	处长	刘恩允	2013.07—2017.01
	副处长（2012.08主持）、教学评估与督导中心主任	赵勇	2011.08—2013.07
	副处长	孙绍龙	2013.07—2017.03
	副处长	林秋华	2011.08—2017.03
	副处长	高进峰	2011.08—2017.03
	副处长	全先庆	2012.08—2017.03
	副处长（兼）	李中国	2012.10—2013.07
	教学评估与督导中心主任	毛红旗	2013.07—2014.08
	教学评估与督导中心副主任	王言群	2011.08—2012.08
教育质量评估中心	主任	王立斌	2014.08—2017.01
	副主任	张忠年	2014.08—2017.03

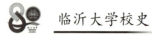
机构名称	职务	姓名	任职时间
招生办公室（国内合作办学办公室）	主任	孙令民	2011.08—2017.01
	副主任	赵志民	2011.08—2016.07
	副主任	郭金亭	2011.08—2014.08
	监察处副处级监察员（派驻招生办公室）	边海荣	2014.03—2017.03
职业教育与成人教育处	处长	谢瑞迎	2011.08—2014.08
	副处长	金学勇	2012.08—2014.08
	副处长	胡荣娜	2011.08—2014.08
	副处长	孙健	2014.03—2017.03
	继续教育中心主任（兼）	谢瑞迎	2013.07—2014.08
	继续教育中心副主任（兼）	金学勇	2013.07—2014.08
	继续教育中心副主任（兼）	胡荣娜	2013.07—2014.08
继续教育学院	院长	谢瑞迎	2014.08—2017.01
	副院长	金学勇	2014.08—2017.03
	副院长	胡荣娜	2014.08—2017.03
	副院长	巩庆毅	2016.10—2017.03
科学技术处（研究生处）	处长	金银来	2011.08—2012.07
	处长	张书圣	2013.10—2016.09
	副处长（主持）	傅尊伟	2016.09—2017.01
	副处长	高希龙	2011.08—2014.08
	研究生处副处长（主持）、科学技术处副处长	高希龙	2014.08—2017.03
	副处长	邱建龙	2011.08—2016.09
	学科建设办公室副主任	高振强	2015.07—2017.03
社会科学处（学报编辑部）	处长	汲广运	2011.08—2012.07
	处长	赵勇	2013.07—2017.01
	副处长、学报编辑部主任	李波	2011.08—2013.07
	副处长	张秀军	2015.07—2017.03
	学报编辑部主任	张根柱	2014.08—2017.01
区域经济协同创新中心、科技产业与社会服务处	区域经济协同创新中心主任	李日升	2012.10—2016.09
	科技产业与社会服务处处长	李日升	2014.08—2016.09
	区域经济协同创新中心副主任、创业中心执行院长	李洪忠	2013.07—2014.08
	体育文化研发中心副主任（主持）	王言群	2012.08—2013.07
	区域经济协同创新中心副主任、体育产业研发中心副主任（主持）	王言群	2013.07—2014.08
区域经济协同创新中心、科技产业与社会服务处	体育产业研发中心副主任（主持）、区域经济协同创新中心副主任、科技产业与社会服务处副处长	王言群	2014.08—2017.03
创业学院	院长（兼）	李日升	2013.07—2014.08
	院长	李洪忠	2014.08—2017.01
人事处	处长	巩庆毅	2011.08—2014.08
	副处长（主持）	黄科一	2014.08—2016.09
	处长	孔霞	2016.09—2017.01
	副处长	黄科一	2011.08—2014.08
	副处长	金学勇	2011.08—2012.08
	副处长	张洪高	2012.08—2014.08
	副处长	隋群	2015.07—2017.03

机构名称	职务	姓名	任职时间
国际交流与合作处（国际教育交流学院）	副处长（主持）	孟凡胜	2011.08—2012.08
	处长	孟凡胜	2012.08—2017.01
	国际交流与合作处副处长	隋长虹	2011.08—2017.03
	国际交流与合作处副处长	王彦华	2012.08—2013.07
	中韩学院院长（兼）	孟凡胜	2013.07—2017.01
财务处	处长	陈学营	2011.08—2017.01
	副处长	邵长全	2011.08—2012.08
	副处长	王立柱	2011.08—2017.03
	副处长	孙建成	2015.07—2021.01
审计处	处长	蒋晓丽	2011.08—2017.01
	副处长	张衍新	2011.08—2017.03
实验管理中心	实验管理（网络）中心党委书记	宋光乐	2011.08—2012.08
	主任	姜秀全	2011.08—2013.07
	副主任	朱凤春	2011.08—2013.07
	副主任	丁磊	2011.08—2012.08
	副主任	孙绍龙	2012.08—2013.07
资产管理处（国有资产管理办公室）	处长	高纪平	2011.08—2013.07
	副处长	闵凡信	2011.08—2013.07
	副处长	赵雍	2011.08—2013.07
国有资产与实验设备处	处长	姜秀全	2013.07—2017.01
	副处长	闵凡信	2013.07—2014.08
	副处长	赵雍	2014.08—2017.03
	副处长	朱凤春	2013.07—2017.03
招标采购中心	副主任（主持）	陈继诚	2013.07—2017.03
	副主任	赵雍	2013.07—2014.08
	副主任	公维红	2014.08—2017.03
	副主任	张金宝	2014.08—2017.03
基建处	处长	赵宗金	2012.08—2017.01
	副处长	吴涛	2012.08—2017.03
	副处长	杜金中	2012.08—2017.03
后勤基建处（后勤集团）	党委书记、处长，后勤集团董事长	彭文修	2011.08—2012.08
	后勤集团总经理	赵宗金	2011.08—2012.08
	党委副书记	申端春	2011.08—2012.08
	副处长	吴涛	2011.08—2012.08
	后勤集团总会计师	公维红	2011.08—2014.08
	后勤集团副总经理	韩广强	2011.08—2017.03
	后勤集团副总经理	杜金中	2011.08—2012.08
	后勤集团副总经理	马彦明	2011.08—2014.08
后勤管理处	处长	高东兴	2012.08—2017.01
	党委书记	张国庆	2014.08—2017.03
	党委副书记	申端春	2012.08—2014.08
	党委副书记、副处长	邵卫东	2014.08—2017.03
	副处长	丁磊	2012.08—2017.03
	纪委副处级纪检员（派驻后勤管理处）	王阔之	2014.03—2017.02
图书馆	党委书记	黄永亮	2014.08—2017.03
	馆长	周光亮	2011.08—2014.01
	副馆长（主持）	徐兴余	2014.08—2017.03
	党委副书记	邵卫东	2011.08—2014.08
	党委副书记	韩敬友	2014.08—2017.03

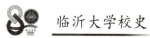

机构名称	职务	姓名	任职时间
图书馆	副馆长	徐兴余	2011.08—2014.08
	副馆长	韩敬友	2013.07—2017.03
	副馆长	孙彦玲	2011.08—2017.03
	副馆长	房凯杰	2014.08—2017.03
网络中心	副主任（主持）	高立晟	2011.08—2012.08
	主任	高立晟	2012.08—2017.01
	副主任	孙绍龙	2011.08—2012.08
	副主任	管士亮	2011.08—2017.03
体育场馆运营中心	副主任（主持）	魏元栋	2014.08—2017.03
水土保持与环境保育研究所	所长	于兴修	2011.08—2012.07
	副所长（主持）	徐树建	2013.07—2017.03
	副所长	徐树建	2011.08—2013.07
地质与古生物研究所	副所长（主持）	王孝理	2013.07—2017.04
	副所长	王孝理	2011.08—2013.07
凝聚态物理研究所	执行所长	陈丽	2011.08—2017.01
	副所长	王彦华	2013.07—2017.03
文学院	党委书记	张思峰	2011.08—2017.01
	院长	张根柱	2011.08—2014.08
	院长	赵光怀	2014.08—2017.02
	党委副书记	王立国	2011.08—2017.03
	副院长	鲁运庚	2011.08—2017.03
	副院长	王耀辉	2011.08—2017.03
	副处级辅导员	孙世友	2011.08—2017.03
	沂蒙文化研究院院长	曲文军	2011.08—2017.01
法学院	党委书记	李培苍	2011.08—2017.03
	副院长（主持）	孔繁金	2011.08—2012.08
	院长	孔繁金	2012.08—2017.02
	党委副书记	王红坤	2011.08—2017.03
	副院长	王连合	2011.08—2017.03
	副院长	姚建涛	2011.08—2017.02
	副处级辅导员	金光伟	2011.08—2013.07
外国语学院	党委书记	许崇波	2011.08—2017.03
	院长	谢楠	2011.08—2017.01
	党委副书记、正处级辅导员	牛红	2011.08—2012.08
	党委副书记	韩敬友	2011.08—2013.07
	党委副书记	彭洪君	2013.07—2017.03
	副院长	王明琦	2011.08—2017.03
	副院长	王世文	2014.03—2017.03
	副院长	谢成才	2015.07—2017.03
	大学外语教学部主任	于秀金	2011.08—2012.01
	大学外语教学部主任	王晓军	2015.07—2017.03
	副处级辅导员	郭京英	2011.08—2014.08
马克思主义学院	党委书记、院长	徐东升	2011.08—2017.02
	党委副书记	王宏坤	2014.08—2017.03
	副院长	费聿辉	2011.08—2017.03
	副院长	李纪岩	2015.07—2016.10
教育学院（教师教育学院）、高等教育研究院	党委书记	赵同志	2011.08—2017.01
	院长	王统永	2011.08—2013.07
	副院长（主持）	李中国	2013.07—2016.09

机构名称	职务	姓名	任职时间
教育学院（教师教育学院）、高等教育研究院	院长	李中国	2016.09—2017.02
	党委副书记	王钧	2011.08—2017.03
	副院长	李中国	2011.08—2013.07
	副院长	马晓春	2011.08—2017.06
	教师教育学院副院长	张洪高	2014.08—2017.02
	副处级辅导员	孙健	2011.08—2014.08
	高等教育研究院院长	刘恩允	2011.08—2013.07
	高等教育研究院副院长（主持）	李波	2013.07—2017.03
商学院	党委书记	曹光杰	2011.08—2014.08
	党委书记	赵铭建	2014.08—2017.01
	院长	许汝贞	2011.08—2014.08
	经管学部执行主任	许汝贞	2014.08—2017.01
	副院长（主持）	张燕	2014.08—2017.03
	党委副书记、正处级辅导员	牛祥春	2011.08—2013.07
	党委副书记	王宏坤	2011.08—2014.08
	党委副书记	赵志民	2016.07—2017.03
	副院长	朱孔山	2011.08—2014.08
	副院长	张燕	2011.08—2014.08
	副处级辅导员	孙琦	2011.08—2016.07
物流学院	党委书记	郑美虹	2011.08—2017.01
	院长	毛红旗	2011.08—2013.07
	副院长（主持）	李晓东	2014.08—2017.03
	党委副书记	冯焕顺	2011.08—2014.08
	副院长	卢中华	2011.08—2014.08
	现代物流研究所所长	赵铭建	2011.08—2014.08
	现代物流研究所副所长、物流学院副院长	李晓东	2011.08—2014.08
	副处级辅导员	王慧	2011.08—2017.03
国际商贸与现代物流研发中心	副主任（主持）	刁科凤	2014.08—2017.03
	副主任	卢中华	2014.08—2017.03
	副主任	朱孔山	2014.08—2017.03
理学院	党委书记	刘建华	2011.08—2017.01
	院长	江兆林	2011.08—2017.01
	党委副书记	蔡相国	2011.08—2017.03
	副院长	刁科凤	2011.08—2014.08
	副院长	王彦华	2011.08—2012.08
	副院长	李漠	2012.08—2013.07
	副院长	王彦华	2013.07—2017.03
	公共数学与物理教学部主任	周厚春	2011.08—2017.03
	副处级辅导员	朱庆峰	2011.08-2017.03
化学化工学院	党委书记	王立斌	2011.08—2014.08
	党委书记	张春国	2014.08—2017.03
	院长	郑秀文	2011.08—2017.02
	党委副书记	李敬华	2011.08—2012.08
	党委副书记	卢世伟	2012.08—2017.01
	副院长	宋兴良	2011.08—2017.03
	副院长	刘凤志	2011.08—2014.08
	副院长	丰培金	2014.08—2017.03
	副处级辅导员	孟沂	2011.08—2017.03

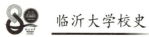

机构名称	职务	姓名	任职时间
资源环境学院	党委书记	于兴修	2011.08—2012.07
	党委副书记（主持）	卢金荣	2012.08—2014.08
	党委书记	曹光杰	2014.08—2017.03
	院长	于兴修	2011.08—2012.07
	院长	申洪源	2012.08—2017.06
	常务副院长	申洪源	2011.08—2012.08
	党委副书记	卢金荣	2011.08—2012.08
	副院长	梁仁君	2011.08—2017.03
	副院长	徐树建	2011.08—2017.03
	副处级辅导员	辛沂	2013.07—2017.03
生命科学学院	党委书记	刘玉清	2011.08—2017.01
	院长	林光哲	2011.08—2014.01
	副院长（主持）	吕慎金	2014.08—2017.02
	党委副书记	张兆伦	2011.08—2017.03
	副院长	全先庆	2011.08—2012.08
	副院长	吕慎金	2011.08—2014.08
	副院长	丰培金	2012.08—2014.08
	副院长	王自刚	2013.07—2017.03
	副处级辅导员	胡晓平	2011.08—2017.03
	副处级干部	丰培金	2011.08—2012.08
药学院、现代药物研究院（合署）	药学院执行院长	冯尚彩	2014.08—2017.03
	党委副书记（主持）	郭金亭	2014.08—2017.03
	副院长	刘凤志	2014.08—2017.03
	副处级辅导员	刘林	2015.07—2017.03
	现代中药研究所副所长（主持）	冯尚彩	2011.08—2013.07
	现代药物研究院副院长（主持）	冯尚彩	2013.07—2017.03
机械工程学院	党委书记	李永臣	2011.08—2013.07
	党委书记	王统永	2013.07—2016.08
	院长	孙成通	2011.08—2016.08
	党委副书记	任芳	2011.08—2014.08
	党委副书记	吕维明	2014.08—2017.03
	副院长	林清夫	2011.08—2017.03
	副院长	郭春凤	2011.08—2014.08
	副院长	李漠	2013.07—2017.03
	副处级辅导员	刘元兴	2011.08—2017.03
工程训练中心	副主任（主持）	郭春凤	2014.08—2017.03
建筑学院	党委书记	朱运才	2011.08—2014.05
	党委书记	朱文玉	2015.07—2016.08
	院长	李洪忠	2011.08—2012.08
	副院长（主持）	朱文玉	2012.10—2015.07
	党委副书记	朱文玉	2011.08—2013.07
	党委副书记	颜春晓	2013.07—2017.02
	副院长	郑成波	2011.08—2014.05
	副院长	王自刚	2011.08—2013.07
	副处级辅导员	颜春晓	2011.08—2013.07
汽车学院	党委书记	陈洪敏	2011.08—2016.08
	院长	吴峰	2011.08—2012.07
	院长	李洪忠	2012.08—2013.07
	院长	蒋学华	2013.07—2016.08

机构名称	职务	姓名	任职时间
汽车学院	党委副书记	闫青峰	2011.08—2017.03
	副院长	李默	2011.08—2012.08
	副院长	王常春	2011.08—2017.03
	副院长	刁述妍	2013.07—2017.03
	副处级辅导员	王斌	2011.08—2017.03
	电动车与新能源技术研究所执行所长	蒋学华	2011.08—2013.07
	电动车与新能源技术研究所副所长	刁述妍	2011.08—2013.07
	电动车与新能源技术研究所副所长（主持）	王常春	2013.07—2014.08
	新材料技术研究院副院长（主持）	王常春	2014.08—2017.03
信息学院	党委书记	李洪杰	2011.08—2017.01
	院长	张问银	2011.08—2017.01
	党委副书记	颜骁	2011.08—2014.08
	党委副书记	申端春	2014.08—2017.03
	副院长	彭洪君	2011.08—2013.07
	副院长	李英奎	2011.08—2017.03
	副院长	韩维同	2013.07—2017.03
	副处级辅导员	辛沂	2011.08—2013.07
	副处级辅导员	郭京英	2014.08—2017.03
传媒学院	党委书记	李伟	2011.08—2017.01
	院长	赵光怀	2011.08—2017.01
	党委副书记	冯炀	2011.08—2017.03
	副院长	李鸣钊	2011.08—2017.03
	副院长	戴俊潭	2011.08—2017.02
	副院长	杨中举	2015.07—2017.03
	副处级辅导员	蒲洪发	2011.08—2012.08
	副处级辅导员	赵小情	2012.08—2017.03
美术学院	党委书记	孙效同	2011.08—2012.08
	党委书记	牛红	2012.08—2017.01
	院长	任世忠	2011.08—2017.02
	党委副书记	卢世伟	2011.08—2012.08
	党委副书记	李敬华	2012.08—2017.03
	副院长	张忠年	2011.08—2014.08
	副院长	冉利强	2011.08—2017.03
	副院长	赵凤远	2014.08—2017.03
	副处级辅导员	张金宝	2011.08—2014.08
音乐学院	党委书记	李刚	2011.08—2017.01
	院长	陈建国	2011.08—2017.01
	党委副书记	吕维明	2011.08—2014.08
	党委副书记	王晓凌	2012.08—2013.07
	党委副书记	任芳	2014.08—2017.03
	副院长	绪红霞	2011.08—2016.08
	副院长	赵凤远	2011.08—2014.08
	副处级辅导员	赵小情	2011.08—2012.08
	副处级辅导员	刘春远	2015.07—2017.03
体育学院	党委书记	罗成建	2011.08—2012.06
	党委书记	牛祥春	2013.07—2017.01
	院长	奚凤兰	2011.08—2017.01
	党委副书记	李云成	2011.08—2017.03
	副院长	丁兆锋	2011.08—2017.03

机构名称	职务	姓名	任职时间
体育学院	公共体育教学部主任	杨涛	2015.07—2017.02
	副处级辅导员	李强	2011.08—2012.10
	副处级辅导员	房凯杰	2013.07—2014.08
沂水分校（职业教育学院）	党委书记	李殿勇	2011.08—2014.06
	党委书记	彭文修	2014.08—2017.01
	校长	朱晓德	2011.08—2012.08
	校长	彭文修	2012.08—2014.08
	校长	高纪平	2014.08—2017.01
	党委副书记	宋国华	2011.08—2017.03
	副校长	王继峰	2011.08—2017.03
	副校长	黄世庆	2011.08—2017.03
	副校长	马学亮	2011.08—2017.03
	副校长	张申	2011.08—2017.03
	副校长	刘成玉	2012.08—2017.03
	纪委正处级纪检员（派驻沂水分校）	张国庆	2014.03—2014.08
费县分校（继续教育学院）	党委书记	潘琪	2011.08—2012.08
	党委书记	李琳	2012.08—2014.06
	党委书记	李殿勇	2014.06—2017.01
	校长	李琳	2011.08—2012.08
	校长	孙成明	2012.08—2017.03
	党委副书记	陈开勋	2011.08—2012.08
	党委副书记兼纪委书记	张茂坤	2014.08—2017.03
	副校长	袁中勇	2014.08—2017.03
	副校长	岳喜腾	2011.08—2012.08
	副校长	李纪传	2011.08—2017.03
	副校长	张茂坤	2011.08—2014.08
	副校长	彭福峰	2012.08—2017.03
	副校长	张学勤	2015.07—2017.03
附属中学	党委书记	蒋涛	2012.08—2014.11
	校长	徐振如	2011.08—2014.11
	副校长	蒋涛	2011.08—2012.08
	副校长	孙成明	2011.08—2012.08
	副校长	刘鹏	2012.08—2014.11
	副校长	吴科章	2012.08—2014.11
	副校长	宋佑胜	2012.08—2014.11

第二任期（2017 年—2021 年）

机构名称	职务	姓名	任职时间
党委办公室、校长办公室	主任	牟海善	2017.01—2021.01
	副主任	杨洪杰	2017.03—2021.01
	副主任	刘林	2017.03—2021.01
纪委办公室、监察处（合属）	纪委副书记（正处级）	李刚	2017.02—2020.03
	纪委副书记、监察处处长	李培苍	2017.02—2020.03
	监察处处长	赵雍	2017.03—2020.03
	监察处副处长	申端春	2017.03—2020.03
	监察处副处长	王晓凌	2017.03—2020.03
纪委、监察专员办公室（合署）	纪委副书记（正处级）	李刚	2020.03—2021.01
	纪委副书记（正处级）	李培苍	2020.03—2021.01
	综合处处长（正处级）	赵雍	2020.03—2021.01
	案件管理室主任（副处级）	王晓凌	2020.03—2021.01
	纪检监察室主任（副处级）	申端春	2020.03—2021.01
组织部（党校）、机关党委（合属）	部长	张思峰	2017.01—2021.01
	正处级组织员	解克萌	2017.03—2020.12
	副部长	孙涛	2017.03—2021.01
	副部长	来涛	2017.03—2021.01
宣传部（新闻中心）	部长（主任）	任庆大	2017.01—2020.08
	部长（主任）	白金山	2020.08—2021.01
	副部长	董勤岭	2017.03—2021.01
	副部长	张秀军	2017.03—2018.11
	副部长	赵长芬	2018.11—2021.01
统战部	部长	刘建华	2017.01—2020.08
	常务副部长（正处级）	刘建华	2020.08—2021.01
学生工作部（处）（就业指导中心、武装部）	部（处）长、就业指导中心主任、武装部部长	王统永	2017.01—2021.01
	副部（处）长	任芳	2017.03—2021.01
	副部（处）长、就业指导中心副主任	冯焕顺	2017.03—2021.01
	副部（处）长	蒲洪发	2017.06—2021.01
团委	书记	王忠慧	2017.03—2021.01
	副书记	石少广	2020.12—2021.01
工会（女工委、计生办）	工会主席	李彤光	2017.01—2021.01
	工会副主席	张茹	2017.03—2021.01
离退休人员工作处	处长	史松波	2017.01—2021.01
	副处长	赵亮	2017.03—2021.01
保卫处	处长	颜骁	2017.03—2021.01
	副处长	张申	2017.03—2021.01
发展规划与学科建设处	处长	刘恩允	2017.01—2020.10
	发展规划处处长、政策研究室主任	李中国	2020.12—2021.01
	副处长	魏元栋	2017.03—2021.01
	副处长	徐树建	2017.03—2021.01
教务处（教师发展中心）	处长（主任）	郑秀文	2017.01—2020.12

机构名称	职务	姓名	任职时间
教务处（教师发展中心）	处长（主任）	吕慎金	2020.12—2021.01
	副处长	朱凤春	2017.03—2021.01
	副处长	高进峰	2017.03—2021.01
	副处长	马晓春	2017.06—2021.01
教学质量监督与评估办公室	主任	赵光怀	2017.01—2021.01
	副主任	闫凡信	2017.03—2021.01
科学技术处（研究生处）	副处长（主持）	傅尊伟	2017.01—2018.12
	副处长	高振强	2017.03—2021.01
	副处长	周建伟	2019.05—2021.01
研究生工作处（学科建设办公室）	处长（主任）	邱建龙	2019.06—2020.12
	处长（主任）、研究生工作部部长	付厚利	2020.12—2021.01
社会科学处	处长	李中国	2017.01—2020.12
	处长	张立梅	2020.12—2021.01
	副处长	卢中华	2017.03—2021.01
社会服务处	处长	赵勇	2017.01—2021.01
	副处长	王德欣	2017.03—2021.01
人事处（教师工作部）	处长、组织部副部长	孔霞	2017.01—2020.12
	处长、组织部副部长	邱建龙	2020.12—2021.01
	副处长	李英奎	2017.12—2020.12
	副处长	隋群	2017.03—2021.01
	副处长	王振海	2020.12—2021.01
	教师工作部部长（兼）	孔霞	2018.07—2020.12
	教师工作部部长	邱建龙	2020.12—2021.01
	教师工作部副部长（兼）	隋群	2018.07—2021.01
	教师工作部副部长（兼）	来涛	2018.07—2021.01
	教师工作部副部长（兼）	高进峰	2018.07—2021.01
	教师工作部副部长（兼）	董勤岭	2018.07—2021.01
	教师工作部副部长	王振海	2020.12—2021.01
国际交流与合作处（国际教育交流学院）	处长（院长）	孟凡胜	2017.01—2019.05
	副处长（主持）	姜兆梓	2019.06—2021.01
	副处长（副院长）	隋长虹	2017.03—2019.06
	国际教育交流学院副院长（主持）	隋长虹	2019.06—2021.01
	国际教育交流学院副院长	王宝祥	2018.01—2021.01
招生办公室	主任	李伟	2017.01—2021.01
	副主任	高希龙	2017.03—2021.01
职业培训与继续教育处	处长	谢瑞迎	2017.01—2019.06
	副处长	巩庆毅	2017.03—2019.06
	副处长	金学勇	2017.03—2019.06
继续教育学院	院长	谢瑞迎	2019.06—2021.01
	副院长	巩庆毅	2019.06—2021.01
	副院长	金学勇	2019.06—2021.01
财务处	处长	王立斌	2017.01—2019.05
	处长	高东兴	2019.05—2021.01
	副处长	孙建成	2015.07—2021.01
审计处	处长	李殿勇	2017.01—2021.01
	副处长	马彦明	2017.03—2019.05
	副处长	王阔之	2019.05—2021.01

机构名称	职务	姓名	任职时间
资产管理处	处长	姜秀全	2017.01—2021.01
	副处长	李漠	2017.03—2021.01
	副处长	张金宝	2017.03—2021.01
	副处长	彭福峰	2017.03—2021.01
后勤管理处	处长	孙令民	2017.01—2019.05
	党委书记	韩维同	2017.03—2021.01
	副处长（主持）	马彦明	2019.05—2021.01
	副处长	吴涛	2017.03—2021.01
	副处长	韩广强	2017.03—2021.02
基建处	处长	高东兴	2017.01—2019.06
	处长	孙令民	2019.05—2021.01
	副处长	丁磊	2017.03—2021.01
	副处长	杜金中	2017.03—2021.01
图书馆	党委书记	刘强	2017.03—2021.01
	馆长	徐兴余	2017.03—2021.01
	副馆长	韩敬友	2017.03—2021.01
	副馆长	胡荣娜	2017.03—2021.01
网络中心	主任	高立晟	2017.01—2021.01
	副主任	管士亮	2017.03—2021.01
创新创业学院	院长	刁科凤	2017.03—2018.12
	院长	彭文修	2018.12—2021.01
	副院长	彭洪君	2017.03—2021.01
档案馆	馆长	任世忠	2017.01—2021.01
	副馆长	冉利强	2017.03—2021.01
	副馆长	王晓真	2017.03—2021.01
学报编辑部	主任	张根柱	2017.03—2021.01
商学院	党委书记	张燕	2017.03—2020.12
	党委书记	孔霞	2020.12—2021.01
	副院长（主持）	刁玉柱	2017.02—2021.01
	党委副书记	闫青峰	2017.03—2021.01
	副院长	王连合	2017.03—2021.01
	副院长	吴作凤	2017.04—2021.01
	副院长	李庆胜	2017.04—2021.02
物流学院	党委书记	郑美虹	2017.01—2018.12
	党委书记	李洪杰	2018.12-2021.01
	院长	刁科凤	2018.12—2021.01
	党委副书记	张兆伦	2017.03—2021.01
	副院长	李晓东	2017.03—2018.12
	副院长	李道胜	2017.04—2019.10
	副院长	张松涛	2018.01—2021.01
	商贸物流研究院执行院长	李晓东	2018.12—2021.01
法学院	党委书记	王立国	2017.03—2021.01
	院长	姚建涛	2017.02—2021.01
	党委副书记	王斌	2017.03—2020.04
	副院长	邱春林	2017.04—2019.11
	副院长	杨克	2017.04—2020.12
马克思主义学院（沂蒙干部学院）	党委书记	徐东升	2017.01—2021.01
	副院长（主持）	张立梅	2017.02—2019.03
	院长	张立梅	2019.03—2020.12

机构名称	职务	姓名	任职时间
马克思主义学院（沂蒙干部学院）	党委副书记	王宏坤	2017.03—2021.01
	副院长	费聿辉	2017.03—2021.01
	副院长	赵长芬	2017.04—2018.11
教育学院（教师教育学院）	党委书记	白金山	2017.01—2020.08
	党委书记	任庆大	2020.08—2021.01
	院长	张洪高	2017.02—2021.01
	党委副书记	刘元兴	2017.03—2021.01
	副院长	赵金霞	2017.04—2021.01
	副院长	薄存旭	2017.04—2021.01
体育与健康学院	党委书记	奚凤兰	2017.01—2021.01
	院长	杨 涛	2017.02—2021.01
	党委副书记	蒲洪发	2017.03—2017.06
	副院长	王言群	2017.03—2017.12
	副院长	李洪波	2017.04—2021.01
	副院长	赵光勇	2017.04—2021.01
音乐学院	党委书记	许崇波	2017.01—2021.01
	副院长（主持）	彭 程	2017.02—2018.04
	党委副书记	蔡相国	2017.03—2021.01
	副院长	王秀庭	2017.04—2021.01
	副院长	冯丽娜	2017.04—2021.01
美术学院	党委书记	朱文玉	2017.01—2021.01
	副院长（主持）	尹德辉	2017.02—2019.03
	院长	尹德辉	2019.03—2021.01
	党委副书记	王 慧	2017.03—2021.01
	副院长	赵凤远	2017.03—2021.01
	副院长	季 超	2017.04—2021.01
文学院	党委书记	牛祥春	2017.01—2020.12
	党委书记	解克萌	2020.12—2021.01
	副院长（主持）	周忠元	2017.02—2019.03
	院长	周忠元	2019.03—2021.01
	党委副书记	谢成才	2017.03—2021.01
	副院长	周云钊	2017.04—2021.01
	副院长	李 鹏	2017.04—2021.01
外国语学院	党委书记	于建波	2017.03—2021.01
	院长	谢 楠	2017.01—2021.01
	党委副书记	金光伟	2017.03—2021.01
	副院长	王明琦	2017.03—2021.01
	副院长	姜兆梓	2017.04—2019.06
	副院长	苏 鑫	2017.04—2021.01
传媒学院	党委书记	王焕全	2017.01—2021.01
	院长	戴俊潭	2017.02—2021.01
	党委副书记	王 钧	2017.03—2021.01
	副院长	李鸣钊	2017.03—2021.01
历史文化学院（沂蒙文化研究院）	党委书记	滕向农	2017.01—2021.01
	副院长（主持）	魏本权	2017.02—2019.03
	院长	魏本权	2019.03—2021.01
	党委副书记	王红坤	2017.03—2021.01
	副院长	周 静	2017.04—2021.01
	副院长	魏秀春	2017.04—2021.01

机构名称	职务	姓名	任职时间
数学与统计学院	党委书记	张国庆	2017.01—2018.12
	党委书记	江兆林	2018.12—2021.01
	院长	江兆林	2017.01—2018.12
	院长	傅尊伟	2018.12—2021.01
	党委副书记	朱庆峰	2017.03—2021.01
	副院长	石少广	2017.04—2020.12
	副院长	周建伟	2017.04—2019.05
	副院长	李英奎	2020.12—2021.01
物理与电子工程学院	党委书记	赵志民	2017.01—2018.12
	党委书记	赵宗金	2018.12—2021.01
	副院长（主持）	王晓丽	2017.02—2019.03
	院长	王晓丽	2019.03—2020.12
	党委副书记	赵小情	2017.03—2021.01
	副院长	王永龙	2017.04—2021.01
	副院长	李道勇	2017.04—2021.01
化学化工学院（生化分析研究所）	党委书记	郭金亭	2017.03—2021.01
	副院长（主持）	李雪梅	2017.02—2019.03
	院长	李雪梅	2019.03—2021.01
	党委副书记	孟沂	2017.03—2021.01
	副院长	宋兴良	2017.03—2021.01
	副院长	夏其英	2017.04—2021.01
	生化分析研究所所长（兼）	李雪梅	2017.06—2021.01
药学院	党委书记	林秋华	2017.03—2021.01
	副院长（主持）	王振	2017.02—2019.03
	院长	王振	2019.03—2021.01
	党委副书记	辛沂	2017.03—2021.01
	副院长	刘凤志	2017.03—2021.01
	副院长	张海娟	2017.04—2021.01
机械与车辆工程学院	党委书记	王统永	2016.08—2017.01
	党委书记	卢世伟	2017.01—2021.01
	院长	孙成通	2016.08—2021.01
	党委副书记	吕维明	2017.03—2021.01
	副院长	孙绍龙	2017.03—2021.01
	副院长	韩虎	2017.04—2021.01
	副院长	张成茂	2017.04—2021.01
材料科学与工程学院	党委书记	张春国	2017.01—2021.01
	院长	刘敬权	2017.01—2021.01
	党委副书记	刘春远	2017.03—2021.01
	副院长	王常春	2017.03—2021.01
	副院长	徐守芳	2017.04—2021.01
自动化与电气工程学院	党委书记	蒋学华	2016.08—2017.01
	党委书记	赵宗金	2017.01—2018.12
	党委书记	赵志民	2018.12—2021.01
	院长	邱建龙	2016.09—2019.06
	副院长（主持）	张安彩	2019.06—2021.01
	党委副书记	李敬华	2017.03—2021.01
	副院长	刁述妍	2017.03—2021.01
	副院长	张安彩	2017.04—2019.06
信息科学与工程学院	党委书记	李洪杰	2017.01—2018.12

机构名称	职务	姓名	任职时间
信息科学与工程学院	党委书记	郑美虹	2018.12—2020.12
	党委书记	牛祥春	2020.12—2021.01
	院长	张问银	2017.01—2021.01
	党委副书记	冯炀	2017.03—2021.01
	副院长	李英奎	2017.03—2017.12
	副院长	傅德谦	2017.04—2021.01
	副院长	王振海	2017.04—2020.12
土木工程与建筑学院	党委书记	朱文玉	2016.08—2017.01
	党委书记	陈学营	2017.01—2021.01
	院长	付厚利	2016.09—2020.12
	党委副书记	颜春晓	2017.02—2021.01
	副院长	朱登元	2017.04—2021.01
	副院长	崔玉理	2017.04—2021.01
资源环境学院（水土保持与环境保育研究所）	党委书记	卢金荣	2017.03—2021.01
	院长	申洪源	2017.06—2019.05
	党委副书记	郭京英	2017.03—2018.11
	副院长	梁仁君	2017.03—2021.01
	副院长	王 梁	2017.04—2021.01
	水土保持与环境保育研究所所长（兼）	申洪源	2017.06—2019.05
	水土保持与环境保育研究所副所长（主持）	王 梁	2019.05—2021.01
生命科学学院（地质与古生物研究所）	党委书记	黄永亮	2017.01—2021.01
	副院长（主持）	王学斌	2017.02—2019.03
	院长	王学斌	2019.03—2021.01
	党委副书记	何茂华	2017.03—2021.01
	副院长	全先庆	2017.03—2021.02
	副院长、所长	王孝理	2017.03—2021.01
	地质与古生物研究所所长（兼）	王孝理	2017.06—2021.01
农林科学学院	党委书记	刘玉清	2017.01—2021.01
	院长	吕慎金	2017.02—2020.12
	党委副书记	胡晓平	2017.03—2021.01
	副院长	丰培金	2017.03—2021.01
	副院长	刘 文	2017.04—2021.01
沂水校区	党委书记	彭文修	2017.01—2018.12
	党委书记	张国庆	2018.12—2021.01
	校长	李云成	2017.03—2021.01
	党委副书记	宋国华	2017.03—2021.01
	副校长	马学亮	2017.03—2021.02
	副校长	王升丽	2017.06—2021.01
	副校长	许宗刚	2017.06—2021.01
费县校区	党委书记	孙成明	2017.01—2021.01
	校长	张忠年	2017.03—2021.01
	党委副书记	张茂坤	2017.03—2021.01
	副校长	孙 健	2017.03—2020.10
	副校长	张学勤	2017.03—2021.01
	副校长	陈怀元	2017.06—2021.01
	副校长	王瑞华	2017.06—2021.01

第三任期（2021 年—　　　　）

机构名称	职务	姓名	任职时间
党委办公室、校长办公室（法律事务中心）	主任	杨洪杰	2021.01 至今
	副主任	田建	2021.01 至今
	副主任	殷恒运	2021.01 至今
	副主任	陈江华	2021.01 至今
	法律事务中心副主任	刘鹏	2021.01 至今
纪委、监察专员办公室(合署)	纪委副书记	李培苍	2021.01 至今
	纪委副书记	王统永	2021.01 至今
	综合处副处长	王晓凌	2021.01 至今
	案件审理室主任（副处级）	康茂林	2021.01 至今
	纪检监察室主任（副处级）	韩勇	2021.01 至今
	案件管理室主任（副处级）	任永明	2021.01 至今
组织部（党校、巡察办、机关党委）	临沂大学党委委员、组织部部长、巡察办主任、机关党委书记	张思峰	2021.01 至今
	组织员办公室主任（正处级）、组织部副部长	董勤岭	2021.01 至今
	副部长	王钧	2021.01 至今
	副部长	王彪	2021.01 至今
	巡察办副主任	李强	2021.01 至今
宣传部（新闻中心）	临沂大学党委委员、宣传部（新闻中心）部长（主任）	白金山	2021.01 至今
	副部长	刘春远	2021.01 至今
	副部长（副主任）	谢成才	2021.01 至今
	副部长	王金铭	2021.01 至今
统战部（台港澳事务办公室）	常务副部长（主任）	刘建华	2021.01 至今
	副部长（副主任）	朱庆峰	2021.01 至今
学生工作部(处)（武装部）	学生工作部（武装部）部长、学生工作处处长	王焕全	2021.01 至今
	学生工作部副部长、学生工作处副处长	蒲洪发	2021.01 至今
	学生工作部副部长、学生工作处副处长、武装部副部长	王晓林	2021.01 至今
教师工作部（人事处、教师发展中心）	教师工作部部长、人事处处长、教师发展中心主任、组织部副部长（兼）	邱建龙	2021.01 至今
	教师工作部副部长、人事处副处长	隋群	2021.01 至今
	教师工作部副部长、人事处副处长、教师发展中心副主任	王振海	2021.01 至今
	教师工作部副部长、人事处副处长	王玮	2021.01 至今
离退休工作处	处长	朱文玉	2021.01 至今
	副处长	韩广强	2021.01 至今
	副处长	苏君芝	2021.01 至今
工会、妇委会（合署）	工会主席	任庆大	2021.01 至今
	工会副主席、妇委会副主任	张茹	2021.01 至今
团委	团委书记	石少广	2021.01 至今
	团委副书记	高菲	2021.01 至今

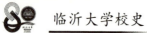

机构名称	职务	姓名	任职时间
规划处（政策研究室）	规划处处长、政策研究室主任、医学筹建办公室主任（兼）	李中国	2021.01 至今
	规划处副处长、政策研究室副主任	闫青峰	2021.01 至今
	规划处副处长、政策研究室副主任	张红军	2021.01 至今
教务处（招生办公室）	处长、主任	吕慎金	2021.01 至今
	副处长	朱凤春	2021.01 至今
	副处长	李道勇	2021.01 至今
	副处长、副主任	韩凯	2021.01 至今
教学评估处	处长	赵光怀	2021.01 至今
	副处长	刘凤志	2021.01 至今
研究生处（学科建设办公室）	处长、主任	付厚利	2021.01 至今
	副处长、副主任	徐树建	2021.01 至今
	副处长	胡晓丽	2021.01 至今
科学技术处	处长	王梁	2021.01 至今
	副处长	周建伟	2021.01 至今
	副处长	郭春雷	2021.01 至今
社会科学处	处长	张立梅	2021.01 至今
	副处长	卢中华	2021.01 至今
	副处长	李光	2021.01 至今
合作发展处（校友工作办公室、教育发展基金会秘书处）	处长、主任、秘书长	赵勇	2021.01 至今
	副处长、校友工作办公室副主任	王茂广	2021.01 至今
国际交流与合作处	处长	姜兆梓	2021.01 至今
	副处长	孙国栋	2021.01 至今
财务处	处长	孙建成	2021.01 至今
	副处长	王诗梦	2021.01 至今
审计处	处长	赵雍	2021.01 至今
	副处长	王永新	2021.01 至今
信息处	副处长	管士亮	2021.01 至今
资产处	处长	高东兴	2021.01 至今
	副处长	金学勇	2021.01 至今
	副处长	李漠	2021.01 至今
	副处长	张连成	2021.01 至今
安全保卫处	处长	冯焕顺	2021.01 至今
	副处长	丁磊	2021.01 至今
	副处长	彭福峰	2021.01 至今
	副处长	董新矫	2021.01 至今
基建处	副处长	杜金中	2021.01 至今
后勤处	处长	马彦明	2021.01 至今
	副处长	吴涛	2021.01 至今
	副处长	尹怀富	2021.01 至今
图书馆	馆长	孙令民	2021.01 至今
	副馆长	李鸣钏	2021.01 至今
	副馆长	刘艳春	2021.01 至今
创新创业学院	创新创业学院副院长、学生工作部副部长、学生工作处副处长（兼）	李敬华	2021.01 至今
档案馆	馆长	彭文修	2021.01 至今
	副馆长	冉利强	2021.01 至今
	副馆长	李琳	2021.01 至今

机构名称	职务	姓名	任职时间
实验管理中心	主任	姜秀全	2021.01 至今
	副主任	韩虎	2021.01 至今
学报编辑部	主任	张根柱	2021.01 至今
	副主任	丰培金	2021.01 至今
继续教育学院	院长	李殿勇	2021.01 至今
	副院长	宋兴良	2021.01 至今
	副院长	苗智刚	2021.01 至今
国际教育交流学院	院长	隋长虹	2021.01 至今
	副院长	王宝祥	2021.01 至今
	副院长	唐文	2021.01 至今
乡村振兴学院	乡村振兴学院副院长、合作发展处副处长（兼）	高振强	2021.01 至今
教育集团	总经理	韩维同	2021.01 至今
	副总经理	彭洪君	2021.01 至今
医学部筹建办公室	副主任	全先庆	2021.01 至今
马克思主义学院（沂蒙干部学院）	党委书记、沂蒙文化研究院院长（兼）	徐东升	2021.01 至今
	党委副书记、院长	赵长芬	2021.01 至今
	党委副书记	颜春晓	2021.01 至今
	党委专职组织员	牟海善	2021.01 至今
	副院长	杨志刚	2021.01 至今
商学院	党委书记、临沂大学妇委会主任（兼）	孔霞	2021.01 至今
	党委副书记、院长	刁玉柱	2021.01 至今
	党委副书记	金光伟	2021.01 至今
	党委专职组织员	申端春	2021.01 至今
	副院长	王连合	2021.01 至今
	副院长	吴作凤	2021.01 至今
物流学院	党委书记	李洪杰	2021.01 至今
	党委副书记、院长	刁科凤	2021.01 至今
	商贸物流研究院执行院长、物流学院党委副书记（兼）	李晓东	2021.01 至今
	党委副书记	赵小情	2021.01 至今
	党委专职组织员	郭京英	2021.01 至今
	副院长	李信利	2021.01 至今
	副院长	崔沂峰	2021.01 至今
法学院	党委书记	来涛	2021.01 至今
	副院长	马晓春	2021.01 至今
	党委副书记	刘新昌	2021.01 至今
	党委专职组织员	郑美虹	2021.01 至今
	副院长	罗亚海	2021.01 至今
	副院长	闫朝东	2021.01 至今
教育学院（教师教育学院）	党委副书记、院长	张洪高	2021.01 至今
	党委副书记	魏元栋	2021.01 至今
	党委专职组织员	李刚	2021.01 至今
	副院长	赵金霞	2021.01 至今
	副院长	曹彦杰	2021.01 至今

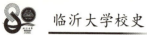

机构名称	职务	姓名	任职时间
体育与健康学院	党委书记	滕向农	2021.01 至今
	党委副书记、院长	杨涛	2021.01 至今
	党委副书记	毛子成	2021.01 至今
	党委专职组织员	卢金荣	2021.01 至今
	副院长	李洪波	2021.01 至今
	副院长	赵光勇	2021.01 至今
	副院长	陈庆杰	2021.01 至今
音乐学院	党委书记	孙成明	2021.01 至今
	院长	王秀庭	2021.01 至今
	党委副书记	许彬彬	2021.01 至今
	党委专职组织员	郭金亭	2021.01 至今
	副院长	闫妍	2021.01 至今
	副院长	王德聪	2021.01 至今
美术学院	党委书记	王红坤	2021.01 至今
	党委副书记、院长	尹德辉	2021.01 至今
	党委副书记	王慧	2021.01 至今
	党委专职组织员	许崇波	2021.01 至今
	副院长	季超	2021.01 至今
	副院长	杨晓玲	2021.01 至今
文学院	党委书记	解克萌	2021.01 至今
	党委副书记、院长	周忠元	2021.01 至今
	党委副书记	庞晓东	2021.01 至今
	党委专职组织员	谢瑞迎	2021.01 至今
	副院长	李鹏	2021.01 至今
	副院长	马秀兰	2021.01 至今
外国语学院	党委书记	于建波	2021.01 至今
	副院长	张笛	2021.01 至今
	党委副书记	王乐相	2021.01 至今
	党委专职组织员	张申	2021.01 至今
	副院长	苏鑫	2021.01 至今
	副院长	周银凤	2021.01 至今
传媒学院	党委书记	王忠慧	2021.01 至今
	党委副书记、院长	戴俊潭	2021.01 至今
	党委副书记	王世华	2021.01 至今
	党委专职组织员	孙世友	2021.01 至今
	副院长	陈珊	2021.01 至今
	副院长	李明娟	2021.01 至今
历史文化学院	党委书记	孙涛	2021.01 至今
	党委副书记、院长	魏秀春	2021.01 至今
	党委副书记	臧广良	2021.01 至今
	党委专职组织员	李伟	2021.01 至今
	副院长	周静	2021.01 至今
	副院长	尤海涛	2021.01 至今
数学与统计学院	党委书记	卢世伟	2021.01 至今
	党委副书记、院长	傅尊伟	2021.01 至今
	党委副书记	卞青山	2021.01 至今
	党委专职组织员	吕维明	2021.01 至今
	副院长	李英奎	2021.01 至今
	副院长	李锋	2021.01 至今

机构名称	职务	姓名	任职时间
数学与统计学院	副院长	姜自武	2021.01 至今
物理与电子工程学院	党委书记	高立晟	2021.01 至今
	党委副书记、院长	王永龙	2021.01 至今
	党委副书记	孟沂	2021.01 至今
	党委专职组织员	王宏坤	2021.01 至今
	副院长	王常春	2021.01 至今
	副院长	崔光亮	2021.01 至今
化学化工学院	党委书记	高希龙	2021.01 至今
	党委副书记、院长、生化分析研究所所长（兼）	李雪梅	2021.01 至今
	党委副书记	刘元兴	2021.01 至今
	党委专职组织员	赵宗金	2021.01 至今
	副院长	夏其英	2021.01 至今
	副院长	时鹏飞	2021.01 至今
药学院	党委书记	刘林	2021.01 至今
	党委副书记、院长	王振	2021.01 至今
	党委副书记	贾学玲	2021.01 至今
	党委专职组织员	牛祥春	2021.01 至今
	副院长	张海娟	2021.01 至今
	副院长	马军	2021.01 至今
机械与车辆工程学院	党委书记	任芳	2021.01 至今
	党委副书记、院长	孙成通	2021.01 至今
	党委副书记	张磊	2021.01 至今
	党委专职组织员	陈学营	2021.01 至今
	副院长	张成茂	2021.01 至今
	副院长	孙雪梅	2021.01 至今
材料科学与工程学院	党委书记	张春国	2021.01 至今
	院长	刘敬权	2021.01 至今
	党委副书记	辛沂	2021.01 至今
	党委专职组织员	赵亮	2021.01 至今
	副院长	徐守芳	2021.01 至今
	副院长	李法强	2021.01 至今
自动化与电气工程学院	党委书记	赵志民	2021.01 至今
	党委副书记、院长	张安彩	2021.01 至今
	党委副书记	李艳东	2021.01 至今
	党委专职组织员	张燕	2021.01 至今
	副院长	刘兆栋	2021.01 至今
信息科学与工程学院	党委副书记、院长	张问银	2021.01 至今
	党委副书记	冯炀	2021.01 至今
	党委专职组织员	刘玉清	2021.01 至今
	副院长	傅德谦	2021.01 至今
	副院长	王九如	2021.01 至今
土木工程与建筑学院	党委书记	王立国	2021.01 至今
	党委副书记、院长	朱登元	2021.01 至今
	党委副书记	蔡相国	2021.01 至今
	党委专职组织员	张兆伦	2021.01 至今
	副院长	崔玉理	2021.01 至今
	副院长	于本福	2021.01 至今

机构名称	职务	姓名	任职时间
资源环境学院	党委书记	史松波	2021.01 至今
	院长	王 梁	2021.01 至今
	党委副书记	张金宝	2021.01 至今
	党委专职组织员	李彤光	2021.01 至今
	副院长	董玉良	2021.01 至今
	副院长	黄力华	2021.01 至今
生命科学学院	党委书记	黄永亮	2021.01 至今
	院长	王学斌	2021.01 至今
	党委副书记	何茂华	2021.01 至今
	党委专职组织员	奚凤兰	2021.01 至今
	副院长	胡晓君	2021.01 至今
	副院长	郗冬梅	2021.01 至今
农林科学学院	党委书记	颜骁	2021.01 至今
	副院长	张兴林	2021.01 至今
	党委副书记	胡晓平	2021.01 至今
	党委专职组织员	黄科一	2021.01 至今
	副院长	刘文	2021.01 至今
沂水校区	党委书记、校长	李云成	2021.01 至今
	党委副书记	许宗刚	2021.01 至今
	纪委书记	王阔之	2021.01 至今
	党委专职组织员	宋国华	2021.01 至今
	党委专职组织员	马学亮	2021.01 至今
	副校长	王升丽	2021.01 至今
	副校长	窦建民	2021.01 至今
费县校区	党委书记	刘强	2021.01 至今
	党委副书记、校长	高进峰	2021.01 至今
	副书记	陈怀元	2021.01 至今
	纪委书记	方建新	2021.01 至今
	党委专职组织员	张茂坤	2021.01 至今
	副校长	王瑞华	2021.01 至今
	副校长	陈永广	2021.01 至今
水土保持研究所	所长	张弛	2021.01 至今
地质与古生物研究所	所长	张福成	2021.01 至今
沂蒙文化研究院	副院长	赵凤远	2021.01 至今

附录6 临沂大学本科专业设置情况一览表

序号	专业名称	授予学位门类	设置招生年份	专业类别	师范专业标识	所在学院	专业码
1	材料科学与工程	工学	2015	材料类	非师范	材料科学与工程学院	080401
2	新能源材料与器件	工学	2019	材料类	非师范	材料科学与工程学院	080414T
3	新闻学	文学	2004	新闻传播学类	非师范	传媒学院	050301
4	广告学	文学	2005	新闻传播学类	非师范	传媒学院	050303
5	播音与主持艺术	艺术学	2007	戏剧与影视学类	非师范	传媒学院	130309
6	广播电视编导	艺术学	2007	戏剧与影视学类	非师范	传媒学院	130305
7	数字媒体艺术	艺术学	2012	设计学类	非师范	传媒学院	130508
8	法学	法学	2002	法学类	非师范	法学院	030101K
9	社会工作	法学	2002	社会学类	非师范	法学院	030302
10	化学	理学	1999	化学类	师范	化学化工学院	070301
11	应用化学	工学	2002	化学类	非师范	化学化工学院	070302
12	化学工程与工艺	工学	2006	化工与制药类	非师范	化学化工学院	081301
13	医学检验技术	理学	2019	医学技术类	非师范	化学化工学院	101001
14	机械电子工程	工学	2014	机械类	非师范	机械与车辆工程学院	080204
15	机械设计制造及其自动化	工学	2004	机械类	非师范	机械与车辆工程学院	080202
16	车辆工程	工学	2006	机械类	非师范	机械与车辆工程学院	080207
17	汽车服务工程	工学	2013	机械类	非师范	机械与车辆工程学院	080208
18	飞行器制造工程	工学	2011	航空航天类	非师范	机械与车辆工程学院	082003
19	小学教育	教育学	2004	教育学类	师范	教育学院	040107
20	学前教育	教育学	2012	教育学类	师范	教育学院	040106
21	应用心理学	理学	2005	心理学类	师范	教育学院	071102
22	教育技术学	理学	2001	教育学类	师范	教育学院	040104
23	公共事业管理	管理学	2003	公共管理类	非师范	教育学院	120401
24	科学教育	教育学	2007	教育学类	师范	教育学院	040102

序号	专业名称	授予学位门类	设置招生年份	专业类别	师范专业标识	所在学院	专业码
25	艺术教育	教育学	2007	教育学类	师范	教育学院	040105
26	文化产业管理	管理学	2008	工商管理类	非师范	历史文化学院	120210
27	历史学	历史学	1999	历史学类	师范	历史文化学院	060101
28	旅游管理	管理学	2003	旅游管理类	非师范	历史文化学院	120901K
29	思想政治教育	法学	2000	马克思主义理论类	师范	马克思主义学院	030503
30	美术学	艺术学	2001	美术学类	师范	美术学院	130401
31	动画	艺术学	2007	戏剧与影视学类	非师范	美术学院	130310
32	环境设计	艺术学	2012	设计学类	非师范	美术学院	130503
33	书法学	艺术学	2006	美术学类	非师范	美术学院	130405T
34	视觉传达设计	艺术学	2012	设计学类	非师范	美术学院	130502
35	服装与服饰设计	艺术学	2012	设计学类	非师范	美术学院	130505
36	产品设计	艺术学	2012	设计学类	非师范	美术学院	130504
37	园林	农学	2003	林学类	非师范	农林科学学院	090502
38	动物医学	农学	2003	动物医学类	非师范	农林科学学院	090401
39	园艺	农学	2016	植物生产类	非师范	农林科学学院	090102
40	动物科学	农学	2018	动物生产类	非师范	农林科学学院	090301
41	国际经济与贸易	经济学	2002	经济与贸易类	非师范	商学院	020401
42	工商管理	管理学	2003	工商管理类	非师范	商学院	120201K
43	会计学	管理学	2002	工商管理类	非师范	商学院	120203K
44	金融工程	经济学	2014	金融学类	非师范	商学院	020302
45	生物科学	理学	2000	生物科学类	师范	生命科学学院	071001
46	生物技术	理学	2002	生物科学类	非师范	生命科学学院	071002
47	食品科学与工程	工学	2005	食品科学与工程类	非师范	生命科学学院	082701
48	数学与应用数学	理学	1999	数学类	师范	数学与统计学院	070101
49	信息与计算科学	理学	2004	数学类	非师范	数学与统计学院	070102

序号	专业名称	授予学位门类	设置招生年份	专业类别	师范专业标识	所在学院	专业码
50	统计学	理学	2017	统计学类	非师范	数学与统计学院	071201
51	数据科学与大数据技术	理学	2018	计算机类	非师范	数学与统计学院	080910T
52	舞蹈表演	艺术学	2012	音乐与舞蹈学类	非师范	体育与健康学院	130204
53	体育教育	教育学	2001	体育学类	师范	体育与健康学院	040201
54	社会体育指导与管理	教育学	2005	体育学类	非师范	体育与健康学院	040203
55	土木工程	工学	2006	土木类	非师范	土木工程与建筑学院	081001
56	建筑学	工学	2007	建筑类	非师范	土木工程与建筑学院	082801
57	房地产开发与管理	管理学	2008	管理科学与工程类	非师范	土木工程与建筑学院	120104
58	城市地下空间工程	工学	2017	土木类	非师范	土木工程与建筑学院	081005T
59	英语	文学	2000	外国语言文学类	师范	外国语学院	050201
60	俄语	文学	2005	外国语言文学类	非师范	外国语学院	050202
61	朝鲜语	文学	2010	外国语言文学类	非师范	外国语学院	050209
62	西班牙语	文学	2010	外国语言文学类	非师范	外国语学院	050205
63	阿拉伯语	文学	2014	外国语言文学类	非师范	外国语学院	050206
64	商务英语	文学	2016	外国语言文学类	非师范	外国语学院	050262
65	法语	文学	2011	外国语言文学类	非师范	外国语学院	050204
66	汉语国际教育	文学	2012	中国语言文学类	师范	文学院	050103
67	汉语言文学	文学	1998	中国语言文学类	师范	文学院	050101
68	编辑出版学	文学	2009	新闻传播学类	非师范	文学院	050305
69	物理学	理学	1999	物理学类	师范	物理与电子工程学院	070201
70	电子信息工程	工学	2005	电子信息类	非师范	物理与电子工程学院	080701
71	电子信息科学与技术	工学	2007	电子信息类	非师范	物理与电子工程学院	080714T
72	微电子科学与工程	工学	2019	电子信息类	非师范	物理与电子工程学院	080704
73	物流管理	管理学	2006	物流管理与工程类	非师范	物流学院	120601
74	物流工程	工学	2016	物流管理与工程类	非师范	物流学院	120602

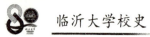

序号	专业名称	授予学位门类	设置招生年份	专业类别	师范专业标识	所在学院	专业码
75	电子商务	管理学	2013	电子商务类	非师范	物流学院	120801
76	软件工程	工学	2006	计算机类	非师范	信息科学与工程学院	080902
77	计算机科学与技术	工学	2000	计算机类	师范	信息科学与工程学院	080901
78	网络工程	工学	2007	计算机类	非师范	信息科学与工程学院	080903
79	通信工程	工学	2003	电子信息类	非师范	信息科学与工程学院	080703
80	信息工程	工学	2004	电子信息类	非师范	信息科学与工程学院	080706
81	制药工程	工学	2006	化工与制药类	非师范	药学院	081302
82	药学	理学	2015	药学类	非师范	药学院	100701
83	中药学	理学	2017	中药学类	非师范	药学院	100801
84	音乐学	艺术学	2001	音乐与舞蹈学类	师范	音乐学院	130202
85	舞蹈学	艺术学	2003	音乐与舞蹈学类	非师范	音乐学院	130205
86	地理科学	理学	2001	地理科学类	师范	资源环境学院	070501
87	自然地理与资源环境	理学	2002	地理科学类	非师范	资源环境学院	070502
88	人文地理与城乡规划	理学	2012	地理科学类	非师范	资源环境学院	070503
89	环境工程	工学	2007	环境科学与工程类	非师范	资源环境学院	082502
90	测绘工程	工学	2010	测绘类	非师范	资源环境学院	081201
91	地理空间信息工程	工学	2018	测绘类	非师范	资源环境学院	081205T
92	电气工程及其自动化	工学	2002	电气类	非师范	自动化与电气工程学院	080601
93	自动化	工学	2004	自动化类	非师范	自动化与电气工程学院	080801
94	轨道交通信号与控制	工学	2012	自动化类	非师范	自动化与电气工程学院	080802T
95	机器人工程	工学	2019	自动化类	非师范	自动化与电气工程学院	080803T

附录 7 临沂大学第二学士学位专业汇总表

序号	学院名称	专业代码	专业名称	专业类代码	专业类名称	门类代码	门类名称	修业年限	学位授予门类
1	商学院	020401	国际经济与贸易	0204	经济与贸易类	02	经济学	2年	经济学
2	商学院	020302	金融工程	0203	金融学类	02	经济学	2年	经济学
3	教育学院	040107	小学教育	0401	教育学类	04	教育学	2年	教育学
4	传媒学院	050301	新闻学	0503	新闻传播学类	05	文学	2年	文学
5	外国语学院	050201	英语	0502	外国语言文学类	05	文学	2年	文学
6	外国语学院	050262	商务英语	0502	外国语言文学类	05	文学	2年	文学
7	文学院	050101	汉语言文学	0501	中国语言文学类	05	文学	2年	文学
8	历史文化学院	060101	历史学	0601	历史学类	06	历史学	2年	历史学
9	教育学院	071102	应用心理学	0711	心理学类	07	理学	2年	理学
10	生命科学学院	071002	生物技术	0710	生物科学类	07	理学	2年	理学
11	数学与统计学院	070101	数学与应用数学	0701	数学类	07	理学	2年	理学
12	药学院	100701	药学	1007	药学类	10	医学	2年	理学
13	资源环境学院	070501	地理科学	0705	地理科学类	07	理学	2年	理学
14	机械与车辆工程学院	080202	机械设计制造及其自动化	0802	机械类	08	工学	2年	工学

序号	学院名称	专业代码	专业名称	专业类代码	专业类名称	门类代码	门类名称	修业年限	学位授予门类
15	生命科学学院	082701	食品科学与工程	0827	食品科学与工程类	08	工学	2年	工学
16	土木工程与建筑学院	081001	土木工程	0810	土木类	08	工学	2年	工学
17	物理与电子工程学院	080701	电子信息工程	0807	电子信息类	08	工学	2年	工学
18	药学院	081302	制药工程	0813	化工与制药类	08	工学	2年	工学
19	资源环境学院	081201	测绘工程	0812	测绘类	08	工学	2年	工学
20	资源环境学院	082502	环境工程	0825	环境科学与工程类	08	工学	2年	工学
21	自动化与电气工程学院	080601	电气工程及其自动化	0806	电气类	08	工学	2年	工学
22	自动化与电气工程学院	080801	自动化	0808	自动化类	08	工学	2年	工学
23	农林科学学院	090502	园林	0905	林学类	09	农学	2年	农学
24	商学院	120201K	工商管理	1202	工商管理类	12	管理学	2年	管理学
25	商学院	120203k	会计学	1202	工商管理类	12	管理学	2年	管理学
26	物流学院	120801	电子商务	1208	电子商务类	12	管理学	2年	管理学
27	物流学院	120601	物流管理	1206	物流管理与工程类	12	管理学	2年	管理学
28	美术学院	130405T	书法学	1304	美术学类	13	艺术学	2年	艺术学

附录 8　临沂大学微专业汇总表

学　　院	微专业名称	课程门数	学分数
材料科学与工程学院	锂离子电池	10	19
材料科学与工程学院	增材制造	6	11
传媒学院	短视频与网络直播商业运营	6	18
法学院	物流法学	5	12
教育学院	应用心理学	8	23.5
历史文化学院	文物与博物馆学	7	18
美术学院	国画人物	7	11.5
美术学院	数字绘画	5	12.5
生命科学学院	生物药物分析	8	17
生命科学学院	食品检测技术	6	11
数学与统计学院	大数据分析与应用	7	21
土木工程与建筑学院	建筑环境与能源应用工程	8	17
外国语学院	科技英语翻译	7	14
文学院	文秘与办公自动化	7	20
物流学院	跨境电商	8	19
资源环境学院	智慧城市与规划管理	10	20
机械与车辆工程学院	机械装备智能制造	10	20
化学化工学院	分析测试技术	7	16
商学院	区块链财务	10	26
体育与健康学院	中学体育教学	7	22

附录9 临沂大学2011—2021年专业增减调整情况备忘录

2011年新增本科专业法语和飞行器制造工程2个本科专业，本科专业65个，专科招生专业36个。

2012年新增人文地理与城乡规划、学前教育、数字媒体艺术、汉语国际教育4个本科专业，本年度教育部本科专业目录做了调整，专业进行了拆分、合并，本科专业75个。专业招生专业36个。

2013年新增本科专业电子商务和汽车服务工程2个本科专业，本科专业77个，招生专业71个，本年度轨道交通信号与控制、信息工程、测绘工程、产品设计、动物医学、科学教育没有招生。专科招生专业37个。

2014年新增本科专业机械电子工程、金融工程、阿拉伯语3个本科专业，本科专业80个，招生专业77个，本年度公共事业管理、轨道交通信号与控制、信息工程没有招生。专科招生专业36个。

2015年新增材料科学与工程和药学2个本科专业，本科专业82个，招生专业77个，本年度科学教育、艺术教育、公共事业管理、信息工程、自然地理与资源环境没有招生。根据山东省教育厅、山东省财政厅《关于改革拨款定额鼓励本科高校特色发展的意见》（鲁财教〔2014〕40号）和《关于扩大实施本科高校拨款定额改革的通知》（鲁教高处函〔2015〕36号）文件要求，我校科学合理划分鼓励性发展专业（A类）、一般性发展专业（B类）和限制性发展专业（C类），A、B、C类专业分别为25、41、16个。专科招生专业36个。

2016年新增园艺、物流工程、商务英语3个本科专业，停招科学教育、艺术教育、信息工程3个本科专业，从本年度开始，教育厅要求新增专业采取新增与撤销或停招和撤销专业合计等数量置换方式申请。本科专业共计85个，招生专业81个。专科专业目录教育部作了调整，经过拆分与合并，专科专业有90个，招生专业40个。

2017年新增城市地下空间工程、统计学、中药学3个本科专业，停招公共事业管理、服装与服饰设计、飞行器制造工程3个专科专业，本科专业共计88个，招生专业81个。空中乘务2017年没有招生，电子信息工程技术招生，专科招生专业40个。

2018年新增数据科学与大数据技术、动物科学、地理空间信息工程3个本科专业，停招法语、产品设计、自然地理与资源环境、信息与计算科学4个本科专业，本科专业共计 91 个，招生专业 81 个。专科语文教育、数学教育、物理教育、英语教育、空中乘务恢复招生，招生专业 45 个。

2019 新增新能源材料与器件、医学检验技术、微电子科学与工程、机器人工程 4 个本科专业，复招飞行器制造工程专业，停招电子信息科学与技术、汽车服务工程、教育技术、编辑出版学 4 个本科专业，本科专业共计 95 个，招生专业 82 个。专科社会体育专业开始招生，专科招生专业 46 个。

2020 年新增学前教育专科专业 1 个，专科招生专业 47 个。

附录10 临沂大学2011—2021年教学质量工程项目情况

2011年获批省级特色专业2个；省级高等学校人才培养模式创新实验区1个；省级精品课程3门；省级教学团队1个。获评教学名师1人；省级优秀教材二等奖1项；评选校级优秀教学团队15个、精品课程25门、培育项目5项、特色专业13个。

2012年获批欧特克公司专业综合改革试点专业2个，教育部综合改革试点专业1个；省级精品课程12门；省级教学改革研究项目9项；省级教学团队1个；省级特色专业2个；获评省级教学名师1人。评选校级教学成果奖46项，其中一等奖6项，二等奖15项，三等奖25项；校级教学改革研究项目50项，大学外语教学改革示范点专项项目5项；评选校级特色专业5个、校企共建专业5个、人才培养模式创新实验区5个、优秀教学团队10个、特色课程15门、精品课程25门、双语教学示范课程10门。

2013年获批国家级精品资源共享课2门；国家级法学教育实践基地1个；省级精品课程15门；省级特色专业2个；山东省卓越工程师教育培养计划项目专业3个；评选校级精品课程22门、特色课程22门、双语教学示范课程10门、优秀教学团队12个、特色专业6个、人才培养模式创新实验区6个、校本教材立项12部。

2014年获批国家级卓越教师培养计划改革项目1个；获评省级教学名师1人；获批山东省应用型人才培养专业支持计划项目专业1个；省级教学改革研究项目1个；获评省级高等教育教学成果奖共8项，其中一等奖2项，二等奖2项，三等奖4项；省级基础教育教学成果奖5项，其中一等奖1项，二等奖1项，三等奖3项；省青年教师教学竞赛二等奖1人。评选校级教学改革研究项目70项；校级教学成果奖50项，其中一等奖10项，二等奖18项，三等奖22项；校级精品课程20门、特色课程18门、双语教学示范课程2门、优秀教学团队12个、教材立项20部、人才培养模式创新实验区5个、特色专业3个、通识核心课程4门、网络在线课程9门、优秀指导教师10位；校级青年教学能手10人。

2015年获批国家级生物学虚拟仿真实验教学中心1个；获评省级教学名师1人；获批山东省高校应用型人才培养专业发展支持计划专业1个；获批省级教学改革研究项目7项，其中重点2项，面上5项；省青年教师教学竞赛优秀奖3人。评选校级精品课程19门、优秀教学团队10个、网络在线课程10门、人才培养模式创新实验区9个、课堂教学模式改革示范项目11个、优秀教学奖9个、优秀指导教师20位；

校级青年教学能手 10 人。

2016 年获批省级高水平应用型专业群 5 个，其中重点建设专业群 1 个，培育建设专业群 3 个，自筹经费建设专业群 1 个；省青年教师教学竞赛三等奖 1 人。评选校级教学改革研究项目 50 项，其中重点项目 10 项，一般项目 40 项；评出校级精品课程 20 门、优秀教学团队 10 个、网络在线课程 10 门、课堂教学模式改革示范项目 5 项、优秀教学奖 9 个、优秀指导教师 20 位；校级青年教学能手 11 人。

2017 年建成国家精品资源共享课 2 门；获批国家级精品在线开放课程 1 门；获批省级教学改革研究项目 5 项，其中资助重点 1 项，资助面上 2 项， 自筹重点 1 项，自筹面上 1 项；获批课程联盟在线课程建设研究项目 2 项；教育部产学合作协同育人项目 19 项；省青年教师教学竞赛三等奖 4 人。评选校级教学成果奖 60 项，其中特等奖 10 项，一等奖 20 项，二等奖 30 项；校级在线开放课程 13 门，学生学习评价改革课程 106 门，课堂教学模式改革课程 85 门，教育信息化研究课程 65 门，优秀指导教师 20 名；校级课堂教学竞赛暨"青年教学能手"评选一等奖 10 人，二等奖 5 人，三等奖 10 人，一等奖的 10 人同时认定为青年教学能手。

2018 年获批省级教学改革研究项目 11 项，其中重点 3 项，面上 8 项；国家级高等教育教学成果奖一等奖 1 项（参与），基础教育教学成果奖二等奖 1 项，职业教育教学成果奖二等奖 1 项（参与）。获评省级高等教育教学成果奖共 12 项，其中，特等奖 1 项（参与），一等奖 3 项，二等奖 8 项；基础教育教学成果奖 8 项，其中特等奖 2 项，一等奖 1 项，二等奖 5 项；教育部产学合作协同育人项目 40 项；省青年教师教学竞赛一等奖 3 人，二等奖 1 人，三等奖 3 人。评选校级教学改革研究项目 72 项，精品课堂 25 门、学生学习评价改革课程 52 门、在线开放课程 22 门、校本教材 10 部、虚拟仿真实验教学项目 10 项、优秀指导教师 20 名。

2019 年获批省级一流专业建设点 13 个，国家级一流专业建设点 3 个；小学教育通过教育部师范类专业二级认证；省级基础教育教学改革研究项目 1 项；教育部产学合作协同育人项目 62 项；省青年教师教学竞赛二等奖 4 个，三等奖 2 个。评选校级精品课堂 16 门、学生学习评价改革课程 55 门、虚拟仿真实验教学项目 8 项、优秀指导教师 31 名；校级课堂教学竞赛暨"青年教学能手"评选一等奖 14 人，二等奖 20 人，三等奖 22 人，一等奖的 14 人同时认定为青年教学能手。

2020 年获批省级教学改革研究项目 10 项，其中重点 2 项，面上 8 项；省思政课教学改革重点项目 1 项；获批省级一流本科课程 24 门，国家级一流本科课程 5 门；

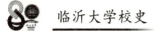
优秀共享共享课程和优秀教学案例 7 个；省青年教师教学竞赛二等奖 2 人，三等奖 3 人；省青年教师信息化教学竞赛一等奖 1 个，二等奖 2 个，三等奖 1 个；教育部产学合作协同育人项目 27 项；动物医学和生物科学专业被认定为山东省一流本科专业建设点；地理科学专业顺利完成教育部师范类专业二级认证专家进校考查工作，制药工程专业、机械设计制造及自动化专业顺利完成工程教育认证专家进校考查工作。评选校级教学改革研究项目 65 项，其中重点 22 项，面上 43 项；校级"课程思政"教学项目 313 项，其中教学改革研究项目 140 项，示范课程项目 173 项。"新工科"教学改革研究项目 10 项，其中，重点 3 项，一般 7 项；"新农科"教学改革研究项目 5 项，其中，重点 2 项，一般 3 项；校级教学名师 8 名。

附录 11 临沂大学 2019—2021 年一流专业建设一览表

序号	学院	专业名称	层次	年份
1	教育学院	小学教育	国家级	2019
2	信息科学与工程学院	软件工程	国家级	2019
3	物流学院	物流管理	国家级	2019
4	马克思主义学院	思想政治教育	国家级	2021
5	资源环境学院	地理科学	国家级	2021
6	信息科学与工程学院	计算机科学与技术	国家级	2021
7	药学院	制药工程	国家级	2021
8	外国语学院	英语	省级	2019
9	历史文化学院	历史学	省级	2019
10	数学与统计学院	数学与应用数学	省级	2019
11	化学化工学院	化学	省级	2019
12	机械与车辆工程学院	机械设计制造及其自动化	省级	2019
13	自动化与电气工程学院	电气工程及其自动化	省级	2019
14	物理与电子工程学院	电子信息工程	省级	2019
15	土木工程与建筑学院	土木工程	省级	2019
16	音乐学院	音乐学	省级	2019
17	农林科学学院	动物医学	省级	2020
18	生命科学学院	生物科学	省级	2020

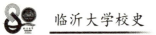

附录 12 临沂大学 2019—2021 年一流课程一览表

序号	课程名称	课程负责人	学院	类别	级别	年份
1	小学数学教学技能训练	李同胜	教育学院	线下一流课程	国家级	2020
2	数学分析	石少广	数学与统计学院	线下一流课程	国家级	2020
3	管理运筹学	王洪伟	物流学院	线下一流课程	国家级	2020
4	税务会计	何洲娥	商学院	线下一流课程	国家级	2020
5	笔墨时空—解读中国书法文化基因	房彬	美术学院	线上一流课程	国家级	2020
6	CIS 策划与设计	王越	传媒学院	线上线下混合式	省级	2019
7	实用文体写作	朱祎	传媒学院	线上一流课程	省级	2019
8	孕期女性体育健康促进评定虚拟仿真实验教学	丁焕香	体育与健康学院	虚拟仿真	省级	2019
9	土木工程施工与组织	朱登元	土木工程与建筑学院	线下一流课程	省级	2019
10	气象学与气候学	王轲道	资源环境学院	线下一流课程	省级	2019
11	仪器分析	王爱香	化学化工学院	线下一流课程	省级	2019
12	第二语言习得理论	马秀兰	文学院	线下一流课程	省级	2019
13	遗传学	闫丽	生命科学学院	线下一流课程	省级	2019
14	人体及动物生理学	王学斌	生命科学学院	线下一流课程	省级	2019
15	汽车理论	陈佩江	机械与车辆工程学院	线下一流课程	省级	2019
16	药理学	李振	药学院	线下一流课程	省级	2019
17	采购管理	张晓敏	物流学院	线下一流课程	省级	2019
18	单片机原理及应用	张德伟	信息科学与工程学院	线下一流课程	省级	2019
19	数据结构	丁林花	信息科学与工程学院	线上线下混合式	省级	2019
20	程序设计语言基础	董艳雪	信息科学与工程学院	线上线下混合式	省级	2019
21	计算机网络	符广全	信息科学与工程学院	线上线下混合式	省级	2019
22	国家计算机二级 office 高级应用	王瑾	信息科学与工程学院	线上一流课程	省级	2019
23	动物福利与健康	吕慎金	农林科学学院	线下一流课程	省级	2019
24	创业基础	于春杰	商学院	社会实践	省级	2019
25	儿童心理学	赵金霞	教育学院	线下一流课程	省级	2019

附录 13 临沂大学 2011—2021 年省级重点学科
（实验室、研究基地）一览表

序号	学科（实验室）名称	所在一级学科	级别	批准部门	批准时间	学科负责人
1	应用数学	数学	省级	山东省教育厅	2006 年 11 月	金银来
2	高等教育学	教育学	省级	山东省教育厅	2006 年 11 月	韩延明
3	资源与环境分析化学实验室	化学	省级	山东省教育厅	2007 年 5 月	王立斌
4	书法学	艺术学	省级	山东省文化厅	2008 年 1 月	郑祖玉
5	体育人文社会学	体育学	省级	山东省体育局	2008 年 2 月	马爱国
6	山东省物价系统人文社科重点研究基地	经济学	省级	山东省物价局	2008 年 3 月	陈充
7	山东省红色文化研究基地	历史学	省级	山东省委宣传部	2008 年 11 月	韩延明
8	辞书学	中国语言文学	省级	山东社会科学院	2008 年 12 月	曲文军
9	山东省沂蒙文学研究基地	文学	省级	山东社会科学院	2008 年 12 月	曲文军
10	园林植物与观赏园艺	林学	省级	山东省林业局	2009 年 1 月	赵彦杰
11	木工机械实验室	机械工程	省级	山东省林业局	2009 年 1 月	郭春凤
12	预防兽医学	兽医学	省级	山东省畜牧局	2009 年 4 月	孙培明
13	营养资源分析与检测实验室	畜牧学	省级	山东省畜牧局	2009 年 4 月	李永洙
14	水土保持与环境保育实验室	地理学	省级	山东省科技厅	2009 年 10 月	于兴修
15	国家体育总局体育文化发展中心体育文化研究基地	体育学	省级	山东省体育局	2010 年 9 月	刘善言

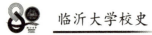

序号	学科（实验室）名称	所在一级学科	级别	批准部门	批准时间	学科负责人
16	地质与古生物实验室	地质学	省级	山东省国土资源厅	2011 年 1 月	郑晓廷
17	资源与环境分析化学实验室	化学	省级	山东省教育厅	2011 年 6 月	郑秀文
18	山东省高校肿瘤标志物传感分析重点实验室	化学	省级	山东省教育厅	2011 年 6 月	张书圣
19	山东省鲁南中药材资源开发工程技术研究中心	中药学	省级	山东省科技厅	2011 年 12 月	冯尚彩
20	山东省肥料工业废物资源化利用工程技术研究中心	化学	省级	山东省科技厅	2011 年 12 月	吕庆淮
21	山东省中美低维物理与纳米结构合作研究中心	物理学	省级	山东省科技厅	2012 年 9 月	陈 丽
22	山东省中韩现代中药生物技术合作研究中心	中药学	省级	山东省科技厅	2012 年 9 月	冯尚彩
23	山东省中荷沉积环境测试技术合作研究中心	环境科学与工程	省级	山东省科技厅	2012 年 9 月	申洪源
24	山东省中澳功能材料与纳米传感技术合作研究中心	化 学	省级	山东省科技厅	2012 年 9 月	郑秀文
25	先进建筑材料绿色制造与应用协同创新中心	土木工程	省级	山东省教育厅	2013 年 9 月	吕庆淮
26	化学成像功能探针协同创新中心	化学	省级	山东省教育厅	2013 年 9 月	张书圣
27	山东省高校复杂系统与智能计算实验室	控制科学与工程	省级	山东省教育厅	2017 年 3 月	邱建龙
28	山东省高校功能纳米材料与技术实验室	材料科学与工程	省级	山东省教育厅	2017 年 3 月	郑秀文
29	山东省农业科技园区规划设计工程技术研究中心	城乡规划学	省级	山东省科技厅	2017 年 1 月	王 梁
30	山东省靶向药物载体研制及诊疗一体化工程研究中心	化学	省级	山东省科技厅	2018 年 12 月	张书圣
31	山东省肿瘤诊疗一体化技术工程实验室	化学	省级	山东省发改委	2018 年 8 月	李雪梅
32	肿瘤标志物检测技术装备及诊疗一体化协同创新中心	化学	省级	山东省教育厅	2019 年 1 月	张书圣

附录 14　临沂大学 2011—2021 年省级及以上科研、社科平台一览表

序号	名称	审批时间	负责人	审批单位	层次	级别	学院
1	山东省水土保持与环境保育重点实验室	2009.01	张弛	山东省科技厅	省级	重点（工程）实验室	资源环境学院
2	地质与古生物重点实验室	2010.11	王孝理	山东省国土资源厅	厅级	重点（工程）实验室	生命科学学院
3	山东省肥料工业废物资源化利用工程技术研究中心	2011.12	吕庆淮	山东省科技厅	省级	工程（技术）研究中心	化学化工学院（生化分析研究所）
4	山东省鲁南中药材资源开发工程技术研究中心	2011.12	冯尚彩	山东省科技厅	省级	工程（技术）研究中心	药学院
5	山东省中澳功能材料与纳米传感技术合作研究中心	2012.09	郑秀文	山东省科技厅	省级	重点（工程）实验室	化学化工学院（生化分析研究所）
6	山东省中美低维物理与纳米结构合作研究中心	2012.09	陈　丽	山东省科技厅	省级	重点（工程）实验室	物理与电子工程学院
7	山东省中韩现代中药生物技术合作研究中心	2012.09	冯尚彩	山东省科技厅	省级	工程（技术）研究中心	药学院
8	山东省中荷沉积环境测试技术合作研究中心	2012.09	申洪源	山东省科技厅	省级	工程（技术）研究中心	资源环境学院
9	山东省肿瘤标志物检测技术重点实验室	2015.07	张书圣	山东省科技厅	省级	重点（工程）实验室	化学化工学院（生化分析研究所）
10	山东省科技领军人才工作室	2016.12	张书圣	山东省科技厅	省级	重点（工程）实验室	化学化工学院（生化分析研究所）
11	山东省农业科技园区规划设计工程技术研究中心	2017.01	王梁	山东省科技厅	省级	工程（技术）研究中心	资源环境学院

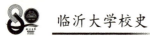

序号	名称	审批时间	负责人	审批单位	层次	级别	学院
12	山东省高校功能纳米材料与技术实验室	2017.03	郑秀文	山东省教育厅	厅级	重点（工程）实验室	化学化工学院（生化分析研究所）
13	山东省高等学校复杂系统与智能计算重点实验室	2017.03	邱建龙	山东省教育厅	厅级	重点（工程）实验室	数学与统计学院、信息科学与工程学院、自动化与电气工程学院
14	山东省肿瘤诊疗一体化技术工程实验室	2018.08	李雪梅	山东省发展和改革委员会	省级	重点（工程）实验室	化学化工学院（生化分析研究所）
15	山东省靶向药物载体研制及诊疗一体化工程技术研究中心	2018.12	张书圣	山东省科学技术厅	省级	工程（技术）研究中心	化学化工学院（生化分析研究所）
16	山东道地中药材技术标准创新基地	2019.09	冯尚彩	山东省市场监督管理局	厅级	工程（技术）研究中心	药学院
17	山东省乡村生态规划与治理技术工程实验室	2020.06	王梁	山东省发改委	省级	重点（工程）实验室	资源环境学院
18	山东省沂蒙精神研究基地	2016.03	徐东升	中共山东省委宣传部	省级	山东省理论建设工程重点研究基地	马克思主义学院
19	山东商贸物流研究院	2017.11	李晓东	山东省社科规划办	省级	山东省社会科学规划基地	物流学院
20	山东沂蒙文化研究院	2018.05	魏本权	山东省社科规划办	省级	山东省社会科学规划基地	音乐学院、历史文化学院
21	山东戏曲艺术重点研究基地	2018.05	王秀庭	山东省社科规划办	省级	山东省社会科学规划基地	音乐学院
22	山东省重点马克思主义学院	2018.09	张立梅	山东省委宣传部、山东省委高校工委	省级	2016年为培育单位，2018年成为正式单位	马克思主义学院
23	柳琴戏	2020.09	闫妍	教育部	部级	全国普通高校中华优秀传统文化传承基地	音乐学院

附录 15 临沂大学 2011—2021 年国家级科研项目 （自然科学）

序号	课题名称	项目编号	项目来源	主持人	备注	年份
1	2011 应用数学研讨会	11126004	国家自然科学基金	金银来	国家级	2011
2	具有靶向和诊断双功能 FePt/CNTs 纳米复合材料：选控合成和抗肿瘤活性研究	21101087	国家自然科学基金	郑秀文	国家级	2011
3	沂蒙山区典型成土母质土壤的水分有效性和植被耗水特征	41101206	国家自然科学基金	吴元芝	国家级	2011
4	棕壤横垄侧渗流产生机制及其对土壤侵蚀的影响	41101263	国家自然科学基金	刘前进	国家级	2011
5	沂蒙山区花岗岩与石灰岩小流域产沙强度及泥沙来源对比研究	41102224	国家自然科学基金	张云奇	国家级	2011
6	基于 SAR 与 ATI-SAR 的高分辨率浅海地形遥感探测研究	41106155	国家自然科学基金	范开国	国家级	2011
7	古洪水研究的沉淀学方法	41110104009	国家自然科学基金	申洪源	国家级	2011
8	早白垩世热河群鸟类化石综合研究	41172016	国家自然科学基金	郑晓廷	国家级	2011
9	山东地区晚第四纪风尘堆积的物质来源研究	41172160	国家自然科学基金	徐树建	国家级	2011
10	等离子体显示器二次 MgO 颗粒膜制备及其特性研究	51101081	国家自然科学基金	王剑峰	国家级	2011
11	基于广义 Jensen-Schur 测度的医学图像配准理论和技术研究	61102040	国家自然科学基金	胡顺波	国家级	2011
12	C-C 空间中拟共形映射的刚性及其相关问题	11126203	国家自然科学基金	吴清艳	国家级	2011
13	掺杂对石墨烯缺陷形成能的影响	11110101071	国家自然科学基金	陈丽	国家级	2011
14	高压下含氮高能材料金属叠氮化合物的结构及性质的理论研究	11147007	国家自然科学基金	王晓丽	国家级	2011
15	掺杂对石墨烯拉曼光谱的影响	11147157	国家自然科学基金	刘凯	国家级	2011
16	山东山旺中中新世硅藻土纹层与东亚季风气候的关系	41102017	国家自然科学基金	李亚蒙	国家级	2011
17	苹果园害虫天敌保护与增殖关键技术研究	2011GNC11016	山东省科技发展计划	杨田堂	国家级	2011
18	基于迁移途径控制的农业面源污染综合防治技术研究与集成	2011GGH21704	山东省科技发展计划	刘占仁	国家级	2011
19	用于水质监测的光纤 SPR 传感系统的研制	2011YD01066	山东省科技发展计划	蒋学华	国家级	2011
20	薄壁镁合金型材宽展挤压技术研究	2011YD03087	山东省科技发展计划	林清夫	国家级	2011
21	头孢噻呋乳膏剂的研制与应用研究	2011YD10005	山东省科技发展计划	李振	国家级	2011
22	水稻 CCCH 型锌指转录因子亚家族 I 在抗逆境胁迫中的功能研究	BS2011SW001	山东省优秀中青年科学家科研奖励基金	郗冬梅	国家级	2011

序号	课题名称	项目编号	项目来源	主持人	备注	年份
23	石墨烯整流器的结构设计与电子输运研究	BS2011CL013	山东省优秀中青年科学家科研奖励基金	刘洪梅	国家级	2011
24	GnRH 小尾寒羊常年发情行为影响及其调节机制研究	BS2011NY004	山东省优秀中青年科学家科研奖励基金	吕慎金	国家级	2011
25	关于单边积分算子的新实变理论	11271175	国家自然科学基金	傅尊伟	国家级	2012
26	基于数据的基因网络时标系统建模、动力学及同步控制研究	61273012	国家自然科学基金	邱建龙	国家级	2012
27	具有退化奇点的微分系统的分岔与可积性	11201211	国家自然科学基金	李锋	国家级	2012
28	一类状态受限最优控制问题谱方法的后验误差估计	11201212	国家自然科学基金	周建伟	国家级	2012
29	中低能下丰中子核的中子皮结构的深入探索	11205079	国家自然科学基金	孙小艳	国家级	2012
30	纳米多孔微囊藻毒素分子印迹磁球的合成、特性及应用研究	21275068	国家自然科学基金	宋兴良	国家级	2012
31	不对称取代第III主族叠氮簇合物的分子设计和性能研究	21203086	国家自然科学基金	夏其英	国家级	2012
32	聚合物功能化的金属氧化物复合纳米界面为信号载体高灵敏电化学检测细胞白血病基因	21205057	国家自然科学基金	张伟	国家级	2012
33	基于石墨烯固体纳米通道的蛋白质及小分子化合物的单分子检测	21275083	国家自然科学基金	李雪梅	国家级	2012
34	基于核酸线性阈值门的普适性肿瘤原发组织鉴别方法	21205066	国家自然科学基金	任锐	国家级	2012
35	肿瘤标志物的单分子检测与成像分析方法的研究	21275086	国家自然科学基金	张书圣	国家级	2012
36	集成电化学方法的宽频自适应差分石英晶体微天平的研制及其在肿瘤标志物检测中的应用	21227008	国家自然科学基金	张书圣	国家级	2012
37	风浪扰动下南四湖沉积物 Hg 和 Pb 的动态迁移及其定量化研究	21207058	国家自然科学基金	李宝	国家级	2012
38	两种铁复合氧化物与土壤硼的界面反应特性及作用机制	41201228	国家自然科学基金	任丽英	国家级	2012
39	基于"拉伸"式的三维地籍产权体拓扑一致性重建	41201407	国家自然科学基金	史云飞	国家级	2012
40	玉龙公园旧石器遗址年代学与古环境研究	41202257	国家自然科学基金	秦利	国家级	2012
41	第四纪地质与岱崮地貌研究	41210304041	国家自然科学基金	徐树建	国家级	2012
42	小尾寒羊常年发情行为表达与调控机制研究	31272480	国家自然科学基金	吕慎金	国家级	2012
43	高粱 RAP2 基因在细胞壁合成中的功能研究和机制探索	31201273	国家自然科学基金	闫丽	国家级	2012
44	La3+ 对金银花若干生态毒理效应研究	41201526	国家自然科学基金	郭绍芬	国家级	2012

序号	课题名称	项目编号	项目来源	主持人	备注	年份
45	Dirac费米子体系纳米结构的电子性质研究	11274151	国家自然科学基金	陈丽	国家级	2012
46	石墨烯与金属的界面接触对电子输运影响的理论研究	11204120	国家自然科学基金	刘洪梅	国家级	2012
47	中生代恐龙演化的研究方法	41210104061	国家自然科学基金	王孝理	国家级	2012
48	几类图的Pfaffian定向及其相关问题研究	11226288	国家自然科学基金	卢福良	国家级	2012
49	组合激光场中原子和负离子阈上电离性质的理论研究	11247208	国家自然科学基金	孙长平	国家级	2012
50	拟共形映射、全纯自同构和函数空间的若干问题	11301248	国家自然科学基金	吴清艳	国家级	2013
51	振荡型积分的有界性质及其在色散方程中的应用	11301249	国家自然科学基金	石少广	国家级	2013
52	具有低阶项的椭圆方程解的研究	11301250	国家自然科学基金	宓玲	国家级	2013
53	几类Pfaffian图的结构性质研究	11301251	国家自然科学基金	卢福良	国家级	2013
54	高维空间径向基函数拟插值算子构造方法及其应用	11301252	国家自然科学基金	姜自武	国家级	2013
55	量子点与超导电极耦合的多端系统中自旋输运问题的研究	11304138	国家自然科学基金	叶成芝	国家级	2013
56	高能材料聚合氮的高压合成与相变的理论研究	11304139	国家自然科学基金	王晓丽	国家级	2013
57	第七届应用动力系统最新进展国际会议	11310301026	国家自然科学基金	李锋	国家级	2013
58	基于酶循环放大信号的石英晶体微天平分析法在肿瘤细胞及其相关生物活性分子检测的应用研究	21305059	国家自然科学基金	郭英姝	国家级	2013
59	磁光热多重刺激响应分子印迹聚合物对水体酚类雌激素的识别研究	21307052	国家自然科学基金	徐守芳	国家级	2013
60	基于石墨烯化学发光新体系检测肿瘤循环microRNA的研究及其在成像分析中的应用	21375056	国家自然科学基金	毕赛	国家级	2013
61	基于FePt/GO纳米复合材料诊疗探针：构建、多模成像和抗肿瘤活性研究	21375057	国家自然科学基金	郑秀文	国家级	2013
62	松材线虫内寄生真菌Esteyavermicola防治松材线虫病的机理研究	31300545	国家自然科学基金	王振	国家级	2013
63	小麦白粉病成株抗性QTLqApr4D的精细定位及其候选基因的表达分析	31301397	国家自然科学基金	韩庆典	国家级	2013
64	母源性叶酸缺乏对子代肉鸡脂肪相关基因的影响及表观遗传学调控机制	31372333	国家自然科学基金	邢晋祎	国家级	2013
65	沂蒙山区不同土壤水文条件下坡面侵蚀过程与团聚体破碎的互馈机理	41301292	国家自然科学基金	安娟	国家级	2013
66	沂蒙山区石灰性褐土秸秆覆盖与还田的磷营养调控机理研究	41301320	国家自然科学基金	张广娜	国家级	2013
67	沉水植物季相交替对湖泊富营养化水体磷循环的调控作用	41303061	国家自然科学基金	王立志	国家级	2013
68	风尘堆积的地球化学物源示踪研究	41310104020	国家自然科学基金	徐树建	国家级	2013

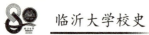

序号	课题名称	项目编号	项目来源	主持人	备注	年份
69	沂蒙山区岱崮地貌研究	41310104021	国家自然科学基金	申洪源	国家级	2013
70	下白垩统热河群鸟类化石形态和分类学研究	41372014	国家自然科学基金	郑晓廷	国家级	2013
71	末次盛冰期以来沂河古河道与古流量研究	41372182	国家自然科学基金	曹光杰	国家级	2013
72	纳米粒子诱导石墨烯卷曲的动力学特性及调控	51302126	国家自然科学基金	李云芳	国家级	2013
73	欠驱动摆式机器人的运动规划与跟踪控制研究	61304023	国家自然科学基金	张安彩	国家级	2013
74	山东沂源扁扁洞遗址人类（动物）食物结构分析与古环境重建	41340028	国家自然科学基金	高华中	国家级	2013
75	调制磁场下石墨烯的电子输运性质	11347126	国家自然科学基金	卢伟涛	国家级	2013
76	Clifford 分析中的算子有界性研究及其在高阶边值问题中的应用	11401287	国家自然科学基金	谷龙飞	国家级	2014
77	分数阶粘弹性流体的蠕动流及相关问题的研究	11402108	国家自然科学基金	郭霄怡	国家级	2014
78	外场调控下石墨烯输运机制的理论研究	11404157	国家自然科学基金	卢伟涛	国家级	2014
79	准二维空间内电化学组装 Bi1-xSbx 有序纳米结构及性质研究	11404158	国家自然科学基金	张品华	国家级	2014
80	碳基纳米复合界面的构建及其在肿瘤细胞和相关活性分子电化学检测的研究	21405071	国家自然科学基金	张振	国家级	2014
81	新型半导体纳米晶复合材料在高灵敏电致化学发光肿瘤细胞检测中的应用研究	21405072	国家自然科学基金	周宏	国家级	2014
82	基于 DNA 重组技术检测肿瘤细胞及细胞内活性物质的研究	21405073	国家自然科学基金	郗冬梅	国家级	2014
83	基于 Gd-Fe3O4 磁性纳米材料诊疗探针:T1-T2 双模式成像和 siRNA 输送研究	21405074	国家自然科学基金	陈卫红	国家级	2014
84	富锂锶溴油田卤水六元体系 288.15K 介稳相平衡及化学模型研究	21406104	国家自然科学基金	孟令宗	国家级	2014
85	典型人工林碳输入方式对土壤碳循环微生物和有机碳组分的影响研究	41401329	国家自然科学基金	王芸	国家级	2014
86	早期鸟类的生殖行为研究	41402017	国家自然科学基金	王岩	国家级	2014
87	油菜硼同位素分馏特征及分馏机理研究	41403005	国家自然科学基金	徐庆彩	国家级	2014
88	早白垩世热河生物群手盗龙类和原始鸟类的飞羽形态研究	41472023	国家自然科学基金	王孝理	国家级	2014
89	晚第四纪山东风尘堆积中砾石层的年代、物源及其环境意义	41472159	国家自然科学基金	徐树建	国家级	2014
90	基于 Lanchester 方程的作战混合动态对策及其应用研究	61403179	国家自然科学基金	陈向勇	国家级	2014
91	核电高温高压水环境中材料失效的痕量效应及防护机理	51431004	国家自然科学基金	陈丽	国家级	2014
92	肿瘤标志物的光电化学传感分析方法	21025523	国家自然科学基金	张书圣	国家级	2014

序号	课题名称	项目编号	项目来源	主持人	备注	年份
93	稀有彩叶树工厂化扦插育苗研究及开发	2014GA740081	国家星火计划	韩庆典	国家级	2014
94	基于水、气流动的林农复合生态技术集成与应用	2014GA740108	国家星火计划	谢宝东	国家级	2014
95	相场模型最优控制问题及其谱方法研究	11571157	国家自然科学基金	周建伟	国家级	2015
96	近红外发光金属－有机框架用于细胞内活性小分子的检测研究	21505064	国家自然科学基金	时鹏飞	国家级	2015
97	DNA分子机器在人血清中肿瘤标志物检测中的应用研究	21505065	国家自然科学基金	刘静	国家级	2015
98	超细碳黑－多环芳烃复合颗粒物转运过程毒性机理的研究	21507053	国家自然科学基金	秦鹏飞	国家级	2015
99	单分子仿生界面的构建及其在成像分析中的应用研究	21535002	国家自然科学基金	张书圣	国家级	2015
100	功能化仿生系统的构建及其对细胞内还原性疏基化合物的检测及成像分析的研究	21575056	国家自然科学基金	郭英姝	国家级	2015
101	沂沭河流域缢草衰亡期的氮磷富集调控机理研究	31500371	国家自然科学基金	类淑桐	国家级	2015
102	联合冲击负荷对短程硝化菌群转录活性和代谢网络的调控研究	31500413	国家自然科学基金	李强	国家级	2015
103	沂蒙山区金银花光合效率响应极端干旱—复水的干旱阈值研究	31500511	国家自然科学基金	郎莹	国家级	2015
104	多酚抑制猪肉蛋白氧化体系中亚硝胺的形成机理	31501503	国家自然科学基金	李玲	国家级	2015
105	不同应激条件下小尾寒羊行为适应与生理响应的协同机制研究	31572448	国家自然科学基金	吕慎金	国家级	2015
106	沂蒙山区典型土壤氨氧化微生物的生态位分异研究	41501253	国家自然科学基金	王欣丽	国家级	2015
107	中国东北中生代沫蝉总科（昆虫纲：半翅目）生物系统学研究	41502007	国家自然科学基金	陈军	国家级	2015
108	横垄垮塌诱发浅沟形成机制与侵蚀过程响应	41571261	国家自然科学基金	刘前进	国家级	2015
109	时标上非典型形式时滞动态方程的振动性研究	61503171	国家自然科学基金	李同兴	国家级	2015
110	山东省山地丘陵区树轮δ13C年序列及其区域差异的气候意义	41541020	国家自然科学基金	赵兴云	国家级	2015
111	基于DNA自组装无酶信号放大的表面等离子体共振技术检测肿瘤标志物microRNA	21545004	国家自然科学基金	李雪梅	国家级	2015
112	南翼山富锂钾钡锶溴油田卤水体系多温稳定相平衡与热力学性质研究	U1507112	国家自然科学基金	孟令宗	国家级	2015
113	多线性单边分数次积分算子的加权有界性研究	11526106	国家自然科学基金	龚淑丽	国家级	2015
114	与过渡族金属二硫化物相关的相图及磁性研究	51302262	国家自然科学基金	陈业青	国家级	2015
115	日光温室蔬菜滴灌水肥一体化技术示范与推广	2015GA740064	国家星火计划	王梁	国家级	2015
116	温室花木类水培扦插技术集成与应用	2015GA740077	国家星火计划	张桂玲	国家级	2015

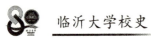

序号	课题名称	项目编号	项目来源	主持人	备注	年份
117	循环四次域的 tame 核的 Sylow2-子群	11601211	青年科学基金	孙超超	国家级	2016
118	分段光滑系统中的幂零奇点及其分支	11601212	青年科学基金	刘媛媛	国家级	2016
119	基于 Riemann-Liouville 分数阶算子的函数空间实变理论	11671185	面上项目	傅尊伟	国家级	2016
120	图的 Pfaffian 定向相关问题及应用研究	11671186	面上项目	卢福良	国家级	2016
121	拟循环矩阵及其应用	11671187	面上项目	江兆林	国家级	2016
122	高压下富氮含能材料的设计及奇异电子特性研究	11674144	面上项目	王晓丽	国家级	2016
123	过渡金属催化的不对称（杂环）芳烃碳杂（N/O）偶联反应的研究	21602095	青年科学基金	杨文强	国家级	2016
124	基于中空纤维的电化学生物传感技术分离和检测 miRNA 一体化研究	21605068	青年科学基金	宋昕玥	国家级	2016
125	可视化电致化学发光传感器用于肿瘤细胞的研究	21605069	青年科学基金	张怀荣	国家级	2016
126	近红外发光过渡-稀土混金属配合物探针用于细胞内活性小分子检测的研究	21605070	青年科学基金	王庆利	国家级	2016
127	微流控芯片活体单细胞胞内组分释放过程实时动态监测	21605071	青年科学基金	李雪梅	国家级	2016
128	细胞内非编码 RNA 双成像分析新方法的研究及应用	21605072	青年科学基金	李向玲	国家级	2016
129	基于适体筛选对单基因突变癌蛋白的特异性识别与调控	21605073	青年科学基金	蒋艳夏蕾	国家级	2016
130	针对循环肿瘤细胞捕获、检测及其原位诱导凋亡的个性化"抗转移"纳米诊疗探针的构建及其临床应用探索	21675073	面上项目	郑秀文	国家级	2016
131	基于脱氧核酶的恶性肿瘤相关物质检测新方法及成像分析的研究	21675074	面上项目	周宏	国家级	2016
132	基于量子隧道原理的手性生物分子识别机制、调控及生物分析应用研究	21675075	面上项目	杨文荣	国家级	2016
133	基于 $CaCO_3$ 晶体原位生长的 QCM 检测新方法的研究	21675076	面上项目	刘丽赏	国家级	2016
134	珍稀濒危兰科植物种子超低温保存的蛋白质组学研究——以五唇兰为例	31600263	青年科学基金	王瑞霞	国家级	2016
135	留守母亲与儿童焦虑代际传递的心理与生理机制	31600897	青年科学基金	赵金霞	国家级	2016
136	鸭圆环病毒 ORF3 蛋白 C 端核定位信号调控细胞凋亡和病毒致病性的分子机制	31602058	青年科学基金	王鑫	国家级	2016
137	调水调沙工程影响下黄河口滨岸潮滩湿地典型植被的生态适应机制	41601086	青年科学基金	宋红丽	国家级	2016
138	基于作物生长过程的坡耕地夏玉米—冬小麦轮作体系氮磷流失效应	41601283	青年科学基金	吴希媛	国家级	2016
139	沂蒙山区典型农业流域面源重金属流失特征研究	41601515	青年科学基金	焦伟	国家级	2016
140	基于紫外光谱敏感性特征的卫星遥感对流层低层臭氧浓度方法研究	41601555	青年科学基金	吕春光	国家级	2016

序号	课题名称	项目编号	项目来源	主持人	备注	年份
141	沉水植物附着层微环境和功能菌对反硝化作用的调控机制研究	41603071	青年科学基金	董彬	国家级	2016
142	淮河流域沉积物碎屑矿物组成和单颗粒矿物地球化学的物源指示：以石榴石、角闪石和锆石为例	41606059	青年科学基金	张军强	国家级	2016
143	利用光释光测年研究柴达木盆地抛物线形沙丘的形成演化	41672167	面上项目	于禄鹏	国家级	2016
144	酸碱效应对不同生境植物硼同位素生物分馏的作用机制研究	41673007	面上项目	孙爱德	国家级	2016
145	基于 Si 纳米线阵列的拉曼传感器制备及活细胞中活性小分子的拉曼检测	21645001	应急管理项目	王晓蒙	国家级	2016
146	表面空位缺陷诱发高灵敏度 α-Fe2O3 气敏材料的理论研究	11647155	应急管理项目	时长民	国家级	2016
147	分数阶微分方程解的研究	11626125	应急管理项目	王颖	国家级	2016
148	高温超导体结构单元层的制备、剪裁和超导机理研究	11634007	重点项目子课题	陈丽	国家级	2016
149	万有 Teichmuller 空间与渐近 Teichmuller 空间的相关问题	11701250	国家自然科学基金	吴艳	国家级	2017
150	一类拟线性 Schrodinger 椭圆方程解的存在性、多重性及相关问题	11701251	国家自然科学基金	吴越	国家级	2017
151	几类分数阶方程边值问题解的定性研究	11701252	国家自然科学基金	王颖	国家级	2017
152	具有随机场系数偏微分方程最优控制问题自适应有限元方法研究	11701253	国家自然科学基金	葛亮	国家级	2017
153	Cu2O/Fe2O3 纳微有序阵列用于生物 H2S 检测的结构设计与物性研究	11704168	国家自然科学基金	崔光亮	国家级	2017
154	调和分析中几类分数次问题及其应用	11771195	国家自然科学基金	石少广	国家级	2017
155	非线性微分方程的动力学研究	11771196	国家自然科学基金	宓玲	国家级	2017
156	新型氟化磷酸钒氧钠二维复合纳米结构的可控制备及储钠性能研究	21701079	国家自然科学基金	姜晓蕾	国家级	2017
157	基于自由基串联环化反应可控合成多环呋喃（氧杂螺环）衍生物的研究	21702088	国家自然科学基金	王程宇	国家级	2017
158	金属有机框架（MOFs）纳米阵列的电化学制备及在锂离子电池中的应用	21703092	国家自然科学基金	王书海	国家级	2017
159	食管癌细胞中 Ezrin 蛋白翻译后修饰的鉴定及其作为新型肿瘤标志物的应用研究	21705067	国家自然科学基金	郑淑珍	国家级	2017
160	基于 FRET 机理的比率型荧光纳米探针用于亚细胞器内碱基切除修复酶及修复通路成像分析研究	21705068	国家自然科学基金	孔祥娟	国家级	2017
161	间充质干细胞输送载药半导体聚合物量子点靶向治疗肿瘤的研究	21705069	国家自然科学基金	李琼	国家级	2017
162	基于 FRET 的荧光探针的制备及活细胞内靶标蛋白浓度和活性的成像分析	21705070	国家自然科学基金	王晓蒙	国家级	2017
163	基于信号放大策略的恶性肿瘤相关物质检测新方法及单细胞成像分析的研究	21775061	国家自然科学基金	张振	国家级	2017

357

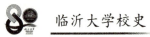

序号	课题名称	项目编号	项目来源	主持人	备注	年份
164	DNA 功能化金属有机框架载药系统的构建及刺激响应控制药物释放	21775062	国家自然科学基金	时鹏飞	国家级	2017
165	可控三维等离子体探针的筑建及其在单细胞成像分析中的应用	21775063	国家自然科学基金	张书圣	国家级	2017
166	关于模拟细胞信号转导系统的新一代免疫生物传感器的研究	21775064	国家自然科学基金	董金华	国家级	2017
167	分子印迹比率荧光探针的可控制备及对环境雌激素可视化检测性能研究	21777065	国家自然科学基金	徐守芳	国家级	2017
168	解脂耶氏酵母乙酸代谢分析及高产琥珀酸菌株的构建	31700074	国家自然科学基金	高翠娟	国家级	2017
169	东亚野生萝卜的谱系分化与物种形成的时空格局及其驱动机制	31700188	国家自然科学基金	韩庆香	国家级	2017
170	拟南芥中三个生长素糖基转移酶的功能研究及相互关系解析	31700238	国家自然科学基金	张桂芝	国家级	2017
171	拟南芥雌蕊退化突变体 apa 及其突变基因调控雌蕊退化的分子机制	31700272	国家自然科学基金	刘振宁	国家级	2017
172	杨树响应土壤酚酸胁迫的氮同化机理研究	31700553	国家自然科学基金	李辉	国家级	2017
173	调控 NSC 定向分化的三维多肽水凝胶 EPC 捕捉支架的构建及其生物评价	31700842	国家自然科学基金	郭伟博	国家级	2017
174	衣壳蛋白及 3′—非翻译区对西瓜花叶病毒致病力的影响及分子机制	31701760	国家自然科学基金	王莹	国家级	2017
175	柴胡皂苷 A 通过调控细胞膜胆固醇转运抑制鸡白痢沙门氏菌侵袭鸡肠道上皮细胞的分子机制	31702280	国家自然科学基金	吴帅成	国家级	2017
176	干旱区城市人工不透水面对土壤有机碳过程的影响研究	31770515	国家自然科学基金	张弛	国家级	2017
177	干旱区多年生植物细根寿命对增加夏季降水和氮沉降的响应	31770638	国家自然科学基金	刘波	国家级	2017
178	澧阳平原更新世末—早全新世稻作农业起源与环境演变的关系研究	41701220	国家自然科学基金	郭媛媛	国家级	2017
179	小流域泥沙输移过程对地表水文连通性的响应	41701311	国家自然科学基金	张含玉	国家级	2017
180	基于 CT 扫描及几何形态测量标记的中生代膜翅目昆虫口器多样性及演化序列分析	41702012	国家自然科学基金	郑燕	国家级	2017
181	采空区冒落矸石堆积特性及长期承载变形机制	51704152	国家自然科学基金	王海龙	国家级	2017
182	非线性复杂时空网络牵制同步的边界自适应控制方法研究及应用	61703193	国家自然科学基金	杨成东	国家级	2017
183	随机非自治非线性系统的有限时间稳定性分析与控制器设计	61703194	国家自然科学基金	张星慧	国家级	2017
184	基于结构随机回归森林估计形态和灰度的婴幼儿脑部核磁共振图像非刚体配准研究	61771230	国家自然科学基金	胡顺波	国家级	2017
185	基于非线性观测器的欠驱动摆式机器人稳定与鲁棒控制研究	61773193	国家自然科学基金	张安彩	国家级	2017
186	末次冰期以来中国和以色列沙漠—河流相互作用过程及其对沙漠演化的控制作用	41761144073	国家自然科学基金	于禄鹏	国家级	2017

序号	课题名称	项目编号	项目来源	主持人	备注	年份
187	基于 WS2 和 WSe2 衬底对 Bi(111) 薄膜电子结构影响的理论研究	11747093	国家自然科学基金	王东超	国家级	2017
188	单量子点纳机电器件电荷传输特性的研究	11747099	国家自然科学基金	吕利	国家级	2017
189	基于 GPUs 的四原子振动激发态动力学过程的理论研究	11747116	国家自然科学基金	姚翠霞	国家级	2017
190	基于纳米孔技术的肺癌相关活性分子检测及电化学分析机制探索	21874062	国家自然科学基金	郗冬梅	国家级	2018
191	基于仿生纳米探针的循环放大技术检测海洋中赤潮生物毒素	21876074	国家自然科学基金	李雪梅	国家级	2018
192	小尾寒羊对不同气味刺激的行为响应与识别机制研究	31872398	国家自然科学基金	吕慎金	国家级	2018
193	基于复杂网络理论的物流配送网络建模、分析与优化控制研究	61877033	国家自然科学基金	邱建龙	国家级	2018
194	小麦—玉米全程机械化装备体系优化与集成示范	2018YFD0300606	中华人民共和国科学技术部	王德鹏	国家级	2018
195	基于群体智能化分布式优化理论方法及应用研究	61833005	国家自然科学基金	邱建龙	国家级	2018
196	前馈机制在细胞命运抉择中的作用研究	11805091	国家自然科学基金	孙建强	国家级	2018
197	基于氧化环金属化—金属卡宾转移插入构建五并五元环新方法研究	21801109	国家自然科学基金	胡芳东	国家级	2018
198	基于电致化学发光的血液铁代谢即时检测新方法	21804064	国家自然科学基金	胡善文	国家级	2018
199	一种用于高时间分辨率下分析单细胞水平信号转导快速动力学的新方法研究	21804065	国家自然科学基金	孙英男	国家级	2018
200	靶向线粒体检测 HNO 和半胱氨酸代谢的固定性荧光探针的设计与成像	21804066	国家自然科学基金	张振华	国家级	2018
201	基于稀土配合物的比率型时间分辨荧光—荧光寿命双信号探针用于谷胱甘肽选择性检测研究	21804067	国家自然科学基金	戴志超	国家级	2018
202	基于脱氧核酶的双光子内标型纳米荧光探针的构建及阿兹海默症脑组织成像应用研究	21804068	国家自然科学基金	陈岚岚	国家级	2018
203	基于固相反应可控制备过渡金属硼酸盐材料及其电催化析氧性能研究	21805124	国家自然科学基金	崔亮	国家级	2018
204	基于铽（III）配合物—罗丹明 FRET 机理的比率型时间分辨荧光—荧光寿命双信号纳米探针用于环境中镉／汞离子的检测研究	21806066	国家自然科学基金	田露	国家级	2018
205	基于 DNAzyme 多级循环信号放大的 QCM 传感器用于水体中 Hg2+ 检测的研究	21806067	国家自然科学基金	李学明	国家级	2018
206	典型全氟／多氟化合物在粘土矿物界面的转化行为与机制研究	21806068	国家自然科学基金	田浩廷	国家级	2018
207	挥发性全氟化合物在大气中氧化形成全氟羧酸的机理研究	21806069	国家自然科学基金	郁万妮	国家级	2018
208	基于图案化亲疏水阵列的生物传感芯片用于前列腺癌标志物的检测	31800829	国家自然科学基金	高中锋	国家级	2018

序号	课题名称	项目编号	项目来源	主持人	备注	年份
209	精子中组蛋白修饰 H3K4me3 在跨代遗传中的作用	31801061	国家自然科学基金	郝春香	国家级	2018
210	番茄 miR398 启动子参与低温响应的调控机理分析	31801868	国家自然科学基金	曹雪	国家级	2018
211	RXFP2 基因 E641K 错义突变影响绵羊角生长发育的作用机制	31802031	国家自然科学基金	潘章源	国家级	2018
212	小尾寒羊母性行为投入差异及其调控机制研究	31802105	国家自然科学基金	王慧	国家级	2018
213	硒调控 ROS 介导的 NLRP3/ 焦亡信号通路对奶牛乳腺上皮细胞炎性损伤的保护机制研究	31802254	国家自然科学基金	毕崇亮	国家级	2018
214	扬子克拉通北缘后河变质杂岩变质演化及其大地构造意义	41802201	国家自然科学基金	王国栋	国家级	2018
215	过碱性流纹岩的成因及其 Fe 同位素研究——以澳大利亚 Glass House 地区和东昆仑造山带东段为例	41803028	国家自然科学基金	邵凤丽	国家级	2018
216	晚中新世以来黄土高原中部风成沉积的伊利石风化与东亚季风演变	41807287	国家自然科学基金	王千锁	国家级	2018
217	基于稀疏表示理论的图像质量提升方法研究	61803193	国家自然科学基金	刘兆栋	国家级	2018
218	基于事件触发的高阶非线性多智能体系统完全分布式跟踪控制及应用	61803194	国家自然科学基金	李振兴	国家级	2018
219	栝楼性别分化中功能 microRNAs 的鉴定及其作用机制的初步研究	81803651	国家自然科学基金	辛杰	国家级	2018
220	基于免疫层析技术的大黄真伪优劣同步快速分析方法研究	81803674	国家自然科学基金	张波	国家级	2018
221	高性能富锂层状材料构建及长循环阴离子氧化还原反应机制研究	21905124	国家自然科学基金	颜文超	国家级	2019
222	基于绿色可持续化学法精准合成高度可控的大分子	21971099	国家自然科学基金	徐江涛	国家级	2019
223	ITO 基电化学传感器的构建及其在河水铁形态在线分析和水华预警中的应用研究	21906075	国家自然科学基金	胡雪萍	国家级	2019
224	热致扩散效应基础理论与关键技术	51976087	国家自然科学基金	梁儒全	国家级	2019
225	CS 纳米粒对 LPS 引起的奶牛胃肠上皮紧密连接损伤的保护及其机制研究	31901006	国家自然科学基金	王娟	国家级	2019
226	番茄 S1NCED1 影响绒毡层降解的分子机理	31902018	国家自然科学基金	戴圣杰	国家级	2019
227	孕期密度应激对小尾寒羊子代表型编程效应研究	31902203	国家自然科学基金	魏明吉	国家级	2019
228	Kagome 点阵夹芯板的分岔和混沌动力学研究	11902133	国家自然科学基金	张冬梅	国家级	2019

序号	课题名称	项目编号	项目来源	主持人	备注	年份
229	复杂动荷载作用下岩体破裂的显式无网格数值流形法研究	11902134	国家自然科学基金	李伟	国家级	2019
230	裂隙水压-应力耦合岩石三维裂纹时空演化特征及扩展机制	51904149	国家自然科学基金	孙熙震	国家级	2019
231	两性分子和纳米颗粒在碳纳米材料模板上的自组装	11904147	国家自然科学基金	武庆炎	国家级	2019
232	新型 $MONx(M=H, Li, Na, K; x=2-5)$ 含能材料的高压设计及反应机制研究	11904148	国家自然科学基金	殷克涛	国家级	2019
233	二维过渡金属硫化物的谷电子性质理论研究	11974153	国家自然科学基金	卢伟涛	国家级	2019
234	新型含能材料全氮阴离子盐的高压设计与合成	11974154	国家自然科学基金	王晓丽	国家级	2019
235	自适应网络下基于射频断层扫描与几何约束的无源追踪技术研究	61901206	国家自然科学基金	荆长强	国家级	2019
236	基于胆碱能神经免疫研究 Esteya vermicola 侵染松材线虫的分子机制	31901318	国家自然科学基金	赵志龙	国家级	2019
237	秸秆覆盖对地表能量平衡和土壤水分蒸发的影响机理	41907006	国家自然科学基金	王月月	国家级	2019
238	横坡垄作坡面泥沙输移/沉积过程对径流组分动态变化的响应与机理	41977067	国家自然科学基金	安娟	国家级	2019
239	黄河三角洲地区硬质黏土层的成因及形成年代研究	41977262	国家自然科学基金	徐树建	国家级	2019
240	融合多源体感信息的人体上肢动作识别与情感推断研究	61903170	国家自然科学基金	郭明	国家级	2019
241	正切换多时滞脉冲系统的分析与控制研究	61903171	国家自然科学基金	刘志	国家级	2019
242	麦克斯韦传输特征值问题零散度约束的高效谱方法研究	11926355	国家自然科学基金	周建伟	国家级	2019
243	低标度量子化学方法及其在离子液体与碳纳米管相互作用中的应用	22003021	国家自然科学基金	李云志	国家级	2020
244	基于 Fe-Pt 异核双原子活性位点协同催化体系构建及其在纳米催化医学领域应用探索	22075122	国家自然科学基金	郑秀文	国家级	2020
245	基于核酸扩增技术的适配体功能化新型拉曼纳米标签的构建及其在环境中痕量重金属离子检测的应用	22076073	国家自然科学基金	张书圣	国家级	2020
246	多模式协同精准捕测水相中病原体富集的新方法研究	22076074	国家自然科学基金	孙英男	国家级	2020

序号	课题名称	项目编号	项目来源	主持人	备注	年份
247	高速旋转黏弹性板的非线性振动特性与共振机理分析	12002142	国家自然科学基金	张登博	国家级	2020
248	大豆蛋白激酶 GmCIPK8 调控 ROS 稳态响应干旱胁迫的分子机制研究	32001459	国家自然科学基金	崔晓玉	国家级	2020
249	小 G 蛋白基因 BjROP10 响应 CLV 信号调控油菜心皮数发育的分子机制	32001575	国家自然科学基金	徐平	国家级	2020
250	拟南芥 AtRKDs 基因调控卵细胞命运决定的分子机制研究	32070344	国家自然科学基金	刘振宁	国家级	2020
251	黄淮麦茬稻区粳稻产量差形成的生理机制及栽培调控研究	32001468	国家自然科学基金	王德鹏	国家级	2020
252	基于 DNA 为靶标的抗菌肽虚拟组合设计—筛选与抑菌机制研究	32001699	国家自然科学基金	王芳芳	国家级	2020
253	超声波辅助卤制对酱卤牛肉中 N- 亚硝胺降解及其产物与肌球蛋白烷基化作用机制研究	32001723	国家自然科学基金	康大成	国家级	2020
254	迟缓爱德华氏菌侵入宿主细胞过程中关键毒力因子的分离、鉴定和功能研究	32002435	国家自然科学基金	隋智海	国家级	2020
255	新型转录抑制因子家族 GmAITRs 对大豆抗逆性的调控	32071938	国家自然科学基金	王树才	国家级	2020
256	叶尔羌高原鳅遗传多样性保护及其高温胁迫适应性机制研究	32072979	国家自然科学基金	刘云国	国家级	2020
257	山东济南龙口中中新世植物群及其对气候变化的响应研究	42002010	国家自然科学基金	许贺	国家级	2020
258	基于计算流体力学的孔子鸟空气动力学性能模拟与飞行能力研究	42002016	国家自然科学基金	郭颖	国家级	2020
259	Markov 链中一类拟 Toeplitz 矩阵之逆和广义逆的 Gohberg-Semencul 型分解及其应用	12001257	国家自然科学基金	郑彦鹏	国家级	2020
260	基于高维分数阶傅里叶变换反演的函数空间实变理论及其应用	12071197	国家自然科学基金	傅尊伟	国家级	2020
261	拟齐次系统及其扰动系统的中心问题与极限环分支	12071198	国家自然科学基金	李锋	国家级	2020
262	有机半导体中手性诱导自旋选择效应的场调控机理研究	12004149	国家自然科学基金	杨柳	国家级	2020
263	基于植物源杀虫活性成分金雀花碱为先导的新颖杀虫剂的设计合成和活性及构效关系研究	22007043	国家自然科学基金	于秀玲	国家级	2020
264	土壤有机碳组分和碳循环微生物对不同森林恢复方式地上／地下碳输入途径和数量的响应特征及机制研究	32071630	国家自然科学基金	王芸	国家级	2020
265	基于多源遥感数据的冰冻圈要素特征对中国植被春季物候影响研究	42001373	国家自然科学基金	朱利凯	国家级	2020
266	包膜添缩节胺氯化钾对棉田土壤钾素形态转化及生物有效性的调控机制	42007091	国家自然科学基金	耿计彪	国家级	2020
267	柴达木深钻揭示的中中新世最适宜期和大降温对亚洲内陆干旱化的影响	42071111	国家自然科学基金	韩文霞	国家级	2020
268	秸秆粉碎还田对棕壤坡地细沟发育过程的影响机理	42077061	国家自然科学基金	刘前进	国家级	2020
269	基于系统发生学的苔纲植物活性化学成分研究	82003636	国家自然科学基金	周金川	国家级	2020

序号	课题名称	项目编号	项目来源	主持人	备注	年份
270	基于 Lanchester 方程的混杂动态博弈系统网络化建模与控制	12026235	国家自然科学基金	陈向勇	国家级	2020
271	考虑自由面动态变形的振荡热溶质毛细对流研究	21905124	国家自然科学基金	梁儒全	国家级	2020
272	豆—禾混播模式产量稳定性及作物根系构型特征研究	31802133	国家自然科学基金	张清平	国家级	2020
273	利用地磁截断测量暗物质粒子探测卫星绝对能标的方法研究	11773085	国家自然科学基金	藏京京	国家级	2020
274	基于挥发性气体累积和热能释放的林火爆燃机理研究	32071778	国家自然科学基金	高海波	国家级	2020

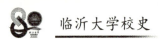

附录16 临沂大学 2011—2021 年省部级科研项目 （自然科学）

序号	课题名称	项目编号	项目来源	主持人	年份
1	甘丙肽在大鼠前扣带皮层镇痛作用的神经机制	ZR2011CM030	山东省自然科学基金	王学斌	2011
2	葡萄白藜芦醇诱导合成及调控机制的研究	ZR2011CQ038	山东省自然科学基金	刘文	2011
3	高自旋系统的一阶量子相变	ZR2011AM019	山东省自然科学基金	许长谭	2011
4	RNAi 抑制胼胝合酶基因 GSL8 表达引起拟南芥根尖分生细胞程序性死亡的超微结构研究	ZR2011CL002	山东省自然科学基金	刘林	2011
5	LBP 算子在多相流高速视频分析中的深入研究	ZR2011FL014	山东省自然科学基金	张问银	2011
6	软集理论及其在公钥密码中的应用	ZR2011FL017	山东省自然科学基金	姚金江	2011
7	基于信贷工厂模式的小微企业贷款产品开发研究	ZR2011GL005	山东省自然科学基金	齐春宇	2011
8	沂河流域生态补偿标准、方式与政策研究	ZR2011GL013	山东省自然科学基金	陈磊	2011
9	基于彩虹理论的非均匀粒子折射率／温度测量技术研究	ZR2011AL013	山东省自然科学基金	姜会芬	2011
10	文化生态学视野下的公共文化服务体系构建研究——以临沂市为例	2011RKGB1049	山东省软科学研究计划	孔伟	2011
11	物流企业市场准入制度研究—兼评新修订的《山东省道路交通条例》	2011RKGB3082	山东省软科学研究计划	薛丽	2011
12	沂蒙黑山羊品种培育与产业化开发利用	2011XH12002	山东省星火计划	王自刚	2011
13	核桃油贮藏稳定性的研究	2011XH12004	山东省星火计划	郑亚琴	2011
14	苹果虎皮病发生机制及储存保鲜机制研究	2011XH12011	山东省星火计划	成妮妮	2011
15	沂蒙老区协调跨越发展的科教驱动研究	2012GXS2D026	国家软科学研究计划	韩延明	2012
16	Dirac 材料电子结构研究	ZX130301	国家重点实验室开放基金	陈丽	2012
17	基于核酸适体纳米探针的肿瘤细胞化学发光成像分析研究	无	教育部	毕赛	2012
18	高可靠电动汽车电池箱焕电连接装置研究	2012GGX10114	山东省科技发展计划	宋东明	2012
19	基于相对熵最小原理的仓储智能决策支持系统	2012GGX10115	山东省科技发展计划	江兆林	2012
20	以银杏工业废料为植物源的银杏酚酸复合生物农药产品研究开发	2012GNC11027	山东省科技发展计划	张素军	2012
21	地方高校国际理解教育实践性研究	2012G0022214	山东省科技发展计划	郭晓宁	2012
22	半刚性基层沥青路面深部灌缝预防性养护关键技术研究	2012YD05007	山东省科技发展计划	朱登元	2012
23	复杂背景条件下基于 SIFT 特征的多目标跟踪研究	2012YD01052	山东省科技发展计划	王振海	2012
24	分布式级联光纤光栅环境监测传感器及其应用研究	2012YD01051	山东省科技发展计划	杨颖	2012
25	基于谱方法状态受限最优控制问题的后验误差估计	BS2012DX004	山东省优秀中青年科学家科研奖励基金	周建伟	2012

序号	课题名称	项目编号	项目来源	主持人	年份
26	大肠杆菌 AS1.505 生物转化 γ－氨基丁酸关键基因的研究	BS2012SW004	山东省优秀中青年科学家科研奖励基金	高翠娟	2012
27	FSHR 对济宁百日鸡卵泡成熟的影响及其分子调控机制	BS2012NY001	山东省优秀中青年科学家科研奖励基金	张宁波	2012
28	双层石墨烯上量子点的实现及其性质的理论研究	ZR2012AM022	山东省自然科学基金	卢伟涛	2012
29	一类振荡积分算子的有界性质及其应用	ZR2012AQ026	山东省自然科学基金	石少广	2012
30	光胁迫对光系统 II 内周天线 CP43 和 CP47 结构与功能的影响	ZR2012CM020	山东省自然科学基金	曲元刚	2012
31	具有退化奇点的多项式系统的极限环分支与解析中心问题研究	ZR2012AL04	山东省自然科学基金	李锋	2012
32	不对称取代硼（铝）叠氮簇合物的分子设计和性能研究	ZR2012BL09	山东省自然科学基金	夏其英	2012
33	末次盛冰期沂河古河道与古流量研究	ZR2012DL02	山东省自然科学基金	曹光杰	2012
34	镁合金挤压过程非正交网格有限体积法数值模拟关键技术研究	ZR2012EEL12	山东省自然科学基金	王锐	2012
35	山东省乡村旅游业态创新研究	2012RKA13006	山东省软科学研究计划	朱孔山	2012
36	红色文化遗产双重保护研究	2012RKA13007	山东省软科学研究计划	姚建涛	2012
37	战略协同视角下的企业责任竞争力治理机制研究——以山东省企业为例	2012RKA13013	山东省软科学研究计划	孙朋杰	2012
38	沂蒙红色旅游文化翻译策略研究	2012RKA13019	山东省软科学研究计划	郭丽	2012
39	沂蒙老区制造业企业商业模式创新对策研究	2012RKA13020	山东省软科学研究计划	肖丽丽	2012
40	区域供应链管理环境下物流产业管理的对策研究	2012RKA13021	山东省软科学研究计划	潘桂荣	2012
41	沂蒙老区科技创新中心的演化模型与协同管理研究	2012RKA13022	山东省软科学研究计划	卢中华	2012
42	建筑废弃物再生骨料混凝土的应用研究	2012XH120016	山东省星火计划	崔玉理	2012
43	基于纳米放大技术的肿瘤活性分子荧光成像分析的研究	NCET-13-0845	教育部新世纪人才支持计划	郭英姝	2013
44	武河人工湿地对城市河道污水净化效果及工程技术试验研究	2013GNC11008	山东省科技发展计划	王勇	2013
45	基于忍冬藤作为骨伤新型中药外固定复合材料的制备研究	2013GSF11909	山东省科技发展计划	王慧	2013
46	肥料废弃物的资源化利用	2013GCG21601	山东省科技发展计划	杨波	2013
47	基于行车方向的汽车前照灯检测数据修正系统设计及应用研究	2013YD05004	山东省科技发展计划	陈佩江	2013
48	基于 ECC 加密的二维码物流管理系统研究	2013YD08002	山东省科技发展计划	王九如	2013
49	基于 Karamata 正规变化理论对椭圆型方程解的研究	ZR2013AQ004	山东省自然科学基金	宓玲	2013
50	中国菱属野生种质资源的收集和遗传鉴定	ZR2013CM002	山东省自然科学基金	李修岭	2013
51	基于形态特征和分子数据的支序分析论证蝉下目（昆虫纲：半翅目）灭绝类群的生物系统学地位	ZR2013DQ017	山东省自然科学基金	陈军	2013

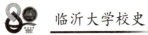

序号	课题名称	项目编号	项目来源	主持人	年份
52	纳米粒子诱导石墨烯卷曲机理及调控研究	ZR2013EMM001	山东省自然科学基金	李云芳	2013
53	铁电薄膜相变性质的高阶格林函数方法研究	ZR2013AL008	山东省自然科学基金	卢兆信	2013
54	混合超图染色与结构的研究	ZR2013AL009	山东省自然科学基金	赵平	2013
55	活性聚合制备磁、光、热三重响应分子印迹聚合物及其对水体酚类雌激素的识别研究	ZR2013BL006	山东省自然科学基金	徐守芳	2013
56	具有诊断与治疗多功能 Gd-Fe3O4 磁性纳米材料：T1、T2 双模式成像和 siRNA 递送研究	ZR2013BL007	山东省自然科学基金	陈卫红	2013
57	尿酸酶蛋白家族非二硫键共价二聚体结构确认及形成机制研究	ZR2013CL011	山东省自然科学基金	张淳	2013
58	叶酸对肉鸡脂肪代谢的影响及甲基化调控机制	ZR2013CL012	山东省自然科学基金	邢晋祎	2013
59	GPU 集群功耗优化控制关键技术研究	ZR2013FL005	山东省自然科学基金	王海峰	2013
60	基于剩余格带单调算子的滤子研究	ZR2013FL006	山东省自然科学基金	马振明	2013
61	几类图的完美匹配计数及相关问题研究	BS2013DX026	山东省优秀中青年科学家科研奖励基金	卢福良	2013
62	高温对 PSII 内周天线蛋白结构与能量传递的影响及机理	2013JYB01	教育部留学归国人才科研启动基金	曲元刚	2013
63	石英晶体为天平与电化学涟源芯片系统的研制	2013SJGZ25	山东省大型科学仪器设备升级改造技术研究专项	郭英姝	2013
64	基于协同机制的中小企业竞争情报体系建设研究——以山东省为例	2013RKB01418	山东省软科学研究计划	刘霞	2013
65	基于耦合协调模型的农村劳动力流动与土地流转关系研究——以山东省为例	2013RKB01432	山东省软科学研究计划	孙云奋	2013
66	科技进步背景下教育生活化研究：以民俗课程资源开发为例	2013RKB01443	山东省软科学研究计划	连振娟	2013
67	利益相关者视角下大学教师协同创新参与路径研究	2013RKB01477	山东省软科学研究计划	栾兆云	2013
68	基于集群效应的临沂市电动车产业发展战略研究	2013RKB01488	山东省软科学研究计划	刁述妍	2013
69	新时期提高沂蒙老区经济社会信息化水平的对策研究	2013RKB01492	山东省软科学研究计划	张明	2013
70	山东省地方高校促进产学研协同发展的对策研究	2013RKB01493	山东省软科学研究计划	高振强	2013
71	科教驱动沂蒙老区现代农业发展研究	2013RKB01502	山东省软科学研究计划	陈之群	2013
72	临沂物流市场法律问题研究	2008RKA404	山东省软科学研究计划	薛丽	2013
73	农产品冷链物流全程可视化管理系统研发与产业化示范	2014ZZCX02702	山东省自主创新及成果转化专项计划	杨波	2014
74	云蒙湖生态安全调查与评估	JHHB2014YMH001	中央财政专项	李修岭	2014
75	PEG 修饰尿酸酶（生物制品 1 类新药）质量研究关键技术开发	2014GSF118073	山东省科技发展计划	张淳	2014
76	煤矿瓦斯高灵敏探测便携式设备研制	2014GSF120016	山东省科技发展计划	郗冬梅	2014
77	金银花标准化生产技术集成示范	2014GXH211005	山东省科技发展计划	郑亚琴	2014

序号	课题名称	项目编号	项目来源	主持人	年份
78	肿瘤细胞内活性物质的检测及快速诊断试剂盒的研制	2014GGH218043	山东省科技发展计划	张宁波	2014
79	超图染色的一类极值问题	ZR2014AM008	山东省自然科学基金	刁科凤	2014
80	全球变暖背景下土地利用变化对寿光市农业土壤碳库稳定性的影响	ZR2014DQ015	山东省自然科学基金	陶宝先	2014
81	基于眼动和脑电联合记录的复杂情绪记忆的认知与神经机制研究	ZR2014CP008	山东省自然科学基金	邹吉林	2014
82	高压下氮的聚合的理论研究	ZR2014JL005	山东省自然科学基金	李建福	2014
83	基于金纳米棒增强 CdS:Eu 纳米晶电致化学发光生物传感方法的研究	ZR2014BL023	山东省自然科学基金	周宏	2014
84	分布式多级存储系统的融合与协作机制研究	ZR2014FL008	山东省自然科学基金	张明	2014
85	基于硼源可控条件下油菜生长过程的硼同位素分馏特征及分馏机理研究	ZR2014DL007	山东省自然科学基金	孙爱德	2014
86	高灵敏电化学纳米复合传感界面的构建及在乳腺癌细胞和其生物活性分子检测中的应用	ZR2014BL021	山东省自然科学基金	张振	2014
87	循环肿瘤细胞检测中的信号放大策略研究	ZR2014BL026	山东省自然科学基金	刘静	2014
88	微孔金属有机框架材料（MOFS）对污染离子的荧光检测	ZR2014BL002	山东省自然科学基金	时鹏飞	2014
89	3′-UTR 调控烟草脉带花叶病毒增殖的机制	ZR2014CL022	山东省自然科学基金	王莹	2014
90	基于复合导电聚合物纳米线阵列的超灵敏生物传感器及肿瘤标志物的电化学检测	ZR2014BL022	山东省自然科学基金	王晓蒙	2014
91	基于 GPU 的网络文献在线推荐模型研究与实现	ZR2014FL017	山东省自然科学基金	李信利	2014
92	园林绿化植物滞留、吸收 PM2.5 机理的研究	ZR2014CL030	山东省自然科学基金	高海波	2014
93	异构传感网密钥管理关键问题研究	ZR2014FL012	山东省自然科学基金	王九如	2014
94	基于溶血素纳米孔的 DNA 单分子行为研究	ZR2014BL025	山东省自然科学基金	郑向江	2014
95	面向动态大数据的非协调不完备决策系统属性约简的映射方法	ZR2014AL009	山东省自然科学基金	杨成东	2014
96	基于目标表观特征子空间聚类的视觉跟踪研究	ZR2014FL022	山东省自然科学基金	傅德谦	2014
97	云计算环境下面向服务工作流可靠性的技术研究	ZR2014FL013	山东省自然科学基金	李国强	2014
98	双幻核 56Ni 转移反应的实验和理论研究	ZR2014AL016	山东省自然科学基金	密士珍	2014
99	谢尔宾斯基图的性质及应用	BS2014DX002	山东省优秀中青年科学家科研奖励基金	薛兵	2014
100	Bi1-xSbx 有序纳微结构阵列的构建及物性研究	BS2014CL014	山东省优秀中青年科学家科研奖励基金	张品华	2014
101	以卤代苯酚为前体物的混合卤代二噁英气相形成机理研究	BS2014HZ013	山东省优秀中青年科学家科研奖励基金	郁万妮	2014
102	开放系统中的科技创新网络机制研究	2014RKB01184	山东省软科学研究计划	王玉秋	2014

序号	课题名称	项目编号	项目来源	主持人	年份
103	新时期残疾人就业促进机制良性运行对策研究——以临沂市为例	2014RKB01214	山东省软科学研究计划	唐慧	2014
104	基于山东西部经济隆起带生态文明建设的低碳策略研究	2014RKB01271	山东省软科学研究计划	陈志笃	2014
105	新型城镇化背景下山东省城乡教育资源均衡配置研究	2014RKB01352	山东省软科学研究计划	陈英文	2014
106	技术与商业模式协同创新对物流企业成长的影响及实证研究	2014RKB01569	山东省软科学研究计划	孙朋杰	2014
107	山东西部隆起带物流产业科技创新系统的自生与协同机理研究	2014RKB01748	山东省软科学研究计划	卢中华	2014
108	山东省消费性服务业集聚测度与政策调适	2014RKB01818	山东省软科学研究计划	谢爱良	2014
109	物流企业代收货款规制研究——以构筑物流信息平台为目标	2014RKB01915	山东省软科学研究计划	薛丽	2014
110	优质高产金银花新品种示范栽培与推广研究	2014RKB01916	山东省科技厅	冯尚彩	2014
111	生化分析人才团队	无	山东省高等学校优势学科人才团队培育计划	张书圣	2015
112	生化分析	IRT-15R31	教育部创新团队发展计划	张书圣	2015
113	以萝卜为植物源的保健食品及抗癌药原料萝卜硫素的制备研究	2015GNC110036	山东省科技发展计划	况鹏群	2015
114	武河湿地水质净化工程污染物减排技术优化及对碳循环影响研究	2015GSF117004	山东省科技发展计划	梁仁君	2015
115	新一代嵌合体抗原受体基因修饰的T细胞（CAR-T细胞）靶向治疗血液恶性肿瘤的临床研究	2015GSF118108	山东省科技发展计划	杨林	2015
116	多级罐组式动态提取技术生产银杏叶提取物的应用研究	2015GSF119013	山东省科技发展计划	王守箐	2015
117	柴达木盆地线形沙丘的释光年代学与成因研究	ZR2015JL015	山东省自然科学基金	于禄鹏	2015
118	DRAM1通过自噬和凋亡途径调节多发性骨髓瘤化疗耐药的机制研究	ZR2015PH029	山东省自然科学基金	张幸鼎	2015
119	随机动力系统中的参数估计问题	ZR2015AQ009	山东省自然科学基金	沈亮	2015
120	氧化石墨烯与重金属Cu对水生生物的联合毒性效应及其机理研究	ZR2015CM023	山东省自然科学基金	胡长伟	2015
121	家庭环境和生理因素与农村初中留守儿童焦虑发展的追踪研究	ZR2015CM032	山东省自然科学基金	赵金霞	2015
122	基于人的视觉注意机制的核回归模型目标跟踪方法研究	ZR2015FL021	山东省自然科学基金	王振海	2015
123	感知可靠性的GPU异构集群的协同节能理论研究和关键技术	ZR2015FL014	山东省自然科学基金	曹云鹏	2015
124	证明金银花多酚聚合物合成场所确有特化超微结构	ZR2015HL115	山东省自然科学基金	刘林	2015
125	沂蒙山区县域农业主导产业生态适宜性评价及其预测研究	ZR2015DL002	山东省自然科学基金	王梁	2015
126	基于可穿戴运动传感器的人控仿人机器人动态步行控制研究	ZR2015FL032	山东省自然科学基金	崔沂峰	2015
127	贵金属/石墨烯复合材料的合成及其在荧光传感器中的应用研究	ZR2015EL006	山东省自然科学基金	张丹慧	2015

序号	课题名称	项目编号	项目来源	主持人	年份
128	复合型光纤光栅的结构设计及多参量传感特性研究	ZR2015FL033	山东省自然科学基金	杨颖	2015
129	中国北方旱作古梯田的年代学研究——以山东海阳当道村古梯田为例	ZR2015DL008	山东省自然科学基金	姜永见	2015
130	沂蒙山区优势灌木光合生理过程对极端干旱—复水的响应特征	ZR2015CL044	山东省自然科学基金	郎莹	2015
131	多氯联苯高效加氢脱氯催化剂的双金属法构建及其磁稳定床研究	ZR2015BL023	山东省自然科学基金	付庆涛	2015
132	非线性动力系统中的几类分支问题研究	ZR2015AL005	山东省自然科学基金	金银来	2015
133	Burgers 型方程的无网格数值方法研究	BS2015DX012	山东省优秀中青年科学家科研奖励基金	谢焕田	2015
134	负载典型多环芳烃的超细碳黑颗粒的分子毒性机理研究	BS2015HZ012	山东省优秀中青年科学家科研奖励基金	秦鹏飞	2015
135	电化学原位组装 Bi2Te3/Bi 纳微有序阵列及性质研究	BS2015CL003	山东省优秀中青年科学家科研奖励基金	崔光亮	2015
136	联合冲击负荷对短程硝化菌群转录活性的动态调控研究	BS2015SW004	山东省优秀中青年科学家科研奖励基金	李强	2015
137	科技创新推动企业嵌入全球价值链高端的作用机理研究	2015RKB01001	山东省软科学研究计划	张明	2015
138	山东省地方高校大学生就业能力结构与区域社会需求的差异研究	2015RKB01481	山东省软科学研究计划	牛欣欣	2015
139	山东省工业园区的循环经济建设与推进路径研究	2015RKB01558	山东省软科学研究计划	李建春	2015
140	基于创新驱动发展战略的民营企业动态能力研究	2015RKB01686	山东省软科学研究计划	邓妍娈	2015
141	大数据背景下山东省科技型中小企业的信用评价与风险投资评审研究	2015RKB01459	山东省软科学研究计划	何洲娥	2015
142	水分对冬小麦新品种的产量品质形成及水分利用控制	鲁教指函〔2015〕18 号	山东省财政农业科技发展专项资金	周晓燕	2015
143	蓝莓标准化栽培及加工关键技术研究与示范	鲁教指函〔2015〕18 号	山东省财政农业科技发展专项资金	郑亚琴	2015
144	有机蔬菜基质栽培优质高效生产的关键技术集成与示范	鲁教指函〔2015〕18 号	山东省财政农业科技发展专项资金	韩庆典	2015
145	物流大数据混合存储系统的关键技术研究与实现	2016GGX109001	山东省重点研发计划	张明	2016
146	基于生物 CPU 的循环农业关键技术研究	2016GNC113018	山东省重点研发计划	王梁	2016
147	产琥珀酸重组解脂酵母的乙酸产生及其控制研究	2016GSF121019	山东省重点研发计划	高翠娟	2016
148	基于有效部位组合理论的金银花微丸包衣颗粒关键技术研究	2016GSF202018	山东省重点研发计划	李海刚	2016
149	肿瘤标志物的单分子检测技术研究	ZR2016QZ001	领军人才前瞻性研究专题	张书圣	2016
150	高压对材料结构与性质的影响	JQ201602	杰出青年基金	王晓丽	2016
151	细胞抗氧化能力的研究及成像分析	ZR2016JL010	优秀青年基金	郭英姝	2016
152	非典型形式 Emden-Fowler 时滞差分方程的振动性研究与应用	ZR2016JL021	优秀青年基金	李同兴	2016
153	广义循环矩阵及其在图论和目标跟踪中的应用	ZR2016AM14	面上项目	江兆林	2016

序号	课题名称	项目编号	项目来源	主持人	年份
154	反式自主转运蛋白跨革兰氏阴性菌外膜的转运机理研究	ZR2016CM32	面上项目	范恩国	2016
155	多元异质界面调控的金属多层膜的强化特性与结构稳定性研究	ZR2016EMM17	面上项目	魏明真	2016
156	基于形态学习和灰度学习的婴幼儿脑部核磁共振图像配准研究	ZR2016FM40	面上项目	胡顺波	2016
157	单子叶特异性热激转录因子TaHsfC2亚家族在小麦中的抗逆调控机理解析	ZR2016CQ26	青年基金	胡晓君	2016
158	基于铽配合物-罗丹明荧光共振能量传递机理的比率型时间分辨荧光探针研究	ZR2016BB05	博士基金	戴志超	2016
159	调水调沙影响下黄河口滨岸潮滩湿地土壤-植被系统重金属迁移转化机制	ZR2016DB05	博士基金	宋红丽	2016
160	卫星反演大气对流层臭氧廓线的最优估计方法时空适用性分析	ZR2016DB06	博士基金	吕春光	2016
161	多元异质界面调控的金属多层膜的强化特性与结构稳定性研究	ZR2016DB20	博士基金	焦伟	2016
162	中生代膜翅目昆虫口器的演化序列—形态、分子和化石数据的综合分析	ZR2016DB24	博士基金	郑燕	2016
163	微藻颗粒化机理及污水处理效能	ZR2016EEB09	博士基金	王昌稳	2016
164	体内微机电多维无线能量传输系统的研究与开发	ZR2016HB59	博士基金	薛凯峰	2016
165	几类非线性分数阶微分方程解的若干问题研究	ZR2016AP04	培养基金	王颖	2016
166	近红外发光稀土配合物用于细胞内过渡金属离子的检测研究	ZR2016BP06	培养基金	王庆利	2016
167	外源性一氧化氮调控猪圆环病毒2型复制的机制	ZR2016CP08	培养基金	李基棕	2016
168	基于LXRα调节胆固醇转运，研究柴胡皂苷A抑制鸡白痢沙门氏菌侵袭鸡巨噬细胞的分子机制	ZR2016CP15	培养基金	吴帅成	2016
169	基于优化的显微定量方法对中药及中成药的质量评价研究	ZR2016HP46	培养基金	陈聪慧	2016
170	气液两相流界面间断问题的高精度富集有限元法研究	ZR2016AB15	博士基金	刘玉洁	2016
171	海洋来源放线菌的分离鉴定及新天然产物的挖掘	ZR2016CP22	培养基金	赵志龙	2016
172	Ti-PILC填充式等离子体脱除低温含硫烟气中NOx研究	ZR2016EEB33	博士基金	马宏卿	2016
173	神经内分泌调控机制启发的仿生制造系统自适应调度与控制研究	ZR2016EEM47	面上项目	康与云	2016
174	沂沭河沉积物单矿物化学研究及物源指示意义-以石榴石和锆石为例	ZR2016DL04	联合专项	张军强	2016
175	卟啉-桥-醌体系的光诱导分子内电子转移的理论研究	ZR2016BL10	联合专项	赵文伟	2016
176	NMOF材料的可控合成及对海洋有机环境污染物的吸附、分离和识别性能研究	ZR2016BL02	联合专项	杨吉民	2016
177	基于局域等离子体共振的纳米印迹复合材料制备及其对藻毒素的传感分析研究	ZR2016BL25	联合专项	宋兴良	2016
178	周期性排布金属纳米阵列对多层膜磁光性能的调控	ZR2016AL09	联合专项	张绍银	2016

序号	课题名称	项目编号	项目来源	主持人	年份
179	基于 SELEX 对单基因突变癌蛋白特异性适体的筛选与细胞内原位成像分析	ZR2016BL20	联合专项	蒋艳夏蕾	2016
180	双成像纳米探针构建及其在 miRNAs 成像分析中的应用	ZR2016BL18	联合专项	李向玲	2016
181	沂蒙山区大型水库浮游植物多样性格局及驱动因素研究	ZR2016CL05	联合专项	申恒伦	2016
182	典型抗生素在土壤铁氧化物和细菌互作界面的吸附及反应机理研究	ZR2016BL26	联合专项	董玉良	2016
183	制定黑山羊品种标准	2016NYBBZ01	农业部农产品质量安全监管专项	吕慎金	2016
184	肿瘤标志物的检测与分析	TSQN20161048	泰山学者青年专家	郑荣坤	2016
185	基于复杂网络结构的冷链物流配送网络建模、分析与技术开发	2017GGX10143	山东省重点研发计划	邱建龙	2017
186	FePt@MOFs 金属有机框架纳米结构的制备及其在循环肿瘤细胞富集、诱导凋亡方面的应用研究	2017GGX20115	山东省重点研发计划	郑秀文	2017
187	高容量、大倍率三元镍钴锰酸锂 622 型锂离子电池正极材料生产技术	2017GGX40110	山东省重点研发计划	宋昕玥	2017
188	兽用抗炎药莱菔素可溶性粉剂的研制与应用	2017GNC10122	山东省重点研发计划	吴帅成	2017
189	基于相场模型水驱油最优控制模型在石油开采中的应用	2017GSF216001	山东省重点研发计划	周建伟	2017
190	小麦灌浆成熟期的干热风抗性基因调控网络研究及产品研发	2017NC210010	山东省重点研发计划	胡晓君	2017
191	牛蒡膳食纤维在糖尿病患者特定全营养配方食品中的应用研究和新产品开发	2017YYSP027	山东省重点研发计划	王振	2017
192	小动物 PETCTFMI 三模态同机融合成像系统	ZR2017ZC0226	山东省自然科学基金	张书圣	2017
193	硅烯和过渡金属硫化物中电子谷特性的量子调控	ZR2017JL007	山东省自然科学基金	卢伟涛	2017
194	垄沟系统中棕壤斥水性时空变异对土壤侵蚀的影响	ZR2017JL019	山东省自然科学基金	刘前进	2017
195	BrRR33 基因参与大白菜角果发育的功能研究	ZR2017PC012	山东省自然科学基金	刘振宁	2017
196	过冷液态金属的局域结构对其性能影响研究	ZR2017PEM002	山东省自然科学基金	赵晓林	2017
197	基于 Mo(W)S2 衬底对 Bi(111) 薄膜电子结构影响的理论研究	ZR2017PA007	山东省自然科学基金	王东超	2017
198	磺胺唑类抗菌药物设计及相关多靶向性研究	ZR2017PB001	山东省自然科学基金	张慧珍	2017
199	基于碳量子点复合纳米材料的血液铁指标即时检测新方法	ZR2017PB004	山东省自然科学基金	胡善文	2017
200	基于智能响应性纳米聚物的多功能癌症诊疗药物载体	ZR2017PB011	山东省自然科学基金	陈岚岚	2017
201	Ezrin 蛋白翻译后修饰作为食管癌肿瘤标志物的应用研究	ZR2017PB013	山东省自然科学基金	郑淑珍	2017
202	NSC 阵列式定向分化的 PCL 管状人工神经的构建研究	ZR2017PC005	山东省自然科学基金	郭伟博	2017

序号	课题名称	项目编号	项目来源	主持人	年份
203	拟南芥生长素糖基转移酶 UGT84A2 的功能与作用机制研究	ZR2017PC007	山东省自然科学基金	张桂芝	2017
204	晚中生代郯庐断裂带山东段两侧盆地差异构造演化及成因机制	ZR2017PD001	山东省自然科学基金	郭颖	2017
205	沂蒙山区不同植被覆盖对壤中流产生过程的影响	ZR2017PD003	山东省自然科学基金	张含玉	2017
206	鲁西隆起断裂体系对蒙山金伯利岩矿的控制作用	ZR2017PD007	山东省自然科学基金	于磊	2017
207	深部孤岛面煤岩体采动裂纹扩展与能量耗散机制研究	ZR2017PEE018	山东省自然科学基金	贾传洋	2017
208	南极科考平台下电动机的故障检测与抗饱和控制	ZR2017PF014	山东省自然科学基金	庞国臣	2017
209	基于专线模式的商贸物流运输网络优化设计模型与方法研究	ZR2017PG001	山东省自然科学基金	陈雷	2017
210	基于葫芦脲为功能修饰的吸附基质建立 EBAC-HSCCC 联用技术的研究	ZR2017PH044	山东省自然科学基金	刘言娟	2017
211	基于 MOFs 薄膜的三维储锂复合电极材料的制备及其性能研究	ZR2017BB011	山东省自然科学基金	王书海	2017
212	关于非线性 Schrodinger-Kirchhoff 型椭圆方程及相关问题的变分法研究	ZR2017BA015	山东省自然科学基金	吴越	2017
213	氟化磷酸钒氧钠三维复合材料可控制备及储钠性能研究	ZR2017BB016	山东省自然科学基金	姜晓蕾	2017
214	星型聚合物构筑具有稳定类交联结构的胶束 - 紫杉醇纳米药物及抗肿瘤研究	ZR2017BB036	山东省自然科学基金	李因文	2017
215	单分子荧光探针的设计、合成以及对细胞内多目标物检测与成像	ZR2017BB065	山东省自然科学基金	张振华	2017
216	线粒体靶向比率型时间分辨近红外荧光探针用于细胞内活性氧物种检测研究	ZR2017BB070	山东省自然科学基金	田露	2017
217	基于叶绿体基因组和生态位模型的东亚野生萝卜谱系地理学研究	ZR2017BC008	山东省自然科学基金	韩庆香	2017
218	黄淮稻区中粳水稻高产的冠层结构与光能利用特性研究	ZR2017BC093	山东省自然科学基金	王德鹏	2017
219	渑池黄土记录的黄土高原东南缘晚第四纪气候变化	ZR2017BD017	山东省自然科学基金	王千锁	2017
220	基于模型和数据驱动的 GNSS 部分模糊度解算方法研究	ZR2017BD018	山东省自然科学基金	宋福成	2017
221	采动覆岩垮裂特征及涌水溃砂致灾机理研究	ZR2017BEE001	山东省自然科学基金	王海龙	2017
222	基于位置信息的二阶非线性多自主系统的分布式协调控制及其应用	ZR2017BF003	山东省自然科学基金	李振兴	2017
223	稀疏表示理论框架下的图像质量提升关键技术研究	ZR2017BF022	山东省自然科学基金	刘兆栋	2017
224	基于单克隆抗体技术的天花粉质量评价方法研究	ZR2017BH010	山东省自然科学基金	张波	2017
225	SFRP5 在米色脂肪形成过程中的作用及机制研究	ZR2017BC102	山东省自然科学基金	高倩	2017
226	表面吸附对二维有机拓扑绝缘体电子结构和输运性质的影响	ZR2017QA003	山东省自然科学基金	刘洪梅	2017
227	功能化 MoS2 纳米复合界面在外周血循环肿瘤 DNA 电化学检测中的应用研究	ZR2017QB013	山东省自然科学基金	张伟	2017

序号	课题名称	项目编号	项目来源	主持人	年份
228	低维弯曲系统中电子的量子动力学及其拓扑效应研究	ZR2017MA010	山东省自然科学基金	王永龙	2017
229	面向大数据分析计算的 GPU 异构集群绿色节能优化研究	ZR2017MF050	山东省自然科学基金	王海峰	2017
230	双金属催化剂上糠醛加氢反应机理的理论研究	ZR2017MB025	山东省自然科学基金	石云	2017
231	基于基因编辑的抗体精准修饰及新一代荧光淬体免疫探针的研究	ZR2017MB037	山东省自然科学基金	董金华	2017
232	高等植物 PS Ⅱ 内周天线 CP43E 环的功能及其作用机理研究	ZR2017MC010	山东省自然科学基金	曲元刚	2017
233	沂蒙山常见树木细根和叶片物候的非同步性研究	ZR2017MC029	山东省自然科学基金	刘波	2017
234	复杂时空网络同步控制方法研究及在空中加油中的应用	ZR2017MF022	山东省自然科学基金	杨成东	2017
235	直觉／犹豫双曲语言判断矩阵的排序理论与应用研究	ZR2017MG027	山东省自然科学基金	马振明	2017
236	荧光增强型近红外铁离子荧光探针的合成及生物成像应用	ZR2017LB017	山东省自然科学基金	曲宗金	2017
237	孵化期叶酸缺乏对肉仔鸡骨骼肌发育的影响及甲基化作用机制	ZR2017LC018	山东省自然科学基金	邢晋祎	2017
238	癌细胞特异性组蛋白适体的研究	ZR2017LB018	山东省自然科学基金	郝春香	2017
239	多适体偶联超顺磁性纳米材料在淋巴细胞激活中的研究	ZR2017LB019	山东省自然科学基金	丁熙来	2017
240	第Ⅲ主族三元氮化物的单一源前驱体的配方设计和性能研究	ZR2017LB011	山东省自然科学基金	夏其英	2017
241	非线性算子方程解的均值迭代算法的研究与应用	ZR2017LA001	山东省自然科学基金	袁清	2017
242	区块井有杆抽油系统非线性动力学与产量分布优化的理论研究	ZR2017LE002	山东省自然科学基金	邢明明	2017
243	星载 SAR 近岸海上风能遥感技术与风机尾流探测研究	ZR2017LD014	山东省自然科学基金	范开国	2017
244	中国热带、亚热带地区节菱孢属真菌多样性及分类学研究	ZR2017LC001	山东省自然科学基金	许俊杰	2017
245	基于 RFID 的制造企业物流成本核算技术突破与降低策略研究	ZR2017LG002	山东省自然科学基金	袁堂梅	2017
246	基于多中心临床研究队列的食管鳞癌个体化根治性同步放化疗关键技术	2017CXGC1206	山东省自然科学基金	李雪梅	2017
247	自主可控的区块链系及其应用示范	2017CXGC0701	山东省自然科学基金	张问银	2017
248	落后地区行业领先企业的商业模式创新研究	2017RKB01315	山东省软科学研究计划	刁玉柱	2017
249	新时期提高沂蒙老区经济社会信息化水平的对策研究	2017RKB01365	山东省软科学研究计划	张明	2017
250	科技协同创新驱动鲁南农产品物流产业转型升级研究	2017RKB01370	山东省软科学研究计划	卢中华	2017
251	生物功能化纳米载体在靶向肿瘤细胞成像及药物控释中的应用研究	ZR2018ZC0231	山东省自然科学基金	杨文荣	2018
252	肿瘤标志物的单分子检测技术研究（滚动支持）	ZR2016QZ001	山东省自然科学基金	张书圣	2018
253	导电含能新型氮化物的制备与性质研究	ZR2018JL003	山东省自然科学基金	祝洪洋	2018

序号	课题名称	项目编号	项目来源	主持人	年份
254	基于拉曼响应的肿瘤活性物质检测和细胞成像分析	ZR2018JL012	山东省自然科学基金	张振	2018
255	几类切换系统的分支与等时中心问题研究	ZR2018MA002	山东省自然科学基金	李锋	2018
256	高维非线性动力系统的同宿环、异宿环分支问题	ZR2018MA016	山东省自然科学基金	金银来	2018
257	高压下铁的卤族化合物的稳定性及电子行为研究	ZR2018MA038	山东省自然科学基金	李建福	2018
258	供应链突变提前期的应对策略研究	ZR2018MG004	山东省自然科学基金	张松涛	2018
259	广义 Sylvester 矩阵方程及其应用	ZR2018PA002	山东省自然科学基金	田运波	2018
260	基于表面结构改性三维石墨烯的高能量密度柔性超级电容器的研究	ZR2018PA011	山东省自然科学基金	张鹏	2018
261	新型铝／氯混合离子电池正极材料金属氯化物—石墨嵌层化合物储氯性能的研究	ZR2018PB012	山东省自然科学基金	高继超	2018
262	载有镉的纳米碳黑颗粒对转铁蛋白的毒性作用机理研究	ZR2018PB019	山东省自然科学基金	潘星任	2018
263	溴氧化铋—活性炭复合体介导水合电子降解全氟化合物的研究	ZR2018PB018	山东省自然科学基金	田浩廷	2018
264	山东莱芜中新世龙口植物群重要类群系统学及生物地理学研究	ZR2018PC002	山东省自然科学基金	许贺	2018
265	铜绿微囊藻产毒株与非产毒对三种外源微囊藻毒素的生理和分子响应研究	ZR2018PC003	山东省自然科学基金	杨傲傲	2018
266	基于壳聚糖的纳米载体表面电性对胞间转运屏障紧密连接调控机制的研究	ZR2018PC014	山东省自然科学基金	王娟	2018
267	miR398 调控番茄响应温度逆境胁迫机理研究	ZR2018PC023	山东省自然科学基金	曹雪	2018
268	含缩节胺包膜氯化钾对土壤钾素形态及棉花生理的调控机制	ZR2018PD001	山东省自然科学基金	耿计彪	2018
269	山东省后备适宜建设用地潜力评价方法及实证研究	ZR2018PD003	山东省自然科学基金	徐小任	2018
270	郯庐断裂带山东段主要断层滑动速率时空特征研究	ZR2018PD007	山东省自然科学基金	时爽爽	2018
271	有机小分子凝胶因子和石墨烯负载的生物基气凝胶的制备及其吸油性研究	ZR2018PEM010	山东省自然科学基金	刘悦	2018
272	热轧带钢轧后高强度冷却过程冲击射流流场及壁面换热机理研究	ZR2018PEE004	山东省自然科学基金	石建辉	2018
273	无铅铌酸钾钠基陶瓷多晶型相界区域的电卡制冷研究	ZR2018BA028	山东省自然科学基金	王祥见	2018
274	基于 Te/C 纳米电缆衍生的功能化碳材料的设计合成及其在 Li-S 电池中的应用	ZR2018BB001	山东省自然科学基金	甯侃	2018
275	基于金属卡宾转移插入过程的四级碳构建反应研究	ZR2018BB019	山东省自然科学基金	胡芳东	2018
276	基于 2D 聚膦腈的多功能 pH 响应型药物载体的构建及性能研究	ZR2018BB045	山东省自然科学基金	陈奎永	2018
277	基于仿生湿滑材料的即时检测传感器用于生物分子检测	ZR2018BB054	山东省自然科学基金	高中锋	2018
278	水通道和抗污染协同强化构筑高性能纳滤膜的研究	ZR2018BB061	山东省自然科学基金	尹永恒	2018

序号	课题名称	项目编号	项目来源	主持人	年份
279	基于 MOFs 转化的双金属复合材料的制备及其电催化释氢性能研究	ZR2018BB060	山东省自然科学基金	张红秀	2018
280	棉铃虫神经肽 npf 基因调控取食的分子机制研究	ZR2018BC012	山东省自然科学基金	岳臻	2018
281	RXFP2 调控小尾寒羊角细胞增殖分化的作用机制	ZR2018BC045	山东省自然科学基金	潘章源	2018
282	热河生物群孔子鸟化石标本的碳、氮同位素组成对其食性的指示意义	ZR2018BD013	山东省自然科学基金	赵艳	2018
283	扬子克拉通北缘后河杂岩变质作用及变质时代研究	ZR2018BD012	山东省自然科学基金	王国栋	2018
284	过碱性流纹岩的成因及其 Fe 同位素组成——以东昆仑造山带东段三叠纪流纹岩为例	ZR2018BD020	山东省自然科学基金	邵凤丽	2018
285	石墨烯负载过渡金属硼酸盐复合材料的制备及其催化性能研究	ZR2018BEM020	山东省自然科学基金	崔亮	2018
286	混合离子液体体系电沉积 CIGS 太阳电池吸收层的光电性能及其结构稳定性研究	ZR2018BEE017	山东省自然科学基金	姬姗姗	2018
287	单晶体级联变频技术研究	ZR2018BF029	山东省自然科学基金	亓宏伟	2018
288	铜催化的烯丙基芳香化合物与羰基、亚胺的直接不对称加成反应的研究	ZR2018LB011	山东省自然科学基金	王敏	2018
289	生物质基杂原子共掺杂碳纤维微球的可控制备及超电容性能研究	ZR2018LB004	山东省自然科学基金	胡晓炜	2018
290	Mg/HZSM-5 催化剂催化苯和甲醇烷基化反应机理研究	ZR2018LB028	山东省自然科学基金	闻振浩	2018
291	细菌对铁基氧化物纳米颗粒吸附硼的影响机制研究	ZR2018LD001	山东省自然科学基金	任丽英	2018
292	齐次群上 Hausdorff 算子的有界性问题研究	ZR2018LA002	山东省自然科学基金	吴清艳	2018
293	基于 Ate 配对的传感网身份基高效分层认证密钥协商协议研究	ZR2018LF007	山东省自然科学基金	王九如	2018
294	超图混合染色及其色多项式	ZR2018LA007	山东省自然科学基金	刁科凤	2018
295	具有荧光识别检测或选择性吸附分离水体中硝基酚类化合物的 UiO-67 系列纳米复合材料的设计和构筑	ZR2018LB005	山东省自然科学基金	杨吉民	2018
296	水生植物冷暖种混合种植对沂河橡胶坝蓄水区富营养水体磷的调控作用	ZR2018LD004	山东省自然科学基金	王立志	2018
297	一类时空分数阶偏微分方程的无网格数值方法研究	ZR2018LA008	山东省自然科学基金	谢焕田	2018
298	面向多计算模式大数据分析的虚拟异构集群协同计算系统研发	2018GGX101005	山东省重点研发计划	王海峰	2018
299	核酸适配体的荧光纳米探针用于胃癌诊疗一体化的研究及应用	2018GSF118172	山东省重点研发计划	郭英姝	2018
300	灵杆菌核酸酶在重组毕赤酵母中的高效分泌表达与固定化	2018GSF121017	山东省重点研发计划	赵志龙	2018
301	山东（临沂）中医药传承与创新研究院	2017GGH5101	山东省重点研发计划	张淳	2018
302	绿色高产高效创建在实施乡村振兴战略中的作用和功能研究—以沂蒙山区为例	1.01821E+17	农业部农业法制建设与政策调研项目	刘振宁	2018

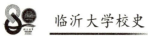

序号	课题名称	项目编号	项目来源	主持人	年份
303	原生态原则下山东省"互联网＋海绵城市"智慧化建设研究	2018RKB01381	山东省软科学研究计划	张晓磊	2018
304	科技创新支持山东省实体经济增长研究	2018RKB01464	山东省软科学研究计划	刘忠秀	2018
305	大型工业设备网络管控安全理论与关键技术	2019JZZY010134	山东省科技厅	武传坤	2019
306	基于城配的物流超盟平台架构及关键技术研究	2019GGX101006	山东省科技厅	傅德谦	2019
307	基于母性行为性状选择的小尾寒羊母羊选择培育及其推广应用研究	2019GNC106105	山东省科技厅	王慧	2019
308	基于区块链的农产品供应链可信溯源管理平台	2019GNC106027	山东省科技厅	张问银	2019
309	面向大数据计算的数据传输优化关键技术研究与实现	2019GGX101003	山东省科技厅	张明	2019
310	新型氟康唑叔胺唑类多靶点化合物的设计合成及其相关抗微生物作用研究	2019GSF108216	山东省科技厅	张慧珍	2019
311	CD19和CD20双靶点CAR-T细胞治疗复发或难治性血液系统恶性肿瘤的临床应用研究	2019GSF108244	山东省科技厅	史晓委	2019
312	高选择性氧化脱除含氮VOCs催化剂制备及性能研究	2019GSF109096	山东省科技厅	马宏卿	2019
313	含能氮化合物的晶体设计与合成	2019GGX103023	山东省科技厅	王晓丽	2019
314	基于核酸适体的分子探针用于循环肿瘤细胞检测及试剂盒研发	GG201809250462	山东省科技厅	李雪梅	2019
315	基于内源污染物释放风险的橡胶坝前底泥生态疏浚范围的确定方法及应用——以沂河沂水城区段为例	2019GSF109093	山东省科技厅	李宝	2019
316	基于稀土配合物的时间分辨荧光分析技术用于端粒酶活性的高灵敏度检测与成像研究	2019GSF108093	山东省科技厅	戴志超	2019
317	梨小食心虫性信息素微胶囊制备关键技术及应用研究	2019GNC106135	山东省科技厅	郑燕	2019
318	胃癌双模式可视化检测技术及拉曼响应芯片的研发	2019GSF108253	山东省科技厅	张振	2019
319	基于聚膦腈的过渡金属化合物／碳杂化微纳米材料设计及其超级电容性能研究	2019GGX103037	山东省科技厅	陈奎永	2019
320	基于数字PCR的医用食品腐败微生物精准检测技术	2019YYSP026	山东省科技厅	刘云国	2019
321	家禽口服淋巴靶向疫苗载体构建的研究	2019GNC106146	山东省科技厅	王娟	2019
322	糖尿病患者专用碳水化合物组件制备关键技术研究	2019YYSP004	山东省科技厅	史晓委	2019
323	基于超高灵敏度PET技术的秒级成像脑PET/CT设备研制	2019JZZY021003	山东省科技厅	曲宗金	2019
324	变频模块微通道散热铝基板关键技术研究及产业化	2019TSLH0102	山东省科技厅	孙雪梅	2019
325	困难立地多功能可持续利用林草栽培关键技术研（其子课题——干旱瘠薄山地耐旱保土型优良经济树种高效栽培技术研究与示范）	2019LY005	山东省科技厅	李辉	2019

序号	课题名称	项目编号	项目来源	主持人	年份
326	林地土壤微生物培肥促生机制与应用研究	2019LY009	山东省科技厅	任丽英	2019
327	奶牛乳腺炎病原学研究及新型疫苗研制	ZR201906100037	山东省自然科学基金	张兴林	2019
328	多自由度欠驱动非线性系统的运动控制研究	ZR2019YQ28	山东省自然科学基金	张安彩	2019
329	交换子的空间刻画理论及其相关问题	ZR2019YQ04	山东省自然科学基金	石少广	2019
330	偏微分方程数值解法及其应用	ZR2019YQ05	山东省自然科学基金	周建伟	2019
331	基于事件触发机制的广义时变马尔科夫复杂网络同步控制研究	ZR2019QF004	山东省自然科学基金	陈向勇	2019
332	衬底对拓扑绝缘体电子结构的影响	ZR2019MA033	山东省自然科学基金	陈丽	2019
333	硅烯线缺陷和双层石墨烯谷/层极化和分离理论研究	ZR2019MA030	山东省自然科学基金	田宏玉	2019
334	具有 Dirachalfmetal 特性的二维过渡金属化合物的结构设计与物性研究	ZR2019MA042	山东省自然科学基金	潘洪哲	2019
335	时滞网络的非周期牵引控制同步研究	ZR2019MF021	山东省自然科学基金	邱建龙	2019
336	ALV-J gp85 基因可变区及关键氨基酸位点与病毒宿主范围关系研究	ZR2019BC047	山东省自然科学基金	王培坤	2019
337	Ito 广义随机非线性系统的 H-infinite 滤波与控制	6031901424	山东省自然科学基金	赵峰	2019
338	磁性材料负载 Eosin Y 催化剂的制备及可控磁强度对催化性能的影响研究	ZR2019BB038	山东省自然科学基金	孙运强	2019
339	槲皮素介导类胰岛素信号途径调控植食性昆虫发育的分子机理	ZR2019BC030	山东省自然科学基金	黄训兵	2019
340	基于 TGF-β-PI3K-Akt 信号通路研究低分子量褐藻多糖硫酸酯作用肺纤维化机制	ZR2019BD055	山东省自然科学基金	李新朋	2019
341	基于原子经济性概念的需氧氧化反应构建喹喔啉类含氮化合物的研究	ZR201807060684	山东省自然科学基金	李纪兴	2019
342	稀土金属调控 α-Fe2O3 气敏材料灵敏度的理论研究	ZR2019BA027	山东省自然科学基金	时长民	2019
343	新型铋系类白钨矿结构氧化物晶体的探索生长与光电器件研究	ZR2019BEM029	山东省自然科学基金	田相鑫	2019
344	有机半导体材料的多体格林函数理论研究	ZR2019BB072	山东省自然科学基金	冷霞	2019
345	与宿主网格蛋白互作的迟缓爱德华氏菌毒力蛋白因子的分离，鉴定和功能研究	ZR2019BC102	山东省自然科学基金	隋智海	2019
346	采动底板隐伏构造活化突水通道演化特征及致灾机理研究	ZR2019BEE013	山东省自然科学基金	孙熙震	2019
347	城市景观格局及热岛效应对植被物候动态的影响机制——基于遥感数据时空融合的研究	ZR2019BD040	山东省自然科学基金	朱利凯	2019
348	MicroRNA 介导花生抗北方根结线虫病的调控机制研究	ZR2019PC055	山东省自然科学基金	徐平	2019
349	靶向树突状细胞新城疫病毒样颗粒的构建及其免疫效果研究	ZR2019PC031	山东省自然科学基金	薛聪	2019
350	大型振动筛动力学特性及多指标协同优化研究	ZR2019PEE024	山东省自然科学基金	王振乾	2019
351	基于 QoS 的云 3D 打印服务资源供需配置方法研究	ZR2019PEE019	山东省自然科学基金	张成雷	2019

序号	课题名称	项目编号	项目来源	主持人	年份
352	带有转氨酶项的乙肝病毒感染和治疗免疫调节数学建模及动力学分析	ZR2019PA019	山东省自然科学基金	陈晓	2019
353	番茄 S1NCED1 基因调控绒毡层降解的分子机制	ZR2019PC016	山东省自然科学基金	戴圣杰	2019
354	方钢管－高强箍筋复合约束混凝土柱抗震性能与设计方法研究	ZR2019PEE017	山东省自然科学基金	王南	2019
355	基于脱氧核酶的多级循环信号放大策略用于人体中汞离子的 QCM 检测研究	ZR2019PB024	山东省自然科学基金	李学明	2019
356	基于玉米秸秆制氮掺杂介孔碳的高能量密度有机系超级电容器的研究	ZR2019PB008	山东省自然科学基金	席云龙	2019
357	鉴别影响杜寒杂交羊体型大小关键基因的研究	ZR2019PC034	山东省自然科学基金	季久秀	2019
358	栝楼性别分化中功能 microRNAs 的鉴定及表达模式分析研究	ZR2019PH088	山东省自然科学基金	辛杰	2019
359	锂空气电池用柔性分级孔 N-CNT 自支撑电极的制备及性能研究	ZR2019PB018	山东省自然科学基金	聂红娇	2019
360	微尺度海洋观测大数据特征分析方法研究	ZR2019PF005	山东省自然科学基金	王永芳	2019
361	叶酸修饰载天花粉蛋白纳米粒靶向释药系统的构建及抗肿瘤研究	ZR2019PH071	山东省自然科学基金	陈敏	2019
362	一种新型的高时间分辨率单液滴微芯片及其在单细胞水平信号转导中的应用研究	ZR2019PB005	山东省自然科学基金	孙英男	2019
363	设施蓝莓栽培技术规程	2019NYBBZ01	农业农村部	郑亚琴	2019
364	大棚黄瓜秸秆原位还田及农机农艺融合技术研究与示范	2019GNC21240	科技厅	陈之群	2020
365	软科学重大项目	2020RZB01082	科技厅	王梁	2020
366	基于单原子催化的电致化学发光型生物传感芯片的研究	ZR2020KB008	山东省自然科学基金	张怀荣	2020
367	猪瘟病毒 E2 蛋白亚单位疫苗的产业化开发及应用研究	ZR2020KC004	山东省自然科学基金	王鑫	2020
368	品质型辣椒胞质雄性不育三系配套技术新模式的创制及应用研究	ZR2020KC040	山东省自然科学基金	闫丽	2020
369	分子印迹荧光传感可控构建及对环境雌激素多元检测性能研究	ZR2020KE002	山东省自然科学基金	徐守芳	2020
370	基于循环型分裂方法的大规模 Toeplitz 和 CUPL-Toeplitz 线性系统的迭代算法研究	ZR2020MA051	山东省自然科学基金	江晓雨	2020
371	二维 WS2 掺杂轻质元素诱导强室温铁磁性的研究	ZR2020MA074	山东省自然科学基金	孙媛媛	2020
372	曲面几何结构对量子效应调控的研究	ZR2020MA091	山东省自然科学基金	王永龙	2020
373	双金属位点单原子负载型催化剂构建新策略及其抗肿瘤活性研究	ZR2020MB003	山东省自然科学基金	郑秀文	2020
374	基于等压法和量热法构建硼酸钠盐卤水体系多硼物种固液平衡的热力学模型研究	ZR2020MB051	山东省自然科学基金	孟令宗	2020
375	高比能锂二次电池复合金属锂负极上抑制锂枝晶生长的研究	ZR2020MB082	山东省自然科学基金	李法强	2020
376	聚苯乙烯纳米塑料转运过程的生物毒性机理研究	ZR2020MB095	山东省自然科学基金	秦鹏飞	2020

序号	课题名称	项目编号	项目来源	主持人	年份
377	一氧化氮对 PCV2 诱导的线粒体损伤的调控机制研究	ZR2020MC019	山东省自然科学基金	刘传敏 薛涛	2020
378	氮沉降背景下昆仑山高山草地生态系统中的氮去向	ZR2020MC040	山东省自然科学基金	李磊 刘波	2020
379	新型转录抑制因子 NtAITRs 在调控烟草抗逆性中的作用及机制	ZR2020MC089	山东省自然科学基金	李桂民	2020
380	EGCG- 肌原纤维蛋白加成对蛋白氧化及亚硝胺形成的抑制机理	ZR2020MC208	山东省自然科学基金	李玲	2020
381	早白垩基干鸟类颌骨形态及功能研究	ZR2020MD026	山东省自然科学基金	王岩	2020
382	磁性荧光双功能纳米印迹复合材料制备及其对水体中藻毒素的识别与检测	ZR2020MD077	山东省自然科学基金	宋兴良	2020
383	鲁中南花岗岩发育土壤剖面结构对典型人工林根系吸水来源的影响	ZR2020MD102	山东省自然科学基金	吴元芝	2020
384	沂蒙山区典型土壤完全氨氧化微生物多样性及其功能研究	ZR2020MD104	山东省自然科学基金	王欣丽	2020
385	中美黄土记录对比：年代学制约与沉积速率变化	ZR2020MD116	山东省自然科学基金	苗晓东	2020
386	石墨炔 -MoS2 纳米片异质结的甲苯气敏性能及敏感机理研究	ZR2020MF025	山东省自然科学基金	梁士明	2020
387	基于区块链的动态博弈访问控制关键技术研究	ZR2020MF029	山东省自然科学基金	赵斌	2020
388	5G 环境下基于区块链的大规模智能终端访问控制关键问题研究	ZR2020MF058	山东省自然科学基金	张问银	2020
389	高精度航空重力梯度测量误差补偿与数据处理技术研究	ZR2020MF089	山东省自然科学基金	钱学武	2020
390	城市路网节点交通流复杂特性及交通调控策略研究	ZR2020MG019	山东省自然科学基金	肖松	2020
391	奇异积分及相关算子弱型极限行为的若干问题	ZR2020QA006	山东省自然科学基金	侯宪明	2020
392	Markov 链中一类 CUML-Toeplitz 矩阵之逆和广义逆的 Gohberg-Semencul 型分解及其应用	ZR2020QA035	山东省自然科学基金	郑彦鹏	2020
393	非线性光学材料三元金属碲化物 A-Ga-Te（A=Li、Na、K）高压相变与性质的理论研究	ZR2020QA060	山东省自然科学基金	王友春	2020
394	基于稀有气体掺杂的聚合氮的高压理论设计	ZR2020QA061	山东省自然科学基金	魏杰	2020
395	有机半导体中手性诱导自旋选择效应的机理研究	ZR2020QA062	山东省自然科学基金	杨柳	2020
396	基于铁、铜催化的吲哚选择性反应构建不同环径的螺环和并环化合物研究	ZR2020QB013	山东省自然科学基金	孔令凯	2020
397	Hofmann 型自旋交叉 - 荧光双功能材料的设计合成与协同作用机理研究	ZR2020QB031	山东省自然科学基金	刘福玲	2020
398	MOFs 材料在烃类裂解气吸附分离中的应用基础研究	ZR2020QB032	山东省自然科学基金	刘秀萍	2020
399	共价有机框架材料在光催化中的应用	ZR2020QB038	山东省自然科学基金	魏丕峰	2020
400	基于 cryptophane-E@ 乙基纤维素的荧光猝灭型有机铵离子光纤传感器研究	ZR2020QB039	山东省自然科学基金	李昱	2020
401	联萘酚衍生物在溶液中圆偏振发光机制的多尺度模拟研究	ZR2020QB076	山东省自然科学基金	李云志	2020

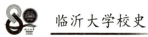

序号	课题名称	项目编号	项目来源	主持人	年份
402	基于 P450 酶催化检测饮用水中典型多环芳烃类污染物的应用研究	ZR2020QB088	山东省自然科学基金	姜玲	2020
403	多信号比率荧光探针用于化学性肝损伤和肝癌的发病过程检测	ZR2020QB159	山东省自然科学基金	杨雷	2020
404	新型萘酰亚胺唑类多靶点化合物的设计合成及其相关抗微生物作用研究	ZR2020QB167	山东省自然科学基金	张慧珍	2020
405	基于肿瘤微环境调控下双模可视化光疗（PDT/PTT）抗肿瘤应用研究	ZR2020QB170	山东省自然科学基金	胡尊富	2020
406	代谢工程改造解脂耶氏酵母合成苹果酸的关键问题研究	ZR2020QC007	山东省自然科学基金	刘晶晶	2020
407	典型抗生素在人工湿地中的分布与去除	ZR2020QC050	山东省自然科学基金	王文侠	2020
408	中国小长蝽属的 DNA 条形码研究	ZR2020QC053	山东省自然科学基金	张海光	2020
409	TOE1/TOE2 与 ZFP8 互作参与调控拟南芥表皮毛发育的分子机制研究	ZR2020QC063	山东省自然科学基金	刘一华	2020
410	大豆蛋白激酶 GmCIPK8 介导的 ROS 代谢响应干旱胁迫作用机制研究	ZR2020QC123	山东省自然科学基金	崔晓玉	2020
411	番茄 S1WRKY80 基因响应番茄黄化曲叶病毒侵染的分子机理研究	ZR2020QC156	山东省自然科学基金	黄莹	2020
412	控释氯化钾钾素释放同步玉米钾素吸收的机制研究	ZR2020QC163	山东省自然科学基金	杨修一	2020
413	基于 ROS 介导的 NLRP3/ 焦亡信号通路探讨植物乳杆菌对猪肠上皮细胞炎性损伤的保护机制研究	ZR2020QC179	山东省自然科学基金	周振金	2020
414	小尾寒羊对苜蓿干草长度采食行为的适应与生理机制研究	ZR2020QC184	山东省自然科学基金	王振南	2020
415	基于消费级无人机的城市三维绿量快速估算研究	ZR2020QD018	山东省自然科学基金	翟秋萍	2020
416	上泥盆统五通组石松植物的根系研究	ZR2020QD023	山东省自然科学基金	秦敏	2020
417	驱动土壤难溶态镉转化功能菌株的筛选及其对土壤修复研究	ZR2020QD120	山东省自然科学基金	郝晓东	2020
418	泥石流冲击力沿窗口坝迎流面分布的时空特征研究	ZR2020QD126	山东省自然科学基金	于献彬	2020
419	体温响应可降解聚合物血管支架的 4D 打印及其受限条件下的热 - 力耦合机制研究	ZR2020QE092	山东省自然科学基金	李兴建	2020
420	基于焊缝组织设计的 Cf/SiC 复合材料连接及接头高温可靠性研究	ZR2020QE176	山东省自然科学基金	章强	2020
421	燃准东煤过程中钠、钙协同机制对沉积层形成特性的多尺度研究	ZR2020QE200	山东省自然科学基金	王永贞	2020
422	装配式薄壁中空夹层钢管混凝土框架节点抗震耗能研究	ZR2020QE245	山东省自然科学基金	尹国安	2020
423	基于深度学习的多图像特征融合与模态转换的婴儿脑部 MRI 配准研究	ZR2020QF011	山东省自然科学基金	张林涛	2020
424	融合压缩感知的图像数据安全技术研究	ZR2020QF014	山东省自然科学基金	王慧	2020
425	内外部视角下员工"责任式"创造力的触发、平衡及动态机制研究	ZR2020QG018	山东省自然科学基金	徐振亭	2020
426	新型双靶向及 pH 敏感仿脂蛋白结构纳米载体同步传递紫杉醇及白藜芦醇治疗多药耐药肿瘤研究	ZR2020QH325	山东省自然科学基金	陈聪慧	2020
427	古昆虫学	ZR2020YQ27	山东省自然科学基金	陈军	2020
428	高校低毒除虫菊绿色杀虫剂产品研发及产业化	2020KJZL01	科技部	马宏卿	2020

附录 17 临沂大学 2011—2021 年省部级及以上社科项目

序号	项目类别	课题名称	主持人	单位	课题编号	年份
1	教育部人文社科研究项目	中原地区盲人说书的比较研究与历史构建	冯丽娜	音乐学院	11YJC760016	2011
2	山东省社科规划研究项目	高校科研团队绩效评价体系研究	辛琳琳	社科处	11CJYJ11	2011
3	山东省社科规划研究项目	农民利益表达与农村政治发展关系研究	魏洪秀	马列学院	11CZZJ07	2011
4	山东省社科规划研究项目	高校红色运动会运行机制的研究	奚凤兰	体育学院	11CTYZ03	2011
5	山东省社科规划研究项目	冲突性会话的名词语义认知机制及其语用效果研究	王晓军	外国语学院	11CWXZ03	2011
6	山东省社科规划研究项目	语言文化单位的修辞学研究	王明琦	外国语学院	11CWXZ04	2011
7	山东省社科规划研究项目	沂蒙精神故事读本	王厚香	文学院	11BLSJ04	2011
8	山东省社科规划研究项目	基于大学英语口语课程体系改革的英语口语立体化教材研究	杨港	外国语学院	11CWZJ07	2011
9	山东省社科规划研究项目	二语习得写作主体意识论研究	邵长忠	外国语学院	11CWZZ05	2011
10	山东省社科规划研究项目	基于泛在学习范式的大学英语"一年集中突破、后续分向提高"的教学模式研究	于秀金	外国语学院	11CWZZ27	2011
11	山东省社科规划研究项目	山东 2011 年餐饮业发展与相关问题研究	谢爱良	商学院	11BSYJ01-1	2011
12	山东省社科规划研究项目	乡村手工艺品牌发展策略研究——以山东临沂草柳编手工艺为例	刘青	美术学院	12BWYJ05	2012
13	山东省社科规划研究项目	县域体育产业发展研究——以莒南县为例	吴业锦	体育学院	12CTYJ08	2012
14	山东省社科规划研究项目	20 世纪中国俗文学研究的兴衰与变迁	周忠元	传媒学院	12CWXJ05	2012
15	山东省社科规划研究项目	体育俱乐部金融联保贷款融资模式研究——以山东省为例	孟祥新	体育学院	12CTYJ03	2012
16	山东省社科规划研究项目	地方高校国际化战略研究：基于美国加州与山东省地方高校的田野考察	陈德云	教育学院	12CJYJ04	2012
17	山东省社科规划研究项目	新农村建设视阈下的农民非制度化政治参与研究——以临沂市12 个自然村为研究对象	孙海英	马克思主义学院	12CZZJ02	2012
18	山东省社科规划研究项目	文学地理视野下的沂蒙文学研究	徐玉如	文学院	12CWXJ13	2012
19	山东省社科规划研究项目	百年中师教育特色与现代传承研究	岳喜腾	费县分校	12CJYJ07	2012
20	山东省社科规划研究项目	公立医院院长职业化程度与医院社会责任关系研究	胡青	教育学院	12CGLZ01	2012
21	山东省社科规划研究项目	非英语专业大学生对大学英语机考的适应性研究	高新艳	外国语学院	12CWJJ02	2012
22	山东省社科规划研究项目	加强和改进新形势下党的群众工作研究	李纪岩	马克思主义学院	12CWTJ01	2012
23	教育部人文社科研究项目	地方大学文化与地域文化互动发展个案研究	郭峰	高等教育研究院	12YJA880034	2012

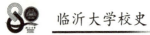

序号	项目类别	课题名称	主持人	单位	课题编号	年份
24	教育部人文社科研究项目	童工问题的历史考察与现实启示	鲁运庚	文学院	12YJA770034	2012
25	教育部人文社科研究项目	图像与艺术的关系及西方当代图画（Picture）理论研究	尹德辉	美术学院	12YJA760087	2012
26	教育部人文社科研究项目	商业模式创新的系统动力机制与路径研究——中国制造业企业的典型案例与经验证据	刁玉柱	商学院	12YJC630033	2012
27	教育部人文社科研究项目	汉传因明的传承与发展研究	张晓翔	法学院	12YJC72040002	2012
28	教育部人文社科研究项目	新媒体背景下红色文化资源利用与大学生思想政治教育成效性研究	吴布林	传媒学院	12JDSZ3053	2012
29	国家社会科学基金项目	在政治与文艺之间：延安文学研究	张根柱	文学院	12BZW090	2012
30	教育部哲学社会科学后期资助项目	大学文化与育人之道	韩延明	高等教育研究院	12JHQ004	2012
31	国家社会科学基金项目	当代美国犹太作家菲利普·罗斯的身份探寻与历史书写研究	苏鑫	外国语学院	12CWW038	2012
32	"中国外语教育基金"项目	基于学习者语料库的大学英语测试研究	谢楠	外国语学院	ZGWYJYJJ2012A30	2012
33	国家社科基金项目教育学课题	高校学生公共参与的有效路径研究——基于利益相关者协同创新的视角	张洪高	教育学院	BEA120031	2012
34	全国教育科学规划课题	基于应用型人才培养的地方大学通识教育课程体系构建研究	赵勇	教务处	DIA120284	2012
35	国家社科基金项目教育学课题	从功利主义到公共责任：我国当代学校改革的价值范式转换研究	薄存旭	教育学院	CFA120127	2012
36	国家社科基金项目教育学课题	我国大学学院制改革进程中的院系治理研究	刘恩允	教育学院	BIA130065	2012
37	国家社会科学基金项目	流散诗学研究	杨中举	传媒学院	13BWW065	2013
38	教育部人文社科研究项目	引领与培育——当代大学生核心价值观生成的基础问题研究	李纪岩	马克思主义学院	13YJC710017	2013
39	教育部人文社科研究项目	构建大学英语多维教学环境：基于立体化教材"再设计"的研究	杨港	外国语学院	13YJC740120	2013
40	教育部人文社科研究项目	高校本科生学业导师制研究	张守参	音乐学院	13JDSZ3049	2013
41	国家体育总局体育哲学社会科学研究项目	新型农村社区体育场地设施建设中的问题与改进措施研究	杨涛	体育学院	1919SS13080	2013
42	山东省社科规划研究项目	社会主义核心价值体系建设视域下的公民道德建设研究	费聿辉	马克思主义学院	13CKSJ04	2013
43	山东省社科规划研究项目	沂蒙民间彩印花布的工艺特色与图式意蕴研究	冯丽娟	费县分校	13CWYJ03	2013
44	山东省社科规划研究项目	约瑟夫·海勒黑色幽默美学探究	唐文	外国语学院	13DWXJ13	2013
45	山东省社科规划研究项目	自媒体时代媒介暴力研究	姚玉杰	传媒学院	13CXWJ01	2013
46	山东省社科规划研究项目	平民化视域下"中国梦"的大众媒介传播研究	赵光怀	传媒学院	13CGMJ03	2013
47	山东省社科规划研究项目	空间关系理论视角下山东半岛蓝色经济区城乡之间、区域间体育协调发展研究	陈庆杰	体育学院	13DTYJ03	2013

序号	项目类别	课题名称	主持人	单位	课题编号	年份
48	山东省社科规划研究项目	基于大学通识教育的公民意识培育路径研究	吴仁英	教育学院	13DJYJ01	2013
49	山东省社科规划研究项目	山东根据地农业经济政策研究（1937—1949）	苑朋欣	马克思主义学院	13CDSJ01	2013
50	山东省社科规划研究项目	党在沂蒙革命根据地的群众工作研究	汲广运	马克思主义学院	13CDSJ02	2013
51	山东省社科规划研究项目	输出驱动下大学英语互动教学模式的实证研究	张继贤	外国语学院	13CWJJ01	2013
52	山东省社科规划研究项目	基于国际合作的外语网络学习环境生态优化研究	周银凤	外国语学院	13CWJZ04	2013
53	山东省社科规划研究项目	青少年欺负参与角色与同伴群体关系的追踪研究：社会化效应及其调节机制	张文娟	教育学院	13CQSZ02	2013
54	山东省社科规划研究项目	市场培育视角下的张寿民书法艺术研究	刘希龙	美术学院	13CWYJ19	2013
55	山东省社科规划研究项目	建立健全廉政风险控方管理机制研究	蔡玉卿	马克思主义学院	13CDJJ03	2013
56	全国教育信息技术研究"十二五"规划2013年度课题	构建基于飞信的农村中学班级育人管理互动平台研究与实践	宓现义	法学院	136231079	2013
57	2014年红色旅游典型案例研究课题	临沂市红色旅游发展典型案例研究	谢爱良	商学院	2014-08-05	2014
58	山东省社科规划研究项目	齐鲁鸿儒的道德境界及当代价值	刘硕伟	文学院	14CZXJ03	2014
59	山东省社科规划研究项目	明清琅琊宋氏家族文学研究——以宋鸣梧父子为中心	李鹏	文学院	14CWXJ16	2014
60	山东省社科规划研究项目	基于句酷批改网的英语写作认知过程中自主性研究	李慧	外国语学院	14CWXJ40	2014
61	山东省社科规划研究项目	山东省旅游品牌系统培育研究	朱孔山	商学院	14CGLJ06	2014
62	山东省社科规划研究项目	增权理论视角下社区体育康复运行模式研究	王雪芹	体育学院	14CTYJ05	2014
63	山东省社科规划研究项目	农业现代化背景下县域农村职业教育与成人教育融通研究	李纪传	费县分校	14CJYJ07	2014
64	山东省社科规划研究项目	地方高校基层学术组织治理结构的变革及改进研究	张世爱	教育学院	14CJYJ08	2014
65	山东省社科规划研究项目	实践音乐教育哲学视野下的高校音乐教育的诉求研究	王颖	音乐学院	14DWYJ01	2014
66	山东省社科规划研究项目	京剧器乐曲牌吸取与变革创新探论	王秀庭	音乐学院	14CWYJ05	2014
67	山东省社科规划研究项目	临沂民间艺术资源整合与产业化发展研究	杨晓玲	美术学院	14CWYJ06	2014
68	山东省社科规划研究项目	"中国梦"的国际话语体系构建与对外传播	马文霞	外国语学院	14CXWJ03	2014
69	山东省社科规划研究项目	中国革命历史是最好的营养剂——习近平总书记关于中国近现代历史的重要论述研究	潘卫东	马克思主义学院	14CXJJ01	2014
70	山东省社科规划研究项目	金融衍生品在财富管理中的应用与监管改革研究	李贞彩	商学院	14CJRJ10	2014
71	山东省社科规划研究项目	网络文化背景下青少年学习力的动力机制研究	董耘	教育学院	14CQSJ15	2014

序号	项目类别	课题名称	主持人	单位	课题编号	年份
72	山东省社科规划研究项目	政治动员视角下的山东抗日根据地戏剧史	宋希芝	文学院	14CDSJ10	2014
73	山东省社科规划研究项目	山东抗日民主根据地教育发展的思想梳理及其现实价值研究	栾兆云	教育学院	14CDSJ11	2014
74	国家体育总局体育哲学社会科学研究项目	社会变迁中的新型农村社区体育发展研究	奚凤兰	体育学院	2047SS14078	2014
75	山东省社科规划研究项目	大学英语翻译教学与翻译能力的培养——以山东省两所高校非英语专业学生为例	陈世董	外国语学院	14CWYJ07	2014
76	中国残疾人联合会残疾人事业理论与实践研究课题	农村残疾人可持续生计问题研究——以农村土地产权制度改革为视角	王倩	法学院	2014&ZZ007	2014
77	中国残疾人联合会残疾人事业理论与实践研究课题	土地承包经营权流转视域下农村残疾人权益保障机制研究	唐慧	法学院	2014&ZZ008	2014
78	中国物流学会研究课题	法律视域下我国道路运输企业做大做强问题研究	薛丽	法学院	2014CSL KT1-005	2014
79	"中国外语教育基金"项目	应用型高校本科生多元外语能力与多元生态化外语课程构建	王晓军	外国语学院	ZGWYJYJ J2014Z08	2014
80	国家社会科学基金项目	马克思主义群众观视域中的沂蒙精神研究	徐东升	马克思主义学院	14BDJ064	2014
81	国家社会科学基金项目	明清时期通俗小说的文人化研究	李明军	文学院	14BZW065	2014
82	教育部人文社科研究项目	基于食品安全视角下的农作物病虫害专业化防治服务：选择行为、效果与政策优化	徐斌	商学院	14YJC630148	2014
83	教育部人文社科研究项目	高校教师工作主动性行为的驱动机制与提升路径研究	胡青	教育学院	14YJC880019	2014
84	教育部人文社科研究项目	以人为核心的新型城镇化理论	潘可礼	法学院	14JD71007	2014
85	国家社科基金项目教育学课题	教师专业标准深度开发与实施策略的国际比较研究	陈德云	教育学院	BDA140026	2014
86	文化部民族民间文艺发展中心	国家级非遗项目（传统戏剧类）保护规范条例	王秀庭	音乐学院	无	2015
87	国家社科基金艺术学项目	京剧器乐曲牌研究	王秀庭	音乐学院	15BB024	2015
88	国家社会科学基金项目	明清之际儒家诗学体系重构研究	刘硕伟	文学院	15BZW077	2015
89	国家社会科学基金项目	生态文化建设背景下农村体育文化节模式构建与运行机制的研究	奚凤兰	体育学院	15BTY068	2015
90	国家社会科学基金项目	美国梦视域下幽默小说的历史书写研究	唐文	外国语学院	15CWW028	2015
91	教育部人文社科研究项目	《聊斋俚曲集》校注	张泰	文学院	15YJA740064	2015
92	教育部人文社科研究项目	俄罗斯当代作曲技术理论课程体系研究	彭程	音乐学院	15YJA760028	2015
93	教育部人文社科研究项目	基于沂蒙精神育人的社会主义核心价值观认同教育实践路径研究	张光远	马克思主义学院	15JDSZ2014	2015
94	山东省社科规划研究项目	柳琴戏"自由性"艺术特征研究	王秀庭	音乐学院	15BWYJ02	2015
95	山东省社科规划研究项目	民国时期山东报刊与社会变迁研究	董爱玲	传媒学院	15CXWJ01	2015
96	山东省社科规划研究项目	中国民俗文化的大众传播与话语体系构建	周忠元	传媒学院	15CXWJ02	2015
97	山东省社科规划研究项目	新型城镇化进程中的农民利益维护研究	孙海英	马克思主义学院	15CZZJ02	2015

序号	项目类别	课题名称	主持人	单位	课题编号	年份
98	山东省社科规划研究项目	微金融支持小微企业发展研究	姚丽莎	商学院	15CJRJ04	2015
99	山东省社科规划研究项目	地方综合性大学创新创业文化自觉培育研究	任伟伟	教育学院	15CJYJ02	2015
100	山东省社科规划研究项目	基于学生诉求的高校思想政治理论课教师素质研究	孙芹丽	马克思主义学院	15CSZJ10	2015
101	山东省社科规划研究项目	基于儿童语料库的汉语情态词早期习得个案研究	陈淑珍	外国语学院	15CWXJ21	2015
102	山东省社科规划研究项目	改革开放以来山东干部作风建设研究	王春梅	马克思主义学院	15CDSJ01	2015
103	山东省社科规划研究项目	改革开放以来山东省农村治理创新与发展研究	邱春林	马克思主义学院	15CDSJ02	2015
104	山东省社科规划研究项目	改革开放以来山东高校组织变革中党的驱动能力研究	薄存旭	教育学院	15CDSJ13	2015
105	山东省社科规划研究项目	基于大学生创新精神和创业能力的大学英语课程体系的构建与实践	肖杰村	外国语学院	15CWZJ12	2015
106	山东省社科规划研究项目	早期都市流行歌曲的大众传播与文化传承研究	李红梅	文学院	15DWXJ09	2015
107	山东省社科规划研究项目	地方文化视域下高校审美教育研究	赵勇	传媒学院	15BWXJ04	2015
108	山东省社科规划研究项目	乡村生态休闲视角下的区域特色文化挖掘及产业开发研究 ——以天蒙文化旅游区为例	顾向明	文学院	15CGLJ41	2015
109	山东省社科规划研究项目	闲情偶寄十六卷——（清李渔撰）	赵勇	传媒学院	15AWTJ01	2015
110	山东省社科规划研究项目	沂蒙精神重大理论与实践问题研究	徐东升	马克思主义学院	16ALJJ15	2016
111	山东省社科规划研究项目	技术与商业模式协同创新视角下物流企业成长研究：机理、影响与政策	孙朋杰	物流学院	16CGLJ37	2016
112	山东省社科规划研究项目	"县管校聘"政策背景下义务教育阶段师资流动成效的监测与调控研究	陈英文	教育学院	16CJYJ03	2016
113	山东省社科规划研究项目	"互联网＋"背景下大学外语混合式教学实践及其有效性研究	刘金侠	外国语学院	16CJYJ19	2016
114	山东省社科规划研究项目	农户分化视角下的农地征用补偿方式研究	孙云奋	商学院	16CJJJ30	2016
115	山东省社科规划研究项目	山东省彩票公益金的福利治理机制研究	杨克	法学院	16CSHJ03	2016
116	山东省社科规划研究项目	山东省城乡社区体育公共服务供求差异与一体化发展路径研究	杨涛	体育学院	16CTYJ13	2016
117	山东省社科规划研究项目	高校图书馆学科化服务与大学生学习创新研究	周文军	图书馆	16CTQJ03	2016
118	山东省社科规划研究项目	传播学视阈下店名语言文化的当代性建构与传承研究	李洪彩	传媒学院	16CXWJ02	2016
119	山东省社科规划研究项目	新媒体语境下老年形象塑造与话语失衡研究	李光	传媒学院	16CXWJ03	2016
120	山东省社科规划研究项目	山东省普通高校公共艺术教育研究	赵凤远	美术学院	16BWYJ01	2016

序号	项目类别	课题名称	主持人	单位	课题编号	年份
121	山东省社科规划研究项目	权力运行中的权力监督定位研究	吴永生	马克思主义学院	16CZZJ06	2016
122	山东省社科规划研究项目	山东抗日根据地与解放区民众日常生活研究（1937—1949）	魏本权	文学院	16BLSJ03	2016
123	山东省社科规划研究项目	基于语料库的儿童句末语气词获得研究	张笛	外国语学院	16CZWJ27	2016
124	山东省社科规划研究项目	"互联网＋商城"建设与运营问题研究——临沂商城为例	李晓东	物流学院	16CJJJ45	2016
125	山东省社科规划研究项目	社会组织中党组织的凝聚功能研究	赵长芬	马克思主义学院	16CQXJ08	2016
126	山东省社科规划研究项目	面向区域经济发展需求的多语种课程体系及教材建设	李芳	外国语学院	16CZWJ54	2016
127	山东省社科规划研究项目	隐性知识共享转化与高校外语教师自主发展研究	刘乃美	外国语学院	16CWZJ02	2016
128	山东省社科规划研究项目	青少年校园欺凌特点、治理现状及综合治理模式研究	姚建涛	法学院	16CQSJ02	2016
129	山东省社科规划研究项目	抗战时期中共山东党组织解决"三农"问题的路径研究	苑朋欣	马克思主义学院	16CDSJ09	2016
130	山东省社科规划研究项目	山东抗日根据地党群关系建设研究	李高东	马克思主义学院	16CDSJ10	2016
131	山东省社科规划研究项目	薛暮桥与山东革命根据地经济政策研究	李鹏程	文学院	16CDSJ11	2016
132	山东省社科规划研究项目	山东解放区革命动员与农民理性互动研究（1946—1949）	张红云	马克思主义学院	16CDSJ12	2016
133	山东省社科规划研究项目	新社会阶层网络舆情分析与引导机制研究	朱洪涛	马克思主义学院	16CTZJ03	2016
134	山东省社科规划研究项目	法治视角下提升村民自治有效性的途径研究	魏洪秀	马克思主义学院	16CCXJ03	2016
135	山东省社科规划研究项目	习近平总书记人类命运共同体外交战略思想研究	陈兆河	马克思主义学院	16CZLJ04	2016
136	山东省社科规划研究项目	"立体交互式"大学生社会主义核心价值观教育模式研究	张业蕾	马克思主义学院	16CSZJ05	2016
137	山东省社科规划研究项目	现金持有量与创新投资增长机理研究	袁堂梅	物流学院	16CKJJ21	2016
138	山东省社科规划研究项目	金融支持风险企业转型升级的机理与策略研究	吴作凤	物流学院	16BJRJ02	2016
139	民政部2016年乡镇服务型政府建设理论研究课题	乡风文明建设研究——新农村公共文化服务的视角	孔伟	法学院	无	2016
140	齐鲁优秀传统文化创新工程重点项目	齐鲁诸子与当代社会	张学成	文学院	无	2016
141	齐鲁优秀传统文化创新工程重点项目	鲁南五大调传承与保护研究	麻文广	费县分校	无	2016
142	中国文艺评论基地2016年度项目	网络文艺创作与评论人才队伍建设研究	王秀庭	音乐学院	CLZCA-2016-016	2016
143	国家社科基金重点课题《网络文艺发展研究》子课题	网络文艺价值引领研究	赵勇	社科处	无	2016
144	国家社科基金重点课题《网络文艺发展研究》子课题	网络文艺社会管理研究	王秀庭	音乐学院	无	2016

序号	项目类别	课题名称	主持人	单位	课题编号	年份
145	山东省社科规划研究项目	国外旅游者眼中的"好客山东"旅游形象研究	王晓军	外国语学院	16CLYJ03	2016
146	教育部人文社科研究项目	供需视角下环境规制对产业结构调整的作用机制及其生态效应研究	徐成龙	商学院	16YJCZH123	2016
147	教育部人文社科研究项目	多元智能视角下幼儿体育活动模块的构建及实证研究	王雪芹	体育学院	16YJC890023	2016
148	教育部人文社科研究项目	从碎片化到整体化：我国城市社区广场健身秩序"善治"研究	李洪波	体育学院	16YJA890008	2016
149	教育部人文社科研究项目	地方高校大学生就业能力实证研究：结构、影响因素及提升路径	牛欣欣	教育学院	16YJC880060	2016
150	教育部人文社科研究项目	草根视野下乡村学校变迁的教育叙事研究——以沂蒙山区乡村学校七十年发展历程为例	李同胜	教育学院	16YJA880022	2016
151	教育部人文社科研究项目	沂蒙地区汉画像石装饰艺术比较研究	李洁	美术学院	16YJA760016	2016
152	教育部人文社科研究项目	《群众》周刊建构中国共产党公信形象的文本研究（1937—1949）	刘涛	马克思主义学院	16YJC710027	2016
153	教育部人文社科研究项目	地方大学师范类数学教育与基础教育互动发展研究	杜彦武	理学院	16YJE880001	2016
154	教育部人文社科研究项目	沂蒙精神研究	费孝辉	马克思主义学院	16JD710090	2016
155	教育部人文社科研究项目	马克思《资本论》及其手稿中正义思想与当代中国共享发展研究	王文峰	马克思主义学院	16JD710020	2016
156	国家社会科学基金项目	公共健康视阈下英国儿童福利制度研究（1862—1948）	魏秀春	文学院	16BSS044	2016
157	全国教育科学规划课题	基于卓越小学教师培养的双导师制长效机制研究	邹吉林	教育学院	EIA160450	2016
158	国家艺术基金项目	诸城派古琴表演人才培养	王秀庭	音乐学院	无	2017
159	全国教育科学规划课题	青少年校园欺凌复合治理的教育法学研究	姚建涛	法学院	DAA170425	2017
160	国家社会科学基金项目	"互联网＋"时代大学英语教学模式重构研究	杨港	外国语学院	17BYY102	2017
161	国家社会科学基金项目	"协调"理念视域下城乡群众体育发展战略研究	陈庆杰	体育与健康学院	17BTY084	2017
162	国家社会科学基金项目	时变提前期下非线性供应链鲁棒运作策略研究	张松涛	物流学院	17BGL222	2017
163	国家社科基金艺术学项目	生态位理论视角下的当代民营剧团现状调查与研究	宋希芝	文学院	17BB026	2017
164	国家社科基金艺术学重大项目	新中国成立70周年中国戏曲史（山东卷）	王秀庭	音乐学院	18ZD11	2017
165	国家社科基金后期资助项目	权力视阈中马克思的政治理论与实践	吴永生	马克思主义学院	17FKS008	2017
166	国家社科基金后期资助项目	《溪山琴况》琴乐美学价值研究	杜洪泉	音乐学院	17FYS004	2017
167	教育部人文社科研究项目	与人民同呼吸共命运：习近平群众观研究	王春梅	马克思主义学院	17YJA710029	2017

序号	项目类别	课题名称	主持人	单位	课题编号	年份
168	教育部人文社科研究项目	研发团队创造力提升的跨层次及动态演化研究：心理资本视角	徐振亭	商学院	17YJC630188	2017
169	教育部人文社科研究项目	中小学生欺凌参与角色的行为驱动机制与干预对策研究	张文娟	教育学院	17YJC880129	2017
170	教育部人文社科研究项目	基于Pender健康促进模型的农村青少年健康生活方式驱动机制及培养途径研究	安敏	教育学院	17YJC890001	2017
171	教育部人文社科研究项目	大数据支持下的大学科研创新评价模型建构及其网络机制	王玉秋	教育学院	17YJAZH085	2017
172	教育部人文社科研究项目	基于大数据的党媒舆论引导力提升研究	陈珊	传媒学院	17YJCZH023	2017
173	教育部人文社科研究项目	中国人力资本代际流动及其收入效应研究	李修彪	商学院	17YJCZH094	2017
174	2017重大理论与实践问题研究课题	弘扬沂蒙精神研究	徐东升	马克思主义学院	无	2017
175	教育部人文社科研究项目	我国省域旅游业劳动生产率空间计量分析与提升路径研究	谢爱良	商学院	17YJCZH197	2017
176	全国高校古籍整理研究项目	《岁时广记》校注	张泰	文学院	1744	2017
177	教育部人文社科研究项目	毛泽东领导方法及其当代价值研究	张立梅	马克思主义学院	17JD710054	2017
178	山东省社科规划研究项目	沂蒙精神的内涵与时代价值研究	徐东升	马克思主义学院	17ALJJ13	2017
179	山东省社科规划研究项目	民国山东乡村教师培育的历史经验研究：以八所省立乡村师范学校为中心	曹彦杰	教育学院	17CJYJ11	2017
180	山东省社科规划研究项目	"校地联盟"教师教育协同创新制度研究	李中国	教育学院	17BJYJ01	2017
181	山东省社科规划研究项目	"健康中国"背景下山东省农村全民健身达成目标与评估指标体系研究	盛昌繁	体育与健康学院	17CTYJ01	2017
182	山东省社科规划研究项目	齐鲁民间体育文化的系统构建及资源开发研究	李云成	沂水校区	17CTYJ09	2017
183	山东省社科规划研究项目	科学技术意识形态批判研究	陆玉胜	马克思主义学院	17CKSJ04	2017
184	山东省社科规划研究项目	"一带一路"建设中我国海外经济利益维护机制研究	王发龙	马克思主义学院	17DZZJ01	2017
185	山东省社科规划研究项目	财产权视角下农村土地"三权分置"实施机制研究	罗亚海	法学院	17CFXJ03	2017
186	山东省社科规划研究项目	中韩反腐长效机制建设比较研究	闫朝东	法学院	17CFXJ14	2017
187	山东省社科规划研究项目	社区矫正审前调查评估制度构建研究	郭星	法学院	17CSHJ12	2017
188	山东省社科规划研究项目	"有"视角下的现代汉语非核心论元结构允准机制研究	姜兆梓	外国语学院	17CYYJ02	2017
189	山东省社科规划研究项目	"传播力场"视阈下莫言小说的经典化研究	彭秀坤	传媒学院	17CZWJ01	2017
190	山东省社科规划研究项目	子弟书诗篇对儒家思想的诠释与传播	王美雨	文学院	17CZWJ15	2017
191	山东省社科规划研究项目	山东图书馆学史研究	刘霞	图书馆	17CTQJ07	2017

序号	项目类别	课题名称	主持人	单位	课题编号	年份
192	山东省社科规划研究项目	沂蒙民间舞蹈"龙灯扛阁"研究	崔海慧	音乐学院	17CWYJ32	2017
193	山东省社科规划研究项目	习近平网络空间命运共同体思想研究	潘可礼	马克思主义学院	17CZLJ13	2017
194	山东省社科规划研究项目	大中小学教师对沂蒙精神的认知与理解：一项混合方法研究	邹吉林	教育学院	17CYMJ02	2017
195	山东省社科规划研究项目	基于受众理论的沂蒙精神传播机制研究	董爱玲	马克思主义学院	17CYMJ03	2017
196	山东省社科规划研究项目	沂蒙精神的多维艺术表现与传播研究	杨中举	传媒学院	17CYMJ04	2017
197	山东省社科规划研究项目	沂蒙精神的时代性阐发及其弘扬路径研究	王春梅	马克思主义学院	17CYMJ05	2017
198	山东省社科规划研究项目	沂蒙精神的政治文化价值研究	赵长芬	马克思主义学院	17CYMJ06	2017
199	山东省社科规划研究项目	沂蒙精神融入高校思想政治理论课教学研究	孙海英	马克思主义学院	17CYMJ07	2017
200	山东省社科规划研究项目	沂蒙精神与新时期党员干部党性教育研究	苑朋欣	马克思主义学院	17CYMJ08	2017
201	山东省社科规划研究项目	以人为中心视角下的沂蒙精神研究	汲广运	马克思主义学院	17CYMJ09	2017
202	山东省社科规划研究项目	大数据时代高校思想政治教育者素质提升机制研究	白海若	马克思主义学院	17CSZJ24	2017
203	山东省社科规划研究项目	高校毕业生就业困难群体精准帮扶研究	吴建章	法学院	17CSZJ25	2017
204	山东省社科规划研究项目	"一带一路"倡议背景下山东省跨境出口电商发展实证研究	郭丽	外国语学院	17CWZJ05	2017
205	山东省社科规划研究项目	《首组动词》的翻译研究	吴进珍	外国语学院	17CWZJ09	2017
206	山东省社科规划研究项目	八路军山东纵队美术宣传研究	赵大军	美术学院	17CDSJ01	2017
207	山东省社科规划研究项目	山东解放区民众踊跃参军的历史经验及启示研究	方建新	传媒学院	17CDSJ16	2017
208	山东省社科规划研究项目	沂蒙抗日根据地基层党组织建设及历史经验研究	张立梅	马克思主义学院	17CDSJ22	2017
209	山东省社科规划研究项目	沂蒙抗战口述资料抢救性访谈、整理与研究	张学强	历史文化学院	17CDSJ23	2017
210	山东省社科规划研究项目	21世纪沂蒙红色基因音乐与舞蹈作品创作研究	王德聪	音乐学院	17CCYJ02	2017
211	山东省社科规划研究项目	鲁南五大调艺术研究	韩小菲	音乐学院	17CCYJ14	2017
212	山东省社科规划研究项目	山东梆子腔系剧种音乐差异研究	解超颖	音乐学院	17CCYJ20	2017
213	山东省社科规划研究项目	山东古筝艺术研究	黄宝琪	音乐学院	17CCYJ27	2017
214	山东省社科规划研究项目	双创背景下柳琴戏学校传承研究	连振娟	社科处	17CCYJ37	2017
215	山东省社科规划研究项目	五音戏生存现状与高校传承发展研究	蒋李斌	音乐学院	17CCYJ40	2017
216	山东省社科规划研究项目	沂蒙手工编结的传承与创新研究	谭玉龙	美术学院	17CCYJ41	2017
217	山东省社科规划研究项目	柳琴戏剧目创作生产机制研究	薛一凡	音乐学院	17CCYJ46	2017
218	山东省社科规划研究项目	山东民间高校歌曲传承与"两创"发展研究	彭程	音乐学院	17CCYJ47	2017
219	山东省社科规划研究项目	"大国工匠"背景下的沂蒙民间传统工艺生态研究	张立富	音乐学院	17BCYJ01	2017

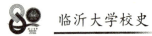

序号	项目类别	课题名称	主持人	单位	课题编号	年份
220	山东省社科规划研究项目	拉魂腔系剧种唱腔"自由性"艺术创新研究	王秀庭	音乐学院	17BCYJ03	2017
221	山东省社科规划研究项目	互联网金融的风险分析与监管研究	何洲娥	商学院	17CJRJ04	2017
222	山东省社科规划研究项目	沂蒙文化通论	许汝贞	商学院	17BLSJ04	2017
223	山东省社科规划研究项目	山东省青少年法治教育的现状、问题及优化策略研究	陈秀	法学院	17CQSJ15	2017
224	山东省社科规划研究项目	"互联网＋全域旅游"背景下山东旅游业监管体制创新研究	薛丽	法学院	17CLYJ03	2017
225	山东省社科规划研究项目	中华文化认同视域下台湾青年学生统战工作研究	刘绍静	文学院	17CTZJ11	2017
226	山东省社科规划研究项目	互联网＋女性文艺研究	孔丽娟	传媒学院	17CHLJ11	2017
227	中国法学会	比较法视野下的数据删除权研究	薛丽	法学院	CLS（2017）D82	2017
228	山东省社科规划研究项目	齐鲁乡贤文化的历史传承与当代对外传播研究	周静	历史文化学院	17CZCJ30	2017
229	教育部人文社科研究项目	华北抗日根据地乡村政权建设研究	苑朋欣	马克思主义学院	18YJA770023	2018
230	教育部人文社科研究项目	基于Pender健康促进模式的孕期职业女性体育健康促进研究	孟祥新	体育与健康学院	18YJA890018	2018
231	教育部人文社科研究项目	创伤记忆下的寻路之旅——阿拉伯新生代小说研究	沙敏	外国语学院	18YJC752026	2018
232	教育部人文社科研究项目	学术契约模式下高校青年教师组织认同研究：现状、机理与改进	张伟	教育学院	18YJC880129	2018
233	教育部人文社科研究项目	新时代高校思政课教师素质提升研究	李中国	法学院	18JD710047	2018
234	教育部人文社科研究项目	国家形象宣传片的视觉逻辑发展与传播效果调查研究	徐文静	传媒学院	18JD710048	2018
235	教育部人文社科研究项目	担当民族复兴大任的时代新人培养机制研究	丁瑞兆	马克思主义学院	18JDSZ3007	2018
236	教育部人文社科研究项目	沂蒙精神融入高校思想政治理论课三维教学的探索与实践	孙海英	马克思主义学院	18JDSZK101	2018
237	国家社科基金后期资助项目	新时代中华孝敬文化的传统、传承与传播	杨志刚	马克思主义学院	18FKS021	2018
238	国家社科基金后期资助项目	乡村产业振兴的基本逻辑研究	卢中华	物流学院	18FJY014	2018
239	国家社会科学基金项目	华北根据地的乡村劳动与社会重构研究（1937—1949）	魏本权	历史文化学院	18BZS105	2018
240	国家社会科学基金项目	华东解放区支前民工的组织动员研究	张红云	马克思主义学院	18BDJ057	2018
241	国家社会科学基金项目	中国当代先锋文学的经典化研究	彭秀坤	传媒学院	18BZW163	2018
242	国家社会科学基金项目	丝绸之路经济带沿线中国海外经济利益的政治风险研究	王发龙	马克思主义学院	18CGJ006	2018
243	国家社科基金冷门"绝学"和国别史研究专项	车王府曲本语言研究	王美雨	文学院	2018VJX063	2018
244	国家社会科学基金重大项目子课题	近代中国乡村建设资料编年整理与研究·著述篇（1901—1949）	魏本权	历史文化学院	无	2018
245	国家语委"十三五"科研规划项目	"一带一路"沿线海湾国家语言生态研究	谢楠	外国语学院	YB135-68	2018

序号	项目类别	课题名称	主持人	单位	课题编号	年份
246	民政部"婚姻家庭建设"理论课题	社会工作介入婚姻家庭建设的美国模式及启示研究	杨克	法学院	无	2018
247	境外合作项目	中国自闭儿童反语理解与教学研究	张笛	外国语学院	无	2018
248	山东省社科规划研究项目	习近平重要讲话的语言艺术研究——基于美学的视角	赵勇	教育学院	18AWTJ55	2018
249	山东省社科规划研究项目	习近平新时代教育思想研究	张洪高	教育学院	18AWTJ51	2018
250	山东省社科规划研究项目	基于创新人才培养的高校教学质量评价体系构建	魏可媛	教育学院	18BJYJ05	2018
251	山东省社科规划研究项目	习近平新文艺思想体系研究	呼永刚	音乐学院	18BZWJ01	2018
252	山东省社科规划研究项目	"中国梦"话语体系建构与传播研究	赵光怀	历史文化学院	18BXSXJ28	2018
253	山东省社科规划研究项目	一流学科战略下高校青年教师学科身份建构研究	张伟	教育学院	18CJYJ08	2018
254	山东省社科规划研究项目	汉武新政背景下的文学嬗变研究	张学成	文学院	18CZWJ03	2018
255	山东省社科规划研究项目	明代书画居间人的市场风险规避策略研究	宋吉昊	美术学院	18CWYJ01	2018
256	山东省社科规划研究项目	基于自主式协同创新的沂蒙老区农村产业融合研究	卢中华	物流学院	18CJJJ33	2018
257	山东省社科规划研究项目	沂蒙精神对外译介和传播研究	苏鑫	外国语学院	18CYMJ42	2018
258	山东省社科规划研究项目	山东渔鼓艺术传承与"两创"发展研究	张慧芳	音乐学院	18CWYJ12	2018
259	山东省社科规划研究项目	实践论视角下的沂蒙精神研究	王厚香	历史文化学院	18CYMJ16	2018
260	山东省社科规划研究项目	明代山东王学与洛阳王学的学派建构与地域交流研究	张勇	历史文化学院	18CLSJ09	2018
261	山东省社科规划研究项目	"一带一路"倡议下山东省农业对外投资的优势领域与风险规避	曾昭鹏	商学院	18CJJJ19	2018
262	山东省社科规划研究项目	列宁的群众观及其当代价值研究	陈玉峰	马克思主义学院	18CKSJ09	2018
263	山东省社科规划研究项目	新时代语境下沂蒙精神与山东精神耦合性研究	刘涛	马克思主义学院	18CYMJ13	2018
264	山东省社科规划研究项目	大数据时代的社会监督模式研究	蔡玉卿	马克思主义学院	18CZZJ04	2018
265	山东省社科规划研究项目	公民道德建设视域下的沂蒙精神价值研究	费聿辉	马克思主义学院	18CYMJ17	2018
266	山东省社科规划研究项目	制度创新视角下共享经济的发展态势研究	朱立营	马克思主义学院	18CSJJ28	2018
267	民东省社科规划研究项目	消解异化重构：齐鲁民间传统文化记忆研究	王举涛	体育与健康学院	18CTYJ04	2018
268	山东省社科规划研究项目	基于社会资本理论的农村留守妇女健康公平性研究	李艳丽	法学院	18CGLJ37	2018
269	山东省社科规划研究项目	利益衡量视角下个人信息保护法律问题及对策研究	唐慧	法学院	18CFXJ10	2018
270	山东省社科规划研究项目	儒家关系思想与现代审会工作理论融合研究	杨超	法学院	18CSJJ23	2018
271	山东省社科规划研究项目	国家精准扶贫战略与"沂蒙精神"乡村传承研究	王焕全	传媒学院	18CZXJ12	2018

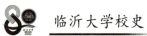

序号	项目类别	课题名称	主持人	单位	课题编号	年份
272	山东省社科规划研究项目	国际比较视野下教师问责标准建构研究	马婷婷	教育学院	18DJYJ05	2018
273	国家社会科学基金重大项目子课题	南明小说作品全编整理	李明军	文学院	无	2019
274	全国高校古籍整理研究项目	《诗演义》点校	苗守艳	文学院	1952	2019
275	国家社会科学基金项目	人工智能语境下宪法财产权制度创新研究	罗亚海	法学院	19BFX016	2019
278	国家社科基金党的革命精神谱系梳理和图书编辑出版研究专项	沂蒙精神研究	徐东升	马克思主义学院	19VPX008	2019
277	国家社会科学基金项目	美国"拯救儿童运动"研究（1825—1935）	鲁运庚	历史文化学院	19BSS037	2019
278	国家社会科学基金项目	基于国家形象构建的主旋律影视剧海外传播研究	徐玉梅	传媒学院	19BXW067	2019
279	国家社会科学基金项目	我国农村自发性体育组织成长特征与培育路径研究	杨涛	体育与健康学院	19BTY044	2019
280	国家社会科学基金项目	我国农村公共体育服务精准化供给的实现路径研究	李洪波	体育与健康学院	19BTY095	2019
281	国家社科基金后期资助项目	毛泽东社会公正思想研究	张立梅	马克思主义学院	19FDJB001	2019
282	国家社科基金后期资助项目	传承与超越：马克思美学艺术思想研究	尹德辉	美术学院	19FZXB005	2019
283	国家社科基金后期资助项目	汉语儿童主观性词项与构式的获得研究	张笛	外国语学院	19FYYB035	2019
284	教育部人文社科研究项目	新时代中国特色乡村治理体系现代化研究	邱春林	法学院	19YJA710031	2019
285	教育部人文社科研究项目	中国传统筝乐流派风格比较与发展研究	黄宝琪	音乐学院	19YJC760032	2019
286	教育部人文社科研究项目	新时代下中国足球文化的国民性研究	全涛	体育与健康学院	19YJC890034	2019
287	教育部人文社科研究项目	动态知识观视野下学科教学认知（PCKg）的统整：机制创新与路径实现	李永婷	教育学院	19YJC880047	2019
288	教育部人文社科研究项目	南北朝菩萨造像的象征意义及其本土化研究	刘明虎	美术学院	19YJC760062	2019
289	教育部人文社科研究项目	居间人：明代书画市场中介群体研究	宋吉昊	美术学院	19YJC760085	2019
290	教育部人文社科研究项目	习近平总书记关于文艺工作的重要论述研究	张凡俊	文学院	19JD710056	2019
291	山东省社科规划研究项目	记忆理论视野下的沂蒙红嫂研究	付玲玲	文学院	18CDSJ04	2019
292	山东省社科规划研究项目	山东抗日根据地乡村政权建设研究	黄永亮	生命科学学院	18CDSJ10	2019
293	山东省社科规划研究项目	社会治理视角下山东抗日根据地移风易俗研究	孔繁金	历史文化学院	18CDSJ17	2019
294	山东省社科规划研究项目	沂蒙精神视阈下地方国有企业党群关系研究	王艳辉	传媒学院	18CDSJ19	2019
295	山东省社科规划研究项目	山东解放区的民站建设及实际运行研究	张红云	马克思主义学院	18CDSJ22	2019

序号	项目类别	课题名称	主持人	单位	课题编号	年份
296	山东省社科规划研究项目	新文化史视野下山东红色文化研究（1921—1949）	杜平	历史文化学院	18CDSJ24	2019
297	山东省社科规划研究项目	"一带一路"视域下沂蒙特色民俗陶艺的文化传承创新与走出去战略研究	张茂坤	费县校区	18CZCJ06	2019
298	山东省社科规划研究项目	山东城市品牌形象塑造与海外推介研究	胡长兰	传媒学院	18CZCJ34	2019
299	山东省社科规划研究项目	译介学视域下齐鲁传统文化对俄传播研究	王明琦	外国语学院	18CZCJ42	2019
300	山东省社科规划研究项目	《左传》人文精神对构建新时代领导干部政德教育实践养成的价值研究	刘梅	文学院	18CZDJ03	2019
301	山东省社科规划研究项目	山东省柳琴戏打击乐艺术的发展与创新研究	蔡明君	音乐学院	19DWYJ02	2019
302	山东省社科规划研究项目	传统家风家教思想的当代价值与启示	左桂秋	历史文化学院	18CZDJ11	2019
303	山东省社科规划研究项目	明清循吏文献遗存中"政德"思想的当代价值研究	尹明明	历史文化学院	18CZDJ12	2019
304	山东省社科规划研究项目	山东省污染防治的财政政策研究	徐成龙	商学院	18CCZJ19	2019
305	山东省社科规划研究项目	"网络化个人主义"视域下公民新闻传播与舆论引导新格局构建研究	戴俊潭	传媒学院	18CHLJ03	2019
306	山东省社科规划研究项目	沂蒙精神进中小学课堂的关键点研究	张洪高	教育学院	18CKPJ22	2019
307	山东省社科规划研究项目	社会性别视角下女性网络舆情分析与对策研究	廖颂举	文学院	18CHLJ35	2019
308	山东省社科规划研究项目	消费行为模式升级下跨境网购重复购买意愿的动态形成机制研究	刘彩霞	物流学院	18CHLJ46	2019
309	山东省社科规划研究项目	基于汉语儿童多模态口语语料库的儿童言语意图研究	谢楠	外国语学院	18CWZJ42	2019
310	山东省社科规划研究项目	基于乡村振兴战略视角的山东省农业保险创新研究	黄宝安	商学院	18CJRJ16	2019
311	山东省社科规划研究项目	乡村治理体系现代化齐鲁样板研究	邱春林	法学院	18CDCJ16	2020
312	山东省社科规划研究项目	中国主导的新兴国际金融组织的透明度研究	袁小珺	法学院	18CQXJ37	2020
313	国家社会科学基金项目	百岁老人的"沂蒙精神"社会记忆研究	杨克	法学院	20BDJ076	2020
314	国家社会科学基金项目	中国共产党乡村振兴探索历程与经验研究	孔繁金	历史文化学院	20BDJ090	2020
315	国家社会科学基金项目	晚清荀学与社会变革研究	牛嗣修	文学院	20BZX071	2020
316	国家社会科学基金项目	结构化理论视角下我国幼儿体育健康教育模型的建构与应用研究	王雪芹	体育与健康学院	20BTY003	2020
317	国家社科基金高校思政课研究专项	革命文化资源提升高校思政课教学效果研究	刘慧	马克思主义学院	20VSZ057	2020
318	国家社会科学基金教育学项目	县域基础教育治理现代化的基本标准与实现路径研究	薄存旭	教育学院	BHA200144	2020
319	国家社科基金后期资助项目	关系视角的社会工作本土实践与理论建构	杨超	法学院	20FSHB011	2020

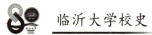

序号	项目类别	课题名称	主持人	单位	课题编号	年份
320	教育部人文社科研究项目	医患会话中身份构建的人际语用学研究	郭丽	外国语学院	20YJA740015	2020
321	教育部人文社科研究项目	先秦仪式装饰艺术的功能演变及审美特征研究	张玉磊	美术学院	20YJA760107	2020
322	教育部人文社科研究项目	中俄音乐互研文献整理与研究（1989—2019）	王德聪	音乐学院	20YJC760094	2020
323	教育部人文社科研究项目	长江经济带水环境承载力评价及区域协同提升研究	胡阿芹	商学院	20YJC630038	2020
324	教育部人文社科研究项目	关系主义视角下的社会工作整合性实践模式研究	杨超	法学院	20YJC840035	2020
325	教育部人文社科研究项目	供应链中断风险管理研究	张松涛	物流学院	20YJAZH131	2020
326	教育部人文社科研究项目	基于知识跟踪的学生学习发展评价研究	刘春志	教育学院	20YJA880029	2020
327	教育部人文社科研究项目	高校治理主体多元化视域下教师建言行为的机制构建与路径实现研究	胡青	教育学院	20YJC880031	2020
328	教育部人文社科研究项目	美国高校在线学位项目的走向及对我国的启示研究	李凤玮	教育学院	20YJC880040	2020
329	全国高校古籍整理研究项目	《一见赏心编》校点	周忠元	文学院	2045	2020
330	国家广播电影电视总局部级社科研究项目	三网融合背景下的新农村社区数字影视传播平台建设研究	宋宝瑜	传媒学院	74	2020
331	山东省社科规划研究项目	"鲁南五大调"渊源与流变研究	赵峰	音乐学院	18CCYJ30	2020
332	山东省社科规划研究项目	山东柳琴戏声乐表演艺术研究	孙舒君	音乐学院	18CCYJ31	2020
333	山东省社科规划研究项目	媒介融合视域下山东红色影视艺术创新研究	宋大平	传媒学院	18CCYJ34	2020
334	山东省社科规划研究项目	红色基因传承视域下山东红色影视的艺术建构	张磊	马克思主义学院	18CCYJ35	2020
335	山东省社科规划研究项目	山东民间小调的文化属性与现代传播研究	马银瑜	音乐学院	18CCYJ36	2020
336	山东省社科规划研究项目	新时期山东红色影视剧的儒学化转向研究	徐玉梅	传媒学院	18CCYJ37	2020
337	山东省社科规划研究项目	沂蒙精神内涵下乡规民约研究	刘成学	法学院	18CKPJ35	2020
338	山东省社科规划研究项目	儒家"中和"思想在家事审判中的嵌入与作用发挥研究	杨晋娟	法学院	18CSPJ19	2020
339	山东省社科规划研究项目	公共服务法治化视角下残疾人托养服务立法研究	王倩	法学院	19CFZJ10	2020
340	山东省社科规划研究项目	政治生态视角下山东省"亲""清"新型政商关系与营商环境的关系研究	徐振亭	商学院	19CTZJ12	2020
341	山东省社科规划研究项目	情感政治视域下新型主流媒体舆论引导力提升研究	杜明艳	传媒学院	19CXWJ02	2020
342	山东省社科规划研究项目	艺术学理论研究的现状与趋向	尹德辉	美术学院	19CWYJ08	2020
343	山东省社科规划研究项目	沂蒙精神与中国共产党的精神谱系研究	徐东升	马克思主义学院	19BWTJ13	2020
344	山东省社科规划研究项目	新时代中华孝道文化的三个维度研究	杨志刚	马克思主义学院	19BWTJ32	2020
345	山东省社科规划研究项目	沂蒙山区传统手工艺术的数字化保护与价值提升研究	姜自立	传媒学院	18CCYJ38	2020

序号	项目类别	课题名称	主持人	单位	课题编号	年份
346	山东省社科规划研究项目	抗大一分校在沂蒙与沂蒙精神形成的关系研究（1940—1945）	李喆	历史文化学院	19CYMJ01	2020
347	山东省社科规划研究项目	新时代意识形态安全的语言逻辑研究	丁瑞兆	马克思主义学院	20CXSXJ03	2020
348	山东省社科规划研究项目	习近平总书记关于教育扶贫的重要论述研究	李中国	教育学院	20CXSXJ04	2020
349	山东省社科规划研究项目	新时代山东省民主党派参政议政实证研究	陈德云	教育学院	20CRCJ04	2020
350	山东省社科规划研究项目	山东革命题材电影与红色基因传承研究（1949—2019）	荆婧	历史文化学院	20CDSJ08	2020
351	山东省社科规划研究项目	党史视域下沂蒙精神的形成、升华和发展研究	赵佃强	文学院	20CDSJ09	2020
352	山东省社科规划研究项目	山东省红色基因的家庭传播形态研究	王淑芹	传媒学院	20CDSJ10	2020
353	山东省社科规划研究项目	沂蒙红色文化融入地方高校意识形态风险防控研究	王守颂	马克思主义学院	20CYMJ03	2020
354	山东省社科规划研究项目	新时代沂蒙精神传承与弘扬的文化生态研究	刘艳琴	文学院	20CYMJ04	2020
355	山东省社科规划研究项目	沂蒙精神的多维传播路径研究	李洪彩	传媒学院	20CYMJ11	2020
356	山东省社科规划研究项目	新时代大学生思想行为特点及变化规律研究	刘潇	费县校区	20CSZJ18	2020
357	山东省社科规划研究项目	沂蒙精神主题文艺精品融入课程思政路径研究	耿耘	音乐学院	20CSZJ19	2020
358	山东省社科规划研究项目	新时代大学生网络表达的话语分析及教育应对研究	张明瑞	教育学院	20CSZJ20	2020
359	山东省社科规划研究项目	课程思政视域下人文学科育人本位回归研究	马秀兰	文学院	20CSZJ21	2020
360	山东省社科规划研究项目	全媒体视域下沂蒙红色音乐传播研究	王颖	音乐学院	20CLYJ14	2020
361	山东省社科规划研究项目	体育文化与革命老区红色旅游资源融合建设研究	赵光勇	体育与健康学院	20CLYJ15	2020
362	山东省社科规划研究项目	"鲁南五大调"表演艺术传承与创新研究	刘长龙	音乐学院	20CLYJ16	2020
363	山东省社科规划研究项目	"沂蒙精神"图像在红色旅游中的资源开发与应用研究	于静波	美术学院	20CLYJ17	2020
364	山东省社科规划研究项目	"三全育人"视阈下地方高校外语课程思政融合研究	贾永青	外国语学院	20CWZJ12	2020
365	山东省社科规划研究项目	中国共产党学习制度的建构及历史演进	张立梅	马克思主义学院	20CXSXJ16	2020
366	山东省社科规划研究项目	沂蒙精神特有称谓挖掘与整理	刘长飞	法学院	20CWTJ27	2020
367	山东省社科规划研究项目	全面从严治党视角下领导干部政德建设的路径研究	杜玉奎	马克思主义学院	19CZDJ06	2020
368	山东省社科规划研究项目	海洋强省战略下山东海陆物流产业协同发展研究	孟凡蕾	费县校区	19CHYJ15	2020
369	山东省社科规划研究项目	沂蒙精神融入高校立德树人的区域经验与推广策略研究	胡秀俊	教育学院	19CYMJ08	2021
370	山东省社科规划研究项目	"三核引领"视角下山东开放型经济对新动能提升的驱动及优化研究	张宗良	商学院	19CDNJ19	2021

序号	项目类别	课题名称	主持人	单位	课题编号	年份
371	山东省社科规划研究项目	基于灰聚类分析的山东省物流中心城市空间等级体系研究	张少云	物流学院	19DGLJ01	2021
372	山东省社科规划研究项目	乡村振兴中的村级权力监督研究	李玉才	马克思主义学院	19DZZJ01	2021
373	山东省社科规划研究项目	利益博弈视角下的中美关系研究（1972—1979）	李桂峰	历史文化学院	19CDJJ01	2021
374	山东省社科规划研究项目	高校教师教学能力体系构建与提升路径研究	李中国	教育学院	19CJYJ09	2021
375	山东省社科规划研究项目	从整体搭建到分类发展：乡村教师学习共同体的区域推进策略研究	赵春凤	教育学院	19CJYJ10	2021
376	山东省社科规划研究项目	荀子民俗思想及当代价值研究	牛嗣修	文学院	19CSHJ03	2021
377	山东省社科规划研究项目	全民健身与全民健康深度融合下的山东省社区体育发展研究	李洪波	体育与健康学院	19CTYJ04	2021
378	山东省社科规划研究项目	山东人地域形象的电影化建构与品牌提升研究	顾美和	传媒学院	19CWYJ06	2021
379	山东省社科规划研究项目	新时代地方高校本科音乐学师范专业课程内容重构与实践研究	闫妍	音乐学院	19CWYJ07	2021
380	山东省社科规划研究项目	"一带一路"战略视角下弘扬儒商文化东南亚传播的策略研究	郑敏	商学院	19CDSJ07	2021
381	山东省社科规划研究项目	抗战记忆视域中的山东根据地儿童日常生活研究	马金霞	历史文化学院	19CDSJ08	2021
382	山东省社科规划研究项目	沂蒙精神融入新时代党群关系构建研究	刘慧	马克思主义学院	19CDSJ09	2021
383	山东省社科规划研究项目	沂蒙精神在党的精神谱系中的历史地位及当代价值研究	孙士生	传媒学院	19CDSJ10	2021
384	山东省社科规划研究项目	习近平新时代思想政治教育重要论述研究	陈三营	马克思主义学院	19CSZJ40	2021
385	山东省社科规划研究项目	沂蒙精神经典故事中英读本	郭晓宁	外国语学院	19CKPJ05	2021
386	山东省社科规划研究项目	基于汉语儿童多模态口语语料库的儿童量词习得研究	吴祥彦	外国语学院	19CWZJ12	2021
387	山东省社科规划研究项目	马克思的意识形态斗争思想及其当代价值研究	陆寒	马克思主义学院	20CKSJ03	2021
388	山东省社科规划研究项目	守正与多元：新时代文明实践中心建设"山东路径"研究	赵家春	沂水校区	20CKSJ04	2021
389	山东省社科规划研究项目	"三全育人"理念下通识教育实践路径研究	魏可媛	教育学院	20CKSJ15	2021
390	山东省社科规划研究项目	统筹型行政体制研究	李宜春	历史文化学院	20CZZJ02	2021
391	山东省社科规划研究项目	供应链金融模式下山东省物流企业的价值评估研究	焦晶	商学院	20CJJJ11	2021
392	山东省社科规划研究项目	鲁南地区新时代文明实践与乡村振兴协同发展研究	陈鸿	费县校区	20CJJJ12	2021
393	山东省社科规划研究项目	齐鲁传统文化与乡村旅游融合发展机制研究	尤海涛	历史文化学院	20CJJJ13	2021
394	山东省社科规划研究项目	山东省高校精准帮扶困生创新路径研究	周莹	教育学院	20DJYJ02	2021

序号	项目类别	课题名称	主持人	单位	课题编号	年份
395	山东省社科规划研究项目	明代赴朝山东华侨华人研究	刘冉冉	历史文化学院	20CLSJ01	2021
396	山东省社科规划研究项目	美国非理性小说叙事对文化认同的建构研究（1830—1860）	唐文	外国语学院	20CWWJ10	2021
397	山东省社科规划研究项目	中国纪录片跨文化传播研究	李光	传媒学院	20CXWJ09	2021
398	山东省社科规划研究项目	山东城市公共体育服务承载力提升研究	葛男	体育与健康学院	20DTYJ01	2021
399	山东省社科规划研究项目	基于德育视角下高校音乐课程思政实践研究	胡原原	音乐学院	20CWYJ06	2021
400	山东省社科规划研究项目	文化传承视域下沂蒙文创产品开发及推广研究	季超	美术学院	20CWYJ07	2021
401	山东省社科规划研究项目	沂蒙音乐文化视域下兰陵民歌的解构研究	宋贵娟	音乐学院	20CWYJ08	2021
402	山东省社科规划研究项目	传统艺术传承视域下山东地方戏曲的电影化发展与传播研究	白娟娟	传媒学院	18CCYJ42	2021
403	山东省社科规划研究项目	山东红色影视艺术创新研究	鲁晴	传媒学院	18CCYJ33	2021
404	山东省社科规划研究项目	基于语料库的吕剧影视会话分析研究	薛亚青	传媒学院	18CCYJ46	2021
405	山东省社科规划研究项目	供应链视角下周转箱运作模式研究	张松涛	物流学院	19BYSJ13	2021
406	山东省社科规划研究项目	权力风险理论研究	吴永生	马克思主义学院	19BYSJ53	2021
407	山东省社科规划研究项目	习近平传统文化观的理论创新与实践路径研究	王中强	法学院	19BJCJ52	2021
408	山东省社科规划研究项目	习近平总书记关于社会公平正义重要论述研究	王文峰	马克思主义学院	19CXSXJ12	2021
409	山东省社科规划研究项目	习近平总书记关于文艺工作的重要论述研究	张凡俊	文学院	19CXSXJ13	2021
410	山东省社科规划研究项目	社会工作专业化精准扶贫研究	孔伟	马克思主义学院	19CXSXJ37	2021

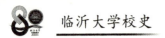
附录 18　临沂大学 2011—2020 年省级科研团队及专家人才汇总表

编号	团队名称	获批年度	层次	负责人	学院
1	生化分析团队－教育部创新团队	2015	部级	张书圣	化学化工学院（生化分析研究所）
2	泰山学者攀登计划	2015	省级	张书圣	化学化工学院（生化分析研究所）
3	生化分析人才团队－山东省优势学科人才团队	2015	省级	杨文荣	化学化工学院（生化分析研究所）
4	泰山产业领军人才	2016	省级	张淳	药学院
5	泰山学者特聘专家	2017	省级	杨文荣	化学化工学院（生化分析研究所）
6	泰山学者特聘专家	2017	省级	张弛	资源环境学院（水土保持与环境保育研究所）
7	泰山学者青年专家	2018	省级	李雪梅	化学化工学院（生化分析研究所）
8	泰山学者青年专家	2018	省级	韩文霞	资源环境学院（水土保持与环境保育研究所）
9	泰山学者特聘专家	2019	省级	张兴林	农林科学学院
10	泰山学者特聘专家	2019	省级	王孝理	生命科学学院（地质与古生物研究所）

附录 19 临沂大学 2011—2020 年省级以上科技成果一览表（自然科学）

序号	获奖人员	获奖名称号	获奖等级	授奖单位	授奖时间
1	卢中华	中国物流与采购联合会科技进步奖	一等奖	中国物流与采购联合会	2014.9
2	王梁	中国农业资源与农业区划学会科学技术奖	一等奖	中国农业资源与区划学会	2015.9
3	卢中华	中国物流与采购联合会科技进步奖	一等奖	中国物流与采购联合会	2015.9
4	王海峰	中国物流与采购联合会科学技术奖	二等奖	中国物流与采购联合会	2016.10
5	王梁	中国商业联合会科技奖	二等奖	中国商业联合会	2016.10
6	王海峰	中国商业联合会科技奖	二等奖	中国商业联合会	2016.10
7	曹云鹏	面向物流行业大数据高效存储与处理的关键技术	二等奖	中国物流与采购联合会	2016.10
8	王梁	中国地理信息科技进步奖	二等奖	中国地理信息产业协会	2016.11
9	邓妍娑	中国物流与采购联合会科技进步奖	二等奖	中国物流与采购联合会	2017.9
10	王海峰	中国物流与采购联合会科技进步奖	二等奖	中国物流与采购联合会	2017.9
11	张明	中国物流与采购联合会科学技术奖	一等奖	中国物流与采购联合会	2017.9
12	王梁	中国产学研合作创新成果奖	二等奖	中国产学研合作促进会	2017.12
13	王海峰	中国商业联合会科技进步奖	二等奖	中国商业联合会	2017.12
14	张明	中国商业联合会科学技术奖	二等奖	中国商业联合会	2017.12
15	李同兴	中国物流与采购联合会科技进步奖	一等奖	中国物流与采购联合会	2018.09

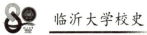

序号	获奖人员	获奖名称号	获奖等级	授奖单位	授奖时间
16	高希龙	中国物流与采购联合会科技进步奖	二等奖	中国物流与采购联合会	2018.09
17	张明	中国物流与采购联合会科技进步奖	二等奖	中国物流与采购联合会	2018.09
18	王海龙	中国煤炭工业科学技术奖	二等奖	中国煤炭工业协会	2018.10
19	曹云鹏	中国物流与采购联合会科技进步奖	二等奖	中国物流与采购联合会	2018.10
20	付厚利	山东省科学技术奖	二等奖	山东省人民政府	2019.2
21	付厚利	科学技术奖（社会力量奖）	二等奖	中国黄金协会	2019.3
22	史云飞	中国地理信息科技进步奖	二等奖	中国地理信息产业协会	2019.6
23	马振明	中国物流与采购联合会科技进步奖	二等奖	中国物流与采购联合会	2019.6
24	孙华生	中国地理信息科技进步奖	二等奖	中国地理信息产业协会	2019.7
25	卢中华	中国物流与采购联合会科技进步奖	二等奖	中国物流与采购联合会	2019.9
26	李锋	中国物流与采购联合会科技进步奖	二等奖	中国物流与采购联合会	2019.9
27	杨春梅	中国商业联合会科学技术奖	二等奖	中国商业联合会	2019.12
28	韩鑫	中国物流与采购联合会科技进步奖	二等奖	中国物流与采购联合会	2020.9
29	郭绍芬	山东省科技进步奖	二等奖	山东省人民政府	2020.9
30	张书圣	山东省自然科学奖	二等奖	山东省科技厅	2020.9
31	杨波	山东省科技进步奖	三等奖	山东省科技厅	2020.9
32	密长林	中国地理信息科技进步奖	二等奖	中国地理信息产业协会	2020.10

附录 20 临沂大学 2011—2020 年省部级社科成果一览表

时间	奖项名称	成果名称	作者	单位	授奖单位	成果形式	获奖等级
2011年	山东省第26次社会科学优秀成果奖	强化大学文化育人功能	韩延明	高等教育研究院	省社科联	论文	一等奖
		视听文本中话语标记语的语用功能及其汉译中的缺失现象	谢楠	外国语学院	省社科联	论文	二等奖
		高校课程质量评价体系构建探析	李波	社科处	省社科联	论文	三等奖
		论法学教育中的司法伦理教育	姚建涛	法学院	省社科联	论文	三等奖
		试论名古屋大学以经营为特征的法人化改革	秦桂芳	外国语学院	省社科联	论文	三等奖
		教师职业认同的内涵与策略分析	蒋晓虹	教育学院	省社科联	论文	三等奖
		奈保尔：跨界生存与多重叙事	杨中举	传媒学院	省社科联	专著	三等奖
		20世纪中国俗文学学科建设的反思	周忠元	传媒学院	省社科联	论文	三等奖
		从传统回归现实——英国都铎时期世俗贵族传统军事职能弱化现象简析	王萍	文学院	省社科联	论文	三等奖
		明代通鉴学研究	左桂秋	文学院	省社科联	专著	三等奖
		从动漫领域的文化互渗看动漫产业的发展	高菲	团委	省社科联	论文	三等奖
	第四届泰山文艺奖	新世纪以来国内"图像"研究述评	尹德辉	美术学院	泰山文艺奖评选委员会	论文	三等奖
2012年	山东省第27次社会科学优秀成果奖	从博弈问题到方法论学科	徐传胜	理学院	省社科联	论文	二等奖
		科学课教师培养的问题与对策建议	李中国	教育学院	省社科联	论文	二等奖
		临沂物流市场法律问题研究	薛丽	外国语学院	省社科联	课题	三等奖
		新加坡现代教育技术公共课教学带给我们的启示	刘梅	教育学院	省社科联	论文	三等奖
		奥林匹克教育与我国社会教育发展关系的思考	孟祥新	体育学院	省社科联	论文	三等奖
		CoPs理念与大学英语教师发展的相关性研究——以博客共享模式为例	刘金侠	外国语学院	省社科联	论文	三等奖
2013年	第六届高等学校科学研究优秀成果奖	强化大学文化育人功能	韩延明	教育学院	教育部	论文	二等奖

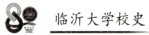

时间	奖项名称	成果名称	作者	单位	授奖单位	成果形式	获奖等级
2013年	山东省第27次社会科学优秀成果奖	按培养模式重构地方高校课程体系	李波	教育学院	省社科联	论文	二等奖
		科学课教师胜任特征模型实证性研究	李中国	教育学院	省社科联	论文	三等奖
		物权法原理与案例研究	王连合	法学院	省社科联	著作	三等奖
		从仁爱到正义：中国道德教育核心价值转变研究	张洪高	人事处	省社科联	著作	三等奖
		乡村节庆体育的价值重构及路径选择	奚凤兰	体育学院	省社科联	论文	三等奖
		我国现代大学文化的价值取向	韩延明 栾兆云	教育学院	省社科联	论文	三等奖
		高校创新型科研团队的组织行为模式研究	辛琳琳	社科处	省社科联	论文	三等奖
	首届文化创新奖	沂蒙演艺精品的协同创新模式	李伟等	传媒学院	省文化厅	项目	不分等级
	第六届泰山文艺奖	大型红色歌舞《沂蒙印象》	陈建国等	音乐学院	泰山文艺奖评选委员会	舞蹈类	二等奖
2014年	山东省第28次社会科学优秀成果奖	京剧"样板戏"音乐的得与失	王秀庭	音乐学院	省社科联	专著	二等奖
		全球化时代大学国际理解教育策略构建	郭峰	教育学院	省社科联	论文	二等奖
		大学生生命教育研究	刘恩允	教育学院	省社科联	专著	二等奖
		《汉语大词典》疏误与修订研究	曲文军	文学院	省社科联	专著	三等奖
		科学课教师胜任特征与工作绩效关系研究	李中国	教育学院	省社科联	论文	三等奖
		美国优秀教师专业教学标准及其认证：开发、实施与影响	陈德云	教育学院	省社科联	专著	三等奖
		《新语文第一读本：中学生必读经典手册(名著导读版)》	曹彦杰	教育学院	省社科联	著作	三等奖
2015年	第七届高等学校科学研究优秀成果奖	大学校训论析	韩延明	教育学院	教育部	著作	三等奖
	山东省第29次社会科学优秀成果奖	均宫调调式体系及其在20世纪中国作曲家创作中的应用与嬗变	彭程	音乐学院	省社科联	专著	二等奖
		视觉与图像：作为人的本质显现方式的图像研究	尹德辉	美术学院	省社科联	专著	二等奖
		教师专业标准及其认证体系的开发——以美国优秀教师专业标准及认证为例	陈德云	教育学院	省社科联	论文	二等奖

时间	奖项名称	成果名称	作者	单位	授奖单位	成果形式	获奖等级
2015年	山东省第29次社会科学优秀成果奖	G-U-S教师教育协同创新模式实践探索——以山东省教师教育改革为例	李中国	教育学院	省社科联	论文	二等奖
		地方高校创新课程体系重构研究	李波	教育学院	省社科联	著作	二等奖
		2000年以来高校英语教材研究的现状与思考	杨港	外国语学院	省社科联	论文	三等奖
		走向生活世界的教师：对大学教师生存方式的考察	王玉秋	教育学院	省社科联	著作	三等奖
		英国食品安全立法与监管史研究：1860—2000	魏秀春	文学院	省社科联	著作	三等奖
		环境变迁与经济发展关系研究	许汝贞	经管学部	省社科联	著作	三等奖
		高校图书馆知识信息服务模式创新研究	周文军	图书馆	省社科联	著作	三等奖
	第八届泰山文艺奖	中国传统音乐传承与发展探论	杨玉芹 王秀庭 郁玖妹	音乐学院	泰山文艺奖评选委员会	著作	二等奖
	第二届文化创新奖	古琴艺术教育传承模式创新	王秀庭 杨玉芹 郁玖妹 段兰霏 张政学 季茂春 刘清丽 袁帅 王炳杰	音乐学院	省文化厅	研究报告	不分等级
2016年	山东省第30次社会科学优秀成果奖	社会空间论	潘可礼	马克思主义学院	省社科联	著作	二等奖
		如何为教授治学创造良好的环境	郭峰	教育学院	省社科联	论文	二等奖
		高校科研团队绩效评价研究：基于投入产出视角	辛琳琳	教育学院	省社科联	著作	二等奖
		高校社会服务伦理研究	薄存旭	教育学院	省社科联	著作	二等奖
		商谈、法律和社会公正：哈贝马斯法哲学研究	陆玉胜	马克思主义学院	省社科联	著作	三等奖
		创业型大学：地方大学变革的新图景	马晓春	教育学院	省社科联	著作	三等奖
		两种"三位一体"教师教育模式比较研究	李中国	教育学院	省社科联	论文	三等奖
		宋代山水画的意趣	杨晓玲	美术学院	省社科联	著作	三等奖
		"中国梦"的话语体系构建和全民传播——兼论宏大叙事与平民叙事的契合与背反	周忠元	传媒学院	省社科联	论文	三等奖
		《红嫂》传播研究	孙士生	传媒学院	省社科联	著作	三等奖
		中国棉花生产：布局与波动：基于棉农视角的实证研究	胡雪梅	商学院	省社科联	著作	三等奖

时间	奖项名称	成果名称	作者	单位	授奖单位	成果形式	获奖等级
2016年	第九届泰山文艺奖	蕉叶古琴	王秀庭 杨玉芹 王秀楼 刘丽丽	音乐学院	泰山文艺奖评选委员会	作品	三等奖
2017年	山东省第31次社会科学优秀成果奖	前工业化时期欧洲乡村的儿童劳动	鲁运庚	历史文化学院	省社科联	论文	一等奖
		地方综合性大学核心竞争力论要	李喆	教育学院	省社科联	著作	二等奖
		庄子的生态审美智慧解析	赵凤远	美术学院	省社科联	著作	二等奖
		教育信息化背景下高校教师专业发展研究	陈英文	教育学院	省社科联	著作	三等奖
		群体主持电视综艺节目会话研究	薛亚青	传媒学院	省社科联	著作	三等奖
		传统与现代的交响：对早期都市流行歌曲美学现代性的一种考量	李红梅	义学院	省社科联	著作	三等奖
	第三届文化创新奖	沂蒙文化研究与传承模式的创新与实践	王秀庭 杨玉芹 彭程 黄宝琪 王炳杰 张慧芳 李霞	音乐学院	省文化厅	研究报告	不分等级
2018年	山东省第32届社会科学优秀成果奖	山东高校社会服务能力研究	李波	教育学院	省社科联	著作	一等奖
		网络文学评论评价体系构建从"顶层设计"到"基层创新"	庄庸 王秀庭	音乐学院	省社科联	著作	一等奖
		戏曲行业民俗研究	宋希芝	文学院	省社科联	著作	三等奖
		语言文化视域下的子弟书研究	王美雨	文学院	省社科联	著作	三等奖
		革命策略与合作运动：革命动员视角下中共农业互助合作运动研究：1927—1949	魏本权	历史文化学院	省社科联	著作	三等奖
		美国黑色幽默小说美学探究	唐文	外国语学院	省社科联	论文	三等奖
2019年	山东省第33届社会科学优秀成果奖	综合实践型教师培养模式研究	李中国	教育学院	省社科联	著作	一等奖
		学术主导、分类驱动、协同推进——我国大学院系治理机制探究	刘恩允 周川	教育学院	省社科联	论文	一等奖
		教育的正义性	张洪高 辛丽春	教育学院	省社科联	著作	二等奖
		当代中国中小学校组织变革的价值范式研究	薄存旭	教育学院	省社科联	著作	二等奖
		翻转课堂：教师面临的现实挑战及因应策略	吴仁英 王坦	教育学院	省社科联	论文	二等奖
		现代文化产业及其审美价值	赵勇	教育学院	省社科联	论文	二等奖
		当代美国犹太作家菲利普·罗斯创作流变研究	苏鑫	外国语学院	省社科联	著作	二等奖
		20世纪英国学校健康服务体系探析	魏秀春	历史文化学院	省社科联	论文	二等奖

时间	奖项名称	成果名称	作者	单位	授奖单位	成果形式	获奖等级
2019年	山东省第33届社会科学优秀成果奖	《聊斋俚曲集》方言俗语汇释	张泰	文学院	省社科联	著作	三等奖
		亲爱的，我们为爱作战：互联网＋她时代新文艺潮流研究	庄庸 王秀庭	音乐学院	省社科联	著作	三等奖
		自贸区战略进程中体育及相关产业金融创新的路径	孟祥新 宋昱 丁焕香 徐芝芳	体育与健康学院	省社科联	论文	三等奖
	第十一届泰山文艺奖	国家网络文艺战略研究：中国文化强国新时代	庄庸 王秀庭	音乐学院	泰山文艺奖评选委员会	著作	一等奖
2020年	山东省第34届社会科学优秀成果奖	论精准助学贫困大学生：贫困生成机理及助学行动导向	薄存旭	教育学院	省社科联	论文	二等奖
		国家农业科技创新系统研究	卢中华	社科处	省社科联	著作	二等奖
		普通高校教学质量评价体系建设——基于创新人才培养的视角	魏可媛 赵勇	社会服务处	省社科联	著作	二等奖
		科学磨课设计与实践	李中国	社科处	省社科联	著作	三等奖
		把党的政治建设摆在首位	张立梅	马克思主义学院	省社科联	论文	三等奖
		沂蒙精神溯源研究	苑朋欣	马克思主义学院	省社科联	著作	三等奖
		论超越表层结构的翻转课堂	张朝珍	教育学院	省社科联	论文	三等奖
		地方高校基层学术组织研究	张世爱	教育学院	省社科联	著作	三等奖
		社会工作的关系视角	杨超	法学院	省社科联	论文	三等奖

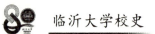

附录 21 临沂大学 2011—2021 年各类高层次人员信息一览表

名称	姓名	出生年月	学位	获得时间
国家杰出青年科学基金资助者	张福成	1966.05	博士	2011
百千万人才工程国家级人选、国家有突出贡献的中青年专家	张书圣	1966.03	博士	2015
	张福成	1966.05	博士	2014
国务院政府特殊津贴专家	张书圣	1966.03	博士	2011
	郭春凤	1963.03	硕士	2015
	李雪梅	1979.10	博士	2017
	张弛	1973.11	博士	2018
	张兴林	1982.03	博士	2020
教育部新世纪优秀人才	郭英姝	1986.05	博士	2013
全国优秀教师	傅尊伟	1977.05	博士	2014
山东高等学校重点学科首席专家	张书圣	1966.03	博士	2012
	傅尊伟	1977.05	博士	2012
	刘恩允	1970.05	博士	2013
山东省有突出贡献中青年专家	郭春凤	1963.03	硕士	2012
	李中国	1972.04	博士	2016
中科院百人计划	张弛	1973.11	博士	2012
省级教学名师	李同胜	1964.02	无	2011
	李中国	1972.04	博士	2014
	徐传胜	1962.08	博士	2015
泰山学者攀登计划	张书圣	1966.03	博士	2015
泰山学者海外特聘专家	魏迪	1979.10	博士	2015
泰山学者特聘专家（兼职）	牛利	1968.11	博士	2015
泰山学者青年专家	郑荣坤	1977.12	博士	2016
	李雪梅	1979.1	博士	2018
	韩文霞	1982.12	博士	2018
泰山产业领军人才	张淳	1983.03	博士	2016
泰山学者特聘专家	杨文荣	1969.03	博士	2017
	张弛	1973.11	博士	2017
	王孝理	1972.09	博士	2019
	张兴林	1982.03	博士	2019
第四届山东优秀发明家	吕庆淮	1962.10	无	2014
山东省自然科学杰出青年基金获得者	张书圣	1966.03	博士	2015
	王晓丽	1976.06	博士	2016
山东自然科学基金省属高校优秀青年人才联合基金计划	于禄鹏	1985.05	博士	2015
	郭英姝	1986.05	博士	2016
	李同兴	1985.01	博士	2016
辽宁省首届十百千高端引进人才入选	梁儒全	1963.08	博士	2012
天山学者	刘云国	1977.01	博士	2013
楚天学者	辛化伟	1968.12	博士	2013

附录 22 临沂大学 2011—2021 年获省级工会、
妇联荣誉者名单

姓名	荣誉称号	授予单位	时间
于兴修	山东省富民兴鲁劳动奖章	山东省总工会	2012.04
冯尚彩	山东省富民兴鲁劳动奖章	山东省总工会	2014.04
张书圣	山东省富民兴鲁劳动奖章	山东省总工会	2015.04
彭安顺	山东高校最美家庭	山东省高校工委 山东省妇女联合会	2017.02
张爱阳	山东高校最美家庭	山东省高校工委 山东省妇女联合会	2017.02
王梁	山东省先进工作者	中共山东省委 山东省人民政府	2018.04
王美雨	女职工建功立业标兵	中国教育工会山东省委员会	2019.03
傅尊伟	山东省富民兴鲁劳动奖章	山东省总工会	2019.04
孙海英	山东省三八红旗手	山东省妇女联合会	2020.11

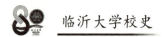
附录 23 临沂大学 2011—2021 年获省部级及以上表彰奖励 汇总表（学校）

获奖单位	奖项	授奖单位	年度
临沂大学	全国绿化模范单位	全国绿化委员会	2016
临沂大学	2016 年度山东省人才工作先进单位	中共山东省委山东省人民政府	2016
临沂大学	全国教育后勤系统信息宣传工作先进单位	中国教育后勤协会	2017
临沂大学	高校后勤文化建设先进单位	中国教育后勤协会	2017
临沂大学	2018 年"校园节水年安全供水年智慧管理"样板示范校	中国教育后勤协会	2018
临沂大学	山东省征兵工作先进单位	山东省人民政府　山东省人民政府征兵办公室	2018
临沂大学	第五届中国"互联网＋"大学生创新创业大赛铜奖	中华人民共和国教育部	2019
临沂大学	全国高等农业院校后勤管理研究会2019 年度先进单位	全国高等农业院校后勤管理研究会	2019
临沂大学	教育新闻宣传先进单位	中国教育报	2019
临沂大学	2019 年度山东省创新创业典型经验高校	山东省人力资源社会保障厅	2019
临沂大学	山东省教育系统政务公开第三方评估优秀等次	山东省教育厅	2019

附录24 临沂大学2011—2021年获省部级及以上表彰奖励汇总表（学院部门）

获奖单位	奖项	授奖单位	年度
音乐学院	山东省第六届泰山文艺奖（大型红色歌舞《沂蒙印象》）	中共山东省委、山东省人民政府、山东省泰山文艺奖评选委员会	2013
民革临沂大学支部	民革山东省委"博爱·牵手"活动十佳基层组织	民革山东省委	2014
民盟临沂大学总支部委员会	山东民盟思想宣传工作先进集体	民盟山东省委	2015
音乐学院	山东省第九届泰山文艺奖三等奖（作品：《蕉叶古琴》）	中共山东省委、山东省人民政府、山东省泰山文艺奖评选委员会	2016
马克思主义学院"山东省沂蒙精神研究基地"	山东省理论建设工程重点研究基地	山东省委宣传部	2016
统战部	山东省2015年度优秀对台交流项目	中共山东省委台湾工作办公室、山东省人民政府台湾事务办公室	2016
统战部	山东省2016年度优秀对台交流项目	中共山东省委台湾工作办公室、山东省人民政府台湾事务办公室	2017
统战部	2017年度全省统战理论调研宣传"四新工程"优秀理论调研成果二等奖	中国共产党山东省委员会统一战线工作部、山东省社会科学界联合会	2018
文学院"千村百家"禁毒防艾志愿服务队	2018年全省大中专学生志愿者暑期"三下乡"社会实践活动优秀服务队	中共山东省委宣传部山东省文明办共青团山东省委山东省教育厅山东省学生联合会	2018
民革临沂大学支部	民革示范支部	中国国民党革命委员会中央委员会	2019
民革临沂大学支部	优秀民革党员之家	中国国民党革命委员会中央委员会	2019
马克思主义学院	全国教育系统先进集体	教育部 人力资源和社会保障部	2019
后勤处	全国教育后勤系统2018年度信息宣传工作先进单位	中国教育后勤协会	2019
民革临沂大学支部	民革示范支部	民革中央	2019
民革临沂大学支部	优秀民革党员之家	民革中央	2019
音乐学院	2019"新生力量"山东省大学生合唱艺术节，省部级优秀组织奖	中共山东省委宣传部、中共山东省委教育工委、共青团山东省委	2020

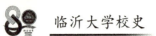

附录 25 临沂大学 2011—2021 年获省部级及以上表彰奖励汇总表（个人）

所属部门学院	姓名	奖项	授奖单位	年度
团委	石少广	教育部优秀博士研究生学术新人奖	教育部	2011
法学院	郭 星	论文《新型农村社区建设的路径选择——以社区社会资本构建为切入点》荣获民政部 2012 年农村社区建设理论研究课题征文活动一等奖	中华人民共和国民政部	2012
传媒学院	李 伟 陈建国 汲广运等	山东省"文化创新奖"	山东省人民政府	2013
商学院	禹香兰	在"同心，创先争优"活动中，被评为优秀党员	中国致公党山东省委员会	2013
音乐学院	马元龙等	《沂蒙印象》获得泰山文艺奖二等奖	中共山东省委、山东省人民政府、山东省泰山文艺奖评选委员会	2013
临沂大学	李中国	基础教育国家级教学成果二等奖	中华人民共和国教育部	2014
临沂大学	李中国	山东高校十大师德标兵提名奖	中华人民共和国教育部	2014
图书馆	鲁思爱	"网络书香·掠美瞬间"数字图书馆推广工程摄影大赛 大众组三等奖	国家图书馆和中国图书馆学会	2014
马克思主义学院	赵长芬	山东省理论人才百人工程	中共山东省委宣传部	2015
临沂大学	张书圣	教育部生化分析创新团队	中华人民共和国教育部	2015
临沂大学	杨文荣	山东省高等学校化学优势学科生化分析人才团队	山东省教育厅、山东财政厅	2015
临沂大学（第二单位）	李雪梅 张书圣	基于信号放大的肿瘤标志物高灵敏检测技术研究，山东省自然科学二等奖	山东省人民政府	2015
教育学院	韩延明	教育部高校优秀科研成果奖三等奖	中华人民共和国教育部	2015
临沂大学	李敬华	2015 年山东省大中专学生志愿者暑期文化科技卫生三下乡社会实践活动优秀指导教师	山东省委宣传部、山东省委高工委、共青团山东省委	2015
商学院	禹香兰	在"创先争优"活动中表现突出，被评为优秀党员	中国致公党山东省委员会	2015
临沂大学	成昌根	山东省科学技术奖 类别：山东省国际科学技术合作奖	山东省人民政府	2015
音乐学院	王秀庭 杨玉芹 郇玖妹	山东省第八届泰山文艺奖二等奖（著作：《中国传统音乐传承与发展探论》）	中共山东省委、山东省人民政府、山东省泰山文艺奖评选委员会	2015

音乐学院	王秀庭 杨玉芹 郇玖妹 段兰馨 张正学 季茂春 刘清丽 袁　帅 王炳杰	山东省第二届文化创新奖（研究报告：《古琴艺术教育传承模式与创新》）	山东省人民政府	2015
临沂大学	汲广运	第二十九届山东省社科优秀成果重大成果奖并一等奖	山东省社科联	2015
临沂大学	汲广运	第三十一届山东省社科优秀成果二等奖	山东省社科联	2017
临沂大学	尉海东	全国学校共青团优秀研究成果奖	共青团中央学校部	2017
音乐学院	王秀庭 彭程 张慧芳	山东省第三届文化创新奖	中共山东省委 山东省人民政府	2017
资源环境学院	吴建章	全国高校辅导员年度人物入围	中华人民共和国教育部	2018
临沂大学	李中国	基础教育国家级教学成果奖二等奖	中华人民共和国教育部	2018
临沂大学	彭洪君	第四届中国"互联网＋"大学生创新创业大赛优秀创新创业导师	中华人民共和国教育部	2018
马克思主义学院	赵长芬	山东省理论人才百人工程	中共山东省委宣传部	2018
学生工作部（处）（武装部）	李磊	第四届山东省高校辅导员素质能力大赛三等奖	中共山东省教育工委	2018
教育学院	陈德云	2019 年度"争先创优"理论研究优秀成果二等奖	致公党山东省委	2019
费县校区	张茂坤	山东省暑期社会实践"三下乡"优秀指导教师	山东省宣传部等	2019
临沂大学	李中国	被聘任为教育部高等学校小学教师培养教学指导委员会委员	中华人民共和国教育部	2019
教育学院	胡秀俊	第 11 届全国高校辅导员年度人物提名	中华人民共和国教育部	2019
社会服务处	苗智刚	第五届中国"互联网＋"大学生创新创业大奖赛铜奖（指导教师）	中华人民共和国教育部	2019
土木工程与建筑学院	付厚利	山东省科学技术进步奖二等奖	山东省人民政府	2019
教育学院	胡秀俊	第 11 届高校辅导员年度人物提名	中华人民共和国教育部	2019
教育学院	李同胜	山东省优秀教师	山东省人力资源和社会保障厅、山东省教育厅	2019
宣传部	赵长芬	教育新闻宣传先进个人	中国教育报	2019
音乐学院	庄　庸 王秀庭	第十一届山东省泰山文艺奖一等奖	山东省人民政府	2019
体育与健康学院	李治坤	2019 年全国木球锦标赛杆数赛 C 组男子个人第一名	国家体育总局	2019
体育与健康学院	李永红	优秀教练员	国家体育总局	2019
临沂大学	白金山	山东省教育系统优秀党务工作者	山东省省委教育工委	2019
临沂大学	谢成才	教育部推普脱贫优秀案例	教育部	2020

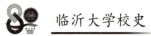

临沂大学（第一单位），青岛大学	张书圣 毕赛 周宏 刘静 张怀荣	山东省自然科学二等奖	山东省人民政府	2020
资源环境学院	刘磊	2020年山东省大中专志愿者暑期"三下乡"社会实践优秀指导教师	山东省委宣传部、共青团省委	2020
图书馆	鲁思爱	第二届全国"图书馆杯"主题图像创意设计 星级设计奖	中国图书馆学会	2020
临沂大学	郭绍芬 郑亚琴 冯尚彩 王慧 付晓 丁文静 史晓委 况鹏群 庞朝征	金银花产业化开发关键技术创新及应用，山东省科技进步二等奖	山东省人民政府	2020
临沂大学商学院	何洲娥	国家级一流课程	中华人民共和国教育部	2020
临沂大学商学院	禹香兰	山东省民族团结进步模范个人	山东省政府	2020
临沂大学商学院	禹香兰	2020年度"创先争优"社会服务贡献奖	中国致公党山东省委员会	2020
教育学院	胡秀俊	山东省大中专学生志愿者暑期"三下乡"社会实践优秀指导者	山东省委宣传部、山东省委高校工委、山东省教育厅等	2020
音乐学院	王秀庭	山东省第五批齐鲁文化英才	中共山东省委宣传部、中共山东省委组织部、山东省人力资源和社会保障厅	2020
资源环境学院	王梁	山东省优秀科技工作者	山东省人力资源和社会保障厅、山东科学技术协会	2021
马克思主义学院	赵长芬	山东省理论人才百人工程	中共山东省委宣传部	2021
法学院	罗亚海	山东省理论人才百人工程	中共山东省委宣传部	2021

附录 26 临沂大学 2011—2021 年国家级大学生竞赛获奖一览表（遴选）

奖励类别	奖励名称	等级	年份	所属学院	获得者
国家级	2011 年高教社杯全国大学生数学建模竞赛	二等奖	2011	理学院	秦　悦 李　潇 张梦姿
国家级	2011 年高教社杯全国大学生数学建模竞赛	二等奖	2011	理学院	肖传奇 陈如丽 刘　露
国家级	2011 年高教社杯全国大学生数学建模竞赛	二等奖	2011	理学院	郑方翠 杨廷艳 王贝贝
国家级	2011 年高教社杯全国大学生数学建模竞赛	二等奖	2011	理学院	王贵奇 李学英 王晟东
国家级	国家专利"折叠式手摇提升装置"专利号：ZL 2009 2 0024433.5	无	2011	机械工程学院	徐义存
国家级	国家专利"太阳能上水管防冻装置"专利号：ZL 2010 2 0291743.6	无	2011	机械工程学院	甘信伟
国家级	实用新型（专利号：ZL201120126467.2)	无	2011	商学院	孙钦青
国家级	2013 年全国大学生电机工程学会杯数学建模竞赛	三等奖	2013	理学院	于智光
国家级	2013 年全国大学生电机工程学会杯数学建模竞赛	二等奖	2013	理学院	乔运成
国家级	2013 年全国大学生电机工程学会杯数学建模竞赛	三等奖	2013	理学院	陈俊秀
国家级	2013 年全国大学生电机工程学会杯数学建模竞赛	三等奖	2013	理学院	李　媛
国家级	2013 年全国大学生电机工程学会杯数学建模竞赛	三等奖	2013	理学院	刘娜
国家级	2013 年全国大学生电机工程学会杯数学建模竞赛	三等奖	2013	理学院	刘赵洁
国家级	2013 年全国大学生电机工程学会杯数学建模竞赛	二等奖	2013	理学院	王　倩
国家级	2013 年全国大学生电机工程学会杯数学建模竞赛	二等奖	2013	理学院	杨成红
国家级	2013 年全国大学生电机工程学会杯数学建模竞赛	二等奖	2013	理学院	陆瑞娟
国家级	2013 年全国大学生电机工程学会杯数学建模竞赛	三等奖	2013	理学院	张　燕
国家级	2013 年全国大学生电机工程学会杯数学建模竞赛	三等奖	2013	理学院	刘　雨
国家级	2013 年全国大学生电机工程学会杯数学建模竞赛	三等奖	2013	理学院	刘　雨
国家级	2013 年全国大学生电机工程学会杯数学建模竞赛	三等奖	2013	理学院	盖凯奇
国家级	2013 年全国大学生电机工程学会杯数学建模竞赛	三等奖	2013	理学院	丁亚男

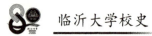

奖励类别	奖励名称	等级	年份	所属学院	获得者
国家级	2013年全国大学生电机工程学会杯数学建模竞赛	三等奖	2013	理学院	杨伟政
国家级	2013年全国大学生电机工程学会杯数学建模竞赛	三等奖	2013	理学院	王彦凤
国家级	2013年全国大学生电机工程学会杯数学建模竞赛	三等奖	2013	理学院	吕 薇
国家级	2013年全国大学生电机工程学会杯数学建模竞赛	三等奖	2013	理学院	张 旭
国家级	2013年全国大学生电机工程学会杯数学建模竞赛	三等奖	2013	理学院	金 刚
国家级	2013年全国大学生电机工程学会杯数学建模竞赛	三等奖	2013	理学院	金 刚
国家级	2013年全国大学生电机工程学会杯数学建模竞赛	二等奖	2013	理学院	王晓楠
国家级	第八届全国大学生智能汽车竞赛总决赛光电组	一等奖	2013	汽车学院	郭万伟
国家级	第八届全国大学生智能汽车竞赛总决赛光电组	一等奖	2013	汽车学院	段 霖
国家级	第八届全国大学生智能汽车竞赛总决赛光电组	一等奖	2013	汽车学院	张自伟
国家级	第四届全国大学生市场调查与分析大赛总决赛暨第三届海峡两岸大学生市场调查与分析大赛总决赛	一等奖	2014	物流学院	赵伟卿
国家级	第四届全国大学生市场调查与分析大赛总决赛暨第三届海峡两岸大学生市场调查与分析大赛总决赛	一等奖	2014	物流学院	张晓文
国家级	第四届全国大学生市场调查与分析大赛总决赛暨第三届海峡两岸大学生市场调查与分析大赛总决赛	一等奖	2014	物流学院	朱婉钰
国家级	第四届全国大学生电子商务"创新、创意、创业"挑战赛总决赛	三等奖	2014	物流学院	李怡帆
国家级	第四届全国大学生电子商务"创新、创意、创业"挑战赛总决赛	三等奖	2014	物流学院	马宜文
国家级	第四届全国大学生电子商务"创新、创意、创业"挑战赛总决赛	三等奖	2014	物流学院	李 婧
国家级	第四届全国大学生电子商务"创新、创意、创业"挑战赛总决赛	三等奖	2014	物流学院	张荣荣
国家级	第四届全国大学生电子商务"创新、创意、创业"挑战赛总决赛	三等奖	2014	物流学院	于会娜
国家级	第四届全国大学生电子商务"创新、创意、创业"挑战赛总决赛	三等奖	2014	物流学院	刘灿慧
国家级	第四届全国大学生电子商务"创新、创意、创业"挑战赛总决赛	三等奖	2014	物流学院	万 莹
国家级	2014年全国大学生英语竞赛	一等	2014	外国语学院	杨勋玲
国家级	第九届全国大学生智能汽车竞赛总决赛	二等奖	2014	汽车学院	陈长胜
国家级	第九届全国大学生智能汽车竞赛总决赛	二等奖	2014	汽车学院	郭万伟
国家级	2014年科研类全国航空航天模型锦标赛	二等奖	2014	临沂大学	王 熙
国家级	2014年科研类全国航空航天模型锦标赛	三等奖	2014	临沂大学	祝 福
国家级	2014年科研类全国航空航天模型锦标赛	三等奖	2014	临沂大学	褚 涛
国家级	第六届全国大学生数学竞赛（非数学专业）	一等奖	2014	临沂大学	庞兆亮

奖励类别	奖励名称	等级	年份	所属学院	获得者
国家级	第六届全国大学生数学竞赛（非数学专业）	一等奖	2014	临沂大学	李学显
国家级	2014年科研类全国航空航天模型锦标赛	三等奖	2014	临沂大学	冷雪峰
国家级	2014年科研类全国航空航天模型锦标赛	三等奖	2014	临沂大学	周 亮
国家级	2014年科研类全国航空航天模型锦标赛	二等奖	2014	临沂大学	聂兴雄
国家级	2014年科研类全国航空航天模型锦标赛	二等奖	2014	临沂大学	阳 尧
国家级	2014年科研类全国航空航天模型锦标赛	二等奖	2014	临沂大学	聂兴雄
国家级	全国大学生数学建模竞赛	三等奖	2014	临沂大学	朱 磊
国家级	全国大学生数学建模竞赛	三等奖	2014	临沂大学	赵玉宝
国家级	全国大学生数学建模竞赛	三等奖	2014	临沂大学	高 帅
国家级	2014年科研类全国航空航天模型锦标赛	一等奖	2014	临沂大学	李军成
国家级	2014年科研类全国航空航天模型锦标赛	二等奖	2014	临沂大学	李军成
国家级	2014年科研类全国航空航天模型锦标赛	三等奖	2014	临沂大学	李 梦
国家级	2014年科研类全国航空航天模型锦标赛	二等奖	2014	临沂大学	魏传民
国家级	2014年科研类全国航空航天模型锦标赛	二等奖	2014	临沂大学	魏传民
国家级	2014年科研类全国航空航天模型锦标赛	二等奖	2014	临沂大学	陈子超
国家级	2014年科研类全国航空航天模型锦标赛	二等奖	2014	临沂大学	刘顺成
国家级	2014年科研类全国航空航天模型锦标赛	三等奖	2014	临沂大学	刘顺成
国家级	2014年科研类全国航空航天模型锦标赛	一等奖	2014	临沂大学	徐淑赢
国家级	2014年科研类全国航空航天模型锦标赛	二等奖	2014	临沂大学	宋方会
国家级	2014年科研类全国航空航天模型锦标赛	二等奖	2014	临沂大学	宋方会
国家级	第六届全国大学生数学大赛	二等奖	2014	临沂大学	袁 泉
国家级	第六届全国大学生数学大赛	二等奖	2014	临沂大学	张明申
国家级	第六届全国大学生数学大赛	三等奖	2014	临沂大学	张晓凡
国家级	第六届全国大学生数学大赛	三等奖	2014	临沂大学	王 华
国家级	第六届全国大学生数学大赛	三等奖	2014	临沂大学	张 平
国家级	第六届全国大学生数学大赛	三等奖	2014	临沂大学	王帮宇
国家级	第六届全国大学生数学大赛	三等奖	2014	临沂大学	李省委
国家级	第六届全国大学生数学大赛	三等奖	2014	临沂大学	孙纪秀
国家级	第六届全国大学生数学竞赛	三等奖	2014	临沂大学	薛 杰
国家级	第六届全国大学生数学竞赛	三等奖	2014	临沂大学	杨 帆
国家级	第六届全国大学生数学竞赛	三等奖	2014	临沂大学	刘丽娜
国家级	第六届全国大学生数学大赛	三等奖	2014	临沂大学	陈 莉
国家级	第六届全国大学生数学大赛	三等奖	2014	临沂大学	林巧婷
国家级	第六届全国大学生数学竞赛	二等奖	2014	临沂大学	朱曼琳
国家级	第六届全国大学生数学竞赛	三等奖	2014	临沂大学	韦 建
国家级	第六届全国大学生数学竞赛	三等奖	2014	临沂大学	高瑶瑶
国家级	2014年科研类全国航空航天模型锦标赛	二等奖	2014	临沂大学	徐云飞
国家级	2014"外研社杯"全国英语写作大赛	三等奖	2014	外国语学院	逯美俊
国家级	2014"外研社杯"全国英语写作大赛（山东省赛区）	二等奖	2014	外国语学院	宋玉玉
国家级	2014"外研社杯"全国英语写作大赛	二等奖	2014	外国语学院	毛 娟
国家级	2014"外研社杯"全国英语写作大赛	三等奖	2014	外国语学院	张翠翠
国家级	2014"外研社杯"全国英语写作大赛	三等奖	2014	外国语学院	张凯欣
国家级	2014"外研社杯"全国英语写作大赛	三等奖	2014	外国语学院	王 宸
国家级	2014"外研社杯"全国英语写作大赛	三等奖	2014	外国语学院	张 伟
国家级	2014"外研社杯"全国英语写作大赛	一等奖	2014	外国语学院	张丽利
国家级	2014"外研社杯"全国英语写作大赛	三等奖	2014	外国语学院	吕德瑶
国家级	2014"外研社杯"全国英语写作大赛	二等奖	2014	外国语学院	沈 文

奖励类别	奖励名称	等级	年份	所属学院	获得者
国家级	2014"外研社杯"全国英语演讲大赛	三等奖	2014	外国语学院	沈 文
国家级	2014外研社杯全国英语写作大赛初赛	三等奖	2014	外国语学院	田 雨
国家级	全国大学生数学建模竞赛	三等奖	2014	机械工程学院	朱 磊
国家级	全国大学生数学建模竞赛	三等奖	2014	机械工程学院	赵玉宝
国家级	全国大学生数学建模竞赛	三等奖	2014	机械工程学院	高 帅
国家级	第六届全国大学生数学竞赛	三等奖	2014	临沂大学	刘敬帅
国家级	2014年科研类全国航空航天模型锦标赛	一等奖	2014	临沂大学	李洋洋
国家级	2014年全国大学生英语竞赛	三等奖	2014	外国语学院	孙友敏
国家级	2014年全国大学生英语竞赛	一等	2014	外国语学院	杨勋玲
国家级	2014年全国大学生英语竞赛	二等	2014	外国语学院	袁宁宁
国家级	2014年全国大学生英语竞赛	二等	2014	外国语学院	袁 音
国家级	2014年全国大学生英语竞赛	三等	2014	外国语学院	王晓琳
国家级	2014年全国大学生英语竞赛	三等	2014	外国语学院	李 杨
国家级	2014年全国大学生英语竞赛	三等	2014	外国语学院	陈梓琪
国家级	2014年全国大学生英语竞赛	三等	2014	外国语学院	廉丽欣
国家级	2014年全国大学生英语竞赛	二等奖	2014	外国语学院	邹佳仪
国家级	2014年全国大学生英语竞赛	三等奖	2014	外国语学院	李品颐
国家级	2014年全国大学生英语竞赛	三等奖	2014	外国语学院	刘雪娇
国家级	2014年全国大学生英语竞赛	二等奖	2014	外国语学院	王 璐
国家级	2014年全国大学生英语竞赛	一等奖	2014	外国语学院	张茜茜
国家级	2014年全国大学生英语竞赛	二等奖	2014	外国语学院	郭君娜
国家级	2014年全国大学生英语竞赛	三等奖	2014	外国语学院	刘高宏
国家级	2014年全国大学生英语竞赛	三等奖	2014	外国语学院	庄毓培
国家级	2014年全国大学生英语竞赛	二等奖	2014	外国语学院	李 娜
国家级	2014年全国大学生英语竞赛	三等奖	2014	外国语学院	段兆会
国家级	第四节全国大学生电子商务"创新、创业、创意"大赛	三等奖	2014	物流学院	李怡帆
国家级	第四届全国大学生电子商务"创新、创意、创业"挑战赛总决赛	三等奖	2014	物流学院	李 婧
国家级	第四届全国大学生电子商务"创新、创意、创业"挑战赛总决赛	三等奖	2014	物流学院	张荣荣
国家级	第四届全国大学生电子商务"创新、创意、创业"挑战赛总决赛	三等奖	2014	物流学院	马宜文
国家级	中国互联网协会邮储银行杯第七届（2014）全国大学生网络商务创新应用大赛	三等奖	2014	物流学院	刘倩雯
国家级	中国互联网协会邮储银行杯第七届（2014）全国大学生网络商务创新应用大赛	三等奖	2014	物流学院	金 婷
国家级	中国互联网协会邮储银行杯第七届（2014）全国大学生网络商务创新应用大赛	三等奖	2014	物流学院	张 旭
国家级	中国互联网协会邮储银行杯第七届（2014）全国大学生网络商务创新应用大赛	三等奖	2014	物流学院	董西红
国家级	中国互联网协会邮储银行杯第七届（2014）全国大学生网络商务创新应用大赛	三等奖	2014	物流学院	初庆浩
国家级	2014年全国大学生英语竞赛	二等奖	2014	物流学院	杨甲雨
国家级	2014届全国大学生英语竞赛	三等奖	2014	物流学院	高梓芮
国家级	2014年全国大学生英语竞赛	二等奖	2014	商学院	邓守霞
国家级	2014年全国大学生英语竞赛	一等奖	2014	商学院	董瑞博

奖励类别	奖励名称	等级	年份	所属学院	获得者
国家级	第十届博创杯全国大学生嵌入式物联网设计大赛	三等奖	2014	信息学院	王道凯 王 辉
国家级	第五届"蓝桥杯"全国软件和信息技术专业人才大赛—个人赛	二等奖	2014	信息学院	杨 凯
国家级	第五届"蓝桥杯"全国软件和信息技术专业人才大赛—个人赛	三等奖	2014	信息学院	杜 凯
国家级	第五届"蓝桥杯"全国软件和信息技术专业人才大赛—个人赛	三等奖	2014	信息学院	赵乙浩
国家级	第五届"蓝桥杯"全国软件和信息技术专业人才大赛—个人赛	三等奖	2014	信息学院	徐文瑞
国家级	第五届"蓝桥杯"全国软件和信息技术专业人才大赛—个人赛	三等奖	2014	信息学院	郝 靖
国家级	第五届"蓝桥杯"全国软件和信息技术专业人才大赛—个人赛	优秀奖	2014	信息学院	王朝静
国家级	第五届"蓝桥杯"全国软件和信息技术专业人才大赛—个人赛	优秀组织奖	2014	信息学院	临沂大学
国家级	2014年全国大学生英语竞赛（NECCS）	一等奖	2014	机械工程学院	施 展
国家级	2014年全国大学生英语竞赛（NECCS）	二等奖	2014	机械工程学院	王 萍
国家级	2014年全国大学生英语竞赛（NECCS）	三等奖	2014	机械工程学院	张 帅
国家级	全国大学生文学作品大赛	二等奖	2014	机械工程学院	施 展
国家级	2014科研类全国航空航天模型锦标赛暨中国国际飞行器设计挑战赛	一等奖	2014	机械工程学院	陈瑞楠
国家级	2014科研类全国航空航天模型锦标赛暨中国国际飞行器设计挑战赛	一等奖	2014	机械工程学院	徐淑赢
国家级	2014科研类全国航空航天模型锦标赛暨中国国际飞行器设计挑战赛	一等奖	2014	机械工程学院	朱魁正
国家级	2014科研类全国航空航天模型锦标赛暨中国国际飞行器设计挑战赛	一等奖	2014	机械工程学院	李洋洋
国家级	2014科研类全国航空航天模型锦标赛暨中国国际飞行器设计挑战赛	一等奖	2014	机械工程学院	李军成
国家级	2014科研类全国航空航天模型锦标赛暨中国国际飞行器设计挑战赛	优秀指导老师	2014	机械工程学院	张成茂
国家级	2014科研类全国航空航天模型锦标赛暨中国国际飞行器设计挑战赛	优秀指导老师	2014	机械工程学院	王 锐
国家级	2014科研类全国航空航天模型锦标赛暨中国国际飞行器设计挑战赛"对地侦察"项目	一等奖	2014	汽车学院	陈瑞楠
国家级	2014中国机器人大赛暨RoboCup公开赛机器人水下对抗""机器人水下作业"	一等奖	2014	汽车学院	张振卿
国家级	2014中国机器人大赛暨RoboCup公开赛机器人水下对抗""机器人水下作业"	一等奖	2014	汽车学院	刘少杰
国家级	第九届全国大学生智能汽车竞赛总决赛	二等奖	2014	汽车学院	陈长胜
国家级	第九届全国大学生智能汽车竞赛总决赛	二等奖	2014	汽车学院	郭万伟
国家级	第十二届中国大学生广告艺术节学院奖	优秀奖	2014	传媒学院	李金铭
国家级	2014中国机器人大赛暨RoboCup公开赛	一等奖	2014	传媒学院	杨美子
国家级	第四届全国高等院校化学专业师范生教学技能大赛"说课比赛"	特等奖	2014	化学化工学院	杨丽霞
国家级	第四届全国高等院校化学专业师范生教学技能大赛"说课比赛"	一等奖	2014	化学化工学院	高雅文

奖励类别	奖励名称	等级	年份	所属学院	获得者
国家级	第四届全国高等院校化学专业师范生教学技能大赛"说课比赛"	一等奖	2014	化学化工学院	褚中运
国家级	第四届全国高等院校化学专业师范生教学技能大赛"教学设计"	一等奖	2014	化学化工学院	高雅文
国家级	第四届全国高等院校化学专业师范生教学技能大赛"教学设计"	一等奖	2014	化学化工学院	褚中运
国家级	第四届全国高等院校化学专业师范生教学技能大赛"教学设计"	一等奖	2014	化学化工学院	杨丽霞
国家级	第四届全国高等院校化学专业师范生教学技能大赛"教学设计"	一等奖	2014	化学化工学院	卫志敏
国家	2015"外研社杯"全国英语写作大赛	三等奖	2015	外国语学院	尹亚思
国家级	2015年全国大学生英语竞赛	三等奖	2015	外国语学院	徐 曼
国家级	2015年全国大学生英语竞赛	三等奖	2015	临沂大学	陈 倩
国家级	2015年全国大学生英语竞赛	一等奖	2015	临沂大学	张 蓓
国家级	2015全国大学生英语竞赛	一等奖	2015	临沂大学	张英芝
国家级	2015年全国大学生英语竞赛	三等奖	2015	临沂大学	陈倩
国家级	2015年全国大学生英语竞赛	优秀奖	2015	临沂大学	陈重阳
国家级	2015年全国大学生英语竞赛	优秀奖	2015	临沂大学	温晓玲
国家级	2015年全国大学生英语竞赛	优秀奖	2015	临沂大学	陈 欣
国家级	2015年全国大学生英语竞赛	优秀奖	2015	临沂大学	高 芳
国家级	2015年全国大学生英语竞赛	优秀奖	2015	临沂大学	杨 力
国家级	2015年全国大学生英语竞赛	优秀奖	2015	临沂大学	王 蕾
国家级	第十届全国大学生智能汽车竞赛	二等奖	2015	临沂大学	李辉跃
国家级	第十届全国大学生智能汽车竞赛	二等奖	2015	临沂大学	尹文生
国家级	第十届全国大学生智能汽车竞赛	二等奖	2015	临沂大学	魏书豪
国家级	第五届全国大学生市场调查与分析大赛总决赛	一等奖	2015	临沂大学	苗玲娟
国家级	第五届全国大学生市场调查与分析大赛总决赛	一等奖	2015	临沂大学	万 莉
国家级	第五届全国大学生市场调查与分析大赛总决赛	一等奖	2015	临沂大学	宋娟娟
国家级	第五届全国大学生市场调查与分析大赛总决赛	一等奖	2015	临沂大学	黄 蕊
国家级	第五届全国大学生市场调查与分析大赛总决赛	二等奖	2015	临沂大学	李英丽
国家级	第五届全国大学生市场调查与分析大赛总决赛	二等奖	2015	临沂大学	张冷杰
国家级	第五届全国大学生市场调查与分析大赛总决赛	二等奖	2015	临沂大学	祁晓云
国家级	全国大学生英语竞赛	一等奖	2015	临沂大学	李晓彤
国家级	蓝桥杯大赛	一等奖	2015	临沂大学	韩现群
国家级	全国大学生英语竞赛	C类一等奖	2015	临沂大学	董瑞博
国家级	全国大学生英语竞赛	C类二等奖	2015	临沂大学	邓守霞
国家级	全国大学生英语竞赛	C类三等奖	2015	临沂大学	周海晨
国家级	全国大学生英语竞赛	C类三等奖	2015	临沂大学	王 辉
国家级	全国大学生英语竞赛	C类二等奖	2015	临沂大学	王 辉
国家级	全国大学生英语竞赛	C类三等奖	2015	临沂大学	杜冬梅
国家级	全国大学生英语竞赛	C类三等奖	2015	临沂大学	相甜甜
国家级	全国大学生英语竞赛	C类三等奖	2015	临沂大学	刘 策

奖励类别	奖励名称	等级	年份	所属学院	获得者
国家级	2015 年全国大学生英语竞赛 C 类	二等奖	2015	临沂大学	郭雯旭
国家级	2015 年全国大学生英语竞赛	三等	2015	临沂大学	郁姗姗
国家级	2015 年全国大学生英语竞赛	三等	2015	临沂大学	宋艺玮
国家级	第四届"海峡杯"全国书画作品展	三等奖	2015	美术学院	崔鲁振
国家级	中国大学生广告艺术节学院奖	佳作奖	2015	美术学院	张传超
国家级	全国高校商业精英挑战赛流通业经营模拟竞赛	一等奖	2015	美术学院	朱孟超
国家级	中华之光全国书画作品展	优秀奖	2015	美术学院	崔鲁振
国家级	第八届蓝桥杯全国软件和信息技术专业人才大赛	三等奖	2015	信息科学与工程学院	慕德龙
国家级	2016 "外研社杯"全国英语阅读大赛	一等奖	2016	外国语学院	于文瑶
国家级	2016 "外研社杯"全国英语写作大赛	三等奖	2016	外国语学院	冯芸
国家级	首届"亨通杯"中国铸造印象书画大赛	三等奖	2016	美术学院	崔鲁振
国家级	中国青年男高音声乐大赛 – 北京赛区	铜奖	2016	音乐学院	倪振昊
国家级	中国青年男高音声乐大赛 – 北京赛区	优秀奖	2016	音乐学院	潘筠杰
国家级	中国青年男高音声乐大赛 – 北京赛区	优秀奖	2016	音乐学院	付梓雷
国家级	第七届全国大学生电子商务"创新、创意及创业"挑战赛	三等奖	2017	物流学院	李志强 李文娇 杨 宇 张浩源
国家级	第七届全国大学生电子商务"创新、创意及创业"挑战赛总决赛	三等奖	2017	物流学院	洪志睿 曾斯韵 杨青青
国家级	第八届蓝桥杯全国软件和信息技术专业人才大赛全国总决赛	三等奖	2017	信息科学与工程学院	赵 壮
国家级	第八届蓝桥杯全国软件和信息技术专业人才大赛全国总决赛	三等奖	2017	信息科学与工程学院	丁秀晨
国家级	第八届蓝桥杯全国软件和信息技术专业人才大赛全国总决赛 C/C++ 程序设计	三等奖	2017	信息科学与工程学院	高 浩
国家级	第八届蓝桥杯全国软件和信息技术专业人才大赛	三等奖	2017	信息科学与工程学院	慕德龙
国家级	第七届全国大学生电子商务创新、创意级创业挑战赛	三等奖	2017	商学院	董文倩
国家级	第七届全国大学生电子商务"创新、创意及创业"挑战赛总决赛	三等奖	2017 2017 2017	物流学院	洪志睿 曾斯韵 杨青青
国家级	第七届全国大学生电子商务"创新、创意及创业"挑战赛	三等奖	2017 2017 2017 2017	物流学院	李志强 李文娇 杨 宇 张浩源

奖励类别	奖励名称	等级	年份	所属学院	获得者
国家级	第七届全国大学生市场调查与分析大赛（总决赛）	二等奖	2017	物流学院	徐蕊
			2017		王延坤
			2017		李娜
			2017		刘经纬
国家级	第七届全国大学生市场调查与分析大赛（总决赛）	三等奖	2017	物流学院	殷亚月 张雅楠
国家级	第八届蓝桥杯全国软件和信息技术专业人才大赛全国总决赛	三等奖	2017	信息科学与工程学院	丁秀晨
国家级	第八届蓝桥杯全国软件和信息技术专业人才大赛全国总决赛C/C++程序设计	三等奖	2017	信息科学与工程学院	高浩
国家级	第八届蓝桥杯全国总决赛B组三等奖	三等奖	2017	信息科学与工程学院	牛庆威
国家级	大学生创新创业训练计划		2017	物流学院	强旭
国家级	2018年全国大学生英语竞赛	三等奖	2018	物流学院	杜滢滢
国家级	2018年全国大学生英语竞赛	三等奖	2018	物流学院	史琳
国家级	2018年全国大学生英语竞赛	优秀奖	2018	物流学院	吴金玉
国家级	2018年全国大学生英语竞赛	三等奖	2018	物流学院	赵芳洁
国家级	2018年全国大学生英语竞赛	优秀奖	2018	物流学院	盛王丽
国家级	2019年全国大学生数学建模竞赛	一等奖	2019	自动化与电气工程学院	唐家璇
国家级	2019年全国大学生数学建模竞赛	一等奖	2019	数学与统计学院	陈晓杰
国家级	2019年全国大学生数学建模竞赛	一等奖	2019	物流学院	陈慧
国家级	2019年全国大学生数学建模竞赛	二等奖	2019	数学与统计学院	姜欣欣
国家级	2019年全国大学生数学建模竞赛	二等奖	2019	数学与统计学院	郭文婷
国家级	2019年全国大学生数学建模竞赛	二等奖	2019	物流学院	汪学文
国家级	2019年全国大学生数学建模竞赛	二等奖	2019	数学与统计学院	侯宾杰
国家级	2019年全国大学生数学建模竞赛	二等奖	2019	数学与统计学院	高奇
国家级	2019年全国大学生数学建模竞赛	二等奖	2019	自动化与电气工程学院	李健涛
国家级	2019年全国大学生数学建模竞赛	二等奖	2019	数学与统计学院	宋宇
国家级	2019年全国大学生数学建模竞赛	二等奖	2019	自动化与电气工程学院	李志桐
国家级	2019年全国大学生数学建模竞赛	二等奖	2019	数学与统计学院	时雅美
国家级	2019年全国大学生数学建模竞赛	二等奖	2019	数学与统计学院	王玉华
国家级	2019年全国大学生数学建模竞赛	二等奖	2019	信息科学与工程学院	孟德茜
国家级	2019年全国大学生数学建模竞赛	二等奖	2019	数学与统计学院	王琪瑶
国家级	2019年全国大学生英语竞赛	三等奖	2019	自动化与电气工程学院	戴娜
全国性	2019年全国大学生音乐双创大赛	三等奖	2019	音乐学院	侯普苗
全国性	2019年全国大学生音乐双创大赛	三等奖	2019	音乐学院	王凯正

奖励类别	奖励名称	等级	年份	所属学院	获得者
全国性	2019 年全国大学生音乐双创大赛	三等奖	2019	音乐学院	赵丽红
全国性	2019 年全国大学生音乐双创大赛	三等奖	2019	音乐学院	张瑜
全国性	2019 年全国大学生音乐双创大赛	三等奖	2019	音乐学院	刘易杰
全国性	2019 年全国大学生音乐双创大赛	三等奖	2019	音乐学院	王凯正
全国性	2019 年全国大学生音乐双创大赛	三等奖	2019	音乐学院	赵丽红
全国性	2019 年全国大学生音乐双创大赛	三等奖	2019	音乐学院	张瑜
全国性	2019 年全国大学生音乐双创大赛	三等奖	2019	音乐学院	刘易杰
全国性	2019 年全国大学生广告艺术大赛	三等奖	2019	音乐学院	姚淑元
全国性	2019 年全国大学生广告艺术大赛	三等奖	2019	音乐学院	蒋旭
全国性	2019 年全国大学生广告艺术大赛	三等奖	2019	音乐学院	汤红利
国家级	"西门子杯"中国智能制造挑战赛	三等奖	2020	信息科学与工程学院	李过
国家级	"西门子杯"中国智能制造挑战赛	三等奖	2020	信息科学与工程学院	张宇
国家级	"西门子杯"中国智能制造挑战赛	三等奖	2020	信息科学与工程学院	许安琪

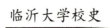

附录 27 临沂大学 2011—2021 年教育事业经费支出情况表

年份	人员经费		公用经费				支出总计
	支出金额	比例	支出金额	比例	其中：设备购置费	其中：自筹基建经费	
2011 年	219,781,513.84	36.12%	135,392,400.00	63.88%	8,046,122.09	0.00	483,343,716.00
2012 年	281,274,394.56	53.37%	245,767,916.96	46.63%	44,378,741.97	38,518,366.79	527,042,311.52
2013 年	267,898,437.28	43.66%	345,734,620.78	56.34%	65,485,539.01	69,755,204.14	613,633,058.06
2014 年	338,662,373.24	46.77%	385,439,666.54	53.23%	66,471,629.91	158,884,094.31	724,102,039.78
2015 年	429,643,869.56	60.72%	277,957,110.87	39.28%	75,777,439.76	30,581,271.63	707,600,980.43
2016 年	502,952,583.09	64.19%	280,616,287.28	35.81%	69,872,298.81	44,114,748.63	783,568,870.37
2017 年	527,827,380.81	65.36%	279,784,412.34	34.64%	66,418,730.70	5,328,148.49	807,611,793.15
2018 年	649,886,810.36	64.60%	356,099,487.75	35.40%	79,886,526.28	63,032,496.67	1,005,986,298.11
2019 年	594,568,342.44	63.95%	335,165,098.19	36.05%	42,974,441.84	24,590,535.79	929,733,440.63
2020 年	644,322,518.36	75.59%	257,197,827.87	24.41%	15,445,883.19	14,116,075.93	901,520,346.23

附录 28 临沂大学 2011—2021 年教学实验室建设情况

建设年度	责任建设单位	教学实验室建设项目	资金额度（万元）	合计（万元）
2011	汽车学院	车辆工程实验平台	200	450
	外国语学院	语言实验平台	100	
	体育学院	公共体育实验平台	150	
2012	美术学院	动作捕捉实训室	138	872
	传媒学院	新闻录播实验室（多功能演播室）	190	
	建筑学院	土木工程实验平台	270	
	物流学院	物流综合实验平台	274	
2013	教育学院	教师教育基地建设	450	2640
	信息学院	专业计算机更新，物联网实验室建设	760	
	化学化工学院	化学实验教学中心基础实验设备	200	
	传媒学院	3D 影视技术实验室 影视特效与制作实验教学平台	430	
	资源环境学院	地理科学基础实验室 环境工程实验室	380	
	商学院、物流学院	商贸物流实验中心	240	
	音乐学院	音乐教学实验平台	180	
2014	教育学院	教师教育技能实验平台	150	2050
	生命科学学院	生物技术教学实验平台	220	
	机械学院	机械仿真与先进制造技术教学实验平台	520	
	商学院	虚拟商业社会环境三维动态教学实验平台	190	
	信息学院	公共计算机实验教学中心	300	
	化学化工学院	化学实验教学中心	380	
	音乐学院、美术学院	艺术实验教学中心	290	
2015	汽车学院	汽车工程实验中心	200	3388
	汽车学院、理学院	电子电气实验中心	614	
	生命科学学院	生物实验教学中心	240	
	外国语学院	语言综合实验教学中心 国际贸易商务实训室	298	
	化学化工学院	材料化学教学实验平台	180	
	美术学院	艺术设计教学实验平台	313	
	建筑学院	土木建筑与房地产教学实验平台 材料与结构实验室	403	
	信息、物流、机械学院	物流工程综合教学实验平台	300	
	物流学院	会计、电子商务实训室	39	
	资源环境学院	GIS&RS 实验室	150	
	工程训练中心	环境提升、配套设备	120	
	教育学院	应用心理学实验室	93	
	商学院	旅游管理实训系统	66	
	药学院	药学实验室	128	
	体育学院	体育综合训练馆	142	
	信息学院	先进信息技术虚拟仿真实验中心	102	

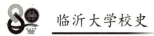

建设年度	责任建设单位	教学实验室建设项目	资金额度（万元）	合计（万元）
2016	理学院	基础物理电子实验室	100	2518
	工程训练中心	加工中心训练室	45	
	外国语学院	大学外语语言实验室	123	
	化学化工学院	高分子材料实验教学平台	125	
	传媒学院	摄录技术综合训练平台	60	
	教育学院	音乐技能实训室	80	
	药学院	制药工程及基础仪器设备	160	
	生命科学学院	生物学虚拟实验教学中心	210	
	信息学院	物联网工程实训中心	280	
	公共计算机实验教学中心（公共平台）	虚拟仿真共享平台	150	
	物流学院、商学院	商贸物流教学实验平台	280	
	体育学院	体育教学器材	40	
	传媒学院	影视技术教学实验平台	170	
	资源环境学院	资源环境教学实验平台	140	
	化学化工学院	化学教学实验平台	240	
	机械学院	先进制造技术教学实验平台	165	
	美术学院	艺术设计教学实验平台	150	
2017	商学院	国际贸易与电子商务实训中心	100	1722
	教育学院	大学生心理健康教育实验室	100	
	体育与健康学院	体育教学实验室	120	
	音乐学院	音乐技能实训室	100	
	文学院	编辑出版学实验室	12	
	外国语学院	多模态外语教学情景实训室	160	
	传媒学院	影视摄影实验室	53	
	物理与电子工程学院	电子信息教学实验平台	150	
	药学院	制药工程教学实验平台	150	
	机械与车辆工程学院	机械及加工实验室	177	
	自动化与电气工程学院	轨道交通信号与控制实验室	185	
	土木工程与建筑学院	岩土力学与工程实验实训平台	150	
	农林科学学院	园艺教学实验平台	135	
	教务处	教师技能教学实验平台	130	
2018	机械学院	智能制造实验室	200	1556
	资源环境学院	地理空间信息工程实验室	107	
	物流学院	智慧物流实验室	145	
	商学院	会计实验室	55	
	外国语学院	多模态综合翻译平台	35	
	音乐学院	艺术教学互动实训室	28	
	教育学院	学前教育教法模拟实训室	16	
	音乐学院	师范生艺术技能训练室	92	
	教育学院	大学生心理健康教育与咨询室	148	
	传媒学院	VR实验教学设备	60	
	外国语	大学英语形成性评估与测试系统	130	
	教务处	语言教学实验平台	115	
	农林学院	现代农业生物工程教学实验平台	145	
	自动化学院	电气教学实验平台	212	
	物理与电子工程学院	电气教学实验平台	68	

建设年度	责任建设单位	教学实验室建设项目	资金额度（万元）	合计（万元）
2019	土木工程与建筑学院	城市地下空间工程实验室	150	560
	机械与车辆工程学院	机械工程实训平台	150	
	药学院	制药工程实验室	130	
	教育学院	师范生书写技能实训室	50	
	文学院	普通话模拟测试与学习系统	80	
2020	物流学院	智慧物流实验中心	200	1000
	机械与车辆工程学院	智能制造实习实训平台	200	
	资源环境学院 教育学院	教育学院师范生教师技能虚拟仿真训练系统，资源环境学院地理科学虚拟仿真实验室、微课制作室；资源环境学院地学专业教学实验室	513	
	药学院	制药工程实验室	87	
2021	药学院	制药工程实验室	300	2085
	信息科学与工程学院	软件工程实验室	150	
	土木工程与建筑学院	土木工程实验实训平台	150	
	音乐学院	艺术专业技能训练室 大剧院音效改善	142	
	资源环境学院	地理园建设	93	
	外国语学院	语言综合实验教学中心	294	
	自动化与电气工程学院	"临沂大学罗克韦尔工业自动化联合实验室"配套设备	140	
	化学化工学院	医学检验技术基础实验室	300	
	材料科学与工程学院	新能源材料与器件实验室	140	
	数学与统计学院	数据科学与大数据技术教学实验室	26	
	商学院	经济管理实验教学平台	115	
	物理与电子工程学院	大学物理实验室	100	
	传媒学院	多功能演播厅及摄影摄像实训设备	50	
	农林科学学院	动物科学实验室	85	

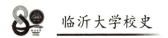

附录 29 临沂大学 2011—2021 年全日制学生人数统计表

（1）历年招生数

年份	本科				专科		合计
	普通本科	专升本 含3+2 转段	初中起点"3+4"贯通培养	第二学位	普通专科	五年制专科	
2011	5720	873			3374	1520	11487
2012	5611	772			3654	1800	11837
2013	6047	605			3678	1750	12080
2014	5847	658	200		3688	2050	12443
2015	5924	661	318		3659	1300	11862
2016	6191	714	200		3670	1600	12375
2017	6195	943	196		3673	2100	13107
2018	6090	1060	196		3528	1600	12474
2019	6140	1189	100		3509	1100	12038
2020	6141	2853		194	3319	600	13107

（2）历年在校生数

年度	本科	专科	五年一贯彻制前三年	外国留学生	研究生	总计
2011	24491	9928		107		34526
2012	24554	10244		94		34892
2013	23840	10509	5180	71		39600
2014	23996	13026	4455	96		41573
2015	24248	14564	3742	105		42659
2016	24859	15418	3526	140		43943
2017	25335	13667	5531	112		44645
2018	25966	12673	5793	75		44507
2019	26465	12201	5178	88	45	43932
2020	28024	12667	3521	83	211	44506

（3）历年毕业生数

年度	本科	专科	五年一贯彻制前三年	外国留学生	总计
2011	4582	3637		91	8310
2012	6230	3047		71	9348
2013	7181	3316	338	40	10875
2014	5909	2969	3057	63	11998
2015	6007	3137		67	9211
2016	5922	3904		90	9916
2017	6327	4735	196	71	11329
2018	6211	5044	1414	49	12718
2019	6596	4881	1740	64	13281
2020	7036	4322		39	11397

附录 30 临沂大学继续教育学院 2011—2020 年 招生和毕业人数

年度	招生人数				毕业人数			
	总计	高起本	专升本	高起专	总计	高起本	高起专	专升本
2011	3645	140	2079	1426	1672	24	707	941
2012	4262	222	2139	1901	1235	9	529	697
2013	1693	86	696	911	1271	24	650	597
2014	2575	95	1206	1274	3336	92	1348	1896
2015	2596	40	1131	1425	4125	68	2075	1982
2016	3400	62	1932	1406	7410	119	1059	6232
2017	3872	52	1866	1954	4300	195	1903	2202
2018	7606	210	3476	3920	2911	80	1519	1312
2019	8750	218	4108	4424	3939	87	2063	1789
2020	11177	413	8735	2029	7083	37	3680	3366

附录 31 临沂大学图书馆馆藏书目情况统计

类名	2000 年		2005 年		2010 年		2015 年		2020 年 5 月	
	种	册	种	册	种	册	种	册	种	册
马列类	1218	6062	2684	14884	3325	19113	3944	21926	4190	22750
哲学类	2510	9275	8416	47123	17419	98953	24189	133155	28178	145141
社科总论	660	1809	4053	23281	9541	70802	13367	90585	14813	101413
政治法律	2892	10825	13075	71092	30089	170861	41814	222309	46809	240567
军事类	164	529	757	3385	1409	7212	1934	9484	2368	10800
经济	1449	5615	16679	95147	44568	247019	66094	338247	77554	378661
文化科学教育体育	4090	13074	13812	71792	26183	163789	33823	204495	43430	267853
语言文字	3548	15362	15310	107895	33178	264819	46157	348126	50123	360799
文学	15490	63664	35792	196751	51607	336162	68585	431152	77906	462030
艺术	1613	4152	12193	57132	23820	130549	35284	178150	42297	198380
历史地理	6055	21179	15947	77716	29282	167103	38455	217185	43117	232799
自然科学总论	408	1256	1242	5714	2279	20439	2604	23941	2755	28509
数理科学和化学	3223	23470	10731	102778	18035	170098	23436	204888	25295	214514
天文学、地球科学	357	1307	1553	7231	3156	17417	4175	21850	4829	25354
生物科学	730	3351	3090	20846	5430	38259	7029	46555	7560	49199
医药、卫生	470	1199	3067	12251	7389	35956	9730	46140	10832	52513
农业科学	311	1256	5550	31200	10080	56406	14099	72326	15607	79109
工业技术	2414	10719	29309	204465	71541	449560	102136	583538	113502	629020
交通运输	81	296	1277	7508	3875	18974	5941	27769	6842	30706

附录 32 临沂大学田径记录

男子普通组

项 目	成 绩	创造者	时 间	地 点	单 位
100 米	11″2	苏 磊	2013.05	临沂	沂水分校
200 米	22″4	刘发强	1999.10	济南	社会发展学院
400 米	50″7	刘发强	1999.10	济南	社会发展学院
800 米	1′58″	赵九林	2004.10	临沂	文学院
1500 米	4′12″8	赵德强	1999.10	济南	物理系
3000 米	9′45″2	唐建民	1985.05	费县	文学院
5000 米	16′28″5	王成江	1988.05	济南	化学化工学院
10000 米	35′25	王成江	1987.04	费县	化学化工学院
3000 米障碍	10′56″98	张 鹏	2003.09	聊城	文学院
110 米栏	15″5	王鲁波	2000.04	临沂	数学系
400 米栏	58″2	薛克良	2004.10	临沂	环境与旅游学院
4×100 米接力	44″60	校队	2006.08	济南	校队
4×400 米接力	3′24″51	校队	2006.08	济南	校队
跳 高	1.90 米	徐 凯	2003.09	聊城	文学院
跳 远	6.90 米	路彦青	2006.08	济南	文学院
三级跳远	14.57 米	朱元元	2003.09	聊城	文学院
撑竿跳高	3.22 米	陈保元	2006.08	济南	文学院
标 枪	57.28 米	刘 伟	2003.09	聊城	预科班
铁 饼	42.01 米	付清杰	2006.08	济南	文学院
铅 球	14.88 米	孙启军	2006.08	济南	文学院
十项全能	4956 分	陈保元	2006.08	济南	文学院
十公里竞走	53′49″6	崔爱新	1988.05	济南	法学院
链 球	39.91 米	付鲁峰	2003.09	聊城	信息学院

男子专业组

项 目	成 绩	创造者	时 间	地 点	单 位
100 米	10″8	张梓聪	2015.04	临沂	体育学院
200 米	22″3	马业民	1982.05	济南	体育系
400 米	50″1	于全欣	1999.10	济南	体育系
800 米	2′	魏延国	1988.05	济南	体育系
1500 米	4′13″	魏延国	1988.05	济南	体育系
5000 米	15′56″9	张新健	1999.10	济南	体育系
10000 米	33′38″4	张新健	1999.10	济南	体育系
3000 米障碍	10′22″3	张祥亮	1991.10	济南	体育系
110 米栏	14″65	陈晓庆	2019.04	临沂	体育与健康学院
400 米栏	57″6	刘伯锡	1982.05	济南	体育系
4×100 米接力	43″9	体育学院	2019.04	临沂	体育与健康学院
4×400 米接力	3′34″7	体育系	1988.05	济南	体育系
跳 高	1.95 米	梁怡兵	1991.10	济南	体育系
跳 远	6.79 米	井 昊	2019.04	临沂	体育与健康学院
三级跳远	14.37 米	孙 健	1991.10	济南	体育系
撑竿跳高	3.26 米	李铁业	1980.04	费县	体育系
标 枪	50.82 米	沙学民	1979.06	苍山	体育系
铁 饼	39.98 米	杜祎光	1995.10	济南	体育系
铅 球	12.78 米	李云成	1994.10	济南	体育系
十项全能	5709 分	万延法	2003.09	聊城	体育系

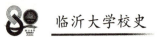

女子普通组

项　目	成　绩	创造者	时　间	地　点	单　位
100 米	12″9	刘　娜	2004.10	临沂	教育科学学院
200 米	26″86	宋玉成	2006.08	济南	文学院
400 米	1′09″68	高帆	2019.04	临沂	费县校区
800 米	2′21″05	张平	2006.08	济南	信息学院
1500 米	5′4″93	姬常爱	2006.08	济南	外国语学院
3000 米	11′11″	解玉红	2003.09	聊城	文学院
5000 米	19′10″1	解玉红	2004.10	临沂	文学院
10000 米	40′30″	解玉红	2004.10	临沂	文学院
3000 米竞走	15′41″28	解玉红	2006.08	济南	文学院
5000 米竞走	26′10″03	解玉红	2006.08	济南	文学院
100 米栏	15″92	宋玉成	2006.08	济南	文学院
400 米栏	1′14″9	朱丽然	1985.05	济南	物理系
4×100 米接力	51″09	校　队	2006.08	济南	校队
4×400 米接力	4′16″53	校　队	2004.10	临沂	校队
跳　高	1.46 米	刘庆华	2016.04	临沂	沂水校区
跳　远	5.50 米	刘丽娜	2004.10	临沂	文学院
三级跳远	11.46 米	刘丽娜	2006.08	济南	文学院
标　枪	31.85 米	郁冬梅	2001.10	临沂	信息学院
铁　饼	34.74 米	王依芳	1995.04	临沂	环境与旅游学院
铅　球	11.54 米	王依芳	1995.10	济南	环境与旅游学院
七项全能	3888 分	宋玉成	2006.08	济南	文学院

女子专业组

项　目	成　绩	创造者	时　间	地　点	单　位
100 米	12″4	徐聪聪	2000.04	临沂	体育系
200 米	25″2	徐聪聪	1999.10	临沂	体育系
400 米	1′1″47	曲晓伟	1981.04	费县	体育系
800 米	2′20″1	殷树芳	1991.10	济南	体育系
1500 米	5′17″3	化绍秋	1985.05	济南	体育系
3000 米	11′19″	化绍秋	1985.05	济南	体育系
5000 米	19′7″6	李翠英	1988.05	济南	体育系
10000 米	42′	李翠英	1988.05	济南	体育系
5000 米竞走	31′	姜广英	1988.05	济南	体育系
10000 米竞走	64′37″	姜广英	1988.05	济南	体育系
110 米栏	17″6	丁　敏	1981.05	费县	体育系
400 米栏	1′9″	周梅娟	2006.08	济南	体育学院
4×100 米接力	51″0	体育系	1999.10	费县	体育系
4×400 米接力	4′9″1	体育系	1999.10	费县	体育系
跳　高	1.60 米	肖　岩	1982.05	费县	体育系
跳　远	5.39 米	白建红	1999.10	费县	体育系
三级跳远	11.45 米	赵树娟	1999.10	济南	体育系
标　枪	42.6 米	张勤芳	2006.08	济南	体育学院
铁　饼	39.6 米	苏建梅	1995.10	济南	体育系
铅　球	12.68 米	伏　薇	2004.10	临沂	体育系
七项全能	3980 分	杜　兵	1982.05	济南	体育系

附录 33 临沂大学"十三五"发展规划

为贯彻落实党的十八届五中全会精神和国家及山东省关于高等教育改革发展的工作部署，根据学校党委《关于制定学校"十三五"事业发展规划的建议》，编制本规划，主要阐明发展战略目标，明确主要任务和重要举措，是建设全国知名区域特色鲜明的创新创业型大学的战略宣言和行动路线，是全校师生的共同愿景。

第一篇　发展思路与战略目标

"十三五"时期（2016—2020 年）是创新创业型大学办学体系形成的关键期，是转型发展和内涵提升的攻坚期，必须抓住用好重要战略机遇期，加快推进创新创业型大学建设，努力办出特色、争创一流，为全面建成小康社会提供更多更好的人力资源和智力支持。

第一章　发展环境

经过 75 年的办学积淀，特别是"十二五"时期的发展，学校各项事业实现了长足的发展。在校生达到 4.2 万人，办学规模稳居全省高校前列；形成了 85 个本科专业、涵盖 11 大学科门类的学科专业体系；人才培养质量不断提高，成为山东省应用型人才培养特色名校建设单位；以国家杰青、泰山学者、新世纪人才为代表的高层次人才不断增加，人才聚集效应初步形成；科研水平快速提升，承担国家级科研项目年均 23 项，个别领域的研究产生了世界影响；社会服务取得了新的成果；国际交流与合作不断深入；办学经费更加充裕；公共服务体系日趋完善；校园安全稳定得到有效保障；党建和思想政治工作不断加强；形成了以新校区为主体、两个分校区分类发展的空间格局。我校内涵发展提升的基础较好，沂蒙精神成为全校师生创新创业的强大动力，学校政治稳定、思想稳定、内部和谐，全校师生干事创业的积极性主动性日益高涨。

特别是 2014 年 10 月以来，学校党委贯彻落实十八大和十八届历次全会精神，从高等教育原点出发、从学校办学传统和发展实际出发，确定了"全国知名区域特色鲜明的创新创业型大学"的办学定位，明确了"六个全面推进"的总体部署，为今后一个时期的改革发展指明了方向。

"十三五"时期，我国经济深度融入世界经济，经济增长新旧动力转化，产业升级向中高端水平发展，经济发展进入新常态，全面建成小康社会进入决胜阶段，高等教育培养高素质人才和提供高水平科研支撑的重要使命更加凸显。从高等教育发展的趋势看，国家"双一流"战略发出了建设高等教育强国的时代强音，质量和特色成为高等教育改革发展的两大主题，转型发展成为各级各类高校面临的共同任务，创新创业教育成为鲜明的特征，协同创新成为创新发展的基本路径，以"放、管、服"为核心内容的教育综合改革不断深入，以教育信息化和教育国际化为标志的教育现代化正在逐步实现。从区域发展环境看，山东被确定为国家"一带一路"海上战略支点和新亚欧大陆桥经济走廊沿线重要地区；临沂成为山东省规划的三大地区中心城市之一，商贸物流之都的地位更加巩固，产业结构升级步伐不断加快，经济社会发展的新动力正在加速形成；国家和山东省对革命老区的扶贫开发政策陆续出台，学校发展的机遇呈多重叠加态势。

专栏 1　学校基本办学情况及"十二五"发展情况

主要指标	2010 年基数	发展情况		
		2015 年	增速	5 年累计（新增）
办学规模				
（1）在校学生（万人）	3.29	4.26	29.5%	-
（2）本科学生数（人）	20981	24248	15.6%	-
（3）成人教育学生数（人）	5852	7159	22.4%	-
（4）留学生数（人）	107	155	50.5%	570
（5）一级学科（个）	30	37	23.3%	[7]
（6）本科专业（个）	64	85	32.8%	[21]
基础条件				
（7）年度财务总收入（亿元）	3.29	8.16	148%	31.7
（8）校舍建筑总面积（万平方米）	93.17	112.5	20.7%	[19.33]
其中：教学科研行政用房（万平方米）	48.72	55	12.9%	[6.28]
（9）固定资产（亿元）	15.82	18.47	16.8%	[2.65]
其中：教学科研仪器设备总值（亿元）	2.54	3.05	20.1%	[1.18]
（10）纸质图书（万册）	406.4	440.2	8.3%	[17.3]
（11）电子数据库（个）	19	31	63.2%	[12]
人才队伍				
（12）专任教师数（人）	1944	2166	11.4%	[222]
（13）具有博士学位的专任教师（人）	162	388	140%	[226]
（14）具有副高以上职务的专任教师（人）	697	763	9.5%	[66]
（15）硕士生、博士生导师（人）	65	132	103%	[67]
（16）省级及以上称号人才（人次）	12	31	158%	[19]
人才培养				
（17）省级及以上教学与人才培养项目	6	13	117%	91
其中：国家级（项）	1	1	-	5
（18）教育部大学生创新创业项目（项）	-	81	-	258
（19）应届本科毕业生就业率（%）	95.43	97.17	1.8%	-
（20）出国访学留学学生（人次）	120	329	174%	1482
（21）省级及以上大学生学科竞赛获奖（人次）	769	1796	134%	4224
其中：国家级（人次）	157	827	427%	1436

学科与科研				
(22) 省级重点学科（平台）（个）	4	12	200%	12
(23) 省级及以上科研团队（个）	0	2	-	2
(24) 省级及以上科研项目（项）	61	95	55.7%	399
其中：国家级（项）	11	23	109%	117
(25) SCI、EI论文（篇）	143	170	18.9%	858
(26) CSSCI论文（篇）	77	43	-44.2%	231
(27) 省级及以上科研奖励（项）	6	16	166.7%	55
(28) 科研经费（万元）	963.3	3493.9	262.7%	12059.8
(29) 发明专利（项）	0	25	87.5%	48
办学品牌与社会影响				
(30) 社会培训（人次）	5400	22100	309%	58000
(31) 国家和省级媒体办学成就报道（次）	78	146	87.2%	530
(32) 省级以上主管部门授予的集体荣誉称号（次）	5	6	20%	17
备注：[ ]内的数值为五年新增数。				

从内部环境看，我校发展进入了新的历史阶段。经过全校师生的共同奋斗，学校始终保持了开拓奋进、勇于创新、跨越发展的良好势头，在新建本科院校中脱颖而出，部分领域在与高水平大学的竞争中彰显了特色优势，正在由综合性大学的"初创期"向"中兴期"的过渡。同时也要看到，学校在革命老区建设创新创业型大学的客观条件不会改变，在资源获取、人才引进、经费筹措等方面存在的特殊困难依然存在，学科基础还比较弱、学术影响力偏低、学术领军人物偏少、体制机制性障碍等问题和不足很难在短期内实现根本的改观，而且还会面临更加激烈的校际竞争和更大的外部压力，未来的发展任重而道远。

综合判断，"十三五"将是学校难得的重要战略机遇期，也面临着诸多新的挑战和前进中的困难。必须保持清醒头脑，准确把握战略机遇期内涵的深刻变化，坚持理念先行，坚持强化内涵，坚持弘扬沂蒙精神，坚持加强党的领导，继承和发扬"政治坚定、顾全大局、团结一心、争创一流"的优良传统和"能吃苦、善创新、敢担当、乐奉献"的临大特质，更加有效地应对各种困难和挑战，不断开拓发展新境界。

第二章　办学定位

遵循和贯彻以下办学定位：

目标定位：全国知名区域特色鲜明的创新创业型大学。

类型定位：综合类应用研究型。

培养层次定位：以本科教育为主，积极发展研究生教育。

学科专业定位：面向国家战略和区域需求，强化基础学科支撑作用，创新发展应用学科，形成多学科交叉融合、特色鲜明的学科专业体系。

培养目标定位：基础理论扎实，富有创新精神和创业能力，具有沂蒙精神特质和国际视野的高素质应用型人才。

服务面向定位：立足沂蒙，面向山东，辐射全国，走向世界。

第三章　"三步走"战略

实现全国知名区域特色鲜明的创新创业型大学的办学目标，实施以下"三步走"战略：

第一步：到 2020 年，基本形成创新创业型大学的治理结构和制度体系，实现学校与区域经济社会的融合发展，创新创业成为师生的价值追求、文化认同和行为自觉，人才培养、科学研究、社会服务与社会需求的符合度、对社会发展的贡献度显著提升，学校成为区域智库和区域创新体系的重要组成部分。

第二步：到 2025 年，初步建成全国知名区域特色鲜明的创新创业型大学，社会美誉度与核心竞争力全面增强，学校成为区域创新创业人才的重要培养基地和科技创新的研发基地，对区域经济社会发展形成有力支撑、局部引领。

第三步：到 2040 年，即建校 100 年前后，全面建成全国知名区域特色鲜明的创新创业型大学，学校成为创新创业人才培养的主阵地、区域创新发展的引领阵地和文化传承创新的主力阵营。

第四章　发展思路

全面贯彻党的十八大、十八届三中、四中、五中全会精神和习近平总书记系列重要讲话精神，贯彻落实国家和山东省关于教育工作的部署要求，贯彻落实学校第三次党代会精神，深刻把握"四个全面"战略布局，牢固树立"五大发展理念"，坚持立德树人根本任务，统筹创新创业型大学建设、内涵提升、规划实施、综合改革、依法依规依纪治校、从严治党"六个全面推进"，以转型提升为核心任务，以提高创新创业人才培养质量、提升科研创新能力、融入区域经济社会发展为重点，加快形成创新创业型大学的治理结构和发展方式，确保如期实现"第一步"战略目标，为建成全国知名区域特色鲜明的创新创业型大学奠定更加坚实的基础。

必须着力推进"五大发展"：

——坚持创新发展，着力增强发展的内生动力。加快形成创新引领发展、创新带动创业的新动能，构建与创新创业型大学相适应的现代大学管理体制和运行机制，推进学校内涵发展的动力转换。

——坚持特色发展，着力彰显区域办学特色。牢固树立特色发展理念，植根于区域经济社会的发展之中，多方位凝聚办学特色，以特色求发展，实现学校核心竞争力的快速提升。

——坚持质量发展，着力培养高素质应用型人才。牢固确立人才培养的中心地位和以质量为核心的教育发展观，紧紧围绕人才培养目标定位，加强关键环节的改革，推进学生的全面发展和个性发展，争创一流本科教育。

——坚持开放发展，着力增强发展活力。进一步开阔视野，把学校发展置于高等教育国际化和国内高等教育分类发展的大格局之中，坚持"引进来"与"走出去"并重，形成更加开放的办学体系，以开放办学带动创新、推进改革、促进发展。

——坚持效益发展，着力提升发展的层次和水平。坚持规模、结构、质量和效益的协调发展，科学合理开发利用各类办学资源，推进各类办学要素的优化配置，保持发展的健康和可持续。

第五章　主要目标

未来五年是实施"三步走"战略的第一步，主要任务目标是：

——创新创业教育与人才培养质量显著提高。建成较为完善的创新创业教育体系，与现代教育理念相适应的教育教学改革深入实施，8—10个专业进入全省前10%；学生个性化发展的诉求得到有效保障，社会责任感、创新精神和实践能力明显增强，大学生学科竞赛获奖取得层次和数量的新突破，高质量就业率50%以上。

——学科建设水平与科研创新能力快速提升。获批硕士学位授予权；1—2个学科达到国内一流，进入ESI学科排名前1%行列，8—10个学科达到省内一流；国家级科研课题立项数量翻一番，实现国家级重大项目、国家级科技奖励双突破，5个左右的研究领域达到国内先进水平；一批科研成果成功转化，区域智库作用进一步彰显，社会服务能力不断增强；科研经费总量比"十二五"时期翻两番，其中社会委托类经费达到50%以上。

——师资队伍结构明显改善。生师比更加合理，校本部专任教师的博士比50%左右；引进和培养10名左右相关专业行业领域的领军人才、30名左右的学科带头人、整体引进3—5个高水平创新团队，国家百千万人才工程、国家杰青、泰山学者等高层次人才数量翻一番；结构合理、梯次递进、可持续发展的人才队伍初步形成。

——综合办学水平大幅度提高。转型提升取得明显成效；办学规模稳中有升，办学结构进一步优化，学校发展的平衡性、协调性、可持续性显著增强；教育教学的信息化、国际化水平显著提升；办学资源更加丰富，后勤保障更加有力，平安文明和谐校园建设取得更大成效；教职工收入稳步增长，师生学习、工作与生活条件大幅改善，师生的获得感明显增强。学校在国内主要排行榜上的位次上升80位左右，力争进入省属高校第一方阵。

——核心校园文化体系基本形成。办学理念形成体系，核心价值观念深入人心，与创新创业型大学相适应的精神文化、制度文化、环境文化、行为文化协调推进。

专栏2 "十三五" 关键指标体系（KPI）				
一级指标	序号	二级指标	数量	指标属性
学科专业	1	硕士学位授权一级学科（个）	3	约束性
	2	进入ESI排名前1%学科（个）	1～2	约束性
	3	省内一流学科（个）	8～10	约束性
	4	进入全省高校前10%专业数（个）	8～10	约束性
人才培养	5	省级以上教学质量与教学改革工程项目（项）	30（其中国家级：2）	约束性
	6	省级以上教学成果奖（项）	15（其中国家级：1）	约束性
	7	本科生参与科研课题研究比例（%）	10%	约束性
	8	大学生创业实践示范基地（孵化基地）（个）	100（其中省级：1）	约束性
	9	大学生国家级学科竞赛、创新创业大赛获奖（人次）	4000	约束性
	10	获得资助的大学生科研创新与自主创业项目（项）	1000	约束性
	11	其中：省部级及以上创新创业类项目（项）	500	预期性
	12	实现学分互认的国（境）内外高校（个）	50	约束性
	13	留学生（人）	[300]	约束性
	14	其中：学历留学生（人）	[30]	约束性
	15	出国留学学生数量（人次）	[1200]	约束性
	16	成人教育在校生（人）	[10000]	约束性
	17	学生高质量就业率（%）	50%	约束性
科研创新与学术创业	18	具有国内先进水平的研究领域（个）	5	预期性
	19	承担省部级以上科研项目（项）	650（其中国家级：150）	约束性
	20	省部级以上科研奖励（项）	150（其中国家级科技类：1项）	约束性
	21	SCI、EI收录论文（篇）	1700	约束性
	22	CSSCI收录论文（篇）	350	约束性
	23	计划类科研经费（万元）	20000	约束性
	24	委托类科研经费及科研成果转化收益（万元）	20000	约束性
	25	校企合作技术研发项目（个）	400	约束性
	26	科技成果转化项目（项）	50	约束性
	27	进入政府决策的咨询建议服务项目（项）	80	约束性
	28	发明专利（项）	100	约束性
人才队伍	29	新增省部级及以上高层次人才（人）	20	约束性
	30	省部级及以上科研创新团队（个）	5～8	约束性
	31	引进高水平博士、教授（人）	500	约束性
	32	校本部专任教师博士比（%）	50%	约束性
	33	专业行业领军人才（人）	10	约束性
	34	学科带头人（人）	30	约束性
	35	外派教师和管理干部国内外培训及挂职锻炼（人次）	500	约束性

资源与条件	36	年度总收入（万元）	[120000]	预期性
	37	吸纳社会捐助资金等（万元）	2000	预期性
	38	新增教学科研仪器设备（万元）	20000	约束性
	39	新增教学科研及辅助用房面积（万平方米）	8.05	预期性

备注：[ ]内的数据是指该项指标逐年增长，到2020年应达到的数值。

第二篇　构建发展新机制

以转型发展为牵引，实施战略管理，坚持问题导向，统筹发展与改革，着力构建学校、政府、社会的新型关系，形成创新创业型大学更加开放、多方协同、自我约束的制度机制和发展模式。

第六章　实施转型发展

坚持定位引领，把创新创业贯穿于办学治校全过程，加快向综合类应用研究型大学的转变，采取有力举措，加强顶层设计，适应和引领经济发展新常态，服务创新驱动战略，破解转型发展的体制机制束缚，增强为区域经济社会发展服务的能力。

第一节　实施战略转型

加强对未来发展环境的战略预判，积极应对外部环境的变化和改革发展的新要求。一方面，实施"调整型"战略，深入开展学科专业结构、招生计划结构、人才队伍结构、办学收入结构、资源配置结构、绩效分配结构等办学结构的战略性优化调整，彰显应用型特色；另一方面，实施"外拓型"发展战略，加强开放办学体系建设，广泛建立各种形式的战略联盟、高校联盟、慕课联盟，实现协同发展、借力发展。

第二节　实施制度转型

深入开展创新创业型大学办学内涵和实现路径的研究和实践，加强对创新创业型大学的制度描述，加快推进制度配套设计，着力构建支撑创新创业教育改革、鼓励师生科研创新和学术创业、提升应用服务能力的制度体系和评价机制，及时用制度总结和固化改革发展成果，基本形成具有校本特色的创新创业型大学的制度体系和治理结构。

第三节　实施组织转型

加强向创新创业型大学、向应用研究型大学转变的组织化推进，完善创新创业服务，更加重视和优先支持创新创业教育机构、科技研发和孵化平台、技术转移服务部门、创新创业社团、新型智库等平台和载体建设，为师生创新创业提供制度化、组织化的支持服务与保障。

第七章 深化综合改革

以教育"放、管、服"改革为契机，坚持推进发展与推进改革同步，突破利益固化的藩篱，促进重点领域和关键环节上的改革取得突破性进展，激发释放办学活力。

第一节 推动管理服务单位职能转变

调整管理服务单位设置，推进管理服务部门职能转变，强化管理服务单位的目标设定、政策制定、平台搭建、考核监督、对外联络和公共服务职能，建立健全权力清单、责任清单、负面清单管理模式，划定职能部门与教学学术单位的权责边界，实现由管理为主向服务为主、由过程管理向目标管理的转变。健全完善学校各专门工作委员会，建立协调推进跨部门、跨单位工作的有效手段和长效机制。

第二节 实施学院分类定位特色发展

贯彻供给侧改革的理念，提高教育服务供给能力。根据不同发展基础和学科特点，围绕社会需要、学生学习、学科发展等不同需求，引导学院分类定位、特色发展。进一步推进校院二级管理，放权强院，强化学院在人才培养、科学研究、社会服务、学术创业的主体地位；完善党委政治核心、院长行政负责、教授委员会学术管理"三位一体"运行体制，提高学院自我发展、自主管理能力。

支持分校区发展。加大对分校区教学基本建设的支持力度，支持沂水校区按照培养高等职业技术人才的办学定位、费县校区按照幼教和小学师资培养培训的办学定位，不断完善办学功能，相对独立、融入当地、特色发展。

按照全省教育改革部署，取消学院和科研院所行政级别。

第三节 协调推进重点领域改革

坚持目标和问题导向，以综合改革方案为基本遵循，科学把握改革的战略重点、优先顺序和主攻方向，确保各项改革相互配合、协同推进，精准对接发展所需、师生所向，着力构建"学生好好学，教师好好教，管理人员好好服务"的制度机制。加强监督检查，及时解决改革中遇到的困难和问题，确保各项改革有领导、有部署、有督促、有落实。

专栏3 综合改革重点任务

（一）优化管理运行体制机制
　　深化内部管理体制机制改革，按照"四级建制、二级管理"模式，构建管理科学、运行顺畅的管理体制和运行机制。
（二）实施学部制改革
　　发挥学部在促进学科建设、学术发展和资源共享中的积极作用，完善学部运行机制，按学科属性组建学部。
（三）深化干部和人事分配制度改革
　　修订完善干部选拔任用实施办法、绩效考核分配办法，构建"能上能下、能进能出"的选人用人机制，

专栏3 综合改革重点任务
形成以岗定薪、优劳优酬的岗位绩效分配制度。 （四）优化办学资源配置、管理机制 　　实施教学科研资源有偿服务管理，建设大型精密仪器设备共享平台，完善财务预算管理和学院经费使用与分配制度，优化办学资源配置机制。 （五）完善民主治校体系 　　完善教代会、工代会、团代会、学代会制度，支持各群团组织和各民主党派、无党派人士依法履行各自的职责；完善学术委员会、教授委员会制度，搭建教授治学平台；加大信息公开力度，为各类办学主体参与学校民主管理创造条件。

第八章　推进区域战略协同

坚持为区域经济社会发展服务的基本导向，把与区域协同作为学校发展的重要支点，加快融入区域经济社会发展。对接区域经济、政治、文化、社会、生态文明建设需求，围绕区域重大战略和特色优势产业转型升级，积极争取地方政府、行业企业支持，找准切入点、创新点、增长点，通过建设发展研究院、协同创新中心、工业研究院、创新创业基地等载体和科研、文化、体育等基础设施共建共享，积极推进地方、行业、企业经费、项目和资源在学校集聚，着力推进校地人才培养、科技服务、技术创新、大众创业的一体化发展机制，形成学校和区域经济社会联动发展格局。

第九章　实施依法自主办学

坚持法治思维、法治理念，以法律法规为准绳，以《临沂大学章程》为自主办学、实施管理和履行公共职能的基本准则和依据，加快各类办学制度的梳理和废改立，健全完善依法依规依纪治校制度体系。运用法治方式处理问题，尊重师生的合法权益，规范学校各类主体的行为和权力运行程序，建立完善法律顾问、财务顾问等制度，加强风险防范，形成自我发展和自我约束新机制，提高现代大学治理能力。

第三篇　提高应用型人才培养质量

提高质量是教育教学改革的核心任务，要坚持质量发展，坚持以人才培养为中心，建立教学经费投入逐年增长机制，紧紧围绕人才培养目标定位，深化教育教学改革，为学生全面发展和个性发展提供支持和保障。

第十章　完善专业发展机制

积极应对考试招生制度改革，坚持以社会需求为导向，调整专业结构和布局，凝练和建设重点专业，增强专业竞争力，形成基础性学科专业发展稳定、品牌特色专业优势明显、专业内涵建设不断深化、专业结构和布局相对合理的专业发展新格局。

第一节　制定人才培养质量标准

全面落实人才培养目标定位，依据教学质量国家标准的基本要求，修订完善各专业教学质量标准和课程标准，细化不同专业的知识能力结构和创新创业素质要求，修订人才培养方案。大力推进政府相关部门、行业企业参与专业人才评价标准和人才培养方案的制定工作。

第二节　实施优势特色专业建设计划

在保持专业总量基本稳定的基础上，根据社会需求和区域产业布局，调整优化专业布局，加强应用型特色专业群建设，巩固教师教育优势，大力发展新兴学科专业、地方特色专业、填补空白专业，增加社会亟须的专业和培养方向。建设一批在培养定位、办学条件、师资力量、培养模式、课程体系、教学方法与手段、培养质量等方面特色明显、优势突出的专业，形成若干特色专业群，带动专业建设整体水平的提升。

专栏4　优势特色专业和应用专业群支持项目

重点建设的优势特色专业（20个）力争进入全省前10%：物流管理、应用化学、数学与应用数学、电子信息科学与技术、小学教育、机械设计制造及其自动化、地理科学、广播电视编导、音乐学、英语、生物技术、软件工程、法学、土木工程、书法学、电气工程及其自动化、国际经济与贸易、社会体育指导与管理、汉语言文学、制药工程。
重点支持的应用专业群（8个）：商贸物流、化学化工、资源环境、文化产业、教师教育、机械工程、电子信息、生物技术。

第三节　实行专业分类发展和动态管理

以学科分类为基本依据，加强专业内涵建设，促进学科与专业、专业与专业之间的相互支撑。完善专业建设制度，实行专业分类发展和动态管理，按照强化发展、稳步发展、限制发展三类标准对现有专业进行分类建设，建立专业预警和淘汰机制，形成以需求为导向的专业动态调整机制。完善专业建设标准，明确专业建设任务，实行专业建设负责人制度，实施专业建设目标责任制年度考核。

第四节　引入第三方评估

完善专业质量监测与评估体系，按照专业建设标准制定专业自我评估指标体系，实现自我评估常态化、制度化。全面推进工程教育专业国际认证和其他领域的行业认证。引入专门机构开展专业发展评估、教学质量评估、就业评估等专项评估。建立评估信息公告制度，评估方案、评估标准、评估程序以及学校自评报告、第三方专家现场考察报告、评估结论等均在适当范围公开，接受师生和社会监督。

第十一章　创新人才培养机制

以学分制改革为统领，推进"一二三四"融入式协同性多元化人才培养模式改革，结合学生不同的发展意愿，建立人才培养分流机制，促进人才培养与经济社会发展、创业就业需求的紧密衔接，提高人才培养质量。

第一节　加快推进学分制改革

建设和完善选课制、主辅修制、学业导师制、学分绩点制等协调配合的学分制实施体系，完善学分制收费管理办法。所有专业主干课程面向全校学生开放，调动教与学两个方面的积极性。改革学籍管理办法，允许学生保留学籍休学创业。设立创新创业学分，探索建立创新创业学分积累与转换制度，将学生的创新实验、发表论文、获得专利、竞赛成绩和自主创业等通过折算纳入创新创业学分管理。完善与学分制配套的新型班级建设模式和学习型公寓创建模式，建设优良学风。

第二节　深入推进人才培养模式改革

基于不同学科专业的特点，按照"学术型、复合型、创业型、国际化"四个分流培养方向，分别设计通识教育、专业教育和个性化教育三个阶段的培养体系。实行课堂教学与实习、实践的无缝对接，切实提高学生的创新精神和创业能力。遴选一批人才培养质量高、就业率高、社会需求旺盛的专业，扩大开设双学位、双专业教育的辅修专业范围，满足学生个性化修读需求。实施"专业＋外语"、跨境电子商务等人才合作培养项目，拓宽学生出国留学渠道。面向全体学生加强体育、美育、劳动教育和心理健康教育。积极争取和实施免费师范生项目。

第三节　全面推进协同育人

积极构建校内协同育人和校外协同育人"两协同"机制。加强校内协同和与国内外高校之间的协同，建立跨学校、跨学院、跨学科、跨专业交叉培养创新创业人才的新机制，引进优质课程，推进校际的学分互认、师生互派互访互学。加强校企合作，力争每个应用型本科专业至少与一个知名企事业单位建立人才联合培养关系。深入实施系列卓越计划，在有条件的学院探索举办创新创业教育实验班。深入推进产教融合，吸引行业企业参与教学过程，将产业前沿技术、最新市场信息融入教学。完善高职教育对口贯通分段培养。

第四节　积极推进科教结合

建立教师科研成果向教学内容的转化机制，鼓励教师及时将最新科研成果融入教学，推进学术研究与课程建设有机融合。推进教师科研课题与学生创新科研训练相结合，让本科生早进团队、早进课题、早进实验室，以创新创业学分的方式鼓励本科生参与教师的课题研究，以教师的创新创业带动指导学生的创新创业。

第十二章　深化创新创业教育改革

把创新创业教育融入人才培养全过程，促进专业教育与创新创业教育有机融合，把深化创新创业教育作为推进综合改革的突破口，面向全体、分类施教、结合专业、强化实践，补齐培养短板，形成课堂教学、自主学习、结合实践、指导帮扶、文化引领为一体的创新创业教育体系。

第一节　健全创新创业教育课程体系

加强创新创业教学研究，加强通识类创新创业教育课程建设，挖掘和充实各类专业课程的创新创业教育资源，建设通识教育、专业教育与创新创业教育相融合的课程体系。面向全体学生开出创新创业必修课和选修课，提高课程开出数量和质量，建设创新创业类课程资源库。加强课程体系、课程标准、课程内容与学科前沿、职业标准的对接，组织编写创新创业教育教材。加快创新创业教育优质课程信息化建设，推出一批资源共享的在线开放课程。

第二节　完善创新创业实践教学体系

加强专业实验室、虚拟实验室、创业实验室和训练中心建设，促进实验教学平台共享。面向全体学生开放各类实践教学和科技创新资源，建设大学生创业实训示范基地、科技文化创业园、众创空间等实践平台，争创省级大学生创业孵化示范基地。构建"实验教学、综合实践和创新创业训练"相互衔接的实践教学体系，开展各种创业模拟训练和竞赛活动，深入实施大学生创新创业训练计划，促进项目落地转化。

第三节　构建创新创业激励机制

完善教师工作成果认定办法，在教改立项中优先支持教师深入开展创新创业教育研究，将创新创业教育成果与专业领域科研成果同等对待。完善学生创新创业激励机制，优化经费支出结构，引进创业风投，多渠道统筹并安排资金，设立创新创业奖助资金。支持符合条件的学生积极入驻各类创新创业园区。

专栏5　创新创业人才培养示范工程项目
（一）创新创业教学团队建设项目
加大创新创业教学团队建设，重点打造3—5个省内知名创新创业教学团队、50个左右校级优秀创新创业教学团队。
（二）创新创业精品课程项目
重点打造100门左右的教学内容先进、教学方法科学、教学效果优秀的创新创业精品课程。
（三）网络在线课程项目
分三个批次完成校级精品课程上线，每年度定期遴选和建设网络在线课程。

专栏5　创新创业人才培养示范工程项目

（四）课堂教学模式改革示范项目

推动课堂教学理念、教学内容、教学方法和手段创新，提高教育信息化应用水平，培养学生自主学习能力，建设60个课堂教学模式改革示范项目。

（五）人才培养改革试验区计划

遴选40个人才培养目标明确、预期效果较好且对人才培养模式改革具有示范带动作用的专业，进行人才培养模式改革试点，取得成熟经验后进行示范推广。

（六）创新创业教材建设项目

推动科研成果向教学内容转化，支持建设30门创新创业课程的教材，有效固化创新创业教育教学改革成果。

第四节　加强学生就业创业服务指导

组建校内校外相结合的创新创业导师队伍，建立创新创业导师库。完善学生创新体制与激励机制，实施"大学生创业就业促进计划"，引导和指导学生参加"齐鲁创新创业雏鹰计划"等项目。支持创建创新创业社团，大力开展大学生"创业之星"评选等活动。完善大学生就业创业指导和服务机构，为学生创业提供全程指导和一站式服务。加大对就业工作的支持和投入，优化就业服务体系，提升学生就业质量。

专栏6　学生创业就业促进计划

（一）建设创新创业导师库

建立300人规模的创新创业师资库，其中10%邀请人力资源、工商、税务等部门的专家领导，30%面向社会选聘优秀企业家和校友，60%由专业教师和辅导员构成。

（二）实施"1381"创新创业训练计划

10%在本本科生参与各级创新创业训练计划项目，30%的学生参与各类学科竞赛创新活动，80%参与各类创新创业主题赛事，10%的本科生人次获得省级以上奖励。

（三）建设创新创业基地

新建大学生创新创业基地100个，大学生社会实践基地100个，争取获批全国大学生社会实践活动先进单位、山东省大学生创业孵化示范基地。

第十三章　强化教育教学质量保障

坚持发挥教师的主导作用和学生的主体作用，推动各种办学资源向人才培养积聚和转化，促进教育教学工作由以教为主向以学为主转变。健全以学生为本、以成效为核心的教育质量评价与监控体系。

第一节　改革教学方法和考核方式

突出学生学习主体地位，稳步推进"大班授课，小班研讨"教学运行方式。推动信息技术与课程教学深度融合，探索实施翻转课堂等新型教学模式。完善师生定期见面制度和课后辅导制度。完善学生在线学习制度，加强慕课、微课和混合式课程建设及教育信息化建设，增强学生运用网络资源学习的能力。实施学生学业预警制度。探索实施"分段教学、多次考核、多样考试"的多元化考核方式，注重考查学生解决复杂问题的能力和创新能力。

第二节 健全教学质量监控与保障体系

完善教学质量监测和调控机制、本科教学自我评估制度和学生素质评价反馈机制。完善教学基本状态数据库，面向社会发布本科教学质量年度报告、专业人才培养状况年度报告、大学生就业质量年度报告，接受社会监督，形成人才培养质量持续提升的机制。完善教育质量保障体系，建立校院两级教育质量监测与评估专家队伍，建设形成促进教育质量持续改进与提高的机制。

第四篇 推进科研创新与学术创业

学科特色决定办学特色，学术水平体现办学实力。要坚持特色发展，进一步凝练学科方向，集中力量打造一流学科，以特色带动整体提升。不断提高原始创新能力，以科技创新带动学术创业。

第十四章 实施学科引领战略

把学科建设作为未来五年最重要的基础工程，坚持学科建设的"龙头"地位，实施"一三五"学科发展战略，以学科汇聚人财物等各类要素资源，提高学科组织化程度，充分发挥学科对人才培养的支撑和对科学研究的引领作用。

第一节 优化学科结构

坚持"有所为、有所缓为"，巩固加强基础文理学科优势，大力发展工学、农学学科，力争新增医学学科，形成结构合理、多学科交叉融合、特色鲜明的学科体系。强化应用学科建设，进一步强化基础学科支撑作用，加强学科建设与区域经济的有效对接，培育有发展潜力的应用学科。充分发挥学科门类齐全的优势，积极推进学科交叉融合，形成新的学科生长点。

第二节 实施一流学科建设计划

加强学科布点，明确主干学科和学科方向，重点加强主干学科群建设，实施精准扶持、重点培育，着力解决学科"小而散"、主干学科不突出以及优势学科平台与人才培养脱节等结构性矛盾。依托现有重点学科平台，进一步凝练学科方向，汇聚团队、加大投入、强化平台建设，实施优势学科筑峰工程、重点学科培优工程、特色学科培育工程，力争到"十三五"末，个别学科进入国内一流行列，若干学科达到省属高校一流。

第三节 积极发展研究生教育

在现有学科建设基础上，不以现有重点建设学科为局限，通过竞争遴选的方式，强化硕士点培育学科的建设，实现硕士学位点的突破。继续加强与已有硕士授权单位的深度合作，进一步扩大联合培养研究生力度，锻炼一批导师队伍，积累培养经验。

第四节　完善学科建设机制

统筹学科建设目标，强化学科建设组织化推进，落实学科建设责任制，完善学科建设管理的制度体系，建立健全学科发展的长效机制。建设学科建设和发展数据库，建立完善分类、分层次的评估指标体系，加强学科建设绩效评估。根据不同学科的性质和特点，强化学科建设的投入产出考核，定期发布学科建设评估报告。

专栏 7　学科建设工程

（一）优势学科筑峰工程

　　加强建设力度，力争在化学、数学等优势学科领域建成 1—2 个国内一流学科，实现国家级学科平台的突破。

（二）重点学科培优工程

　　开展省内一流学科培育工作，对应用数学、自然地理学、高等教育学、课程与教学论、区域经济学、应用化学、凝聚态物理、新闻传播学等学科进行政策和经费倾斜，力争实现省级特色重点学科的突破。

（三）特色学科培育工程

　　以需求为导向，促进学科交叉融合，在物流信息工程、地下空间研究应用、农业资源利用、旅游管理、生物育种、法律应用、生态环境工程、清洁化工、能源与新材料、制药工程、食品安全工程 、机械制造、电子信息、土木工程、艺术学理论、书法学等领域积极开展应用学科建设，打造学科特色，培育新的学科增长点。

（四）学科平台提升工程

　　加强重点学科平台建设，争取在肿瘤标志物检测技术、水土保持与环境保育、鲁南中药材资源开发、肥料工业废弃物资源化利用、沂蒙文化与沂蒙精神研究、认知科学与语言学能、物流信息技术、鸟类起源与环境演化等方向进入省级强化或教育部重点建设学科平台。

（五）硕士点突破工程

　　在化学、数学、地理学、计算机科学与技术、生物学、物理学、教育学、中国语言文学、马克思主义理论、外国语言文学等 10 个学科培育学术型硕士学位点；在材料工程、物流工程、环境工程、农业推广、中药学、机械工程、新闻与传播、艺术、工商管理、翻译等 10 个学科方向培育专业型硕士学位点。

第十五章　提高科研创新能力

发挥科研创新在全面创新中的推动作用，推进自然科学研究与社会科学研究协调发展，激发创新活力，推动知识资源的快速积累。

第一节　创新科研管理机制

根据教师所从事的研究类型和科学领域的性质，建立以质为主、兼顾数量的科研评价制度，赋予创新领军人才更大的人财物支配权和技术路线决策权。修订完善科研奖励办法，鼓励教学科研人员进行长期、系统的创新性探索，加大对重大科研贡献、高水平成果的激励力度，鼓励产生各种形式的"高精尖"成果，鼓励科研工作"百花齐放"，促进科研工作既有量的扩张、又有质的提升。加强科研诚信建设，营造良好的科研生态环境。

第二节 激活学术心脏地带

围绕国家战略和区域重大需求，实施引领性科研创新，超前布局，聚焦科研方向，抢占科学研究的空白点和制高点，有针对性地引进国内外一流专家，按照"大师+团队"的建设模式，组建一批高水平创新团队，承担一批重大科学研究项目，在若干领域产生新理论新技术新工艺，在沂蒙文化、商贸物流、教师教育、生化分析、水土保持与环境保育、地质与古生物等重点突破领域加快资源聚集，凸显优势和特色。

第三节 大力推进协同创新

把协同创新作为科研创新的主要手段，加强科技创新平台建设。联合临沂应用科学城、市科学技术合作与应用研究院等创新资源，共同建设大学科技园、科技企业孵化器等学术创业平台。联合临沂高新技术开发区共建协同创新园区、众创空间。大力推进学院、研究院所、科研团队联合地方企事业单位，合作共建企业技术中心、工程技术研发中心、重点实验室和产学研联盟，联合开展关键技术环节攻关，助推区域产业结构调整与转型升级。

第四节 繁荣发展人文社会科学

发挥我校传统文科优势，着力推进沂蒙文化、商贸物流、教师教育三大领域的研究，加大人才引进和资金投入力度，打造我校人文社会科学研究特色，形成比较优势。

第十六章 提升学术创业水平

加快构建促进学术创业的体制机制，完善支撑学术创业的服务保障体系，加强对学术创业政策引导和组织化推进，提高对区域经济社会发展的贡献度。

第一节 建立学术创业引导机制

建立学术创业激励机制，将技术转移、创新和转化应用列入科研评价的重要内容。推进科技成果使用处置和收益管理改革，制定科技成果转化办法，大幅度提高科研人员成果转化收益分享比例。

第二节 大力推进技术转移和成果转化

以区域经济社会发展重大需求为导向，建立科技供求信息的共享机制，整合和集成学校优势学科和应用研发资源，大力推进技术开发、技术咨询、技术服务、技术转让为重点的"四技服务"。支持和鼓励教师和科研团队面向区域内中小企业需求、面向生产生活的实际问题开展应用研究，支持教师科研成果以合作、转让、许可等方式向外扩散。开展科技成果转化绩效评价，对科技成果转化绩效突出的研发机构和科研人员给予奖励。

第三节　建设新型智库

发挥学科、人才聚集优势，依托沂蒙文化研究院、临沂发展研究院建设，围绕重大现实问题、重大理论问题和重大实践经验总结，深入开展前瞻性、针对性、储备性公共政策研究和决策咨询服务，发挥咨政建言、理论创新、舆论引导、社会服务等功能，力争建成若干引领地方发展、促进成果转化、具有一定社会影响的专业化智库，彰显区域特色，体现区域风格。

专栏 8　服务沂蒙行动计划项目

（一）开展沂蒙文化研究

依托沂蒙文化研究院，整合校内资源，联合区域研究资源，深入开展沂蒙近现代史、沂蒙文化艺术、沂蒙精神研究，推出一批原创性研究成果，丰富沂蒙精神的时代内涵，提升沂蒙精神的影响力。

（二）开展区域经济社会重大问题研究

依托临沂发展研究院，整合校内资源，联合区域研究资源，大力开展城市规划与发展、旅游发展与规划、区域农业与产业规划、现代农业发展、区域经济与物流发展、生态环境、教师教育、地方立法、物流大数据与计算智能、大数据应用等应用性研究，为区域经济社会发展提供专业化、建设性、切实管用的政策和发展建议，提高对区域经济社会发展的贡献率。

（三）开展重点科技服务行动

继续实施博士教授"走沂蒙""乡村行"活动，组建 15 个左右核心服务团队，面向地方骨干企业和中小企业，开展技术合作和管理咨询服务；面向"三农"建设，服务农业技术、美丽乡村、生态旅游和循环经济发展。

第五篇　建设高素质人才队伍

把人才作为支撑发展的第一资源，推进人才发展机制和政策创新，提高人才质量，努力建设师德高尚、业务精湛、结构合理、充满活力的高素质专业化教师队伍。

第十七章　实施战略性人才管理

第一节　加大高层次人才引进力度

坚持党管人才原则，坚持引育并举，坚持"不求所有、但求所用"，实施更开放的创新人才引进政策，加强"十三五"重点发展领域的战略性人才和创新创业团队的引进和培养，聚天下英才而用之，实现人才队伍结构的战略性调整。认真落实每年"百名博士教授"引进计划，突出"高精尖缺"导向，细化人才引进计划的分类管理，注重加强海外高水平博士的引进工作，切实提高人才引进效益。

第二节　建设多元化的师资队伍

更新师资队伍建设理念，建立师资队伍与行业企业双向交流机制，设立一定比例的流动岗位，完善校外兼职教师选聘制度，支持各学院根据学科专业特点积极聘请知名专家、创业成功者、企业家、风险投资人等各行各业优秀人才来校兼职授课、兼任创业就业导师。加强"双师双能型"师资队伍建设，争取省"双百计划"支持，积极选派优秀青年教师到政府部门和行业企业挂职锻炼，试行将行业企业任职经历作为教师晋升的必要条件，力争"双师双能型"教师达到 30% 以上，其中工科类达到 50% 以上。

第三节　改革人才管理办法

整合现有年度考核、聘期考核、岗位考核、绩效奖励考核等多种考核方式，以聘期考核为主体，实现由注重年度考核向年度考核与聘期考核相结合的转变。实施引进人才效益评估，发挥引进人才在科学研究和学科建设中的引领作用，完善人员晋升机制改革，采取非升即走、非升即转等机制，增强引进人才的竞争意识。

第十八章　营造良好的人才发展环境

实施各类人员的分类管理，完善考核和激励机制，促进人员合理流动，全面提升队伍活力。

第一节　完善教师发展机制

加强教师发展中心建设，构筑教师提升教学能力的常态化交流研讨平台。制定和实施青年学术精英培养等不同层次的优秀人才专项支持计划，鼓励有发展潜力的中青年教师在教学、科研等各个领域"冒尖"。　实施在职人员提升计划，加大教师攻读博士学位的政策、资金扶持力度。实施"人人进学科、人人进团队"计划，依托学部制改革，加强基层教学科研组织一体化建设，引导教师明确学科方向，提升团体攻关能力。实施专业技术人员特殊岗位聘任制度，面向全校在职在岗专业技术人员，按照学科方向设置校聘教授特殊岗位，打破学历、职称限制，鼓励教师脱颖而出。

专栏9　人才队伍建设专项支持计划

（一）高层次人才（团队）培养工程
　　按照学科建设规划和重点研究方向，引进和培养 10 名左右相关专业行业领域的领军人才、30 名左右的学科带头人，整体引进 3—5 个高水平创新团队。

（二）师资队伍博士化工程
　　鼓励专任教师多种形式攻读博士学位，新引进高水平博士、教授 500 人，使专任教师中具有博士学位（含在读）的比例达到 50%，进一步改善和优化师资队伍的学缘结构和学历结构。

（三）青年教师教学能力提升计划
　　针对青年教师开展业务培训；开展教学沙龙、专题讨论、教学观摩与经验分享活动；提供教学咨询诊断，促进青年教师转变教学理念，提升教学执行力。

（四）新进教师科研能力提升计划
　　加大对新进高水平博士的政策、资金支持力度，鼓励其在人事代理合同期限内完成高水平科研任务。

第二节　促进各支队伍协调发展

探索建立校内人才市场，清除人才流动障碍，优化人力资源配置效益。通过引进、培养和部分专业技术人员的优化整合，加强管理服务队伍专业化建设，培养一批讲政治、懂专业、善管理、有国际视野的管理干部，重点支持、放手使用优秀青年人才，推进团学、教学管理、图书、实验、档案、后勤保障等各支队伍协调发展，改善教辅队伍的能力素质结构。健全有利于人才向基层流动的政策体系，营造有利于人人皆可成才和优秀人才脱颖而出的发展环境。

第十九章 建设高尚师德

坚持以人为本、师德至上，加强和改进师德建设，提高师德建设水平，引导广大教师做有理想信念、有道德情操、有扎实学识、有仁爱之心的党和人民满意的好老师。

第一节 保障教师主体权益

明确并落实教师主体地位，完善教师参与治校治学机制，在干部选拔任用、专业技术职务评聘、学术评价和各种评优选拔活动中，充分保障教师的知情权、参与权、表达权和监督权。依法建立教师权益保护机制，尊重教师的专业自主权，保障教师依法行使学术权力和学业评定权力，保护教师正当的申辩、申诉权力，引导广大教师自尊自律自强，做学生敬仰爱戴的品行之师、学问之师，做社会主义道德的示范者、诚信风尚的引领者、公平正义的维护者。

第二节 健全师德建设长效机制

教师的师德修养直接影响着青年学生世界观、人生观、价值观的养成，决定着人才培养的质量，关系着国家和民族的未来。要高度重视师德建设，将师德建设摆在教师培养的首位，贯穿教师职业生涯全过程，坚持价值引领，以践行社会主义核心价值观为基本遵循，加强师德宣传，健全师德考核，强化师德监督，注重师德激励，严格师德惩处，激发广大教师加强师德建设的自觉性，培育良好师德师风。

第六篇 构建开放办学新格局

开放办学是教育国际化背景下提升办学核心竞争力的必然选择。要坚持面向国际国内两种资源，破除传统办学格局下的资源制约，提高开放办学水平，增强办学活力。

第二十章 扩大对外开放办学

服务国家对外开放战略，丰富对外开放办学内涵，推动对外交流与合作向多层次、宽领域拓展。

第一节 优化对外开放办学格局

发挥地缘优势，巩固与韩国高校的合作；积极拓展与欧美大学合作，通过建立友好姊妹学校、签署合作办学协议，大力推进联合培养本科生、研究生，促进人才的多样化培养。积极融入"一带一路"教育行动，对接临沂商城国际化建设，拓宽与沿线国家高校的交流与合作，开展多语种培训和国别研究。

第二节　提高国际交流合作水平

全面推进"3+1""3+2""3+4"等本专科生和研究生联合培养项目。与国外著名大学开展学院合作共建，以合作办学项目为载体，引进先进办学理念和优质办学资源。选派500名教师与管理人员到境外访学、研修和培训，学生出国留学访学、招收留学生人数分别以每年30%、15%的速度递增，力争学历留学生数量达到留学生数的10%。

专栏10　国际合作拓展项目

（一）孔子学院建设项目

在美国南密西西比大学、摩洛哥戈迪·伊雅德大学和几内亚筹建孔子学院。

（二）中外合作办学项目

与欧美10所高水平大学建立"2+2"双学位联合培养项目，积极争取中外合作办学本科项目，争取设立1个非独立法人代表中外合作办学机构（理工科）。

（三）"一带一路"国别研究项目

与摩洛哥戈迪·伊雅德大学联合成立马格里布地区研究中心，重点开展阿尔及利亚、利比亚、摩洛哥、突尼斯等北非四国研究。

第三节　完善对外开放办学的条件保障

完善中外合作办学项目管理体制，充分调动学院申报和承担中外合作办学项目的积极性。加强对外交流合作平台建设，推进国际教育学院实体化运行，建立孔子学院。加大教师出国访学的政策支持力度，完善学生出国留学的激励机制。加快外籍专家、留学生公寓建设，完善配套服务设施，改善外籍人员工作、生活和学习条件。

第二十一章　提高国内合作办学水平

争取、优化、整合外部资源，积极促进区域协同、融合发展，广泛吸引社会力量参与学校建设和管理，努力营造有利发展的外部环境。

第一节　广泛开展校际合作

积极参与各类高校联盟、专业联盟等协作组织，促进校际资源共享，扩大我校在各类办学组织中的影响。全面落实与友好学校的战略合作协议，深化各领域的对口交流与合作共建。用好"三山一坡"高校联席会议等合作平台，积极争取省部共建等对老区高校的扶持政策，争取高水平大学的对口援建。

第二节　大力拓展社会培训

抓住国家建立公民学习账号和学分积累制度的重大机遇，立足我校人才、智力和科技资源及临沂人口大市等诸多优势，依托沂蒙精神大力开展党员干部培训，围绕"转方式、调结构"开展企业职工转岗培训，大力开展新型职业农民、基础教育骨干教师、电商、职业经理人等各类培训。深化继续教育管理体制改革，建立"归口管理、多方协同"的管理体系，充分调动各方面的积极性，做大做强继续教育品牌。大力拓展网络教育平台，进一步扩大成人教育规模，积极开展多种形式的终身教育，服务学习型社会建设。

第三节　吸引社会力量参与办学

立足沂蒙，广泛联合政府、学校、企事业单位、社会团体代表以及校友、社会知名人士等各界力量，支持和参与学校改革发展。加强理事会、校友会、基金会等社会力量参与学校管理的平台组织建设，充分发挥其对学校重大办学问题的咨询、协商、议事与监督作用。建立与驻地党委、政府的沟通协调机制，完善省直属管理、临沂市参与共建机制，妥善解决资产移交等问题。

第七篇　提升校园文化软实力

大力传承弘扬沂蒙精神，加强价值引领和文化传承创新，积极推动校园文化向文化校园转变，努力建设生态型、人文化、高品质的校园，增强大学文化育人功能和文化影响力。

第二十二章　凝练校园核心文化

构建富有临大特色的校园文化体系，丰富提升校园文化内涵，以校园文化建设引领师生素质的提高。

第一节　培育特色精神文化

以校风、校训为核心，融合优秀传统文化、地域文化以及现代大学精神等文化元素，进一步凝练形成学校核心办学理念和校园精神文化体系，形成富有临大特色、内涵完善的校园精神的科学表述，增强师生对学校的文化认同、使命认同和情感认同。利用临沂现代商贸企业文化资源，营造鼓励创新、宽容失败的创新创业文化氛围。引导和鼓励各具特色的学科文化、专业文化、社团文化和网络文化建设，推进"一院一氛围、院院有特色"校园文化建设格局。

第二节　提升校园环境文化

完善校园文化建设规划，加强与核心理念相适应的校园环境、校园文化设施和载体建设，建设彰显老区大学特色的文化景观、主题文化休读点。推动以绿化、节能、环保、低碳为标志的生态大学建设，提升校园绿化层次，丰富人文景观及其文化内涵。加强对学校人文积淀的传承，规范校园文化标识的管理和使用，创设各种文化设施，充实完善校史馆、文化馆、名人馆、校友展示墙，展示学校办学理念和办学成绩。大力推进"书香校园" 建设，建设文明高雅校园。

第三节　规范师生行为文化

把握正确舆论导向，健全舆论引导机制，提高舆论引导能力，传播正能量，增强师生爱国意识、集体意识、法治意识、社会责任意识。培养学生绿色观念，崇尚勤俭节约，反对奢侈浪费，养成绿色的生活方式和行为规范。丰富网络文化内涵和传播方式，发展健康向上的网络文化，打造清朗网络空间。推进青年学生文明修身教育，规范师生行为文化。

专栏11　高雅校园文化建设项目

（一）精神文化传承引领工程

开展系列主题教育，弘扬社会主义核心价值观和中华优秀传统文化；凝练校园核心文化体系，加强优良办学传统教育，使校风校训、临大传统深入人心，培育学生能吃苦、善创新、敢担当、乐奉献的"临大特质"；结合创新创业教育，营造开放包容的创新创业文化氛围；加强师生道德建设，完善道德荣誉体系，建立道德示范机制，弘扬师生优秀品德和善行义举。

（二）品牌文化活动创建工程

规范现有校园文化活动，形成制度化活动方案，推进重要文化活动常态化，打造品牌文化活动；开展文明校园创建，建设区域精神文明高地；办好"沂蒙大讲堂"，搭建高端学术、文化交流平台；开办"青年创业讲堂"，启迪创新思维，传播创业精神；开展系列精品"第二课堂"创建活动。

（三）高雅环境文化建设工程

建设校风校训广场；建设杏坛园、羲之园、将军园等地域文化休读点；建设国际化文化、创新创业文化、奥林匹克精神等主题文化休读点。

第二十三章　建设区域文化高地

把文化创新能力与区域文化优势结合起来，大力推进优秀传统文化研究阐发、普及教育、保护传承、实践养成、传播交流等工作，实现对传统文化的扬弃继承、创新发展，参与区域文化体系和精神文明建设。

第一节　丰富文化传承创新载体

发挥人文社科传统优势，结合地域特点和深厚文化底蕴，依托沂蒙文化研究院理论研究成果，继续推出一批弘扬沂蒙精神的文化精品项目，产出一批标志性文化成果。做亮"沂蒙大讲堂"等文化讲坛，搭建文化传承创新的宣传载体，拓宽宣传渠道，讲好"临大故事"，传播"临大声音"，展示"临大形象"。

第二节　增强文化辐射和引领作用

加强文化创新和价值引领，依托学科优势和人才优势，实施校内文化艺术团体"走出去"计划，与地方政府、文化团体等密切合作，大力开展与时代发展相适应、体现时代要求和地方特色的文化传承创新活动，积极参与市民大讲堂、大剧院、社区文化等建设，开展文化普及活动，服务群众性精神文明创建。

专栏12　文化传承创新重点项目

（一）文化精品创作
　　编写出版山东省理论工程重点项目《沂蒙精神研究丛书》；创作大型民族交响史诗《沂蒙》；拍摄大型史诗纪录片《红城颂》；拍摄大型电视纪录片《沂蒙革命斗争口述史》；申报国家级、省部级文化精品项目。
（二）传统文化保护传承
　　建设沂蒙民间美术传习馆；面向校内外开设"沂蒙民间美术传习"选修课；推动沂蒙民间非遗项目（剪纸、彩印花布、小郭泥塑、高桥手绣、皮影、临沭柳编等）的保护、传承与创新。
（三）特色文化建设
　　建设特色文献资料库；整理编著大型历史文献《沂蒙革命文献》。

第八篇　提升公共服务支撑能力

效益是高校现代化管理的本质要求。要坚持效益发展，不断完善办学条件，加强公共管理服务体系建设，优化配置各类办学资源，提升管理服务和保障水平。

第二十四章　加强教育资源建设

大力提升办学经费筹措能力，进一步强化教学科研资源配置，完善资源配置、管理机制，促进资源使用效益最大化。

第一节　提升经费筹措能力

盘活学校办学资源，提高多元筹措经费能力，优化学校财务收入结构，大幅度提高委托类项目经费、技术转让、社会培训、社会捐赠等收入，逐步使这些途径的事业发展收入与生均拨款、学费住宿费收入的比例达到1:2，确保办学收入逐年提高。积极争取各级各类财政专项资金支持。推行两级预算管理改革，加强专项资金管理，严格内部审计和问题整改，提升资金使用效益。

第二节　强化物质资源保障

按照"增量倾斜、存量调整"的原则，坚持"扶强扶优扶特"与动态管理相结合，将资源配置重点转向学校改革发展的重点领域，突出重点、兼顾公平。加强虚拟仿真实验室、公共教学平台和基础教学薄弱环节建设，完成基础教学实验设备的更新换代，新增教学科研仪器设备值2亿元，使教学科研条件和资源结构明显改善。

实施"阳光采购",严格招标程序,强化论证环节,提高工作效率。

第三节 提高资源使用效益

提高资源配置与管理的科学化水平,坚持预算与发展规划相结合,坚持长远预算、中期预算与年度预算相结合,加强各类资源配置的成本核算和效益监督考核。进一步完善校院二级资源管理体系,建设大型精密仪器设备共享平台,探索实施面向校内外的国有资产开放使用机制,促进资源效益最大化。完善学校无形资产管理体制和保护机制。

第四节 推进校园基本建设

根据学校改革发展实际,进一步完善和调整校园建设规划,探索校地合作共建新模式、新机制,推进校园基本建设重点工程项目建设。

专栏 13 智慧校园建设工程

（一）校园信息化基础设施优化提升工程

　　建设临沂大学数据中心,构建以基础办学信息、科研研究与计算、MOOC 资源为主的云平台;实施校园网有线无线一体化,实现多校区业务全覆盖;深化与通信运营商、广播电视系统的业务合作,实施三网合一进校园。

（二）教育信息化试点单位建设

　　组建智慧校园服务与运营开放平台;推动办公自动化系统、教学一体化系统、学工一体化系统等应用系统优化提升;完成全网移动办公、校园移动支付全覆盖。

（三）网络安全与信息安全建设

　　建立健全符合国家标准的网络信息安全体系,实施等级保护及有效安全措施,不断提高网络基础设施国产化程度,提高网络安全运行质量。

第二节 加强和创新校园治理

牢固树立安全稳定发展理念,提高后勤社会化效益,完善后勤社会化质量监管标准体系,完善社会服务企业准入和退出机制,推进后勤服务与实践育人的结合,建设节约型校园。完善各类突发事件应急处理体系,健全师生利益表达、协调、保护机制,做好校园治安、消防安全、卫生防疫服务等各类平安校园建设工作,全面提升校园管理服务水平。

第三节 共享发展成果

强化人文关怀,关注和尊重师生的利益诉求,努力为师生多办好事、多办实事。关注师生身心健康,加强校园文化、体育、健身设施建设,面向教师开放体育场馆,满足广大师生多层次、多方面、多样性的精神文化需求;通过合作建设等途径,建设与学校规模相适应的医疗服务设施。推进各校区教职工住宅区社区化管理,积极协调有关部门建设中小学、幼儿园等配套设施,妥善解决教职工住宅建设等遗留问题。

落实家庭经济困难学生资助全覆盖。进一步改革和完善绩效工资制度，建立教职工收入增长机制。

第九篇　强化规划实施保障

保障"十三五"规划有效实施，要在学校党委的领导下，最大限度地激发全校师生的活力和创造力，形成改革发展稳定、干事创业和谐的强大合力。

第二十六章　发挥党委领导核心作用

党的领导是事业成功的根本保证。实现建设创新创业型大学的奋斗目标，必须坚持党要管党，全面从严治党，加强和改进思想政治工作，为学校事业发展提供坚强保证。

第一节　不断完善党委统一领导学校工作的体制机制

发挥学校党委总揽全局、协调各方的领导核心作用，坚持党委领导下的校长负责制，认真贯彻执行民主集中制。全面加强党的建设，保持和发展党的先进性、纯洁性，确保党始终成为学校事业发展的坚强领导核心。加强领导班子和干部队伍建设，完善政绩考核评价体系和奖惩机制，调动各级干部干事创业积极性、主动性、创造性。强化基层党组织整体功能，充分发挥战斗堡垒作用和党员先锋模范作用。

第二节　强化党风廉政建设和反腐败斗争

全面落实从严治党主体责任，完善党风廉政建设"两个责任"的落实机制，构建主体明晰、责任明确、有机衔接的责任体系。把纪律和规矩挺在前面，严明"六项纪律"，运用好监督执纪"四种形态"，健全完善惩治和预防腐败体系。全面排查重点领域廉政风险点，扎紧制度的笼子，加大监督执纪问责力度，着力构建不敢腐、不能腐、不想腐的长效机制。巩固深化党的群众路线教育实践活动和"三严三实"专题教育成果，深入落实中央"八项规定"精神，持之以恒纠治"四风"，不断加强"庸懒散"专项治理。完善督查督办机制，加大追责追究力度，倡树"严实新快"的工作作风。

第三节　加强和改进思想政治工作

加强社会主义核心价值观教育，深入开展"中国梦"主题教育和党史、国史教育，扎实开展"两学一做"学习教育，不断强化师生理想信念教育，切实增强政治意识、大局意识、核心意识和看齐意识。深化沂蒙精神的系统性研究，充分挖掘其时代内涵和价值，培养塑造师生的临大特质，不断提升育人水平。加强和改进宣传思想工作，强化宣传、思政和辅导员队伍建设，打造学习型、服务型、创新型队伍，落实思政课教学改革，占领宣传思想工作阵地，抓好网络阵地建设，牢牢把握意识形态工作的主导权。

第四节 凝聚共识和力量

充分发扬民主，贯彻党的群众路线，提高宣传和组织师生能力，充分尊重师生主体地位和基层的首创精神，创新基层工作体制机制和方式方法，充分发挥工会、共青团、妇委会、学生会、民主党派和党外知识分子的作用，激发全校师生建设学校的主人翁意识，最大限度凝聚全校推进改革发展、维护和谐稳定的共识和力量。

第二十七章 形成规划实施合力

建立规划实施的责任体系，加强财务预算与规划实施的衔接协调，科学制定政策和配置资源，广泛动员全校力量，共同推动规划顺利实施。

第一节 加强组织领导

学校党委统一领导本规划的实施和评估监督，研究规划实施过程中的重大问题；校行政负责规划目标任务的组织实施。分别制定学科建设、专业发展与创新创业人才培养、科研创新与区域协同发展、人才队伍建设、国际交流与合作、信息化与智慧校园建设、资源建设与管理、财务运行和资金保障、大学文化建设等9个专项规划，分解确定各领域的指标任务，科学设计规划目标的实现路径。各学院（所）组织制定本单位"十三五"规划。学校成立发展规划咨询委员会，负责校院两级发展规划执行情况的评估；学校发展规划处负责规划实施与评估的具体业务管理工作。

第二节 实施战略管理

建立规划与年度工作计划的衔接互动机制，将规划关键业绩指标（KPI）分解到每个年度，明确每个目标的执行部门，作为年度绩效考核的最主要依据。各职能部门每年根据学校的KPI制定对各学院（所）具有指导意义的具体工作目标和相关支撑政策。各中层单位做好发展目标的组织落实，组织协调教师在完成单位组织目标的过程中实现个人奋斗目标和人生价值。

第三节 强化监督评估

完善规划管理的约束激励机制，建立发展规划追踪问责制，落实目标管理责任制，将规划实施情况纳入各级党政领导年度和任期考核范围。建立科学的动态管理机制，按照期初（2016年）、期中（2018年）和期末（2020年）三个阶段，对各项规划的执行情况进行检查评估，形成评估报告，必要时依实际情况对学校发展规划作出适当调整，确保规划对全校工作的指导和引领。加大信息公开和权威数据信息发布力度，大力宣传各部门、各单位贯彻落实规划的思路和做法，为规划实施营造良好氛围。

后 记

为知往鉴今，迎接临沂大学建校 80 周年，2020 年 5 月，学校决定编纂《临沂大学校史（2011—2021）》，确定了分管校领导、责任单位、主编及主要编纂人员。随后，在学校领导的指导下，校史编纂组讨论制定了校史《编纂原则和体例格式》和《临沂大学校史（2011—2021）》编纂提纲。至 10 月，分管校领导多次召集校史编纂工作责任单位、主编及主要编纂人员会议，布置工作，讨论校史编纂提纲，并组织去兄弟高校学习，多方征求意见，数易其稿，确定《临沂大学校史（2011—2021）》编纂提纲。此后，校史编纂组按照学校领导的指示，细化责任分工，牺牲节假日，查阅资料，访谈调查，伏案写作，集中通稿，如今已初成付梓。

弦歌不辍，薪火相传。本书是在花立新教授主编的《临沂大学校史（1941—2011）》的基础上接续编纂而成的。本书编纂分工如下，插图：白金山、王金铭；绪论：汲广运；第一章：刘强、来涛、张伟；第二章：陈江华、刘冉冉、李学坤、孙彬；第三章：孙世军、隋群、张佳、李春举、李西进、孟凡昌、丁玲、张鑫鑫、顾美和、张奎华、尹瑜；第四章：张秀军；第五章：王焕全、高菲；第六章：解克萌、董勤岭、苏君芝、王彪、王永新、康茂林、李艳东、房霞、张光远、刘艳春、姜洁、庞晓东、高菲；第七章：魏元栋、张红军、刘家梅、李丹；大事记：冉利强；附录：任世忠、赵东龙、李琳、房玉纯；汲广运、孙世军、张秀军、刘强、魏元栋、彭文修、冉利强、王斌、赵玉岩、孟宪华、刘潇等参加了集中通稿。

回想编纂过程，困难多已被成就感取代，苦亦变甜，唯觉应谢之人众多：学校党委书记王焕良、校长张书圣及学校领导班子成员高度关注校史编写，认真审阅校史提纲、书稿，并提出宝贵修改意见建议；先后两任分管副校长池福安、崔晓红分别数次召开会议抓落实；学校档案馆、各职能部门、学院全力配合；编纂组成员不辱使命，呕心沥血，殚精竭虑完成初稿；审稿人员认真负责，审，复审，改，再改……令人感动。在此一并表示感谢。

另外，由于我们水平有限，书中难免有疏漏、错讹之处，敬请广大读者批评赐教，以利再版时修正。

校史编纂组

2021 年 3 月 18 日

图书在版编目（CIP）数据

临沂大学校史：2011—2021 / 汲广运主编 .-- 青岛：
中国海洋大学出版社 , 2021.5
ISBN 978-7-5670-2823-4

Ⅰ.①临… Ⅱ.①汲… Ⅲ.①临沂大学－校史－
2011-2021 Ⅳ.① G649.285.23

中国版本图书馆 CIP 数据核字 (2021) 第 086623 号

出 版 发 行	中国海洋大学出版社
社　　　址	青岛市香港东路 23 号
邮　　　编	266071
出 版 人	杨立敏
网　　　址	http://pub.ouc.edu.cn
电 子 邮 箱	cbsebs@ouc.edu.cn
订 购 电 话	0532—82032573（传真）
责 任 编 辑	孙宇菲　赵孟欣
电　　　话	0532—85902469
印　　　制	山东数印网络科技有限公司
版　　　次	2021 年 5 月第 1 版
印　　　次	2021 年 5 月第 1 次印刷
成 品 尺 寸	170mm×240mm
印　　　张	29.5
字　　　数	533 千
印　　　数	1～6000
定　　　价	168.00 元

发现印装质量问题，请致电 0531-59663963，由印刷厂负责调换。